U0743656

《中国历史研究入门》

借 阅 证

姓名　陈侃理

单位　北京大学中国古代史研究中心

发证日期　2024.1.26.

发证单位　中 西 書 局

阅读感言：

书中系统说明各个断代史的研究视角、进展和基本史料，兼及研究工具，便于初学者按图索骥。作为各自领域的中坚学者，作者在介绍主要研究取向和代表著作时往往不满足于摘录观点，而是要言不烦地指明思路、旨趣的交锋与继承。就我所熟悉的秦汉史领域而言，自本书出版以来的近20年间，学术发展日新月异，书中的有些内容不免显得“过时”。但相比于追踪所谓的“前沿”，我更看重本书对于奠定学术基础的意义。而或许更有意义的是，未来的中国学者将从本书中了解到，我们的日本同行是读哪些书成长起来的，他们的史学关怀和问题意识来源于何处。

陈侃理 2024.3.16.

中国历史研究入门

上册

ZHONGGUO LISHI YANJIU RUMEN

[日]砺波护 [日]岸本美绪 [日]杉山正明——编

邹怡——译

中西书局

著作权合同登记号　图字：09-2015-083
CHUGOKU REKISHI KENKYU NYUMON
edited by TONAMI Mamoru, KISHIMOTO Mio, SUGIYAMA Masaaki

图书在版编目(CIP)数据

中国历史研究入门 /（日）砺波护,（日）岸本美绪,（日）杉山正明编 ; 邹怡译. -- 上海 : 中西书局, 2024
ISBN 978-7-5475-1674-4

Ⅰ. ①中… Ⅱ. ①砺… ②岸… ③杉… ④邹… Ⅲ. ①中国历史-研究 Ⅳ. ①K207

中国国家版本馆 CIP 数据核字(2024)第 055671 号

中国历史研究入门

[日]砺波护　[日]岸本美绪　[日]杉山正明 编
邹　怡 译

责任编辑　吴志宏
装帧设计　梁业礼
责任印制　朱人杰
出版发行　上海世纪出版集团
中西书局(www.zxpress.com.cn)
地　　址　上海市闵行区号景路 159 弄 B 座(邮政编码：201101)
印　　刷　浙江天地海印刷有限公司
开　　本　700 毫米×1000 毫米　1/16
印　　张　45.75
字　　数　747 000
版　　次　2024 年 10 月第 1 版　2024 年 10 月第 1 次印刷
书　　号　ISBN 978-7-5475-1674-4/K・454
定　　价　258.00 元(全二册)

出版说明

《中国历史研究入门》(以下简称《入门》)是名古屋大学出版社于2006年出版的一部中国史入门读本，由来自日本各地的29位一线研究者共同执笔编写完成。该书承袭日本中国史学界每隔一段时间就编撰入门读本的传统，对1983年以降，特别是1994年之后的研究动向、最新成果，分章节加以梳理介绍。

作为一部治学基础书，《入门》不仅条理清晰、概述精到，为初学者提供了实用的研究思路和翔实的文献资料，便于初学者得窥治学门径，而且以其明确的问题意识和宏大的研究视野，引导后学在现有研究基础上整装再出发，从而明了治学的方向和意义。

鉴于《入门》的上述价值，中西书局于2014年决定引进出版此书，并约请任教于复旦大学的邹怡先生承担此书的翻译工作。《入门》因上起先秦、下至现代、旁涉世界的时空跨度，以及涵括目录学、考古学、地理学等专业领域，翻译难度极大，独译尤为艰辛。感谢邹怡先生数年来的默默付出，以精益求精的态度打磨译稿，并在严谨细致的翻译之外，为本书的“文献一览”增补了大量中文译本信息，使目前呈现在中国读者面前的《入门》一书更臻实用。此外，本书的翻译及编校工作，也得到了数十位学界及出版界专家的指导和帮助，他们提出了不少宝贵的意见。在此译本出版之际，一并致以真挚的谢意。

需要说明的是，《入门》一书原是面向日本高校的青年学子的，一些观点和表述或有可商之处，我们将此书译介给国内学界，是希望它能发挥应有的借鉴作用，所谓“他山之石，可以攻玉”。文明的交流互鉴，构成了历史发展的生动图景，也推动了包括中国史在内的历史学的发展与进步。这也是我们历经十年、推出《入门》一书的初衷所在。

中西书局

2024 年 8 月

目　录

上　册

第Ⅰ部　研究及史料

下　册

第II部　中国史研究法

弁　言

何为中国？对于现代日本人而言，这个问题具有前所未有的重要性。直到如今，令人不愉快的误解和成见仍不时出现。如何与中国这一巨邻共处，在日本可以说是一个全民性的话题。

世界各地的人们或多或少也都怀有同样的疑问。甚至对于现在的中国人而言，如何超越个人立场，从整体上审视自我，从而认清当下、规划未来，恐怕也是一个根本性的问题。

中国是一个拥有悠久历史的连续文明体，在此过程中，各种变异和重组层叠积累，汇成日益多元、复杂、巨大的历史洪流，奔流至今。因为承载着厚重的历史，今日之中国是一个名副其实的“历史之国”，这一点，相比其他各国尤为显著。换言之，何为中国，何为中国历史？这两个问题具有高度重合之处。

作为一本致力于帮助人们了解和思考中国及其历史的入门书，但愿本书能得到大家的广泛利用。本书面向各类读者，既可供学习和从事中国及中国史研究的本科生、研究生和学者阅读使用，也可为日本史、西洋史和世界史等相关领域的研究者提供参考。我们亦诚挚地希望本书能为关心中国及其历史的各界人士提供发现问题和解决问题的思路，或为相关文献的搜集助一臂之力。倘尚堪用，不胜荣幸。

本书问世之前已有多种中国史入门书，不过，中国在改革开放后的四分之一个世纪中，新发现的文献、文物和遗址等不断公布，相关资料的阅读和获取也日渐方便，史料占有从根本上发生了巨变。与之相应，中国史的各个领域亦焕然一新。中国的巨大变化，同时也是中国史研究的巨大变化。因应这一情况，本书在论述的对象、结构和内容等方面进行了彻底的革新。

另一方面，日本与中国保持着长期的交流与多样的联系。因此，日本自古以来就对中国投以广泛且深入的关注，其中国史研究可谓传统悠远、积累深厚。就水平而言，日本对中国及其历史的研究，可与中国本国的中国史研究相颉颃，世界各国无有出其右者。作为他者视野中的历史研究，日本的中国史研究以其独到的眼光和丰硕的成果为海内外所重，这一格局至今未变。

除中国和欧美的研究外，本书主要介绍日本学者的中国史成果。简言之，从日本的视角来解析中国历史，是为本书最大的特征。得益于当代日本诸位中国史研究一线学者的合作，本书清晰地展示了日本学界解析中国历史的基本实力。若本书亦能为中国及世界各国所用，则幸莫大焉。

本书编辑过程中，中砂明德先生出力尤多，在此特笔记之，深表谢意。

全体编者

2005 年 11 月

序　说

砺波护

一、中国人的历史意识

◆历史在中国的意义

面对有志于研究中国历史而翻开本书的读者，笔者在此首先阐释一下历史这门学问在中国的意义。自古以来，中国就极为重视历史，是一个历史大国。岛田虔次曾在《亚洲史研究入门》第1卷《中国Ⅰ》(同朋舍出版，1983年)“序论”中介绍道，中国是一个历史大国，这一点很早便为欧洲所知。德国哲学家黑格尔（1770—1831）的《历史哲学》(长谷川宏译，岩波文库，1994年）就特别提到了这一点。

黑格尔《历史哲学》第一部“东方世界”的第一篇便以中国为论述对象，该篇起首写道：“历史必须从中华帝国说起，因为根据史书的记载，中国实在是最古老的国家；它的原则又具有那一种实体性，所以它既然是最古的、同时又是最新的帝国。”黑格尔又写道：“中国‘历史作家’的层出不穷，继续不断，实在是任何民族所比不上的。其他亚细亚人民虽然也有远古的传说，但是没有真正的‘历史’。印度的‘四吠陀经’并非历史。阿拉伯的传说固然极古，但是没有关于一个国家和它的发展。这一种国家只在中国才有，而且它曾经特殊地出现。”①（日译本上卷，第195—196页）

① 译者按：本段译文取自［德］黑格尔著，王造时译《历史哲学》，上海书店出版社，1998年，第160—161页。

清末民初的思想家、政治家，通晓西学的梁启超（1873—1929）在退出政界后出版了《中国历史研究法》（商务印书馆，1922 年），书中第二章“过去之中国史学界”中，有一段引人瞩目的见解：“中国的各种学问中，独史学特别发达，至少到二百年前是这样……其原因现难以断言，但很早置有史官，其职责亦受重视，恐怕是一个原因。”（第 17 页）因是之故，接下来介绍一下中国史官的职责。

◆史官、史家的职责与楷模

在中国，“历史是对事实的记述”，这一传统始于公元前 770 年开始的春秋时期。在官僚机构极度发达的前近代中国社会中，史书的编纂者是被称为“史官”的政府官僚，难以想象当时有民间史家的存在。人们期待作为官僚的史官能冒着违背皇帝等当权者意愿的风险，毋论善恶，秉笔直书。

《春秋左氏传》宣公二年（前 607）条记载，晋国的史官董狐不阿从掌权者赵盾的意图，记下了“赵盾弑其君”一事。另，襄公二十五年（前 548）条中，齐国崔杼的部下弑杀君主，齐国史官太史因写下“崔杼弑其君”而被杀，其弟同样记之，亦被杀，最终太史的三弟将此事原委又记录下来。晋国的董狐和齐国的太史兄弟，作为史官的楷模，传诸后世。8 世纪前叶，唐朝史官吴兢在编纂《则天实录》时，断然拒绝了宰相张说的曲笔要求，被誉为“当世董狐”。

继承父亲遗志成为史官太史令的司马迁，在人生半途遭遇宫刑的羞辱，但为了完成纪传体《史记》，他仍坚守史家的职责。川胜义雄《中国人的历史意识》（平凡社 Library，1993 年）讨论了中国人的历史意识，他认为，“司马迁在东亚思想史中的地位，西方世界的希罗多德还不足以相埒，唯有亚里士多德才与之相当”（第 30 页），“中国的‘诸学之学’，在哲学之前，首先是凝练为《史记》那样的世界历史。古代中国最为发达、最成体系的‘诸学之学’，与其说是哲学，不如说是世界历史，这暗示了中国思想的基本特质”（第 69 页）。因此，川胜义雄主张，中国的“诸学之学”，不是哲学，而是史学。

◆作为镜鉴的历史

在中国，从公元前的上古时代开始，历史就被认为是过往的镜鉴。中国最古老的诗集《诗经》，创作于公元前 4 世纪，其中《大雅 · 荡》有云“殷鉴不远，在夏后之世”。“鉴”与意为镜子的“鑑”为同一个字。① 这句诗的意思是说，

① 译者按：繁体字中，“鑒”同“鑑”，现均简化为“鉴”。

殷王朝应当引以为“鉴”的并不是那遥远的时代，而是此前不久夏王朝君主们的历史。周文王是君主的典范，《诗经》中歌颂周文王的《大雅·文王》写道，殷王朝还未失却天下人心的时候，总是遵循“上帝”的意志实行统治，“宜鉴于殷”。过去的历史是现在与将来的借鉴，旧时王朝的兴亡不可不作为镜鉴，历史是现在最好的镜鉴。这样的历史观，从周代开始，流传至今。

11世纪，司马光应宋神宗之命完成的编年体史书《资治通鉴》，以史实严谨而著称。该书最初名为《通史》，后由神宗赐名《资治通鉴》，意为梳理清楚历代史实，以资皇帝施政参考。日本平安时代，历史小说的代表作《大镜》，以及随后《今镜》《水镜》等以“镜”为名的作品，均与此理念有关。

司马光编撰《资治通鉴》时，作为其助手、分担唐代部分写作的范祖禹，又自行撰写了史书《唐鉴》。该书的价值与其说是对历史事实的陈述，不如说是通过对历史事实的选择和评论，为施政者提供参考。以史为鉴这一观念还催生了一种中国画题材“鉴戒图”。“鉴戒图”不仅有《女史箴图》《孝子图》《耕织图》等，还有与《资治通鉴》《唐鉴》等帝王术一类史书相结合而形成的《帝鉴图说》。

明代政治家张居正和吕调阳合著的《帝鉴图说》，可以说是一部图说中国史。该书前半部从尧帝《任贤图治》到唐太宗《望陵毁观》，再到宋哲宗《烛送词臣》，共计八十一事，均为明君故事。后半部从夏太康《游畋失位》到秦始皇《焚书坑儒》，再到宋徽宗《任用六贼》，共计三十六事，均为需引以为戒的恶主故事。每个故事首先绘成图画，随后附上图解。至于八十一事和三十六事，是因为阳为吉，阴为凶，故善行为阳数九的九倍数，恶例为阴数六的六倍数，分别选取了八十一则和三十六则历史故事。

出于历史是作为为政者镜鉴而编纂的观念，从《资治通鉴》到《唐鉴》，从《唐鉴》到《帝鉴图说》，相较历史事实本身，更重视对历史事实的价值判断和基于儒家惩恶扬善观念的史评。这三种含有“鉴”字的史书中，《资治通鉴》和《唐鉴》自不必说，《帝鉴图说》亦被舶载至日本，出版了带有江户时期训注的和刻本，用现在的话来说，就是翻译本。在中国，《资治通鉴》《唐鉴》和《帝鉴图说》最近又分别由中华书局、商务印书馆和中州古籍出版社推出标点本。

因为历史在中国被认为是过往的镜鉴，所以政治革新之际，就会出现王莽、武则天那样以遥远上古时期的周王朝为镜鉴来进行现实政治改革的情况。但是，镜子由青铜或玻璃制成，一旦表面不平整、研磨不充分，镜中所映就会歪曲模糊事物原本的形象，还有出于歪曲目的而故意制作的凹凸特效镜片。因此，历史在作为镜鉴使用时，有时会被用作影射害人、指桑骂槐的工具。“文化大革命”结束以后，中国史学界开始反省批判影射史学，敲响了这一方面亦有危害的警钟。

◆四部分类（经部、史部、子部、集部）的形成

目录学是关于中国古籍如何分类的一门学问，井波陵一《知识的坐标——中国目录学》（白帝社，2003 年）全面介绍了目录学的整体情况。有志于历史研究的读者，可阅读本书第Ⅱ部 A 第一节井上进撰写的“目录学”部分。此处先就四部分类法中的第二部“史部”，单独作一阐述。

中国古籍目录的编制，始于西汉武帝末年，即公元前 1 世纪末，刘向、刘歆父子为汉朝皇家图书馆编纂藏书目录《别录》和《七略》。刘向的《别录》对书籍进行逐本解题，刘歆的《七略》则主要对图书进行分类。《七略》中除作为序文的《辑略》外，有《六艺略》《诸子略》《诗赋略》《兵书略》《术数略》和《方技略》六略，共计七个部分。《六艺略》集中介绍儒家经典，其下细分为《易》《书》《诗》《礼》《乐》《春秋》《论语》《孝经》和《小学》九类。《诸子略》集中介绍记述诸子思想的书籍，其下细分为《儒》《道》《阴阳》《法》《名》《墨》《纵横》《杂》《农》和《小说》十类。“六艺”和“诸子”对阐述思想学说的哲学作了学派的区分，这也是对孔子所推崇的六艺，也就是六经给予特别地位的开始。《诗赋略》集中介绍文学书籍，其下细分为五类。六略中的前三略，可以说是文科类书籍。随后的《兵书略》《术数略》和《方技略》三类，据名称类推，可知为军事、占卜和医学等技术类书籍。六略的后三略，可以说是理科类书籍。

班固所撰正史《汉书》中的《艺文志》，系基于《七略》而编，所以据此将图书分为六类的汉朝皇家图书馆将属于《六艺略》《诸子略》和《诗赋略》的哲学书和文学书，集中分类排放。但是，史书当时还未被视为一个独立的类别，《战国策》和《太史公百三十篇》（即司马迁所撰《史记》）等书，被归于《六艺略》的《春秋类》。

历史学被视为与哲学、文学并列的一门专门学问，是在 3 世纪末西晋武帝在位期间。当时，荀勖为整理宫中藏书，撰成了一部采用四部分类的藏书目录《中经新簿》。据《隋书 · 经籍志》载，四部“一曰甲部，纪六艺及小学等书；

二曰乙部，有古诸子家，近世子家、兵书、兵家、术数；三曰丙部，有史记、旧事、皇览簿、杂事；四曰丁部，有诗赋、图赞，汲冢书”。与《七略》的分类相比，一方面，乙部中，除基本的《诸子略》外，加入了《兵书略》《术数略》，几乎将《方技略》并入其中，另一方面，以史书为中心的丙部独立了出来。班固于公元82年完成的《汉书·艺文志》，继承了《七略》传统，将史书归于《六艺略》下的九类之一《春秋类》。但两百年后，也就是古墓中所获竹简《汲冢书》被整理后不久的公元281年左右，荀勖编撰《中经新簿》，采用甲、乙、丙、丁四部分类，史书作为丙部开始独立出来，从中可以推知，当时宫中的史书收藏有了快速的增长。

荀勖的《中经新簿》将宫中所藏书籍分为甲、乙、丙、丁四部，史书作为丙部独立出来。但是，西晋连遭八王之乱、永嘉之乱，最终在五胡入侵中灭亡，王室成员司马睿逃奔江南偏安，是为东晋元帝。经此变故，宫中藏书大幅减少。根据唐代道宣《广弘明集》卷三所收梁代阮孝绪的《七录序》，李充曾依照荀勖的目录清点宫中藏书，撰成《晋元帝书目》，他对换了荀勖目录中的乙部和丙部，从此，史书属于乙部，而诸子之书归入丙部。

问世于7世纪前半期的《隋书·经籍志》，可谓南北朝后期的全国藏书目录。该目录采用四部分类，其中，经部收“六艺经纬”，即六经、经书、纬书，合627部5371卷，史部收“史之所记”，合817部13264卷，子部收“诸子”，合853部6437卷，集部收“集”，合554部6622卷。这种按经部、史部、子部和集部的顺序来进行分类的雏形，正出自李充的《晋元帝书目》。

书籍卷帙繁简有别，小者有1部1卷的《孝经》、皇甫谧的《逸士传》等，大者有1部300卷的何承元《礼论》、620卷的徐僧权《华林遍略》等，所以，在四部之间进行部数的比较并无多大意义。取《隋书·经籍志》著录书籍的卷数进行比较，经部5371卷，史部13264卷，子部6437卷，集部6622卷，史部的卷数差不多分别是其他三部的两倍。可见隋时的中国，史书极多。

而且《隋书·经籍志》中，经、史、子、集四部分类之后，还列举有道教的道经和佛教的佛经。道经有377部1216卷，佛经有1950部6198卷。阮孝绪《七录》的目录中，是依《经典录》《记传录》《子兵录》《文集录》《术技录》《佛法录》和《仙道录》排序，佛教在先，道教在后。而《隋书·经籍志》中对换了两者顺序，道教在先，佛教在后。《隋书·经籍志》编纂于唐太宗在位期间，这反映了当时先道后佛，即道教相比佛教更受优待的政治背景。

唐代以后，《隋书·经籍志》确立的经、史、子、集四部分类被继受传承，清代乾隆时完成的文献大成《四库全书》，按经、史、子、集四部分类进行誊写保存，故定名为四库。《四库全书》各册，均用楷书在朱丝栏中工整写就，书衣为丝绢精制，并用颜色区分四部：经部为黄绿色，史部为红色，子部为青蓝色，集部为灰色。笔者常用邵懿辰撰、邵章续录的《增订四库简明目录标注》(中华书局，1959年)，根据该书卷首的记载，文渊阁等所藏《四库全书》全套36000册，其中，经部十类10214卷，装为960函；史部十五类21359卷，装为1584函；子部十四类17566卷，装为1584函；集部五类26757卷，装为2016函。18世纪下半叶《四库全书》四部的卷数与7世纪上半叶《隋书·经籍志》四部著录的卷数相比，子部和集部的增长率远远高于经部和史部，尤为明显的是，集部的卷数超过了史部。

◆纪传体、编年体和纪事本末体

《四库全书》中收录的史部21359卷书籍，细分为十五类。按顺序，第一类是以西汉司马迁《史记》为首，东汉班固《汉书》及以下承续此传统的“正史类”。第二类是《竹书纪年》、东汉荀悦《汉纪》、北宋司马光《资治通鉴》等“编年类”。第三类是以南宋袁枢《通鉴纪事本末》为首的“纪事本末类”。

“正史类”所收者是从《史记》到《明史》的二十四史，均采用“纪传体”编撰而成。“编年类”所收者为编年体史书。“纪事本末类”是采用“纪事本末体”编撰的史书。“纪传体”“编年体”和“纪事本末体”是中国历史叙事的三种代表性体例，合称为“三体”。

“纪传体”始于《史记》，至少包括了记载历代帝王事迹的“本纪”和政治家等名人传记的“列传”，另外，有诸侯年表、将相年表等“表”，分类专录文化史或制度史的“志”(《史记》中为“书”)，记述各方诸侯和割据政权历史的“世家”，“世家”在部分正史中名为“载记”。《汉书》以下的正史均沿袭该体例，故《隋书·经籍志》中“纪传体”史书均归类于史部“正史类”，所以“纪传体”又名“正史体”。

《史记》一书中，首为“本纪”，记载了五帝时期的黄帝至司马迁时汉武帝之间历代帝王的事迹。“本纪”将当权者的兴亡易替按时间顺序编撰为王朝的编年史，并遵循儒家经典《春秋》的形式，展示出以政治史为中心的基本历史线索。其后为“表”，以表格形式简化历史进程，令其一目了然，这源自司马迁的创意。第三部分的“书”，按礼乐、天文、财政等专题分类记载社会的整体发展，此亦始于司马迁的创意。随后的“世家”为各封建诸侯的国别编年史，前半部分是秦统一之前名副其实的封建诸侯历史，后半部分则为汉代名义上的封建诸侯历史，两者之间安置了孔子世家，这是将孔子视为无冕素王的特别礼遇。最后是占全书130卷半数以上的“列传”70卷，生动记述了诸多人物丰富的侧面，同时也记录了当时所知其他国家的地理、民俗和历史。“本纪”和“列传”，不论主人公是否为帝王，均为个别人物的编年史或评传。与之相对，“志（书）”和“表”记录的则是国家或社会的整体动向。因此，对某一人物的思想及生平感兴趣的读者可仔细阅读“本纪”或“列传”，而对某一时期的国家结构或社会动向感兴趣的读者则可留心“志（书）”和“表”。

接下来介绍“编年体”，这是按年月日顺序记述史事发展的一种编纂体例。“编年体”是中国出现最早的史书体例，《春秋》及其解说之书《春秋左氏传》均采用这种体例。《隋书·经籍志》中，“编年体”史书被归类于史部的“古史类”，故又称“古史体”。“编年体”史书的代表为司马光所撰《资治通鉴》。《春秋》的记事始于公元前770年，《资治通鉴》继承了《春秋》的体例，记述了周威烈王二十三年（前403）至五代后周显德六年（959）的史事，即自战国至北宋政权建立前夕共计1362年的通代历史。全书正文计有294卷，另有《资治通鉴目录》30卷和《资治通鉴考异》30卷，合计354卷。后来，朱熹精简《资治通鉴》而编撰的《资治通鉴纲目》，对中国及周边东亚诸国的历史观产生了重大影响。另外，李焘撰写的《续资治通鉴长编》亦为“编年体”，作为北宋历史，较正史《宋史》更为重要。

“纪事本末体”是南宋袁枢基于《资治通鉴》而开创的一种便于通览历史事件前后原委的史书体例，其名得自该体例的首部作品《通鉴纪事本末》。“纪事本末体”根据事件历史意义的大小来分配叙事篇幅，详述各事件的原因、过程和结果，从而便于读者理解史事的因果关系。直至清代的《四库全书总目》，“纪事本末体”才被视为史书之一类。采用此种体例的书籍，有以《宋史纪事本末》为代表的“九朝纪事本末”。“纪事本末体”史书的数量并不多，但受到章学诚等清代以降历史学者的重视。该类史书有的不以纪事本末为名，例如，记述北宋、南宋与金45年间和战的《三朝北盟会编》等，其实也是“纪事本末体”史书。

史书编纂的三种体例——“纪传体”“编年体”和“纪事本末体”，各擅胜场，不过，被认定为权威“正史”的二十四史，全部采用“纪传体”编纂而成。

二、正史二十四史及其关联著作

◆正史二十四史

中国史书中，最基本、最权威的是记述上古至明朝历史，人称“二十四史”的“正史”，它们全部用“纪传体”写就。二十四史依次为：《史记》《汉书》《后汉书》《三国志》《晋书》《宋书》《南齐书》《梁书》《陈书》《魏书》《北齐书》《周书》《隋书》《南史》《北史》《旧唐书》《新唐书》《旧五代史》《新五代史》《宋史》《辽史》《金史》《元史》《明史》。此处提醒读者注意该顺序中《隋书》的位置，包括本书在内，现代的中国和日本学界均将隋、唐两朝视为一个连续体，常连称两者为“隋唐”，但在传统中国，隋朝被认为是北朝的最后一个王朝。

二十四史中的第一部——司马迁的《史记》是上起上古、下迄汉武帝时期的一部通史。其后，从班固《汉书》开始的正史基本都是“断代史”，即专述一个王朝的历史，但仍有若干通史，比如，唐人李延寿的《南史》和《北史》分别总述南朝和北朝历史，宋人薛居正的《旧五代史》和欧阳修的《新五代史》总述五个王朝（即五代）的历史。虽然《史记》列名正史二十四史，但在传统中国，相比通史的《史记》，断代史的《汉书》更被认为是史书的典范。

《南史》将南朝宋、南齐、梁、陈四朝的正史《宋书》《南齐书》《梁书》《陈书》加以精简，体例未作大的调整。较诸《南史》，《北史》并不停留于对北朝北魏、北齐、北周、隋四朝正史《魏书》《北齐书》《周书》《隋书》的简编，还做了史实的补阙，历来评价甚高。所以，查考隋代历史，除《隋书》外，《北史》亦不可忽视。

唐以前的正史，多数是担任史官的学者穷其一生写就的著作，以宫中藏书为史料，叙事中多有见识；而唐宋及以后的正史，通常由政府开设史馆，名义上为宰相总纂，实际上由诸多学者分工合纂，常以卷帙浩大为夸示，然而遗憾的是，质量多不尽如人意。

“正史”这一称呼首见于《隋书·经籍志》，不论敕撰抑或私修，纪传体的史书均被认为是正史。至宋代，由政府认定者方为正史，从《史记》到《新五代史》，共十七种纪传体史书被统称为“十七史”。明代汲古阁刻本加入《宋史》《辽史》《金史》和《元史》，成为“二十一史”，清代再加入《明史》，扩展为“二十二史”，至乾隆年间的武英殿版，又加入《旧唐书》和《旧五代史》，合为“二十四史”刊行。

若将《旧唐书》和《新唐书》视为一书，《旧五代史》和《新五代史》视为一书，则“二十四史”又可称为“二十二史”，故清代考据学之代表作——钱大昕《廿二史考异》和赵翼《廿二史札记》中的“二十二史”，实为“二十四史”。曾任中华民国大总统的徐世昌又将柯劭忞《新元史》加入，成为“二十五史”。最近，中国学界或以《清史稿》代《新元史》入正史，统算得“二十五史”。

前文曾提醒注意《隋书》的位置，此处再借机介绍一下“两种五代史”的情况。所谓“两种五代史”，并不是指《旧五代史》和《新五代史》，而是指唐朝之前五个王朝的历史和唐朝之后五个王朝的历史。唐高宗武德五年（622），唐廷开始编纂南北朝后半期梁、陈、北齐、周、隋五个王朝的正史，但未成而中止。其后，唐太宗贞观三年（629），唐廷又重启这五个王朝正史的编纂。《隋书》的主修为魏徵，多位知名学者参与编纂。7年后，《隋书》“帝纪”和“列传”部分，与其他四朝同时完成，故合称为《五代史》，但《五代史》中“志”的部分尚未完成，故继续修纂。最终，到《五代史志》30卷历时15年编纂完成时，《梁书》和《隋书》已单独问世，故将“志”的部分与先期完稿的《隋书》“帝纪”“列传”部分合编为《隋书》。因是之故，通行本《隋书》中，“帝纪”“列传”部分仅及隋朝一代，而“志”的部分可以说以隋朝为记述重点，兼涉南朝的梁、陈及北朝的北齐、周。因此，若要考察这四个王朝的社会经济和文化，《隋书》亦为必读文献。前文提及的《隋书·经籍志》4卷，也是《五代史志》30卷的一部分。

“两种五代史”中的另一种是指唐之后五代十国的通史，又有《旧五代史》和《新五代史》两种。其中，《新五代史》的正式名称为《五代史记》，该书与《史记》相应，设有“十国世家”10卷，主要记述割据江南的十国。“世家”这一名目仅见于《史记》和《新五代史》，《晋书》记述了同处分裂割据状态的北方五胡十六国历史，书中有“载记”30卷，“载记”与“世家”本质上相同。

再介绍一下正史二十四史的版本。二十四史历来以百衲本和武英殿本为代表。清代乾隆时刊行的钦定武英殿本，各卷附有校证，使用方便，但《辽史》

《金史》和《元史》，即“后三史”的人名等经清人修改，使用时务必留意。而且，不限于“后三史”，记述北宋历史的《续资治通鉴长编》等，在钦定《四库全书》本中，少数民族的人名和地名也遭到了窜改。所以，二十四史还是以浙江书局刊本为底本，据诸本校勘的中华书局标点本为佳。

另外，早已亡佚的《旧五代史》，最终从《册府元龟》《永乐大典》等书中辑佚而得以恢复。刘承幹嘉业堂校刊本标注了辑佚来源的卷数，但武英殿本为追求美观，删除了出处及校语，所以应选用百衲本系统的《旧五代史》，其中包括中华书局标点本。①“二十四史”中的“前四史”，即成书最早的《史记》《汉书》《后汉书》和《三国志》，作为文史哲研究的必读书，也积累了大量的注疏。

标点本二十四史的平装本开本为32开，共241册，但精装本的册数，依版本不同而有差异。例如，《三国志》的平装本为5册，而精装本为4册或5册。另外，1995年问世的标点本二十四史豪华版，16开，精装为80册，其中，《三国志》为2册。所以，若指明卷数和页数，翻检时没有任何问题，若仅言册数，则不易查考。对于准备撰写学位论文的读者而言，册数依平装32开，于人于己均显方便。

◆三通（《通典》《通志》《文献通考》）

“纪传体”史书中分类记述文化史和制度史，整体展示社会发展动向的篇目为“志”（《史记》中为“书”），但以一朝为限的断代史不足以捋清制度沿革及其影响，惟有通史性的“志”才能达此目的。顺应这一要求，杜佑于公元801年撰成《通典》200卷，全面梳理了自上古至唐玄宗天宝年间各种制度的沿革大要，内容计有食货、选举、职官、礼、乐、兵、刑、州郡和边防九门。记述财政经济史的食货门位于首位，随后是选举和职官。经济和政治被视为根本，可见历来以礼法为首要的价值观发生了巨大的变化。不过，礼乐的篇幅还是占据

① 译者按：此处日文原文为“中華書局刊の標点本をふくむ百衲本系統の『旧五代史』を用いるべきなのです”，句中“百衲本”为广义用法，非特指商务印书馆的百衲本二十四史。《旧五代史》在《新五代史》问世后，渐受冷落，至清代时已散佚，清人努力从《永乐大典》《册府元龟》等书中辑佚复原之，形成多种清人辑校版本。中华书局1976年标点本《旧五代史》以清乾隆四十年（1775）缮写进呈本为底本，即标点本中所称“影库本”，兼存影库本粘签、影库本批校、武英殿本注、孔荭谷校抄本等本子的辑校内容，实质上为《旧五代史》清辑本系统的汇注本。在此意义上，中华书局标点本《旧五代史》具有百衲本性质。

了全书的一半。所以，《通典》不仅是社会经济史和政治史，也是礼制史研究的要籍，特别是隋唐部分，极为重要。在《四库全书》中，《通典》属于史部的“政书类”。

《通典》打通了正史中的“志”，广受好评，仿效其体例的书籍亦随之出现。其中代表作为宋末元初马端临的《文献通考》348卷，成书于1317年。该书将上古至南宋历代王朝的制度沿革，分为田赋、钱币、户口、舆地、四裔等二十四类展开考述。唐天宝以前的部分，补充了《通典》的缺漏之处，天宝及以后部分据多种史籍写就，尤其是五代和宋部分，包含了不少其他书中未见的记载。《文献通考》亦属政书类，作为该书的后继，清乾隆年间刊有钦定《续文献通考》和《皇朝文献通考》，但就史料重要性而言，当推明人王圻于1584年成书的《续文献通考》，① 其书保存了南宋嘉定年间至明代万历初年的珍贵历史记载。

在马端临之前，宋人郑樵著有《通志》200卷，《通志》与《通典》《文献通考》合称为“三通”，不少目录将其归类于“政书”。不过，《通志》总序明显推崇《史记》而贬抑《汉书》，可见，郑樵有志于通史而无心于断代。《通志》全书包括本纪18卷，后妃传2卷、年谱4卷、略52卷、列传124卷，统共200卷，系用“纪传体”写就。故《四库全书总目》虽然承认《通志》为“纪传体”史书，但不认为其为正史，而将它与《东观汉记》《建康实录》及《东都事略》等书同列于史部“别史类”。但是，《通志》的本纪和列传只是对旧有正史记载的简化汇总，故评价不高，反倒是相当于正史中“志”部分的“略”52卷自有特色，史料价值颇高，故不知从何时起，《通志》就与《通典》《文献通考》合称为“三通”，近年来的古籍目录也多将其归入史部“政书类”。“略”共有二十种，称为“二十略”，吸收唐代刘知幾《史通》的意见而设立的《氏族略》《都邑略》《昆虫草木略》《六书略》《校雠略》等，均为旧“志”所无而新创的专题，评价甚高，曾作为《通志二十略》单行出版。

江户时期伊藤东涯的《制度通》13卷，总结了“三通”和王圻《续文献通考》的要点，并分类论述了中国与日本相应制度间的关系。全书涉及天文、历法、地理、官制、官吏任用、税役制、度量衡、礼乐、律令格式、兵制、法制

---

① 译者按：据王树民《史部要籍解题》(中华书局，1981年，第211页)，王圻《续文献通考》记事下限为明万历三十年(1602)左右。

等各种制度，在简要追溯中国自上古至明代制度沿革的同时，各条目唐代部分后还专设“本朝之制”栏，以便与日本制度进行比较。

◆三国鼎立时期

所谓三国鼎立时期，一般是指3世纪魏、吴、蜀（汉）三国鼎立时期，或4至7世纪中国东北与朝鲜半岛上高句丽、百济、新罗三个政权鼎立时期。若完全限定于中国历史，当然首先想到前者，即六朝初的“三国”。不过，“三国”意为三个国家，所以也并非专指“六朝初的三国”。

六朝末的“三国”见诸书名，系唐代丘悦的《三国典略》。该书几乎一直未受关注，直到近年杜德桥（Dudbridge，Glen）、赵超辑校的《三国典略辑校》（东大图书，1998年）出版。北宋王尧臣等奉敕所撰《崇文总目》卷三记述道，该书“以关中、邺都、江南为三国，起西魏，终后周，而东包魏、北齐，南总梁、陈，凡三十卷，今卷第多遗，自二十一以下，卷阙”，意即南北朝末期可视为三国鼎立时期，以定都关中长安的西魏和北周为正统，与定都关东邺城的东魏和北齐，偏安江南的梁和陈，三方共成鼎足之势。《三国典略》中的“三国”，就是指分别占据关中、河北、江南的三个政权，《三国典略》就是这三国的编年史。牛津大学的杜德桥，受胜村哲也《六朝末的三国》(《藤原弘道先生古稀纪念史学佛教学论集》，1973年）一文的启发，从《太平御览》等书中辑佚成此书。

11至13世纪上半叶，史书中未有“三国”之称，实质上亦呈“三国鼎立”之势。当时，游牧民族党项建立了大夏（因位于宋的西北方向，宋人称之为西夏），西夏虽是个小国，但至其被蒙古军队攻灭的190年间，它与东方的辽（后为金）、东南方的宋，长久维持了三国鼎立的局面。西夏、辽（后为金）、宋，确为不折不扣的三国鼎立时期。元朝时不仅有作为正史的《辽史》和《金史》，还编纂了《西夏史》，笔者深深希望《辽史》《西夏史》《金史》和《元史》这一可统称为“后四史”的研究环境早日到来。

◆使用四角号码检字法的索引

研习中国史的读者，在阅读正史二十四史等典籍的过程中，建议首先阅读本书第Ⅱ部“中国史研究法”中的B部分，即中砂明德所作“附录”中的诸项内容。为推荐使用“四角号码检字法”，笔者在此会尽可能列举个人亲身经历，并提醒各位正确解读史料时需注意的问题。

笔者在学生时代开始专门学习东洋史，查阅《中国人名大辞典》(商务印书馆，1921 年）和《中国古今地名大辞典》（商务印书馆，1931 年）时，初次认识到“四角号码检字法”的便利。后来，诸桥辙次编《大汉和辞典》最末一卷“索引”，与“笔画索引”“字音索引”“字训索引”并列，也编制了“四角号码索引”。在认识到四角号码相比笔画、音训更为快捷时，同学们都像着了魔似地转向使用四角号码索引。

此后不久，笔者进入唐代研究领域，需要更多用到平冈武夫编写的《唐代研究指南》丛书。该丛书的索引多用“四隅番号法”，即“四角号码检字法”编制。笔者在参加平冈武夫主持的《白氏文集》研读会后，为确认语句出处，时常翻检《佩文韵府》（全 7 册，商务印书馆，1937 年）中厚重的第 7 册《索引》。该索引依四角号码顺序编制，经此过程，笔者的四角号码检字能力更臻精熟。

平冈武夫在《唐代的历》（京都大学人文科学研究所，1954 年）书末的《〈唐代研究指南〉的编辑与刊行》（又收于砺波护编《平冈武夫遗文集》，中央公论事业出版，2002 年）一文中，阐述了采用四角号码检字法编制索引的理由。

> 这是笔者受益于王云五先生而做出的决定。不过，四角号码检字法并非王先生偶思所得。中国人对汉字的整理，努力极大、热情极高。……他们的思考长期积淀，终得大成，那就是王先生的“四角号码检字法”。这种方法是根据汉字四角的形状，将汉字分为十种类型，四角的各种形状分别赋予编号，再用编号来定义汉字。四角号码检字法在我国（译者按，指日本，下同）尚不通行，但是，编辑、检索等汉字分类和整理工作实践令笔者认识到，该方法实为检字法中最优者。……对不熟悉汉字的人而言，不论是东方人还是西方人，这种检字法最易上手。在不远的将来，我国出版的汉字辞典之类都会采用四角号码来进行汉字分类吧。

平冈武夫的预言已成事实，诸桥辙次《大汉和辞典》的索引中已有四角号码检字法。中国的出版界也多用四角号码检字法来编制索引。

例如，与标点本二十四史配套的《二十四史纪传人名索引》（中华书局，1980 年），本纪和列传中立有传记的人物姓名便依四角号码顺序排列，书末另附有笔画索引。最近，二十四史中的每一史，均全面收录书中所见全部人名编成索引，业已由中华书局和上海古籍出版社编辑出版，诚为学界美事，这些索引均用四角号码法编制。

这套二十四史人名索引丛书，并未机械地一史一编。《旧唐书》和《新唐书》合编有《新旧唐书人名索引》(上海古籍出版社，1986年)，《旧五代史》和《新五代史》合编有《新旧五代史人名索引》(上海古籍出版社，1980年)，使用便利。前文已述及有关南北朝的正史，《南史》系由《宋书》《南齐书》《梁书》《陈书》四史简编而成，故编有包括上述五史的《南朝五史人名索引》(中华书局，1979年)，确实嘉惠学林。与《隋书》配套者为《隋书人名索引》(中华书局，1979年)，隋是北朝的最后一个王朝，《北史》为《魏书》《北齐书》《周书》《隋书》的简编，故理应合五史编成《北朝五史人名索引》，但实际所出者为《北朝四史人名索引》(中华书局，1988年)，所以，《隋书》与其他四史所收人名就不易进行对照。这一点，务请读者注意。

三、中国通史概论及工具书

◆东洋史、亚洲史与中国史的入门书

本书第Ⅰ部“研究及史料”各章，大体按时间顺序，即以断代的形式，论述各个时代的“研究视角”“研究进展”和“史料解说”，第Ⅱ部“中国史研究法”，大体按史料类型展开论述。故本序说尽可能不重复第Ⅰ部和第Ⅱ部中的内容，对分时代各章中未涉及的通史性概论书和工具书作一介绍。

首先梳理一下日本对东洋史、亚洲史和中国史的认识。宫崎市定(1901—1995)在近80岁时完成了专著《中国史》(上、下)(岩波全书，1977—1978年)，在该书收入《宫崎市定全集》第1卷《中国史》时，他在“自跋”的开篇写道：“东洋史是我一生的研究领域，所以东洋史的课程已不知反复讲过多少遍，可是中国史的情况完全不同，无论如何努力思考，我对在学校中讲授中国通史仍然没有自信。终于要认真思考中国史的体系了，这正是我在这本《中国史》动笔前的心理状态。”全集各卷末尾的“自跋”，在宫崎市定逝世一周年纪念日时，已附上笔者的解说，汇编为宫崎市定《自跋集——东洋史学七十年》出版。这是了解宫崎市定的历史观、了解当时日本中国史学界情况的必读书。

不仅是25卷本《宫崎市定全集》，其他学者生前即付梓的全集或著作集中附录的各卷“跋语”，也常常不只是对该卷所收各论著的解说，还记述了当时学界的情况和氛围。例如，贝塚茂树(1904—1987)10卷本《贝塚茂树著作集》

（中央公论社，1976—1978 年）、3 卷本《小仓芳彦著作选》（论创社，2003 年）中附录的作者自跋，笔者读来均深有兴味。

宋末元初曾先之编写的《十八史略》，被日本人视为中国史入门书，在江户至明治时期广为传阅。所谓十八史略，是指从《史记》到《新五代史》的正史十七史，加上《宋史》，共十八史的简写本。该书只是一本史料价值不高的编年史通俗读物，但因含有较多故事和轶闻，且提纲挈领，广受欢迎。作为紧随《十八史略》的编年体史书，石村贞一撰写的《元明清史略》于 1880 年前后问世。

同时，清代考据学家的正史考据成果——赵翼的《廿二史札记》，被附上赖山阳的推荐文章和书画家贯名海屋的训点，以和刻本形式于江户末期的 1861 年付梓刊行。以撰写《日本开化小史》而闻名的经济学家田口卯吉（1855—1905），根据和刻本赵翼《廿二史札记》，用汉字和假名混合的方式，撰写了下迄明末的中国文明简史，即 5 卷本《支那[①]开化小史》（经济杂志社，1883—1885 年）。

紧随《支那开化小史》而出版的是那珂通世（1851—1908）的 4 卷 5 册《支那通史》（1888—1890 年），这是世界首部中国通史概论。但该书与《十八史略》相同，记事仅至南宋。《支那通史》使用附有训点的汉语写就，还曾出版过线装本。冠有罗振玉序文的重刻本在清朝颇受欢迎，流布甚广。用汉语写成的《支那通史》，经和田清翻译，分上、中、下三册收入岩波文库（1938—1941 年），时至今日，依然不断重刊。该书不仅论述了中国历代王朝的政治史，也涉及学术史和制度史等方面的内容。书中还设有“外国事略”部分，专述周边其他民族的兴衰及其与中国的交流。该书还以“倭汉交通”为题，使用不少篇幅对日中交流史做了相当详细的论述。

日本文部省规定中学新设东洋史科目，是在中日甲午战争爆发的明治二十七年（1894）。在文部省召开的历史学大会上，时任高等师范学校教授的那珂通世，提出应将外国历史分为西洋历史和东洋历史两部分，这一提议获得了全体与会人员的赞成。那珂通世校阅、编撰的教科书《中等东洋史》（上、下）

---

① 编者按：“支那”一词出现初期并无贬义，但随着近代日本对中国的侵略，“支那”成为近代日本强加给中国的蔑称。本书中出现的“支那”多为历史时期的书名、学科名等，为保存历史原貌，尤其是反映日本中国史学界在中国历史研究中将“支那”一词逐渐淘汰的变化情况，故本书保留“支那”一词的使用，特此说明。

（大日本图书，1898 年），作为正式确定东洋史之名的名著而广为人知。当时，桑原骘藏虚龄 29，还是文科大学的研究生。这一年，罗振玉在上海成立东文学社，藤田丰八（1869—1928）开始担任中国学生的教员。藤田丰八是比桑原骘藏高一级的学长，也是桑原一生的竞争对手，他很快就制定了汉译《中等东洋史》的计划。翌年，即光绪二十五年（1899）末，该书由樊炳清翻译，以《东洋史要》为题在中国出版。中译本由罗振玉题签，青年王国维（1877—1927）撰写序文。

皇皇巨著《支那史》的作者市村瓒次郎，将《支那史》改订为《支那史要》（上、下）（吉川书店，1893—1894 年），又于 1897 年撰著《东洋史要》。那珂通世亦于 1903 年出版《那珂东洋小史》。《支那史》《支那开化小史》和《支那通史》等书名中的“支那史”，至 1900 年前后，逐渐被《中等东洋史》《东洋史要》和《那珂东洋小史》等书名中的“东洋史”所取代。

“东洋史”于 1894 年在中学课程中确立，而大学高等教育中“东洋史”专业的诞生，则迟至 13 年后的明治四十年（1907），京都大学文学部的前身——京都帝国大学文科大学史学科成立之时。此后不久，东京大学等各大学中，支那史专业也纷纷改称东洋史专业。不过，在京都一地，尽管史学领域已正式使用“东洋史”或“东洋史学”，但少有用“东洋学”作为囊括哲学、语言学和文学的人文学科总称，反而用“东方学”来加以称呼，不过，这一现象意外地少有人知。

昭和四年（1929），东方文化学院成立，在东京和京都分设研究所。昭和十三年（1938），两研究所各自独立之时，东京方面改称东洋文化研究所，京都者则易名为东方文化研究所。随后，东京方面放弃了东方这个名头，研究所主办的学术杂志《东方学报》停刊，创办新的《东洋文化研究所纪要》，另又创刊《东洋文化》。京都的东方文化研究所则续办《东方学报》，并在昭和二十三年（1948）被京都大学人文科学研究所吸收合并后，仍以“东方部”的名义维持半独立的建制，且依然保持着《东方学报》的名称和装帧。

第二次世界大战之后，京都大学的东洋史研究，出现了用“亚洲史”代称“东洋史”的趋向。宫崎市定从概论书《亚洲史概说》（后改名①）开始，个人论

① 译者按：改名系前后日文题名不同，原为《アジヤ史概説》，后为《アジア史概説》，系 Asia 日文音译的差别。

文集亦以5卷本《亚洲史研究》、3卷本《亚洲史论考》这样的方式命名。他将自己定位为亚洲史专家，晚年时还撰写了《亚洲史研究入门》的序文。另外，田村实造（1904—1999）于昭和三十年（1955）与羽田明共同主编了6卷本《亚洲史讲座》，晚年又出版了《亚洲史考》。不过，这一潮流也并非涵盖全部，宫崎市定还主持出版有概论书《京大东洋史》，田村实造也主持编写了（京大）《东洋史辞典》，当时的教研室、专业和讲座名称也没有改为“亚洲史”。

借着讨论“东洋史”和“亚洲史”各自含义的机会，在此介绍一下加藤祐三对“东洋”和“亚洲”这两个称呼的研究结论。加藤祐三在《东洋的近代》（朝日选书，1977年）中指出，汉语中指代日本的“东洋”，在现代日语中是指与“西洋”相对应的广袤空间，大体等同于地域上“亚洲”所指的范围。他在大学课堂中调查发现，“东洋”给人的感觉多为“美丽”“沉着”“和平”“具有魅力的”，而“亚洲”给人的印象多为“丑陋”“无秩序”“战斗的”，“东洋”和“亚洲”这两个名称带给人的印象正好完全相反。而且，在东京都的电话本中也能看到，企业名称以“东洋”开头的，相比以“亚洲”或“亚细亚”①开头的具有压倒性多数，人气更高。不过，“东洋”多带褒义、“亚洲”多带贬义，这也不能一概而论。前者给人的印象是文化的、传统的魅力，而后者带来的是“站起来的亚洲”这样具有政治意味、新兴的感觉。加藤祐三的所见，从其发表至今，又过去了近三十年。若再调查一下“东洋”和“亚洲”这两个词带给人的印象发生了怎样的变化，是否还会得到同样的结果，必定很有意思。

那么，在本书之前，有哪些同类的入门书，是什么时候、由哪些人主编和撰写的呢？最早在第二次世界大战后的1950年代，出版有两本此类书籍。第一本是东方学术协会编《中国史学入门》(平安文库，1951年)。大战甫停的昭和二十一年（1946）10月至12月间，总部位于京都北白川东方文化研究所内的东方学术协会主办了题为“作为教养的东洋史”系列讲座，《中国史学入门》即该系列讲座连续13场的书面记录。翌年9月上旬，高桐书院又以《中国史学入门》上卷为题出版了平装本，虽纸质不佳，却颇受好评。无奈协会诸事猥集，下卷的出版只能推迟，计划在4年后，上、下两卷出齐，以函套精装本的形式

① 译者按：日文原文为“アジア”或“亜細亜”。

问世。协会系列讲座时题为“东洋史”，但出版时题为“中国史”。《中国史学入门》下卷的出版，终成泡影。

《中国史学入门》上卷的序文由羽田亨撰写，总论由宫崎市定执笔。书中正文先依时代为序，由学者分担执笔，先秦为贝塚茂树、秦汉为大岛利一、魏晋南北朝为宫川尚志、隋唐为塚本善隆、五代和宋为外山军治、辽金为藤枝晃、元为爱宕松男、明为田村实造、清为安部健夫；再按专题，分由学者撰写，考古学为水野清一、历史地理为森鹿三、东西交通为羽田明。因为该书为讲演录，所以文献解题等内容无法深入。全书章节组成与本书近似，但需注意的是，近现代史部分付之阙如。东京的东洋文化研究所和京都的东方文化研究所，尽管两者的成立都是以东方文化学院为母体，但前者以近现代史方面的专家为多，后者几乎全为中国古典学者，缺少近现代史方面的专家。

第二本是下中弥三郎编《世界历史事典》第23卷“史料篇・东洋”（平凡社，1955年）。翌年，该书又以下中弥三郎编《东洋史料集成》（平凡社，1956年）的名义重新装帧，再版为单行本。这是一部动员了全国相关研究人员，编写细致、内容周详的大作。特别是书首松本善海执笔的第1篇“通论”，短小精悍，对日本东洋史学的发展历程和趋势做了精彩的论述。第4篇“中国”收入了各时期历史文献的详细解题，内容周到。该书出版迄今已有半个世纪，但仍不失为重要的入门书。

差不多三十年后的昭和五十八年（1983）秋，又有两种入门书相继问世。先是山根幸夫主编《中国史研究入门》（上、下）（山川出版社，1983年），该书由撰写总论的山根幸夫领衔，主要由东京大学一脉的研究者执笔。岛田虔次等学者合编《亚洲史研究入门》（1—3）（中国第Ⅰ—Ⅲ卷，第Ⅱ卷的一部分为朝鲜史）（同朋舍出版，1983年），为全6册《亚洲史研究入门》中的前3册，主要由京都大学一脉的研究者撰写。两书各有特色，可相互补充。

此次，又历春秋二十余载，关东与关西的研究者相互合作，吸收最新学术进展，促成了这本《中国历史研究入门》的问世，亟盼能为广大学人所用。

◆历史分期与中国史概论

意大利哲学家、历史学家克罗齐（Croce，Benedetto，1866—1952）在《历史学的理论和实际》（羽仁五郎译，岩波文库，1952年）第1部《史学理论》“选材与分期”一节谈道：“思索历史当然就是把历史分期……我们近代欧洲人把历史分成古代、中世纪和近世。这种分期遭受了某些人的大量精确的批判。"①另外，宫崎市定在《古代帝国的产生》(京大东洋史1，创元社，1952年)一书的"总论"(又收于《宫崎市定全集》第17卷《中国文明》，岩波书店，1993年)中，专设"东亚历史的时代划分"，其中写道："对历史的理解从对时代的划分开始，且若言历史分期已经完成，此言亦不为过。……我们东亚的历史分期，参照欧洲历史的研究方法，可划分为四个时期。第一期：古代帝国的产生；第二期：贵族社会；第三期：独裁政治时代；第四期：东亚的近代化时期。对东亚历史的考察可按这四个分期加以推进。"(第11页)该历史分期非常重要，笔者初窥研究堂奥之时，围绕中国历史分期，学界论战正酣，至今印象深刻。

京都大学内藤虎次郎(号湖南，1866—1934)的讲演录《概括性的唐宋时代观》(《历史与地理》第9卷第5号，1922年)首次将历史分期论引入中国史研究。内藤湖南的主张系受其日本史同事内田银藏《日本近世史》(1903年)、西洋史同事原胜郎《日本中世史》(1906年)两书观点的启发。这两位同事均熟习史学理论，在他们的影响下，内藤湖南开始思考中国的历史分期。他认为中国的近世始于宋代，并将此观点带入课堂。但是，内藤湖南生前，他的历史分期论在学界几乎没有影响，直到1944年，其讲义录《支那上古史》(弘文堂)公开出版，历史分期论出现于该书"绪言"中，方才受到众人的瞩目。内藤湖南在京都大学的讲义录——《支那上古史》《中国中古的文化》和《支那近世史》，收于《内藤湖南全集》第10卷(筑摩书房，1969年)。最近，夏应元已将其汉译，即《中国史通论——内藤湖南博士中国史学选译》(上)(社会科学文献出版社，2004年)。

内藤湖南历史分期论的特色，在于设定了一个名为"过渡期"的时期。与内藤的历史分期针锋相对，宇都宫清吉(1905—1998)撰写了《东洋中世史的领域》(《东光》第2号，1947年)一文，通过对比秦汉时期的政治性和六朝时代的自治性，提出了名为"时代格"②的概念，批评了"过渡期"这一概念的模

① 译者按：本段译文取自[意]贝奈戴托·克罗齐著，[英]道格拉斯·安斯利英译，傅任敢汉译《历史学的理论和实际》，商务印书馆，1982年，第86页。

② 译者按："时代格"意为时代特征。近年，中国的史学界也尝试引入这一概念，例如，2014年11月8—10日，复旦大学历史学系召开了主题为"重绘中古中国的时代格：知识、信仰与社会的交互视角"的学术研讨会。

糊性。而出身东京大学，积极参与用马克思主义方法重建历史学研究会的前田直典（1915—1949），在《东亚古代的终结》(《历史》第1卷第1号，1948年）一文中又批评了宇都宫清吉的观点，他写道，“我对内藤博士卓越的历史分期论可能遭到误解而感到担忧”。同时，前田直典批判了宫崎市定《东洋的朴素主义民族与文明主义社会》(支那历史地理丛书，富山房，1940年）一书中的历史分期，他提出一种新的分期，认为中国的古代一直延续至唐代，中世纪封建社会始于宋代。

翌年，前田直典病逝，但他提出的历史分期论——中国的中世始于宋代，经过西嶋定生和堀敏一在1950年历史学研究会大会上的报告和评议回应，更臻系统。当时，“世界史”开始作为社会科教育纳入高级中学新的课程体系，此时正值教科书编写时期，因此大部分教科书采用了宋代中世说。内藤湖南的后继者宫崎市定，在继承偏重文化史的内藤学说的同时，又加入了自己在社会经济史方面取得的成果，出版了《东洋的近世》(教育タイムス社，1950年）等作品。自此，热烈的历史分期论战拉开了帷幕。

聚焦历史分期论战，铃木俊、西嶋定生编有《中国史的历史分期》(东京大学出版会，1957年)，刊载了蒴伯赞、西嶋定生等人的论文，并将前田直典的论文《东亚古代的终结》作为附录收入。后来，刘俊文主编的《日本学者研究中国史论著选译》第1卷《通论》(中华书局，1992年）收录了内藤湖南《概括性的唐宋时代观》、宇都宫清吉《东洋中世史的领域》、前田直典《东亚古代的终结》以及宫崎市定《东洋的近世》，均由黄约瑟汉译，介绍给中国学界。

通常认为，撰写中国断代历史的概论时，大可不必计较历史分期，但在撰写中国通代历史的概论时，势必涉及历史分期。可实际上，迄今为止出版的中国通史概论，出人意料地大多回避了历史分期，而且，尽管东洋史概论和亚洲史概论汗牛充栋，中国史概论却凤毛麟角。

和田清的《中国史概说》(上、下)(岩波全书，1950—1951年）是最早一部权威的中国通史概论。和田清在该书“前言”中写道：“关于历史分期，在我之前已有成说，其观点至今没有变化，但问题却很复杂，为此，我稍用笔墨，在最后补充若干结论，进一步阐明个中要点。”因此，关于历史分期，和田清并未深入下去。现在，此书业已绝版。

另有贝塚茂树《中国的历史》(上、中、下)(岩波新书，1964—1970年)，该书在收入《贝塚茂树著作集》第8卷（中央公论社，1976年）时，贝塚又附上“跋语”，其中写道，“关于中国的历史分期并未深入下去”，“历史分期论已经被回避”。

就这一点，宫崎市定《中国史》（上、下）（岩波全书，1977—1978年）首先在“总论”中提出，何谓历史？历史分期论中，何谓古代、何谓中世、何谓近世、何谓最近世？由一连串提问引出正文，这是一本通篇极其重视历史分期的中国史概论。至此，宫崎市定提出，最近世（近代）的开始时间，应当从鸦片战争下移至辛亥革命，此观点颇受学界关注。后来，该书又附上作者自跋，收入25卷本《宫崎市定全集》的第1卷（岩波书店，1993年）。关于近代的分期，可参见本书第Ⅰ部第十章“近代”的开篇一段。

《周刊朝日百科　世界的历史》曾连载砺波护、森正夫和加藤祐三撰写的各世纪中国社会史概览，后来，三人的文章被汇编为丛书单行本，分别为砺波护著《中国》（上），森正夫、加藤祐三合著《中国》（下）（从地域出发的世界史2、3，朝日新闻社，1992年）。出于体例设定，这是一部通俗的中国通史。其中，砺波护执笔中国文明发祥至15世纪部分，森正夫执笔16至18世纪部分，加藤祐三执笔19至20世纪部分，但该书并未涉及历史分期。

寺田隆信的《物语　中国的历史》（中公新书，1997年），共分十回，其中第四回题为“从古代到中世”，第七回题为“被称为近世的时代”。作为宫崎的门生，寺田隆信在历史叙事时也怀有明显的历史分期意识。

有关中国历史分期论战的评论，总是将其描述为京都学派与历研派，即历史学研究会学派的对立，但京都学派其实没有那么单纯。田村实造、羽田明主编《亚洲史讲座》第1卷《中国史1》（河地重造责编，岩崎书店，1955年）“序说”中“中国史的历史分期”一节写道：“本讲座暂时采用这样的分期方式，春秋时期以降至唐代中期的安史之乱为古代，五代、宋朝以降至19世纪下半叶的鸦片战争、太平天国革命为中世，此后为近代。但中国社会的发展相当漫长，因此不得不考虑到古代、中世和近代三者之间还各自存在着较长时间的过渡期。”可见，京都大学内外的东洋史研究者，在历史分期问题上并未达成统一意见。

相比独著或合著的中国史概论，更多的是多名学者共同合作的丛书中聚焦于中国史的分册。例如，小仓芳彦编《文化史》（中国文化丛书8，大修馆书店，

1968年）考察了中国文化史上的各种问题和时代，该书便由多名研究者的论文汇编而成。

此外，岩见宏策划的《新书东洋史》全10卷（讲谈社现代新书，1977年）中的前5卷，套装为1函，作为《新书东洋史上》“中国的历史”全5卷出版发行。内中包括：①伊藤道治《中国社会的产生》；②谷川道雄《世界帝国的形成》；③竺沙雅章《征服王朝的时代》；④岩见宏、谷口规矩雄《传统中国的完成》；⑤小野信尔《走向人民中国之路》。

12卷本《中国文明的历史》（中公文库，2000—2001年），基于先前宫崎市定等主编的13卷本《东洋的历史》（人物往来社，1966—1967年），不过是将第13卷《人名事典》删去，并以文库本[①]形式重新推出，日比野丈夫和砺波护担任文库版的责编，丛书名称则根据内容改为《中国文明的历史》。这套丛书基本上是一人执笔一卷，因为是三十年后的重编再刊，考古学和现代史部分，添加了新锐学者的增补文章。

最新的中国史概论丛书是由砺波护、尾形勇、鹤间和幸和上田信共同主编的12卷本《中国的历史》（讲谈社，2004—2005年），该丛书被作为讲谈社创业一百周年的献礼之作。全书分卷如下：第1卷宫本一夫《从神话到历史——神话时代、夏王朝》；第2卷平势隆郎《从都市国家到中华——殷周、春秋战国》；第3卷鹤间和幸《始皇帝的遗产——秦汉帝国》；第4卷金文京《三国志的时代——后汉、三国时代》；第5卷川本芳昭《中华的崩坏与扩大——魏晋南北朝》；第6卷气贺泽保规《绚烂的世界帝国——隋唐时代》；第7卷小岛毅《中国思想与宗教的奔流——宋朝》；第8卷杉山正明《疾驰草原的征服者——辽、西夏、金、元》；第9卷上田信《海与帝国——明清时代》；第10卷菊地秀明《末代皇帝与近代中国——清末、中华民国》；第11卷天儿慧《巨龙的胎动——毛泽东 vs 邓小平》；以时代为序，一人执笔一卷。最末的第12卷《对日本而言何谓中国》，除主编四人外，中国学者葛剑雄和王勇也共同参与撰写。

这套丛书，是三十年前老版10卷本《中国的历史》（讲谈社，1974—1975年，贝塚茂树、西嶋定生、野村浩一策划主编）的承继更新。老版分卷如下：①贝塚茂树、伊藤道治《从原始到春秋战国》；②西嶋定生《秦汉帝国》；③川

① 译者按：文库本即袖珍本，是普及型的小开本书籍，一般为A6大小平装本。

胜义雄《魏晋南北朝》；④布目潮沨、栗原益男《隋唐帝国》；⑤周藤吉之、中岛敏《五代、宋》；⑥爱宕松男、寺田隆信《元、明》；⑦增井经夫《清帝国》；⑧佐伯有一《近代中国》；⑨野村浩一《人民中国的诞生》；⑩日比野丈夫《目之所及中国历史》。前8卷直接以王朝名命名，故丛书实际可作断代史集成观之。老版中的大部分，被收入讲谈社学术文库，至今好评不断。

多名学者共同执笔、简练一册的中国史概论有尾形勇、岸本美绪合编《中国史》（新版世界各国史，山川出版社，1998年）。该书未涉及历史分期，其前身为铃木俊编《中国史》（世界各国史，山川出版社，1954年）和《中国史（新版）》（世界各国史，山川出版社，1964年）。这类出版社长期耕耘的精品图书，通过编者和作者群的更新，内容亦推陈出新。

篇幅较大的概论书，还有竺沙雅章主编《亚洲的历史与文化》（同朋舍出版），但在整套10卷即将出齐前，出版社停业。该丛书的第1至5卷，即《中国史》1“古代”、2“中世”、3“近世Ⅰ”、4“近世Ⅱ”、5“近现代”，于1994—1995年间出版。该丛书的时代划分，系根据京都学派的历史分期。

更为详尽的概论书，有松丸道雄、池田温、斯波义信、神田信夫和滨下武志合编的5卷本《中国史》（世界历史大系，山川出版社，1996—2003年）。其中，《中国史3 五代—元》一卷，采用断代史形式，附有详细概论，余卷皆同。这套丛书与前揭同一出版社刊行的新版世界各国史《中国史》相同，未涉及历史分期问题。各卷末附有相当详细的“年表”和“参考文献”，极为有用。

◆事典与年表（工具书1）

此处先列举与中国通史有关的事典和年表类工具书。日本没有专门的中国史事典，所以只能在东洋史或亚洲史事典中检索相关条目。最早正式编辑出版的东洋史事典为《东洋历史大辞典》全9册（平凡社，1937—1939年；缩印再版，全3册，临川书店，1986年）。与同一出版社刊行的《世界历史大系》东洋史各卷相同，该事典由当时的新锐学者铃木俊领衔编写。其中，与中国相关部分，系基于二十四史的本纪和列传精心编纂而成。

《东洋历史大辞典》的后身为10卷本《亚洲历史事典》（平凡社，1959—1962年），从《亚洲历史事典》这一书名可知，该书亦包括西亚史、印度史等。其中，第10卷《亚洲历史事典索引》，由首字笔画一览、首字音序一览、汉字索引、假名索引、罗马字索引、世系图索引组成，考虑相当周全。在当时的广告中，还提到了即将作为别卷出版的松田寿男、森鹿三编《亚洲历史地图》(平凡社，1966年)，因为地图绘制颇费工夫，待地图集正式出版时，已不再以别卷名义。在第1卷问世的25年后，该事典又以12卷本《亚洲历史事典》(平凡社，1984年)的名义再行出版。12卷中，除本卷9卷、索引1卷外，另有别卷《亚洲历史地图》1卷和同样作为别卷的《东洋史料集成》1卷。《亚洲历史地图》作为别卷出版，从最初的编辑计划来看，毫不意外。但《东洋史料集成》作为《亚洲历史事典》的别卷再版，令人颇觉诧异。据前文入门书部分所述，同为平凡社刊行的《东洋史料集成》，即《世界历史事典》第23卷“史料篇·东洋”，是一部相当优秀的入门书，想来是从大局出发，方才获准收入《亚洲历史事典》作为别卷再刊。另外要指出的是，《亚洲历史地图》采用橙色装帧的1966年版，地图部分使用了俗称为“蝴蝶装”的装订技术，故即便是对开两页的地图，中间书缝部分内容亦不受影响，而茶褐色装帧的1984年版，装帧工艺粗糙，地图中间部分不易看清。若图书馆兼有两个版本，建议尽量使用1966年版。

一册篇幅的事典，有京大东洋史辞典编纂会编写的《新编　东洋史辞典》(创元社，1980年)。篇幅适中，内容权威。中国的同类出版物，可举3卷本《中国大百科全书　中国历史》(中国大百科全书出版社，1992年)。

接下来列举百科事典类工具书。从23卷本《Japonica大日本百科全书》(小学馆，1967—1972年)中抽取世界历史相关条目重新编辑而成的《万有百科大事典》(9)“世界历史”(小学馆，1975年)，颇有用处。《Japonica大日本百科全书》中有关中国历史的条目，为26卷本《日本大百科全书》(小学馆，1984—1994年)所继承。

16卷本《大百科事典》(平凡社，1984—1985年)，兼顾世界各个地区的具体情况和总体概貌。负责每个地区的编辑委员会，由集中了各领域专家的“区域系统”①小组组成。其中，中国委员会由岛田虔次担任委员长。岛田虔次亲自撰写的“中国”部分介绍，又作为开篇收于他的论文集《中国的传统思想》(みすず书房，2001年)，文笔晓畅，富于张力。这套《大百科事典》，后于1988年增补了大量彩色图版，并添加了日本地图和世界地图卷，最终以《世界大百科

① 译者按：日文原文为“エリアシステム”，即area system。

事典》全35卷的形式出版发行，各条目内容与《大百科事典》相同。

中国历史人名辞典方面，有《中国人名事典——从古代到现代》(日外アソシエーツ，1993年)。中国方面的同类辞典有2卷本《中国历代人名大辞典》(上海古籍出版社，1999年)，最为权威。另有泷本弘之编《中国历史人物大图典》"历史·文学编"(游子馆，2004年)与"神话·传说编"(游子馆，2005年)，可谓人物肖像的集大成之作。

学习中国历史，离不开阅读汉籍解题，相比前文提及的《东洋史料集成》，即《世界历史事典》第23卷"史料篇·东洋"，神田信夫、山根幸夫合编的《中国史籍解题辞典》(燎原书店，1989年)更为翔实，书中解题由15名学者分工撰写，实属精品。

接下来介绍一下有关中国历史的年表类工具书。日比野丈夫编《彩图版　世界历史》的别卷"年表"(河出书房新社，1972年)，其中包含中国的亚洲部分由笔者撰写，故对笔者而言使用颇为便利。该表前半部分为综合年表，后半部分为专题年表。综合年表部分，对开两页，其中，右页为亚洲部分，内分三栏，包括"中国·及其周边"和"日本"。后半为专题年表，回想起来，辛亥革命、越南战争、佛教史等年表的编制费时颇多。翌年，年表部分又以日比野丈夫编《世界史年表》(河出书房新社，1973年)为题出版单行本，并顺利再版，现已出至第4版(1997年)。类似的年表，还有历史学研究会编《世界史年表》第2版(岩波书店，2001年)。中国未专设一栏，相关内容在"东亚·日本"栏中，作为中国史年表，使用并不方便。

中国出版的年表，简明者有翦伯赞主编《中外历史年表(公元前4500年—公元1918年)》(中华书局，1980年)。更为详细者有张习孔等主编高等学校文科教学参考书《中国历史大事编年》(北京出版社)，分为第1卷"远古至东汉"(1986年)、第2卷"三国两晋南北朝隋唐"(1987年)、第3卷"五代十国宋辽夏金"(1987年)、第4卷"元明"(1987年)、第5卷"清近代"(1987年)。与清朝相关者，中国人民大学清史研究所编有12卷本《清史编年》(中国人民大学出版社，1985—2000年)，这部年表编制精良，期待其他时期亦有类似年表问世。此外，史学史方面，笔者常用者为杨翼骧编《中国史学史资料编年》，已出版第1册"先秦至五代"(南开大学出版社，1987年)，第2册"两宋时期"(南开大学出版社，1994年)，第3册"元明"(南开大学出版社，1999年)，第4册

“清”也即将问世。①

◆汉籍目录与金石目录（工具书2）

若研究中国前近代历史，离不开汉籍的使用。汉籍史料的正确解读当然最为重要，但在这一步工作之前，必须先了解图书馆中汉籍之所在。收藏汉籍的大学图书馆中，汉籍分类不用十进法，而用四部分类法的例子很多。关于四部分类法，前文业已述及，此处以京都大学人文科学研究所和文学部所藏汉籍目录为例，说明一下如何使用汉籍目录。

人文科学研究所所藏汉籍目录，有《京都大学人文科学研究所汉籍分类目录》（上、下）（1963、1965年）和《京都大学人文科学研究所汉籍目录》（上、下）（1979、1980年）两种。这两种目录的下卷均为书名和人名的通检，即索引。就书名而言，前种目录中有“分类”二字，而后者没有。这两种目录的名称非常接近，所以是否有“分类”二字，可能会未加注意。同时，也可能认为只要有了后一种，就不需要前一种。实际上，两种目录都很重要，这一点务请留意。后一种实为“配架目录”，即按照书本在书库书架上排列摆放的实际顺序，包括收入丛书或全集者，逐一列出书名。而前一种为“分类目录”，遇有列入丛书或全集者，同一本书会集中一处按四部分类的顺序列出书名。不仅如此，前一种目录中，在四部分类的汉籍后面，还设有“新学部”一栏，收录了中华民国以降出版的洋装本，按照日本的十进法进行分类，而后一种目录未包括“新学部”。另外，前一种目录的史部地理类中有“舆图之属”，即古地图，而后一种目录没有这部分内容。所以，这新旧两种汉籍目录各有用武之地。

采用与《京都大学人文科学研究所汉籍分类目录》相同方法编制的目录中，具有代表性者为《东京大学东洋文化研究所汉籍分类目录》（上、下）（1973、1975年），不过其下卷不称为“通检”，而改称“同书名人名索引”。东京大学东洋文化研究所仅编有此“分类目录”，而未编制“配架目录”。另外，东京和京都两研究所汉籍分类目录的“书名人名索引”和“书名人名通检”还两相合编为《四角号码检字表》（东洋学文献中心丛刊·别辑1，1977年），于东京问世。

① 译者按：《中国史学史资料编年》清代部分，最终于2013年出版。乔治忠、朱洪斌编著：《增订中国史学史资料编年：清代卷》，商务印书馆，2013年。《中国史学史资料编年》其他3卷，亦由乔治忠、朱洪斌进行增补，分别作为《增订中国史学史资料编年》的“先秦至隋唐五代卷”“宋辽金卷”和“元明卷”，同时由商务印书馆出版。

京都大学文学部的汉籍目录，名为《京都大学文学部汉籍分类目录》（汇文堂书店，1959 年）。可是，这本目录中，“史部”类汉籍内容单薄，这应该是因为编者为京都大学中国哲学史研究会、中国文学会，未有东洋史研究人员参与其中。该目录为《京都大学文学部汉籍分类目录第一》（京都大学文学部，1959 年）的公开出版本，虽然京都大学有继续编制东洋史研究室所藏汉籍目录，并作为“第二本”刊行的计划，但未能付诸实施。京都大学文学部创立时，尽管专攻中国哲学文学的狩野直喜主张建立文史哲打通的支那学科，但最终根据桑原骘藏的建议，在史学科内设立了东洋史研究室。从此以后，中国哲学和中国语言文学方面的藏书集中于文学部资料室，东洋史研究室的藏书则集中于史学科资料室的一角。

这一区隔的影响越出了汉籍目录。不只是京都大学一家如此，中国哲学、中国语言文学方面的研究者，也大多参加日本中国学会的学术活动，东洋史研究者则参加史学方面的学会活动，不参与日本中国学会的活动。因是之故，翻阅《日本中国学会五十年史》（日本中国学会，1998 年），无助于了解日本的中国史研究进展。

接下来介绍一下金石史料方面的目录。台北新文丰出版公司影印的《石刻史料新编》丛书，收录了《金石萃编》《八琼室金石补正》等石刻文献，其实用性毋庸赘述。不过在此提醒一点，《石刻史料新编》（三十）影印的杨殿珣编《石刻题跋索引》中有“笔画检字表”，但重要的“四角号码检字索引”有 107 页被遗漏，以致索引无法使用，不得不使用商务印书馆 1957 年刊行的原版。

开展石刻研究，首先需要拓本或拓本照片。顺应学界需求，北京图书馆金石组编有《北京图书馆藏中国历代石刻拓本汇编》100 册（中州古籍出版社，1989—1991 年），实属功德无量。该丛书：第 1 册为“战国、秦、汉”；第 2 册为“三国、晋、十六国、南朝”；第 3 至第 8 册为“北朝”；第 9 和第 10 册为“隋”；第 11 至第 35 册，共 25 册，为“唐”；第 36 册为“五代、十国”；第 37 至第 42 册，共 6 册，为“北宋”；第 43 和第 44 册为“南宋”；第 45 册为“辽”；第 46 和第 47 册为“金”；第 48 至第 50 册，共 3 册，为“元”；第 51 至第 60 册，共 10 册，为“明”；第 61 至第 90 册，共 30 册，为“清”；第 91 至第 100 册，共 10 册，为“中华民国”。100 册全部出齐后，又出版了《北京图书馆藏中国历代石刻拓本汇编　索引》（中州古籍出版社，1991 年）。索引中，

“一、各册一览表”、“二、地区索引”之后，为按笔画顺序编制的“三、标题索引”，考虑甚为周到。

◆代结语——新出土文物

本节围绕第Ⅰ部各章中未能展开的内容，列举了若干浅显的例子，为有志于步入中国史研究的各位考虑，絮叨稍多。本节收尾之际，笔者再就最近出土的文物略作介绍。

考古出土的史料，带来了研究条件的巨大变化。例如，1900年前后发现的“甲骨文”和“敦煌文献”，从根本上改变了先秦和南北朝隋唐史的研究条件。木简和竹简实物文献的首次发现是在1907年，当时，进行第二次中亚探险的斯坦因（Stein，Marc Aurel）在敦煌附近汉长城的望楼边发现了与边境戍卒有关的汉代木简。1980年前后以降，更多简牍文献被不断发掘出土，这些发现将秦汉三国史研究引向深入。

北魏至隋唐时期，墓志铭等石刻史料丰富，因此，新出土的墓志铭、传世的石刻，结合新近的城市遗址发掘成果，推动了北朝隋唐研究趋向充实丰满。不过，陵墓中出土的壁画之类，“文化大革命”之前的考古报告有隐去佛教等宗教文物的情况，这一点务加注意。

1999年9月，山西太原隋朝虞弘墓的发掘震惊了世人。虞弘墓地下墓室中发现的殿堂型石椁，内外侧面均以浮雕或壁画的形式，绘有在中国极为罕见的珍贵图案。根据出土的墓志铭，出生于中亚鱼国的虞弘估计是粟特人，石椁的图案中也描绘有粟特人所奉祆教的拜火坛。其后，2000年7月，陕西西安北郊发掘了北周的安伽墓，随后，史君墓、康业墓等亦陆续发掘。桑原骘藏、羽田亨等学者曾基于文献指出当时粟特人的活跃，至此，这一文献考证结果得到了新出文物的有力证实，今后的研究大有可为。

第Ⅰ部

研究及史料

第一章　先秦

浅原达郎、吉本道雅、江村治树

一、研究视角

本章作为先秦史研究的入门指南，拟分殷商西周、春秋时期、战国时期三个时段进行论述。首先要说明的是，历来必须在此之前安排“新石器时代”一节，但对新石器时代的研究，几乎全为考古学的话题，窃以为直接阅读考古学方面的概论书更为合适，故在此割爱省却，相关参考文献，请参见第Ⅱ部“中国史研究法”中的“考古学”部分。而且，先秦史三个时段的研究，风格各异。因是之故，笔者在此亦不强作风格的统一，径直使用各自风格介绍各个时段的研究，对读者而言，想来这是最好的处理方式。

先秦史三个时段的研究视角各不相同，故笔者在此先从个人角度出发，论述一下殷商西周时段的研究视角。先秦史研究中的困难，大概每位研究者都深有感触。请原谅我一开始就这么消极，老实说，先秦史研究中的殷商西周部分是否真可称为历史研究，我依然持保留态度。一个重要的原因是，史料缺乏。首先，文献史料特别稀少，而且史料的形成，大多集中于相当晚近的时期。作为一手史料的金石材料，即甲骨文和金文等，尽管可作为补充，但就性质言之，这些史料能在多大程度上反映当时的情况，质疑之声不绝于耳。而且，这背后还有一个深刻的原因：处理一手史料过程中存在着古文字学这一巨大的障碍。李零《中国方术考》[1993] 自序的回忆中，介绍了他立志踏入古文字学时，两位前辈赠予他的建议。一位是李学勤，他说，古文字太难，不下于六七门外语，进了这个门，再进那个门就难了。另一位是林沄，他说自己最初研究古文字也是志在历史，但一研究开来才知道，是永远回不来了。总之，古文字学是一道极难逾越的巨大屏障，一旦涉足此门，便像陷入深杳丛林，难再退出。

古文字学，若只是单纯掌握古代汉字，即便不是一件容易的事，也不应是一条无法折返的迷失之路。那为何古文字学会给人以那样的印象呢？原因就在于与古文字学相关的学问涉及面太广。古文字学，有广义和狭义两种。狭义的古文字学，是指与古文字相关的研究，可以说是语言学的一种。从事狭义的古文字学，必须具备文字学和音韵学的素养，仅这两项，对历史学者而言就已相当沉重。而说起古文字学，又极少是取其狭义，多数情况下，是指广义的古文字学。所谓广义的古文字学，还要加上对使用古文字所写史料的研究。顺着史料内容，就有可能关联起各个方面，所以一旦涉足于此，就需要不断掌握新的学问。当然，受个人能力限制，终究不得不适可而止，但即便如此，已难以从当时进来的入口全身而退，与林沄抱有同样感慨的古文字学者想来不少。

不过，闯入古文字学之林的，并非只有历史学者。李零最初是循着对思想史的兴趣而进入古文字学，再来看一下日本代表性的古文字学者，岛邦男是因为研究中国哲学而对甲骨文字产生兴趣，白川静可以说最初是由文学进入古文字学。古文字学这座密林，与历史学、哲学、文学均有会通之处。而且，古文字学不仅是一种系统性的学问，在实践层面它还有着更为细小琐碎的学问和技术，极其容易误入歧途。古文字学者不可能做到对各种细节均应付自如，也没有这一必要。不过，一些内容必须究明，且也并非只是一味枯燥的修炼，学人就在这样的过程中，迷失了从原路返回的机会。

这么说来，若对古文字学敬而远之，那么研究殷商西周时代的历史，怎么看都是不可能的。对殷商西周时代的研究能否被称为历史研究，其疑问也就在此。春秋、战国时代的研究，近年发生了急剧的变化。古文字学之林，原本春秋、战国一段已然庞大，楚简的不断发现，又在战国一段打开了一个巨大的入口。自此，有志于春秋、战国历史的研究者，不得不做出决断：是否义无反顾地进入这片密林。这个入口才开启不久，将引向何方，与之有怎样的关联，无人清楚，唯有自担风险、纵身跳入。

总之，有志于先秦史的研究者，一旦放弃历史研究，尝试跃身进入古文字学之林，并非失误的选择。进入古文字学后，能否返回历史研究，这个没有定论。是否应该一直保持着重返历史研究的决心，亦不可一概而论。李零，属意思想史，撰著了《中国方术考》[1993]。作为该书的忠实读者，我尊重他的初心，并不禁向他致敬，如果他一直固守思想史、不涉足古文字学，该书能写成吗？同时，也有沉浸于古文字的学者，例如李家浩，但谁也不会认为他在做枯燥无聊的研究。总之，笔者建议有志者纵身跃入之后，认清自身兴趣所在、能力所及，再行决定往哪个方向发展。

（浅原达郎）

二、研究进展和史料解说

（一）甲骨学与金文学（殷商·西周时代）

欲谈殷商西周史研究，至少也得谈从哪个途径进入该领域，此处将错就错，直接取道古文字学这一进路，倒也清晰利落。所以，在此对当前古文字学，即甲骨学和金文学的情况，作一简单介绍。虽说这是一个很有分量的话题，但也无法兼顾古文字学的方方面面，故此处的介绍偏重于研究的各种关节之处。

◆甲骨学的研究与史料

甲骨学和金文学，两者性质对比鲜明。甲骨学，较之金文学，是一个封闭的世界，研究史至远也只能追溯到1899年甲骨文的发现。除若干例外，殷代后期的资料，大多出土于殷墟小屯村附近，而且，其中的一部分，基本上全部出土于同一个灰坑。

甲骨学研究的对象，虽有例外，但大部分是与殷代后期占卜相关的记录，即卜辞。占卜使用的甲骨，有龟（主要为淡水龟，少数为陆生龟）的腹甲和背甲，多数是牛的左右肩胛骨，用小刀在上面刻字。如何在上面刻字，因尚未发现小刀实物，仍不清楚。关于甲骨实物，可参考艾兰《论甲骨文的契刻》[1992]对笔迹的详细调查。这篇仅12页的论文，纠正了甲骨学中长期存在的几个误解，并提出了若干新的发现。

甲骨学在近十数年间，迎来了一个巨大的转折。但是，对此赞同者有之，否认者亦有之。转折的到来还在持续之中，正确与否仍难有定论。关于这一点，最好先读一下松丸道雄的文章《何为“甲骨文”中的“书体”》[1988]。过去，在卜辞的前辞中发现了被称为贞人或是卜人的人物，这是董作宾的功绩，但他对贞人的工作有高估之嫌。松丸道雄认为，贞人并不是契刻者（卜辞的刻工），强调甲骨文书体是契刻者个人的风格。根据这一观点，他指出，有必要将卜辞按字体进行分类，并在此基础上重作编年。不过实际上，按字体进行分类的工作，当时的中国学者已在加紧完成。1988 年，同为 1949 年生人的北京大学的黄天树和四川大学的彭裕商，各自提交了这方面的博士论文。

黄天树、彭裕商的博士论文《殷墟王卜辞的分类与断代》[1991]、《殷墟甲骨断代》[1994]，后来均公开出版。两人的工作当然是各自完成，但主要内容和观点有不少一致之处。他们的创新，一般被认为是断代研究的创新，的确如此，若言创新于何处，还可以说他们做好了按字体进行分类的全部基础工作，但遗憾的是，对于契刻者为何人这一点未作探讨。他们的工作，大体与松丸道雄《何为“甲骨文”中的“书体”》[1988] 一文中的主张一致。当然，他们的理论依据并非来自松丸，而是来自林沄。现在回过头来，林沄《小屯南地发掘与殷墟甲骨断代》[1984] 是明确阐说依字体分类优越性的首篇论文，时至今日，基于对甲骨学新的理解，该文当属必读。

此前是以贞人为标准，进一步运用包括字体在内的各种线索，对卜辞进行分类断代，该做法基于董作宾确立的研究方法。作为研究成果的第一至五期分类，也获得了学界的广泛认可。不过，新的观点认为，像过去那样进行综合判断之前，有必要先按字体对卜辞进行分类。虽说是按字体进行分类，但在命名上，以贞人为标准的旧说余波犹存，例如宾组和出组的命名就使用了贞人的集团名，但应注意，该分类最终还是基于字体，而不是根据贞人。所以，从根据新的分类而开展的断代研究来看，五期分类未必最为合理。

按字体进行分类，这是断代研究的基础，当然非常重要，对其他甲骨学研究而言，也必须时刻牢记按字体进行分类。总之，作为史料的卜辞，必须按字体分类，明确其所属，若没有这样的意识，该研究必然存在漏洞。也就是说，按字体进行分类，不仅与资料的断代有关，与资料的其他各种特征也有关系。例如，在看待卜辞中的一些现象时，需要根据字体将它归入某一类再进行处理，这一步不可轻视。从现在开始，从事甲骨学首先需要追求的，就是将按字体分类的能力牢牢掌握为自己的看家本领。

另外，想要提醒的是，目前的甲骨学论文在引用卜辞时，标注有字体分类的尚不多见。很遗憾，这表明新的观点还未被广泛接受。为何会出现这样的情形呢？是因为尚无其他研究者对黄天树和彭裕商的观点进行检验，抑或进行的检验尚未发表？对两人观点的检验，笔者认为可以先从双方学说的相互比较开始，然而到目前，甚至这一步尚未有研究者着手。就是这两位学者之间，也不大表示出对工作的相互关注，关于两人观点中的不同之处，也没有公开发表过意见，但可能还是存在影响。总之，目前亟须有第三方就两人学说的异同、得失，进行扎实的检验，并据此提出今后的研究方向。在这里，笔者暂时先将两人分类的对照表整理如下。通览之下，双方在分组命名上有细微的差异。例如，“宾组二类”的所指等，在两人的研究中是不同的，这实在令人头痛，但也没有办法。任何一方所用名称的所指没有辨别清楚，就可能带来讨论的混乱，这一点务请注意。另外，在历组和无名组中，彭裕商的分类非常细，个中或有什么原因。彭裕商的《殷墟甲骨断代》[1994] 可以说还是一份未完稿，实际上，历组和无名组部分，直到李学勤、彭裕商合著《殷墟甲骨分期研究》[1996] 方才首次面世。或者可能当时，还没有超越此前黄天树工作的强烈意识。关于历组和无名组的分类，黄天树后来完全没有发表意见。那样细的分类是否真的合适，有必要由第三方来进行冷静的探索。

黄天树	彭裕商
自组肥笔类	自组大字类
自组小字 A 类	自组小字一类
自组小字 B 类	自组小字二类（二 A 类）
	自组小字二类（二 B 类）
[illegible]类	自组大字附属类
自宾间 A 类	宾组自宾间组
自宾间 B 类	
宾组一类	宾组一 A 类
宾组二类（典宾类）	宾组一 B 类
宾组[illegible]类	
宾组宾出类（宾组三类）	宾组二类
出组宾出类（出组一类）	出组一类

类	组
出组二类	出组二 A 类
	出组二 B 类
自历间 A 类	自组小字附属类（自组小字三 A 类）
自历间 B 类	自组自历间组（自组小字三 B 类）
历一类	历组一 A 类
	历组一 B 类
历二类	历组二 A
	历组二 B 类（甲乙丙）
	历组二 C 类
历草体类	
宾组事何类	
何组事何类	何组一类
何组一类	何组二类
	何组三 A 类
何组二类	何组三 B 类
历无名间类	历无名间组
	历无名间组晚期
无名类左支卜	无名组一 A 类
	无名组一 B 类
	无名组一 C 类
无名类右支卜	无名组二类
	无名组三类

无名黄间类	——	无名黄间类一类
	——	无名黄间类二类
黄类	——	黄组
午组	——	午组
子组	——	子组
子组圆体类	——	子组附属
妇女卜辞	——	非王无名组

无论是否赞同此新学说，从今后甲骨学的发展考虑，按字体进行分类无疑将成为研究的当务之急。从现在开始，有志于甲骨学的诸位，在研究起步时务请记住这一点。其原因在于，甲骨学中，认识字体是最为必要的基础能力，但如果打算在旧的五期分类基础上修习这一能力，反倒会产生莫名其妙的问题。五期分类与字体分类在本质上就是两码事，在一期和二期的甲骨文中就有相同的字体（宾出类），如果把五期分类与字体分类搞混，就会陷入混乱。基于新的学说，按字体分类在性质上最终还是一种分类，在此基础上，再来探讨其与此前五期分类学说间的关系，问题会更加清楚。也就是说，若能如此，研究起步阶段就不会走上歧路。

◆金文学的研究与史料

金文学的研究对象是金文，即铸造于青铜器上的铭文。另外，青铜器铸造后刻于其上的铭文也属金文。铭文是如何铸刻上去的，这是困扰许多金文学者的难题，现在依然没有定论。有兴趣的读者可参考松丸道雄的论文《论殷周青铜器与金文的制作技法》[1984]、《论殷周金文的制作技法》[1990]。

与甲骨学相比，金文学的世界在一定程度上更为广阔，其研究历史至少可上溯至宋代，金文材料的形成时期涵盖殷商后期至秦汉。与几乎都是王室相关卜辞的甲骨文相比，金文作者的阶层范围远为广泛，有研究专门探讨了这一点。金文材料的出土地点散布于一个广阔的空间范围内，所以必须考虑其中的地域差别。金文内容亦丰富多彩，故无法用单一的方法着手处理。比如说，按字体进行分类，该方法在金文面前便显得捉襟见肘。所以，在金文学中，推动研究前进的是新资料的发现。正如甲骨学中，小屯南地甲骨为林沄《小屯南地发掘与殷墟甲骨断代》[1984]提供了研究线索那样，新资料的发现推动了研究的前行，而金文给人的印象，新资料的发现仅形成一定程度的波澜，但相比甲骨学更为频繁。当然，新资料本身不会带来什么，是利用新资料开展的研究推动了金文学的发展。

古文字学入门手册，李学勤《古文字学初阶》[1990（日译本）；1985（中文原版）]中有一个典型的例子。书中写道，散氏盘中所见“眉”字，实际上应该释读为“履”，1975年出土的五祀卫鼎、九年卫鼎为确定该字提供了线索。因为当时论文还未正式发表，所以在李学勤的书中没有明确标明提出该说法的是裘锡圭《西周铜器铭文中的“履”》[1991]，裘的论文实际撰写于1982年。后来，李学勤《兮甲盘与驹父盨——论西周末年周朝与淮夷的关系》[1984a]提出，兮甲盘等所见历来被释为“贮”的字，实际上应为“贾”，但当时没有指明是受到哪种新资料的启发。这个字在五祀卫鼎中非常重要，又有“贾子”制作的青铜器出土，因此引发了不小的反响，直到现在，讨论仍在持续进行（最新的论文是彭裕商《西周金文中的“贾”》[2003]）。在解读有关土地制度的金文史料时，这些文字均极为关键。时至今日，在已有新说的情况下，若草率地根据旧说，仍将两字释读为“眉”和“贮”，已不可原谅。

因此，在金文学中，需时刻牢记关注收录新史料的各种史料集、目录和索引等，同时留心参考披露新史料和基于新史料开展研究的所有论文，这已日趋重要。

回顾过去，1970年代是新史料被大量发现的十年，此处列举若干重要者（均出土于陕西省）：

临潼县零口出土的利簋；

扶风县庄白出土的㺇诸器；

岐山县董家村窖藏出土的裘卫诸器；

扶风县强家村窖藏出土的师䚄鼎等诸器；

扶风县庄白窖藏出土的微氏家族诸器；

扶风县齐村出土的㝬簋；

此外，何尊和班簋铭文的发现也很重要。

以上为西周时期的金文，春秋战国时期的金文有：

陕西省宝鸡县太公庙村出土的秦公钟；

湖北省随县擂鼓墩1号墓出土的曾侯乙编钟；

河北省平山县中山王墓出土的青铜器。

均为重大发现。

在此基础上，1980年代出版了大量史料集和目录，也发表了不少研究论文。史料集有中国社会科学院考古研究所编《殷周金文集成》[1984—1990]，上海博物馆商周青铜器铭文选编写组的《商周青铜器铭文选》[1986—1990]。其中，前者全面地收集了大量金文史料，尤其对青铜器的收藏情况进行了细致的调查，值得关注；后者则集录了史料价值较高的金文，拓印精美、释文妥帖，相当有用。但史料集中对史料所属王世的判断，笔者认为还是标明“此为一说”为好。此外，目录方面有孙稚雏的《金文著录简目》[1981]。研究论文不胜枚举，古文字学方面的集刊有创刊于1979年的《古文字研究》，到1980年代已出版至第18辑。《古文字研究》所刊者，不限于金文学，还包括甲骨学等大量古文字学论文，已成为培育新一代古文字学者的一方园地。

不过，从1980年代至1990年代初，新史料的发现开始降温。《古文字研究》的出版节奏，也在1990年代骤降。因此，在金文学领域，1970年代的新资料和1980年代的研究，是为压舱巨石，极为重要。适才所举“眉”和“履”、“贮”和“贾”的例子，都是那个时代的成果。因是之故，在使用史料集等工具书时，有必要事先了解是否对应了1970年代的新资料和1980年代的研究。比如说，日语世界中最好的金文史料集当属白川静《金文通释》[1964—1984]，其1978年以后出版的“补释编”虽然勉强覆盖了新资料中的主要部分，但当然无法利用到1980年代的新研究。金文字典中最有用者为周法高编《金文诂林》[1974—1977]，未及收入1970年代的新资料，所以还必须参考周法高编写的另一本字典《金文诂林补》[1982]。遗憾的是，通览1980年代以后新研究的作品目前尚未问世。

1990年代以降，又出现了一波金文史料新发现的浪潮。长久以来，西周时期的金文，大多发现于陕西宗周之地，畿外诸侯领地内出土的数量远不及此，且罕有重要者。不过，新的发现打破了这一常识。这就是山西省晋国领地内，曲沃、翼城县境内新发现的天马—曲村晋侯墓的随葬品。尽管这只是西周时期诸侯墓的出土品，但价值难以估量。其中被认为是8号墓出土的晋侯苏钟，且不说铭文的内容，只要有铭文，就已是珍贵的文物了。其他小国，如河南平顶山市发现的应国墓地，也有青铜器出土。另外，甘肃省礼县大堡子山，出土了带有“秦公”字样的青铜器，被认为是早期秦侯墓。今后，在西周时期诸侯的金文中，说不定还能发现颇具史料价值的内容，对此我们充满期待。

遗憾的是，一些从古玩市场上收购而来的青铜器，包含着珍贵的史料，但出土情况不明。此类青铜器被资金充沛的美术馆等机构收入，不管怎样，可作为史料加以使用了，例如保利艺术博物馆收藏的戎生钟和豩公盨。这一类“新发现”，今后也有必要加以留意。晋侯苏钟、礼县大堡子山的秦公墓青铜器等，待可以利用时，也是“再发现”的史料。

陕西省被认为可能暂时不会有什么大发现，但 2003 年，眉县杨家村发现了大规模的青铜器窖藏，就史料价值言之，可与 1970 年代发现的董家村窖藏相匹敌。研究的推进只能基于目前的史料占有情况，但对沉睡于地下的史料之丰厚也应有再认识。

中国社会科学院考古研究所编《殷周金文集成》[1984—1990] 等书为 1980 年代推出的史料集，当然没有收录此处提到的新资料，这一点必须注意。当然，今后新发现的史料，仍必须时刻紧盯。与此同时，如果不留意使用这些新资料的最新研究，也可能导致重大的疏漏。1992 年第 18、19 辑后未及时出版的《古文字研究》，从 2000 年的第 20 辑到 2002 年的第 24 辑，出版速度明显加快。这未必一定反映金文学本身发生的变化，但表明了引发金文学相关研究新一轮潮流的多种因素业已齐备。其中就包括了稍早之前还难以想象的一波动向，从战国时期的竹简资料中获取解读更早金文史料的线索，年轻的陈剑就是这方面研究的代表。所以，从今往后，必须特别关注精通战国文字的研究者的工作，对战国文字相关情况的一无所知已开始变得不可原谅。

而且，金文学还有一个特点，对青铜器本身也要求有相当的理解。其理由，从大的方面讲，林巳奈夫《殷周时期青铜器的研究——殷周青铜器综览一》[1984] 就曾指出，应该确立从金文学中独立出来的青铜器研究的地位，特别是关于金文的编年，青铜器本身的断代最应作为判断的依据，不能对此一无所知。从小的方面讲，关于金文，赝品的剔除非常重要，因此不能对青铜器本身毫无了解。关于该问题，建议首先阅读松丸道雄的论文《西周青铜器制作的背景——周金文研究・序章》[1977]。不过，即便是对青铜器本身进行研究，也不可忽视林巳奈夫《殷周时期青铜器的研究——殷周青铜器综览一》[1984] 以后出现的新资料。而且，青铜器研究也不是一门完全不读金文也能成立的学问，它与金文学的最新发展趋向不无关系。

要言之，金文学研究的关键是新资料和依据新资料进行的研究，两者断不可偏废。毋庸置疑，前人的研究和史料集均有其用处，了解他们是基于哪些资料或研究得到的成果，方能显现他们在当下研究中的意义。例如白川静的《金文通释》[1964—1984]，时至今日，白川静依然堪称极优秀的学者，但即便他确为卓越学人，也无法利用后出的资料和研究。没有一成不变的方法论，金文学就是这样一门学问。令前人的优秀成果保持长青的唯一方法，就是取后出的资料和研究与之对照而观，尝试检验证实前人研究中公认的优秀内容。

（浅原达郎）

（二）春秋时期

战后日本的中国古代史研究，分为殷周史和秦汉史两大部分。春秋时期位于殷周和秦汉两个时代的中间位置。与之相应，对春秋时期的研究也分为两大部分。一部分发端于殷周史研究，将春秋作为殷商和西周的延续；另一部分发端于秦汉史研究，将春秋定位于秦汉古代帝国形成的开端。

发端于殷周史的春秋史研究，代表作有贝塚茂树《中国古代国家》[1976a] 等一系列著作。贝塚茂树将春秋之前的国家称为“都市国家”，他利用甲骨、金文、《左传》(《春秋左氏传》) 等文献，清晰地阐明了“都市国家”的具体情况。

与之相对，发端于秦汉史的春秋史研究，将春秋理解为秦汉古代帝国和专制国家的起源。增渊龙夫《春秋战国时期的社会与国家》[1970]、《新版　中国古代的社会与国家》[1996] 提出了几个重要的问题。发端于秦汉史的研究所确认的春秋时期基本形态，至今仍有启发意义。增渊龙夫强调了春秋时期的“氏族制”或曰“共同体”要素，不得不说正合乎恩格斯（Engels，Friedrich）国家理论所论，秦汉帝国的基层社会就是最高阶段的奴隶制社会。籾山明《春秋、战国之际》[1994] 认为，增渊龙夫所论秦汉专制国家的形成依托了春秋时期“氏族制”的解体，这一点还有重新讨论的必要。

◆中原政治史

围绕春秋史的整体概论，还有江村治树《变迁中的古代国家——春秋战国时期》[1994] 和吉本道雅《先秦》[2005] 等作品。对初学者而言，建议先阅读前揭贝塚茂树、增渊龙夫的著作，对春秋时期的面貌有一大致了解，再在通读《左传》的基础上，进入专题研究。

伊藤道治《春秋会盟地理考——两周地理考之二》[1968]，从历史地理的角度来理解春秋时期政治史的展开，颇为有用。

春秋时期的政治史，大体分为四个时期。春秋，始于周王东迁的公元前 770 年，而以编年形式记述春秋历史的《左传》，其记载始于前 722 年。因此，前 770 年至前 723 年的半个世纪，只能利用《左传》以外的零散资料来复原其变迁。据资料所见，四个时期分述如下。①“东迁期”。春秋时期，中原政治史的特征是霸主的存在。如相原俊二《论五霸的形成》(一)[1975] 等论文所述，所谓“五霸”，毋宁说是战国时期按五行说整饰而成的一种观念。现实中，霸权并非按齐桓公、晋文公、楚庄王、吴王阖闾、越王勾践的顺序发生转移，从前 632 年至前 506 年，晋一直是中原的霸主。“东迁期”所关注的，是晋霸主地位形成以前的前 722 年至前 633 年。②“春秋前期”。晋称霸的前 632 年至前 506 年。③“春秋中期”。晋霸主地位结束的前 505 年至《左传》编年叙事结束的前 468 年。④“春秋后期”。关于①—④四个时期的中原政治史，吉本道雅《春秋齐霸考》[1990a]、《周室东迁考》[1990b]、《春秋晋霸考》[1993]、《三晋成立考》[1998a] 有全面的论述。另外，关于东迁期、春秋早期，上原淳道《上原淳道中国史论集》[1993] 一书中所收讨论郑、虢关系的多篇论文颇有启发。

◆国家与社会

春秋时期的出土文献中，有“晋邦”“楚邦”等用语，诸侯国的领土被称为“邦”。“邦”，包括了被称为“国”的国君（诸侯）都城及其他城邑。吉本道雅的论文《春秋国人再考》[2003] 指出，在西周金文中，“国（或）”有“东或”和“西或”等用法，指周王朝军事指挥权所及的广大地区。西周后期的《诗经》中，出现了“邦国”这一指代单个诸侯国军事指挥权所及地区的词语。春秋时期，诸侯都城被称为“国”。特别是始于西周末年的东迁期，政治混乱，诸侯国均加强了都城建设，诸侯领地内承担兵役的人员集中于城，由此形成了春秋时期的“国”。关于春秋时期的城市，有杉本宪司《发掘古代中国——城郭都市的发展》[1986]、五井直弘《城市的形成与中央集权体制》[2002]（第一部）、佐原康夫《汉代都市机构研究》[2002]（第一部第一章）、谷口满《春秋时期的城市》[1988] 等研究。

居于“国”中的，是拥有身份特权而承担兵役的“国人”。“国人”的政治力量差不多延续至战国中期，但与此同时，对“国”以外的邑也进行士兵征发，并从公元前6世纪下半叶开始正式化，“国”由此丧失了在军事上的特权地位。“国”不再指都城，而是指由作为都城的“国”所统治的全部领土，并开始与“邦”混用。可以说，春秋时期的“国”是一个有着当时特别含义的历史存在。

春秋时期的国家权力，源于祭祀和军事。春秋以前，“天”和“上帝”是超越祭祀的最高神，并逐渐作为国君的祖先神而产生效力。因此，国君既是军事指挥者，又是“国”的最高祭司。斋藤（安倍）道子《春秋时期的统治权与宗庙》[1991]等多篇论文与水野卓的论文《春秋时期的君主》[2002]，分析了春秋时期的国君、国君所居住的“国”和国君统治的神圣性。江村知朗《论春秋时期的“国际”秩序》[2002]以关于各国始祖的记载为线索，考察了春秋时期的外交。高木智见《论春秋时期的神、人共同体》[1990]讨论了春秋时期的“神、人共同体”，池泽优《“孝”观念的宗教学研究——古代中国祖先崇拜观念的发展》[2002]（第二章）分析了从西周至春秋时期的祖先崇拜，小林伸二《元咺的立场》[2002]等多篇论文，通过考察灭国、迁徙、侵伐、取国、会盟地、卒葬、取邑等现象，探讨了春秋时期的社会结构。关于国君的婚姻，有江头广《姓考——周代的家族制度》[1970]和斋藤（安倍）道子《春秋时期的婚姻》[1992]，花房卓尔《春秋列国出奔考》[2000]论及了出奔与婚姻的关系。吉本道雅《先秦王侯系谱考》[2000a]指出，西周时期王侯的婚姻制度，至春秋时已趋于崩坏。该论文还向宇都木章的论文《西周诸侯系谱试论》[1965]提出了商榷。宇都木章认为，春秋时期的公位继承仍采用兄弟相续的做法，但吉本道雅认为，父子相续才是殷代末年以降的基本做法，兄弟相续并不是基本的继承制度，而是由政治混乱伴生的结果。关于春秋时期的社会习俗，有江头广《〈左传〉民俗考》[1987]和高木智见《春秋时期的结盟习俗》[1985]等多篇论文。

《春秋》《左传》中，国君以“爵”相称，如公侯伯子男，但这并不是《孟子》中所述的“五等爵”。吉本道雅《春秋五等爵考》[1994]指出，从西周到春秋存在着多种“爵”的形态。

由《左传》可知，国君以下，还有卿、大夫、士、庶人、工商及其他各种属民身份。当时各种身份的存在，也能在春秋时期的金文记述中得到旁证。卿和大夫世袭地垄断了上层的身份，构成了统领“国”的世族。以世族动向为中心的中原诸国国别史，有后藤均平《论陈》[1957]、山田统《卫的政治动荡与元咺告状》[1981]、宇都木章《春秋时期宋的贵族政治》[1969]等多篇论文，另有太田幸男《论齐之田氏——春秋末期邑制国家体制崩溃之一面》[1969]、相原俊二《春秋时期燕的变迁——燕国考之二》[1969]、佐藤三千夫《论春秋时期晋的卿》[1989]、《论春秋时期晋的公族与公族大夫》[1992]、小林伸二《元咺的立场》[2002]等作品。晋的世族担任三军的将领，佐藤三千夫《晋文公的即位——其与三军形成的关系》[1973]、《论晋的三行》[1982]，花房卓尔《春秋时期晋的军制》[1978]、《春秋时期晋的军事组织》[1979]考察了晋的军制。与这些国别史性质的诸侯国研究相对，吉本道雅《春秋世族考》[1995a]从世族地位入手，从整体上考察了中原的政治变迁。他认为，晋的"霸主体制"和各诸侯国的"世族支配体制"构成了春秋时期特定的政治社会秩序。另外，松井嘉德《郑的七穆》[1992]、《周代国制研究》[2002]（第Ⅳ部第二章）从西周历史延续的视角论述了周和郑的世族。世族以下有官僚群体，关于春秋时期的官职，江头广《先秦官职资料》[1977]有所论述。世族宗主被其家臣称为"主"，对"主"的综合考察，有小野泽精一《中国古代故事的思想史研究》[1982]（二・附篇一）。关于世族的家产"室"，有松本光雄《论中国古代的"室"》[1956]和小野泽精一《中国古代故事的思想史研究》[1982]（二・附篇二）。谷田孝之《中国古代家族制度论考》[1989]讨论了国君、世族的家族形态。

"国人"作为身份，与大夫下层、士有所重合。关于"士"的研究，有河地重造《论先秦时期有关"士"的诸问题》[1959]、松木民雄《〈左传〉"士"义释例——作为四民分业之一支》[1981]，有关"国人"的论述，有吉本道雅《春秋国人考》[1986]。冈崎文夫《论三国五鄙制》[1950]认为，《国语・齐语》和《管子・小匡》中的"三国五鄙"体制反映了春秋齐国的真实情况，虽然冈崎文夫的观点至今仍有引用，但这些记载应该是战国后期假托管仲的一份国家体制方案。

关于对邑的控制，已有松本光雄的研究《中国古代邑与民、人之间的关系》[1952]、《论中国古代社会中的分邑、宗、赋》[1953]，但这方面的具体情况，现在仍未廓清。

春秋、战国时期，铁质农具和牛耕的普及带动了生产力的上升，氏族共同体解体引发小农的出现。渡边信一郎《中国古代社会论》[1986]（第一章），从劳动过程入手，揭示了这一变迁。增渊龙夫《新版　中国古代的社会与国家》[1996]（第三篇第三章），认为《左传》宣公十四年（前 595）的“初税亩”是与土地私有制相适应的税制变化，但一般来说，以编年的形式厘清小农出现的过程很是困难。另外，谷口义介《中国古代社会史研究》[1988]（第九章），讨论了春秋时期的籍田礼和“助法”。

关于“商”，有松木民雄的研究《先秦时期商业观的变迁》[1990]、《〈左传〉中的商和贾》[1991]。关于属民的研究，有宇都木章《舆人考》[1979]。

◆边境上的王权

春秋时期中原的诸侯，由西周初年的“封建”而建立，而在中原政权的边境上，至春秋时期，还有西方的秦，南方的楚，东南的吴、越，东方的邾、莒等自主建立的政权。关于这些政权，《左传》中的记述最为充实，对楚的研究，积累甚多。

关于楚的建国，谷口满《若敖、蚡冒故事及其背景——对古代楚国的一种理解》[1975] 提出，若敖以前的历史应理解为“故事”。与之相对，吉本道雅《论楚公豖钟》[1997] 通过对《史记》中楚世家的考证研究，推断楚的建国当在西周中期。

关于春秋时期楚的政治史，有野间文史《春秋时期楚国的世族与王权》[1972]、斋藤（安倍）道子《春秋前期楚国的对外发展——以〈左传〉为中心》[1979] 等论文，另有谷口满《若敖氏之乱前后——古代楚国的分化》（一）[1981] 等若干论文，但这些研究在楚与中原的对比方面还比较单薄，问题意识亦拘泥于楚的范围之内，很遗憾未能将楚国历史置于春秋史的背景中来加以综合的理解。吉本道雅《楚史研究序说》[1995b] 从这样的批评意见出发，通过与中原的对比，力求在春秋历史背景中对楚国历史进行全局性的理解。

关于楚的世族，有山田崇仁的研究《淅川下寺春秋楚墓考》[1997]。

为与晋在中原的同盟相对抗，楚在南方组建了相应的势力圈。关于楚的霸权，有山田崇仁的研究《春秋楚霸考——楚对中原的战略》[1998]。关于附从楚的各国，有茂泽方尚《番与沈尹氏》[1982]、宇都木章《论曾侯乙墓》[1985]、小林伸二《黄君孟夫妇墓与黄国》[1989b] 和谷口义介《申国考》[1990] 等研究。

与楚相关的重要课题，增渊龙夫《新版　中国古代的社会与国家》[1996]

（第三篇第二章）提出了“县”的问题。关于春秋时期的楚县，有平势隆郎《〈左传〉之史料批判研究》[1998]（第二章第一节）、斋藤（安倍）道子《论春秋楚国的申县、陈县和蔡县》[1984]、谷口满《春秋楚县试论——新县邑的创设及其动向》[1987]等多篇论文。关于春秋时期的晋县，有五井直弘《中国古代的城郭都市与地域统治》[2002]（第二部第一、二章）、平势隆郎《〈左传〉之史料批判研究》[1998]（第二章第二节）等论著，谷口义介《仲山甫及其后裔》[1996]考察了后来成为晋县的樊邑在西周至春秋时期的变迁过程。对春秋时期县的研究，虽然已有如上所述一些积累，但最大的问题在于，未设县的邑的情况几乎没有被研究，由于战国前、中期史料的欠缺，从春秋时期到秦汉时期，县发生了怎样的演变，目前仍不清楚，且这一研究现状不仅限于县。松井嘉德《周代国制研究》[2002]（第Ⅳ部第一章），确认了西周的“还”与春秋的“县”之间的连续性，这促使学界开始重新思考有关春秋时期县的已有研究。

从都城研究开始，对楚的历史地理研究，有谷口满《楚都邑考》[1978]等多篇论文。

关于吴、越的研究，有后藤均平《中国古代文明与越族》[1967]、手塚隆义《中国的虞和蛮夷的吴》[1961]、田上泰昭《〈春秋左氏传〉的结局与越的记载——面对蛮夷霸者》[1981]、江村治树《吴越的兴亡》[1995]和吉本道雅《吴系谱考》[2000b]。

关于秦，《史记》中有关战国的记载以秦为多。商鞅变法，作为秦汉帝国形成的直接起点，研究积累深厚。1970年代以降，睡虎地秦简等一批出土文献的获得，又推动了战国中后期研究的蓬勃展开。但是，对商鞅变法之前秦国历史的研究，少有专论。吉本道雅《三晋成立考》[1998b]指出，《史记·秦本纪》中保存的有关秦国建立的表述，在公元前325年秦惠文王称王之时，曾进行过大幅度的篡改。吉本道雅《秦史研究序说》[1995c]还采用与中原对比的视角，概述了秦政权从东迁期至战国中期的变迁。

关于戎狄，有后藤均平《春秋时期的周与戎》[1960]、田中柚美子《关于晋周边的狄》[1974]、《晋与戎狄》[1975]、渡边英幸《论春秋时期的“戎”》[2000]等论文。关于东夷系诸国，上原淳道《上原淳道中国史论集》[1993]中有关于莱的论文，另有宇都木章《春秋时期的莒国墓及其钟铭——莒鲁交争始末》[1983]、《论〈春秋左传〉所见鄫国》[1984]两篇论文。

◆法制

春秋时期，国家未能达成对暴力机构的垄断，以“附有条件的刑罚预告”作为强制力的“法”并不发达，另一方面，因祭祀权威的有效性，在霸主与诸侯国之间，国君与世族、国人之间等多种场合，缔结了以“有条件咒诅”为强制力的“盟”。滋贺秀三《中国上古刑罚考——以盟誓为线索》[1976]概述了“法”之前的秩序原理。

缔结“盟”的时候，会制作“载书”。1970年代以后，山西省的侯马和河南省的温县出土了春秋后期的载书。江村治树《春秋战国秦汉时期出土文献研究》[2000](第三部第三章)对侯马载书做了综合的概述，高木智见《春秋时期的结盟习俗》[1985]将“盟”作为社会性的习俗进行了讨论，吉本道雅《春秋载书考》[1985a]通过与《左传》中所见载书的文字进行对比，评价了侯马载书在历史中的地位。江村治树《春秋时期盟誓参与者的地域特点》[2001]尝试通过分析盟的参与者，阐明春秋时期的地域差异。平势隆郎《春秋晋国〈侯马盟书〉字体通览》[1988]为侯马载书编制了索引，并在该书第三、四章中专门讨论了侯马载书。吉本道雅《晋国出土载书考》[1985b]综合分析了侯马、温县出土的载书。

籾山明《法家之前——春秋时期的刑与秩序》[1980]认为，春秋时期仅限于战时的严格的秩序原理，通过对社会的军事性整编扩展至日常社会，由此成为战国时期的法秩序。籾山明《春秋诉讼论》[1988]还以《左传》为素材，讨论了春秋时代的诉讼。“刑鼎”的公之于众，被视为成文法的确立，这一方面，有久富木成大的研究《〈春秋左氏传〉中“免”字的用法与刑鼎的公开》[1986]。滋贺秀三的《〈左传〉所见诉讼事例解说》[1989]和高木智见《中国法制史——基本资料的研究》[1993]中的“春秋左氏传”一节讨论了《左传》作为法制史资料所具有的特点。此外，池田雄一《论春秋时期的治狱》[1996]认为，张家山汉简《奏谳书》中出现卫国史鰌和鲁国柳下惠的两章真实地记录了春秋时期的情况，但笔者认为这部分文字应视为战国后期法家的故事。

◆考古资料、出土文献

从考古学入手的春秋时期通论，有饭岛武次《中国周文化考古学研究》[1998]、小泽正人等著《中国的考古学》[1999]和江村治树《春秋战国秦汉时期出土文献研究》[2000]。

有关春秋金文的概论，白川静《金文通释4》[1973]、《金文通释6》[1980]的使用更为方便。金文作为史料时，根据其所在青铜器的断代来获取可靠的年代判断非常必要。林巳奈夫《殷周时期青铜器的研究——殷周青铜器综览一》[1984]、《殷周时期青铜器的研究——殷周青铜器综览三》[1989]提供了殷商至战国间最可靠的青铜器年代判断。江村治树《春秋战国秦汉时期出土文献研究》[2000]（第一部、第三部第一章），对春秋时代的青铜器进行了全面的研究。

石鼓文，其年代尚未有定论，但无疑是秦史的重要资料。赤塚忠《赤塚忠著作集7》[1989]认为石鼓文为秦穆公（前659—前621在位）所作，并指出近年秦景公（前576—前537在位）墓中出土的编磬铭与之类似。考古所得有关秦的文物，冈村秀典《秦文化编年》[1985]有全面的介绍。

◆文献

《诗经》中的国风、鲁颂、商颂被认为是春秋时期诗篇的汇集。这些诗篇没有编年，故未作为历史资料充分挖掘，但仍可作为社会史资料加以利用。关于这一点，可参见白川静《诗经研究　通论篇》[1981]中的论述。

《论语》的定型在西汉末年，但它显然是用比《左传》更为古老的语言写就，故可取其与春秋后期同时代的史料对照。关于《论语》和孔子的研究，有贝塚茂树《中国思想与日本》[1976b]、木村英一《孔子与〈论语〉》[1971]、白川静《孔子传》[1972]、渡边卓《古代中国思想研究》[1973]（第一部）、浅野裕一《孔子神话——作为宗教的儒教的形成》[1997]等作品。《论语》的日译本，兹不赘述，其中，贝塚茂树《论语》[1973]的译解，基于殷周史研究成果，富于启发。此外，关于《论语》中的春秋史资料，有小野泽精一《中国古代故事的思想史研究》[1982]。

《左传》编年叙事开始之前的历史，也就是公元前770至前723年的“东迁期”，《史记》的记载最为详细。关于《史记》的史料特点，可参考吉本道雅的《史记原始（一）——西周期、东迁期》[1987]、《史记原始——战国期》[1996]。《史记》中有关《春秋》的记载，吉本道雅《〈史记〉述〈春秋〉经传小考》[1988]有所研究。另外，平势隆郎《新编〈史记〉东周年表——中国古代纪年研究序章》[1995]认为，《史记》中的先秦纪年全盘错误，关于这一点，建议先阅读吉本道雅的批评意见《〈史记〉战国纪年考》[1998c]。

关于记载先秦时期王侯、世族谱系的《世本》，有山田崇仁的研究《论

〈世本〉与〈国语〉韦昭注所引谱系资料——利用N-gram统计算法的分析》[2001]。

《春秋》(《春秋经》) 是以鲁国编年史形式撰写而成的文献，后以编入《春秋》三传——《左传》《公羊传》《穀梁传》的方式流传至今。《春秋》三传的记载始于公元前722年，结束年份，《左传》为前479年，《公羊传》和《穀梁传》为前481年。至孔子之孙子思的时候，也就是前5世纪末叶时，《春秋》已被视为儒家经典，关于这一点，可参见吉本道雅的《春秋世族考》[1995a]。有关《春秋》的探讨，大多是围绕汉代以降"春秋学"的研究，但山田崇仁《作为历史记录的〈春秋〉——利用N-gram统计算法的分析》[2004]将《春秋》作为当时的历史记录，进行了别出心裁的探讨。

《左传》是一部作为《春秋》注本而问世的编年史，是春秋史研究最为基本的文献。西汉末年，王莽篡位前夕，《左传》方设博士官，跻身经书之列，正因为如此，康有为的《新学伪经考》主张，《左传》是刘歆为论证王莽篡位合法性而炮制的伪作。这段公案的原委，镰田正《〈左传〉的成书及其发展》[1963]论述颇详。《史记》认为《左传》的作者是与孔子同时代的鲁国左丘明，而顾炎武等清代学者指出，《左传》中出现了对战国史事的预言，因此其成书当在战国。瑞典历史语言学家高本汉（Karlgren，Bernhard）认为，《左传》使用的语言与《论语》等文献中的"鲁语"(即"前3世纪的标准书面语")存在着不同之处，故主张其成书于前4世纪，新城新藏也证明《左传》中的岁星记事乃基于公元前365年左右的观测。根据这些讨论，吉本道雅《〈左传〉成书考》[2002]确定了《左传》所提及战国历史事件的发生年代，也推测了吴起、吴期父子在楚地的撰著活动，刘向的《别录》认为吴起父子关系到《左传》的传承。当代日本的中国古代史研究中，《左传》成书于战国中期的看法已得到普遍接受。此外，平势隆郎《〈左传〉的史料批判研究》[1998](第一章)就《左传》提出了独到的观点，但对初学者而言，最好先阅读一下浅野裕一《〈春秋〉的成书时间——对平势观点的再检讨》[2001]的批判性讨论。

如果认为《左传》成书于战国中期，那么其内容就不能全部被视为春秋时期的同时代记录。正如吉本道雅《檀弓考》[1992]、《楚史研究序说》[1995b]所述，可以确认《左传》中确实存在引用《论语》《礼记》中成文相对较早的诸篇的内容。小仓芳彦《〈春秋左氏传〉研究》[2003a]也从正面探讨了《左传》

成书的晚出问题，他讨论了《左传》中资料的层累性，认为《左传》的记述可分为三个层次：①比较忠实地留传春秋史事的实录部分；②情节展开中的演绎部分；③段落末尾附加的人物评价、《春秋》笔法式的说明部分。小仓芳彦曾日译《左传》[1988—1989]，并出版有个人研究论文的合集，在此向初学者强烈推荐。

《左传》包含了下讫战国中期的材料，所以前揭春秋研究诸论著中，以小仓芳彦所述②③两类内容为主要材料，以“思想”为问题意识的研究，梳理所得实际上并非仅属春秋者，而可能混合了从春秋至战国中期层累的历史面貌。尽管如此，《左传》仍是除《论语》《礼记》中若干古老篇章以外，距离春秋最近的文献，因此，小仓芳彦所述②③两类内容，是春秋历史最为古老的脚注，而且，从所用语言来看，也的确比《孟子》等使用“前 3 世纪标准书面语”的诸子文献更为古老。就思想史研究言之，《左传》与诸子文献的比较分析，最好还是置于自春秋战国开始的长时段变迁中展开，小野泽精一《中国古代故事的思想史考察》[1982]（二）就是对“春秋故事的思想史考察”。而且，在阅读《左传》等经部文献时，仍有必要参考传统的注疏。关于《左传》的注释，野间文史的研究《春秋正义的世界》[1989] 清晰易懂。

与《左传》相关的文献有《国语》，根据吉本道雅《〈国语〉小考》[1989] 的研究，其成书大约迟至战国后期，该书在承袭《左传》记载的同时，扩充了故事内容。马王堆汉墓出土的《春秋事语》，也是与《国语》类似的故事集。顺便提一下，近年来，郭店楚简、上博楚简等战国出土文献被大量披露，上博楚简中就包含了《左传》的内容。[①] 随着新史料的发现，本文的观点或许还需进行大幅度的修正。

（吉本道雅）

（三）战国时期

◆秦汉帝国形成论

秦汉帝国对其后的中国历史具有深远的影响，日本学界的战国史研究，极为重视将战国视为秦汉帝国的形成期来加以探讨。秦汉帝国的形成问题，一直是战后日本中国古代史领域的中心课题，并对其他时段的研究产生了巨大的影

① 译者按：据目前研究，上博楚简中未见《左传》内容。此条承复旦大学郭永秉提示，谨致谢意。

响。形成期问题，当然与秦汉史研究直接相关，故秦汉史学者在该问题上投入了大量精力。所以，尽管此课题与秦汉史领域多有重叠，考虑到这段历史的重要性及其研究积累的深厚，此处不惮重复，对其研究动向作一介绍。

关于秦汉帝国的形成，研究的起点当属西嶋定生《中国古代帝国形成之考察——汉高祖及其功臣》[1949]。这篇论文认为，春秋以后形成的采用父家长家内奴隶制的豪族集团，决定了汉高祖统治集团的性质。西嶋定生随后的研究《古代国家的权力结构》[1950]，基于这一思路对史事进行了结构化的梳理。他指出，春秋战国时期，周代的氏族共同体逐渐崩坏，但因为生产力发展的不平衡，在社会中形成父家长家内奴隶制豪族的同时，氏族共同体依然有所残留。因此，从战国至秦汉的国家权力，被认为是父家长家内奴隶制豪族对氏族共同体的超经济统治。西嶋定生的这些论点，可以说已大体涵盖后来秦汉帝国形成论中的基本问题。

不过，与西嶋定生的理解针锋相对，增渊龙夫《汉代的民间秩序结构与任侠习俗》[1951] 对其观点进行了彻底的批判。增渊龙夫认为，春秋战国时期新形成的集团，不应使用家内奴隶制这一概念简单概括，而应对其内部的人际关系进行具体的分析，氏族制崩坏后形成的民间秩序中，不可忽视任侠者的聚合。但是，这种民间集团的存在，与秦汉帝国单方向的统治体系有着明显的矛盾。因此，增渊龙夫《论战国秦汉时期集团的“约”》[1955a] 强调了人与人聚合关系中单方向统治关系的存在，同时，他在《战国官僚制的一个特点》[1955b] 中着力论证了人与人的聚合关系与官僚制，即集权国家组织之间的连续性。随后，增渊龙夫《先秦时期的山林薮泽与秦的公田》[1957]、《先秦时期的封建与郡县》[1958] 等多部作品，从经济基础和县的组织入手，着力揭示民间集团、传统势力如何促成强大的专制国家。

此外，木村正雄《中国古代的专制主义及其基础》[1958]、《新订版　中国古代帝国的形成——尤其是其产生的基础条件》[2003]，尝试从土地制度入手，解决专制国家的形成问题。他分析了县的土地，将县分成旧县和新县两种，旧县建立于很早就得到开发的第一层次农地，自主性较高，而新县设置于战国时才开发的第二层次农地，对中央的依存性较强。木村正雄厘清了旧县和新县的空间分布，从中可见，第二层次农地主要分布于需要大规模水利灌溉的黄河下游地区，古代帝国在此进行开发，设置新县，作为齐民统治的基础。而黄河中游地区的旧县，自主性较强，实行地方权贵的大土地所有制，与前者存在矛盾。不过，木村正雄主要关心古代专制国家形成的基础问题，未涉及国家作为地域整合体的存在方式。

进入1960年代以后，研究出现了新的动向。首先，西嶋定生《中国古代帝国的形成与结构——二十等爵制研究》[1961]再次批判了增渊龙夫的观点。西嶋定生认为，国家问题的关键，不是增渊龙夫所重视的君主与官僚的关系，而是君主与人民的关系。他详细考察了二十等爵制。从中可见，随着氏族制的崩坏，古代里的秩序开始解体，民众开始个体化，爵制与基于传统齿位（年龄）的阶级制相合，皇帝利用爵制来实现对人民的统治。西嶋定生的思路，将统治的合法性纳入研究视野，并提出了一个极为严密的结构论。增渊龙夫《所谓东方专制主义与共同体》[1962]立刻对此提出反驳。他认为，西嶋定生把古代里的秩序的解体作为皇帝统治成立的前提，抛出的仍是一个“变迁动力不明的结构论”，最终与否定历史内在发展的“东方专制主义”之类思路无甚区别。为此，增渊龙夫研究了氏族制崩坏后，基层土豪和豪族社会自治秩序的自发形成，他认为汉武帝推出孝廉察举以后，民间的自治秩序与国家权力实现了对接。但是，在汉武帝之前，国家权力和自治秩序还是各自独立运行，两者的关系并非互相利用或共同合作，在理论上难以视为整合一体。这一思路在增渊龙夫的专著《春秋战国时期的社会与国家》[1970]中也没有改变。他认为，面对国家统治，地方社会集团在支持的同时，也有抵抗的可能，所以两者的关系还需进一步梳理。

宇都宫清吉的论文《〈管子·弟子职〉篇探研——对古代专制体制与社会集团间关系的考察》[1963]与增渊龙夫相同，采用国家权力和社会集团对立两分的研究思路。不过，宇都宫清吉认为，国家权力和社会集团是氏族制宗法秩序解体的产物，并努力对此进行理论层面的解析。他指出，当时出现了两种人际关系，墨家体现的是“首领制”，是一种单方向统治的从属关系，而儒家体现的是“家族制”，基于自然形成的家族关系。这两种关系，可以看作战国、秦汉时期个人、家族和国家在对立中相互楔入而形成的矛盾统一体，但宇都宫并未论清两者统一的具体原理。

1960年代初，围绕秦汉帝国形成的讨论有两种思路。西嶋定生、木村正雄和早期的增渊龙夫，主要关心强大的专制权力如何形成，而后期的增渊龙夫和宇都宫清吉，认为与专制权力相对，还存在着自治性的民间社会集团，应当从两者的关系入手来探讨秦汉帝国的形成问题。这两种思路，不仅对具体社会集团的认识存在着差别，对“统治”这一概念也有各自的理解。1960年代后半期开始，后一种理论成为主流，秦汉史研究者不断尝试对专制权力与民间社会集团间的关系进行统一的把握。好并隆司《西汉帝国的双重结构与历史条件》[1971]，从制度入手，探讨了西汉武帝及其之前皇帝权力的双重性质，他从“齐民制”和“家产制”这两种统治体系的对立并存出发，提出了秦汉帝国的双重结构论。另外，尾形勇《中国古代的“家”与国家——皇帝统治下的秩序结构》[1979]认为，汉代的官僚“出身”于私领域的家，又在公领域的国家中，进入个别人身性质的君臣关系，从而力图指明汉帝国中国家与家这两个对立要素间的关联性。

◆地域研究的进展

此后，未见有新的理论提出，战国秦汉史研究者逐渐转向个案的实证研究。1970年代以后，地域研究的涌现，被认为是从个案研究转向整体性把握的一次探索。此前，在前述西嶋定生、增渊龙夫、木村正雄等学者的作品中也能看到地域性的视角，但那些作品多着眼于新县、旧县之类县级单位的分布特点，未涉及战国时期各国情况的差异。

新兴的地域研究所关注的一个重要课题，就是通过具体比较秦与东方六国，揭示秦成功统一天下的原因。首先，太田幸男的研究《论齐之田氏——春秋末期邑制国家体制崩溃之一面》[1969]、《商鞅变法的再探讨》[1975]发现，战国时期，田氏齐国因父家长统治的发展而陷于自行崩坏，与之相对，秦国的成功得益于商鞅变法抑制父家长权力的发展，确立了中央集权体制。也就是说，后发的秦实现对先进的东方六国的统治，得益于亚细亚式的专制权力，这正是秦汉帝国的本质。此后，古贺登《尽地力说考——战国时期魏国李悝的经济政策》[1976]比较了魏国李悝的尽地力说与商鞅的阡陌制，认为中原诸国未能解决奴隶制中的矛盾，而秦国能成功转向封建制并实现天下统一，也与秦为后发地区有关。另一方面，好并隆司《中国皇权的形成与发展》[1978a]指出，东方诸国，庶民中存在着农耕民族的“民主”社会，而秦国，君权中勃兴北方游牧民族的“专制主义”，后者统治前者的形成，造就了所谓秦汉帝国。

这类对东方六国状况的关注，相比以秦为中心来考察秦汉帝国的形成，虽有新突破的可能，但也存在着若干限制。一方面，将东方六国一统观之，就忽视了各国间特征的差异。关于这一点，不得不坦言，相比与秦相关的史料，东方六国的文献明显不足。另一方面，此类研究旨在阐明秦统一天下的原因，未能重视东方六国的历史作用，因此难以对随后的汉朝进行全面的展望。东方六国辖地广阔，人口众多，经济雄厚，但不可否认，经历秦代的短暂统一，其地域差异自然为汉代所继承，这一点尚未引起足够的重视。

1980 年代以后，战国时期的城市被视为秦汉帝国形成的场所而备受瞩目，成为热点。从战国到秦汉，城市的日益发展不可否认。关于城市发展的原因，日本学界持有两种观点。一种观点重视其中的经济因素，宇都宫清吉《论西汉时期（公元前 2 世纪间）的城市》[1951] 认为，公元前 4—前 3 世纪，世界经济圈形成，因为这一纯粹的经济因素，城市兴起，城市人口达到了总人口的十分之三，城市居民大多为工商业者。与之相对，宫崎市定《战国时期的城市》[1962] 认为，战国城市在本质上是农业城市，而非工商业城市，当时大城市的发展是出于政治、军事的原因，其经济表现不过是附带产生。也就是说，城市的发展是政治上中央集权政策强制施行的产物，除国都和一部分军事性城市，其他城市均只是弱小的农业城市。

现在的中国研究者，与宇都宫清吉类似，也重视从经济因素来解释战国城市的发展，而日本学界，伊藤道治《先秦时期的城市》[1963] 从考古学入手，充实了宫崎市定的政治、军事因素说。其后，影山刚《中国古代的城市与工商业》[1979]、池田雄一《中国古代聚落的发展》[1981]、五井直弘《城市的形成与中央集权体制》[1982] 和佐原康夫《论战国时期的府、库》[1984] 等大部分研究者也继承了这一观点。因为宇都宫清吉的观点难以充分解释秦汉帝国中央集权专制统治的形成，甚至还与之有矛盾之处，而宫崎市定的观点合理地解释了城市的发展与专制统治之间的关系。

以上两种对立观点的产生，自有其理由。江村治树《战国时代的城市和城市统治》[1989] 追随 1980 年代以后考古学的新发现，从地域角度出发，重新审视了战国时期城市的发展。战国时期城市遗址的空间分布显然并不均匀，这一现象也得到了出土文献和传世文献的证明。城市发达的地区为黄河中游的三晋诸国（韩、魏、赵），而其周边的齐、燕、秦、楚等国中，仅有国都和二三座城市。因此，对三晋诸国而言，宇都宫清吉的观点是正确的，而对周边诸国而言，宫崎市定的说法是正确的。而且，对出土文献的研究表明，三晋诸国的城市具有高度的军事、经济自治性，而周边诸国，中央集权专制统治因为城市的不发达而获得了发展。因此，秦的统一对自治性的三晋地区城市形成了强权统治，继承秦帝国的汉帝国应当理解为一个整合不同风格地区的统一体。

不过，至此又引出了一个新的问题，也就是增渊龙夫《所谓东方专制主义与共同体》[1962]提出的专制国家与自治社会间的关系。既然自治社会的存在不可否认，那么从整体上来重新把握秦汉帝国，有必要对秦汉帝国的统治理念和法律意义上辅助统治的公共团体加以重新认识。如前文所述，增渊龙夫强烈质疑将秦汉帝国视为一个“东方专制主义”体系，但他未能提出新的可取代前者的解释体系，也未能将其后的讨论引向深入。不过，至1990年代以后，终于出现了对秦汉帝国状况本身的重新探索。例如，鹤间和幸《古代中华帝国的统一法律与地域——秦帝国的法及其虚构性》[1992]重新考察了秦的大一统政治实体，大栉敦弘《统一前夜——战国后期的“国际”秩序》[1995]讨论了汉初对战国时期“国际”秩序的继承，渡边信一郎《中国古代专制国家论》[1992]关注了汉代国家机器统治方式的层累性等。此外，作为战国、秦汉时期统治体系的官僚制架构，有必要不仅从法制的角度入手，也应从统治理念等思路切入展开新的探讨，这也是有关秦汉历史分期的一个重要问题。

◆文献史料

有关战国的文献史料，较诸春秋，有了明显增加。不过，大多为诸子之书。诸子之书，重点在于阐述本学派的政治理想，述及政治和社会现实的内容稀乏得令人意外。《韩非子》《吕氏春秋》等书，包含了大量意味深长的轶事，这些内容是否可直接视为史实，仍有思考的必要。

战国史研究的核心史料，还是《史记》和《战国策》。但是，《史记》的叙事在年代上相当混乱。近年来，日本学界就《史记》的史料问题，从根本上进行了反思。平势隆郎《新编〈史记〉东周年表——中国古代纪年研究序章》[1995]探讨了《史记》中年代自相矛盾的根本原因，并对《史记》中有关东周的纪年做了全新的编订。其研究方法，是以矛盾原本并不存在为前提，全面解析矛盾产生的原因。平势隆郎的研究，并不只是停留于单纯的纪年问题，而更多关注到影响历史事实间关系的因素，是从事战国史研究的首要参考。

《史记》中的内容，其详略也与所记述的地域或国家有关。很明显，与秦有关的记述比较详细，而对东方诸国的记述相对简略。这是因为秦始皇焚毁了《秦记》以外东方诸国史官的大量著述，司马迁难以取得相当的充足史料。关于司马迁所用史料，藤田胜久《〈史记〉战国史料研究》[1997]分析了《史记》秦本纪和战国世家的资料构成。秦本纪多利用编年史料和谱系，战国世家的素材多来源于编年史料和战国典故，两者的文字中，也均能看到吸纳部分谱系和故事等多种资料的印迹。

《战国策》按国别编成，包括东周策2篇，秦策5篇，齐策6篇，楚策、赵策、魏策各4篇，韩策、燕策各3篇，宋卫策、中山策各1篇。《战国策》包含了东方诸国的丰富轶事，其中不少内容与《史记》所载相异，部分内容难以断代。柯润璞（又名柯迂儒，Crump，James Irving Jr.）《谋略：〈战国策〉研究》[1964]认为该书只能视为纵横家虚构雄辩的一本辑录，若直接作为史实使用，务必谨慎对待。

◆出土文献

诚如上文所述，战国史研究颇受史料制约，因此，考古所得书写有文字的资料，即出土文献，因对常规史料具有补缺厘正之功而备受重视。近年来，中国的考古工作发展迅速，出土文献的发现也达到了惊人的数量。特别是进入战国以后，书写材料的种类、书写文字的内容，相比前代远为多样。除青铜器之外，陶器、漆器、印章和货币上也留有文字，并且出现了书写有文字的绢织物，即帛书，书写有文字的木片或竹片，也就是简牍。

对于这些战国时期的出土文献，李学勤的《战国题铭概述》(上)(中)(下)[1957]最早按国别进行了全面的整理和介绍，后来，李学勤的《东周与秦代文明》[1984b]又根据新的发现进行了补充再编。此外，江村治树《春秋战国秦汉时期出土文献研究》[2000]第二部第一章，从截至1997年末已公布的青铜器、陶器、漆器、印章和货币等的铭文中，选取字数过少、尚难以为历史研究所用的部分，进行了极为全面的整理介绍，并概述其特色。而且近年来，中国学界以战国为中心的先秦货币研究盛极一时。考古新发现不断刷新着对货币的认识，黄锡全《先秦货币通论》[2001]综述了该方向的研究及最新认识。考古新发现层出不穷，出土文献整理亦有必要相应地不断更新。《文物》《考古》《考古学报》等全国性考古学杂志，《考古与文物》《文博》《中原文物》《华夏考古》《江汉考古》《东南文化》《北方文物》《内蒙古文物考古》《文物春秋》《文物季刊》《四川文物》等各省发行的刊物，均有过眼通览之必要。面对不断增加的资料，今后还有必要利用计算机进行整理。

出土文献中，还有不少字数众多且包含特定内容的材料。帛书、简牍之类在战国史研究中就颇受重视。发现于长沙子弹库墓葬的楚国帛书包含有神话内容，已有不少关于其性质和文字释读的研究。目前的发现中，时间最早的简牍是曾侯乙墓出土的竹简。这些竹简辑录了葬仪所用的车马、兵器等内容。战国时期的简牍，因出土环境的关系，大多发现于楚墓和秦墓。楚的竹简中，颇受瞩目的有包山楚简。其中包括了楚国的审判类文书，提供了楚国制度研究的重要材料。另外，最近在荆门郭店的楚墓，发现了《老子》《礼记》等书籍的竹简，古代典籍和楚系文字研究的推进指日可待。出土的汉代帛书、简牍中也包含有战国时期的史料。马王堆帛书《战国纵横家书》中有不少现行《战国策》所不存的对话。银雀山竹简《守法守令等十三篇》也翔实地记录了本已失传的战国制度和思想。另有不少久已失传文书和著述片段的简牍，在各地多有发现，务必要给予重视。

最后，再加上一本杨宽的《战国史（增订版）》[1980]，该书不是史料集，而是一本专门的概论书，对战国史研究相关课题作了近乎全面的梳理。探究复杂的战国时代，此书当为案头必备。

（江村治树）

第二章　秦·汉

籾山明、佐原康夫

一、研究视角

在介绍具体的研究之前，先简单梳理一下日本学界秦汉史研究的动向。梳理的角度为研究的潮流，亦即其旨趣和方向。在过去的50年中，日本学界的秦汉史研究，大体可分为三股潮流。

第一股潮流，被称为秦汉帝国形成史论。该流派将秦汉帝国视为中国古代国家的完成形态，追溯了其形成过程及构成原理。这股潮流的渊源，是增渊龙夫《中国古代的社会与国家——秦汉帝国建立过程的社会史研究》[1960a]、西嶋定生《中国古代帝国的形成与结构——二十等爵制研究》[1961]和木村正雄《中国古代帝国的形成——尤其是其产生的基础条件》[1965]三本著作，无论追溯至哪一本都没有异议。根据后人的综述，三本著作的研究思路虽然大相径庭，但俱立足于阐明古代国家的中国特质。其后的重要研究成果，均通过回应这三本著作而展开，可见其影响力之大。例如，好并隆司《秦汉帝国史研究》[1978]、尾形勇《中国古代的"家"与国家——皇帝统治下的秩序结构》[1979]和近年李开元《汉帝国的成立与刘邦集团——军功受益阶层的研究》[2000]，以及多田狷介《汉魏晋史研究》[1999]、五井直弘《汉代豪族社会与国家》[2001]等论文集中收入的诸多论考，均属此类。这股潮流，也不限于秦汉史研究，还波及隋唐史和东亚史研究。不过，不可否认，这股潮流也有不足之处，因过于强调秦汉帝国的划时代特点，该流派对秦汉之前历史的理解略显简化。

第二股潮流，被称为古代帝国崩溃论。该流派致力于探究东汉的国家内部矛盾和崩坏过程。这股潮流的渊源，可上溯至宇都宫清吉《中国古代中世史研究》[1977] 的豪族论，以及六朝史研究者谷川道雄《中国中世社会与共同体》[1976] 和川胜义雄《六朝贵族制社会研究》[1982]。他们从关注六朝贵族制社会的形成问题入手，聚焦于东汉时期的社会矛盾，生动地描摹出从汉至六朝，即谷川道雄和川胜义雄所说的从古代至中世的发展历程。狩野直祯《东汉政治史研究》[1993]、东晋次《东汉时代的政治与社会》[1995]、渡边义浩《东汉的国家统治与儒教》[1995] 等东汉史专著，明显受到这股潮流的影响。前述多田狷介和五井直弘的论文集，也收入了对谷川道雄和川胜义雄观点的批判性回应。在第一股潮流中用力不足的东汉史研究，在第二股潮流中得到了大力推进。与之相呼应，目前东汉史研究的课题和方法，与六朝史研究颇多共通之处。

第三股潮流，是对出土文献的研究。当然，出土文献在前述两股潮流中也得到了相应的重视。虽然出土文献与那些潮流并不相类，但通过分析出土文献而揭示崭新历史面貌的研究，从 1980 年前后开始格外明显且备受瞩目。其中的代表作，可举出工藤元男《睡虎地秦简所见秦代国家与社会》[1998]、冨谷至《秦汉刑罚制度研究》[1998]、佐原康夫《汉代都市机构研究》[2002a] 和冨谷至所编论文集《边境出土木简的研究》[2003]。这股潮流的直接源头，可上溯至大庭脩《秦汉法制史研究》[1982] 和永田英正《居延汉简研究》[1989] 所展示的汉简研究。若进一步放宽视野，该流派也可置于包括甲骨文和敦煌文书研究在内的更大潮流之中。这股潮流的长处是立足史料立论，但其研究主题和方法也势必受到出土文献性质的制约。近年的秦汉史研究，有关地方行政和法制的论述考证呈量产趋势，资料性质是其原因之一。

上述三股潮流，在内部存在多种观点对立的同时，也时常出现巨大的交叉。关于这些情况，尤其是前两股潮流的交叉，太田幸男《共同体与奴隶制——亚洲》[1974] 和小嶋茂稔《战后中国古代国家史研究中“东汉史”的地位》[1999] 所整理的学术综述颇为详尽。

（籾山明）

二、研究进展

（一）通史、概论著作

这里先对日语文献中秦汉史方面的通史和概论性著作做一介绍。首先是涵盖整个秦汉史的概论，由大岛利一等共同编著的《世界历史 3　东亚文明的形成》[1960]，所收论文至今仍有阅读价值。独立撰著的概论，有西嶋定生的著作《中国的历史 2　秦汉帝国》[1974]，学界赞誉该书为一部富有创见的通史。关于东汉后半期，则有必要参考这套丛书中的下一本，川胜义雄《中国的历史 3　魏晋南北朝》[1974]。不过，由于前节所述研究潮流间的差别，西嶋定生和川胜义雄所描绘的汉代图景难以整合。其后新出史料的情况，反映于鹤间和幸《中国的历史 03　始皇帝的遗产：秦汉帝国》[2004]。大庭脩《图说中国历史 2　秦汉帝国的威容》[1977] 和松丸道雄、永田英正《Visual 版世界历史 5　中国文明的产生》[1985] 以图片丰富为特色。松丸道雄等合编《世界历史大系　中国史》[2003]，立足于近年的研究动向，可以说是一部专业的通史。至于学术史回顾方面的著作，可举堀敏一《中国通史——问题史试探》[2000] 和松丸道雄等合编《中国史学的基本问题 1　殷周秦汉史学的基本问题》[2001]，这两本学术史回顾也包括了秦汉以外的时代。其中，堀敏一的书具有单人独著的优点，是一部适合通读的著作。

专题研究方面，西嶋定生的著作《中国古代国家与东亚世界》[1981]，展示了一幅标准的秦汉历史画卷，包括农业生产和国家结构。此外，冨谷至《古代中国的刑罚——骷髅诉说的故事》[1995] 围绕刑罚，山田胜芳《货币的中国古代史》[2000] 围绕货币，均为各有特色的概说。关于匈奴，泽田勋《匈奴——古代游牧帝国的兴亡》[1996] 和加藤谦一《匈奴“帝国”》[1998] 尝试从不同立场出发，评价其历史地位。

历史人物的传记必不可少，此处列举若干全面刻画人物的传记。关于秦始皇有吉川忠夫《中国英杰 1　秦始皇》[1986] 和籾山明《中国历史人物选 1　秦始皇——多元世界的统一者》[1994]，关于汉高祖有堀敏一《大汉刘邦——汉帝国的建立史》[2004]，关于汉武帝有影山刚《汉武帝》[1979]，关于王莽有东晋次《王莽——儒家理想主义者》[2003a]，不胜枚举，各有特色。另外，护雅夫的名著《李陵》[1974]，将李陵的悲剧置于宏大的欧亚历史中来加以理解。

关于简牍（木简、竹简）的入门书，首推大庭脩《木简学入门》[1984]。作为进一步了解的概论性著作，可举籾山明《汉帝国与边境社会——长城风景》[1999]，这是一部利用简牍资料撰著的汉代边境史，还有冨谷至《木简竹简述说的古代中国——书写材料的文化史》[2003]，讨论了简牍和纸两类史料。关于画像石和画像砖，有渡部武《画像述说的中国古代》[1991] 和林巳奈夫《刻在石头上的世界》[1992a] 两部专著。此外，林巳奈夫《中国古代生活史》[1992b] 还曾尝试灵活运用考古发现来复原古代的物质文化，该书是林巳奈夫早年所著《汉代文物》[1976] 的新编普及版。

（二）政治

◆皇帝与天子

“皇帝”是一个比旧有的“王”更为尊崇的称呼，由秦王嬴政，亦即始皇帝本人自创。西嶋定生《皇帝统治的建立》[1970a]（该文又与其他相关作品一起收于西嶋定生《中国古代国家与东亚世界》[1983]）认为，“皇帝”这一称号包含着“煌煌上帝”的意思。只有这个来源于上帝，也就是主宰万物的宇宙神的称号，才配得上无所制约的绝对强人。而“天子”这一称号，具有从属于天的意味，并不能用于秦始皇。将君主认定为受命于天的“天子”，该观念至汉文帝时期受儒家思想的影响方才复活。

与西嶋定生的观点相对，栗原朋信《论秦及汉初的“皇帝”称号》[1972] 认为，“皇帝”这一称号是取三皇、五帝而成，寓意世间最高的君主。从汉初恢复的祭祀礼仪推测，秦时祭祀上帝的可能性很高。这样看来，对秦始皇而言，不可能将加护自身的上帝取而代之，这是栗原朋信的理解。此外，浅野裕一《黄老道的形成与发展》[1992] 指出，认为自己的功业已超越古时五帝的秦始皇，根据皇—帝—王—公的尊号序列，取最为尊贵的“皇”和与之比肩的“帝”，创造出“皇帝”称号。皇帝与天子的不同之处在于，皇帝并不通过上帝或是上天等不证自明的存在来获得合法性。在浅野裕一的理解中，秦始皇是通过持续的功业来不断证明权力的合法性。

西嶋定生《皇帝统治的产生》[1970a] 还通过对皇帝玉玺的分析，厘清了汉代皇帝、天子两个称号在功能上的差异。皇帝是面对王侯的称号，用于表现其在国内政治中作为君主的地位和权威，而天子是面对与“蛮夷”并列的天地鬼神的称号。面对“蛮夷”称为天子，是因为中国皇帝与他们订立的盟约需要依靠来自上天的神力而获得保障。与此解释不同，对于与“蛮夷”和天地鬼神两者的关系，尾形勇《中国古代的“家”与国家——皇帝统治下的秩序结构》[1979]独到地尝试围绕“家”这一概念来进行统一的理解。尾形勇构想出这样一个结构：作为一人之“臣”侍奉天地鬼神的天子，自有其出身的“家”，即出身“何家”（对汉朝而言为“汉家”）；出身“汉家”、臣属于天地的汉朝天子是代表“汉家”应对“蛮夷”和海外诸国。无论何种理解，都是通过廓清天子这一概念，为解释东亚世界在制度上的关联整合做好准备。

东亚世界形成的另一条线索，西嶋定生《序说——东亚世界的形成》[1970b]认为是郡国制的施行。作为封建诸侯的王国、侯国与皇帝直辖领地并存的郡国体制，为赐予周边诸民族君长以王、侯爵位，从而将他们整合进入中国的政治秩序提供了可能。西嶋定生的这一理解，就是随后将会提到的爵制秩序论的引申。栗原朋信《文献所见秦汉玺印研究》[1960]基于文献所见汉朝的印绶制度，阐明了汉帝国由内臣和外臣共同组成的政治结构。该书与他的《汉帝国与周边诸民族》[1970]，是为关于东亚世界构成原理的拓荒之作。栗原朋信主要基于文献史料进行论述，因此受到了阿部幸信等研究者的批评，例如阿部幸信的《试论汉帝国内臣、外臣结构的形成过程——以印绶制度为中心》[2004]，他们主张立足汉印实物进行讨论。

◆官僚制度、政治机构

正如法国学者白乐日（Balazs，Étienne）的总结——“恒久官僚制”，官僚制度的极度发达是贯穿整个中国史的重要特征，无论哪一个领域的研究都无法回避对官僚制度的把握。对官僚制度的整体鸟瞰，毕汉思（Bielenstein，Hans）《汉代的官僚组织》[1980]、安作璋与熊铁基合著《秦汉官制史稿》[1984—1985]和卜宪群《秦汉官僚制度》[2002]等著作颇为有用。此外，地方行政制度方面的系统性专著，严耕望的《秦汉地方行政制度》[1961]是需要首先阅读的。

秦汉时期的中央官制，一般总称为“三公九卿”。不过，伊藤德男《论西汉之三公》[1954a]、《论西汉之九卿》[1954b]指出，西汉史料中所见的“三公”“九卿”恐怕仅仅是理念型的惯用称呼，直到经过托古改制的西汉末年至东汉时期，这些用语方才指代特定的官职。制度不可停滞地理解，而应历史地、动态地加以把握，这是官制研究的基本要求。大庭脩《汉王朝的统治机构》[1970]，可谓此类研究的嚆矢之作。大庭脩指出，从秦到汉，中央政府机关仍然残留着浓厚的皇帝家政机构特征，从其代表性机构少府开始，渐次分化出各种职掌。

关于地方行政制度，首推镰田重雄的专著《秦汉政治制度研究》[1962]。该书第1编论述了秦的郡，第2编收入了围绕汉朝郡国，讨论官制、上计制度和王国损抑政策的多篇论考。另外，在汉朝还有作为列侯封地的侯国（列侯国），布目潮沨《西汉侯国考》[1955]分析了其基本特征。诸侯王、列侯的地位和封邑，其继承受到严格的限制，牧野巽《西汉的封建继承法》[1932]对此论述颇详。纸屋正和《论西汉郡县统治制度的展开——一项基础研究》（上、下）[1982a]、《论西汉时期郡国守、相权力的强化》[1982b]，承续了镰田重雄的先行研究，考证阐明了郡国制度的历史变迁。纸屋正和指出，一直到西汉景帝时，主要以县为中心来承担地方行政，郡和国仅可参与军事、监察之外的有限事务，但进入西汉武帝时期后，在上计和选官制度完善的背景下，郡、国的二千石，特别是守、相，对县的管理权趋于强化。关于监察制度，王勇华《秦汉监察制度研究》[2004]的专著可以说是最新的研究成果，他对秦至西汉中期，行政权和监察权的分化、中央和地方各类监察官员的功能进行了综合的考论。

有关制度实施，即僚属任用、配置和升迁等内容的分析，也是官制研究的重要课题。浜口重国《汉代地方官的任用与本籍地的关系》[1942]、《论汉碑所见守令、守长、守尉等官职》[1943]阐明了地方官任用中的本籍回避和郡县长吏的守官原则等制度，至今仍不失为该领域的基本文献。大庭脩《秦汉法制史研究》[1982]中的部分论文，利用敦煌汉简、居延汉简等简牍史料，探讨了官吏兼任、按功次升迁以及休假等制度实施的实际情况。关于选官制度，福井重雅的专著《汉代官吏登用制度研究》[1988]最具体系，该书的精彩之处在于以贤良、方正制为中心，扎实地厘清了汉代的人才推举制度，即察举制度，并且，在论述中触及了思想史的问题。此外，福井重雅认为，东汉时期盛行的辟召制度，作为一种与察举制并行的选官制度，是对周制的恢复，而西川利文《汉代辟召制的确立》[1989]主张，辟召制度是西汉以降属吏任用制度演变、发展的产物。

关于官吏、官衙的实际运行状态，佐原康夫的两本专著《居延汉简所见官吏的处罚》[1997]、《汉代都市机构研究》[2002a]引人瞩目。前者利用居延汉简，考证论述了行政末端基层官吏的斥免和弹劾手续。后者援用画像石资料，生动细致地展示了官衙的空间以及衙内官吏的生活状态。地方行政的实际运作在传世文献中少有记载，利用出土文献来展开相关讨论，成为近年官制研究的一个趋势。其中，江苏省连云港市尹湾6号汉墓出土的简牍（尹湾汉简），格外受人关注。基于尹湾汉简，西川利文《论汉代郡县的结构——以尹湾汉墓简牍为线索》[1997]考察了县的属吏和郡府官员的构成，纸屋正和《尹湾汉墓简牍与上计、考课制度》[1997]、《西汉列侯国的官制——以尹湾汉墓简牍为线索》[2000]探讨了郡国的上计、考课制度以及列侯国的官制，鹓饲昌男《汉代郡太守拥有的人事权——以地方长官的缺员为视角》[2003]梳理了郡太守拥有的人事权，这些研究补充、修正了镰田重雄、浜口重国以降的不少认识。此外，池田雄一《中国古代的聚落与地方行政》[2002]的“地方行政编”，收录了有关县、乡行政机构、地方少吏和官衙等方面的考述。池田雄一研究的特色在于首次广泛利用尹湾汉简、睡虎地秦简等出土文献，并将地方行政视为一整体，强调了国家在其中的权能和界限，以及地方社会的自治性。最后，再介绍一下永田英正的《居延汉简研究》[1989]，他汇集、分析了居延汉简的簿籍类文书，探究了汉代文牍行政的基层运作。

◆法制

法制史研究方面的专著，首推大庭脩《秦汉法制史研究》[1982]。该书实证研究了汉律中的“不道”概念、迁徙刑的实际操作、公牍以及诉讼手续等内容，书中最为精彩的部分，当属通过复原居延汉简的册书，论述考证了制诏立法的手续和法令传达的过程。正如大庭脩的研究所示，秦汉法制史研究与公牍的正确理解互为表里。这方面的专著，有汪桂海的《汉代官文书制度》[1999]，他细致精巧地整理了汉代的各种公牍，颇为有用。

刑罚制度方面，浜口重国《汉代的强制劳动刑及其他》[1936]、《论汉代的笞刑》[1937]、《汉代的鈦趾刑与曹魏的刑名》[1938]诸文有关强制劳动刑和笞刑的考证论述，当为首先参考的基础文献。1975年云梦睡虎地秦简的出土，又令研究状况发生很大改变，出现了不少基于这批出土文献的刑罚史研究。其中，日本学界的专门研究中，冨谷至的《秦汉刑罚制度研究》[1998]首屈一指。冨谷至指出，秦采用从死刑到罚金刑横向并列的刑罚体系，经过汉文帝的刑制改革，形成以劳役刑为主体的纵向统一的刑罚体系，这是冨谷一书的核心观点。但是，张建国《前汉文帝刑法改革及其展开的再探讨》[1996]认为，记载汉文帝改革的《汉书·刑法志》存在着文字混乱，该意见不可忽视。水间大辅《张家山汉简〈二年律令〉刑法杂考——对睡虎地秦简出土以降秦汉刑法研究的再探讨》[2002]也指出，基于新出土的张家山汉简，冨谷至复原的刑罚制度还有部分需要修正。此外，刑罚史研究中有一争议，即隶臣妾刑的性质及其刑期有无问题，籾山明《秦汉刑罚史研究的现状》[1995]从无刑期说的立场出发，整理了相关的学术观点。

关于司法制度，根据籾山明《秦代审判制度的复原》[1985a]基于云梦睡虎地秦简、宫宅洁《秦汉时期的审判制度——张家山汉简〈奏谳书〉所见》[1998]基于张家山汉简所做的研究，已能把握诉讼手续的大体情况。另外，居延汉简中有一组题为“候粟君所责寇恩事”的册书，详细记载了案件的原委和官吏的处理，是一份珍贵的出土文献，但就其细节的解释仍有分歧，也是一份颇有研究难度的文书。其难点所在，从浅原达郎《牛不相当谷廿石》[1998]中可窥得一斑。

关于法源，尤其是律令，中田薰的研究成果《论中国律令法系的发展》[1952]、《〈论中国律令法系的发展〉补考》[1953]，可谓经典。收录于滋贺秀三《中国法制史论集——法典与刑罚》[2003]一书中的《法典编纂的历史》，综合吸收了中田薰之后的研究成果，是一篇必读的概论。作为法典的律令，滋贺秀三将其特征总结为三点：①法规是按刑罚、非刑罚分类编纂而成；②律典和令典不能同时并存；③律典、令典一旦制定，不能进行部分的变更。滋贺秀三指出，战国、秦、汉时期被称为律、令的法规，不具备以上特征中的任意一项。因为不存在特征①，所以，秦汉时期的“令”究属何种性质，虽有中田薰以降的研究，仍未能明确判定。在此意义上，甘肃省武威市汉墓三次出土的与“王杖”有关的汉简，与张家山汉简的《二年律令》，共同成为了解汉令实际运作情形的线索而备受关注。最早出土的王杖简，冨谷至《王杖十简》[1992]将其视为“黄泉文书”，展开了详细的讨论。其后出土的部分，大庭脩《武威旱滩坡出土的王杖简》[1995]认定为“絜令”，解说了其史料价值。关于律令以外的法源，此处仅举增渊龙夫的研究《论战国秦汉时期集团的“约”》[1955]，他探讨了集团性的约（约定）所具约束力的根源。

◆外戚政治

导致王莽新朝建立的外戚政治，其发展首先表现为有内朝之称的近侍集团的形成。其起始为汉武帝去世后，辅佐年幼昭帝的外戚霍光，以“领尚书事”

的名义掌握了政权。根据山本隆义《中国政治制度研究——内阁制度的起源和发展》[1968]、镰田重雄《汉代的尚书官——以领尚书事和录尚书事为中心》[1968]等研究，尚书原本是负责王命起草的秘书官，因其职务之便，干预国政日深，以尚书为中心的皇帝近侍集团就被称为内朝。根据增渊龙夫《汉代国家秩序的结构与官僚》[1952]中的理解，由于霍光擅权，国政大权实际为内朝所垄断，丞相、御史大夫，即制度上的中央政府，作为外朝，沦为单纯的行政机构。西嶋定生《武帝之死——〈盐铁论〉的政治史背景》[1965]同样认为，因为内朝的出现，丞相以下的外朝沦为执行机构并非言过其实。早先的镰田重雄亦持此观点，内朝执掌实权，而外朝被日益疏远。

与以上观点不同，冨田健之《内朝与外朝——汉朝政治结构的基础性考察》[1986]认为，内朝、外朝并未发生分离、对立，皇帝个人的统治意志向国家治理转换中势必发生功能互补。藤田高夫《西汉后半期的外戚与官僚机构》[1990]也认为，作为内朝的近侍官僚集团，是填充皇权未及之处的辅助机构。冨田健之和藤田高夫认为外戚并非损害皇帝政治的因素，而是皇帝的政策幕僚，并给予其积极的评价。冨田健之《大司马大将军霍光》[1994]从该观点出发，对霍光政权进行了考察分析。不过，东晋次《东汉时代的政治与社会》[1995]对冨田健之和藤田高夫的观点持批判意见，他认为应将霍光政权理解为后世贵戚政治的先声，它导致了绝对皇权的相对化。

◆党锢

东汉末期，肆意把持政权的宦官势力两度镇压批评朝政的知识分子，史称党锢（党人禁锢）事件。川胜义雄《贵族政治的产生》[1950]认为，被列为镇压对象的政治异见知识分子，是自称为“清流”的士大夫阶层，从中可见六朝贵族的渊源。川胜义雄将党锢事件理解为清流派官僚与京城太学生、地方塾生共同发起的一场政治改革运动，这场运动怀揣儒家政治理想和道德情感，获得了广泛的舆论支持。增渊龙夫《后汉党锢事件的历史评说》[1960b]对川胜义雄的理解加以理论化并提出了批判意见，他提醒学界注意，运动中还有逸民人士的参与，除了宦官势力，逸民人士也对清流派官僚和太学生中的沽名钓誉之徒持批判态度。增渊龙夫就此提出研究课题，这些逸民人士背后有着怎样的社会基础。

川胜义雄《汉末的抵抗运动》[1967]接受了增渊龙夫的批评，考虑到清流势力和逸民人士之间难以划出一条清晰的界线，川胜义雄对他们的社会基础展开了专门的考察。川胜义雄指出，掌握权力机构的宦官与浊流豪族沆瀣一气，破坏乡邑秩序，清流、逸民和黄巾军发起的一系列抵抗，是一场应对社会危机、以重建古代共同体式乡邑秩序为目标的抗争运动。这场抗争运动，在阻滞武人领主阶级形成的同时，催生了文人性质的士人阶层。川胜义雄的讨论，通过与西欧封建社会的对比来把握中国的中世社会，包含着比较史的用意。

近年的东汉史研究专著有渡边义浩《东汉的国家统治与儒教》[1995]和东晋次《东汉时期的政治与社会》[1995]，均专辟一章讨论党锢事件。渡边义浩回避了清流、浊流的区分，认为“党人”是理解党锢的关键所在。他指出，党人针对宦官的抗争，是一场地位相对低下的豪族阶层尝试提升自身地位的运动。这场扩展至全国、具有自发性质的运动，因其党派性和分裂性，自身并未凝聚成稳定的权力。另一方面，东晋次继承了川胜义雄的基本框架，认为清流派力图重建的还是一个由豪族来维持秩序的共同体社会。在这一点上，清流派与志在原初乡邑社会的逸民人士之间，存在着思想的裂痕。东晋次认为，清流派士大夫在向六朝贵族转化的过程中，意识到自身作为豪族的内在矛盾，故有必要向逸民人士所主张的“与邑里共之”转化。

（三）社会

◆爵制秩序

有汉一代，除奴婢和贱民外，所有庶民男子均有爵位。西嶋定生《中国古代帝国的形成与结构——二十等爵制研究》[1961]（西嶋定生《中国古代国家与东亚世界》[1983]中也收录了相关论文），尝试从这一事实中寻找出皇帝统治的合法性。皇帝赐予庶民爵位，也就是民爵。年迈者受爵的机会更多且享有高爵位，此举凸显了乡里社会中潜在的年齿秩序。乡里的社会生活由赐爵而形成秩序，作为秩序创制者的皇帝也因此而获得合法性。从庶民的生活世界出发来解析皇帝的统治，是为西嶋定生讨论的独到之处。

与之相对，增渊龙夫《所谓东方专制主义与共同体》[1962]在赞赏西嶋定生从内在脉络来理解历史的同时，也对西嶋定生将社会秩序解释为是通过民爵赐予，亦即依靠来自外界的他律性规制而形成的观点提出了批评，认为这一解释陷入了结构论，未能捕捉到历史演进的动力。与西嶋定生不同，增渊龙夫着眼于民间的自治秩序，具体言之，即土豪和豪族所拥有的社会规制力及作为其后盾的乡里舆论，共同形成了一个支撑起行政末端的结构。增渊龙夫的思路，在制度的骨架上添附血肉，重视固有的社会条件，与下文的任侠习俗论有共通之处。

籾山明《爵制论的再思考》[1985b] 在重新研读西嶋定生论文所据史料后，提出了一个设想，民爵赐予的目的并不必然在于形成乡里秩序，赐爵的意义在于认定向王权效力的人员。与之相对，楠山修作《论女子百户牛酒》[1997]、东晋次《论汉代爵制论的诸问题》[2003b] 指出，赐爵伴随着饮酒礼的事例从西汉后半期开始显著增多，从中可见皇帝权力向乡里社会的伸展。两人的观点，继承了西嶋定生从乡里社会来解析皇帝统治的视角，并主张用历史变迁的眼光来理解赐爵的意义，而不能僵化。这一主张的先声有五井直弘的考论《秦汉帝国的郡县民统治与豪族》[1961]，他将西汉后期频频出现的吏爵授予，理解为是对业已成为吏的地方豪族所拥有的社会规制力的一种承认。顺带一提，张家山汉简的《二年律令》中就包含了与爵位相伴的身份认定和爵位承袭等规定，可知这是从秦至汉初出现的新现象。可以说，围绕爵制的讨论，其走向还存在着多种可能。

◆任侠习俗

对中国古代任侠、游侠风气的关注研究，始于宫崎市定《论游侠》[1934]。但是，将任侠这种人际关系视为国家制度和统治关系的一种内在支撑并给予积极的评价，则以增渊龙夫的研究《汉代民间秩序的结构与任侠习俗》[1951]（与其他相关讨论一同收于增渊龙夫《新版　中国古代的社会与国家》[1996]）为嚆矢。汉高祖刘邦与功臣间的关系，西嶋定生《中国古代帝国形成的一项考察——汉高祖及其功臣》[1949] 认为是基于家内奴隶制而形成的一种支配关系，而增渊龙夫将其理解为由任侠习俗而形成的一种父家长制集团。所谓任侠习俗，是春秋末年至战国时期新出现的一种民间秩序，是一种重然诺的人间信义关系风尚。

上田早苗《汉初的长者——〈史记〉中出现的理想型人物形象》[1972] 指出，汉初史料中被誉为“长者”的完美人物类型，在重视自尊这一点上与任侠重叠，在体现重厚这一点上与黄老学说表里一体。上田早苗认为，至汉武帝时代，受儒家思想挤压，这样的长者已不合时宜，司马氏父子是怀着对汉初的追慕之情编纂了《史记》。

另一方面，就增渊龙夫对“父家长制”概念的使用，宇都宫清吉《以〈管子·弟子职〉篇为例——对古代专制体制与社会集团间关系的考察》[1963a] 也提出了不同的意见。宇都宫清吉认为，中国古代的集团原理可类型化为儒家学派展现的“家族制人际关系”和墨家学派展现的“首领制人际关系”。他主张，当时的乡里社会是一个具有浓重家族制人际关系的世界，但其中强权性质的“父权”色彩较弱，所以将其称为父家长制并不合适。

东晋次《中国古代的社会整合——任侠习俗论的现状》[1997] 立志继续深入增渊龙夫提出的问题，他呼应欧洲史中的社会交往、大众心态等社会整合理论，提倡将任侠习俗置于宏大的中国史中来进行考察。东晋次的讨论有将习俗泛历史化的倾向，不过反过来讲，也可以说对仅孤立地讨论任侠习俗本身敲响了警钟。借用增渊龙夫的说法，习俗、心态是相对于骨架的血肉，然而确定无疑的是，仅有血肉亦无法成形。

◆家族与豪族

关于汉代的家庭，牧野巽、宇都宫清吉、清水盛光、守屋美都雄所展开的论战颇为有名。根据守屋美都雄《汉代的家族——其学术展望》[1962]、宇都宫清吉《汉代豪族论》[1963b] 等论战文字当事人回忆，论战的焦点集中于汉代家族的典型形态究竟是三族制还是小家庭。所谓三族制，是指父母、妻子和兄弟共同居住的家庭形态。论战的结果，根据牧野巽《汉代的家族形态》[1942] 详细的钻研论证，倾向于归结为小家庭这种观点，但实际并未尘埃落定。宇都宫清吉《汉代社会经济史研究》[1955] 趁着修订旧稿《汉代的家与豪族》的机会，重申了他的三族制家庭说，同时提出应当对家族加以动态的把握。宇都宫清吉《以〈管子·弟子职〉篇为例——对古代专制体制与社会集团间关系的考察》[1963a] 也重申了相同的主张。

其后的研究，沿着宇都宫清吉所提示的方向而展开。其中，代表性成果有稻叶一郎的《汉代的家族形态与经济变动》[1984]，他认为，战国以降活跃的商品经济因为汉武帝的抑商政策而趋于凝滞，人们出于生活合理化和家庭开支共同化等经济上的防御性考量，出现了阖族共居的倾向。对家族的动态把握还有堀敏一的研究《中国古代的家族形态》[1996]，他根据读书人将三族共居视为道德轨范，唐律中对维持三族制有专门规定等现象，提出对三族制家族论重作评价。作为近年研究趋向的背景，新出土资料的出现当给予足够注意。堀敏一

《中国古代的家与户》[1989] 利用睡虎地秦简讨论了“家”和“同居”，堪称此类研究的典范。

汉代豪族研究，有半数聚焦于豪族形成的历史过程。鹤间和幸《汉代豪族的地域特点》[1978] 将汉帝国的疆土分为六个地区，并细致梳理了每个地区的豪族分布情况，证明了豪族经营主要形成于具有城邑共同体传统的旧县。鹤间和幸的研究，利用了木村正雄《中国古代帝国的形成——尤其是其产生的基础条件》[1965] 一书的丰富史料。鹤间和幸将县分成作为专制国家基础的“新县”和具有高度自治性的“旧县”，也是继承了木村正雄的分类方式。根据木村正雄《中国古代农民“叛乱”研究》[1979] 的理解，两汉兴替时隗嚣、公孙述的叛乱，就具有以旧县为根基的豪族势力自治性质。

五井直弘的论文《豪族社会的发展》[1960]、《秦汉帝国的郡县民统治与豪族》[1961]、《东汉王朝与豪族》[1970]，堪称豪族考论中的经典。五井直弘的研究，引入城邑、聚落遗址的发掘成果，具体展现了东汉豪族的真实面貌，同时从与国家权力的关系入手，探究了地方势力的扩张过程。可以说，五井直弘的着力点有一半集中于阐明豪族政治的形成过程，他通过分析《汉书》列传所示官员出身，证实了西汉前半期豪族的官僚化倾向。稻叶一郎《汉代民间秩序的形成——以所谓豪族为中心》[1987] 认为，他在此前《汉代的家族形态与经济变动》[1984] 中所论及的经济防御性考量为豪族的出现提供了契机，水利、治安等公共事业的维持，任侠精神和儒家素养，均成为加强乡里社会人群聚合的重要因素。这一见解，根据稻叶一郎自己的论述，得之于对西汉前半期至魏晋南北朝时期的长时段把握。所以，这是一个可与六朝史研究对话的领域。

关于大土地经营的实际面貌，将在随后“自耕小农与大土地经营”一节中加以介绍。涵盖家族、豪族等社会各阶层的整体性研究，瞿同祖的《汉代社会结构》[1972]，既是整体概述，又可作为史料集。

（籾山明）

（四）经济

◆财政制度

关于秦汉时期租税制度的整体面貌，立足文献考证的基础性研究有吉田虎雄的《两汉租税研究》[1942]。汉代的租税，有以田租名义缴纳的农产品，以算赋名义用铜钱缴纳的人头税，以徭役、兵役名义征发的劳动力，市场中商品交易时缴纳的市租等。宫崎市定《古代中国赋税制度》[1933] 将这些租税，大体区分为起源于军赋的“赋”和发端于宗庙供品的“税”。楠山修作《中国古代史论集》[1976] 继承了宫崎市定的学说，并进一步对汉代的“赋”展开了制度史的考察。

租税中，两汉时期通行的田租基本上采用收获物三十取一的低税率，但王莽时期实行名为“王田制”的特殊土地制度，堀敏一《均田制研究》[1975] 将该变化置于向后世均田制演变的趋势中来加以理解。另一方面，政府也以算赋的名义向农民征收货币税，此为当时税制的最大特色。平中苓次《中国古代的田制与税法》[1967] 对算赋和算缗钱之类采用财产税形式、以“算”为计算标准的货币税制度展开了最为基础的研究。此外，汉代的劳役制度具有徭役与兵役未曾分化的特点，重近启树《秦汉税役体系研究》[1999] 系统地讨论了这一点。1973 年出土的江陵凤凰山汉墓简牍中，包含了里这一层级的田租和货币税征收记录，对这部分史料的解说和历史定位，可为汉代税制的理解带来新的重要观点（永田英正《江陵凤凰山十号汉墓出土的简牍》[1977]、佐原康夫《汉代都市机构研究》[2002b]）。此外，居延汉简中包含着被认为是有关田租核定的简册，也引起了研究者的注意，例如鲁惟一（Loewe，Michael）的《汉代行政记录》[1967]。

负责管理租税收入的财政机构，在西汉和东汉两代也有着不小的差别。加藤繁《汉代国家财政和帝室财政的区别以及帝室财政的一斑》[1919] 指出，西汉时期，以大司农为中心的国家财政和以少府为中心的帝室财政截然两分，但至东汉时期，两者的区分逐渐消失。与官僚机构一样，财政机构也是由君主的家政机构逐渐分化而来，而且，作为君主家庭财产、成为帝室财政基础的山林薮泽，构成了重要的财政源泉。增渊龙夫的经典研究《先秦时期的山林薮泽与秦的公田》[1957]，强调了后者的历史意义。山田胜芳的一系列研究《论汉代财政制度变革的经济要因》[1974]、《王莽时期的财政》[1975]、《东汉的大司农与少府》[1977]、《论东汉财政制度的创设》（上、下）[1977—1978]、《秦汉财政收入研究》[1993]，讨论了帝室财政消长与货币经济盛衰间的关系。

上述汉代财政史研究，出于主题和文献史料性质的缘故，多偏重于讨论中央的财政机构和收入。佐原康夫《汉代都市机构研究》[2002a] 在大量利用简牍等出土文献探讨地方郡县财政机构的同时，也整理了居延汉简中所见官吏月俸支出。渡边信一郎《汉代的财政运作和国家物流》[1989]，以国家物流的视角，将中央财政与地方财政整合而观，对均输制度提出了新的理解。关于财政上的物资输送，可参考藤田胜久《西汉时代的漕运机构》[1983a]对黄河漕运的研究，佐原康夫《论居延汉简所见物资输送》[1991]对边郡物资输送的研究。与均输密切相关的盐铁专卖制度，将在随后“货币经济与工商业”一节中加以介绍。此外，汉代财政史方面的全景式研究，有马大英的《汉代财政史》[1983]。

◆自耕小农与大土地经营

上述租税的征收对象，是占人口绝大多数、作为“编户良民”的农民。战国时期，他们作为“耕战之民”成为新兴国家的人力、物力基础，至汉代，他们被称为“五口百亩”，形成小土地的自耕农阶层。有关其农业经营，有分别从农业技术、土地利用、劳动力和生产力等要素出发的分析，而全要素的综合性研究，渡边信一郎的《中国古代社会论》[1986]堪称代表。此外，米田贤次郎《中国古代农业技术史研究》[1989]着眼于华北旱地农法的形成，探讨了240步亩制的出现与牛耕普及的关系、代田法和区田法等汉代农业技术革新，并详细研究了汉代南方农法中著名的“火耕水耨”。但是，对240步亩制和阡陌制等土地制度的理解，根据云梦秦简、青川县田律木牍、江陵张家山汉简等新出土文献，部分内容仍有讨论的余地。

从战国至汉代，盛行大规模水利事业建设等国家主导的耕地开发。关于秦汉时期的水利事业，藤田胜久《汉代水利事业的发展》[1983b]、《古代中国的关中开发——对于郡县制形成过程的一次考察》[1984]、《汉代关中的县与水利开发》[1995]讨论了其与郡县制的关系，鹤间和幸《汉代皇陵、陵邑、成国渠调查记》[1989]是一项基于实地调查的研究。此外，原宗子《古代中国的开发与环境——〈管子·地员〉篇研究》[1994]、《生产技术与环境》[1998]、《“农本”主义与“黄土”的发生——古代中国的开发与环境2》[2005]着眼于开发与环境的关系，从土壤入手考察了农业与农民，这些研究跳出了制度史的窠臼，引人瞩目。

从西汉中期开始，豪族的大土地经营日趋显著。宇都宫清吉对《僮约》和光武帝刘秀出生地南阳地方豪族的探讨，是为这方面研究的先声（宇都宫清吉《〈僮约〉研究》[1953]、《刘秀与南阳》[1954]）。关于豪族经营形态的演变，尤其是豪族对小农土地的兼并情况，可参考多田狷介《汉代的豪族》[1966]。大土地经营者，一方面统领阖族，采用自给自足的家产经营方式，另一方面也对农产品的价格波动反应敏感。《四民月令》特别详细地记载了豪族的家产经营情况，渡部武《〈四民月令〉所见东汉时期的豪族生活》[1987]中丰富的研究成果对此有着洗练的总结。渡边信一郎《中国古代社会论》[1986]进一步将汉代的大土地经营置于延续至六朝时期的农业技术发展史中来加以理解，指出推进畜力使用的大土地农业技术，相较于人力劳作的小农经营，在生产力上更具优越性。

◆货币经济与工商业

秦汉时期的工商业者在身份上属于统制对象，他们是七科谪之类差别式征发（参见堀敏一《汉代的七科谪及其起源》[1982]）和算缗之类惩罚性征税的对象，其制度基础是被称为"市籍"的工商业者户籍。关于"市籍"的解释，1970年代曾有过不算激烈的争论，重近启树《秦汉的商人及其负担》[1990]综合诸说，得到了一个相对妥帖的解释。这一针对工商业者的国家性统制的背景，正如《史记·货殖列传》中所描绘的，是工商业的发展。宇都宫清吉《论〈史记·货殖列传〉》[1952a]对《货殖列传》中所见商人的活动给予了高度的评价，而影山刚《中国古代的工商业与专卖制》[1984]认为他们依靠寄生于专制国家而生存。

这一时期，以商品生产为目的的手工业获得了发展，这一事实确凿无疑。佐藤武敏《中国古代手工业史研究》[1962]利用考古所得出土文物，论述了古代手工业的整体情况，至今无有出其右者。盐和铁被认为是当时的代表性商品，包括盐铁专卖制度在内，研究颇盛，但也存在一些并无结果的争论，影山刚《中国古代的工商业与专卖制》[1984]概括梳理了研究的进程和成果。佐原康夫《汉代都市机构研究》[2002a]指出了该研究目前所达到的高度。

城市是工商业发展的场所，关于城市，宇都宫清吉以长安为中心的研究可谓经典（宇都宫清吉《论西汉时期（公元前2世纪间）的城市》[1951]、《论西汉的首都长安》[1952b]）。特别是围绕官营市场制度，佐藤武敏《汉代长安的市》[1965]、渡部武《汉代画像所见市》[1983]、佐原康夫《汉代都市机构研究》[2002a]、堀敏一《中国古代的市》[1988]利用城市遗址、画像资料和简牍文献等史料开展了综合性的研究。不过，关于汉长安城那样的首都，除了对皇帝首都制度的讨论外，还有从其他角度切入的必要。另外，有关秦咸阳城与汉长安城之间的历史关系，可参见池田雄一《咸阳城与汉长安城——尤其是关于汉长安城的建设经过》[1975]、古贺登《汉长安城与阡陌、县乡亭里制度》[1980]、鹤间和幸《秦汉比较都城论——咸阳、长安城建设规划的继承》[1991]和佐原康夫《汉代都市机构研究》[2002a]。

秦汉时期货币经济的发展，以半两钱、秦始皇的货币统一和五铢钱的问世为代表，以铜钱为中心的货币制度，学界讨论颇多。关于货币制度的沿革，基于近年考古资料而取得的成果，可参见稻叶一郎《论秦始皇的货币统一》[1978]、山田胜芳《论西汉武帝时期三铢钱的发行》[1988]、佐原康夫《汉代都市机构研究》[2002a]。将货币制度沿革与货币经济盛衰两者相结合进行的讨论，牧野巽的研究《中国古代的家族并非自给自足经济体——中国古代货币经济的发展》[1950]、《中国古代货币经济的衰退过程》[1953]可称经典。值得一提的是，多田狷介《论汉代的地方商业——以豪族与小农的关系为中心》[1965]结合豪族的商业经营，讨论了货币经济的衰退局面。正如上述学者所言，快速发展的货币经济，随着西汉武帝时期五铢钱的发行而趋向于衰退。这一解释框架基本已成学界定说，但近年来，佐原康夫《围绕中国古代的货币经济论与货币史认识》[2002c]提出了不同意见，并倡议对货币经济展开再研究。

（佐原康夫）

（五）思想、习俗

◆儒学的国教化

汉武帝采用董仲舒的对策，设置五经博士，其结果是确立了儒学作为唯一正统思想的地位。与通常理解的“儒学的国教化”不同，关口顺《对“儒教国教化”的异议》[2000]从两个方向入手，对此提出了不同的观点，即：①对汉武帝时期的国教化系出于董仲舒献策这一理解提出了质疑；②围绕“国教化”的条件，也就是据以认定为“国教化”的指标进行了讨论。

属于①的讨论中，平井正士《论董仲舒举贤良对策的年份》[1941]就董仲舒对策年代的献疑可谓嚆矢。不过，福井重雅《儒教形成史上的若干问题——关于五经博士设置和董仲舒事迹的疑问》[1967]更为清晰地凸显了问题之所在，他断定《汉书》中关于五经博士的记载在流传过程中混入了后人的加笔。其后，他进一步考证，“五经”这一概念在汉武帝时期尚未出现（福井重雅《六经、六艺与五经——汉代五经的产生》[1994]），并梳理了《汉书》中有关董仲舒在对策前后各种活动的记载（福井重雅《董仲舒对策的基础研究》[1997]），由此进一步论证了他先前做出的判断。而且，平井正士《汉代儒家官僚向公卿的渗透》[1982]证实，在汉武帝时期，儒家官僚进入公卿层的路径被基本关闭，福井重雅《读〈盐铁论〉刍议》[1996]也指出盐铁会议已透现出法家的思想倾向，从而否定了汉武帝时期儒教一尊的可能性。不过也有对否定论持批判态度的观点，西川利文《汉代的儒学与国家——以汉武帝时期“官学化”的讨论为中心》[1999]就指出，汉武帝时期发生了儒学官学化，即建立了以儒学为基础的教育体制和官吏培养体制，同时，也有信奉儒学以外思想的人员进入官场，这些现象均不可否认。该观点可以说源自富谷至《“儒教的国教化”与“儒学的官学化”》[1979]，后者严格区分了儒学的国教化（作为国家宗教的儒教的形成）与儒学的官学化。

另一方面，围绕②进行的讨论，以板野长八的《儒教形成史研究》[1995]为代表。板野长八认为，将儒学作为国教的孔教被界定为包括君主在内的全人类指南，达到这一程度可认为是“儒学的国教化”。依据这一指标，板野长八认为，皇帝未能在儒学体系内受到约束的汉武帝时期尚不能理解为已达成国教化，只有依循图谶施政的汉光武帝时期方可作此理解。西嶋定生《序说——东亚世界的形成》[1970b]、《中国的历史 2　秦汉帝国》[1974]也认为，“国教化”的重要指标是儒学将皇帝纳入其教义体系，它出现于皇帝观确立于纬书的王莽时期。与此观点不同，渡边义浩《东汉的国家统治与儒教》[1995]认为还应当重视儒学具体思想内容与国家统治间的相关性。从这一角度出发，渡边义浩主张，地方力量受儒学影响的东汉，儒学方才完成了国教化。

◆皇帝祭祀、登基礼仪

关于汉代皇帝主持的各种祭祀，金子修一《汉代的郊祀、宗庙、明堂及封禅》[1982]有着颇为精要的记述。他认为，郊祀、宗庙、明堂和封禅等皇帝祭祀，自西汉后期以降，方才脱去方术的性质，逐渐向着儒家礼仪学说所主张的形式发展，这可以说是呼应板野长八和西嶋定生在儒学国教化方面主张的一种见解。保科季子《西汉后半期儒家礼制的接受——与汉朝传统的对立和皇帝观的改变》[1998]也着眼于西汉后半期的宗庙制、郊祀制等改革，论述了以刘氏为首的“私”的统治，经过这些改革，转变为以世界为中心的“公”的皇帝统治，她认为这是一种结构性的变革。保科季子的理解，在西汉后半期皇帝独裁体制强化这一点上，与冨田健之、藤田高夫围绕外戚政治研究所得观点有相通之处。

关于登基仪式，西嶋定生对王朝内帝位继承的分析为该领域之先声。西嶋定生指出，汉的登基仪式，原本是在宗庙内举行的宗庙即位仪式，但至西汉中期以后，逐渐转变为在先帝灵前举行柩前即位仪式后亲谒宗庙进行谒庙之礼。这段仪式中，谒庙之礼引入了宗庙即位的传统，表明是以皇帝的身份即位，而前段先帝柩前的部分表明是以天子的身份即位。也就是说，汉朝的登基仪式由天子即位和皇帝即位两个步骤组成，此为西嶋定生观点的独到之处。与该观点相对，松浦千春《汉唐之际的皇位继承与皇太子——以谒庙之礼为中心》[1993]认为，汉朝的登基仪式仅仅是皇帝即位，不包含前段的天子即位，金子修一《论中国古代登基仪式的场所》[1998] 亦持同样观点。

◆民间信仰、习俗

有关民间信仰和习俗的社会史研究，首推工藤元男的《睡虎地秦简所见秦代的国家与社会》[1998]。工藤元男主要利用云梦睡虎地秦简的“日书”，故严格说来，应属战国史研究，其意义更大程度在于发掘了禹步、行神等为后世所继承的习俗的源头。关于成为东汉末年农民起义思想内核的早期道教，代表性的研究可举大渊忍尔《早期道教——道教史研究　其一》[1991] 中的第二章“民族性宗教的建立”和川胜义雄日译的石泰安（Stein，Rolf Alfred）论文《论公元 2 世纪道教的政治宗教运动》[1967]。前者参酌出土资料，论述了张角与《太平经》的关系、五斗米道的组织和教法及其与佛教的关系，而后者对五斗米道所推崇的共同体社会展开了敏锐的分析并颇有洞见。从考古学角度进入的研究，林巳奈夫的《汉代诸神》[1989] 值得关注。他通过考证画像石、壁画和铜镜上的图案等史料，生动地论述了汉人崇祀的各种神祇，这部作品堪称图像证史的研究指南。关于东汉时期画像石和汉镜图案中频频出现的西王母，小南一郎《西王母与七夕传说》[1991] 做了极为详尽的考释，他利用丰富的文献和画像资料，梳理了作为宇宙秩序绝对化身的“原西王母”形象分身派生出各种神祇的过程。

关于汉朝人的生死观，先声之作为原田正己《作为民俗资料的墓券——上古中国人亡灵观之一面》[1963]，该书利用墓券考察了民间的亡灵观。小南一郎《汉代的祖灵观念》[1994] 通过解读墓券和置于墓室中的解注瓶（镇墓瓶），探讨了东汉时期的祖灵观念。小南一郎证实，当时的人认为亡灵会给生者招来祸患，他指出，这一现象体现了人们自我意识的伸张。此外，蒲慕州的著作《墓葬与生死——中国古代宗教之省思》[1993]考察了墓室构造、随葬品与生死观之间的关系，他指出，横穴砖室墓和生活用品类随葬品的出现，与编户齐民社会的形成存在着关联。

关于婚礼和葬仪，杨树达《汉代婚丧礼俗考》[1933]全面搜罗了《汉书》和《后汉书》中的相关史料，至今仍有参考价值。关于以腊祭为代表的民间节气祭祀，卜德（Bodde，Derk）的《古代中国的节日：汉代（公元前206—公元220年）的新年和其他年庆活动》[1975]是唯一一部专著。墓券、镇墓瓶是习俗、信仰研究的重要资料，池田温《中国历代墓券略考》[1982]和刘昭瑞《汉代石刻文字系年》[2001]对此类资料的集录可谓大成。

（籾山明）

三、史料解说

以《史记》《汉书》为代表的秦汉文献史料均可谓经典中的经典。这些经典今本文字的形成非常复杂，大多经过了后世的重新编辑，不少内容借助清代考据学者的校勘和注释，方才得以解读。现在我们所接触的这些文献，其自身就是中国学术中的精华。细致至一字一句的注释（十三经注疏中，还有解释注的疏），反复的沉吟体会，均表达了对经典的敬意。

另一方面，20世纪的考古工作发现了简牍等大量出土文献，以往散佚的书籍和文书资料亦纷纷重现。可以毫不夸张地说，如果没有这些新出资料，古代史研究已难以立足。不过，出土文献的研究尚属筚路蓝缕，若非基础性的资料整理，而是运用至专题研究，务须谨慎处理。

此处将简要介绍代表性的文献史料，列出以近年新刊为主的参考书目，至于详细的介绍则留给其他专题书籍。关于出土文献，本节将主要介绍以单行本形式出版的图录，《考古》《文物》等考古学杂志中披露的资料在此从略。

（一）文献史料

◆史书

•《史记》

司马迁撰。这是一部涵括上古至西汉武帝时期的通史，共130卷。司马迁继承父亲司马谈的遗志，完成了这部巨著。该书原名《太史公书》，自《隋书·经籍志》始定名为《史记》。帝王事迹和封建诸侯家系分别集中于“本纪”和“世家”，各时期重要人物的传记则为“列传”。“书”分门别类地论述了历代的礼乐、律历等制度，水利和财政等措施，“表”则为各种年表。《史记》编纂过程中，司马迁遭遇李陵之祸，被汉武帝处以宫刑。列传末尾所附“太史公自序”，表露了这一残酷经历及个中苦楚。《史记》中有10卷，在司马迁去世后不久便已亡佚，后由褚少孙等人补完。《史记》注家，以刘宋裴骃的“集解”、唐代司马贞的“索隐”和唐代张守节的“正义”最具代表，一般合刻为“三家注”。此外，泷川龟太郎的《史记会注考证》被公认为最佳注释本。

【全文·注释】《史记》全10册（中华书局标点本，1959年），泷川龟太郎《史记会注考证》（东方文化学院，1932—1934年）。

【工具书】钟华《史记人名索引》（中华书局，1977年），段书安《史记三家注引书索引》（中华书局，1982年），嵇超、郑宝恒、祝培坤、钱林书《史记地名索引》（中华书局，1990年）。

【日译本】小竹文夫、小竹武夫译《史记》全8册（ちくま学艺文库，1995年），小川环树等译《史记世家》（上、中、下）（岩波文库，1980、1984、1991年），加藤繁《史记平准书·汉书食货志译注》（岩波文库，1942年，1977年重刊）。英译本方面，倪豪士（Nienhauser，William H.，Jr.）主持编译的*The Grand Scribe's Records*（《史记》），印第安纳大学出版社（Indiana University Press）正在刊行中。

•《汉书》

班固撰。该书记述了西汉王朝建立至王莽政权灭亡的历史，共100卷（后世版本被分割为120卷）。这是一部以王朝为历史断限的断代史，其纪、表、志、传结构，被后世正史奉为典范。该书由班固之父班彪擘画发起，班固在东汉明帝、章帝御前主持编纂，班固去世之后，续由其妹班昭完成全书。《汉书》以其基于诏敕等原始史料的准确记述，贯穿儒家思想的正统文章，成为与《史记》并列的史学名著。汉武帝之前的记述基本上延续《史记》，仅细节有异，故有必要以《汉书》为主，时常取两书对照而观。注释方面，唐代颜师古的注，精选东汉至南北朝的诸家注释，加以进一步的细致解说。清人王先谦的《汉书补注》，基于清代考据学，补充了颜师古注。

【全文·注释】《汉书》全12册（中华书局标点本，1962年），王先谦《汉书补注》(中华书局影印本，1983 年)，岑仲勉《汉书西域传地里校释》(中华书局，1981 年)，杨树达《汉书窥管》(上海古籍出版社，1984 年)，陈直《汉书新证》(天津人民出版社，1979 年)，金少英《汉书食货志集释》(二十四史研究资料丛刊，中华书局，1986 年)，陈国庆《汉书艺文志注释汇编》(二十四史研究资料丛刊，中华书局，1983 年)，王利器、王贞珉《汉书古今人表疏证》(齐鲁书社，1988 年)。

【工具书】魏连科《汉书人名索引》(中华书局，1979 年)，陈家麟、王仁康《汉书地名索引》(中华书局，1990 年)。

【日译本】小竹武夫译《汉书》全 8 册（ちくま学艺文库，1997—1998 年)，加藤繁《史记平准书・汉书食货志译注》(岩波文库，1942 年，1977 年重刊)，内田智雄译《汉书刑法志》(哈佛燕京同志社东方文化讲座委员会，1958 年)，川胜义雄、桥本敬造《汉书律历志》(收于《世界名著 12　中国的科学》，中公バックス，[①]1979 年)，冨谷至、吉川忠夫译《汉书五行志》(平凡社东洋文库，1986 年)，狩野直祯、西胁常记译《汉书郊祀志》(平凡社东洋文库，1987 年)，永田英正、梅原郁译《汉书食货・地理・沟洫志》(平凡社东洋文库，1988 年)。

•《后汉书》

范晔撰。该书记述了东汉王朝的历史，共 120 卷。自三国至南北朝，众多史家撰写了东汉王朝的历史，南朝刘宋的范晔据此编撰而成《后汉书》。全书文笔晓畅，各卷卷末的论赞不乏睿智鲜明的史评，但不一定忠实于原始史料。唐代以后，仅存范晔的后汉书流行于世，其他各种后汉书散佚无存。幸有唐章怀太子李贤的注释，大量引用了诸家后汉书及其他散佚书籍。范晔的后汉书仅有本纪和列传，北宋时取司马彪《续汉书》中的“志”(刘昭注）加以补充，成为现行的 120 卷本。《后汉书》文本的形成颇为复杂，包含了《后汉纪》等史书，注释中也引用了其他诸家后汉书，关于东汉末期部分，还有必要参考《三国志》。王先谦《后汉书集解》，收录了章怀太子注，并综合了后世各家注释。

【全文・注释】《后汉书》(全 12 册，中华书局标点本，1965 年)，王先谦《后汉书集解》(中华书局影印本，1984 年)。

① 译者按：“中公バックス”为丛书名，即“中公 backs”，是中央公论社（1999 年后更名为中央公论新社）出版的一套世界名著丛书。

【工具书】藤田至善编《后汉书语汇集成》(京都大学人文科学研究所，1960—1962年)，李裕民《后汉书人名索引》(中华书局，1979年)，王天良《后汉书地名索引》(中华书局，1988年)。

【日译本】吉川忠夫译《后汉书》全11册（岩波书店，2001年—　），渡边义浩《全译后汉书》全18册（汲古书院，2001年—　）①。

关于上述正史，还有必要参考《二十五史补编》(中华书局，1955年)，梁玉绳《史记志疑》(二十四史研究资料丛刊，中华书局，1981年)，梁玉绳等《史记汉书诸表订补十种》(二十四史研究资料丛刊，中华书局，1982年)，熊方等《后汉书三国志补表三十种》(二十四史研究资料丛刊，中华书局，1984年)。顾炎武《日知录》、王鸣盛《十七史商榷》、赵翼《廿二史札记》、钱大昕《廿二史考异》、王念孙《读书杂志》等清代学者的考证亦极为有用。

此外，徐复的《秦会要订补》(中华书局，1959年)、徐天麟的《西汉会要》(上海人民出版社，1977年）和《东汉会要》(上海人民出版社，1978年)，系仿《唐会要》编撰而成。这几种书用作资料考索时的初步查阅，很是便利，但务须注意，其史料搜罗并不全面。

•《汉纪》

又名《前汉纪》，荀悦撰，30卷。该书编撰于东汉末年，是一部西汉王朝的编年体史书。是书取材于《汉书》的本纪和列传，故史料价值不高，但荀悦的史论作为时代的写照，值得注意。可参见张烈点校《两汉纪》(中华书局，2002年)。

•《后汉纪》

袁宏撰，30卷。该书仿照《汉纪》，以编年体形式记述了东汉王朝的历史，成书早于范晔《后汉书》，史料丰富。版本方面，多与荀悦《汉纪》合刻，以《两汉纪》名义行世。近年的排印本有张烈点校《两汉纪》(中华书局，2002年)、周天游《后汉纪校注》(天津古籍出版社，1987年)。后者存在排印错误，使用时务加注意。

•《东观汉记》

班固等撰。该书系从东汉开始在宫廷中陆续编纂而成的东汉史书。唐以前

① 译者按：渡边义浩《全译后汉书》最终至2016年由汲古书院全部出版，共19册（另含别册1册)。

作为权威史书，广受重视，但入唐后逐渐散佚。其辑本，可参见吴树平《东观汉记校注》（中州古籍出版社，1987年）。

•《七家后汉书》

范晔《后汉书》行世以后，诸家后汉书渐次散佚，该书集录了留存于各书引文中的诸家后汉书（清汪文台辑），包括孙吴谢承的《后汉书》、西晋薛莹的《后汉书》、西晋华峤的《后汉书》、东晋司马彪的《续汉书》（除"志"以外）、东晋谢沈的《后汉书》、东晋袁山松的《后汉书》、无名氏的《后汉书》、东晋张璠的《汉纪》。可参见周天游《八家后汉书辑注》（上海古籍出版社，1986年）。

◆官制、律令相关

•《独断》

蔡邕撰。该书详细记述了汉代的各种制度、以诏敕为代表的文书书仪等朝廷掌故，颇为有用，但诸版本间有不少差异。日译本有福井重雅编《译注　西京杂记·独断》（东方书店，2000年）。

•《汉官七种》

该书由清人孙星衍汇辑与汉朝制度相关的佚书而成，包括叔孙通《汉礼器制度》、佚名《汉官》、王隆《汉官解诂》（胡广注）、卫宏《汉旧仪》、应劭《汉官仪》、蔡质《汉官典职仪式选用》、丁孚《汉仪》。虽仅存残篇，但不少记载对于详细了解官制等内容不可或缺。可参见孙星衍《汉官六种》（中华书局，1990年）、巴黎大学汉学研究所编《汉官七种通检》（巴黎，1962年）。

•《汉制考》

王应麟撰。郑玄等汉代学者对《周礼》等经书所作注释，不少系基于汉代制度撰写而成。《汉制考》集成了经籍古注中关于汉制的记述，史料价值颇高，与《汉官七种》相埒。不过，有必要紧扣《十三经注疏》等作为注释的文脉，对文献来源进行解释。同类文献有刘善泽的《三礼注汉制疏证》（岳麓书社，1997年），亦颇为有用，不过务须注意其中的标点错误。

•《汉律考》

程树德的汉律研究，收于《九朝律考》（中华书局，1963年）。

•《汉律摭遗》

沈家本著。该书为汉律佚文的集成研究，是与程树德《汉律考》并埒的基本文献，收于《历代刑法考》（中华书局，1985年）。

◆地志、农书相关

•《三辅黄图》

著者不明。该书记述了西汉长安的城池、苑囿和官署等内容，是关于汉代长安城的基本文献史料。是书成书时间据推断为南北朝，增补于唐代。陈直《三辅黄图校证》（陕西人民出版社，1980 年）可资使用。

•《华阳国志》

常璩撰。该书记述了三国至晋代，四川、云南的地方历史与地理，其中包括可追溯至战国、秦代的珍贵记载。可参考任乃强《华阳国志校补图注》（上海古籍出版社，1987 年）、刘琳《华阳国志校注》（巴蜀书社，1984 年）。

其他地志类文献，譬如《水经注》《元和郡县图志》之类后世地理文献中的记载，亦为有用的史料来源。

•《西京杂记》

该书据传为刘歆撰写，后散佚，晋代葛洪辑佚成书，记述了西汉的掌故轶事和宫廷制度。日译本有福井重雅编《译注　西京杂记・独断》（东方书店，2000 年）。

•《四民月令》

崔寔撰。该书按月记述了东汉后期豪族的农业经营和岁时活动，原本已散佚，现为辑本。可参考缪启愉《四民月令辑释》（中国农书丛刊，农业出版社，1981 年）、渡部武《四民月令——汉代的岁时与农事》（平凡社东洋文库，1987 年）。

•《氾胜之书》

这是一部记载了区田法等西汉时期农业技术的农书，现存辑佚本。可参见万国鼎《氾胜之书辑释》（农业出版社，1963 年）。

◆子部书

•《盐铁论》

桓宽撰。《盐铁论》记录了西汉昭帝时，郡国的贤良文学与御史大夫桑弘羊之间围绕盐铁专卖的存废而展开的论战。该书不仅忠实地记录了辩论的实况，其内容也由政治而广泛涉及社会经济和思想。可参见王利器《盐铁论校注》（新编诸子集成第一辑，中华书局，1992 年）、曾我部静雄《盐铁论》（岩波文库，1934 年，1982 年重刊）、佐藤武敏《盐铁论——汉代的经济论战》（平凡社东洋文库，1970 年）。

•《九章算术》

撰者不明。《九章算术》为汉代算学书，书中例题与行政实务有关，包括耕地面积、谷物体积之类与均输相关的计算等内容，颇为珍贵。可参见白尚恕《九章算术注释》(科学出版社，1983年)、大矢真一《九章算术》(收于《世界名著12　中国的科学》，中公バックス，1979年)。

•《白虎通》

又名《白虎通义》《白虎通德论》。班固撰。该书汇录了东汉章帝时围绕五经解释在白虎观举行的讨论，对于了解东汉王朝官方认可的学说，至为合适。可参见陈立《白虎通疏证》(新编诸子集成第一辑，中华书局，1994年)。

•《论衡》

王充撰。该书对东汉时期以祥瑞、谶纬之类为代表的迷信进行了理性主义的批判。书中内容作为当时民间信仰和习俗的相关记载，亦颇为珍贵。可参见黄晖《论衡校释》(新编诸子集成第一辑，中华书局，1990年)。

•《潜夫论》

王符撰。该书为批判东汉末年豪族横暴、官僚腐败等现象的政论。建议与仲长统《昌言》、崔寔《政论》(均已散佚，现存辑本)等其他同时代的政论进行比较。可参见汪继培《潜夫论笺》(新编诸子集成第一辑，中华书局，1985年)。

•《风俗通义》

又名《风俗通》。应劭撰。该书为名物源流和人物等方面的考论，行文中已出现志怪小说的风格。可参见王利器《风俗通义校注》(中华书局，1981年)。

此外，汉代的著述还有下列书籍。

•《新语》

陆贾撰。有王利器《新语校注》(新编诸子集成第一辑，中华书局，1986年)。

•《新书》

贾谊撰。有阎振益、钟夏《新书校注》(新编诸子集成第一辑，中华书局，2000年)。

•《淮南子》

淮南王刘安撰。有刘文典《淮南鸿烈集解》(新编诸子集成第一辑，中华书局，1989年)、何宁《淮南子集释》(新编诸子集成第一辑，中华书局，1998年)。

•《春秋繁露》

董仲舒撰。有苏舆《春秋繁露义证》(新编诸子集成第一辑，中华书局，1992年)。

•《法言》

扬雄撰。有汪荣宝《法言义疏》(新编诸子集成第一辑，中华书局，1987年)。

•《新序》

刘向撰。有赵善诒《新序疏证》(华东师范大学出版社，1989年)。

•《说苑》

刘向撰。有向宗鲁《说苑校证》(中国古典文学基本丛书，中华书局，1987年)。

•《申鉴》

荀悦撰。有黄省曾注《申鉴》(新编诸子集成第2册，世界书局，1974年)。

另外，梁昭明太子《文选》中，汉代的赋和散文作品亦为数不少。费振刚、胡双宝、宗明华编《全汉赋》(北京大学出版社，1993年)集成了现存的所有汉赋。散文方面，严可均《全上古三代秦汉三国六朝文》按作者收录了所有的作品。《玉函山房辑佚书》等作为专门汇集佚书的丛书，使用亦颇为方便。

此外，欧阳询《艺文类聚》(上海古籍出版社，1965年)、徐坚等《初学记》(中华书局，1962年)、虞世南《北堂书钞》、李昉等《太平御览》(中华书局影印本，1960年)之类类书，不仅包含大量佚文资料，作为按内容分类的史料集，亦可灵活使用，价值颇高。不过，内中字句舛误、衍脱之处甚多，务必谨慎处理。上述诸书各有完备的索引。

◆辞书

现知最古老的辞典为《尔雅》(郝懿行《尔雅疏证》，上海古籍出版社，1983年)，最古老的童蒙书为史游的《急就篇》。尤其是后者的颜师古注，对解读《汉书》亦有助益。扬雄《方言》(钱绎《方言笺疏》，训诂学丛书，中华书局，1991年)是记录西汉时期方言的珍贵文献。刘熙模仿《尔雅》所作《释名》，有王先谦《释名疏证补》(上海古籍出版社影印本，1984年)，颇为有用。许慎的《说文解字》，以第一部按部首分类的字典而闻名。段玉裁的《说文解字注》(上海古籍出版社影印本，1981年。日译本：尾崎雄二郎编《训读　说文解字注》，东海大学出版会，1981年—　)与王念孙的《广雅疏证》(上海古籍出版社影印本，1983年)，并为清代考据学的最高峰。从文本出发，回归文本，是为考据学之精要所在，历史学的实证亦与之相关。阮元的《经籍籑诂》(中华书局，1982年)，从经籍和史书的古注中抽选出单字的训诂，作为训诂辞典，极为有用。近年的同类辞典，有宗福邦、陈世铙、萧海波联合主编《故训汇纂》(商务印书馆，2003年)。该书与翻查词语的《佩文韵府》，均建议时常灵活使用。

（二）出土文献

出土文献，其性质首先为考古文物。所以，仅对文字进行解读是不够的，还有必要不断研讨从考古学背景出发的解释。文献史料的解读，离不开何时由何人书写，同样，出土文献的解释，如果撇开是从何处以怎样的形式出土、是在何地以怎样的方式书写之类基本要素，亦万难成立。即便有可资信赖的释文，亲自目验图版进行确认仍至为紧要。

考古学方面的辞典，首先可举平凡社的《世界考古学事典》(1979年)、中国大百科全书出版社的《中国大百科全书　考古学》(1986年)。这两种虽不能说反映了最新的成果，但依然值得参考。林巳奈夫的《汉代文物》(京都大学人文科学研究所，1976年；朋友书店，1996年再版)，参照了王先谦的《释名疏证补》，是一部详细考证汉代文物的名著。以下，介绍一些代表性的出土文献。

◆居延、敦煌汉简

20世纪初，从所谓丝绸之路至中国西北边境地区，欧洲各国的探险队纷至沓来，开展实地调查。其间最大的成果，是敦煌、居延汉代木简的发现。这些木简大多为边境军事据点的公牍，内容丰富，广泛涉及军事、行政和士兵生活等各个方面。

1930年发现的居延汉简约有1万件，战争时期，由劳榦进行了整理和释读，其图版在1950年代陆续出版。近年，台湾"中研院"历史语言研究所根据海峡两岸的研究成果进行了重新整理。两岸迄今刊行的居延旧简图版有劳榦《居延汉简　图版之部》(1)—(3)("中研院"历史语言研究所专刊21，1957年)、简牍整理小组《居延汉简补编》("中研院"历史语言研究所专刊99，1998年)、中国科学院考古研究所《居延汉简甲编》(科学出版社，1959年)、中国社会科学院考古研究所《居延汉简乙编》(中华书局，1980年)，有必要取各书对照而观。释文方面，有马先醒等著《居延汉简新编》(简牍学会《简牍学报》第9期，台北，1981年)，谢桂华、李均明、朱国炤的《居延汉简释文合校》(《秦汉魏晋出土文献》，文物出版社，1987年)。尤其是后者，吸收各方研究成果，形成了深入透彻的释读。

1973 年，居延周边再次进行发掘调查，新出土木简达数万件，这批简牍被称为“居延新简”。这次发掘不仅有助于了解旧简不清楚的出土遗址状况，还提供了大量以甲渠候官为中心的确切的出土地点材料，简牍学由此迎来新的发展阶段。这批新简，图版可参见甘肃省文物考古研究所等编《居延新简　甲渠候官》（中华书局，1994 年），释文可参见甘肃省文物考古研究所等编《居延新简》（《秦汉魏晋出土文献》，文物出版社，1990 年）。

旧敦煌汉简收藏于大英博物馆，相比居延汉简，研究迟滞，不过，随着近年开展的发掘调查中大量新材料的发现，其研究渐趋活跃。特别是近年在敦煌悬泉出土了数万件简牍，期待其整理和公布。① 大庭脩《大英博物馆藏　敦煌汉简》（同朋舍出版，1990 年）为旧敦煌汉简的图版和释文，林梅村、李均明的《疏勒河流域出土汉简》（《秦汉魏晋出土文献》，文物出版社，1984 年）作为释文颇为有用。最近出土成果的图版方面有甘肃省文物考古研究所的《敦煌汉简》（中华书局，1991 年）、中国文物研究所等的《敦煌悬泉月令诏条》（中华书局，2001 年），释文方面有吴礽骧、李永良、马建华的《敦煌汉简释文》（甘肃人民出版社，1991 年）。

◆随葬简牍

与边境军事据点遗址中以废弃状态出土的简牍不同，墓葬中出土的简牍是特意埋藏的随葬品。这类随葬简牍，并非仅有遣策（随葬品清单）和送葬文书之类与丧葬仪式密切相关者，还包含不少记述墓主生前生活的书籍和文书。

其中，代表性的一例为 1975 年在湖北省云梦县睡虎地 11 号秦墓出土的竹简。1100 余枚竹简中，除《编年记》（秦国大事记与墓主年谱的合编）、《日书》（卜问日期凶吉的占卜书）外，还包含有名为《秦律十八种》、《效律》、《秦律杂抄》（法律摘抄）、《法律答问》（法律条文解释问答）、《封诊式》（公牍格式范例集）、《语书》（南郡郡守的训辞）、《为吏之道》（官吏心得）的书籍。这与墓主的职务有关，他在秦统一全国前后担任县一级司法工作人员。这些竹简虽然尚不足以反映秦代律令的全貌，但作为秦始皇时期法律实物的大量出现，意义非同小可。可参见《云梦睡虎地秦墓》编写组《云梦睡虎地秦墓》（文物出

① 译者按：悬泉汉简已于近年陆续公布并已整理出版至第四辑，见甘肃简牍博物馆等编《悬泉汉简》（壹）（贰）（叁）（肆），中西书局，2019、2020、2023、2024 年。

版社，1981年)、睡虎地秦墓竹简整理小组《睡虎地秦墓竹简》(文物出版社，1990年)、刘信芳和梁柱合编《云梦龙岗秦简》(科学出版社，1997年)、中国文物研究所等《龙岗秦简》(中华书局，2001年)。其中，《法律答问》有日译本，松崎つね子《睡虎地秦简》(明德出版社，2000年)。英译及其研究则有何四维(Hulsewé，Anthony François Paulus)的 *Remnants of Ch'in Law*(《秦律辑逸》)(莱顿：博睿出版社，1985年)。

与云梦秦简内容近似的随葬简牍，还有1983年出土于江陵张家山汉墓的竹简。其中有汉初吕后时期的律令及奏谳文书，是极为重要的考古发现，但相关研究尚处于起步阶段。可参见张家山二四七号汉墓竹简整理小组《张家山汉墓竹简(二四七号墓)》(文物出版社，2001年)。

此外，1993年在江苏省连云港市尹湾6号汉墓出土的简牍，为西汉末年东海郡行政文书的副本，引人注目。墓主曾担任郡的功曹，故简牍中多见人事相关内容。这批简牍详细反映了郡一级的行政，而此前这方面的资料几乎阙如，故十分珍贵。可参见连云港市博物馆等编《尹湾汉墓简牍》(中华书局，1997年)、连云港市博物馆等编《尹湾汉墓简牍综论》(科学出版社，1999年)。

随葬简牍中包含的书籍，不仅有前述法律行政类书籍，思想和文学类书籍亦为数不少。其中，最知名者有甘肃省武威磨咀子6号墓出土的《仪礼》写本、长沙马王堆1号汉墓出土的帛书《老子》和《周易》、① 银雀山汉墓出土的孙膑兵法。特别是马王堆帛书中的《战国纵横家书》和银雀山汉简《守令》诸篇为古佚书写本，是弥补文献史料缺环的重要发现。可参见湖南省博物馆等编《长沙马王堆一号汉墓》(文物出版社，1973年。日译本：关野雄主编，平凡社，1976年)、马王堆汉墓帛书整理小组《马王堆汉墓帛书》(壹)(叁)(肆)(文物出版社，1980年、1983年、1985年)、银雀山汉墓竹简整理小组《银雀山汉墓竹简》(壹)(文物出版社，1985年)、吴九龙《银雀山汉简释文》(《秦汉魏晋出土文献》，文物出版社，1985年)、甘肃省博物馆等编《武威汉简》(文物出版社，1964年)、甘肃省博物馆等编《武威汉代医简》(文物出版社，1975年)。

此外，湖北省荆州市关沮的秦汉墓出土了历和日书，可参见湖北省荆州市周梁玉桥遗址博物馆《关沮秦汉墓简牍》(中华书局，2001年)。李均明、何双

① 译者按：帛书《老子》和《周易》出土于长沙马王堆3号汉墓。此条承郭永秉提示，谨致谢意。

全编《散见简牍合辑》(《秦汉魏晋出土文献》，文物出版社，1990年)，汇集了各地秦汉墓葬中的随葬简牍，并进行了释读，便利学人。

◆石刻

从东汉开始流行树立石碑，尤其是墓碑，用于彰显个人。石碑上的文字通常不见诸文献，故为珍贵的一手材料。长文石碑多出现于2世纪下半叶，时常在碑阴镌刻集资立碑的官吏名录，反映了当时的官制和地方官场的情况。永田英正编《汉代石刻集成》(同朋舍出版，1994年)，汇集了目前原石尚存或以拓本传世的汉代石刻，进行释读，加以注释，当为初步翻查之首选。洪适《隶释·隶续》(中华书局影印本，1985年)，集录了宋代所见汉代石刻，十分珍贵，惜乎多数现已不存。清代金石学之翘楚，王昶《金石萃编》和陆增祥《八琼室金石补正》中的释读和考证，应当时常参考。工具书方面，有杨殿珣《石刻题跋索引》(商务印书馆，1940年，1957年增订本)。

◆画像石、壁画

现代历史学中，图像史料的分析前景广阔。在中国，以武氏祠为代表的东汉时期流行的画像石，其研究可上溯至宋代。近年，各地墓葬亦有壁画出土，其纹样与同时期的画像镜等图像史料多有重合之处，令人深感兴趣。图像史料建议与石刻文字资料配合使用，不过，关于图像史料的特点和研究方法，仍有诸多尚待拓荒之处。尤其是图像史料与文献史料的对应殊为困难，期待其实证风格的早日确立。

关于画像石的整体情况，有中国画像石全集编辑委员会编《中国画像石全集》全8卷(河南美术出版社、山东美术出版社，2000年)。按照地域，画像石可粗略地分为山东、徐州、南阳、四川和陕西北部等风格种类，每一类均有一目了然的绘制技法特征。下列图录反映了各地画像石之代表。

山东省博物馆等《山东汉画像石选集》(齐鲁书社，1982年)

曾昭燏、蒋宝庚、黎忠义《沂南古画像石墓发掘报告》(文化部文物管理局，1956年)

江苏美术出版社编《徐州汉画象石》(江苏美术出版社，1985年)

南阳汉代画象石编辑委员会《南阳汉代画像石》(文物出版社，1985年)①

① 译者按：核检原书，该书题名中作“画像石”，版权页作者信息中作“画象石”。

闻宥《四川汉代画象选集》(中国古典艺术出版社，1956年)

陕西省博物馆等《陕北东汉画象石刻选集》(文物出版社，1959年)

壁画，出土于洛阳周边、河北北部、内蒙古和辽宁，务必注意与画像石分布的地区并不重合。各地壁画的风格，可参见下列图录。

洛阳市第二文物工作队等《洛阳汉墓壁画》(文物出版社，1996年)

河北省文物研究所《安平东汉壁画墓》(文物出版社，1990年)

内蒙古自治区博物馆文物工作队《和林格尔汉墓壁画》(文物出版社，1978年)

北京历史博物馆等《望都汉墓壁画》(中国古典艺术出版社，1955年)

◆金文、印章、封泥等

汉代的青铜器铭文，没有殷周时期那种长文，而是加上藏置场所、整理编号之类内容，并刻上制造作坊和匠人姓名等，由此成为分析官营作坊和器物管理组织的史料。这类铭文的代表性著录有容庚《秦汉金文录》(北京，1931年)。

印章多为官印，中有文献史料中所未见官名等信息，成为官制研究的重要实物资料。罗福颐《秦汉南北朝官印征存》(文物出版社，1987年)集录颇佳，他的《汉印文字征》(文物出版社，1978年)整理了印章独特的字体。

封泥是密封文书时捺有印文的粘土块，相比印章实物，发现更多。这方面的知名图录有吴式芬和陈介祺的《封泥考略》(中国书店影印本，1990年)、周明泰的《续封泥考略》和《再续封泥考略》(京华书局，1928年)、吴熊的《封泥汇编》(上海古籍出版社影印本，1984年)。东京国立博物馆编《中国封泥》(二玄社，1998年)，中有陈介祺旧藏封泥的拓本和照片。关于近年出土的秦代封泥，有周晓陆、路东之编著《秦封泥集》(三秦出版社，2000年)。

此外，时常可见秦至西汉陶器制作时作坊印捺的陶文。袁仲一《秦代陶文》(三秦出版社，1987年)汇录了秦始皇陵周边巨量的陶文资料。

(佐原康夫)

第三章　三国五胡·南北朝

渡边信一郎、关尾史郎、川合安

一、研究视角

本章关注的是3世纪初至6世纪末的分裂时期。根据20世纪初京都大学内藤湖南提出的时代划分论，这一时期，即汉末三国至唐末五代，正对应中世贵族政治时代的前半期。第二次世界大战结束后不久，以历史学研究会为中心的学者提出了“世界史基本法则”，认为下迄唐末五代均属于古代奴隶制社会。因此，战后日本学界出现了两种完全不同的时代认识。主张中世社会论的学者，采用中世封建制的理论框架来把握魏晋南北朝分裂时期，批判历史学研究会主张的古代奴隶制社会论，认为可以大体使用农奴制这一概念来认识这一时期的大土地所有制和租佃制。双方的对立，大体延续至1980年代中期。

与“世界史基本法则”相对，1960年代，学界已经从历史唯物论的立场出发，批判西欧中心主义和单线发展阶段论，主张各民族、各国家的发展均有其各自路径阶段，并力图以此为基础，构建对世界历史的新的结构性认识。谷川道雄《中国中世社会与共同体》[1976]从中世社会论的立场出发，对“世界史基本法则”提出批评，他不用封建制和农奴制来认识中世社会的本质特征，而是改用以民众舆论为基础的共同体来认识贵族制社会。从20世纪60年代至80年代中期，“世界史基本法则”遭到了来自历史唯物论和中世贵族制社会论两派学者的批判性质证，而随着个案实证的增多，这一时期的研究也出现了新的进展。

中国从70年代末开始实行改革开放，向着社会主义市场经济迈进，其间发生了巨大的变迁。国际方面，则经历了80年代末90年代初的东欧、苏联剧变和冷战格局的解体。由此，学界对始于60年代，以批判“世界史基本法则”为核心的战后历史学展开反思。这一反思会同70年代中期社会史研究的兴盛，经过80年代的积累，在90年代发生质的转变，成为今日之现代历史学。

1990年代以降，随着作为战后历史学理论背景的历史唯物论的退潮，文化人类学、民族学、生态学和美国社会学等各种新的社会科学理论的引入，历史学回避理论探讨的倾向日渐增强。作为战后历史学主流的社会经济史迅速降温，对以“五胡”和“蛮”为代表的民族、种族研究，取代均田制、大土地所有制研究，这在青年一代研究者中表现得尤为明显。不仅如此，官僚制、专制国家研究取代贵族制研究，秩序结构、礼制祭祀研究、社会网络论取代阶级统治、身份制研究，都城、城市研究取代农业、农村研究。总之，相对于发展，结构渐成研究主流，较之于对立，秩序日受研究关注。理论的多样化反映了问题点的多元多样化，吐鲁番文书、长沙吴简、新出石刻等出土文献的增加，以及数字技术带来的文本处理能力的提升，将研究推向精细化和碎片化。因此，研究者必须理解各种问题的相互关系及其所处时代的政治、社会状况，胸怀吸纳各种研究成果、开展综合研究的宏大志向。

（渡边信一郎）

二、研究进展

（一）三国五胡

三国至五胡十六国时期，尽管有西晋的短暂统一，但始于秦始皇的长期统一局面已然崩坏。围绕这一时期及其后续的南北朝，川胜义雄的概说《中国的历史3　魏晋南北朝》[1974]相当精彩。谷川道雄《世界帝国的形成——中国的历史2》[1977]概述了三国至隋唐时期，短小精悍。这方面的最新成果，有金文京《三国志的世界——后汉　三国时代》[2005]对东汉至三国时期的概述，川本芳昭《中华的崩坏与扩大——魏晋南北朝》[2005]对魏晋至南北朝时期的概述。

◆三国、西晋时期

拉开长期分裂大幕的三国在历史上处于何种地位，这是战后中国史研究中的一个重要课题。川胜义雄《论曹操军事集团的构成》[1954]发现曹操军事集团的人际组合具有任侠气质，他认为这表征了新的时代特征。与之相对，五井直弘《论曹操政权的性质》[1956]认为掌控曹操政权中枢的人士，其相互结合基于家长制的隶属关系，与秦汉时期的性质相同。另外，好并隆司《曹操政权论》[1970]认为"小农"的普遍化与曹操政权的登场是一个重合的过程。以上三种观点差异不小，就前两种观点言之，都是基于对特定集团的分析，在触及时代本质方面存在着局限。此后，追问这一问题的研究颇多，就在最近，渡边义浩《三国政权的结构与"名士"》[2004]等，以"名士"为关键词，对各政权及其旗下人士展开多方面的探讨。在此前后，曹操的传记也相继出版，如石井仁的《曹操——魏武帝》[2000]和堀敏一的《曹操——三国志真正的主角》[2001]，对照阅读，可知晓目前政治史和社会史研究所达到的高度。

蜀汉方面，虽有关注，但成果不多。早期的研究有狩野直祯《蜀汉政权的结构》[1959]等作品，考察了蜀汉政权拥护者的出身和倾向。较新的作品有渡边义浩《蜀汉政权的成立与荆州人士》[1988]，对此做了更为周详细致的分析。

关于吴，首推宫川尚志的研究《三国吴的政治与制度》[1955]，他全面梳理了吴国的兴衰历程。在此基础上，大川富士夫《论孙吴政权的形成》[1967]等论文研究了吴政权下的江南社会，讨论了士大夫阶层的成长。与之相对，川胜义雄《贵族制社会与孙吴政权治下的江南》[1970]强调了江南社会相比华北的后进性，将地方豪族比拟为开发领主。以上两说有一共通之处，即双方均认为吴国政权的统治体制尚不完善。然而，石井仁《孙吴军制的再研究》[1995]不同意这一点，他通过对军制的细致分析，主张吴国并非弱势政权。

魏未竟统一而被西晋取代。关于其间的关节点正始之变，葭森健介《魏晋革命前夜的政界——曹爽政权与州大中正的设置问题》[1986]和伊藤敏雄《围绕正始政变——以曹爽政权的人员构成为中心》[1986]均探讨了被司马氏所推翻的曹爽政权的性质，两者可对照而观。随后建立的西晋，攻灭吴国，达成统一，但不久便因八王之乱而陷于崩溃。从西晋建立至八王之乱的政治过程，安田二郎有一系列研究，最近已汇编成《六朝政治史研究》[2003a]一书。八王之乱至永嘉丧乱期间那段混乱不堪的政治过程，宫川尚志《六朝史研究　政治・社会篇》[1956]进行了梳理。另有福原启郎《晋武帝　司马炎》[1995]，是关于西晋开国皇帝武帝的少数几部传记之一。

制度方面，必先关注九品官人法。九品官人法由魏创设，为官吏录用制度，同时也是官僚组织方式。宫崎市定的《九品官人法研究——科举前史》[1956]廓清了乡品与官品并存的关联机制，作为经典名著而光辉长存。需注意的是，该书并非单纯地停留于制度史的探讨，其背后还有着宏大的构想，即将三国至南北朝作为中国历史上的贵族制时期来加以把握。此书之后，涌现出大量关于贵族制和九品官人法的研究。若限定于战后，可以毫不夸张地说，相关成果均以宫崎市定的研究为基础而展开。关于魏晋时期，矢野主税《门阀社会形成史》[1976] 和越智重明《魏晋南朝的贵族制》[1982] 等强调贵族为官僚，而川胜义雄《六朝贵族制社会研究》[1982] 则认为贵族本质上为社会力量，双方展开了反复的讨论。尝试在两者之间做出综合扬弃的最重要成果，当属中村圭尔的《六朝贵族制研究》[1987]，该书以出土文献为素材，并将身份制纳入视野，对魏晋贵族制进行了多角度的分析。此后，在魏晋史领域，以九品官人法为代表的贵族制研究方面，再无令人耳目一新的成果，理由自不待言。

不过也可以说，近年关注的重点转向了军制方面。东汉末年以降，政治持续动荡，因此，军制的整备和强化，在左右政治势力成败走向的同时，也为国家权力注入了新的特点。小尾孟夫《六朝都督制研究》[2001] 主要围绕地方统治，对都督制度展开了详细的分析，是为该方向上最为重要的成果。在此之前，石井仁也有这一方面的成绩《孙吴军制的再研究》[1995]，这应当理解为是他的三国军制研究的一部分。包括该方向如何与贵族制研究的大量成果联系起来，尚有不少研究仍未充分展开。在与军制紧密相关的兵制方面，还有浜口重国《魏晋南朝兵户制度研究》[1957] 之类作品。

土地制度和租税制度方面，当首推西嶋定生的研究《魏的屯田制》[1956]。西嶋定生认为，魏的屯田分为民屯（典农部屯田）和军屯两种，前者至魏末晋初时废止，原来的屯田民成为课田的对象，兵役也相应地转变为赋课。如西嶋定生所说，魏时期，在田租由分成租转变为定额租的同时，政府开始新设以户为征税单位的户调。关于户调，渡边信一郎《户调制的成立——从赋敛到户调》[2001] 从汉代的赋敛着手，探求其制度渊源。关于西晋占田制和课田制的研究，相比魏的屯田制，有过之而无不及。受惠于这些研究，堀敏一《魏晋的占田、课田与给课制的意义》[1974] 探讨了占田制和课田制在人身控制中的地位，是该方向上最具综合性的成果。与之相对，渡边信一郎《占田与课田的谱系——晋南朝的税制与国家土地的所有制》[1995]以藤家礼之助的研究《汉三国两晋南朝的田制与税制》[1989]为基础，将该土地制度理解为南朝国家土地所有的早期阶段。

规定以上制度的法律体系为西晋的泰始律令，它是中国历史上最早的律令体系。堀敏一《晋泰始律令的制定》[1980]对此做了专论，栗原益男《曹魏的诏与令》[1986]认为此前魏的法律体系具有过渡性质。近年，冨谷至《通往晋泰始律令之路（Ⅰ）：秦汉的律与令》[2000]、《通往晋泰始律令之路（Ⅱ）：魏晋的律与令》[2001a]从更为宏大的视野入手进行了讨论。出土于甘肃省十六国时期墓葬中的泰始律，期待能早日公布。

制度被制定出来后，还会顺应其所规制的社会而发生演变。大川富士夫《六朝江南的豪族社会》[1987]和多田狷介《汉魏晋史研究》[1999]等论述了地域社会及与之密切相关的名族的生存状态。诚如堀敏一《论九品中正制度的形成》[1968]所论，如果连九品官人法的乡品都被作为地域社会中人物品评的前提，那么贵族制度的形成本身在很大程度上是由地域社会的历史特质所决定的。就这一点，中村圭尔《六朝史与“地域社会”》[1995a]对地域社会相关论点的整理便极富启发意义。

另一方面，这一时期也是城池以外的新型聚落——“村”的形成时期。宫川尚志《六朝史研究　政治・社会篇》[1956]收集了丰富的案例，宫崎市定《中国村制的形成》[1960]从中观察到中世的特质，与之相对，堀敏一《中国古代的家与聚落》[1996]则强调当时的村在体制上尚未成熟。社会混乱引发移民或开发，村落由此大量出现，这一历史背景不可否认，但在华北，随着防御用城墙的修筑，名为坞的聚落也出现于东汉末年，那波利贞《坞主考》[1943]对坞做了专门的考察。里，渊源于城内区划。堀敏一着眼于村与坞之间的历史性，但村也好，坞也罢，均是相对于里而出现的产物。从出土史料亦大体可知，三国至十六国时期的民户，一面附籍于里，一面经营着城外的生活。

社会方面，有神矢法子的研究《为“母”服丧——中国古代社会所见夫权—父权・妻＝母的地位・子的义务》[1994]，她透过礼仪规范讨论了家族制度。文化史方面，有关三国时期文化的成果，相比三国前后时期，少有从历史学角度值得推荐的作品，此处从略。

对外关系方面，多倾向于关注与倭国的关系。西嶋定生《倭国的出现——

东亚世界中的日本》[1999] 汇集了他晚年在该领域的实证成果，大庭脩《亲魏倭王》[1971] 从制度史角度切入，也探讨了该课题。此外，谷口房男《南北朝时期的蛮酋》[1997]、川本芳昭《魏晋南北朝时代的民族问题》[1998] ① 研究了中国江南的非汉民族。最近，关尾史郎《曹魏政权与山越》[2000] 等梳理了被卷入三国政治分裂的非汉族人士的活动。

中国学界的成果虽然不胜枚举，但直接讨论贵族制以及促成贵族制的九品中正制的成果并不多。社会、经济方面，唐长孺《晋代北境各族“变乱”的性质及五胡政权在中国的统治》[1955]，周一良《魏晋南北朝史论集》[1963] 和田余庆《秦汉魏晋史探微》[1993] 等文集中收录的考论作品，在具体问题上还是富于启发的。

◆五胡十六国时期

五胡十六国延续了 130 余年，其间仅华北就有 16 个以上的政权兴亡更替，在很长时间内，该时期被广泛认为是一个政治、社会混乱的时期。日本学界，仅有内田吟风探讨了五胡之一南匈奴的动向，另有田村实造等人将这一时期作为民族大迁移的时代来加以把握。内田吟风《北亚史研究——匈奴篇》[1975a] 和田村实造《中国史上的民族移动期——五胡、北魏时代的政治与社会》[1985] ② 两书分别汇集了他们的成果。内田吟风在书中还是采用“五胡乱”的说法，可见他还没有摆脱这一时期为混乱时代的看法。

首先对该时期在中国历史上的地位给予积极评价的是谷川道雄《隋唐帝国形成史论》[1971]。在五胡十六国时期探求隋唐帝国渊源的谷川道雄，基于前人研究，分析了前赵、后赵、前燕及前秦等政权的结构。这些政权，宗室诸王都拥有强大的军事实力，从而对皇权形成掣肘（宗室军事封建制），这一源于游牧时代部族社会的不安定体制令政权陷入瓦解。即便是前秦，实现了对华北的短暂统一，也平息了民族间的不平等，但仍然无法克服狭隘的部族制。根据谷川道雄的研究，北魏得以达成华北的统一和政权的长治久安，得益于其在早期便

① 译者按：该书日文原本题名《魏晋南北朝時代の民族問題》（汲古书院，1998 年），中译本题名《魏晋南北朝时代的社会与国家》（黄桢、张雨怡译，复旦大学出版社，2022 年）。

② 译者按：该书日文原本题名《中国史上の民族移動期——五胡・北魏時代の政治と社会》（创文社，1985 年），中译本题名《中国史上的民族移动期——十六国北魏时代的政治与社会》（焦堃译，中西书局，2024 年）。

断然解散部族，确立皇权。

谷川道雄的研究理论新颖且具有说服力，但是宗室军事封建制这一概念能否落实到史实上还很难说，对游牧时代部族社会的理解也还没有提出超越理论的假设。

此后的代表性成果，有町田隆吉的《论前秦政权的护军——“五胡”时期诸种族统治之一例》[1982]，该文从护军制度出发，论述了处于统治末端的部族社会；还有关尾史郎的《前燕政权（337—370 年）成立的前提》[1981]，通过分析这一时期频繁推行的移民措施，探讨了当时政权的结构。近年，藤井秀树《前秦的君主权与宗室》[2001] 通过分析前秦的政治运作，尝试重新思考谷川道雄提出的宗室军事封建制。

另外，川本芳昭《五胡十六国、北朝时期的胡汉融合与华夷观》[1984] 从胡汉双方相互认识的演变来理解这个时代，三崎良章《五胡诸国的异民族统御官与东晋——以南蛮校尉、平吴校尉的设置为中心》[1991] 透过官职设置情况讨论了各政权的发展方向，这些研究均为该领域的重要成果。

谷川道雄尚未论及的弱小政权，以及包括这些政权在内的各政权间的关系，今后仍有讨论的必要。三崎良章《五胡十六国：中国史上的民族大迁徙》[2002] 对这一时期做了概述，包括没有列入“十六国”的政权。关尾史郎《北凉政权与“真兴”奉用》[1982] 在分析一手史料中年号书写的同时，讨论了诸凉政权的对外政策。关尾史郎《古代中国的移民与东亚》[1999] 还将作为五胡十六国形成前提的多民族迁徙，与作为五胡十六国后续影响的汉族迁徙及扩散联系起来，贯通讨论。

五胡十六国时期也是佛教普及的重要时代。各政权均大力延聘高僧及僧团，并加以保护，但史学界对该领域的研究并不多，对这一时期佛教情况进行统观讨论的仅有小田义久的研究《华北胡族国家的文化政策》[1999]。

最后，再对中国学界在该领域的研究情况稍作介绍。早先，唐长孺《晋代北境各族“变乱”的性质及五胡政权在中国的统治》[1955] 综合分析了该时期的历史进程，谷川道雄的宗室军事封建制论亦受其影响，但唐长孺后来转向讨论民族问题，前秦进攻东晋的淝水之战成为其讨论的主要议题，值得参考的成果不多。

（关尾史郎）

（二）南朝

◆概论性著作

因没有专论南朝的概论性著作，所以需参考关于整个魏晋南北朝的概论性著作。此类经典作品有冈崎文夫的《魏晋南北朝通史》[1932]，其内编为政治史，外编是包括社会、经济和制度在内的广义的文化史。该书作为概论略显偏难，但至今仍有参考价值。其中内编部分，后又有平凡社的重刊本（《魏晋南北朝通史　内编》[1989]）。此后出版的概论性著作，面向普通读者的有川胜义雄《中国的历史 3　魏晋南北朝》[1974]，文字平易且富有启发，松丸道雄等合编《中国史 2》[1996]，论述翔实。最近出版的有川本芳昭《中华文明的崩坏与扩大——魏晋南北朝》[2005]。

◆政治

在南朝持续动荡的 170 年间，宋、齐、梁、陈四朝依次登场。关于王朝更替之际的禅让革命，宫川尚志的经典作品《禅让引发的王朝革命研究》为必读文献。从登基仪式和祭祀等角度切入，探讨皇帝制度特质的研究，有尾形勇的《中国古代的“家”与国家——皇帝统治下的秩序结构》[1979]、金子修一的《古代中国与皇帝祭祀》[2001] 和《古代中国的皇权》[2002]、松浦千春的《从汉至唐的帝位继承与皇太子——以谒庙之礼为中心》[1993] 和《魏晋南朝的帝位继承与释奠礼仪》[2003] 等。中村圭尔的《南朝国家论》[1999a] 讨论了南朝国家的独特性质，它们虽然地处远离中原的江南之地，但一直致力于保持王朝的正统性和文化传统的优越性。这些南朝国家着力确保的疆域，除长江下游三角洲地带，即三吴地带之外，还包括了长江中游以江陵为代表的多座战略要地城市，以及连接这些城市的主要水陆交通线。这些地区的外围，居住着被称为“蛮”的非汉民族，统帅“蛮族”的首领接受王朝任命，成为被称为左郡、左县之类特殊郡县的长官。他们还没有达到建立独立政权的程度，尽管一般的历史地图通常会将这些地区表示为南朝的疆土，但这实际上包括了王朝无法直接统治的广大地区，务必加以注意。关于这些“蛮”，谷口房男的《华南民族史研究》[1996]、《南北朝时代的蛮酋》[1997] 和《论南朝时期的左郡左县——六朝时期民族意识的存在方式初探》[2003]，川本芳昭的《魏晋南北朝时代的民族问题》[1998] 均可参考。

通论东晋至南朝江南政治史的研究，首推川胜义雄的《六朝贵族制社会研究》[1982]，书中所收诸篇论文，从与军事、经济和文化各方面的关系入手，清晰地论述了北方贵族在江南地区兴盛繁荣但却渐失权柄的过程。随后的研究中，安田二郎《六朝政治史研究》[2003a] 中的诸篇论文颇为重要，该书集中探讨了外戚的存在方式，作为新兴势力的寒门及寒人势力的崛起，以及旧门阀贵族的自我革新等问题。

关于东晋的政治史，田余庆的《东晋门阀政治》[1989] 将东晋视为“皇权政治”长期延续的中国历史中唯一一个以“门阀政治”为特征的时代。田著出版前后，对东晋政治史研究又有所推进的金民寿，在《东晋政权的建立过程——以司马睿（元帝）的府僚为中心》[1989] 和《从桓温至谢安时期的东晋中期政治——以桓温的府僚为中心》[1992] 两文中，通过分析东晋首位皇帝司马睿（元帝）和东晋中期权臣桓温各自的幕府僚属，梳理了北来贵族掌控政治、军事权力的过程。

关于发展至刘裕易代的东晋末年政治史，越智重明的《刘裕政权与义熙土断》[1957]，从刘裕政权坚决推行给予流亡无籍人士户籍的土断政策[①]出发，指出其对江南土著豪族阶层的强硬态度，揭示了刘裕政权受北来贵族支持的贵族政权特征。不过，刘裕政权虽说是贵族政权，但进一步强化了皇权，增强了北来贵族的寄生官僚特征，与东晋贵族政权有着本质上的区别，这一点不可忽视。葭森健介的《晋宋革命与江南社会》[1980] 批判了越智重明的观点，认为土断政策是促进乡村社会稳定的措施，因此江南的土著豪族阶层支持刘裕政权。他主张，这些支撑豪族阶层的乡村社会才是南朝皇帝权力生成的原动力。刘裕的革命易代应理解为皇帝权力的强化，这一观点经过越智重明的力证，已被普遍接受，但川合安的《刘裕革命与南朝贵族制》[2003] 对这一观点提出了疑问，他强调刘裕革命只是勉强得到官僚层的支持，并不稳定。刘裕的传记有吉川忠夫的《刘裕》[1989]，虽系面向一般读者，但仍可资参考。

刘裕依靠北府兵的军事实力而上台，中村圭尔《南朝政权与南徐州社会》[1999b] 考察了北府集团大本营南徐州的社会与南朝政权之间的关系，《东晋南

① 译者按：此处日文原文为“流亡無籍者を戸籍に付ける土断政策”，该表述对土断政策的理解存在偏差。土断政策是将拥有“白籍”、不承担地方赋役的侨民编入地方户籍，使之与拥有“黄籍”、承担地方赋役的土著居民承担同等的赋役，侨民拥有“白籍”，并非“无籍”。此条承仇鹿鸣提示，谨致谢意。

朝的豫州、南豫州》[2001a] 讨论了与荆州同为西府集团大本营的豫州和南豫州的沿革以及两州在政治史上发挥的作用。

关于南朝的刘宋时期，小尾孝夫《刘宋前期的政治结构与皇帝家族的姻族、婚姻关系》[2003] 通过分析刘宋前期皇帝家族的婚姻关系，探讨了当时政治结构的特质。刘宋王朝的历代皇帝中，以开创专制倾向而闻名的是孝武帝。关于孝武帝，越智重明有专门的研究《宋孝武帝及其时代》[1985a]。川合安的《〈宋书〉与刘宋政治史》[2002] 以孝武帝之后前废帝时期的政治史为线索，勾勒出《宋书》中刘宋政治史的叙事特征，即以皇帝和寒人宠臣共同对抗贵族这一结构为基础来展开书写，同时，该文还尝试超越《宋书》中的既有立场，洞察刘宋政治史的整体脉络。此外，安田二郎《南朝贵族制社会的变革与道德、伦理》[1985] 敏锐地分析了宋齐易代之际贵族阶层的国家观和社会观，《王僧虔〈诫子书〉考》[1981] 又详细研究了王僧虔的《诫子书》，该书证明当时贵族阶层已自主意识到“读书”之必要，这些研究对于深入理解此段政治史颇有助益。

南齐武帝的永明年间，是南朝比较安定的一段时期，川合安的《唐寓之之乱与士大夫》[1995a] 透过唐寓之之乱解析了当时的政治结构。该文指出，与寒人宠臣关系密切的武帝政权推行的户籍检查政策遭到强烈反对，其表现为唐寓之之乱，《南齐书》中有关这一事件的记述也反映了皇族内的开明派及贵族阶层对武帝政策的批判立场。关于梁代的政治史，石井仁的《南朝的随府府佐——以梁简文帝集团为中心》[1985] 和《梁元帝集团与荆州政权——再论“随府府佐”》[1986] 剖析了简文帝和元帝政权集团的形成过程，勾勒出层累而成的君臣关系，并且，该研究超越梁代，在南朝政治结构的整体探讨方面也开创了重要的视角。关于南朝最后一个王朝陈朝的建立过程，榎本あゆち《论梁末陈初的诸集团——以陈霸先军事集团为中心》[1982] 等论文分析了陈霸先军事集团及其他集团。

◆制度

东晋南朝时期被认为是门阀贵族社会发达的贵族制时代，因此与贵族伴生的机构制度颇受学界关注。推动该领域出现飞跃进展的经典，当属宫崎市定的《九品官人法研究——科举前史》[1956]。该书首次厘清了九品官人法的基本机制，该制度为人称门地二品的贵族阶层的形成提供了契机，该书同时阐说了基于九品官人法所形成的官制的结构性特征。九品序列中，根据才德给予官员候选人的品位为乡品，与官职所对应的官品不同。宫崎市定首次清晰地梳理出乡品与官品之间的对应关系，若乡品为二品，则从官品六品的官职起家（首次任官）。基于这一具有划时代意义的成果，越智重明《魏晋南朝的贵族制》[1982]和中村圭尔《六朝贵族制研究》[1987]相继出版。

越智重明《魏晋南朝的贵族制》[1982]一书的第五章“制度性的身份：以族门制为中心”，将东晋南朝的家格作为“涵括全国民众的制度”来加以把握，清晰地梳理了族门制的体系。所谓族门制，是指西晋末年形成的身份制，由甲族（上级士人层）、次门（下级士人层）、后门（上级庶民层）和三五门（下级庶民层）组成。而且，族门在指代甲族、次门、后门和三五门等家格的同时，也用作根据家格所判定的“家”的称呼。甲族可得乡品一、二品，20—24岁间，可从官品五、六品起家，最高至官品一品。次门可得乡品三—五品，25—29岁间，可从官品七—九品起家，最高至官品五品。后门可得乡品六—九品者，30岁以上，可从流外一品—四品起家，最高至官品第七品中的二品勋位。三五门是被征发兵役的普通庶民阶层。总之，越智重明推定当时施行了一套极为整齐的身份制，每个人所属的族门已自动决定其乡品、起家年龄、起家官品和最高官品。

一方面，族门制论为学界所接受，并在修正和批判中取得新的发展，如野田俊昭撰写的《南朝吏部的人事行政与家格》[1994]、《宋齐时代的参军起家与梁陈时代的荫制》[1997]和《两晋南朝的清议、乡论与天子的统治权力》[2002]等作品。另一方面，也有学者质疑族门制论，并提出新的理解，如中村圭尔《六朝贵族制研究》[1987]一书的第二篇“九品官制的贵族制结构”。他认为族门与其说是家格，不如应更加重视其中父亲官职影响其子起家官品的任子制原理。安田二郎的《王僧虔〈诫子书〉考》[1981]，也对族门制论持批判态度。最近，川合安《南朝贵族的家格》[2004]又列出族门制论所据史料，加以批判。此外，与贵族制的形成密切关联的身份性内婚制，中村圭尔《〈刘岱墓志铭〉考——南朝的婚姻与社会阶层》[1980]等研究又有了深入推进。

被日本学界称为贵族制的体制，相当于中国学界所称的士族制或门阀制，那终究是以封建地主制为前提所使用的概念，与日本学界的贵族制研究有所隔膜，中村圭尔《六朝贵族制研究》[1987]一书的序章就指出了这一点。此后，祝总斌在《门阀制度》[1995]中讨论了由高门、次门和役门三个阶层组成的

“门阀制度”。这里的高门大体相当于族门制论中的甲族，次门相当于次门和后门，役门相当于三五门，与族门制论异同并存。期待今后通过两国学界的交流，能就史料解释中的差异展开具有建设性的讨论。

东晋南朝时期，出现了唐代中书、门下、尚书三省制度的原型。早先，内藤乾吉《唐代的三省》[1930] 已经指出，在此之前起首用“制诏”的“诏”，在进入东晋后用“门下”一词起首。此后，野田俊昭研究尚书案奏撰写和处理过程的《东晋南朝天子的统治权力与尚书省》[1977] 和金子修一的《南朝时期上奏文的一种形态——以〈宋书〉礼仪志为史料》[1980] 发表，将这些制度安排视为表达国家意志的手续，中村圭尔《论南朝的议——以宋、齐为中心》[1989] 采纳了这一观点，并在其后至《魏晋南北朝时期公牍的种类和体系》[2000] 的一系列论文中推进了对文牍行政的研究。关于议，渡边信一郎《天空的玉座——中国古代帝国的朝政与仪礼》[1996] 将其置于由汉至唐的广阔视野中进行研究，窪添庆文的《国家与政治》[1997]，也在与北朝的比较中考察了南朝的议。榎本あゆち《梁的中书舍人与南朝的贤才主义》[1985] 通过考察梁代中书舍人任职人员的演变，发现依文笔和礼学才能录用官吏的理念未能得到贯彻，并追索了其原因。

三省以外，关于掌管奏弹的御史台，有川合安的《论南朝御史台》[1988] 等研究。中村圭尔《“风闻”的世界》[2002] 通过考察御史中丞根据风闻而发起的奏弹以及随后的追查，发现了南朝士人社会内部的规制力量。

有关南北朝时期官员身份展示制度方面的研究，近年亦颇有进展，出现了冈部毅史《关于梁陈时代将军名号性质的一项考察——从他们与唐代散官的关系入手》[1998]、《魏晋南北朝时期官制中的“阶”与“资”——以他们与“品”的关系为中心》[2002] 等成果。此外，小林聪的《晋、南朝时期冠服制度的变迁与官爵体系——以〈隋书〉礼仪志中的制度为素材》[1996] 和《论〈隋书〉中所见梁陈时代印绶冠服制度的来源》[1998] 等研究，通过印绶、冠服等服饰方面的考察，梳理了官爵体系的结构。石井仁的《虎贲班剑考》[2001]，通过考察虎贲、班剑的赐予，剖析了担当辅政任务的宰相与皇帝权力之间的关系。

围绕东晋南朝作为官僚机构中枢所在的建康都城和宫城研究，近年也颇为活跃，有中村圭尔的《建康和水运》[1984a]、《论建康的“都城”》[1988]、《建康与三吴地方》[1992a]、《魏晋南北朝都城史料辑佚（初稿）》[2004]，外村中的《六朝建康都城宫城考》[1998]，渡边信一郎的《宫阙与园林——3—6 世纪皇帝权力的空间构成》[2003a]，内田昌功的《魏晋南北朝皇宫中的东西轴向结构》[2004]，刘淑芬的《六朝的城市与社会》[1992]，卢海鸣的《六朝都城》[2002]，贺云翱的《六朝瓦当与六朝都城》[2005] 等成果。特别是渡边信一郎的研究，用地图展示了建康宫城的空间构成，南朝正史等史料中记述的历史事件绝大多数发生于此，故极为有用。

关于官员的俸禄，中村圭尔《论晋、南朝时期官员的俸禄》[1978—1979] 在详细梳理具体制度的基础上，追问了俸禄对于当时官僚的意义，并提出，贵族为何以皇帝官员的形式被编入官僚体制的疑问。中村圭尔在《六朝贵族制与官僚制》[1997] 中回答了这一问题，该文指出，贵族成为官僚，系基于这样的考虑，“成为皇帝的官员，绝不是将自己定位于统治集团之一员，换言之，也绝非为了被分予权力。这么做，对他们而言，不如说意味着自我否定”。“如同近代官僚制般以皇帝为顶点而组织的九品官制，实际上是唯一具有正当性和普遍性的身份定位组织，在其中占据一席，就证明了贵族的公共性存在，也就是社会性存在”，这就是六朝贵族以官僚形式而存在的特征。中村圭尔的研究不仅对于理解当时的官僚制度，对于研究更广义的贵族制社会的特质而言，亦属必读。

关于地方行政制度的整体面貌，严耕望的《中国地方行政制度史》(上编 · 卷中：魏晋南北朝地方行政制度)[1963] 为必读文献。就颇具三国两晋南北朝时代特征的地方军政机构——都督制度，小尾孟夫的专著《六朝都督制研究》[2001] 必须参考。作为地方军政长官的都督，兼任作为民政长官的州刺史，在州镇机构中权倾一时。关于州镇，有越智重明的《南朝州镇考》[1953] 等研究。地方长官的本籍地任用，同样颇具时代特色，窪添庆文《论魏晋南北朝时期地方官的本籍任用》[1974] 对此做了专门研究。此外，野田俊昭《南朝郡太守的班位与清浊》[1990] 探讨了班位所展示的南朝郡太守序列，川合安《沈约的地方政治改革论——及其与魏晋时期封建论的关联》[1995b] 围绕地方长官的任期，讨论了沈约的地方行政制度改革主张。

关于南朝的法制，从滋贺秀三《中国法制史论集——法典与刑罚》[2003] 的第一章“法典编纂的历史”可知大要。中村圭尔《论晋、南朝的除名》[1974]、《晋、南朝的律令与身份制》[1986]，越智重明的《六朝的免官、削爵、除名》[1993]，研究了作为官员处罚措施的除名。另外，关于同伍（五人组织）

犯罪法律的讨论，有增村宏《〈宋书・王弘传〉对同伍犯法的讨论》[1955]、川合安《南朝宋初对“同伍犯法”的讨论》[1992] 等研究，对同伍制（符伍制）的讨论，还应参见增村宏《晋、南朝的符伍制》[1956]。这些讨论包括对同伍犯的讨论，即同伍连坐是否包括士人，以及盗窃罪对士人是否能减轻处罚。上述研究发现，士人在同伍中的连带责任在事实上得到了免除，而盗窃罪方面，强调了作为士人的责任，减刑措施对士人并不适用，由此达成了一种平衡，这些结论为探讨南朝时期的士庶区别和贵族制问题提供了重要的素材。此外，中村圭尔《晋、南朝律令与身份制的一项考察》[1995b] 探究了律令所反映的身份结构，石冈浩《两晋、南朝抢劫罪中所见肉刑与冶士刑》[2002] 考察了作为抢劫罪（强盗罪）处罚的肉刑和冶士刑。

关于田制和赋役制度，有藤家礼之助《汉三国两晋南朝的田制与税制》[1989]、渡边信一郎《占田与课田的谱系——晋南朝的税制与国家土地的所有制》[1995]、草野靖《魏晋南北朝时期的财政发展——特别是关于课调制》（上）（中）（下）[2001—2002] 等研究，户籍方面，池田温《中国古代籍帐研究——概观・录文》[1979]、中村圭尔《关于南朝户籍的两个问题》[1992b] 等研究颇有助益。关于财政机构，中村圭尔《台传——南朝的财政机构》[1984b] 对南朝特有的财政机构——台传展开专门研究。台传通过山泽营利、与民交易等方式从事王朝财政业务，朝廷借此对具有割据倾向的地方实现财政上的统制。此外，川合安《论南朝财政机构的发展》[1986] 对南朝财政大库中的上库（供应国家军事支出）和斋库（供应天子个人支出）进行了研究。

◆社会、经济

关于永嘉之乱后从华北向江南的人口迁移，有谭其骧的名作《晋永嘉乱后之民族迁徙》[1987]，此后，葛剑雄又出版了《中国移民史》（第二卷：先秦至魏晋南北朝时期）[1997]。根据谭其骧的研究，截至刘宋时期，迁往江南的人口约有 90 万，相当于南朝政权所掌控的 540 万人口中的六分之一。关于管理江南移民的侨州郡县制度，有中村圭尔《关于南朝贵族地缘性的一项考察》[1983]、安田二郎《六朝政治史研究》[2003a] 第Ⅲ编“南朝的政治史与侨民”所收诸论文，特别是安田二郎的研究，在梳理土断、白籍、黄籍等相关学术前史的基础上提出了新的观点，非常重要。榎本あゆち的《归降北人与南朝社会——以梁代将军兰钦的出身为线索》[1992] 考察了自北魏归降南朝的人口，提出应当重视其中商业交通的作用。

关于这一时期江南水稻的栽培，有北田英人《稻作的东亚历史》[1999]等研究，水利、灌溉方面，有佐久间吉也的《魏晋南北朝水利史研究》[1980]和中村圭尔《关于六朝时代三吴地方开发与水利的若干考察》[1981]等论著。当时大土地所有制的基本面貌，可由渡边信一郎《中国古代社会论》[1986]中的“从2世纪至7世纪的大土地所有及其经营”一章获得了解。此外，关尾史郎《六朝时期的江南社会》[1983]，通过分析刘宋时期的山泽占有制度，考察了该时期共同体性质的演变。

关于货币经济，除宫泽知之《魏晋南北朝时期的货币经济》[2000]之外，面向一般读者的还有山田胜芳《货币的中国古代史》[2000]。一般认为，南朝的经济相比北朝更为发达，货币流通亦更为繁盛，山田胜芳的研究就采用了这一种说法，不过，宫泽知之指出，从官钱发行相关史料来看，不可否认有这样一种印象，即南朝的发行量更大，但据此尚不足以推论南朝社会的货币流通总量相对较多，更不能推定南朝的市场经济相对高度发达。此外，佐藤圭四郎《中国的邸店与波斯的邸店》[1998]发现了南朝商业活动中波斯萨珊王朝的影响，令人深感兴趣。

关于乡村和家族研究的概貌，可参考堀敏一《中国古代的家与聚落》[1996]。关于东晋南朝豪族的专著，有大川富士夫《六朝江南的豪族社会》[1987]，关于家产分割，有胜村哲也《南朝门阀的家产——〈文选〉所引〈奏弹刘整〉的新解释》[1974]和越智重明《论汉六朝家产的多样性》[1997]等研究。吉川忠夫《梁代徐勉的〈诫子书〉》[1995]分析了梁代贵族徐勉将家长位置让与长子时所给予的《诫子书》，对于理解贵族家庭的继承颇有助益。

◆文化

关于这一时期的思想、宗教和学术，有吉川忠夫《六朝精神史研究》[1984]、中岛隆藏《六朝思想研究——士大夫与佛教思想》[1985]和森三树三郎《六朝士大夫的精神》[1986]等作品。儒释道三教的频繁交流是这一时期的重要特征。三教之中，有关道教的研究近年日显活跃，通过都筑晶子《六朝时期的江南社会与道教》[1997]和神塚淑子《六朝道教思想研究》[1997]，可了解该领域的研究概况。有关南朝文学的研究极为兴盛，不可忽略，兴膳宏编有《六朝诗人传》[2000]，汇集了诗人传记的译注，极为有用。除陶渊明这样的著名诗人外，该书还收录了梁武帝、《宋书》作者沈约、《南齐书》作者萧子显等大量活跃于诗文界以外，政治、历史文献编纂领域的人物，相关参考文献的介绍亦很翔实。

书圣王羲之的传记，有吉川忠夫《王羲之——六朝贵族的世界》[1972]，该书生动地描绘了六朝贵族的生活史。王羲之的书简，部分收录于《法书要录》等文献，森野繁夫、佐藤利行对此进行了专门的辑录和日译，编有《王羲之全书翰（增补改定版）》[1996]，这是六朝贵族日常生活研究领域极为重要的成果。

（川合安）

（三）**北朝**

五胡十六国分裂局面结束后，华北地区出现了统一政权北魏（鲜卑拓跋部，386—534 年），北魏又分裂为东魏（534—550 年）和西魏（535—557 年），后分别为北齐（高氏，550—577 年）和北周（宇文氏，557—581 年）所取代，这五个王朝被称为北朝。继承北周的隋（杨氏，581—618 年）在重新统一天下（589 年）之前亦被列入北朝。

◆概论性著作

概论方面，南朝部分业已列举的冈崎文夫《魏晋南北朝通史》[1932]、川胜义雄《中国的历史 3　魏晋南北朝》[1974]、川本芳昭《中华的崩坏与扩大——魏晋南北朝》[2005] 仍为重要参考。宫崎市定的《九品官人法研究——科举前史》[1956] 虽然不是概论书，但其绪论和余论部分对九品官人法所涉及的汉唐间国家与社会做了精湛的概述。田村实造《中国史上的民族移动期——五胡、北魏时代的政治与社会》[1985] 亦如此，其北魏篇采用中国征服王朝论的立场，清晰地梳理了从开国传说至孝文帝时期的北魏政治演变。妹尾达彦《中华的分裂与再生》[1999] 也结合近年的研究成果，尝试对北朝历史做一概述。

北朝相关研究综述，有东方学术协会编《中国史学入门》[1947]，山根幸夫编《中国史研究入门》(上)[1983]、《中国史研究入门（增补改订版）》(上)[1991]，高明士编《中国史研究指南》[1990] 和岛田虔次等编《亚洲史研究入门》[1983]，其后，中村圭尔《日本的魏晋南北朝史研究》[1999c] 也整理了截至 1980 年代的魏晋南北朝史研究动向。本书限于篇幅，对截至 1980 年代的研究动向的介绍只能忍痛割爱、择其大要，有兴趣者可关注上述诸文献，此处主要以日本国内20世纪80年代以降的研究为中心做一梳理。

不限于政治史，引领今日北朝史研究的是分别代表三个时期的三位学者的作品。他们是：1940年代陈寅恪的《唐代政治史述论稿》[1943]、《隋唐制度渊源略论稿》[1944]，60、70年代共同体论主要核心人物谷川道雄的《隋唐帝国形成史论》[1971]、《增补　隋唐帝国形成史论》[1998]，以及80年代以降，主攻民族研究的川本芳昭的《魏晋南北朝时代的民族问题》[1998]。

陈寅恪的《唐代政治史述论稿》[1943]，清晰地梳理了汉魏古典文化经过南北朝，熔铸为隋唐时期典章、制度和文物的演变谱系。《隋唐制度渊源略论稿》[1944]的上编，剖析了隋唐初期作为统治中枢的胡汉融合的关陇武人贵族集团及其关中本位政策，并且将其源流一直上溯至北朝时期。两书相合，展示了对南北朝和隋唐史的全局性认识，是为今日研究之起点。

谷川道雄的《隋唐帝国形成史论》[1971]聚焦于北魏末年六镇起义期间登上历史舞台的城民，阐明了人类是通过追求自由而成为历史的主体。通过对五胡诸国至隋朝初年政治演变的全局性考察，谷川道雄认为，北方游牧民族（以下称为“胡族”）的部落共同体与汉人豪族领导的乡党共同体相克相生，在扬弃中创生出新贵族主义的国家共同体。谷川道雄的论文集《中国中世社会与共同体》[1976]和《中国中世的探求——历史与人间》[1987]，厘清了政治过程中互动关联的贵族制与封建制、士大夫伦理、均田制的理想背景和豪族共同体论等重要问题，是理解谷川道雄中世共同体论理论背景和问题意识的必读文献。

川本芳昭的《魏晋南北朝时代的民族问题》[1998]，以民族问题为主题，重视“胡族”的主体性，将“胡族”与汉族间的抗争、融合过程作为北朝史的主旋律。通过考察以部落离散及内朝、监察、封爵为代表的北魏前期各项制度，以及孝文帝时期的各项改革措施，川本芳昭提出，太武帝至孝文帝时期的演变，正是超越胡汉民族差异，形成正统王朝观念，诞生崭新中华文明的历史过程。川本芳昭在《北朝国家论》[1999]、《以民族问题为中心所见魏晋南北朝隋唐史的研究动向》[2001]、《汉唐间“新”中华意识的形成——围绕着古代日本、朝鲜与中国的关联》[2002a]和《关于魏晋南北朝时期民族问题研究的展望》[2002b]中，立足学术脉络，采用更为宏大的视野，加入对新见史料的考察，进一步论证了这些观点。

1980年代以后的北朝史研究，可以说就是围绕上述三位学者提出的各种问题而展开，以下将按类逐一介绍。

◆政治

以鲜卑拓跋部为代表的“胡族”在进入中原，统治华北汉人社会之后，与汉族之间形成了怎样的关系，并造成自身及汉族社会怎样的变迁与融合，从而创生出一个新的社会，对这一过程的探讨成为今日北朝史研究的主干问题。

北魏初创时期，道武帝实施部落解散策略，对“胡族”社会的变迁产生了第一次划时代的影响。对此，自古以来论者甚多，绝大部分将部族制的解体以汉化视之，而近年来，更倾向关注北魏前期的三都大官制（审判）、内朝制、西郊祭天仪式、领民酋长制等以部族秩序为基础的各种制度。川本芳昭《魏晋南北朝时代的民族问题》[1998]、古贺昭岑《论北魏部族的解散》[1980]、胜畑冬实《拓跋珪的“部族解散”与早期北魏政权的性质》[1994a]、松下宪一《北魏的领民酋长制与“部族解散”》[2000a] 和《北魏道武帝的“部族解散”》[2002]、太田稔《论拓跋珪的“部族解散”政策》[2003] 考察了部落解散政策实施中解散的内容、对象和范围，认为不同于单纯的汉化，从而提出了新的见解。与部落解散相关，胜畑冬实的《“畿上塞围”所见北魏初期的国家结构》[1994b]、《北魏的郊甸与“畿上塞围”——胡族政权进行长城建设的意义》[1995] 二文还根据第二代明元帝和第三代太武帝时期两次修建长城，推断当时存在着封畿和郊甸两重首都圈，并强调这体现了北魏初期国家结构中的“胡族”性质。当然，基于对领民酋长制和北魏社会的考察，支持汉化旧说的还有直江直子《北魏的镇人》[1983] 和《“领民酋长”制与北魏地域社会札记》[1998]，可以说，两种观点现处于辩论状态。

高祖孝文帝时期的改革，即教科书等书中所称汉化政策，对“胡族”社会的变迁产生了第二次划时代的影响，相关研究亦甚多。川本芳昭在《魏晋南北朝时代的民族问题》[1998] 中提出，各种改革导致了“胡族”集团的变质解体，与之相关，铃木真《礼制改革所见北魏孝文帝的统治理念》[1997] 考察了礼制改革在强化君主权力和消除部族制残余中的作用。松冈弘《北魏汉化政策的一项考察——皇太子恂的叛乱》[1997] 指出，孝文帝末年皇太子元恂的叛乱是一场反对汉化的运动。松下宪一《北魏的洛阳迁都》[1999] 考察了迁都洛阳的原因及历史意义。此外，川合安《北魏孝文帝的官制改革与南朝的官制》[1989] 发现孝文帝时期的官制改革受到了南朝官制的影响，反过来，孝文帝改革又对南朝的官制产生影响，并据此展开颇具意义的讨论。

长部悦弘的《北朝隋唐时期胡族的通婚关系》[1990a]、《北朝隋唐时期汉族士大夫的教育结构》[1990b]、《北朝时期的武人官僚问题》[1993a]，以“胡族”武人官僚为对象，探讨了“胡族”与汉族的通婚关系，《北朝隋唐时期汉族士大夫的教育结构》[1990b]一文特别关注了“胡人”就此习得汉族士大夫式修养的过程。长部悦弘认为，孝文帝的汉化政策短时间内难见效果，对汉化政策影响的研究应下延至唐代。此外，关于西魏、北周时期与汉化政策背道而驰的“胡姓”赐予，宇和川哲也《西魏、北周的胡姓赐予》[1984]、山下将司《西魏恭帝元年“赐姓”政策的再研究》[2000]和《论西魏、北周时期本贯的关陇化》[2001]、小林安斗《北朝末期宇文氏政权与赐姓的关系》[2002]、佐川英治《孝武西迁与国姓赐予——6世纪华北的民族与政治》[2002]展开了新的探讨。就汉化政策言之，其核心内容应为分定姓族，但专门的研究仅有宫崎市定的《宫崎市定全集6　九品官人法》[1992]，令人意外。

◆制度

1980年以降的研究动向中，对“民族”和部族制的评价问题颇具特色，与官制、官僚制相关的研究层出不穷。他们将北朝国家的“胡族”性质与部族制的评价问题联系在一起，共同推进研究的深入。

窪添庆文的《魏晋南北朝官僚制研究》[2003]，对以太子监国制度为代表的中央官制和地方官制展开了独特的实证研究，他针对川本芳昭《魏晋南北朝时代的民族问题》[1998]所重视的内朝制度等北魏前期国家制度中的“胡族”特质，尝试提出批判性的质证。并且，窪添庆文围绕议（合议），对北魏决策过程的独特性及其与政治过程间的相互关系做了极有意义的探讨。川本芳昭将内朝理解为“胡族”的牙帐，佐藤贤《北魏前期的“内朝”“外朝”与胡汉问题》[2002]对此做了批判性的检验，对北魏前期内朝和外朝的成员存在着胡汉两分情形提出了质疑。榎本あゆち的《论北齐的中书舍人》[1994]、《论北魏后期、东魏的中书舍人》[1995]和《论西魏末年、北周的御正》[2001]考察了北魏后期至北齐时期的中书舍人、西魏末年及北周时期的御正，指出相对于门阀主义，贤才主义才是官员任用的主流，从中可见向着隋唐时期内史、中书省发展的趋势。

关于北魏官制的使用及相关问题，早先已有福岛繁次郎《中国南北朝史研究（增订版）》[1979] 对考课制度和停年格的讨论。近年，冈部毅史《北魏“阶”的再研究》[2000a]、《论北魏时期官员的清浊》[2000b] 考察了“阶”和官员的清浊问题，长堀武《北魏俸禄制的施行及其意义》[1982]、《论北魏时期考课制度的运作——着眼于其与门阀主义的关联》[1984] 研究了俸禄制的实施和考课制度，大知圣子《北魏的爵制及其实态》[2001] 对爵制进行了考察。此外，关于支撑官僚制的文书制度，中村圭尔《魏晋南北朝时期的公牍与文牍行政研究》[2001b] 总括了他在这方面的成果，为此后公文研究的展开奠定了基础。

为透析皇帝权力和中国王权的历史特质，近年来，礼制研究盛极一时。金子修一《古代中国与皇帝祭祀》[2001] 对以宗庙、郊祀和登基仪式为代表的古代中国皇帝祭祀仪式展开了全方位的讨论，推动了基础研究的前行。渡边信一郎《天空的玉座——中国古代帝国的朝政与仪礼》[1996]、西冈市祐《南北朝、隋朝、唐朝的亲耕籍田》[2002]、田沼真弓《北魏皇帝丧礼的变迁》[2003] 分别对元旦的元会仪式、籍田礼、北魏皇帝葬礼的变迁开展专题研究。关于登基仪式，西嶋定生《中国古代国家与东亚世界》[1983]、尾形勇《中国古代的“家”与国家——皇帝统治下的秩序结构》[1979] 和《中国的登基仪式》[1982]、金子修一《古代中国与皇帝祭祀》[2001]，均主张存在着天子即位与皇帝即位两个程序，而松浦千春《汉唐之际的皇位继承与皇太子——以谒庙礼为中心》[1993] 对所据史料的解读提出修正，主张仅有皇帝即位一个程序。町田隆吉《论北魏太平真君四年的拓跋焘石刻祝文——以“可寒”“可敦”称号为中心》[1984] 考察了北魏太平真君四年拓跋焘“石刻祝文”中出现的“可寒”称号，据此指出，北朝时基于对可汗、天子、皇帝这三个称号内涵的理解，王权已由三者融合而成。

再来看兵制和徭役制度。关于府兵制和兵役，滨口重国的《秦汉隋唐史研究》[1966a] 已成为研究的起点。气贺泽保规的《府兵制研究》[1999] 概括了滨口重国之后内、外府兵制的研究成果，通过考察丁兵制的性质和北朝隋代的“军人”，主张唐代的府兵是一种按兵民分离原则建立的兵制。谷川道雄的《增补　隋唐帝国形成史论》[1998] 认为府兵是非门阀豪族阶层涉足政治的基础，从而将隋唐这个共同体国家视为府兵制国家。菊池英夫《围绕西魏二十四军“团”的前人诸说及其思考》[1986]、《北朝、隋代二十四军制度中的“团”》

[1987]，综述了西魏二十四军基本单位“团”的相关研究，并实证探讨了“团”的存在形态。前岛佳孝《论西魏八柱国的序列——唐初编纂奉敕所撰正史中唐皇祖上的记述样态》[1999] 对统帅西魏二十四军的八柱国的序列做了新的探讨，山下将司《唐初〈贞观氏族志〉的编纂与“八柱国家”的诞生》[2002] 指出，八柱国家的产生是唐初贞观年间政治格局形成的前提条件。这些研究，撼动了陈寅恪关陇贵族集团学说的史实根基。

关于士兵，学界曾围绕作为兵户存在的“胡族”系世袭军人和城民展开讨论。窪添庆文《魏晋南北朝官僚制研究》[2003] 廓清了北魏地方军州军的存在及其实际情况。松永雅生《北魏世祖的徭役政策及其日后的演变》[1987] 主张，始于北魏太武帝面向汉人征发的兵役和正役（力役），最终演变为隋唐时期的府兵和正役。佐川英治《北魏的编户制与征兵制度》[1999a]、《三长制、均田制的形成过程——对〈魏书〉的批判性思考》[1999b] 指出，应当将编户制和征兵制作为均田制和三长制的前提来理解其重要性。渡边信一郎《三五发卒考实——六朝时期的兵役、力役征发方式与北魏的三长制》[2000]、《宫阙与园林——3—6 世纪皇帝权力的空间构成》[2003a] 认为，北魏的三长制是征兵制中军役和力役的合编，它作为一种与府兵制系统不同的驻防制度为隋唐所继承。

◆社会、经济

西嶋定生的《中国古代的社会与经济》[1981] 对这一领域做了总述，可据以了解 1980 年代之前的研究动向。围绕统治阶层的研究，历来是与门阀贵族制相关的贵族、豪族谱系研究，个中经典有守屋美都雄《六朝门阀——太原王氏家系考》[1951]，北朝方面，则有长部悦弘《元氏研究——北朝隋唐时期鲜卑族的文人士大夫化轨迹》[1993b]、《刘（独孤）氏研究》[1995]、《宇文氏研究》[2003]，直江直子《北朝北族传——侯莫陈氏》[2001]。谷川道雄《东魏、西魏时期的河东豪族社会——围绕“敬史君碑”的研究》[1993] 以敬史君碑为线索，复原了河东地区由望族—乡豪（豪右）—乡人组成的豪族社会。矢野主税《北朝时期郡望的性质》（上）（下）[1980] 从整体上考察了被称为郡望的山东贵族家族谱系，并指出北朝时期胡汉两族均出现了否定郡望、门阀的倾向。吉冈真《北朝、隋唐统治层的演变》[1999] 采用统计的方法，大规模考察了北朝隋唐时期统治阶层的人物和地域结构，发现北魏时期非汉人士处于绝对的优势地位。20 世纪 80 年代以降，北朝史研究日益重视探讨“胡族”和部族制，明晰北朝时期的权力结构，吉冈真的观点有力地支持了这一研究动向。

对社会底层民众的考察，以身份制研究为主流。其实证基础由浜口重国《唐王朝的贱人制度》[1966b] 所奠定，书中诸多考论整理了相关基本史料。西嶋定生《中国古代奴婢制的再考察——其阶级性质与身份性质》[1963] 提出，北朝时期良奴制的出现在唐代良贱制的成形过程中具有怎样的历史意义，关于奴婢制的讨论系承接该问题而展开，堀敏一《中国古代的身份制——良与贱》[1987] 和《良奴、良贱制何时产生——与川本芳昭的讨论有关》[1988]、尾形勇《中国古代的“家”与国家——皇帝统治下的秩序结构》[1979]、川本芳昭《魏晋南北朝时代的民族问题》[1998] 围绕这一话题展开了讨论。关于奴婢，另有佐久间吉也《论北魏时期隶户、奴婢的下赐》[1984]、《论北魏时期的私奴婢》[1985a]、《论北魏时期奴婢的形成与身份》[1987] 提出应根据具体情况对奴婢进行分类，竹浪隆良《北魏时期的人身买卖与身份制统治——以延昌三年（514）的人身买卖讨论为中心》[1984] 讨论了人身买卖与身份形成之间的关系。此外，作为对浜口重国《秦汉隋唐史研究》[1966b] 中观点的质证，堀敏一《中国古代的身份制——良与贱》[1987]、越智重明《论北朝的下层身份》[1980] 对杂户制进行了考察。

关于北朝的村落和城市，松本善海《中国村落制度史研究》[1977] 在对中国村落制度的通代考察中厘清了北朝时期三长制的变迁，福岛繁次郎《中国南北朝史研究（增订版）》[1979] 对北齐的三长制、北周的二长制进行了实证研究。近年，就赋役征收、兵役与北魏三长制的关系，佐佐木荣一《北魏均田法的基础研究——论推行初期的实施案例》[1999] 和佐川英治《三长制、均田制的形成过程——对〈魏书〉的批判性思考》[1999b] 各自做了讨论。此外，谷川道雄《论六朝时期城市与农村的对立关系》[1992] 分析了作为乡居望族与中小贵族交往节点的村落网络的形成及城乡对立，堀敏一《中国古代的家与聚落》[1996] 讨论了北朝行政村与自然村的关系，将其作为中国古代聚落发展中的重要一环。

关于都城研究，早先有村田治郎《中国的帝都》[1981] 和前田正名《平城历史地理学研究》[1979]，前者复原了北齐邺城，后者从历史地理入手，研究了北魏前期都城平城的居民结构、景观、物产、商业和交通路线等。此外，服部克彦《北魏洛阳的社会与文化》[1965]、《续北魏洛阳的社会与文化》[1968]，概括地考察了北魏后期都城洛阳以佛教文化为中心的城市社会与经济。朴汉济

《北魏洛阳社会的胡汉体制——以都城区划和居民分布为中心》[1991] 讨论了洛阳居民居住形态的特质。

再来看经济史，曾经广受关注的均田制研究，在堀敏一《均田制研究——中国古代国家的土地政策与土地所有制》[1975]、铃木俊《均田、租庸调制度研究》[1980] 出版时达到顶峰，然现已趋于冷淡。及至 1980 年代末的研究动向，气贺泽保规在《均田制研究的展开》[1993] 中已有详细的综述，此处不赘。近年来，因与兵役相关，均田制和三长制再度受到重视。其中，佐川英治《围绕〈魏书〉均田制记载的一项考察》[2000]、《北魏均田制研究的动向》[2001a]、《北魏均田制的目的与展开——以奴婢给田为中心》[2001b] 引人瞩目，佐佐木荣一《北魏均田法的基础研究——论推行初期的实施案例》[1977]、《北魏均田法的基础研究（2）——三长讨论与均田法》[1978]、《北魏均田法的基础研究（3）——论狭乡之认定》[1992]、《北魏均田法的基础研究（4）——论推行初期的实施案例（再论）》[1996] 推进了对北魏均田制的实证研究，另外在其《斯坦因汉文文书第 613 号（即计帐文书）所见税租》[1982]、《再论斯坦因汉文文书第 613 号（即计帐文书）的性质》[1985]、《论斯坦因汉文文书第 613 号（即计帐文书）——以"实年 18"为中心》[1987]、《论斯坦因汉文文书第 613 号（即计帐文书）——以刘文成户记载为中心》[1989]、《论斯坦因汉文文书第 613 号（即计帐文书）——以给田实态为中心》[1994] 诸文中，利用斯坦因汉文文书第 613 号（即户籍计帐文书），开展了围绕西魏均田制和赋役制度的研究。关于作为均田制基础的农业技术和农业经营，渡边信一郎《中国古代社会论》[1986]、米田贤次郎《中国古代农业技术史研究》[1989] 出版以后，再无新作问世。

关于货币经济，内田吟风《北亚史研究——匈奴篇》[1975b]、宫泽知之《魏晋南北朝时期的货币经济》[2000] 探讨了铸币制造及其使用中的一些特点。关于北朝时期的水运、水利、灾害和仓库，有佐久间吉也的《魏晋南北朝水利史研究》[1980] 和《论北魏时期的邸阁》[1985b]。另外，佐藤佑治《魏晋南北朝社会研究》[1998] 考察了北朝的市场。

对北朝时期财政史的研究，近年处于起步阶段。草野靖《魏晋南北朝时期财政的发展——尤其是关于课调制》（上）（中）（下）[2001—2002]，讨论了魏晋南北朝时期课调制推行过程中的财政变迁，渡边信一郎《北魏的财政结构——以孝文帝、宣武帝时期的经费结构为中心》[2002] 从经费角度讨论了北朝后期的财政结构。

◆文化及其他

关于北朝宗教的历史，塚本善隆的《塚本善隆著作集 1 〈魏书·释老志〉研究》[1974a]、《塚本善隆著作集 2　北朝佛教史研究》[1974b]、《塚本善隆著作集 3　中国中世佛教史论考》[1975] 为必读文献。近年的研究中，佐藤智水《北魏佛教史论考》[1998] 考察了北魏皇权的强化与灭佛、佛教复兴后的北魏佛教及其对皇权的强烈依附性，以及大乘信徒“叛乱”等问题，并在此基础上对灾害与终末观展开了讨论。灭佛是北朝佛教史研究中的核心课题，关于北魏太武帝的灭佛，直海玄哲《北魏太武帝废佛考》[1984]、羽仁真智《关于北魏太武帝废佛毁释的一项考察》[1987]、川本芳昭《魏晋南北朝时代的民族问题》[1998] 进行了专题研究。佛教、道教相关研究中，除思想史外，还有云冈、响堂山等石窟研究，道教和佛教造像铭文研究，以及从美术史角度切入的研究等，积累深广，此处只得割爱。

（渡边信一郎）

三、史料解说

（一）三国五胡

此处对三国至五胡十六国时期相关基本史料做一解说，首先从典籍史料开始。

对这段研究而言，以“正史”为代表的典籍的重要性自不待言。关于三国有《三国志》，关于西晋、五胡十六国有《晋书》，是最为集中的史料，除中华书局标点本（还有依据标点本编制的人名索引和地名索引）外，日本汲古书院有和刻本的影印本。

陈寿撰《三国志》，魏书 30 卷，蜀书 15 卷，吴书 20 卷，总计 65 卷。因为采用了以魏为正统的立场，仅魏书中有纪，而且关于蜀和吴的记载也很简略。裴松之的注弥补了这一缺憾，裴注大量引用了王沈《魏书》、鱼豢《魏略》和韦昭《吴书》等已佚史书的记述，极富参考价值。此外，清代赵一清的《三国志注补》、民国卢弼的《三国志集解》等注释本，以今鹰真、小南一郎、井波律子合译《三国志》（全 3 卷）[1977—1989] 为代表的日译本，均有对照参考之必要。而且，针对裴松之注所引史书，很早就开始了佚文的收集和研究工作，最新成果有津田资久《〈魏略〉的基础研究》[1998] 和满田刚《王沈〈魏书〉研究》[1999] 等。

房玄龄等奉唐太宗之命编纂的《晋书》，纪 12 卷，志 20 卷，传 70 卷，载记 30 卷，总计 130 卷。该书系参考以臧荣绪《晋书》为代表的一系列前人史著编纂而成，在前人作品业已散佚的今天，只得据此窥得一斑。代表性的注本，有民国吴仕鉴、刘承干的《晋书斠注》，日译本（节译）有越智重明的《晋书》[1970]。前人诸家晋书的辑佚本，有清代汤球的《九家旧晋书辑本》《众家编年体晋史》等，并先后有杨朝明的校补本《九家旧晋书辑本》[1991] 和乔治忠的校注本《众家编年体晋史》[1989]。

关于五胡十六国的基本史料，以《晋书》，尤其是其中的载记部分为中心，加上《魏书》《宋书》，以及《资治通鉴》的相关部分，然仍不敷用。关于这一时期，北魏的崔鸿曾参考各国分别编纂的史书，著有《十六国春秋》。不过这些史书早已全部散佚，仅有少量为类书征引而得以保存（其中《太平御览》偏霸部所引《十六国春秋》相对比较完整）。明人屠乔孙和项琳辑佚有《十六国春秋》，清代汤球有《十六国春秋辑补》《十六国春秋纂录校本》以及《三十国春秋辑本》，町田隆吉《论〈资治通鉴考异〉所引〈十六国春秋〉及〈十六国春秋钞〉——以司马光所用〈十六国春秋〉为中心》[2000]、岩本笃志《羽田纪念馆所藏〈西域出土文献写真〉766、767〈十六国春秋〉考——以李盛铎旧藏敦煌文献为中心》[2004] 等新的辑佚成果亦不断问世。

以下将逐一介绍其他重要典籍。

•《华阳国志》

东晋常璩撰，共 12 卷。这是一部关于巴蜀地区历史与地理的地方志，内容上自古代圣王时代，下迄常璩为官的成汉时期。该书为研究巴蜀必读的基础史料，也是开展地方志研究不可忽略的文献。不同版本略有差异，务必加以注意，通行本子有任乃强的《华阳国志校补图注》[1987] 和刘琳的《华阳国志校注》[1984]。日译本有船木胜马、谷口房男等译《华阳国志译注稿》[1975—1999]，日文节译本有中林史朗译《华阳国志》[1995]。索引有谷口房男编《华阳国志人名索引 · 附华阳国志民族关系语汇索引》[1981]。

•《世说新语》

刘宋刘义庆撰，共 3 卷。该书汇录了东汉末年至东晋时期士人群体的轶事，通行本中附有梁代刘孝标注。《世说新语》展示了贵族社会形成期的氛围与价值观，广为流传。通行本子有余嘉锡《世说新语笺疏》[1983] 和徐震堮《世说新语校笺》[1984] 等，日译本有森三树三郎译《世说新语·颜氏家训》[1969]。

另有诸多典籍史料，此处从略。

其次介绍一手史料。关于该时段的一手史料，绝大多数情况下为发掘调查取得的考古成果，差不多可称为出土史料，因为也有典籍出土的情况，所以出土史料实际也不全是一手史料。一手史料，除书写于简牍和纸张上的文书之外，还有以墓志铭和镇墓文为代表的镌刻于金石的铭文等。此处将按照文书、金石的顺序依次解说。

三国至五胡十六国时期，恰为书写材料由简牍到纸张的转换时期，这一时期最古老的一手史料是长沙吴简。

20 世纪末在湖南省长沙市市中心发现的长沙吴简，总量据说有 10 万件以上，其数量之多，又为三国时期、长沙地区，加之其形态与内容的丰富，引起了相当多研究者的关注。特别是名为“吏民田家莂”的大型木简史料集，以走马楼简牍整理组编《长沙走马楼三国吴简·嘉禾吏民田家莂》[1999] 的出版为契机，日本长沙吴简研究会也编著出版了相应的研究报告集《嘉禾吏民田家莂研究——长沙吴简研究报告》(第 1 集)[2001]。吏民田家莂的性质与功用依然是今后的研究课题，这里主要介绍一下其涉及的多方面内容。收录于上述史料集的发掘报告当然不可不读，此外，关于长沙吴简的总体情况，王素《长沙走马楼三国吴简的研究及其基本问题——长沙走马楼三国吴简研究的回顾与展望》[2003] 等亦应浏览。此外，后续出版有走马楼简牍整理组编《长沙走马楼三国吴简·竹简》(壹)[2003]，这是一部收录与名籍、纳税相关竹简的史料集。两部史料集相加，所公开的内容也仅仅是长沙吴简中的极少一部分，但依然期待通过分析这部分史料，更多了解吴的治理制度以及江南地域社会的一些情况。以长沙吴简研究会编《长沙吴简研究报告》(2)[2004] 为首，北京吴简研讨班编《吴简研究》[2004] 和于振波《走马楼吴简初探》[2004] 等研究成果相继出版。此外，阿部幸信、伊藤敏雄合编有工具书《嘉禾吏民田家莂数值一览》[2005]。

从新疆维吾尔自治区著名的古城遗址楼兰出土的简牍和纸本文书，形成时间比长沙吴简稍晚。这批文书大部分形成于 3 世纪后半期，有 700 余件之多，20 世纪初叶出土，1980 年代再次调查，又新发现 60 余件。关于其总体情况，有多种报告书可资参考，若仅言释文，有林梅村编《楼兰尼雅出土文书》[1985]和邱陵编《罗布淖尔资料汇编》[1991]等，加有注释者有孟凡人《楼兰鄯善简牍年代学研究》[1995]，综合性的图录有侯灿、杨代欣编《楼兰汉文简纸文书集成》[1999]。近年，冨谷至《瑞典国立民族学博物馆所藏未发表纸文书》[2001b]拍摄并介绍了若干件收藏于斯德哥尔摩的文书。楼兰同时出土有简牍和纸本文书，可知3世纪后半叶的曹魏末年和西晋初年，简牍和纸张已然并用，账簿形式的文书多用简牍，而书信等普遍趋向使用纸张。就研究而言，伊藤敏雄《论魏晋时期楼兰屯戍中的交易活动》[1995]等一系列论文展示了他的实地考察所得。另外，关于大谷探险队收集的李柏文书，具体出土地点不甚清楚，片山章雄《李柏文书的出土地》[1988]向这一难题发起了挑战。此外，冨谷至《木简竹简述说的古代中国——书写材料的文化史》[2003]是简牍研究与社会史、制度史完美结合的成果，不可不读。

从新疆维吾尔自治区吐鲁番市一带以阿斯塔那和哈拉和卓为代表的两个古墓群中出土的吐鲁番文书，包含了近200件五胡十六国时期的汉文文书。从20世纪初期开始，就有包括日本大谷探险队在内的各国探险队和考察队前往该地获取大量文书。20世纪后半叶开始，中国的研究机构开始对两个古墓群展开正式的考古调查，新出土了大量文书。调查与成果的概况，有唐长孺《新出吐鲁番文书简介》[1989]和马雍《吐鲁番出土高昌郡时期文书概述》[1990]等，其中重要部分的释文收录于平装本《吐鲁番文书》。图录本则有唐长孺主编《吐鲁番出土文书》(壹)[1992]，收录了下迄1970年代出土的所有文书的照片。书中仅有图版而未附释文的残片，王素《〈吐鲁番出土文书〉(壹)附录残片考释》[1998]尝试进行了释读和命名。此外，1980年代出土的部分，柳洪亮《新出吐鲁番文书及其研究》[1997]一书收有图版，并附释读。

以上史料，加上20世纪初叶以来的出土文献，王素《吐鲁番出土高昌文献编年》[1997]进行了编年，并附有解题，该书与李方、王素编《吐鲁番出土文书人名地名索引》[1996]，为吐鲁番文书研究案头必备。不过，此后又不断有消息披露，收藏于世界各地的吐鲁番文书亦包含五胡十六国时期者，因此，还有必要及时了解那批史料的相关情况。尤其是西胁常记《德国所藏吐鲁番汉语文书》[2002]和关尾史郎《"承阳"备忘——〈吐鲁番出土文书〉札记再补》[1998]披露的柏林藏北凉时期户籍，与敦煌出土的西凉户籍（关于这批户籍，参见池田温《中国古代籍帐研究——概观・录文》[1979]）是最古老的用纸张书写的户籍。关尾史郎《德国所藏“五胡”时期契约文书简介》[2004]介绍的五胡十六国时期契约文书也是最古老的书写于纸张上的契约文书。此外，始于1999年的西北出土文献研读会，对五胡十六国时期的吐鲁番文书逐一进行古文书学的考察，该工作目前仍在进行之中。另外，关尾史郎、岩本笃志编制的《吐鲁番出土“五胡”时期汉文文书俗字数据库》[2005]汇录了五胡十六国时期特有的俗字，颇利于文书释读。

大部分吐鲁番文书都是死者入葬之际，被制作成尸体所穿鞋子、腰带甚至帽子的废纸，因此多为残片，且损坏严重，释读极为困难。不过，这些文书不断地令我们深入了解高昌郡等地区的行政系统以及私人契约、丧葬习俗等内容。

除此之外，各地也出土有这一时期的文书，尤其是简牍，李均明、何双全编《散见简牍合辑》[1990]曾对此做了专门收集。欲了解最新的发现，则必须关注中国公开发行的考古类学术杂志。至于这一时期的纸本文书，虽然有众所周知的敦煌文献，但属于该时期的数量并不多。若欲详细了解写经以外狭义的文书，王素、李方编《魏晋南北朝敦煌文献编年》[1997]，堪称便利。关于写经类的题记，池田温《中国古代写本识语集录》[1990]有专门的汇录。

金石方面，因多仰赖拓本或移录的释文，所以并无专门讨论该时期金石实物的文献。不过，石刻方面，则有赵超《中国古代石刻概论》[1997]等入门书。

墓志方面，首推赵万里编《汉魏南北朝墓志集释》[1956]，该书汇集了这段时期的墓志拓片与释文。赵超《汉魏南北朝墓志汇编》[1992]则收集了前书未录墓志的释文。墓志解题方面，有王壮弘、马成名编《六朝墓志检要》[1985]。围绕三国时期的碑文，袁维春《三国碑述》[1993]做了同样的工作。

制作埋藏于墓穴中的墓志，确定始于魏晋时期，关于这一点，日比野丈夫《论墓志的起源》[1977]、福原启郎《西晋墓志的意义》[1993]等有专门讨论。

近年来，大部头的墓志图录本由各收藏机构和出土地点所在省市陆续出版，使用这些图录必须同时参考学术杂志上发表的发掘报告。罗新、叶炜最新出版的《新出魏晋南北朝墓志疏证》[2005]颇为有用，收入了不少图录本中未及采录的新出墓志。

关于同为埋藏文物的墓券类，有池田温的研究《中国历代墓券略考》[1982]。镇墓文方面，前述王素、李方编《魏晋南北朝敦煌文献编年》[1997]

收录了大量解题。以镇墓文出土数量最多而闻名的敦煌祁家湾古墓群，当参考甘肃省文物考古研究所编《敦煌祁家湾——西晋十六国墓葬发掘报告》[1994]。关尾史郎编《中国西北地域出土镇墓文集成（稿）》[2005]，尽力收集了甘肃省、青海省等地出土的魏晋十六国时期镇墓文。

除此之外的金石资料，印文方面，罗福颐主编《秦汉南北朝官印征存》[1987]收录了大量印文，并附释文与印纽信息。砖文方面，王镛、李淼编《中国古代砖文》[1990]收录了拓本并附释文。古镜铭文方面，刘永明编《汉唐纪年镜图录》[1999]收录了有纪年铭文的图版和拓本，并附释文。五胡十六国时期的佛塔和铭文方面，殷光明《北凉石塔研究》[2000]收录甚多。

以上均为文字资料，此外还有各种考古资料或非文字资料。例如这一时期西北边境地区砖室墓中所用画像砖，首推张宝玺编著的图录《嘉峪关酒泉魏晋十六国墓壁画》[2001]。另外，关于嘉峪关新城古墓群的砖室墓，有甘肃省文物队等编《嘉峪关壁画墓发掘报告》[1985]，关于敦煌佛爷庙湾古墓群（旧新店台古墓群）的砖室墓，建议同时参考甘肃省文物考古研究所编《敦煌佛爷庙湾西晋画像砖墓》[1998]。

作为明器而埋藏于墓中的水田模型，渡部武《汉代陂池稻田模型明器及相关画像资料集成》[1993]做了解题，并刊有模型图。关于江南特有的神亭壶，则有长谷川道隆《吴、晋（西晋）墓出土的神亭壶——以系谱及类型为中心》[1986]等研究。这些经发掘的墓葬本身及其出土器物均为重要的考古材料，中村圭尔《江南六朝墓出土陶瓷的一项考察》[1993]等研究对此做了十分有效的利用。

此外，关于这一时期，石窟寺院的雕像和壁画也是珍贵的考古材料，此处从略。

（关尾史郎）

（二）南朝

◆正史及其他

南朝史研究最基本的史料为正史。关于东晋时期，《晋书》中的相关部分必须参考，《晋书》中与东晋相关的记述，相比西晋粗略，所以还必须参考刘义庆《世说新语》所载贵族社交圈的各种轶事，以及《世说新语》的刘孝标注和《太平御览》等类书中引用的佚书。关于南朝，有《宋书》《南齐书》《梁书》《陈书》

和《南史》，其中《宋书》和《南齐书》记事丰富，史料价值颇高。《南史》以《宋书》《南齐书》《梁书》和《陈书》为主要依据，但亦有独到部分，特别是后半部关于梁的部分，新撰比例不低。此外，作为北朝正史的《魏书》中有《僭晋司马叡传》《岛夷桓玄传》《岛夷刘裕传》《岛夷萧道成传》《岛夷萧衍传》等，亦有东晋、宋、齐、梁相关记述。《隋书》的志，实为梁、陈、北齐、北周、隋五代的合志，以梁、陈为中心，向前回溯，其内容包括了整个东晋南朝。

编年体的六朝史，有成书于8世纪中期的《建康实录》，该书引用了《宋略》等史书，可补正史之缺。关于《建康实录》，安田二郎的《〈梁书〉〈陈书〉及〈南史〉的史料研究》[2003b]曾有专门考察。宋代司马光撰写的《资治通鉴》，大体依据正史，不过时有独到记述，被认为是参考了《宋略》等佚书。并且，《资治通鉴》对史料的编年体改写，以及胡三省的注均颇为有用。清代朱铭盘编纂的《南朝宋会要》《南朝齐会要》《南朝梁会要》和《南朝陈会要》，可作为制度史资料的索引。制度方面，唐人编纂的《大唐六典》，引用了佚书《齐职仪》，有助于考察南朝职官。同为唐人编纂的《通典》，引用了大量正史中未见的东晋南朝礼制相关论述，颇具参考价值。

正史读解方面，王鸣盛《十七史商榷》、赵翼《廿二史札记》等为必读文献。周一良的《周一良集》第二卷《魏晋南北朝史札记》[1998(1985)]，具有同样的性质和价值。以下逐一解说各部正史。

•《宋书》

100卷（本纪10卷，志30卷，列传60卷），梁代沈约撰。沈约于南齐永明五年（487）着手编纂，翌年便完成本纪和列传，志则延至萧梁初年方才完成，依据前人徐爰《宋书》之处甚多。沈约《宋书》忠实地采录了诏敕、奏议等史料，略显繁杂，却富于史料价值。不过，该书至北宋时已有散佚，故取《南史》等补入（卷4、46、76等），这一点务必注意。另外，《宋书》的志，回溯前代，详细地记述了诸项制度的沿革，颇为实用。关于《宋书》编纂之始末，卷100“自序”中有所阐述，川合安曾有译注《译注〈宋书〉沈约自序》[1997—1998]。另外，该书各卷中所附“史臣曰”以及类传的序文，川合安亦有译注《沈约〈宋书〉的史论》[1992—1995]。关于沈约及《宋书》的研究，除吉川忠夫《六朝精神史研究》[1984]第Ⅲ部“沈约研究”之外，还有安田二郎《南朝贵族制社会的变革与道德、伦理》[1985]、越智重明《沈约与宋书》[1985b]、稀代麻也子《〈宋书〉中的沈约——人生的意义》[2004] 等。对《宋书》的详细校订，有丁福林的《宋书校议》[2002]。

•《南齐书》

59 卷（本纪 8 卷，志 11 卷，列传 40 卷），梁代萧子显撰。萧梁初年成书。与《宋书》一样，忠实采录当时史料，史料价值颇高。该书的详细校订，有朱季海《南齐书校议》[1984]。《南齐书》中立有萧子显之父萧嶷的列传，川合安有译注《〈南齐书·豫章文献王传〉译注》[1996]。

•《梁书》

56 卷（本纪 6 卷，列传 50 卷），唐代姚思廉撰。

•《陈书》

36 卷（本纪 6 卷，列传 30 卷），唐代姚思廉撰。该书由姚思廉及其父——历仕梁、陈、隋三朝的姚察，经过两代人的编纂，成书于唐贞观十年（636）。与《宋书》《南齐书》相比，叙述偏于简略。关于《梁书》的编纂，可参考榎本あゆち的《论姚察、姚思廉的〈梁书〉编纂——以临川王宏传为中心》[1987]。

•《南史》

80 卷（本纪 10 卷，列传 70 卷），唐代李延寿撰。该书经李延寿及其父李大师父子两代人编纂而成，成书于唐显庆四年（659）。叙述偏于简略，不过也有增补的独到记叙，尤其在梁代部分较多。而且，列传部分采用了名族家传的形式，对门阀社会多有反映，颇具特色。关于该书的研究，有藤家礼之助《〈南史〉的构成——以宋本纪为中心》[1984]、榎本あゆち《论〈南史〉的故事成分——以梁诸王传为线索》[1989] 等。详细的考订成果，有高敏的《南北史掇琐》[2003]。

◆*石刻史料*

东晋南朝的石刻史料大部分为墓志铭。东晋的墓志铭字数较少，志石形制亦大多偏小。与墓志字数偏少相关，东晋墓志的记述内容，仅限于墓主的姓名、履历、籍贯、去世及落葬的年月日和地点、亲族的姓名和官职等，未见如南朝，尤其是梁以后用韵文书写的墓主生平铭文等内容。

赵超的《汉魏南北朝墓志汇编》[1992]，几乎收全了此前所知墓志的录文，颇利使用。不过在利用时，仍应尽可能地对照发掘报告。此书之后，东晋墓志又时有发现，罗新、叶炜出版有《新出魏晋南北朝墓志疏证》[2005]，不过依然有必要时常浏览《文物》等杂志刊载的发掘报告。

（川合安）

（三）北朝

◆史料

作为基本史料的正史，有断代史 4 种，魏收撰《魏书》130 卷，令狐德棻等撰《周书》50 卷，李百药撰《北齐书》50 卷，魏徵等撰《隋书》86 卷；通史 1 种，李延寿撰《北史》100 卷。《北史》需仔细阅读，因诸部断代史从唐代开始就出现散佚，系北宋时利用《北史》及其他史料复原。《北齐书》的大半系根据《北史》复原，《魏书》《周书》中亦有复原部分，并非原作全本。内田吟风《北亚史研究——鲜卑、柔然、突厥编》[1975b] 利用《册府元龟》等史料复原了《魏书》刑罚志中残缺的一页。因残缺部分仍然存在，故新的复原、补完工作仍在进行。《隋书》的 10 种志书，共 30 卷，原来是名为“五代史志”的另种单行本，是记述梁、陈、北齐、北周和隋代制度文物的基础史料。

北魏是鲜卑拓跋部建立的王朝，拓跋氏一族作为统治家族，隐然权势在握。罗振玉的《魏书宗室传注》12 卷、表 1 卷，将《魏书》中有关宗室的记载抽出，根据出土墓志等资料进行校订和注释，勾勒凸显了北魏史的核心部分。墓志等出土文献为北朝各种正史的校订提供了参考依据。北朝各种制度、文化的综合研究，离不开对正史中志书的研读。《魏书》《隋书》各志，已有各种校订和注释，可据以参考。《魏书》方面，《释老志》有塚本善隆的译注和研究《塚本善隆著作集 1 〈魏书・释老志〉研究》[1974a]，《刑罚志》有内田智雄编、冨谷至解说补注的《译注　中国历代刑法志》[2005a（1964）]，《地形志》有张傧生的《魏书地形志校释》[1980]，《食货志》有陈连庆的《〈晋书・食货志〉校注、〈魏书・食货志〉校注》[1999] 和渡边信一郎的《北魏的财政结构——以孝文帝、宣武帝时期的经费结构为中心》[2002]。《隋书》方面，《经籍志》有兴膳宏、川合康三的译注和研究《隋书经籍志详考》[1995]，《刑法志》有内田智雄编、梅原郁补记的《译注　续中国历代刑法志》[2005b（1971）]，白乐日（Balazs, Étienne）的法译本 *Le traité juridique du "Soueichou"* [1954]，《食货志》也有白乐日的法译 *Le traité économique du "Soueichou"* [1953]，还有渡边信一郎的译注《北魏的财政结构——以孝文帝、宣武帝时期的经费结构为中心》[2002]。另外，《魏书》方面，魏书研究会编有《魏书语汇索引》[1999]，颇利于检索。

正史的通行本有中华书局的标点本，校勘细致，阅读便利。不过，该版本仍有句读错误和校订不精之处，不可不加分辨、轻信盲从。特别是残缺、复原部分较多的北朝正史部分，阅读时务必注意。百衲本二十四史及其他正史善本在阅读时，还有必要取用在复原和校订时参考的《通典》《文献通考》《册府元龟》《玉海》《艺文类聚》《初学记》《北堂书钞》和《太平御览》等政书、类书相关部分进行对勘。此外，《资治通鉴》的北朝史相关部分有胡三省注，与《资治通鉴考异》同为解读正史时不可缺少的参考资料。

除此之外，与北朝史有关的基本史料，首推历史地理经典著述郦道元撰《水经注》40卷。研读《水经注》时，可参考江苏古籍出版社的杨守敬、熊会贞《水经注疏》[1989]和上海人民出版社的王国维《水经注校》[1984]。王国维的校本，编辑整理者所加标点完全不通，令原书价值大减，在使用时务加注意。希望今后能出版原稿的影印本，或是经过细致整理、正确标点的修订版。杨守敬、熊会贞合撰的注疏，也得到了学界的公认。不过，江苏古籍出版社的《水经注疏》[1989]还时有手民误植导致的字句错误，有必要对照科学出版社的影印版《水经注疏》[1957]和台湾中华书局的《杨、熊合撰水经注疏》[1971]。关于都城洛阳历史地理和佛教文化的著述，有杨衒之撰写的《洛阳伽蓝记》5卷。研读伽蓝记时，可利用徐高阮的《重刊洛阳伽蓝记》[1960]，该版本区分了原本已混同的原文和注记，并加以校订，另可参考附加了校订和注释的范祥雍《洛阳伽蓝记校注》[1968]、周祖谟《洛阳伽蓝记校释》[2000]。日译本有入矢义高的《洛阳伽蓝记·水经注（抄）》[1974]。记述农家经营和生活日历的经典文献有贾思勰撰《齐民要术》10卷。研读该书时，可参考石声汉的《齐民要术今释》[1957—1958]、缪启愉的《齐民要术校释》[1982]，还有西山武一、熊代幸雄的日译注释本《校订译注齐民要术》[1959]、米田贤次郎的《中国古代农业技术史研究》[1989]亦可资利用。在这个重视门阀和家系的时代，诫子书和家训甚多，个中代表有颜之推撰写的《颜氏家训》2卷。研读《颜氏家训》时，可利用周法高《颜氏家训汇注》[1960]、王利器《颜氏家训集解》[1980]。日译有宇都宫清吉的《世说新语·颜氏家训》[1969]。此外，还有北齐刘昼撰《刘子》10卷，以及大藏经和道藏中的佛教、道教相关史料。以正史为代表的此类其他史料，东方学术协会编《中国史学入门》[1947]，神田信夫、山根幸夫《中国史籍解题辞典》[1989]，山根幸夫编《中国史研究入门》(上)[1983]，

《中国史研究入门（增补改订版）》（上）[1991]，高明士编《中国史研究指南》[1990]，岛田虔次等编《亚洲历史研究入门》[1983] 均有相当出色的解说，当注意参考，此处不再赘言。

◆石刻、出土文字资料

北朝时期以墓志铭为中心的石刻史料残存甚多，再加上新出土者，可补传世史料不少。北朝时期墓志的整理成果，有赵万里编《汉魏南北朝墓志集释》[1956]、赵超《汉魏南北朝墓志汇编》[1992]、北京图书馆金石组编《北京图书馆藏中国历代石刻拓本汇编》[1989]"北朝"部分。欲了解北朝石刻著录和真伪的基本情况，王壮弘、马成名编《六朝墓志检要》[1985]，郭玉堂原著、气贺泽保规编《复刻　洛阳出土石刻时地记——附　解说·所载墓志碑刻目录》[2002] 等均称便利。

近年出土的北魏太平真君四年拓跋焘"石刻祝文"，有町田隆吉的介绍和分析《论北魏太平真君四年的拓跋焘石刻祝文——以"可寒""可敦"称号为中心》[1984]。北魏文成帝的"皇帝南巡之颂"碑，有池田温的介绍《北魏拓跋乌雷（文成帝）"皇帝南巡之颂"碑》[1998]。川本芳昭《北魏文成帝南巡碑》[2000] 和松下宪一《北魏石刻史料所见内朝官——以"北魏文成帝南巡碑"的分析为中心》[2000b] 利用该碑碑阴的随行官员名录，研究了北魏时期的官制。这些史料，在补充正史记载的同时，也为考察北魏前期的政治社会面貌提供了重要的线索。

（渡边信一郎）

第四章　隋·唐

妹尾达彦、石见清裕

一、研究视角

◆究竟何为“隋唐史”?

所谓隋唐史，指隋王朝（581—618）和唐王朝（618—907）的历史，这自不待言，其实它还包括了6世纪末至10世纪初以中国大陆为中心的东亚地域史，故隋唐史这一称呼，反倒容易令其陷于隋、唐王朝历史的窠臼。

隋（杨隋）和唐（李唐）这两个名称的使用，说明这是由易姓革命而导致的王朝更替，由此令人产生一种印象，即掌控中国北方黄土地带的政权对整个中国大陆的统治并无动摇。因此，国内外纷繁政治形势中，以构筑政权合法性为目标的持续斗争，充满可变流动性因素的诸种侧面便令人难以觉察。

军阀纷争中胜出的杨坚一派，在隋朝建立时不得不耗费巨大投入来构建政权的合法性，芮沃寿（Wright，Arthur F.）在《隋代史》[1982（1978）]中已明确指出这一点。宫崎市定的《隋炀帝》[1992a（1965）]和《大唐帝国》[1993a（1968）]也论述了权力根基不稳的隋政权如何在不安定中苦心进行政治运作。另外，唐朝的建立正值隋末群雄纷起、鏖战不休之时，突厥和南匈奴等民族强烈影响中原，内外形势复杂多变。隋末的政治状况对唐朝建立后的局势产生了深刻的影响，气贺泽保规《窦建德集团与河北——论隋唐帝国的性质》[1973]和石见清裕《唐代北方问题与国际秩序》[1998]都指出了这一点。

唐朝建立之后，政权内依然延续着激烈的权力斗争，所谓的大唐统一王朝在武则天称帝、周朝建立之时曾出现中断，但最终延续至10世纪初，只不过后世的历史学家没有承认女皇武则天建立的周王朝。后来，安禄山政权的燕王朝（756—757）、朱泚政权的秦王朝和汉王朝（783—784）、黄巢政权的齐王朝（880—883）等都以长安为都城建立国家，唐王朝的合法性反复地遭到否定。

总之，“隋唐”这一名称，只是追求自身恒久合法的隋唐统治者们拉拢同时代及后代史家的一种文化工具，故不使用隋或者唐的历史叙述亦有可能。作为破除中国传统正统史观绝对性的一种方法就是换用普世性的时代称呼，将隋唐时期称为“中国中世后期”，或者采用杉山正明《游牧民的世界史》[1997]的做法，拈出政权统治者长期出身鲜卑拓跋部这一显著特点，将北魏前身代国至隋唐时期的政权命名为“拓跋国家”。总之，一切历史叙述都是各种价值观的逐鹿场所，这一点已为学界所认识，故用隋唐史来命名6世纪末至10世纪初以中国大陆为中心的东亚地域历史，应自觉意识到其中隐含的政治性。

关于隋唐政权的成立，陈寅恪系统阐明隋唐制度渊源的《隋唐制度渊源略论稿》[1944]，布目潮沨和谷川道雄以政治和军事过程为主脉分析隋唐王朝形成过程的《隋唐史研究——唐朝政权的形成》[1968]和《增补　隋唐帝国形成史论》[1998（1971）]，均为经典之作。今后的研究，除了在默认隋唐王朝存在的前提下叙述历史之外，当如本章起首所论，不带任何先见框架，探究自称为隋、唐的政权是如何强行构建起来，并摸索出一种探究政治权力生成过程的动力学分析方法。从这类视角入手的研究，现尚处于起步阶段。

对唐、宋两代官修正史等文献所持意识形态进行批判性的分析，是开展此类研究不可或缺的工作。近年来，砺波护、武田幸男《世界历史6　隋唐帝国与古代朝鲜》[1997]和安田二郎《六朝政治史研究》[2003]分析了唐太宗敕撰《晋书》中包含的意识形态，前岛佳孝《论西魏八柱国的序列——唐初编纂奉敕所撰正史中唐皇祖上的记述样态》[1999]对《周书》进行了分析，山下将司《唐初〈贞观氏族志〉的编纂与“八柱国家”的诞生》[2002]则考察了《贞观氏族志》。通过这些研究，唐太宗一朝利用史书编纂，赤裸裸地攫取统治合法性的做法逐渐浮出水面。关于唐太宗时始纂、高宗时完成的《隋书·经籍志》序文和目录部分，兴膳宏和川合康三的《〈隋书·经籍志〉详考》[1995]也进行了细致的考证，对于把握唐初的政治文化颇多启示。

◆为何要学习隋唐史

现代东亚世界的复杂结构生成于隋唐时期，欲理解今日之世界，隋唐时期的知识不可或缺，这是隋唐史研究的意义之所在。4世纪至6、7世纪，在欧亚大陆游牧民族大规模迁徙的影响之下，于欧亚大陆东部创立了隋唐王朝，为对抗隋唐，处于现代东亚各地区的部族联合体渐次发展成多个国家，从而在8、9世纪时形成了为现代所继承的东亚国际关系。

其结果，现代东亚各地区的制度文物、衣食住行等习惯，其源流皆发端于隋唐时期。中国大陆上，经过不同民族文化的对抗与融合，当代中国汉族文化的直接源头开始形成。关于这一点，从西嶋定生和李成市合编的经典《古代东亚世界与日本》[2000]开始，到李成市《东亚文化圈的形成》[2000]、村川行弘主编《7、8世纪的东亚——东亚文化交流的再思考》[2000]和铃木靖民编《特集　9世纪的东亚与交流》[2001]，已积累了丰富的研究；妹尾达彦《中华的分裂与再生》[1999]也对该问题进行了专门的梳理。在东亚共同体（EAC）[①]的形成依然具有一定现实性的背景下，东亚以外来的佛教为中介，在隋唐时期形成了东亚历史上首个气氛宽容的文化圈，这一历史经验，必定会对今后的世界变迁产生各种影响，隋唐史研究无疑也因此而具有了更为重大的意义。

◆当前隋唐史研究的未来走向

陈寅恪《唐代政治史述论稿》[1943]首次系统分析了隋唐政权统治阶层的变迁，内藤虎次郎（湖南）《概括性的唐宋时代观》[1922]采用社会阶段论，将隋唐史定位于中国的中世纪。20世纪后半期隋唐史研究的宏大结构，便由这两个议题所组成。进入21世纪之后，重新评价和思考这两位大师的学说，在世界学界蔚然成风。这是因为，陈寅恪和内藤湖南的学说诞生于近代国家形成时期，而当代世界形势与当时迥异，新的世界形势催生出与过去不同的世界史理解。现在，对隋唐史全新解释的探索正在起步。

隋唐史近年来的研究动向，与其他断代和区域研究类似，日益重视种族及民族问题，性别，生态环境，城市化，跨越当代国境线的迁移、交流和传播情况，以及非识字阶层的文化等。这些问题中，全球化与地方主义、民族主义相互对抗，城市化与环境破坏同时发生，其间的人权与环境等问题，作为人类共

① 译者按：EAC，即East Asian Community。

通的课题被普遍关注，成为基于现实的问题点。

诚然，过去有过去特有的面貌。过去，相对于现代社会是一个他者的存在。不过，历史学家的使命，就是以过去为例，对历史学家身处的现代做出解释，未来的政治和经济变迁无疑也会反复地要求研究者提出新的历史解释或假说。因此，如同陈寅恪和内藤湖南当年那样，摆脱对地点和人物的桎梏成见，时代会催生新的见识。在此意义上，对于学术创新而言，越年轻越有利，此为不变之铁律。

◆如何了解研究动向

了解日本学界隋唐史研究动向最为便利的学术杂志，是日本唐代史研究会编的《唐代史研究》（1998年创刊）。该杂志不仅刊载专题论文，末尾还附有丰富的文献目录，日语论著网罗齐全。再加上《史学杂志》每年第5号“回顾与展望”栏目中“隋唐”“内陆亚洲”等专题中的信息，便能了解日本学界最新的研究情况。

本章的介绍，以日语论著为主，但请不要忘记，目前隋唐史方面的优秀论著大半为中文作品。代表性的隋唐史研究中文入门书，有高明士主编《中国史研究指南Ⅱ　魏晋南北朝·隋唐五代史》[1990]、张国刚主编《隋唐五代史研究概述》[1996]、胡戟等主编《二十世纪唐研究》[2002]、黄永年《唐史史料学》[2002]，专业的学术年刊则有荣新江主编的《唐研究》（北京大学出版社，1995年创刊）。其中，胡戟等主编的《二十世纪唐研究》，基于充分的前期工作，是集20世纪唐史研究之大成的里程碑式成果。该书充分考虑研究者的需要，为治隋唐史者案头所必备。《唐研究》则已成为世界唐史研究学术集刊中的核心，最适于系统了解世界各地唐史研究的动向。希望初学者在阅读日语论文的同时，尽可能多地接触中文论文，用心吸收前人的研究成果和最新的研究动态。

（妹尾达彦）

二、研究进展

（一）概论

关于隋唐时期的概论性著作，多与魏晋南北朝时期合为一书，而少与宋代合在一起。学界的主流观点认为，魏晋以来各种问题的承续、隋唐两个王朝的形成，都在这一时期内尘埃落定，宋代则属于另外一个时代。采用这一观点撰写的概论性著作，可举宫崎市定的《大唐帝国》[1993a（1968）] 为代表。隋唐时期，华北的汉文化和五胡文化，江南的南朝文化，甚至北方突厥文化融会互通，形成一个多文化复合社会，宫崎市定此书详细论述了隋唐的这一时代特征。近年的成果中，池田温编《世界历史大系　中国史 2——三国—唐》[1996]，分政治、社会经济、文化三条主线，是一部正统的概论性著作，全书内容翔实，便于抓住各领域的问题点，不过，对外关系部分较为薄弱。砺波护和武田幸男的《世界历史 6　隋唐帝国与古代朝鲜》[1997]，由隋唐和朝鲜古代史两部分构成，特别重视政治及社会文化中宗教（尤其是佛教）的作用，是一部别具一格的隋唐史概论。中文著作中，吕思勉的《隋唐五代史》(上、下)[1959] 至今仍为经典，该书不仅概述了社会、经济和文化等内容，还大量征引材料，对于读者了解所述问题的基本史料，时至今日，仍称便利。近年的研究成果中，唐长孺《魏晋南北朝隋唐史三论》[1992] 讨论了人口、土地制度、税制和商业等内容，就此期国家格局从以华北为中心演变为以江南为中心，以及其与宋代社会形成之间的关联提出了通透的见解。

此外，欲理解隋唐时期政治、制度等各个领域的架构，捕捉问题点，还必须参考《(旧版）岩波讲座世界历史》(5)[1970] 和《(新版）岩波讲座世界历史》(9)[1999]。岩波讲座无论哪一版都展示了当时研究的最高水平，旧版中的诸多考论，时至今日，仍为定论。旧版重视社会经济史，而新版重视地域史和文化史，两版在方法论上有所差异，这反映了历史学界因应冷战格局终结和世界局势变迁而发生的相应变化。

历史叙事经常采用以某一特定人物为中心，展示其所处时代特征的手法。这类人物传记，首先可举布目潮沨的《隋炀帝与唐太宗》[1975]，他取隋炀帝和唐太宗分别作为暴君和明君形象，进行了对比。以武则天为中心的概论书甚多，其中气贺泽保规的《则天武后》[1995] 内容翔实，讨论深刻。取材安史之乱前后唐玄宗、安禄山和杨贵妃的传记也不少，其中，藤善真澄的《安禄山》[2000（1966）] 评价颇高。

专题性的概论书，有石田干之助的《长安之春》[1979（1941）]，该书讨论了唐代绚烂的贵族文化如何受到伊斯兰文化的影响，并描绘了唐都长安的风景，堪称经典。妹尾达彦《长安的都市规划》[2001] 不仅记述了长安的城市规划和居民生活，还讨论了长安在欧亚历史中的地位，是有志于城市史研究者的必读文献。

欲从事隋唐史研究者，需将视野扩展至蒙古与中亚地区，否则难以形成正确的时代感觉。这一时期，突厥、回鹘等向西方迁移之前的突厥语系民族活跃于蒙古地区。护雅夫的《古代游牧帝国》[1976]运用突厥碑文，对突厥语系民族的历史做了精深又不失易懂的解说，是一本必读的名著。关于唐史研究中不可忽视的敦煌文书、吐鲁番文书，可通过关尾史郎的《西域文书所见中国历史》[1998]了解文书的发现经过和使用方法。

记述隋唐与东方间关系的论著不少，近年出版的入门书李成市《东亚文化圈的形成》[2000]颇受好评。曾被冠以“谜一般的”渤海国，虽然目前研究有所进展，但依然没有类似专著问世，通史则有浜田耕策的《渤海国兴亡史》[2000]。遣唐使研究方面，如过去一般仅从日本史视角入手的研究，在今天看来是有欠缺的。采用新视角撰写的概论，可举古濑奈津子的《遣唐使所见中国》[2003]，该书解说了遣唐使出席的唐代外交仪式。

说到底，概论性著作还是为入门而阅读，所以不必全部通读。具体领域的研究如何开展，现在有哪些问题点，希望能尽快用心捕捉。对此，谷川道雄等编写的《中国史学的基本问题2　魏晋南北朝隋唐史学的基本问题》[1997]大有助益。

（二）政治

◆唐初的统治阶层

以贵族政治时代来看待隋唐时期，内藤虎次郎《概括性的唐宋时代观》[1922]已展示了这一理论架构。不过，唐代的贵族并非都是魏晋南北朝贵族的后裔，甚至还不如说政权的核心是由北魏末年六镇起义后从中国北部边地迁移至内地的北族所构成。在此意义上，还是谷川道雄《拓跋国家的展开与贵族制的再编》[1970]用“新贵族”来把握这一时期的统治阶层更为妥帖。另一方面，陈寅恪《唐代政治史述论稿》[1943]使用“关陇集团”来把握这批新的统治阶层。支撑西魏宇文泰政权的八柱国、十二大将军，以渭水流域为大本营。陈寅恪通过考察他们的家世，形成了解释隋唐两政权形成的“关陇集团”学说。根据该学说，唐初的关陇集团官僚势力，在武则天时期因为科举官僚的进入而弱化，玄宗时期繁荣的到来正建立于双方势力的均衡之上。

新贵族制说是以作为统治阶层母体的乡村社会结构形态为问题点，而关陇集团说主要阐发中国历史上这一时期统治阶层的特殊性。顺着这一思路，倾向于关陇集团说的布目潮沨，在《隋唐史研究——唐朝政权的形成》[1968]中，逐一分析了隋至唐初高官群体的出身和履历，以此证明陈寅恪观点的合理性。结果，无论是唐朝的建立，还是玄武门之变，均被顺理成章地理解为不过是关陇集团内部的权力斗争。

说起来，隋也好，唐也罢，如果是由西魏以来的八柱国、十二大将军家族创建的话，对于瓦解隋朝的隋末农民起义就无法给予过高的评价。气贺泽保规《窦建德集团与河北——论隋唐帝国的性质》[1973]分析了隋末群雄的性质，指出了山东势力所具有的强烈地方性。不局限于关陇地方，唐如何将各地势力纳入麾下，建立稳定政权，这一问题同样重要。同时还需要考虑到，在唐朝建立的背后，东亚也发生着巨变。近年来，山下将司《唐初〈贞观氏族志〉的编纂与"八柱国家"的诞生》[2002]指出，八柱国、十二大将军家世是唐朝建立之后为论证李唐王朝的合法性而捏造的可能性非常大，这一观点颇受关注。

武则天后期，科举官僚进入政界一事，得到了学界大部的承认。谷川道雄《论武后朝末年至玄宗朝初年的政争》[1956]认为，由科举官僚支持的皇帝亲政路线击退了外戚与皇亲势力，推动了玄宗一朝繁荣的到来。但是，从政策面入手重新评价武则天时期历史意义的研究至今依然很少，亟需更多对诏敕文书的分析。

◆安史之乱与藩镇体系

以安史之乱为界，唐朝分为前后两个半期。安史之乱，迄今主要还是从安禄山、史思明、唐玄宗、杨贵妃和杨国忠等人的人际关系入手来加以解说，关于这次叛乱的本质，仍有许多不明之处。这些研究中，蒲立本（Pulleyblank, Edwin G.）《安禄山叛乱的背景》[1955]是为先驱，他考察了安禄山的出身以及叛乱的政治、军事和经济背景。近年来陆续问世的研究，不再将安史之乱局限为一个内乱事件，而是更加重视其与亚洲各民族之间的关联。例如，森部丰《唐前半期河北地域非汉民族的分布与安史军队源起的一种形态》[2002]就指出了安史军队中非汉族成员的重要性。此外，森安孝夫《回鹘眼中的安史之乱》[2002]利用回鹘文书，考察了当时回鹘的动向以及发生的联动事件，安史之乱这场被中国视为叛乱的事件由此获得了新的理解。

唐朝后半期，一般被概括为"藩镇体制"。"藩镇体制"是指由各地区的节度使（藩镇）掌控地方军政、民政，从而形成分权割据的社会体制，日野开三郎《中国中世的军阀》[1980（1942）] 指出了该体制的基本结构。其后，该课题转向探讨唐朝政权与藩镇间关系、藩镇内部权力结构等问题。例如，堀敏一《藩镇亲卫军的权力结构》[1960] 指出，藩镇亲卫军由官健军和私兵所组成，并通过透视他们与节度使的关系，分析了藩镇的结构。谷川道雄《河朔三镇节度使权力的性质》[1978]，相较私人关系，更为重视节度使秉持的官方立场，并提出了一个全国性的藩镇体制基本结构。另外，大泽正昭《唐末的藩镇与中央权力》[1973] 将全国的藩镇分为权力志向型、分立志向型和统一权力支持型三种类型。渡边孝《魏博与成德——关于河朔三镇权力结构的再思考》[1995] 研究了被视为分立志向型典型的河朔三镇，发现以深深扎根于地方的士兵集团为基础的魏博藩镇，与以将领层为主体势力的成德藩镇，两者的权力结构存在着根本性的差异。藩镇研究，可以说一直极为重视藩镇个案的实证分析。此外，关于藩镇与中央政府之间的关系，砺波护《中世贵族制的崩坏与辟召制——以牛李党争为线索》[1962] 讨论了节度使等使职聘用幕府中能人的辟召制，并指出这是引发牛李党争的重要背景。

关于以黄巢起义为代表的唐末动乱，日野开三郎的《唐末混乱史稿》[1996] 是为先驱，堀敏一的《黄巢“叛乱”》[1957] 讨论了动乱中江湖商人的作用。

◆各项政治制度

支撑唐代政治制度的主干为律令制。律为刑法，令为行政法，格就是将长期有效的诏敕写成条款，作为律令的补充（或者变更）规定，式就是基层行政的实施细则。官制、兵制等各项制度，均基于律令制而运行。

首先，关于律，仁井田陞、牧野巽《〈故唐律疏议〉制作年代考》[1978] 考证出通行本《唐律疏议》为开元二十五年（737）的律疏，是为必读。不过，也有观点认为其应为永徽律疏。关于律文的修改，冈野诚《唐代“守法”一例——关于〈卫禁律〉“阑入非御在所”条》[1980] 认为，皇帝可随时修改个别条文，而滋贺秀三《围绕唐代律的改正之一题》[1981] 认为，条文的修改仅发生于律的全面修定之时，这两种观点均需注意。关于刑罚，早期的研究有奥村郁三《唐律的刑罚》[1961]，近年又有辻正博《唐代流刑考》[1993] 等对刑罚思想的深入思考。关于唐代法制史，还有中田薰的《法制史论集》[1926—1964]、仁井田陞的《中国法制史研究》[1958—1964] 等著作，均为案头必备。

由于唐律散佚，复原的努力很早就开始了，仁井田陞《唐令拾遗》[1933]及仁井田陞、池田温合编的《唐令拾遗补》[1997]为集大成之作。关于令，因为各条文的解释关系到诸制度的运行，进而直接关系到国家和社会的面貌，所以须注意前人对条文的专题研究。唐代的格和式并未留下统一的形式，仁井田陞《唐代律令及格的新资料——斯坦因敦煌文献》[1957]和冈野诚《论敦煌发现的唐水部式书式》[1987]等分别取开元户部格残卷和开元水部式残卷做了分析，可据以窥得一斑。此类研究也使用西域出土的文书，这些文书残卷，在池田温和冈野诚合作的《敦煌、吐鲁番发现的唐代法制文献》[1977]中得到罗列和解说，图版和录文则可在山本达郎（Yamamoto，T.）等主编的 *Tunhuang and Turfan Documents: Concerning Social and Economic History*（《敦煌吐鲁番社会经济文书集》）[1978—2001]中见到。1998年，戴建国在宁波天一阁发现宋代"天圣令"的明代抄本，并确定其中含有唐开元二十五年令，从而将唐令研究突然引向一个新的阶段。现在，天一阁本"田令"部分的文字，可依据宋家钰的《明抄本北宋天圣"田令"及其所附唐开元"田令"的再校录》[2002]。基于新史料，池田温《唐令复原研究的新阶段——戴建国的天圣令残本发现与研究》[2000a]开展了天圣田令、捕亡令与养老田令、捕亡令的对照工作，大津透《北宋天圣令·唐开元二十五年令赋役令》[2001]复原了开元二十五年赋役令，山崎觉士《从唐开元二十五年田令的复原到唐代永业田的再思考——基于明抄本天圣令》[2003]复原了开元二十五年田令。各方学者至今仍在努力研究之中，期待唐代律令的全貌重现于世。

关于唐代的三省、六部、九寺、五监等中央官制机构，池田温《律令官制的形成》[1970]做了概述，颇为便利。其中，三省（中书、门下、尚书）与六部（吏部、户部、礼部、兵部、刑部、工部）为国家决策机构和中央行政机构，特别重要。这些机构的职能，至唐后半期，转由被称为使职的令外官掌控军事和财政等资源，展开实际的运营（节度使就是其中之一种）。砺波护《唐代的行政机构与官僚》[1998]分析了这一结构，并附有百官表，官职序列一目了然。

关于国家权力的另一支柱——兵制，以府兵制为研究重点。府兵，一般认为是由折冲府（隋时为鹰扬府）征发民丁，负责京师警戒和边境防卫的一种兵役制度，该制度因维持困难，至唐玄宗时为募兵制所取代。浜口重国的《从府兵制度到新兵制》[1930]和谷霁光的《府兵制度考释》[1962]探讨了其制度架构，时至今日，仍为经典。另外，关于府兵制的整体结构，菊池英夫《府兵制度的发展》[1970] 解说最为清晰。菊池英夫还发表有一系列唐代兵制研究，若研习该领域，不可不读。与之相对，近年，气贺泽保规在《府兵制研究——府兵兵士及其社会》[1999] 中主张，府兵并非来源于承担租调役的户，而是征发自另一种相当于“兵户”的民户，两者存在区别，这实际上对府兵制究竟是兵民一体还是兵民分离提出了质疑。换言之，该问题也可表述为唐代的兵役是否包含了力役，这一问题今后仍须时常关注。而且，最近平田阳一郎《唐代兵制：论府兵制概念的产生》[2002] 质疑从唐后期至宋代，府兵在繁多的兵种中是否居于基础地位，从而对过去以府兵制为大前提的兵制研究提出了警告，引人瞩目。

礼制，尽管与法制同为国家支柱，却是一个研究起步迟缓的领域。金子修一《古代中国与皇帝祭祀》[2001a] 透过祭祀分析了皇帝制度的内涵，渡边信一郎《天空的玉座——中国古代帝国的朝政与仪礼》[1996] 通过仪式讨论了帝国体系，石见清裕《唐代北方问题与国际秩序》[1998] 分析了宾礼（外交仪式）的程序。

（三）国际关系

◆国际关系秩序

隋唐时期，国际交流活跃，因此相关研究早有开展。隋唐时期国际关系的基本秩序理念，一般理解为“册封体制”。所谓册封体制，就是隋唐王朝给予周边各王国君主以王爵等封赐，以此为基础，两者间产生相应的义务，并由此而形成的国际秩序，这一解释又由西嶋定生加以系统化。西嶋定生的基本论文，可以在他的《中国古代国家与东亚世界》[1983]、《西嶋定生　东亚史论集》第 3 卷《东亚世界与册封体系》[2002]，以及他与李成市合编的《古代东亚世界与日本》[2000] 中读到。西嶋定生的册封体制论，主要基于其构想的由唐、高句丽、新罗、百济、渤海和日本组成的“东亚世界”理论。在日本史学界眼中，这一结构的想象成分较多，而从隋唐看来，国际关系也不应仅限于东方，甚至从力量的强弱来看，北方和西方更为重要。因此，早已有人指出，隋唐的对外关系并非仅限于册封体制，实际上是由多种关系组合而成。持此论的其中一位代表为堀敏一，他根据与唐关系的强弱，提出了一个“内地化—羁縻—册封”的结构。他的这一国际关系论在《中国与古代东亚世界》[1993] 中总结得最为清楚。

基于这些观点，间或有所超越，唐代史研究会编《隋唐帝国与东亚世界》[1979] 分析了隋唐时期国际交流的多个侧面，展示了当时的研究水准。尤其是菊池英夫的“总说”，不可不读。前近代国家间的意思传达，依靠国书（国家元首间的外交文书）来进行。关于唐朝发出的国书，金子修一《论唐代国际文书的形式》[1983] 推断存在一个模式，起首语为“皇帝敬问”的国书是以对等关系国为对象，而起首语为“皇帝问”和“敕”的国书是以君臣关系国为对象。与之相对，中村裕一《论隋唐五代的“致书”文书》[1986] 提出反对意见，他认为这些都是慰劳制书、论事制书的格式，说到底还是以君臣关系为前提的公文。

当时的贸易，基本上都是派遣国家使节进行的朝贡贸易。时至今日，已有研究指出，在朝贡贸易中，也有使节与对方国家进行私人交易的情况。例如，土肥义和《敦煌发现的唐、回鹘间交易关系汉文文书断简考》[1988] 使用敦煌文书对回鹘与唐之间贸易的分析，李成市《东亚的王权与贸易》[1997] 使用正仓院文书对新罗与日本之间贸易的分析，均不可忽视。近年来的研究倾向于认为，唐代的国际贸易在9世纪时因民间贸易的活跃而发生了变化，其中关于包括日本在内的东方贸易部分，通过铃木靖民编《特集　9世纪的东亚与交流》[2000]，可抓住当前的问题意识。

◆隋唐与各政权间的关系

首先，关于隋唐与游牧势力的关系，护雅夫《突厥与隋、唐王朝》[1967] 从隋唐与突厥之间的册立和被册立关系、父子关系等出发，总结了两者关系的演变。与回鹘的关系，羽田亨《唐代回鹘史研究》[1953] 至今仍是应当参考的基本文献。山田信夫《北亚游牧民族史研究》[1989] 也讨论了突厥、回鹘史的基本问题，林俊雄《回鹘的对唐政策》[1992] 则分析了回鹘视角所见唐代外交的演变。

天山山脉以北为游牧草原地带，以南则为沙漠绿洲地带，松田寿男《古代天山历史地理学研究》[1970] 从天山南北的关系，甚至东西之间的交流出发，提出了一个欧亚大陆历史体系。关于天山以北的西突厥，内藤みどり的专著《西突厥史研究》[1988] 分析了其国家体制及其与隋唐的关系。关于唐与阿拔斯王朝在怛罗斯河畔那场著名的激战，前嶋信次《怛罗斯之战考》[1958—1959]

指出战争的原因在于西突厥之一部突骑施与唐以及塔什干（石国）之间关系的破裂。与吐蕃的关系方面，佐藤长《古代西藏史研究》[1958—1959]用7章的篇幅，追溯了吐蕃王国的历史及其与唐朝的关系，属于基础性的研究。山口瑞凤《吐蕃王国形成史研究》[1983]，使用吐蕃语文书，将吐蕃史研究进一步推向深入。山口瑞凤考证指出，文成公主出嫁的对象并非松赞干布，而是贡松贡赞，这样的全新见解在书中俯拾可见。森安孝夫《吐蕃的中亚拓展》[1984]，不仅关注吐蕃与隋唐间的关系，还将突厥与回鹘纳入研究视野，也是一部必读的力作。

与西方绿洲世界的关系方面，桑原骘藏《论隋唐时期来华之西域人》[1924]系统地考察了撒马尔罕的康姓、布哈拉的安姓、塔什干的石姓等移民中国的粟特家族，为研究该领域所必读。池田温《8世纪中叶敦煌的粟特人聚落》[1965]，利用敦煌文书，深入分析了粟特人在敦煌形成的聚落形态，是一篇具有里程碑意义的论文。近年，森安孝夫《河西归义军节度使官印及其编年》[2000]从官印入手，系统地整理了河西归义军节度使文书的年代，颇具方法论上的参考价值。

这一领域，传统上是作为东西交流史，后来是作为西域经营史来展开研究，目前，随着敦煌文书和吐鲁番文书研究的进步，开始从地方的视角来探究其历史。例如，荒川正晴《唐帝国与粟特人的贸易活动》[1997]指出，原本为外国人的粟特人，以定居内地的粟特人为保人而获得通关文牒，从而在唐的律令中，被允许以羁縻州民的身份进行民间贸易，由此将西方的物资和文化等输入中国。吐鲁番文书研究方面，有白须净真的《吐鲁番的古代社会——新兴平民阶层的崛起与望族的没落》[1997]和关尾史郎的《吐鲁番出土高昌国税制相关文书的基础研究——以条记文书的古文书学分析为中心》[1988—1999]等力作。唐朝统治西州后，旧高昌国大族没落，新兴庶民阶层崛起，白须净真通过分析当地社会变迁，将吐鲁番地方社会展现于读者面前。关尾史郎则根据纳税证明书，发现高昌国的税制形态分为田租、丁税、远行马钱和刺薪4种，并就此分析了高昌国的居民组织和国家体制。

再来看与东方的关系，近年来，渤海史研究取得了惊人的进展。在日本，传世的日渤交流史料比较丰富，所以从事这方面研究的主要为日本史家。酒寄雅志《渤海与古代日本》[2001]和石井正敏《日本渤海关系史研究》[2001]为近年的两部集大成之作，不可不读。进一步从对外关系角度来考察渤海史的尝试，有佐藤信编《日本与渤海的古代史》[2003]，提示了最新的问题意识。而且，在渤海史研究方面，中国学界与韩国、朝鲜学界存在着两种史观的对立，隐含着深刻的现代史问题。日本学界也不可能没有这类史观，相关观点可参考古畑徹的《关于战后日本渤海史历史框架的史学史考察》[2003]。

在开展对外关系研究时，有两点需时常留意。①前近代的国境并非呈线状，在两个国家、两个文化圈之间存在着中间地带，该地带的倾向常随着两国关系的变动而变动。②汉文史料必须关注，但也不要因此而陷入中华思想[①]。石见清裕《拉铁摩尔的边境论与汉唐间的中国北边》[1999]，论述了中国北部边疆中间地带所蕴含的历史意义。

（石见清裕）

（四）经济、财政、环境

◆把握隋唐经济、政治和环境的方法

隋唐时期，大运河的开凿运营和交通制度的改革，以及对外关系的改善，推动了中国大陆经济融入欧亚大陆经济圈。这一时期也是中国的国家财政从重视徭役劳动转向重视土地课税，从依赖直接税转向依赖盐课、商税等间接税的体制转变的重要时期。同时，受 4、5 世纪至 7 世纪游牧民族大规模迁徙的影响，8、9 世纪以后，欧亚大陆的人类活动开始向海洋扩展，东西方贸易的主要交通工具也从动物转变为船只，从而开始摆脱同一生态环境圈内东西方向历来只能依靠陆路运输的制约。人类的主体意识开始形成，对世界的认识也发生转变。经济、财政和环境三者之间的相互关系，成为探讨隋唐时期历史特征的一把钥匙，但其中未解之处依然不少。

关于隋唐时期经济的整体情况，时至今日，仍以加藤繁《唐宋时代金银之研究：以金银之货币机能为中心》[1926]、《中国经济史考证》(上)[1952] 为研究之起点。加藤繁通过考察土地经营、商业组织、商业习惯、货币金银流通、城市化进程等事例，详细讨论了从生产到分配、从分配到消费的整个经济过程，指出中国经济在唐宋之际迎来了划时代的变革。加藤繁的研究，史料收集彻底完备、史料分析系统严谨，至今仍有诸多值得学习之处。

加藤繁解析中国经济史的理论，正如田口宏二朗《前近代中国史研究与流

---

① 编者按：关于此处的“中华思想”，可参考本书第 201 页对“中华主义”的说明。

通》[1999] 所论，立足于20世纪初期国际形势，以近代国家国民经济的形成为目标，依托了德国历史学派所主张的内生经济增长阶段论。近代以加藤繁为代表的学者依据内生经济增长理论已取得丰硕的史学成果，业已进入21世纪的今天，跨越国界的全球市场圈和信息圈快速发展，隋唐经济史研究在立足近代史家成果的同时，也被要求提出新的见解。足立启二《专制国家与财政、货币》[1990] 和青木敦《从后瓦尔拉斯理论出发的探讨》[1995]，对经济史展开了理论探讨，丸桥充拓《唐朝后半期的北边财政——以度支系诸司为中心》[2001] 和山根直生《唐宋政治史研究试论——政治过程论，从国家整合的地理样态出发》[2004]，全面地讨论了唐宋时期社会经济的结构性变化。考察中国经济史中隋唐经济史之地位，必须精读这些成果，努力把握基本问题。

◆交通与信息传递

隋唐的财政经济史，若要在时间和空间的宏大视野中进行考察，依然需要将其置于欧亚大陆整体的经济史中，宫崎市定《亚洲史概说》[1993b (1973)]、《宫崎市定全集 1　中国史》[1993c (1977—1978)] 的宏观分析，仍为未来研究之指针。根据宫崎市定的解说，从3、4世纪至6世纪，在战乱和萧条中，中国大陆的经济出现了暂时的萎缩，隋唐王朝再次统一中国和安史之乱后，也就是从8世纪末至11、12世纪，中国大陆内部的经济繁盛与欧亚大陆的经济活动相互联通，中国史上首次确立了被称为财政国家的国家体制。行政的集权化和财政的高效集约运作日益发展，国家的常备军可以不依赖徭役而依靠税收雇佣，关于财政国家的具体机制，日野开三郎的《日野开三郎　东洋史学论集》第3卷《唐代两税法研究　前篇》[1981] 和《日野开三郎　东洋史学论集》第4卷《唐代两税法研究　本篇》[1982] 做了细致的分析。

隋唐的全国统一，促进了交通和通信手段的发达，信息传递尤其获得发展，青山定雄《唐宋时期的交通与地志地图研究》[1969 (1963)] 对此做了系统的论述。严耕望编《唐代交通图考》(第1—6卷) [1985—2003] 尝试全面复原唐代的交通。浜口重国《唐玄宗时期的江淮上贡米与地税之关系》[1934] 和全汉昇《唐宋帝国与运河》[1944] 勾勒了大运河的开凿运营在唐朝整体财政中的巨大作用。

正如上文所述，隋唐时期欧亚大陆的交通重心逐渐从陆地转向海洋。这一变迁，反映于联系东西方从事商品交易和信息传递的人群发生了变化。隋朝和唐朝前期是来自中亚地区的粟特人，唐朝后半期则转变为来自波斯湾的伊斯兰商人。关于8、9世纪以后，活跃于中国大陆与波斯湾地区之间海路上的伊斯兰商人，桑原骘藏的《蒲寿庚考》[1989(1923)]做了基础性的研究，家岛彦一《伊斯兰世界的形成与国际商业》[1991]、《海洋创造的文明——印度洋海域世界的历史》[1993]，从更为广阔的视野出发，将研究进一步推向深入。珍妮特·L.阿布-卢格霍德（Abu-Lughod，Janet Lippman）的《欧洲霸权之前：1250—1350年的世界体系》[2001（1989）]以8、9世纪至13世纪由海路带动贸易圈扩大为线索，推断当时形成了一个覆盖中国大陆至地中海的庞大世界体系。

粟特人在连接隋唐与中亚的陆路交通中发挥了巨大的作用，随着粟特人墓葬在黄土高原地区的陆续发掘，他们的具体活动情况亦被逐渐揭示。欲了解隋唐与西域诸国之间的交通和贸易情况，荒川正晴利用文书史料揭示历史实态的《绿洲国家与商队贸易》[2003]堪称佳作，荣新江的《中古中国与外来文明》[2001a]亦为享誉学林的名著。NHK编《NHK特别节目　文明之路③　海、陆丝绸之路》[2003]汇集了近年来有关丝绸之路贸易交流的研究成果，行文晓畅易懂。

◆产业与技术——农业、畜牧业、渔业、商业、手工业

隋唐时期中国大陆在政治上的重新统一和交通运输体制方面的革新，促进了城市网的扩大和生产力的恢复，推动了生产、流通和消费的行业分工，中国大地上，各种产业生机勃勃。首先，关于中国的基础产业农业，天野元之助《中国农业史研究（增补版）》[1979(1962)]开创了对中国农业史上隋唐农业特质的探讨。随后，西嶋定生《碾硙寻踪——华北农业二年三熟制的产生》[1947]发现了反映当时磨粉用碾硙已经普及的史料，并以之为线索，论证了在城市居民消费需求增加的背景下，9世纪华北地区的冬小麦种植已呈常态化，并已采用二年三熟制，该研究揭开了农业史研究的新篇章。不过，李令福《论华北平原二年三熟轮作制的形成时间及其作物组合》[1999]则认为，明代中期以后，华北平原方才出现二年三熟制。大泽正昭《唐宋变革期的农业社会史研究》[1996]系统阐说了唐代的农具、农业技术和农业经营情况，展示了当代日本学界的农业史研究水准。长江下游地区延续至当代的经济发展，以隋唐时期江南农田的开发为起点，北田英人《唐代江南的自然环境与开发》[1989]、李伯重《唐代江南农业的发展》[1990]论证了这一点。隋唐时期农业和畜牧业的总体情况，可

通过张泽咸《隋唐时期农业》[1999] 来加以把握。

唐代的手工业和商业，张泽咸的《唐代工商业》[1995] 做了概述。畜牧业方面，与中国学人的持续推进不同，日本学界仅有斋藤胜《唐代的马政与牧场》[1999] 和坂尻彰宏《敦煌税羊文书考》[2003]。这一情形与日本社会不以游牧、畜牧为生有关，不过，研究隋唐经济，畜牧是一个不可忽视的研究课题。水产业方面，中村治兵卫《中国渔业史研究　中村治兵卫著作集 2》[1995] 首次全面梳理了唐代的渔法、渔具和渔业政策。矿业方面，则有杨远《唐代的矿产》[1982]。

商业方面，日野开三郎的《日野开三郎东洋史学论集》第 17—18 卷《唐代邸店的研究》(正・续)[1992 (1968)] 以批发业的发展为线索，展示了唐代商业的整体情况，为该领域的代表性论著。手工业方面，佐藤武敏《中国古代绢织物史研究》[1978] 细致地复原了唐代绢织业的情况。陶瓷业方面，爱宕松男《爱宕松男东洋史学论集》第 1 卷《中国陶瓷产业史》[1987] 的系列论文做了专门研究。金属工艺方面，齐东方《唐代金银器研究》[1999] 和松本伸之《唐代金银器的诸相——围绕 1950 年代至 1999 年的发掘所得》[2000] 对金银器的研究堪称佳作。百桥明穗、中野彻编《世界美术大全集　东洋编》第 4 卷《隋・唐》[1997]，尚刚《唐代工艺美术史》[1998]，虽然为隋唐美术史专著，但从中亦可了解隋唐时期工艺品、建筑和绘画等制作、流通及消费方面的全方位信息。薮内清编《中国中世科学技术史研究》[1998 (1963)] 讨论了自魏晋南北朝至唐朝时期的生态观、数学、天文、化学、医学、烹饪、酿造和博物学，展示了对当时科学技术的通盘见解。关于隋唐时期的历法制定，薮内清有专门的著作《增订　隋唐历法史研究》[1989 (1944)]。

◆土地与财税政策

隋唐时期的土地制度和财税政策在 8、9 世纪以后发生了重大的转变，从均田制转为庄园制，从租庸调制转为两税法，从重视徭役劳动转为重视土地课税，与此期其他制度的变革一同构成了中国历史的一个分水岭。不过，个中辨析不清之处仍有不少。唐代财政史方面，李锦绣的 5 册《唐代财政史稿》(上卷 3 册，下卷 2 册)[1995，2001]，研究细致且全面，读之令人豁然。清木场东《唐代财政史研究（运输编）》[1996]、《帝赐的结构——唐代财政史研究　支出编》[1997]，从宏大的视野出发，系统阐说了唐代的财政体制、支出结构以及实物税的运输等问题。大津透《论唐律令国家的预算》[1986]、《唐仪凤三年度支奏抄、四年金部旨符补考——唐代的军事与财政》[1990]，通过拼合大谷文书和吐鲁番阿斯塔那出土的文书，成功复原了一份展示 7 世纪末国家预算的文书（命名为《仪凤三年度支奏抄、四年金部旨符》），为财政史研究注入了新的活力。关于唐朝后半期财政史的研究，渡边信一郎《唐代后半期的地方财政——以州财政与京兆府财政为中心》[1990] 和丸桥充拓的《唐朝后半期的北边财政——以度支系诸司为中心》[1996] 打开了新的局面。

均田制（均田法），就是国家对耕作者的土地进行大小均分的制度。关于均田制实施的程度、脉络和历史变迁，始于铃木俊《敦煌发现的唐代户籍与均田制》[1936] 和仁井田陞《唐宋法律文书研究》[1983（1937）] 的讨论。此后，古贺登《唐代均田制度的地域性》[1956]、西嶋定生《吐鲁番出土文书所见均田制的实行情况》[1959]、西村元佑《唐代吐鲁番均田制的意义》[1959]、池田温《论唐代的均田制》[1964]、堀敏一《均田制研究》[1975]、山本达郎《敦煌发现籍帐中的"自田"》[1977—1978]、土肥义和《唐代均田制的给田基准考——特别以吐鲁番盆地的实例为中心》[1979] 等，积累了观点多样的细致研究。可以毫不夸张地说，均田制是隋唐史研究中持续倾注高人睿智最多的一个研究领域，故欲研习运用隋唐史文献进行论证的技巧和方法，均田制研究至为合适。日本学界探讨均田制的复杂学术史，堀敏一《均田制研究》[1975] 和气贺泽保规《均田制研究的展开》[1993] 梳理最为清晰。与均田制紧密相关的赋役制度和租庸调制，日野开三郎未完成的《唐代租调庸研究》[1974—1975，1977] 实为大著。日野开三郎《唐代发达地区的庄园》[1986] 细致地分析了唐代发达地区庄园制的普及情况，将庄园制研究推向了一个新的阶段。宁波天一阁所藏明抄本中北宋天圣令的发现，使田令、赋役令等唐令的复原成为可能，唐代均田制、赋役制的研究亦由此获得了新的活力。

8 世纪末开始的两税制（两税法）是唐代后半期国家财政的主干，其实行一直延续到 16 世纪明代一条鞭法的创设，故其重要性并不局限于唐代税制。下迄 1990 年代前半期的唐代两税制研究，船越泰次的《唐代两税法研究》[1996] 是集大成之作。关于与两税法同为唐朝后半期国家财政主干的盐专卖制，高桥继男《论刘晏的巡院设置》[1972] 有系统的考察，目前该研究仍在持续推进中。关于河东池盐的专卖，有妹尾达彦的研究《唐代河东池盐的生产与流通——河东盐税机构的区位与功能》[1982]。

◆环境

隋唐时期的经济、财政结构，与当时的气候、年平均气温、动植物生态等有着密切的关联。关于中国大陆生态历史的宏大图谱以及隋唐在其中的地位，可由上田信《森林和绿色的中国史——生态史的尝试》[1999]和《老虎讲述的中国史——生态史的可能性》[2002]明晰、生动的分析中获知。关于隋唐时期都城所在关中平原的生态环境，史念海《汉唐时期的长安城与生态环境》[2000]论述清晰明白，他主编的《中日历史地理合作研究论文集》(第一辑：汉唐长安与黄土高原)[1998]和《中日历史地理合作研究论文集》(第二辑：汉唐长安与关中平原)[1999]收录了多种视角的专题研讨。唐代江南的自然环境方面，北田英人《唐代江南的自然环境与开发》[1989]有着精彩的分析。这是一个有望进一步展开的研究领域。

（五）社会、文化

池田温编《世界历史大系　中国史2——三国—唐》[1996]在概述隋唐文化的同时，将学术、思想、宗教、文学和美术等文化活动准确地定位于政治、社会和经济的整体背景之中，堪称佳作。那波利贞《唐代社会文化史研究》[1974]多角度地分析了唐代文化的各个方面，是为唐代社会史专门研究的滥觞之作，其论点新颖，至今仍不过时。另外，大室干雄的《干潟幻想——中世中国的反园林都市》[1992]、《槛狱都市——中世中国的世界大戏与革命》[1994]、《游荡都市——中世中国的神话、闹剧与风景》[1996]，论述了中国大陆都市文化从诞生至唐末的发展，这三部作品构成了其六部曲的后半部分。在这套引人入胜的六部曲中，大室干雄以京城上层阶级的爱好演变为线索，探讨了隋唐文化的变迁，文风严谨，又富于个性，隋唐文化跃然纸上。中砂明德《从中世人到近世人——唐宋时期士人的地位》[1994]简明扼要地梳理了唐宋思想文化史的研究脉络。对于隋唐时期的城市生活和文化特色及其变迁，妹尾达彦《城市的生活与文化》[1997]整理了相关问题点。

◆衣食住

衣食住的演变，集中反映了政治经济、生态环境和社会文化的变迁。裤子和上衣、冬小麦和稻米、椅子和桌子，现代汉族衣食住等生活样态的原型，有唐一代是其成形的重要时期。欲了解隋唐时期衣食住的整体情况，建议首先通读李斌城等编《隋唐五代社会生活史》[1998]和黄正建的《唐代衣食住行研究》

［1998］。饮食方面，篠田统《中国食物史》［1974］、《中国食物史研究》［1978］的隋唐部分现已成为研究的基础。服饰、化妆和饰品方面，原田淑人的《唐代的服饰》［1920］和《古人的化妆与饰品》［1987（1963）］堪称经典。建筑方面，田中淡的《中国建筑史研究》［1989］首次翔实清晰地梳理了隋唐时期的建筑家和建筑样式，已成为研究的基础文献。现在，丰富的考古发现在中国各地陆续公布，研究资料亦呈飞跃性的增长，隋唐时期衣食住的综合分析指日可待。

◆城市、农村、地域社会

关于隋唐时期的城乡关系，即都鄙关系，唐代史研究会编《中国的都市与农村》［1992］可为入门书，爱宕元的《唐代地域社会史研究》［1997］以唐代两京周边地区为主要研究对象，基于彻底完备的史料收集，展开了实证而又精致的分析，是该领域中最为优秀的作品。欲了解围绕唐代聚落和家族的问题框架，堀敏一《中国古代的家与聚落》［1996］颇为有用。佐竹靖彦《唐宋变革的地域研究》［1990］，系统地梳理了唐宋间地域社会的变迁，可作为今后研究展开之指南。近年，穴泽彰子《试论唐宋变革期的社会结合——从自卫和赈恤的“场”入手》［1999］对地方权力与国家间关系的讨论引人瞩目。关于围绕社，即土地神的集体组织形态，土肥义和《对唐宋间“社”的组织形态的一项考察——以敦煌为中心》［1995］有了新的推进。此外，欲在中国史的大局中理解隋唐时期的城乡关系，斯波义信的《中国都市史》［2002］为必读之作。

欲了解都城长安与洛阳的城市文化，灵活运用平冈武夫编《唐代研究指南》［1954—1964］，可高效获得大量信息。妹尾达彦的《城市的生活与文化》［1997］和《长安的都市规划》［2001］，集中探讨了唐代两京城市结构的变迁。关于长安城市文化的具体面貌，植木久行《唐诗岁时记》［1995（1980）］和《唐诗的风景》［1999（1983）］根据唐诗精心复原了年节民俗和城市景观，引人入胜；从川合康三《终南山的变迁——中唐文学论集》［1999］也可读到不少满含长安风情的文字。松本保宣《唐宣宗朝的听政》［2001］和《论唐文宗的皇帝听政制度改革——以开成年间为中心》［2002］从长安城的宫殿结构出发，分析了政治的运作过程，将都城史与政治史紧密连接起来。小野胜年《中国隋唐长安・寺院史料集成》［1989］集隋唐长安城佛教寺院相关史料之大成，土屋昌明《神仙思想——道教生活》［2002］描述了道教视野中的唐代长安城景观，展示了一个全新的长安城形象。

◆家族、性别、身份制度

关于隋唐时期家族与身份制度、家族与国家权力的关系，尾形勇《中国古代的“家”与国家——皇帝统治下的秩序结构》[1979]、堀敏一《中国古代的身份制——良与贱》[1987]和《中国古代的家与聚落》[1996]已成为研究的起点。欲全面了解唐代女性所面对的问题，高世瑜《唐代妇女》[1999]、斋藤茂《妓女与中国文人》[2000]、大泽正昭《唐宋时期的家族、婚姻、女性》[2005]堪称佳作，翁育瑄《论唐宋墓志所见女性的守节与再婚——未亡人的选择及其生活》[2003]开启了展示唐宋女性社会活动的系列研究。女性史和性别史研究的推进，为展开异于前人视角的分析提供了可能，为多角度地全面把握隋唐史开辟了新的道路。欲了解目前唐宋女性史和性别史的研究高度，邓小南主编的《唐宋女性与社会》[2003]最为适宜。今后当进一步探究的问题点及分析方法，该书基本全面收录。

唐代身份制度方面的专著，浜口重国的《唐王朝的贱人制度》[1966a]可谓经典，其后的研究情况，有必要参考山根清志从《论唐代的“百姓”身份》[1982]开始的一系列研究。从8世纪末到9世纪，科举制度的成形，令统治阶层的组成标准由原来的出身身份转变为科举合格，此前的身份制度开始崩塌，渡边孝《中唐时期“门阀”贵族官僚的动向——以中央枢要官职的人员构成为中心》[1993]通过统计研究，展示了这一点。9世纪至20世纪初，科举官僚构成了统治阶层的主体，白居易、韩愈、柳宗元等中唐时期的文人即为其早期典型。关于白居易的研究，平冈武夫《白居易——生平与岁时记》[1998]、太田次男等编《白居易研究》[1993—1998]、静永健《白居易“讽谕诗”研究》[2000]为最佳。关于韩愈，大木康《不平的中国文学史》[1996]晓畅易懂，内容生动。关于柳宗元，则首推松本肇《柳宗元研究》[2000]和户崎哲彦《柳宗元永州山水游记考——中国山水文学研究·其一》[1996]。小野四平的《韩愈与柳宗元——唐代古文研究序说》[1995]以韩愈和柳宗元为线索，论述了汉代以前的文体（古文）在8、9世纪被重新发现和创造的意义。他们的人生，正浓缩了中国历史的重大变迁。

◆宗教、信仰、思想

隋唐是中国历史上一个最为绚烂的多元文化时期，宗教方面，儒教、佛教、道教三教之外，还有琐罗亚斯德教（祆教）、摩尼教、基督教聂斯脱利派

（景教）等，均成为民众广泛信仰的宗教。其中对中国而言，外来的佛教和内生的道教交织互动，关于两者之间既相互对立又相互影响的复杂关系史，吉川忠夫编《京都大学人文科学研究所研究报告　唐代的宗教》[2000] 为最佳入门书。隋唐初期对国家和社会产生深刻影响的宗教是佛教，关于佛教的研究不胜枚举，其中，砺波护《隋唐的佛教与国家》[1999] 深入而又全面地揭示了佛教在政治社会变迁中的作用，用力之深无有出其右者。另外，藤善真澄《隋唐时期的佛教与社会——在弹压的间隙中》[2004]，内容易懂，叙述明快，是了解隋唐佛教史的必读书；他的《道宣传研究》[2002] 则开创了南山律宗初祖道宣研究的新局面。唐朝后半期，道教、儒教复兴，佛教不断地中国化。关于 9 世纪以后理学的形成，小岛毅的《中国近世对礼的言说》[1996]、《宋学的形成与展开》[1999] 新见迭出，富有启发。关于隋唐时期的道教，砂山稔《隋唐道教思想史研究》[1990]、山田俊《唐初道教思想史研究——〈太玄真一本际经〉的形成与思想》[1999]、小林正美《唐代的道教与天师道》[2003] 展开了丰富的讨论，研究颇显活力。丸山宏《民间信仰的形成》[1999] 将道教置于隋唐的宏大历史中加以讨论。福永光司《道教思想史研究》[1987] 收录了其关于中国道教史的珠玑名篇，其中就包含了隋唐时期。关于摩尼教，森安孝夫的《回鹘摩尼教史研究》[1991] 取其与回鹘史共同分析，已成为摩尼教历史研究的一座高峰。

西胁常记《唐代的思想与文化》[2000] 基于新史料，讨论了唐人的生死观。中砂明德《唐代的墓葬与墓志》[1993] 系统论述了唐代墓葬和墓志铭的变迁。来村多加史《唐代帝陵研究》[2001] 基于实地考察，论述了唐代的帝陵。渡边信一郎《中国古代的王权与天下秩序——从日中比较史的视角出发》[2003]、大原良通《王权的确立与授受——以唐、吐蕃和南诏为中心》[2003]，使用比较史学的方法，分析了隋唐的王权思想。

◆敦煌、吐鲁番文献研究

甘肃敦煌莫高窟第 17 窟藏经洞内敦煌文书的发现，迄今已有 100 多年，其中包括了 4 世纪后半叶至 10 世纪末叶数万件内容丰富多彩的文献。敦煌文书虽以多语言书写为特色，但仍以汉文佛教文献为大宗，内容涵盖法令、地理、籍帐、契约、官方文书和诗文等。敦煌文献与差不多同时期发现于中国新疆吐鲁番盆地的吐鲁番文书一起，成为可与明清档案及日本地方文书相匹敌的一手史料，确实对隋唐史研究产生了革命性的影响。敦煌、吐鲁番文书的整理，现已取得飞跃性的进展，文献的占有，今后必定更加重要。

欲知目前的研究积累和前沿动态，池田温《近年日本的敦煌、吐鲁番研究》[2000b]和《敦煌文书的世界》[2003]最为适宜，欲知敦煌研究的历史以及现阶段的整体情况，荣新江根据其在北京大学授课的讲义整理而成的《敦煌学十八讲》[2001b]可谓扛鼎之作。百桥明穗《美术史中的敦煌学百年轨迹》[2003]以美术史为线索，简要地梳理了敦煌的研究史。日本的敦煌学以罗振玉、王国维赴日为契机而创立，高田时雄编《草创期的敦煌学》[2002]根据中日两国代表性学者丰富的考论，展示了日本敦煌学的发展轨迹和当前境况。

日本学界敦煌、吐鲁番文书研究的代表作为西域文化研究会编《西域文化研究》[1958—1963]全6册、附录1册和《讲座敦煌》[1980—1992]全9卷。前者通过解读和分析龙谷大学所藏大谷文书，在佛教、美术、社会经济和语言学等领域展开了广泛而又实证的讨论；后者则详细论述了敦煌的自然、历史、社会、汉文文献、非汉文文献、佛教、道教等内容，两者迄今依然影响深远。专著方面，池田温《中国古代籍帐研究——概观·录文》[1979]细致地复原了籍帐类文献，他的另一本《中国古代写本识语集录》[1990]则集录了写本的识语，两者均堪称划时代的杰作。其他代表性的成果有：高田时雄《基于敦煌史料的中国语史研究》[1988]根据敦煌史料探明了中国文字的历史，小田义久《大谷文书研究》[1996]对大谷文书进行了系统的分析，上山大峻《敦煌佛教研究》[1990]解析了敦煌佛教的独特性，嶋崎昌《隋唐时期的东突厥汗国研究——以高昌国史研究为中心》[1983(1977)]和关尾史郎《西域文书所见中国历史》[1998]则探讨了东突厥的历史，西胁常记《德国所藏吐鲁番汉语文书》[2002]分析了此前未曾披露的德藏吐鲁番汉语文书。

进入1990年代，中国也开始陆续刊行研究敦煌文献的论文丛刊，其中有：台湾新文丰出版公司1991年创刊的《敦煌学导论丛刊》、1993年创刊的《敦煌丛刊二集》，甘肃教育出版社2002年创刊的《敦煌学研究丛书》。1995年，北京大学出版社出版的学术年刊《敦煌吐鲁番研究》(1995—　)，继承了北京大学中国中古史研究中心主编的同名刊物[1982—1990]。年轻一代积累深厚的中国研究者，开始主导世界的敦煌、吐鲁番文书研究，将研究推至一个新的阶段。世界各地敦煌、吐鲁番文书研究的最新动向，可通过Newsletter of The

International Dunhuang Project（IDP）（1993— ）和《敦煌学国际联络委员会通讯》（2003— ）加以了解。

（妹尾达彦）

三、史料解说（各项末尾〔 〕内为标点本信息）

◆正史、编年、实录等

•《隋书》

85卷。唐长孙无忌、魏徵等撰。唐太宗时完成了帝纪和列传，随后因南朝梁、陈，北朝周、齐、隋五史中没有志，故以《五代志》的名义续行编纂。现行的《隋书》是纪、传与《五代志》合并而成。因此，纪、传仅记隋代之事，而志的记述包括了隋代之前。相应的工具书有邓经元编《隋书人名索引》（中华书局，1979年）。目前的标点本系根据百衲本、武英殿本校正字句。〔中华书局，1973年，6册〕

•《旧唐书》

200卷。五代后晋刘昫等撰。该书是唐史研究的基本史料，但因为安史之乱和唐末战乱中唐代史料的散佚，编纂时已不能获得充足的材料。例如，《食货志》是基于《唐会要》的前身《会要》和《续会要》编纂而成（铃木俊《论〈旧唐书·食货志〉的史料系统》[1950]）。清人岑建功辑，罗士琳、刘文淇同订有《旧唐书校勘记——附旧唐书逸文》（上、下）（台湾正中书局，1971年）；张万起编有《新旧唐书人名索引》全3册（上海古籍出版社，1986年）。此外，《食货志》有加藤繁的日文译注《旧唐书食货志·旧五代史食货志》[1948]，《倭国传》等的译注有石原道博编译的《〈魏志·倭人传〉等三篇——中国正史日本传（1）》[1985（1951）]。《地理志》的工具书则有吴松弟的《两唐书地理志汇释》[2002]。〔中华书局，1975年，16册〕

•《新唐书》

225卷。宋欧阳修等撰。这是宋人为补正《旧唐书》而重新编纂的《唐书》改订版。该书修改自《旧唐书》的内容甚多，有二手史料之嫌，但也包括了大量《旧唐书》中未见的记载。尤其是志书全部重新编纂，因其中隐含着宋人的唐史观，故有必要取新旧两唐书对照而观。《食货志》中征引史料的收集整理，有高桥继男的未定稿《〈新唐书·食货志〉内容的史料出典札记》（1）—（5）

［1987—1996］，另有古贺登对杨贵妃传、李白传、杜甫传、安禄山传、黄巢传的日译《新唐书》［1971］。《新唐书》中载有《旧唐书》未有的世系表和年表，赵超《新唐书宰相世系表集校》［1998］补订了宰相世系表，吴廷燮《唐方镇年表》［1980］对方镇表做了补订。需要注意的是，《新唐书》使用了来自小说的史料，章群《通鉴、新唐书引用笔记小说研究》［1999］将此类史料抽出，并与出处原文对勘，颇为便利。〔中华书局，1975年，20册〕

•《资治通鉴》

294卷。宋司马光撰，元胡三省注。这是一部上起战国时代、下迄五代末期的编年体通史。在查阅一些史事时，若用正史就不得不打开本纪、志、列传的各自关联部分，而《资治通鉴》将关联内容集中于一处，极显编年体之利，故《资治通鉴》为唐史研究必用文献。司马光还将编撰过程中处理互异史料的取舍理由汇编为《资治通鉴考异》30卷，传诸后世，极为宝贵。索引方面，有佐伯富编《资治通鉴索引》（东洋史研究会，1961年），荒木敏一、米田贤次郎编《资治通鉴胡注地名索引》（人文学会，1967年）。此外，岑仲勉取《资治通鉴》中的记载与其他史料比较，将对照呈现的疑点汇编为《通鉴隋唐纪比事质疑》［1977］，该书与他的《唐史余沈》［1979（1960）］，均对研究大有助益。〔中华书局，1956年，20册〕

•《大唐创业起居注》

3卷。唐温大雅撰。该书逐日记载了唐高祖李渊自太原起兵至进入长安登基的一年多史事，是现存唯一的唐代起居注，作者随李渊从军，记述本人所见所闻，故史料价值极高。清代缪荃孙《藕香零拾》收录有校订本。〔上海古籍出版社，1983年，1册〕

•《贞观政要》

10卷。唐吴兢撰。这是一部按内容分类记述唐太宗与群臣议论的史书，从中可知太宗一朝的政治方针以及名臣魏徵、房玄龄等人的言行。全本以原田种成《贞观政要定本》（财团法人无穷会东洋文化研究所，1962年）为佳。索引有原田种成《贞观政要语汇索引》（汲古书院，1975年），译注有原田种成《贞观政要》（上、下）［1978—1979］。〔上海古籍出版社，1978年，1册〕

•《顺宗实录》

5卷。唐韩愈撰。唐顺宗在位不满一年，这是现存唯一的唐代实录，颇为珍贵，收录于韩愈《韩昌黎集》外集。根据《资治通鉴考异》,《顺宗实录》有详本和略本两种。取《资治通鉴》顺宗纪（标点本，第7606—7619页）正文和胡注所引《考异》与《韩昌黎集》中的记载进行比较，可知现行《顺宗实录》为略本。稻叶一郎《顺宗实录考》[1968]分析了该书的史料依据以及作者韩愈的政治立场。〔参见后揭《韩昌黎文集校注》〕

•《史通》

20卷。唐刘知幾撰。作者曾参与史书编纂，这是他总结的历史叙事理论，著于8世纪初叶，是了解中国人历史撰述观念的极佳史料。该书译注有西胁常记的《史通内篇》[1989]、《史通外篇》[2002]，日译本有增井经夫的《史通——唐代的历史观》[1966]。〔浦起龙《史通通释》，上海古籍出版社，1978年，2册〕

◆制度、法律书

•《大唐六典》

30卷。唐玄宗敕撰，李林甫等注。该书记载了玄宗一朝的官制、诸官职掌和沿革等内容。书中所记职务按律、令、格、式分类整理，堪称行政法宝库。其中，令为开元七年令，部分可见开元二十五年改定令的痕迹。日本享保年间，近卫家熙取明代正德本为底本，参考诸书校订成近卫本，近年有影印出版（广池学园事业部，1973年)。〔中华书局，1991年，1册〕

•《唐会要》

100卷。宋王溥撰。该书按部门分类记述了唐代的诸项制度，含有大量他书未见之记载。该书之前有苏冕《会要》10卷和杨绍复等《续会要》40卷，王溥对两书加以增补，撰成《唐会要》。张忱石编有《唐会要人名索引》(中华书局，1991年)。古畑彻《关于〈唐会要〉流传的一项考察》[1998]整理了各版本的谱系。〔上海古籍出版社，1991年，2册〕

•《通典》

200卷。唐杜佑撰。该书按食货、选举、职官、礼、乐、兵、刑、州郡、边防9个部门，分类收录了下迄唐玄宗天宝年间的历代制度。关于唐代的记载，常引用开元二十五年令。除十通的缩印本（台湾新兴书局，1963年）和标点本外，还有宫内厅书陵部藏《北宋版通典》影印本8册（汲古书院，1980—1981年)。关于杜佑《通典》的编纂过程和上呈朝廷时间等基本背景，可参考北川俊昭《〈通典〉编纂始末考——特别是围绕其上献时间》[1998]。

•《册府元龟》

1000 卷。宋王钦若等撰。这是供帝王为政参考而编纂的一部集录古今史事的政治学类书（百科全书）。书中收录了不少未见于正史和《唐会要》的诏敕、上奏和文章，为治隋唐史必备之书。该书尚无标点本，通常使用明版影印本（中华书局，1960 年，12 册），其中约有三分之一，另有宋版影印本（中华书局，1989 年，4 册）。工具书方面，有宇都宫清吉、内藤戊申编《册府元龟奉使部・外臣部索引》（东方文化研究所，1938 年），山内正博《册府元龟所载唐代传记索引——一般人名之部》（《宫崎大学教育学部纪要（社会科学）》第 24 号，1967 年）。

•《唐律疏议》

30 卷。唐李林甫等撰。该书在唐律（刑法）的原文中附加疏（释文），由名例律、卫禁律、职制律、户婚律等 12 篇约 500 条构成，是研究唐代法制最重要的史料。其版本有元泰定本和元至正本两个系统，国学基本丛书的 4 册铅印本（台湾商务印书馆）属前者，庄为斯编《唐律疏议引得》是据此为底本的单字索引。因律文难解，译注方面有律令研究会编《译注日本律令》的第 5 至 8 卷《唐律疏议译注篇》[1979—1996]、曹漫之《唐律疏议译注》[1989]、刘俊文《唐律疏议笺解》[1996]。〔台湾商务印书馆，1965 年，1 册（国学基本丛书合订本）；中华书局，1983 年，1 册〕

•《唐令拾遗》

仁井田陞编。东方文化学院，1933 年，东京大学出版会，1964 年再版。该书从各种史籍的引文中收集散佚的唐令，加以汇录复原，不仅是法制史，也是制度史研究之必备参考。以唐令为蓝本制定的日本令中，养老令的注本《令义解》《令集解》流传至今，需与《唐令拾遗》对照而观。这两本书，一般使用新订增补国史大系本（吉川弘文馆），养老令的诸种译注中，日本思想大系《律令》（岩波书店，1976 年）最为有名，对应的《日本思想大系本〈律令〉头注・补注索引》使用颇为便利。

•《唐令拾遗补》

仁井田陞、池田温主编。东京大学出版会，1997 年。以池田温为中心的 6 名编者，继承仁井田陞的遗志，最终完成了《唐令拾遗》的补订版。全书内容分 3 部：第 1 部《唐令相关仁井田论文》（12 篇）；第 2 部《唐令拾遗补订》；第 3 部《唐日两令对照一览》。现在查阅唐令，必定亦取《唐令拾遗补》。

•《白氏六帖事类集》

30 卷。唐白居易撰。该书作为一部诗文创作的参考书，汇集了经书、史书中的词汇和典故，个别地方还引用了律、令、格、式的条文。有宋版的影印本（台湾新兴书局，1969 年），另有与宋人孔传的续编合刊的《白孔六帖》。

•《元和姓纂》

10 卷。唐林宝撰。该书系为明确族姓系统而编纂。唐代为贵族制时代，故屡有类似的氏族志，然现存者仅《元和姓纂》。不过，该书曾一度散佚，现行本系清人自《永乐大典》辑佚而成。校勘有岑仲勉的《元和姓纂四校记》（上、下）（台湾台联国风出版社，1975 年）。

•《大唐开元礼》

150 卷。唐萧嵩等撰。该书记述了王朝的礼仪程序，由吉礼、宾礼、军礼、嘉礼、凶礼 5 礼组成。唐礼中，在此之前有《贞观礼》和《显庆礼》，然均已散佚，现仅存《大唐开元礼》传世。有影印本《大唐开元礼附大唐郊祀录》（汲古书院，1972 年）。

◆文集

•《唐大诏令集》

130 卷。宋宋敏求编。该书汇录唐代的诏敕文章，并进行了分类。因为很长时间内仅有写本流传，故现存本子有部分缺失。清末梓行，收录于《适园丛书》。此外，《唐代诏敕目录》（东洋文库，1981 年）可按皇帝顺序一览唐代诏敕题名。中村裕一《唐代制敕研究》[1991]、《隋唐王言研究》[2003] 对诏敕进行了专门研究。〔商务印书馆，1959 年，1 册。台湾鼎文书局重印，1978 年，1 册〕

•《文苑英华》

1000 卷。宋李昉等撰。该书上承《文选》，收录了梁末以后的诗文，其中大部分为唐人作品。全书不仅收录赋、诗等文学作品，中书制诰、翰林制诰、策问、表、状、露布、哀册文等亦近乎以全文形式收入，为唐史研究必备史料。通行的中华书局 6 册影印本，系以宋版残本为底本，用明版补足，台湾大化书局的 3 册本亦如此。两种本子均附有作者索引，可据以检索收录作品。

•《文馆词林》

原本1000卷。唐许敬宗撰。因编纂于唐初，故收录作品大部分为汉、六朝诗文，但包括一部分唐初的珍贵史料。该书在中国已散佚，在日本有写本23卷传世，古典研究会刊有影印本（汲古书院，1969年）。

•《全唐文》

1000卷。清董诰等撰。该书系奉清朝嘉庆皇帝之敕命，继《全唐诗》之后编成的一部唐代散文作品集大成之作。全书按作者排序，便于与《文苑英华》等对照使用。中华书局将其与《唐文拾遗》《唐文续拾》合刊为11册影印本（1983年），并附有《全唐文篇名目录及作者索引》，另有冯秉文主编《全唐文篇目分类索引》（中华书局，2001年）。因《全唐文》是利用《册府元龟》《诏令集》和个人文集等汇编而成，所以在作为史料使用时务必校核原书。在核查时，可使用平冈武夫编《唐代研究指南》之3《唐代的散文作家》（同朋舍出版，1985年再版）查出作者编号，然后至同丛书之10《唐代的散文作品》（同朋舍出版，1985年）找到作品的出处。此外，新增出土墓志史料的《全唐文新编》（吉林文史出版社，2000年，22册）和《全唐文补遗》（三秦出版社，1994—2000年，7册）业已刊行，经过标点，使用便利，但误录亦多，必须校核原文。〔山西教育出版社，2002年，7册〕

此外，个人文集方面，有陈子昂《陈伯玉文集》、张说《张燕公集》、张九龄《曲江集》、独孤及《毗陵集》、韩愈《韩昌黎集》、柳宗元《柳河东集》、白居易《白氏长庆集》、李德裕《会昌一品集》等，多收录于四部丛刊。可参考前揭《唐代研究指南》之10《唐代的散文作品》。〔《韩昌黎文集校注》，上海古籍出版社，1986年，1册；《李德裕文集校笺》，河北教育出版社，2000年，1册〕

◆地理书类

•《元和郡县图志》

40卷。唐李吉甫撰。该书是记载唐宪宗元和年间情况的地理书，将全国分为十道，按州县分述户口、沿革、贡赋和古迹等内容。了解唐代地理情况时，当同时参考两唐书地理志、《通典·州郡典》等。〔中华书局，1983年，2册〕

•《太平寰宇记》

200卷。宋乐史撰。这是一部宋代的地理书，但书中亦载有唐代的户数和土产等内容，对唐代研究颇有助益。台湾文海出版社刊有影印本（2册，附补阙1

册，1963 年），该社又刊有王恢编《太平寰宇记索引》（1975 年）。此外，还有残本《宋本太平寰宇记》（影印本，中华书局，2000 年）。

•《括地志》

唐李泰撰。这是一部编纂于唐初的地理书，后一度散佚，现行本系清人从《史记》三家注等引文中辑佚而成。该书对于确定唐初县治对应于前代何处极有用处。〔贺次君《括地志辑校》，中华书局，1980 年，1 册〕

•《唐两京城坊考》

5 卷。清徐松撰。该书广收史料，描绘了唐代长安和洛阳的景观。有爱宕元的译注《唐两京城坊考》[1994]，缪荃孙《藕香零拾》中收有程鸿诏的《唐两京城坊考校补记》1 卷。长安研究方面，除该书外，还有唐代章述《两京新记》、宋代宋敏求《长安志》、宋代程大昌《雍录》等史料。可参考平冈武夫编《唐代研究指南》（5—7）《长安与洛阳》索引、资料、地图篇（同朋舍出版，1985 年）。〔中华书局，1985 年，1 册〕

•《蛮书》

10 卷。唐樊绰撰。这是一部基于实地见闻，按民族、山川、道里、风俗等类别，记载唐末南诏情况的一部珍贵地方志。竹内刚、林谦一郎编有《〈蛮书〉索引》（《南方文化》第 15 号，1988 年）。〔向达《蛮书校注》，中华书局，1962 年；台湾鼎文书局影印，1972 年，1 册〕

◆传奇、杂史类

•《太平广记》

500 卷。宋李昉等撰。这是一部传奇小说集成，不少作品仅赖此书得以传世。全书内容当然为虚构性的小说，但其描绘的景观和风俗等皆为当时现实之反映，故可作为史料使用。有基于标点本的《太平广记索引》（中华书局，1996 年），另有同名的引书和篇目索引（中华书局，1982 年）。〔中华书局，1961 年，10 册〕

•《酉阳杂俎》

20 卷，续集 10 卷。唐段成式撰。这是一部唐代传奇小说集，从中可见当时社会状况之一面。有今村与志雄的译注《酉阳杂俎》[1980—1981]。〔中华书局，1981 年，1 册〕

•《安禄山事迹》

3 卷。唐姚汝能撰。该书记述了安禄山的生平，但其中轶事性的记述是否为史实还有诸多疑问之处，需要与正史等史书对照而观。各本之中，以缪荃孙《藕香零拾》所收校订本为佳。〔上海古籍出版社，1983 年，1 册〕

•《唐国史补》

3 卷。唐李肇撰。该书记述了开元至长庆年间著名人物的言行与轶闻，以及各地的土特产品，是了解当时社会风俗的绝好史料。〔台湾世界书局，1978 年，1 册〕

•《因话录》

6 卷。唐赵璘撰。该书记述了皇帝、百官和庶士等人群的轶闻、典故。〔前揭，世界书局本所收〕

•《封氏闻见记》

10 卷。唐封演撰。该书记述了唐代小说中的典故，以及与学问、书籍、道教等有关的轶闻。〔赵贞信《封氏闻见记校注》，中华书局，1958 年，1 册〕

•《唐摭言》

15 卷。五代王定保撰。该书主要记述与科举有关的轶闻。〔上海古籍出版社，1978 年，1 册〕

•《唐宋史料笔记丛刊》〔中华书局〕

该丛书收录有《隋唐嘉话·朝野佥载》(1997 年)、《明皇杂录·东观奏记》(1997 年)、《大唐新语》(1997 年)、《唐语林校证》(上、下)(1997 年)、《南部新书》(2002 年)、《北梦琐言》(2002 年)等。

◆旅行记

•《大唐西域记》

12 卷。唐玄奘撰。这是著名的三藏法师的印度旅行记，是记录 7 世纪前半期中亚地区情况的珍贵史料。译注方面，足立喜六《大唐西域记研究》[1942—1943] 堪称详细，另有水谷真成《大唐西域记》[1999(1983—1984)] 等。〔中外交通史籍丛刊《大唐西域记校注》，中华书局，2000 年，2 册〕

其他佛教僧侣的求法旅行记，有玄奘的传记《大慈恩寺三藏法师传》、义净的《南海寄归内法传》和《大唐西域求法高僧传》、慧超的《往五天竺国传》(桑山正进 [1998(1992)]) 等。这些旅行记在《国译一切经》史传部中收有训读文，西域行记索引丛刊中有《大唐西域记》《大慈恩寺三藏法师传》的单字索引。〔以上旅行记均收录于中外交通史籍丛刊，中华书局〕

•《经行记》

唐杜环撰。作者在怛罗斯一役中被伊斯兰军队俘虏，辗转西方各地后经海路归国，该书是作者这段经历的见闻记录。遗憾的是，原书早已散佚，仅在《通典》的引文中留下些许佚文，所幸仍可据以复原对西域十二国的记载，包含了8世纪天山、西突厥方面的珍贵史料。〔中外交通史籍丛刊《经行记笺注》，中华书局，2000年，1册〕

•《入唐求法巡礼行记》

4卷。日本圆仁撰。这是日本天台宗慈觉大师圆仁随遣唐使入中国后，在中国各地游历大约10年的旅行记，是了解9世纪唐朝国内状况以及新罗商人情况的极佳史料。译注方面，小野胜年《〈入唐求法巡礼行记〉研究》[1964—1969]最为详细，另有足立喜六、盐入良道《入唐求法巡礼行记》2册[1970，1985]。全本日语白话译本有深谷宪一译《入唐求法巡礼行记》[1990]，英译本有赖肖尔（Reischauer，Edwin Oldfather）的 *Ennin's Diary, the Record of a Pilgrimage to China in Search of the Law*（《圆仁入唐求法巡礼行记》）[1955]。研究专著有赖肖尔《圆仁——唐代中国之旅》[1999（1978）]。〔上海古籍出版社，1986年，1册〕

•《中国印度见闻录》①

该书为9世纪末至10世纪初，伊斯兰商人的南海贸易见闻录，从中可见广州贸易的情况和有关黄巢起义的记录。有藤本胜次基于雷诺（Reinaud，M.）②阿拉伯语本的日译《中国印度见闻录》（关西大学东西学术研究所，1976年）。

◆史料集

•《隋末农民战争史料汇编》

王永兴编（中华书局，1980年）。该书以隋末15位群雄为纲，收集整理了

① 译者按：该书中文译本题为《中国印度见闻录》（穆根来、汶江、黄倬汉译，中华书局，1983年），系综合法国学者索瓦杰（Sauvaget，Jean）的阿拉伯语与法译对照本（*Relation de la Chine et de l'Inde, rédigée en 851*，Texte établi，traduit et commenté par Jean Sauvaget，Paris，1948）和此处介绍的藤本胜次日译本译出，其中第一卷主要基于前者，第二卷主要基于后者。该书又有一中文译本，题为《苏莱曼东游记》，由刘半农及其女刘小蕙于1927年译自法文版。刘氏译文曾发表于《语丝周刊》和《地学杂志》，1937年由中华书局首次出版。最近，又有华文出版社的修订重刊本（[阿拉伯]苏莱曼（Sulayman）著，刘半农、刘小蕙译：《苏莱曼东游记》，华文出版社，2016年）。穆根来等人的译本吸收了索瓦杰的考证意见，不明确认定该书作者为苏莱曼。

② 译者按：Reinaud，M. 又名 Reinaud，Joseph Toussaint，后者更为学界所知。

各种史书中的相关记载，且汇录了有关群雄所割据地区的情况和相关人士的记载，使用颇为便利。

•《唐五代农民战争史料汇编》

上、下，张泽咸编（中华书局，1979年）。该书以唐代皇帝为序，又分五代时期、十国时期，对史料进行了编年整理。

•《登科记考》

30卷。清徐松撰。该书收集了唐代科举进士及第者的各种史料，并加以编年整理。有孟二冬的补正版，并附有人名索引。〔孟二冬编《登科记考补正》，北京燕山出版社，2003年，3册〕

•《唐代史料稿》

平冈武夫、市原亨吉、今井清、砺波护编。该史料集广泛汇录了武德元年（618）、长庆元年—四年（821—824）、大和元年—三年（827—829）的史料，并按月日顺序加以整理。虽所涉时段较短，但内容充实，是研究这些时期的必读史料。〔《东方学报》（京都），第25—27号、第37—40号、第42号、第44号（1954—1957年、1966—1969年、1971年、1973年）〕

•《突厥集史》

上、下，岑仲勉撰（中华书局，1958年）。此为突厥史研究必备之书。上册为年表，下册为突厥传和石刻史料等的校勘。依靠该书，常规的突厥史料基本可全盘掌握，尤其是上册，至今仍为该领域首屈一指的史料集。

•《渤海史料全编》

孙玉良编（吉林文史出版社，1992年）。分为第1编《中国古籍中的渤海史料》、第2编《日本古籍中的渤海史料》、第3编《朝鲜古籍中的渤海史料》、第4编《渤海文物与考古资料》，汇录整理了与渤海相关的史料。

（石见清裕）

◆敦煌、吐鲁番文献

汇总分藏世界各地数万件敦煌文献的综合目录，至今仍付阙如。收藏于伦敦的斯坦因所获文献，有翟林奈（Giles，Lionel）编 *Descriptive Catalogue of the Chinese Manuscripts from Tunhuang in the British Museum*（《大英博物馆藏敦煌汉文写本注记目录》）[1957] 和荣新江编《英国图书馆藏敦煌汉文非佛教文献残卷目录 S6981—S13624》[1994]，收藏于巴黎的伯希和（Pelliot，Paul）所获文献有苏远鸣（Soymié，Michel）等编 *Catalogue des manuscrits chinois de Touen-houang*（《巴黎国立图书馆藏汉文写本目录》）[1970—2001]。相对比较综合的目录，有黄永武主编的《敦煌遗书最新目录》[1986] 和敦煌研究院编《敦煌遗书总目索引》[1983—2000]。山本达郎（Yamamoto，T.）等编 *Tunhuang and Turfan Documents: Concerning Social and Economic History*（《敦煌吐鲁番社会经济文书集》）[1978—2001] 为社会经济方面的敦煌、吐鲁番文书集成，分为法制、户籍、契约、社文书和补遗五函，有文书原件图版和扎实可信的录文。池田温的《中国古代籍帐研究——概观・录文》[1979] 和《中国古代写本识语集录》[1990] 亦为基础文献。

在此需特别一提的是，从 1992 年开始，上海古籍出版社将分藏世界各地的敦煌文献以图版形式汇编为《敦煌吐鲁番文献集成》（计划共 150 册），陆续出版。经此一举，敦煌文献的全貌日渐清晰地呈现于世人面前。目前，已出版孟列夫、钱伯城主编《俄藏敦煌文献》全 17 册（1992—2001 年），上海古籍出版社、法国国家图书馆编《法藏敦煌西域文献》全 34 册（1994—2004 年），上海博物馆编《上海博物馆藏敦煌吐鲁番文献》全 2 册（1993 年），北京大学图书馆、上海古籍出版社编《北京大学图书馆藏敦煌文献》全 2 册（1995 年），上海古籍出版社、天津市艺术博物馆编《天津市艺术博物馆藏敦煌文献》全 7 册（1996—1998 年），上海古籍出版社、上海图书馆编《上海图书馆藏敦煌吐鲁番文献》全 4 册（1999 年）。此外，伦敦大英博物馆收藏的敦煌文献，中国社会科学院历史研究所、中国敦煌吐鲁番学会敦煌古文献编辑委员会、英国国家图书馆、伦敦大学亚非学院编有《英藏敦煌文献（汉文佛经以外部分）》全 15 册（四川人民出版社，1990—1995 年），但第 15 册未出。①

此外，还有中国国家图书馆编《中国国家图书馆藏敦煌遗书》全 10 册（江苏古籍出版社，1998—2001 年）、浙藏敦煌文献编纂委员会编《浙藏敦煌文献》全 1 册（浙江教育出版社，2000 年）、段文杰主编《甘肃藏敦煌文献》全 6 册（甘肃人民出版社，1999 年）。

分类别的敦煌文献校订本，自 1996 年起，江苏古籍出版社有《敦煌文献分类录校丛刊》全 10 册（1996—1998 年），分为经典（论语）、文学（赋、变文）、

① 译者按：第 15 册已于 2009 年由四川人民出版社出版。

佛教（禅、佛教相关）、历法、书信、契约、社邑和医药。社会经济类的基本文献，有唐耕耦、陆宏基编《敦煌社会经济文献真迹释录》全5册（书目文献出版社，1986—1990年）。

吐鲁番文献方面的基本史料，有中国文物研究所、新疆维吾尔自治区博物馆、武汉大学历史系编，唐长孺主编《吐鲁番出土文书》全4册（文物出版社，1992—1996年）。该书不仅修订了国家文物局古文献研究室等编《吐鲁番出土文书》简装本全10册（文物出版社，1981—1991年）的录文，还收录了各文书的图版与录文。以大谷探险队所获吐鲁番文献为主体，小田义久编有《大谷文书集成》1、2、3（龙谷大学善本丛书5、10、23，法藏馆，1984、1990、2003年）。通过以上工作，可自由便利使用敦煌、吐鲁番文献的研究平台于近年日渐成形，意义非凡。

◆*石刻*

汇录截至1950年代已刊石刻相关史料的基础史料集，有台湾新文丰出版公司刊行的《石刻史料新编第一辑》全30册（1977年）、《石刻史料新编第二辑》全20册（1979年）、《石刻史料新编第三辑》全40册（1986年）。杨殿珣编有《石刻题跋索引（增订本）》（上海商务印书馆，1957年）。不过，使用前述《石刻史料新编》时，高桥继男的《〈石刻史料新编第一、二、三辑〉书名、作者索引》[1993]为案头必备。国家图书馆善本金石组编《隋唐五代石刻文献全编》全4册（北京图书馆出版社，2003年），除主要依据前述石刻史料集外，还收录了1930年代以前刊行的隋唐时期石刻史料约3000件。岑仲勉《金石论丛》（岑仲勉著作集8，中华书局，2004年，初版1981年），收录了作者关于各种石刻史料的精彩分析。中田勇次郎编《中国墓志精华》[1975]，作为北朝、隋唐时期墓志释文的入门书，现在依然颇具价值。

近年来，石刻史料明显增多，在此主要就墓志资料集做一介绍。详情可参考气贺泽保规编《新版　唐代墓志所在综合目录》[2004]、吉冈真《现存唐代墓志研究——综合目录的编制》[1998]和《影印・初公刊，罗振玉（撰辑）〈芒洛冢墓遗文〉五编（全）六卷——（1）：卷1、2》[2004]、高桥继男《近五十年来出版的中国石刻关系图书目录（稿）》[2001]。新刊隋唐墓志资料集中的墓志，可分为1949年后新出墓志和1949年前出土墓志拓片的重刊两大类。吉冈真《现存唐代墓志研究——综合目录的编制》[1998]指出，最近新刊的墓志中，包括了大量罗振玉和岑仲勉等研究者在1920、1930年代曾系统利用过者。另外，在使用墓志时，当然不能仅仅依靠录文，还需与收录拓片图版的墓志集对照而观。

主要的新刊石刻史料集，按出版顺序胪列于下。①饶宗颐编《唐宋墓志远东学院藏拓片图录》，香港中文大学出版社，1981年（含法国远东学院藏370件唐代墓志拓片图版）。②河南省文物研究所、河南省洛阳地区文物管理所编《千唐志斋藏志》（上、下），文物出版社，1983年（收录2件隋代墓志、1209件唐代墓志拓片图版，包括河南省新安县张昉收集和清末以后洛阳邙山地区出土的墓志）。③毛汉光编《唐代墓志铭汇编附考》全18册，台湾“中研院”历史语言研究所，1984—1994年（1800件唐代墓志的拓片图版与释文，以台湾地区所藏唐代墓志为主体，集成了其他石刻史料集和新出墓志，但未全部出齐）。④北京图书馆金石组编《北京图书馆藏中国历代石刻拓本汇编》隋、唐，第9—35册，中州古籍出版社，1989年（收录347件隋代石刻、4193件唐代石刻的拓本图版，北京图书馆所藏1949年前出土的唐代墓志几乎全部收入）。⑤洛阳市文物工作队编《洛阳出土历代墓志辑绳》，中国社会科学出版社，1991年（收录14件隋代墓志、646件唐代墓志的拓片图版，为1949年前后在洛阳出土的墓志）。⑥《隋唐五代墓志汇编》总编辑委员会编《隋唐五代墓志汇编》全30册（含索引1册），天津古籍出版社，1991—1992年（收录337件隋代墓志、4550余件唐代墓志〔墓志数量据高桥继男《近五十年来出版的中国石刻关系图书目录（稿）》[2001]〕的拓片图版，主要按地区收录1949—1991年间出土的隋唐五代墓志，使用时，可参考张忱石《〈隋唐五代墓志汇编〉举证》，《出土文献研究》第3辑，1998年）。⑦周绍良、赵超主编《唐代墓志汇编》（上、下），上海古籍出版社，1992年（收录3607件唐代墓志的释文，系利用北京图书馆等机构和周绍良个人收藏的唐代墓志拓本，移录文字并加以编年，并附有完备的人名索引）。⑧昭陵博物馆、张沛编《昭陵碑石》，三秦出版社，1993年（收录46件唐代墓志、43件唐代墓碑的拓片图版与释文，主要为昭陵陪葬官员的墓志和墓碑）。⑨中国文物研究所、河南省文物研究所编《新中国出土墓志·河南（一）》（上、下），文物出版社，1994年（收录4件隋代墓志、84件唐代墓志的拓片图版，另有460件1949年后出土于河南省北部和中部的晋至民国时期墓志）。⑩陕西省古籍整理办公室编、吴钢主编《全唐文补遗》全8册（第8册预计于2005年出版[①]），三秦出版社，1994—2005年（其中包括唐代墓志的录文。主要使用新出墓志，增补了《全唐文》中未收录的文章）。⑪李献奇、郭引强编《洛阳新获墓志》，文物出版社，1996年（收录2件隋代墓志、113件唐代墓志〔包括1件隋碑、3件唐碑〕的拓片图版，另有洛阳地区新出的墓志183件）。⑫周绍良总主编《全唐文新编》全22册，吉林文史出版社，1999—2000年（对《全唐文》进行了修订和补充，共计收入作品34742篇，包括6000余件唐代墓志的释文）。⑬中国文物研究所、陕西省古籍整理办公室编《新中国出土墓志·陕西（一）》（上、下），文物出版社，2000年（收录6件隋代墓志、120件唐代墓志的拓片图版和释文，以及陕西省出土的其他墓志）。⑭周绍良、赵超主编《唐代墓志汇编续集》，上海古籍出版社，2001年（该书为⑦的续编，收录1576件唐代墓志的释文）。⑮中国文物研究所、河南省文物研究所编《新中国出土墓志·河南（二）》（上、下），文物出版社，2002年（该书为⑨的续编，收录1件隋代墓志、52件唐代墓志的拓片图版和释文）。⑯中国文物研究所、河南省文物研究所编《新中国出土墓志·北京（一）》（上、下），文物出版社，2003年（收录2件隋代墓志、43件唐代墓志的拓片图版和释文）。⑰中国文物研究所、陕西省古籍整理办公室编《新中国出土墓志·陕西（二）》（上、下），文物出版社，2003年（该书为⑬的续编，收录11件隋代墓志、342件唐代墓志的拓片图版和释文）。⑱中国文物研究所、河北省文物研究所编《新中国出土墓志·河北（一）》（上、下），文物出版社，2004年（收录13件隋代墓志、104件唐代墓志的拓片图版和释文）。上列资料集中墓志重复收入者甚多，故利用时有必要参考气贺泽保规编《新版　唐代墓志所在综合目录》[2004]。上列各种石刻史料集当首先备于手边者，从收录数量和录文的精度来看，应为⑦《唐代墓志汇编》和⑭《唐代墓志汇编续集》。

（妹尾达彦）

① 译者按：第8册已于2005年由三秦出版社出版。

第五章 五代·宋

木田知生、宫泽知之

一、研究视角

梳理一下日本宋史研究的发展历程，便能大体看出学人的代际差异。首先是明治初期创立日本东洋史学、居于领军地位的一代学人，例如内藤湖南、桑原骘藏、藤田丰八及稍晚的加藤繁等。他们所处的时代，日本的中国史研究重点正从东洋史学宏大框架的构建，逐渐转向某一特定时期或特定研究对象，所以，称他们为日本宋史研究的第一代学人当无异议。此时，尚未出现专攻宋史或唐宋史研究的专家。

接下来的第二代学人，或亲炙于内藤湖南、桑原骘藏、藤田丰八和加藤繁等第一代学人，或间接受他们影响，均为明治末期，即20世纪初叶生人，例如宫崎市定、曾我部静雄、日野开三郎、仁井田陞、周藤吉之、佐伯富等。他们都将研究重点置于廓清宋代或唐宋时期的各种史实，并且具有了那一时期的特色——深入专攻某一领域。第二代学人另有一特征，他们每个人都出版有数册乃至二十余册学术专著，再加上概论类作品，个个著作等身。而第二代学人的壮年又不幸正值战争时期，研究条件之艰苦非一般人所能想象。第一代学人业已拓荒，但尚未研究通透的领域甚多，经过活跃的第二代学人，宋史研究领域渐次扩展，在进一步深化的同时又逐渐细分。

第一代与第二代学人，就其共同点而言，两代学人所处的时代，虽然日中两国间交流存在着诸多不便，但仍存在着沟通的可能，第一代学人中，就有与清朝遗老罗振玉和王国维等人直接交往者。对第二代学人而言，尽管语言、交通等种种不便依然存在，但他们与第一代学人一样，千方百计前往中国本土，实地考察文物和遗迹、阅读典籍，甚至直接接受中国学者的教导。第一代和第二代学人的著述不仅汗牛充栋，而且至今依然保持着学术生命力，其理由之一，笔者确信正在于此。

得到第二代学人教导并深受他们影响的第三代学人，大体为大正末期至昭和初年生人，多出生于1930年后。可以说，现在日本宋史研究的代表人物中还有这一代学人，例如柳田节子、斯波义信、竺沙雅章、草野靖、梅原郁、寺地遵、佐竹靖彦和衣川强等。他们研习钻研的时期，正是中日无法直接交流的困难时代，故必然不得不以古典文献为主要研究对象。这一点，可以说是这一代学人的一个特征。

随后的第四代学人，出生于第二次世界大战结束前后至1950年代初期，他们亲炙于第二代或第三代学人，深受影响。1976年，以第四代学人为主组建的“宋史研究会”，定期组织活动，出版了相应的研究报告论文集，包括宋史研究会编《研究报告第1集　宋代的社会与文化》[1983]、《研究报告第2集　宋代的社会与宗教》[1985]、《研究报告第3集　宋代的政治与社会》[1988]、《研究报告第4集　宋代的知识分子——思想、制度、地域社会》[1993]、《研究报告第5集　宋代的规范与习俗》[1995]、《研究报告第6集　宋代的社会网络》[1998]、《研究报告第7集　宋代人的认知——相互性与日常空间》[2001]。就世代言之，第四代学人和随后的第五代学人，已成为目前日本宋史研究的中坚力量。

而且，在第四代学人勤勉学习期间，中日两国恢复邦交，从1980年前后开始，日本学人可再度前往中国留学，这一局面延续至今。中国方面，也差不多在同一时期成立中国宋史学会，以邓广铭、漆侠、王曾瑜、朱瑞熙等历代会长为中心，研究水平呈飞跃性提高，出版了大量研究专著和史料文献，其势头在中国各地学界流播深远，持续至今。现在如果从事中国研究而不关心中国国内的研究进展，便只会沦为虚玄空谈，具体如下所示。

第四代学人与继起的第五代学人拥有两个研究条件：一方面，他们能保持此前日本宋史研究的特点，继承和发展优秀的文献研究；另一方面，他们能前往中国开展实地考察、探访收集新史料。这两个研究条件，不仅已成为宋史研究的基本方法和手段，甚至已为从事学术工作所必需。尤其是第五代学人，可以预见，他们日益具有能与中国研究者对等交流的语言能力。不过，就现状而言，以上两个研究条件尚未得到充分运用，用“继往开来”四个字来进行概括更为合适。学者的当务之急是加强对汉语的全面学习，而不能止步于传统的汉文文献学习。

下面的论述将以截至2005年春季的日本五代宋史研究相关学术信息为主干，辅以中文学术圈内的重要工具书信息。对近10年来研究论著的检索，也受益于最近飞速的数字化浪潮而日益便捷。

（木田知生）

二、研究进展

（一）概论、概说

首先，从高度概括唐宋时期历史意义的内藤湖南《概括性的唐宋时代观》［1922］开始说起。这篇论文提出，中国在宋代以后进入近世，该学说成为内藤的史学研究，即后人所称“内藤史学”的核心。该论文将宋代置于从唐至元这一连续而又宏大的视野中进行全局性的理解，与内藤湖南去世后整理刊行的《中国近世史》［1947］一并具有划时代的学术意义。内藤湖南将宋以后视为近世的分期论，实际上提出于诸多文化史问题的讨论之中，需要参考内藤湖南关于唐宋及其前后时期文化的其他考论，方能理解其意义，例如《中国绘画史》［1938］、《中国史学史》［1949］中的宋元部分。

与内藤湖南的宋以后近世说相对，前田直典《古代东亚的终结》［1948］主张宋以后中世说。他的论证主要以下迄唐代的土地所有制为考察对象，结果发现唐及其之前为古代，但并未直接认定宋以后为中世。不过此后，周藤吉之等学者补充了该观点的史料证据，并且得到了主要为东京大学出身学者的有力支持，影响巨大。第二次世界大战之后一段时间内席卷中国史学界的中国史分期论战，大体就是以内藤湖南和前田直典的考论为各自出发点。关于这场论战的过程，除铃木俊、西嶋定生编《中国史的时代划分》［1957］和寺地遵《日本宋代史研究的主流》［1991］之外，可参考谷川道雄《中国史研究的新课题——兼论封建制的再评价问题》［1976］。

随后介绍一下差不多与内藤湖南活跃于同一时期，讨论中国南北问题的桑原鹭藏，他撰写了《历史上所见的南北中国》[1925]。该文从历史地理学视角出发通代考察了中国历史，运用丰富的史料概述了淮河南北的盛衰，讨论了宋代的历史意义，是不可忽视的重要论文。

再列举若干关于宋代的概论性作品。羽田亨主编《东洋文化史大系 4　宋元时期》[1938] 中的宋代部分由那波利贞、宫崎市定和曾我部静雄等执笔，时至今日依然重要。同时期出版的还有日野开三郎编《东洋中世史》[1939]。战后，周藤吉之等著有《世界史大系 8　东亚Ⅱ》[1957]，后又有宫崎市定编《图说世界文化史大系》第 17 卷《中国Ⅲ》[1959]，颇为出色。后者以宋元两代为论述对象，图文并茂，是一部高质量的宋元史概论。此后，宫崎市定和佐伯富编著有《世界历史》第 6 册《宋与元》[1961]，堀敏一等人持唐宋变革期观点，编撰了《世界历史 6　东亚世界的变迁》[1961]。接着，佐伯富编写了《东洋历史》第 6 册《宋的新文化》[1967]，对宋代近世社会文化做了平易的概说。稍晚，爱宕松男出版了《世界历史 11　亚洲的征服王朝》[1969]，不过该书以元朝为记述重点。周藤吉之和中岛敏编著有《中国的历史 5　五代·宋》[1974]，史实解说翔实。此外，有日比野丈夫等著《世界历史丛书 13　中国文化的成熟》[1974]，梅原郁著《图说中国历史 5　宋王朝与新文化》[1977]，竺沙雅章编《亚洲的历史与文化 3　中国史·近世Ⅰ》[1994]，伊原弘、梅村坦合著《世界历史 7　宋与中央欧亚》[1997]，详细介绍相关文献和研究动向的还有斯波义信等编《世界历史大系 3　中国史　五代—元》[1997]。

上述论著之外，佐伯富等著《世界历史》(第 9 册：中世 3　东亚世界的展开)[1970] 可作为概观 1960 年代末之前宋史研究情况的教科书。关于此后的研究进展，佐竹靖彦等编《中国史学的基本问题 3　宋元史学的基本问题》[1996] 有详细论述。

◆人物传记

此处对五代宋朝时期人物的传记做一介绍。早期的作品有外山军治论述岳飞和秦桧的《岳飞与秦桧——主战论与讲和论》[1939]，佐伯富讨论王安石新法的《王安石》[1941]。其后，《中国人物丛书》第 1 期、第 2 期全 24 册（人物往来社）于 1966 至 1967 年间出版，五代与宋代部分，有砺波护《冯道》[1966]、梅原郁《文天祥》[1966]、竺沙雅章《苏东坡》[1967] 和小野寺郁夫《王安石》[1967] 等。1994 至 1996 年间，又有《中国历史人物选》全 12 册（白帝社）

出版。该丛书中有竺沙雅章《范仲淹》[1995]、木田知生《司马光及其时代》[1994]和衣川强《朱熹》[1994]等，均列举有参考文献。此外，栗原益男撰有五代后周柴荣的传记《乱世皇帝》[1968]。

（二）**论文文献**

与五代史和宋史相关的论著汗牛充栋，欲把握其全貌，需觅门径而入。中国学界五代史研究的综述有中国社会科学院历史研究所魏晋隋唐史研究室编《隋唐五代史论著目录》[1985]、张国刚主编《隋唐五代史研究概述》[1996]、胡戟主编《隋唐五代史论著目录（1982—1995）》[1997]。宋史研究论著目录方面，有法兰西学院汉学研究所编《宋辽金史书籍论文目录通检中文部分（一九〇〇至一九七五）》[1978]和宋晞编《宋史研究论文与书籍目录（增订本）》[1983]、《宋史研究论文与书籍目录续编》[2003]。新刊论著，可通过学术杂志《东洋史研究》（东洋史研究会编，季刊）每一期的"近刊丛栏"，以及每年5月份左右出版的《史学杂志　回顾与展望》（史学会编）方便地了解。京都大学人文科学研究所附属东洋学文献中心编制的《东洋学文献类目》适于全面的文献检索，但类目的整理公布相比论文的发表有数年延迟，是为缺憾。从1998年度版（2001年）开始，该目录改由人文科学研究所附属汉字情报研究中心编制，2005年已公布了2002年度版，可利用互联网进行检索。

国际历史学会议日本国内委员会编《日本历史学的发展与现状》[1959—1985]，专门概述评议日本历史学的发展与现状，已出版有Ⅰ—Ⅵ部。其中，"五代、宋"或"五代、宋、元"的论文解说，由佐伯富、柳田节子、菊池英夫、梅原郁、吉田寅和竺沙雅章六人执笔。1989年刊行的国际历史学会议日本国内委员会编《日本历史学的发展与现状》[1989]为该书第Ⅶ部，有副标题"历史研究的新潮流"，一改以往的体例，废除了"五代、宋"等篇目安排。宋史提要编纂协力委员会编《宋代研究文献提要》[1961]，全面收录了日本学界下迄1957年的宋史研究论著，并全部附有简洁的提要，该书同时收录了关于五代、辽、金、元的论文。此外，与《提要》并行，宋史提要编纂协力委员会还编有《宋代研究文献目录》及其补编、Ⅲ编[1957、1959、1970]。

关于五代和宋元历史的研究综述和史料解说，竺沙雅章在岛田虔次等编《亚洲历史研究入门》（第1卷：中国Ⅰ）中的"五代、宋"一节[1983]和柳田节子在山根幸夫编《中国史研究入门》（上）中的"宋元时代"一节[1983]，均有对相关论文的介绍。尤其是后者，不仅解说翔实，其论文文献篇目表中还收录了日本宋史研究文献之外的中国及欧美学界的研究成果。1991 年，该书又出版了增补改订版，资料文献有了补充，使用更为便利。

收录论文文献篇目者，还有东一夫、吉田寅编《"中国政治思想与社会政策"研究文献目录Ⅰ　五代·宋》[1971]，乌谷弘昭、吉田寅编《立正大学东洋史研究资料Ⅱ　五代史研究文献目录》[1990]。若不限于宋代及其前后时期，相关文献目录还有东洋史研究论文目录编集委员会编《日本东洋史论文目录》（Ⅰ—Ⅳ）[1967]，检索论文颇为方便。此外，不易得到的论文资料方面，论说资料保存会编有《中国关系论说资料》（第 3 分册·历史、政治、经济分册）[1964—　]，每年刊行，收集汇录了主流学术杂志以外出版物中刊载的论文。

另外，除了历来使用的东洋史相关辞典、事典之外，目前仍在继续出版中的尾形勇、岸本美绪等编《历史学事典》[1994—　]，在体例上发挥了以大主题为纲的长处，可资参考以获取系统理解。

（三）研究资料文献

服务于宋史研究的研究资料和参考文献，即"工具书"，历来编制甚多，地位重要。作为辅助资料集者有东京教育大学东洋史学研究室编《宋代社会经济史研究辅助资料》[1953—1959]，由《基础资料解题》《主要论文目录》《主要法制史料目录》《国朝诸臣奏议目录及其他》《群书考索目录》《玉海目录》（上、下）、《宋人文集目录》8 册构成。该研究室还编有《宋代编年体史料目录》（油印本）。作为《宋人文集目录》的改订版，吉田寅、棚田直彦编《日本现存宋人文集目录》[1972] 亦颇为有用。总览现存宋人著述的目录，还有刘琳、沈治宏编著的《现存宋人著述总录》[1995]。祝尚书的《宋人别集叙录》[1999]，作为宋人文集的详细解题，颇有用处。集宋人文集之大成的曾枣庄、刘琳主编《全宋文》[1988—　]，由于种种原因，全卷出版迟缓，计划共有 360 册，出版工作至 2005 年仍在继续。① 文集的排列，系按作者生年为序，目前已刊的最后一卷为第 50 卷（1994 年出版），收录至 1044 年出生的陈次升。这套丛书编纂过程中，又编有《全宋文研究资料丛刊》，收录的工具书有四川大学古籍整理研究所编《现存宋人别集版本目录》[1990] 和吴洪泽编《宋人年谱集目·宋编宋人年

① 译者按：曾枣庄、刘琳主编《全宋文》已于 2006 年由上海辞书出版社全部出齐，共计 360 册。

谱选刊》[1995]。

佐伯富编《续资治通鉴长编目次·三朝北盟会编目录·建炎以来系年要录目次》[1943] 整理了这三种史籍的目录等内容，时至今日，依然有用。佐伯富编纂的工具书，还有基于范仲淹、欧阳修、司马光和朱熹等宋人文集语汇编制而成的索引《宋人文集索引》[1970]、《苏东坡全集索引》[1958]；与京都大学东洋史研究会编《中国随笔索引》[1954] 相埒的《中国随笔杂著索引》[1960]，以宋以后的笔记随笔为对象；对应王益之撰《职源撮要》的《职源撮要索引》[1956]，对应《元丰官志》的《元丰官志索引》[1991]，有助于概略理解元丰官制；对应近藤元隆撰《宋名臣言行录辑释》，则有《宋名臣言行录辑释索引》[1959]。此外，职官方面，东洋史研究室编《职官分纪目次》[1950] 整理了孙逢吉《职官分纪》的目次。

再对五代与宋代人物的传记资料和年谱做一介绍。五代方面，傅璇琮、张忱石和许逸民编撰的《唐五代人物传记资料综合索引》[1982] 和方积六、吴冬秀编撰的《唐五代五十二种笔记小说人名索引》[1992] 颇为有用。宋史提要编纂协力委员会编《宋人传记索引》[1968]，可用于检索宋人传记中包括辽、金治下汉人在内的传记资料，总计约 8000 人。另外，衣川强编有《宋元学案·宋元学案补遗人名字号别名索引》[1974]。昌彼得、王德毅、程元敏、侯俊德编《宋人传记资料索引》[1974—1976]，进一步全面收集了宋人的传记资料，李国玲编《宋人传记资料索引补编》[1994] 则相当于其续编。宰辅是宋代的国家中枢，相关编年表有梁天锡编著《宋宰相表新编》[1996]。李之亮撰《宋代郡守通考》[2001]、《宋代路分长官通考》[2003a]、《宋代京朝官通考》[2003b]，细致地整理了中央与地方主要官职就任官员的详细在职记录，三书均附有人名索引。此外，僧人传记资料方面，李国玲编有《宋僧录》(上、下)[2001]。

宋人年谱方面，有吴洪泽、尹波主编的《宋人年谱丛刊》[2003]，该丛书收录年谱约 160 种，但不能保证每种年谱均为最新最优者。宋史提要编纂协力委员会编《宋代史年表（北宋）》[1967]、《宋代史年表（南宋）》[1974] 是最为详细的宋代年表，可据以查考重要事件及其出处。

宋代以降的中国社会，胥吏实际操作着地方州县的政务，这一人群的存在至关紧要，胥吏通晓官衙情况和习惯，地方州县的官吏若无视他们，便会滋生政务执行难的弊窦。因此，入宋以后，为应付地方政治中的此类弊端，被称为官箴书的官吏心得类书籍大量编纂问世。荒木敏一、佐伯富编《官箴目次综合索引》[1950]，最早注意到官箴书的存在，并整理了宋代以降 55 种官箴书的目录，至今依然极富价值。赤城隆治、佐竹靖彦编《宋元官箴综合索引》[1987]，制作了《作邑自箴》《州县提纲》和《三事忠告》等 12 种宋元时期官箴书的语汇索引。此外，还有仁井田陞对官箴书的解说《大木文库私记——尤其是与官箴·公牍、民众相关者》[1957]。近年来，中国学界也开始重视这类史料，陈生玺辑《政书集成》[1996]，刘俊文主编《官箴书集成》[1997]，张希清、王秀梅主编《官典》[1998] 等各种影印本、点校本陆续出版。

（木田知生）

（四）社会经济史

日本的宋代社会经济史研究，若极为概括地做一统观，便会发现研究主题的分布在时间上区分明显，呈现为三个时期。1910 年代至 40 年代，研究日趋规范，贸易和货币制度方面的论文占据了相当部分，关于城市商业的研究亦开始起步。1950 年代至 70 年代，关于农村经济史的研究，尤其是围绕生产关系的论战如火如荼，各种物产的生产和流通亦获得关注。1980 年代以降，围绕农村生产关系的论战偃旗息鼓，关于城市、地域开发和货币的研究日趋繁盛。然而，即便如此，与此前比较，还是不得不承认当前的社会经济史研究仍不够深入。该领域的概论书，加藤繁的《中国经济史概说》[1944] 概述了各种产业，河上光一《宋代的经济生活》[1966] 记述了经济生活的多个方面。

◆贸易

宋代经济史研究的正式展开，始于 1910 年代，以海外贸易为先声。海港、市舶贸易方面，藤田丰八《东西交流史研究·南海篇》[1932] ① 研究了日宋间贸易，桑原骘藏《蒲寿庚考》[1935] 研究了以提举市舶使蒲寿庚为主人公的海外贸易，还有森克己围绕日宋关系的一系列贸易研究，以《日宋贸易研究》[1948a]、《续日宋贸易研究》[1948b]、《再续日宋贸易研究》[1948c]、《日宋文化交流诸问题》[1950] 为代表。近年来，又有山内晋次《奈良平安时期的日本与亚洲》[2003]，着眼于日宋间的经济文化交流，新一代贸易研究由此兴起。

---

① 译者按：该书日文原本题名《東西交涉史の研究·南海篇》（冈书院，1932 年），中译本题名《中国南海古代交通丛考》（何健民译，商务印书馆，1936 年），近年又有重刊本（山西人民出版社，2015 年）。

◆货币、金融

战前最受关注的研究，当属货币史及作为纸币前身的票据。日野开三郎《日野开三郎东洋史学论集 6—7　宋代的货币与金融》(上、下)[1983] 探讨了以北宋时期铜铁钱铸造数量为代表的一系列基本问题，曾我部静雄《日宋金货币交流史》[1949] 是一部考察日、宋、金三方间货币关系的专著，宫崎市定《五代宋初的通货问题》[1943] 从多个角度讨论了从五代至宋初的货币问题。加藤繁在东京帝国大学授课时使用的讲义也被整理为《中国货币史研究》[1991] 正式出版。围绕交子的研究，以加藤繁的《中国经济史考证》(下)[1953] 为先驱，日野开三郎的《日野开三郎东洋史学论集 6—7　宋代的货币与金融》(上、下)[1983] 通过论述各种票据的纸币化，探讨了票据制度的发展。曾我部静雄的《纸币发展史》[1951] 是一部论述纸币发展的通史。关于金银及其货币功能，特别推荐加藤繁的《唐宋时代金银之研究：以金银之货币机能为中心》[1925—1926]。战后，货币研究渐趋低潮，不过中岛敏著有《东洋史学论集——宋代史研究及其周边》[1988]，研究了北宋钱币的诸种问题和南宋的货币史。关于淮南的铁钱交子、行在会子，草野靖的《南宋时期淮南路的通货问题——围绕铁钱交子的废复》[1962]、《南宋行在会子的发展》[1966] 亦颇为重要。80 年代以降，货币史研究再度兴起，宫泽知之《宋代中国的国家与经济——财政・市场・货币》[1998] 探讨了短陌、私铸钱和价格等问题，高桥弘臣《元朝货币政策形成过程研究》[2000] 讨论了作为元朝纸币前身的南宋货币。此外，关于交引①，河原由郎著有《宋代社会经济史研究》[1980]。

◆市籴、专卖、仓

市籴法方面的研究，以日野开三郎讨论便籴、博籴、结籴的《日野开三郎东洋史学论集 11　户口问题与籴买法》[1988] 为代表。专卖方面，关于茶法，除佐伯富编纂的翔实史料集《宋代茶法研究资料》[1941] 和撰写的数篇论文外，还有大量的研究。盐法方面，以幸彻《论北宋时期东南食盐专卖制度的变迁》[1967] 为代表，已有深厚研究积累。专著方面，佐伯富的《中国盐政史研究》[1987] 梳理了中国盐政的通代历史。仓是政府财政和社会政策的重要一环，这方面的研究有今堀诚二《中国史的位相》[1995]。

① 译者按：日文原文为“有価証券”，对应的宋代用语为“交引”。此条承朱溢提示，谨致谢意。

◆市场经济

加藤繁开创的定期市、商业聚落（市镇）、城市、城市内各种行业、行和商人研究，汇为2册大著《中国经济史考证》(上)[1952]、《中国经济史考证》(下)[1953]，时至今日，仍是必须参考的著作。在战后，虽然该领域讨论的活跃程度不及农村经济史研究，但基于扎实的研究积累和明确的方法论，斯波义信的《宋代商业史研究》[1968]作为一部全面而又系统的商业史研究横空出世。斯波义信在书中梳理的前人研究，是了解商品经济研究进展的极佳向导。除此之外，专著方面还有宫泽知之的《宋代中国的国家与经济——财政·市场·货币》[1998]，讨论了由财政所决定的市场经济面貌。此外，青山定雄《唐宋时期的交通与地志地图研究》[1963]考察了作为市场经济基石的交通、递铺和漕运，仁井田陞《中国法制史研究——土地法·交易法》[1960]探讨了保障经济活动的法律制度，他的《唐宋法律文书研究》[1937]则研究了经济活动中使用的法律文书，均颇为重要。

◆地主与佃户的关系、乡村制度

战后，宋代社会经济史研究发生了巨大的变化，农村中的生产关系成为主要研究对象，尤其注重揭示地主、佃户间关系之实态，并对其做出评价。由此，这一关系是否相当于中世的农奴制，取代农奴制的自由租佃制是否存在，或者是否存在着从奴隶制向农奴制的演变，这类论战一直持续至1970年代后期，各方观点纷呈，其中有一场论战非常有名。周藤吉之的《中国土地制度史研究》[1954]、《宋代经济史研究》[1962]、《唐宋社会经济史研究》[1965]和《宋代史研究》[1969]基于实证，主张宋代实行全域的大土地所有，佃户被束缚于土地，在身份上依附于地主。同时，仁井田陞《中国法制史研究——奴隶农奴法·家族村落法》[1962]将当时的地主、佃户关系比定为封建主义。与他们相对，宫崎市定《东洋的近世》[1950]、《宋代以后的土地所有形态》[1952]、《从部曲到佃户——唐宋间社会变革的一个侧面》[1971a]则认为当时实行分散的大土地所有，农民可自由迁移，经济重视契约。此外，柳田节子的《宋元乡村制研究》[1986]、《宋元社会经济史研究》[1995]，不仅将地域差异引入佃户制度研究，还注意到了自耕农的存在，探讨了当时的乡村制度，尤其是户等制。草野靖《中国的地主经济——分种制》[1985]、《中国近世的寄生地主制——田面惯行》[1989]也从独特的视角出发，系统地讨论了地主经营和土地制度。佐竹靖彦《唐宋变革的地域研究》[1990] 讨论了唐宋变革期的乡村演变进程，几乎触及宋代的各个领域。于是，在努力超越周藤吉之、仁井田陞与宫崎市定围绕佃户的论战的过程中，社会关系展开的场所，亦即乡村，成为研究的对象。在高桥芳郎出于法制视角，指出佃户存在着两种类型，特别是延续加藤繁的先驱研究《中国经济史考证》(下)[1953]，分清了原本混淆于地主佃户关系的主客户制度之后，佃户问题迅速远离研究者的关注范围（高桥芳郎《宋至清代身分法研究》[2001]、《宋代中国的法制与社会》[2002]）。另外，中国史研究会曾尝试转换研究范式，提出宋代主要的生产关系并非地主、佃户关系，而是自耕农、佃户之类的小农与国家间的关系（中国史研究会《中国史像的再构成——国家与农民》[1983]）。关于农村社会的详细学术史，可参见谷川道雄编《战后日本的中国史论争》[1993]。

◆税役

役法是宋代农村的一种负担，其研究为村落自治研究之一环（和田清编《中国地方自治发展史》[1939]），后也被作为财政研究的一个分支（曾我部静雄《宋代财政史》[1941]）。战后，前一种看法渐趋淡薄，而以财政、农村治理或者义役为主题，从社会结合角度入手展开的研究层出不穷。两税方面，周藤吉之的《中国土地制度史研究》[1954]、《宋代经济史研究》[1962] 等一系列成果讨论了两税的税额和手续等内容，岛居一康《“王小波、李顺之乱”的性质》[1993] 对土地税做了研究。

◆农业、水利

有关宋代农业的前人研究中，水利农田（围田、圩田）的大规模开发最受关注，这类田地被认为是江南水稻经济发展的舞台。除周藤吉之的系列作品《宋代经济史研究》[1962] 之外，这方面的成果亦层出不穷，陆续问世的有天野元之助从技术史入手的《中国农业史研究》[1962]、长濑守的《宋元水利史研究》[1983]、吉冈义信对黄河治理的考察《宋代黄河史研究》[1978]。不过，东洋史学者与生态学、农学及自然地理学等领域的研究者汇聚一堂，于 1979 年召开的“江南三角洲学术研讨会”，从自然科学的立场出发，认为江东的圩田和浙西的围田农业，与其说是历来所认为的集约型农业，毋宁说仍处于粗放农业阶段（渡部忠世、樱井由躬雄编《中国江南的稻作文化》[1984]）。这一观点引发了对宋代农业历史的重新认识，大泽正昭《〈陈旉农书〉研究》[1993] 为个中代表，该书通过分析《陈旉农书》，探讨了唐宋变革期的农业经营，认为宋代的集约型农业与其说在长江三角洲，不如说在浙江、福建的河谷平原、冲积扇地带。农业史对农村社会研究也产生了巨大的影响。

◆各种产业

工业方面，爱宕松男《爱宕松男东洋史学论集 1　中国陶瓷产业史》[1987] 研究了陶瓷业，古林森广的《宋代产业经济史研究》[1987]、《中国宋代的社会与经济》[1995] 研究了酿酒业、茶业、肉业、金银加工业、铜器业、制铁业等多种产业，河上光一《宋代盐业史的基础研究》[1992] 研究了盐业，以上述作品为代表的研究，多从生产和流通两个侧面入手展开研究。还有一个相对较新的领域——渔业史，古林森广的《宋代产业经济史研究》[1987] 讨论了水产品的流通、渔法和养鱼等内容，中村治兵卫的《中村治兵卫著作集 2　中国渔业史研究》[1995] 则探讨了鱼税、渔场和渔法等内容。此外，薮内清主编的论文集《宋元时期科学技术史》[1968] 也包括了对宋代生产技术的论述。

◆开发史

1970 年代以降，经济史出现了一个新的领域——开发史，从长时段来捕捉社会经济的发展趋势。开发史主要探讨迁移和定居、农田和水利开发、城市化进程等内容。斯波义信为拓荒该领域的中坚力量，他的《宋代江南经济史研究》[1988] 综合运用了经济地理理论等社会科学成果。此书之后，该领域研究日渐壮大。

（宫泽知之）

（五）政治史

◆政治史

就整个中国古代史而言，政治史、制度史包含着与其他历史无法截然分开的部分，宋史亦如是，这差不多已为众人所公认。宫崎市定的研究便体现了这一点，他不拘泥于政治史、制度史，而是在包括社会经济史、文化史等领域在内的广阔视野中展开讨论。他的研究多取材于宋代，但其成果甚至在其他断代也具有划时代的意义。宫崎市定的主要成果现已汇编为《宫崎市定全集》[1991—1994] 全 24 卷（册），内中与五代及宋史直接相关的有第 9 卷《五代宋初》、第 10 卷《宋》、第 11 卷《宋元》、第 12 卷《水浒传》4 册。每卷都有宫崎市定亲自执笔的“自跋”，对自己的作品进行解说。在这套全集之前，宫崎市定还有《亚洲史研究》(第1—第5)[1957—1978]和《亚洲史论考》(上、中、下卷)[1976]两部论文集。以下详细介绍宫崎市定在五代、宋史方面的主要成就。

首先是关于在第二次世界大战之前，对学界产生巨大影响的内藤湖南宋以后近世说，宫崎市定撰写的论文《东洋的文艺复兴和西洋的文艺复兴》[1940—1941]和专著《东洋的近世》[1950]，支持补充了内藤湖南的学说，此后，他又撰写了不少论文对此加以充实。关于北宋史和南宋史，宫崎市定分别撰有概论《北宋史概说》[1935]和《南宋政治史概说》[1941a]，甚至还有《亚洲史概说》[1948a]和《中国史》(上、下)[1977—1978]，从宏大历史结构入手，讨论了宋代历史的意义，这些作品均有助于理解宫崎市定宏博著作的整体思路。

五代至宋初这段历史，宫崎市定有讨论当时货币的《五代宋初的通货问题》[1943]，以五代军阀为题材的《五代史上的军阀资本家》[1948b]和研究宋太祖的《论宋太祖被弑说》[1945a]。政治史方面，旨在探讨下层官吏的《王安石的吏士合一政策》[1930a]、《论胥吏的陪备》[1945b]、《宋代州县制度的由来及其特色》[1953a]等，均已成为该领域的先驱之作。《宋代官制序说——〈宋史·职官志〉当如何阅读》[1963a]严谨地分析解释了《宋史·职官志》的内容，为理解繁杂的宋代官制所必读。讨论南宋末年政治史的《鄂州之役前后》[1930b]和《南宋末年的宰相贾似道》[1941b]，考察宋代士大夫状况的《宋代的太学生生活》[1931]、《宋学的逻辑》[1948c]、《宋代的士风》[1953b]和《论〈辨奸论〉之奸》[1989]，均十分重要。《中国文明选》第11卷《政治论集》[1971b]汇集了他对中国历史上十数篇政论的译注和解说，其中宋代部分挑选了王安石、司马光和叶适的作品，其解说透现出宫崎市定所支持的宋代近世说。宫崎市定关于科举的论著《科举》[1946]、《科举——中国的考试地狱》[1963b]，虽然并非为专门研究宋代科举而作，但为理解宋代士大夫阶层提供了相当多富有启发的材料。此外，宫崎市定在法制和土地所有制方面，有《宋元时期的法制与审判机构——〈元典章〉的时代背景及社会背景》[1954]、《宋代以后的土地所有制形态》[1952]和《从部曲到佃户——唐宋间社会变革的一个侧面》[1971a]等力作，尤其是后两篇，用宫崎市定自己的话来讲，“是针对东京学界所主张的宋以后中世封建说和佃户农奴说而提出的反论”(《宫崎市定全集》第11卷《自跋》)，引发了巨大的反响。宫崎市定甚至还有论述《水浒传》和宋江的一系列论著，《水浒传的伤痕》[1953c]、《难道有两个宋江吗》[1967]、《水浒传——虚构中的史实》[1972] 和《水浒传与江南民屋》[1981]。这几篇论著，并不局限于单纯对《水浒传》和宋江的研究，而涉及了宋元时期的社会与制度，尤其对底层的军人和胥吏问题提出了自己的分析结果，意义深远。与《水浒传》相关的研究，除宫崎市定的作品外，还有高岛俊男《水浒传的世界》[1987]、佐竹靖彦的《梁山泊》[1992] 和伊原弘的《读水浒传》[1994] 等。

政治史方面，关于五代至宋初的军阀，日野开三郎的《中国中世的军阀》[1942] 和栗原益男的《五代宋初藩镇年表》[1988] 颇有助益，竺沙雅章的《宋太祖与宋太宗》[1975] 概述了宋朝初年政权的安定过程，亦值得参考。佐伯富继承了内藤湖南和宫崎市定的宋以后近世说，他的《中国史研究　第 2》[1971] 一书，集中考察了北宋政权初创时期的集权官僚制和独裁君主制。皇城司和走马承受为君主独裁之辅翼，佐伯富研究这两个机构的论文则收于《中国史研究　第 1》[1969]。吉田清治的《北宋全盛期的历史》[1941]，聚焦于北宋中期的政治史，至今仍值得一读。着力于皇权的研究，则有王瑞来《宋代的皇帝权力与士大夫政治》[2001]。与北宋政治史的研究形成鲜明对比，南宋政治史的研究受限于史料数量，少有进展，南宋通史方面，仅有前揭宫崎市定的概论类著作和山内正博的《南宋政权的演变》[1970] 等。此外，外山军治的《金朝史研究》[1964] 也论及南宋的政治形势，寺地遵的《南宋初期政治史研究》[1988] 详细论述了南宋政权的建立过程及构成，均为重要论著。关于南宋中晚期，有千叶煚的《韩侂胄》[1967]、衣川强的《论“开禧用兵”》[1977] 和《刘整的叛变》[1989]，但专题研究较少。研究者的阵势，与北宋晚期一段相仿，均较宋代其他时段薄弱。

◆对外关系

比邻宋朝，并与之保持着外交、贸易等国际关系的国家有辽、西夏、金、元和高丽、日本等，接下来将重点介绍讨论各个国家（地区）与宋朝间关系的论著。关于辽（契丹）与宋之间的交通和国际关系，田村实造的《中国征服王朝研究》[1964] 收录了基础性的论文。关于宋、金间关系，除前揭外山军治和寺地遵的论著外，日野开三郎的《日野开三郎东洋史学论集 9—10　东北亚国际交流史研究》(上、下)[1984] 收录了讨论唐宋时期东北地区形势与交流情况的多篇论文，其《日野开三郎东洋史学论集 16　东北亚民族史》(下)[1990] 则收录了探讨宋初女真形势的论文。西夏与宋朝的关系方面，宫崎市定《西夏之兴起与青白盐问题》[1934]和藤枝晃《李继迁的兴起与东西交通》[1950]，从宋朝的青白盐进口禁令出发，探讨了西夏兴起的原因。冈崎精郎的《唐古特古代史研究》[1972]是一部论述唐古特人古代历史的专著，其中也涉及与宋朝的关系。此外，前揭中岛敏《东洋史学论集——宋代史研究及其周边》[1988]收录了有关宋夏间对抗的论文，《东洋史学论集续编》[2002]则收录了他围绕宋金冲突的多篇论文。

日宋交流方面，首推木宫泰彦的《日中文化交流史》[1955]。森克己的一系列论著《日宋贸易研究》[1948a]、《续日宋贸易研究》[1948b]、《再续日宋贸易研究》[1948c]、《日宋文化交流的诸问题》[1950]亦为必读文献。这些论著刊行于战后不久，除日宋关系方面的论文外，与高丽相关的论文也一并收录。此外，以入宋僧人为考察对象的论著有伊井春树《成寻入宋及其生平》[1996]和王丽萍的《宋代中日交流史研究》[2002]。

对外贸易方面，成书于1930年代的有前揭藤田丰八的《东西交流史研究·南海篇》[1932]，收入了与杭州和市舶司有关的论文，前揭桑原骘藏的《蒲寿庚考》[1935]差不多同时出版，以市舶司为中心，对南海贸易展开详细论述，两书均为里程碑式的经典著作。佐藤圭四郎基于对伊斯兰世界的思考，对前述两书再做思索和考论，其论文收录于《伊斯兰商业史研究》[1981]一书。此外，概论方面的著作，有松田寿男《漠北与南海——亚洲史上的沙漠与海洋》[1942]，概述了内陆亚洲与东南亚的历史，石田干之助的《南海相关中国史料》[1945]，解说了《岭外代答》《诸蕃志》《岛夷志略》等宋元时期与南海相关的史料。而且，松田寿男和石田干之助还各自出版有著作集《松田寿男著作集》(全6卷)[1986—1987]、《石田干之助著作集》(全4卷)[1985—1986]。桑田六郎的《南海东西交通史论考》[1993]收录了与三佛齐国和大食有关的论文，藤善真澄《关西大学东西学术研究所译注丛书5　诸蕃志》(附：文献目录、索引)[1991]对《诸蕃志》做了详细的译注。

◆军事军政

关于宋初的禁军，有堀敏一《五代宋初禁军的发展》[1953]，关于弓箭手有小笠原正治的《宋代弓箭手研究》[1954—1955]。围绕军队的具体情况，有曾我部静雄《论宋代军队的刺青》[1943]和《南宋的水军》[1974]诸文。小岩井弘光《宋代兵制史研究》[1998]汇集了他关于宋代兵制历史的一系列论文。

关于农民起义等反政府活动，柳田节子《一九七〇年代的宋代农民战争研究——以方腊起义为中心》[1982]等文章介绍了中国学界在该领域的论战，日本学界的关注点主要集中于北宋时期的若干问题。早期的论文，可举出重松俊章《宋代的均贫富起义及其体系》[1931a]，他的《唐宋时期的弥勒“教匪”》[1931b]考察了王则起义。关于王小波、李顺起义的性质和意义，有池田诚《均贫富起义的历史意义》[1951]、中村健寿《“王小波、李顺之乱”中“叛乱”集团的构成》[1968]、岛居一康《“王小波、李顺之乱”的性质》[1970]和丹乔二《论宋初四川的“王小波、李顺之乱”》[1980]等数篇论文。北宋末年的方腊起义亦为学界所关注，围绕方腊的阶级身份及其与摩尼教的关系、吃菜事魔的宗教特征以及《容斋逸史》的史料价值，有竺沙雅章的《“方腊之乱”与吃菜事魔》[1974a]和《关于吃菜事魔》[1974b]、丹乔二的《围绕北宋末年“方腊之乱”的基础研究》[1975]等论文。

◆制度史

与宫崎市定差不多同属一代，主要活跃于东京大学的周藤吉之，其成果大体可分为朝鲜史、清初及清中期史、唐五代宋元史三个领域。不过，其学术研究的中心，说到底还是宋代的制度史和社会经济史。周藤吉之的《社会构成史体系　宋代官僚制与大土地所有》[1950]，通过考察科举官僚制、官僚的大土地所有制，揭示了宋代统治阶层的实态，已被后人列入宋史研究的必读书。周藤吉之有关地主佃户关系的其他论著，此前已另作介绍，作为宋代制度史的研究成果，亦颇为重要。周藤吉之的《宋代史研究》[1969]，汇集了与宋史基本史料《续资治通鉴长编》《国史》《宋史・食货志》相关的多篇论文，《高丽朝官僚制研究——着眼于其与宋朝制度的关联》[1980]则考证了高丽朝的中央政府官僚机构与宋朝机构的对应关系。他随后出版的《宋・高丽制度史研究》[1992]，将“高丽官僚制度研究”作为后编，将围绕王安石青苗法的各种考论作为前编，后者是作者晚年的主攻课题。周藤吉之在制度史方面的关注点，概括起来，可以分为官僚制度、王安石新法和史料学三项内容。以下将介绍与之相关的各种研究。

关于宋代复杂的官僚制度及其改革变迁，和田清编《中国官制发展史》[1942]一书中由中岛敏执笔的宋代官制概述颇为有用，山本隆义《中国政治制度研究——内阁制度的起源与发展》[1968]一书的第十章“宋代”，讨论了翰林学士院。其后，梅原郁《宋代官僚制度研究》[1985]继承和发展了宫崎市定和佐伯富等人的研究，平田茂树的《世界史手册9　科举与官僚制》[1997]简要讨论了官僚制度与科举制的关系。

关于与官僚制度有着密切关系的科举制度，荒木敏一的《宋代科举制度研究》[1969]继承了宫崎市定的科举研究，详细论述了解试、省试、殿试及科目、制科和科举改革案等，是为代表性的研究成果。此外，专门讨论教育制度的专著有寺田刚的《宋代教育史概说》[1965]。

关于地方州县中的行政机构，前揭出版于二战前的和田清编《中国地方自治发展史》[1939]，概述了宋代的地方行政组织，为解读官箴书、了解地方官吏行政实态所不可或缺。研究官箴书的工具书，前文已有介绍，官箴书研究方面，则可举佐竹靖彦的《〈作邑自箴〉译注稿》(1)(2)(3)[1973—1974，1977]和《〈作邑自箴〉研究——对该书基础结构的再思考》[1993]。

关于王安石研究，前揭佐伯富的《中国历史地理丛书　王安石》[1941]，至今仍具参考价值，再版本中附有《王安石研究参考文献》。王安石的传记和概述，以解说王安石诗作的清水茂《中国诗人选集　第二集4　王安石》[1962]为开端，另有前揭小野寺郁夫的《王安石》[1967]、东一夫的《王安石——革新的先行者》[1975]和《王安石与司马光》[1980a]，以及聚焦于思想层面的三浦国雄《王安石》[1985]。关于王安石新法的研究，前文以宫崎市定、周藤吉之的作品为中心，业已有所介绍，另可举梅原郁《王安石的新法》[1970]，对新法做了行文巧妙的概述。此外，个别专题性研究，有熊本崇《熙宁年间的察访使》[1987]等。其他综合性的成果有东一夫的《王安石新法研究》[1970]，该书涵盖了围绕新法的大部分问题，他的《王安石与司马光》[1980b]进一步收集和解说了王安石研究的相关事项，他的另一作品《日本中世和近世的王安石研究》[1987]则主要着眼于日本儒家学者和禅僧对王安石的评价和研究脉络。这方面最新的成果有李华瑞的《王安石变法研究史》[2004]，此外，近藤一成《论南宋初期对王安石的评价》[1979a]亦可参考。

再介绍一下与史料相关的研究。日本的宋史研究中，虽不乏关于个别史料的论文，但对宋史基本史料本身的研究则重视不足。话虽如此，前揭周藤吉之围绕《续资治通鉴长编》的论文《宋代史研究》[1969]依然价值颇高。现在，对宋史史料文献进行解题的作品，有各种集成、事典及研究指南，如神田信夫、山根幸夫编《中国史籍解题辞典》[1989] 一书，柳田节子、板桥源一执笔了“宋代”部分。此外，船越泰次《宋白续通典辑本　附解题》[1985]，辑录了宋白等撰《续通典》200 卷的佚文，汇为 8 卷。

◆法制史

法制史方面，仁井田陞的成就，前文已列举了 3 本著作。此外，仁井田陞的《中国身份法史》[1942]，大多取材于宋代史料。战后，他继续出版了《中国社会与行会》[1951]、《中国法制史》[1952a]、《中国的农村家族》[1952b]，后又出版了收录《宋代以后刑法上的基本问题——法的类推解释和溯及处罚》的《中国法制史研究——刑法》[1959]，以该书为代表，再加上前揭《中国法制史研究》2 种和《中国法制史研究——法与习惯・法与道德》[1964]，陆续刊行为《中国法制史研究》4 巨册。仁井田陞的《中国法制史研究——法与习惯・法与道德》[1964] 将研究对象指向习惯和道德，个中有关法律典籍的考论颇多，书中第五部分，以《庆元条法事类》和《宋会要》为对象，研究了“宋代的出版法”。仁井田陞进一步围绕法与中国社会的论文集，有《中国社会的法与伦理》[1954]、《中国的法与社会与历史》[1967]、《何谓东洋》[1968]，以及幼方直吉、福岛正夫合编《中国的传统与革命 2　仁井田陞集》[1974]。此外，滋贺秀三《读仁井田陞博士的〈中国法制史研究〉》[1966]，比较了仁井田陞和宫崎市定的学说，并加以评论，是深入了解历史分期论战发展动向的重要读本。

滋贺秀三《中国家族法原理》[1967] 所论并非局限于某一特定时代，但史料多取材于宋，颇为重要。滋贺秀三主编《中国法制史——基本资料的研究》[1993]，解说了宋代的重要法制文献，极具参考价值。作为书判集成的《清明集》，有梅原郁的译注《名公书判清明集》[1986]，该译注以日本静嘉堂文库所藏宋本《清明集》为底本，出版后反响巨大。差不多同一时期，该书的明版也被介绍至日本，中国于 1987 年出版了明版的标点本《名公书判清明集》(中华书局)，在此助力之下，对该书的研究日渐活跃。《名公书判清明集》中“惩恶门”“人品门”和“人伦门”的译注，有大泽正昭编译的《名公书判清明集》“惩恶门（1）—（5）”“人品门（上、下）”“人伦门”译注稿 [1991—1995，2000，2002，2005]，另有石川重雄编《宋元释语语汇索引》[1995] 和大泽正昭编著的《唐宋变革期农业社会史研究》[1996] 等相关成果。此外，柳田节子《宋代庶民女性》[2003] 探讨了宋代女性的法律身份，梅原郁编《中国近世的法制与社会》

[1993]、《前近代中国的刑罚》[1996] 汇录了法制史方面的论文，川村康《宋代杖杀考》[1993] 等聚焦于特定主题展开考论，新的成果层出不穷。

（六）社会、文化史及其他

◆官僚士大夫

宋代以后的中国社会，经由科举不断涌现的新兴官僚层抑或士大夫阶层引人瞩目。以下，笔者将对相关各领域的研究做一概述。

继周藤吉之、宫崎市定等在官僚、士大夫研究方面首着先鞭后，对官僚谱系的研究趋于繁盛。在此期间，青山定雄多有著述，他的《五代、宋时期的江西新兴官僚》[1951] 聚焦于江西官僚群体的兴起，《论宋代华南官僚的谱系》[1974、1977] 和《论宋代华北官僚的谱系》[1963、1965、1967] 分别考察了华南、华北地区官僚群体的谱系。其他特定地域官僚和士大夫阶层的考察，有爱宕元《五代宋初的新兴官僚》[1974] 和伊原弘《宋代浙西的城市士大夫》[1981]，衣川强论述河南吕氏家族的《宋代名族》[1973] 等作品，亦广受关注。

宋代士大夫研究方面，已有前文所述宫崎市定的一系列论文，在此基础上，砺波护《宋代士大夫的产生》[1968] 论述了从唐至宋代士大夫的形成过程，另有青山定雄《以北宋为中心的士大夫起家及其生活伦理》[1976]，考察了士大夫的伦理观等内容，竺沙雅章《北宋士大夫的徙居与买田——以东坡尺牍为基本史料》[1971] 和《宋代官僚的寄居》[1982a] 分析了士大夫的徙居和寄居等问题，衣川强《论宋代的俸给——以文臣官僚为中心》[1970] 和《官僚与俸给——宋代俸给再考》[1971] 从俸给入手，考察了士大夫官僚的生活实态，这些都是考论宋代社会士大夫地位的重要论文。个别士大夫的研究方面，已有前述关于范仲淹、司马光、王安石、苏轼、朱熹和文天祥等人的研究。其他以个别官僚士大夫为研究对象的论著总体不多，不过仍可举出小林义广《欧阳修——生平及其宗族》[2000] 之类作品。

关于南宋士大夫的研究，多从儒学角度切入，其中，近藤一成《宋代永嘉学派叶适的华夷观》[1979b] 引人瞩目。伊原弘的《宋代士大夫研究札记——着眼于新问题的展开》[1985] 考察了士大夫与城市及社会的关系，小岛毅的《论宋朝士大夫研究》[1986] 概括整理了士大夫方面的前人成果。此外，小岛毅编《亚细亚游学 7　宋代知识人诸相》[1999] 和伊原弘、小岛毅编《知识人诸相——以中国宋代为基点》[2001] 亦可参考。《宋名臣言行录》记录了北宋官僚的事迹，梅原郁将其译为日文《宋名臣言行录》[1986]。

大泽正昭的《唐宋时期的家族、婚姻、女性——妇女地位之上升》[2005] 考察了唐宋时期的家族及婚姻问题，亦颇受关注。

◆城市，其他

宋代城市研究方面，二战之前有加藤繁的一系列论述，战后皆收录于加藤繁的《中国经济史考证》(上)[1952] 一书。曾我部静雄的《开封与杭州》[1940] 大量引用《东京梦华录》《梦粱录》等城市的繁华记述，颇为有用。了解其后的研究动向，可参考斯波义信《围绕中国都市的研究概况》[1974] 和伊原弘《以宋代为中心所见城市研究概论》[1987]。中村治兵卫编《增补中国聚落史关系研究文献目录》[1990] 中，有关于城市和农村的文献综合目录。

宋代城市研究可作为参考的先驱论文，首推宫崎市定《汉代的里制与唐代的坊制》[1962] 和曾我部静雄《中国及日本古代乡村形态的变迁》[1963] 所收《城市区划制度的成立》。进一步从建筑史角度入手概述中国城市的作品有村田治郎《中国的帝都》[1981]，该书论及宋代的开封和洛阳等城市。此外，梅原郁《中国近代的都市与文化》[1984] 汇集了聚焦宋元时期城市问题的集体研究成果，西冈弘晃《中国近世的都市与水利》[2004] 则着眼于城市与水利问题。

斯波义信的《中国都市史》[2002] 概述了中国的城市历史，爱宕元《中国的城郭都市》[1991] 探索了城郭都市的变迁过程。此外，宋代城市史方面的专著亦层出不穷，伊原弘《中国中世城市纪行——宋代的城市与城市生活》[1988]、《苏州》[1993a] 和《中国人的城市与空间》[1993b] 分别以宋代的苏州、南京和宁波为研究对象，《中国开封的生活与岁时——宋代城市生活图景》[1991] 考察了开封的岁时风俗，谢和耐 (Gernet，Jacques)《蒙元入侵前夜的中国日常生活》[1990] 则聚焦于南宋末年的杭州。另外，伊原弘探讨宋代交通情况的《行旅宋代中国》[1995] 和通过张择端《清明上河图》来考察宋代社会的《品读〈清明上河图〉》[2003] 颇有新意。城市研究逐渐从重视都城和江南的大城市，转向关注地方的中等规模城市，更进一步关心至城市中的生活习俗。本章“史料解说”一节也会述及与城市相关的文献。

另一方面，关于乡村的研究，已有前举周藤吉之、柳田节子的论著，对五代和宋朝乡村的概述，前揭曾我部静雄《中国及日本古代乡村形态的变迁》[1963] 和《中国社会经济史研究》[1976] 所收诸多论述颇为重要。

关于社会救济制度，有吉田寅《〈救荒活民书〉与宋代的救荒政策》[1974]和梅原郁《宋代的救济制度——以城市社会史为路径》[1983]，另有渡边纮良《淳熙末年的建宁府——社仓米的昏赖与贷粮》[1981]，考察了南宋福建的社会救济制度。

◆宗教、佛教

此处对有关宋代风俗、宗教及民间信仰等方面的研究做一概述。首先，中村治兵卫的《中村治兵卫著作集　中国萨满教研究》[1992] 廓清了巫的活动实态，金井德幸《宋代的村社与佛教》[1976]、《宋代的村社与社神》[1979] 和《宋代的乡社与土地神》[1980] 分析了乡村中的信仰。

竺沙雅章的《中国佛教社会史研究》[1982b] 揭示了佛教信仰在宋代社会中的地位，该书前编《宋代佛教社会史研究》，详细论述了卖牒、赐额、坟寺、吃菜事魔、方腊起义、浙西道民及福建地方的寺院与社会。竺沙雅章的《宋元佛教文化史研究》[2000] 是一部从文化史视角入手的论文集，对于理解宋代社会颇有助益。

随后再列举若干论及五代、宋朝社会佛教情况的重要论著。高雄义坚的《中国佛教史论》[1952] 主要论述了宋代佛教的诸项制度和净土宗，他的《宋代佛教史研究》[1975] 则讨论了度牒制、僧官制度以及天台宗、禅宗和净土宗的典籍。塚本善隆的《塚本善隆著作集 5　中国近世佛教史的诸问题》[1975]，不仅收入了有关佛教与财政间关系的论述，还包括了讨论得度制度、空名度牒政策的文章。小笠原宣秀的《中国近世净土教史研究》[1963] 是一部考察宋代净土宗结社与民间宗教团体白莲教的专著。牧田谛亮的《中国近世佛教史研究》[1957] 讨论了后周世宗的佛教政策和赞宁、契嵩两位高僧，他的另一部重要著作《五代宗教史研究》[1971]，分为年表篇和论考篇：年表篇载录五代各朝和宋初的编年史料，论考篇则概述了五代的宗教政策。小川贯弌《佛教文化史研究》[1973] 一书的第三部分题为“宋元佛教文化的影响”，论述了宋元佛教，尤其是净土宗与日本佛教的关系，他的《大藏经》[1964] 则讨论了宋版的藏经。

禅宗方面，阿部肇一《增订　中国禅宗史研究——政治社会史的考察》[1986] 从政治史和社会史的角度考察了宋代的禅宗，从思想史角度入手的研究则更为丰富，有铃木哲雄《唐五代禅宗史》[1985]、石井修道《宋代禅宗史研究》[1987] 和久须本文雄《宋代儒学中的禅宗思想研究》[1980]。

此外，围绕成寻的入宋记录《参天台五台山记》，专著有岛津草子的《〈成寻阿阇梨母集〉〈参天台五台山记〉研究》[1959] 和平林文雄的《〈参天台五台山记〉校本及研究》[1978]，另有塚本善隆《成寻入宋旅行记所见日中佛教的消长——天台山卷》[1974]，专门考察了成寻的天台山之行。

◆交通漕运、地志地图及其他专题

唐宋交通史研究方面，青山定雄《唐宋时期的交通与地志地图》[1963] 十分重要，该书概述了宋代的陆路和汴河，分析了当时的方志和地图。青山定雄编纂的资料集《唐宋地方志目录及资料考证》[1958]，进一步开列了现存方志和存目方志的名录，并加以解说。漕运方面，斯波义信《宋代商业史研究》[1968] 中"宋元时代交通运输的发达"一章主要讨论了船运业的基本架构和经营结构，另外，还有桥本纮治《南宋漕运的特殊性——北边军粮供应中漕运的作用》[1974] 和畑地正宪《论宋代的揽载》[1987] 等论文。历史地理方面，日比野丈夫的《中国历史地理研究》[1977] 考察了唐宋的福建和北宋的京东路，并考证了《元丰九域志》的纂修。此外，小川环树翻译了宋人的游记《吴船录·揽辔录·骖鸾录》[2001]。

宋代地图方面，松田寿男、森鹿三编《亚洲历史地图》[1966] 收录有"宋代境域"图。荒木敏一、米田贤次郎编《资治通鉴胡注地名索引》[1967] 附有"宋代疆域图"。当然，现在已有谭其骧主编的《中国历史地图集》(第 6 册：宋辽金时期)[1982]，使用最为方便。

其他专题研究方面，中村乔《宋代的烹饪与食品》[2000] 探讨了宋代的饮食文化，冈田宏二《中国华南民族社会史研究》[1993] 讨论了宋代华南地区的民族问题，山根三芳《宋代礼说研究》[1996] 和小岛毅《中国近世对礼的论述》[1996] 分析了宋代的礼学礼说，另有德田隆《中国人的尸体观察学——〈洗冤集录〉的世界》[1999] 翻译了宋代的法医学书《洗冤集录》，这些著作均引人注目。陶瓷史方面，除前揭爱宕松男的《爱宕松男东洋史学论集 1　中国陶瓷产业史》[1987] 之外，三上次男的《中国陶瓷史研究》[1989] 也论及了宋代陶瓷。关于亚洲范围内的陶瓷贸易路线，三上次男的《陶瓷贸易史研究》[1987—1988] 颇为翔实。

（木田知生）

三、史料解说

以下所举史料，基本上是以最为基础的重要史料为中心，其主要内容，稍作详说；其他内容，限于篇幅，则只能简略带过。相关版本，只就重要史料做一介绍。其他史料的版本，可参见周藤吉之《东洋史料集成》[1956]“五代·宋代”一节中的“史料”解说部分、陈智超等著《中国古代史史料学》[1983]第六章“宋史史料”、何忠礼《中国古代史史料学》[2004]等史料解题。另有两点需要说明。首先，近10年来，史籍的再版和影印接连不断，这一趋势想来今后还将继续。因此，诸书除此处所举出版年份外，估计前后还有不少其他印本。其次，近年来汉籍文献的数字化推进迅速，势头日益迅猛。今后10年间，恐怕大多数汉籍都会实现数字化。此处所举史料中的相当部分，实际上业已完成数字化。但是，对于数字化工作及其质量，还难以贸然做出肯定的结论。

（一）五代史史料

•《资治通鉴》

北宋司马光等撰，294卷。主要内容可参考前文“隋·唐”一章。其中，五代史部分在该书卷266至最末的卷294，共计29卷。《资治通鉴》编纂时，距离五代未远，还有不少原始史料存世，故书中珍贵材料颇多。中华书局的标点本经过了多次修订，故请尽可能使用最新版本。该书的和刻本已有多种行世。佐伯富编《资治通鉴索引》[1961]留心收录了胡三省注。

•《旧五代史》

北宋薛居正编，原名《五代史》，150卷，为纪传体正史。北宋中期，欧阳修不满其内容，又推出新的《五代史记》，薛氏《五代史》的史书价值随之下降，渐为欧阳修《五代史记》所取代。薛氏《五代史》亦因此被称为《旧五代史》，而欧阳修的《五代史记》通常被称为《新五代史》。现存的《旧五代史》在乾隆末年编纂大型古籍丛书《四库全书》时，曾经邵晋涵编订，利用明初大型类书《永乐大典》和宋初类书《册府元龟》等材料，复原了原书的四分之三。宋初编纂的《旧五代史》，相比《新五代史》引用更多前朝史料，故史料价值相对更高。该书版本以中华书局本为佳（全6册，中华书局，1967年）。

•《新五代史》

北宋欧阳修撰，原名《五代史记》，74卷，为纪传体正史。《新五代史》文字简洁，相比《旧五代史》，史料较少，而评论较多。《新五代史》创立了《义儿传》《伶官传》和《杂传》等传目，此外，偶尔还有一些《旧五代史》未见史料，故应取两书对照而观。该书版本以中华书局本为佳（全3册，中华书局，1974年）。新旧《五代史》的相关索引和辞典，有张万起编《新旧五代史人名索引》[1980]，郭声波、王蓉贵编《新旧五代史地名族名索引》[2000]和宋衍申主编《两五代史辞典》[1998]。

•《五代会要》

北宋王溥撰，30卷。王溥曾任后周宰相，五代典章制度和故事掌故稔熟，他据五代实录和旧史等编成此书。是书在财政方面，有不少补充新旧《五代史》的珍贵史料。该书已有点校本（上海古籍出版社，1978年），以1886年江苏书局刊本为底本。

•《册府元龟》

北宋王钦若、杨亿等编纂的大型类书，1000卷，包括帝王部等31部，内按1104门对历史资料进行了分类整理。该书意在有资于帝王治世，故汇总了历代君臣事迹，尤以唐、五代时期的珍贵史料为多。该书有明版的影印本（全12册，中华书局，1960年），另有宋代残本的影印本（《宋本册府元龟》全4册，中华书局，1989年）。宇都宫清吉、内藤戊申合编有《册府元龟奉使部外臣部索引》[1938]，仅为部分索引。

•《九国志》

北宋初年路振撰，12卷，为纪传体国别史。该书为五代十国史研究的重要史料，现行本系邵晋涵从《永乐大典》中辑录整理而成。若再补上缺失的有关荆南（南平）的记述，《九国志》实质上就是一部关于十国的略传史料集。该书有《宛委别藏》本等相当多版本，在使用上，点校本（商务印书馆《万有文库》本，1935年；中华书局《丛书集成初编》本，1985年）较为便利。

•《十国春秋》

清吴仁臣撰，1669年成书，114卷，为十国的纪传体国别史。虽为后世所编，但该书取材范围宽广，广泛涉猎了五代和宋人旧史、笔记及文集中的大量史料，作为十国历史的资料集成，价值颇高。该书有附录人名索引的标点本（全4册，中华书局，1983年）。

•《南唐书》

这是一部记述南唐历史的纪传体史书，现存2种。

马令撰《南唐书》30卷，北宋末年1105年成书。其中，南唐三主（李昪、李璟和李煜）的传记分为书5卷，另有传24卷，谱1卷。作者利用了熟知南唐旧事的先人传下的史料，叙事周详，但也因此招致芜杂之讥。

陆游撰《南唐书》18卷，成书于1180年代初。全书由本纪3卷、列传14卷、浮屠·契丹·高丽列传1卷组成。该书系在马令《南唐书》的基础上补订而成，考证更多，叙事更为简洁，但史料总量不及马令一书。

通行本主要有《四部丛刊续编》本（商务印书馆，1934年初版），或《丛书集成初编》本（中华书局，1985年）。

•《南汉书》

清梁廷枏撰，1829年成书，18卷。这是一部记述五代十国时期岭南独立王国南汉历史的史书，由本纪6卷、类传12卷组成。本纪为5位南汉国主的传记，类传收录179人。是书以取材广泛为特色，除有关五代十国的旧史外，大量使用了广东地区的方志资料。该书有点校本（林梓宗校点，广东人民出版社《广东地方文献丛书》，1981年），使用便利。书中还附有梁廷枏所撰《南汉书考异》18卷。

•《吴越备史》

这是一部记载吴越历史的史书，4卷，题北宋范坰、林禹撰，实际作者为钱俨，补遗1卷则为马盖臣所作。前半部中稍有缺漏，宋代时便已成残本。该书有《学津讨原》本的影印本（中华书局《丛书集成初编》，1985年）和《四部丛刊续编》本（商务印书馆，1934年），另外，大量辑录杭州相关文献的《武林掌故丛编》全12册（清丁丙辑，清光绪中期钱塘丁氏嘉惠堂刊本影印，台联国风出版社、华文书局联合印行，京华书局出版，1967年）中亦收录其影印本。

•《北梦琐言》

五代宋初孙光宪撰，20卷。孙光宪在江陵撰写了这部有关晚唐和五代十国史事的笔记，共有415条。全书内容广泛，涉及典章制度、文学史学等内容，且经过相当细致的考证，是一部可信度颇高的史料杂著。因其所引文献大多现已散佚，故史料价值极高。较易得到的版本有点校本2种（上海古籍出版社《宋元笔记丛书》，1981年；中华书局《唐宋史料笔记丛刊》，2002年），相较而言，吸收了最新成果的中华书局本更佳。另有《北梦琐言逸文》4卷和《北梦琐言逸文补遗》1卷，附录有传记资料和各种序跋。

傅璇琮、徐海荣和徐吉军主编的《五代史书汇编》全10册（杭州出版社，2004年）收录了前述《五代会要》以下，除《册府元龟》和《北梦琐言》以外的6种史料的点校本。

与五代史相关的重要史料，大体就是以上诸书。文学方面，还可参考陶敏、李一飞编《隋唐五代文学史料学》[2001]。另外，张兴武的《五代艺文考》[2003]汇总了五代时期的书籍和金石总目，亦可参考。

（二）宋史史料

◆基本史料

•《宋史》

宋代史最重要的史料，首推《宋史》。这是元代后期以丞相脱脱为都总裁完成的纪传体正史，全书496卷。编纂仅用了2年半的时间，历来就有编辑芜杂之讥。其记载涵盖了整个宋代，是为该书的最大特点。

版本方面，推荐标点本《宋史》（中华书局，1977年），该版以上海商务印书馆的百衲本为底本，汇集了元至正刊本及以下的明清各代版本。俞如云编《宋史人名索引》[1992]，便是依据该版制作的索引。

《宋史》有《礼志》等15志，其中重要的志已有索引或是译注。佐伯富编有《宋史职官志索引》[1963]、《宋史刑法志索引》[1977]、《宋史兵志索引》[1978]、《宋史河渠志索引》[1979]、《宋史选举志索引》[1982]。此外，加藤繁等亲自编写的《宋史食货志》译稿[1925—1926]也是一项重要的成果。不过，该书仅有译文，未有注释。此后，以加藤繁的学生周藤吉之和中岛敏等人为中心，延续了《宋史食货志》的译注工作，其成果后汇集为和田清编《东洋文库论丛第44　宋史食货志译注1》[1960]。该书对《宋史食货志》的"序""农田""方田""赋税""布帛""和籴"和"漕运"部分进行了详细的译注。后续经过近40年的时间，由中岛敏完成整理出版工作（《宋史食货志译注2》[1999a]、《宋史食货志译注3》[1999b]、《宋史食货志译注4》[2002a]、《宋史食货志译注5》[2004]）。译注工作还包括了针对卷184《食货下六・茶下》制作的语汇索引《宋史食货志译注（一）—（四）语汇索引》[2002b]。同时《宋史选举志》的译注工作，亦由中岛敏编辑整理为3卷出版（《宋史选举志译注1》[1992]、《宋史选举志译注2》[1996]、《宋史选举志译注3》[2000]）。《宋史刑法志》有梅原郁编的译注《译注　中国近世刑法志》上册（《旧五代史刑法志》《宋史刑法志》

《辽史刑法志》《金史刑志》)[2002]。《宋史地理志》方面，近年有郭黎安编著的《宋史地理志汇释》[2003]，为谭其骧主编《正史地理志汇释丛刊》中的1册。

以《宋史》为材料，明末陈邦瞻用“纪事本末体”编成《宋史纪事本末》109卷，现有标点本（全3册，中华书局，1977年），使用方便。

•《续资治通鉴长编》

南宋李焘（1115—1184）编。原本980卷，是一部记载北宋太祖至钦宗九朝历史的编年体史书。另配有《举要》68卷，《修换事总目》10卷，《总目》5卷，但大部分已散佚。现存者为清乾隆年间重编而成的520卷本，是宋史研究的重要史料。该书体裁依据司马光编《资治通鉴》，内容时段亦上承《资治通鉴》，因又采用了史料长编的体例，故名为《续资治通鉴长编》。全书史料来源多样，有国史、实录、政书，以及野史、笔记类。李焘个人认为史实记述存疑的地方，通过排列不同史料，进行了绵密的考证，加以判断。现行本史料记载佚失部分，清代黄以周等学者利用南宋史书，编纂了《续资治通鉴长编拾补》全60卷。

现行本（520卷本）有《四库全书》本和浙江书局本，尤其是后者，为中华书局标点本和索引本的底本，出版有影印本2种（浙江书局、《永乐大典》本影印，世界书局《中国学术名著》全15册，1961年初版。浙江书局本影印，上海古籍出版社《宋史要籍汇编》全5册，1986年。两种影印本均附有《续资治通鉴长编拾补》)。此外，还有一种宋版五朝本（108卷，子卷数175卷），为原书节本，亦有影印本（宋刻五朝本影印《宋板续资治通鉴长编》，中华全国图书馆文献缩微复制中心《中国公共图书馆古籍文献珍本汇刊》全7册，1995年）。就利用方便而言，首推中华书局标点本（全34册，1979—1995年。全20册，2004年再版。《续资治通鉴长编拾补》全4册，2004年）。另外，陶晋生、王民信编《李焘续资治通鉴长编宋辽关系史料辑录》(全3册)[1974]汇录了书中与宋、辽相关的史料。索引方面，有梅原郁编的《续资治通鉴长编人名索引》[1978]和《续资治通鉴长编语汇索引》[1989]。关于李焘，周藤吉之的《宋代史研究》[1969]中收有专论。

•《宋会要辑稿》

这是一部汇编宋代财政、法令等典章制度的史料集成，收录了不少《宋史》中未见的珍贵记载，是宋史研究的重要史料。不过，现存《宋会要辑稿》是清人徐松等人从《永乐大典》中辑录而成，1936年，经陈垣等人尽力收集，影印刊行。个中经过，可参见北平图书馆编《影印宋会要辑稿缘起》[1936]。此后，中国又于1957年和1987年两次影印出版（全8册，中华书局）。

现存本子由帝系、后妃、乐、礼、舆服、仪制、瑞异、运历、崇儒、职官、选举、食货、刑法、兵、方域、蕃夷、道释17类组成。各类下又分细目，大致做了简洁的概括，其下按时间顺序罗列史料。前述影印本中的脱漏部分，又以《宋会要辑稿补编》之名影印刊行（陈智超整理《宋会要辑稿补编》[1988]）。关于《宋会要辑稿》的整理情况，有陈智超的《解开〈宋会要〉之谜》[1995]详论之。

针对《宋会要辑稿》的目录和索引，有东洋文库、宋代史研究委员会编《宋会要研究备要——目录》[1970]、《宋会要辑稿　食货索引　人名·书名篇》[1982]、《宋会要辑稿　食货索引　年月日·诏敕篇》[1985]和《宋会要辑稿　食货索引　职官篇》[1995]，另有京都大学人文科学研究所、附属东洋学文献中心编《宋会要辑稿编年索引》[1995]。中国台湾地区这方面的研究成果，首推王德毅编制的《宋会要辑稿人名索引》[1978]，王云海《宋会要辑稿考校》[1986]一书附录的《篇目索引》可作为《宋会要辑稿》全编的目录使用。另有崇儒门的校订本《宋会要辑稿·崇儒》[2001]，由苗书梅等点校，王云海审定。

•《建炎以来系年要录》

南宋李心传撰，200卷，这是一部记载南宋高宗建炎、绍兴时期36年间史事的编年体史书。该书以日历、会要等官修史书为主要材料，并广泛取材私修史书中的传记史料，加以细致考订。书中分析疑问之处，出示依据，与李焘《续资治通鉴长编》一样，是颇可信赖的基础史料。

现存者200卷，为编纂《四库全书》时从《永乐大典》中辑录而成，版本有《四库全书》本（全10册，文渊阁本影印，附索引，上海古籍出版社，1992年），广雅书局本（全10册，广雅书局本影印，文海出版社，1968年），另有点校本（商务印书馆《国学基本丛书》全12册，1937年。该点校本后又有影印本，全4册，中华书局，1988年。另有中华书局《丛书集成初编》本，全18册，1985年）。《四库全书》本和广雅书局本的影印本，各有人名、作者、篇名索引（裴汝诚主编《四库全书文渊阁影印本》[1992]附录的“人名、作者、篇名索引”）和人名索引（梅原郁编《建炎以来系年要录人名索引》[1983]）。

• 《三朝北盟会编》

南宋徐梦莘撰，250卷，这是一部记载北宋徽宗、钦宗年间，以及南宋高宗年间“三朝”史实的编年体史书，对宋金间关系的记载尤为详尽。该书取材广泛，径照史料原文直录，是为其最大特色，并且，诸事记载，考证翔实。特别是靖康年间北宋政权灭亡前后的形势，记述极详，仅这部分在书中就有75卷之巨。

该书长期以抄本形式传世，通行本有光绪年间的木活字排印本，抄本和刊本均已有影印本出版（1878年木活字排印本影印，全4册，1977年，文海出版社。1908年刊本影印，上海古籍出版社《宋史要籍汇编》全2册，1987年），就文本而言，刊本更胜一筹。

• 《东都事略》

南宋王称撰，130卷，这是一部记载北宋时期史事的纪传体史书。该书成书早于《宋史》，记述简洁，又有《宋史》中未见之记载，是北宋史研究必须参考的史籍。版本方面，有宋刊本的影印本（全4册，《“中央图书馆”善本丛刊》，1991年），清刊本的影印本2种（全4册，文海出版社，1979年；线装14册，江苏广陵古籍刻印社，1990年），以四朝别史本为底本的和刻本影印本（汲古书院，1973年），另有点校本（收于齐鲁书社《二十五别史》，2000年）。

• 《建炎以来朝野杂记》

《建炎以来朝野杂记》与《建炎以来系年要录》同为李心传所撰。分甲、乙集，各20卷，共计40卷。该书甲集分为13门，乙集分为12门，是一部记录南宋兵戎财赋源流、礼乐制度因革和朝野所闻之事的史料集成，采用与会要近似的体例。

版本方面，有利用《适园丛书》（第3集）本重印的2种木版印刷本（线装12册，江苏广陵古籍刻印社，1981年；线装10册，文物出版社，1992年），另有点校本数种（《国学基本丛书》全3册，1937年；《丛书集成初编》本，全6册，1985年），由徐规校订的标点本（中华书局《唐宋史料笔记丛刊》全2册，2000年）为最佳。

• 《文献通考》

宋末元初马端临撰，348卷，这是记述上古至南宋宁宗时期典章制度的一部通史。全书分为田赋、钱币、户口和职役等24门，以宋代相关资料最为详尽，可据以对更晚成书的《宋史》进行补充和订正。

该书有乾隆年间武英殿聚珍版的影印本（即“十通本”；商务印书馆，1936年），阅读最为方便。相关工具书有商务印书馆编《十通索引》[1937]和东洋史研究会编《文献通考五种总目录》[1954]，颇为有用。华东师范大学古籍研究所编《文献通考经籍考》[1985]为《经籍考》的校订本。

•《宋大诏令集》

这是一部北宋的诏令集成，由编纂《唐大诏令集》的宋敏求后人于南宋绍兴年间编纂而成。原本有240卷之巨，现存196卷和目录的下卷。全书分为帝统等17门，保存了从北宋太祖至徽宗时期的约3800篇诏令，其中典礼和政事2门的诏令数量尤其惊人。该书有点校本（中华书局，1962年，1997年再版）。

•《庆元条法事类》

该书为南宋宁宗年间的法令集成。原本80卷，现仅存职制、选举、赋役、公吏和刑狱等16门36卷。与宋初窦仪等据《唐律》撰写的《重详定刑统（宋刑统）》（吴翊如点校，中华书局，1984年）对照而观，《庆元条法事类》是一部与当时社会现实紧密结合的法令集，不可轻视。现有据燕京大学（现北京大学）图书馆藏版所印刊本（线装12册，1948年初印，北京中国书店重印，1980年），另有静嘉堂文库藏本的影印本（古典研究会影印，1968年），还有点校本（黑龙江人民出版社《中国珍稀法律典籍续编》所收本，2002年）。燕京大学本还有《唐明律合编》和《宋刑统》合刊的影印本（中国书店《海王村古籍丛刊》，1990年）。相关参考文献方面有专门辑录《庆元条法事类》语汇的梅原郁编《庆元条法事类语汇辑览》[1990]和吉田寅编《立正大学东洋史研究资料Ⅳ　庆元条法事类诸本对校表（稿）》[1992]。

•《通志》

南宋郑樵撰，这是一部以人物传记为主的纪传体通史，全书200卷，与杜佑《通典》、马端临《文献通考》合称为政书“三通”。总序及“氏族略”“都邑略”“昆虫草木略”“艺文略”“金石略”等“二十略”最为重要。除“十通本”（商务印书馆，1935年）外，推荐王树民校订的《通志二十略》（全2册，中华书局，1995年）。

•《（皇宋）通鉴长编纪事本末》

这是记述北宋史事的一部纪事本末体史书，南宋杨仲良编撰，150卷。该书利用李焘《续资治通鉴长编》的原文，以大事分类，其下按年月顺序记述。如此一来，史事记载更加首尾连贯，起承转合易于理解，然原文有不少删节。王安石新法实施期间的一部分内容，可对现存《续资治通鉴长编》相关记载的欠缺部分形成补充，故成为《续资治通鉴长编拾补》编撰时的主要材料。版本方面，该书有1893年广雅书局刊本的影印本（全6册，文海出版社《宋史资料萃编》第2辑，1967年），另有清阮元辑《宛委别藏》本的影印本（全8册，北京图书馆出版社，2003年；全10册，江苏古籍出版社，1988年；另有台湾商务印书馆影印本，1981年）。

•《玉海》

宋末元初王应麟撰，204卷，类书，最初是王应麟为参加博学宏词科考试而准备的一部文献资料集。该书将历代典章制度分为21门241类，加以精良的概说，保存了大量宋史相关资料。书中征引了不少现已散佚的宋代史籍，史料价值颇高。版本方面，有1883年刻本的影印本（全5册，广陵书局，2002年），文本最佳者为据元刊本印制的《合璧本玉海》全8册（中文出版社，1977年。其中，第8册中还附有王应麟的《通鉴地理通释》《小学绀珠》等13种著作）。

•《（宋朝）诸臣奏议》

南宋赵汝愚编，150卷，为北宋一代的奏议选集。全书在“君道门”“帝系门”等12门下，又细分为112门，共计收录241人的1630篇奏议，是一部当与其他史籍对读分析的重要文献。版本方面，该书有宋刻元明递修本的影印本（全10册，文海出版社《宋史资料萃编》第2辑，1970年），另有据宋刻元印本校订而成的标点本（全2册，北京大学中国中古史研究中心校点整理本，上海古籍出版社，1999年，附：作者索引），质量颇佳，卷首有邓广铭的弁言和陈智超的序，详述了该书的特色。

•《中兴小纪》

南宋熊克撰，又名《中兴小历》，40卷，现存者为乾隆年间从《永乐大典》中辑录而成。这是比李心传《建炎以来系年要录》更早成书的南宋高宗建炎、绍兴年间编年体史书。内容虽不及李著详尽，但仍有一定参考价值。版本方面，该书有1891年广雅书局刊本影印本（全2册，文海出版社《宋史资料萃编》第2辑，1968年），另有点校本（福建人民出版社，1985年）。

•《宋文鉴》

南宋吕祖谦编，150卷，又名《皇朝文鉴》，为吕祖谦奉孝宗之命编撰的一部宋人文学作品集成。该书是一部按赋、诗、诏、敕、制、诰、奏疏、表、记、序、论、题跋、墓志、祭文等文体分类汇编的总集，对于宋代文史研究有所助益。《四部丛刊》中有影宋本，另有齐治平的点校本（全3册，中华书局，1992年，附：篇目索引、作者索引），质量颇佳。

•《太平治迹统类》

南宋彭百川撰，原有40卷，现存30卷。该书围绕北宋时期的诸种政策和典章，以《续资治通鉴长编》为材料，按“仁宗平王则”（卷10）、“神宗任安石”（卷13）等88个主题分类汇编。书中内容与李心传《建炎以来朝野杂记》近似，故史料价值不及李著。版本方面，有《适园丛书》（第14集）本的影印本（全3册，成文出版社，1966年），另有2种新印本（线装20册，江苏广陵古籍刻印社，1981年；线装12册，文物出版社，1992年）。

•《皇朝编年纲目备要》

南宋陈均撰，30卷，又名《（宋）九朝编年（纲目）备要》《皇宋编年纲目备要》，是一部简要记载北宋太祖建隆元年（960）至钦宗靖康二年（1127）间史实的编年体史书。卷26以后徽宗、钦宗时期的记载略为详细。该书有静嘉堂文库所藏宋本的复制本（线装12册，静嘉堂文库，1936年）及其影印本（全2册，成文出版社，1966年）。

•《中兴两朝圣政》

这是一部记载南宋高宗、孝宗两朝史事的编年体史书，编著者不详，又名《皇宋中兴两朝圣政》，现存48卷。该书原有64卷，不仅脱落与错误甚多，卷30至卷45的16卷内容业已亡佚，故绍兴十四年（1144）至乾道二年（1166）的记述有所欠缺，不过该书作为南宋初期的史料仍有一定参考价值。是书有《宛委别藏》本的影印本（全3册，文海出版社《宋史资料萃编》第1辑，1967年）。

•《续编两朝纲目备要》

16卷，编著者不详。这是一部记述南宋初期高宗、孝宗两朝（中兴两朝）之后光宗、宁宗两朝35年间史事的编年体史书。该书与陈均《皇朝编年纲目备要》和佚名《中兴两朝编年纲目》的记述年代相互衔接，故有人建议可作为宋代史料合刊。版本方面，有《四库全书》本（《四库全书珍本初集》）的单行影印本（全2册，文海出版社《宋史资料萃编》第1辑，1967年），另有标点本（中华书局，1995年）。

•《宋史全文》

36卷（若包含子卷，为58卷），编著者不详，推测成书于元初，又名《宋史全文续资治通鉴》。这是一部涵盖北宋和南宋的编年体史书，但未收南宋度宗以后的史事。该书北宋部分取材于李焘《续资治通鉴长编》，南宋高宗、孝宗部分取材于《中兴两朝圣政》，故南宋光宗、宁宗和理宗三朝的记述最具史料价值。版本方面，有元刻本的影印本（全5册，文海出版社《宋史资料萃编》第2辑，1969年），另有以《四库全书》本为底本的点校本（李之亮点校，全3册，黑龙江人民出版社，2005年）。

•《宋季三朝政要》

这是一部记述南宋理宗、度宗和恭帝三朝以及幼帝赵昰、赵昺时期史事的编年体史书，6卷（5卷，附录1卷），成书于元初，编著者不详。该书以传闻为基础，主要记述了南宋的灭亡过程，内容虽有讹误，但作为南宋末年史料仍有一定价值。版本方面，有元皇庆刊本的影印本（线装2册，《宸翰楼丛书》所收本，1914年），《学津讨原》《守山阁丛书》和《粤雅堂丛书》亦收有是书。另有《丛书集成初编》（中华书局，1985年）和《笔记小说大观续编》（新兴书局，1962年）所收本，还有一种为清抄本的影印本（文海出版社《宋史资料萃编》第3辑，1981年）。

•《皇宋十朝纲要》

南宋后期李焘第七子李埴撰，25卷，是一部记录北宋太祖至南宋高宗十朝间朝政大要及制度沿革、礼乐兵刑变迁的编年体史书。该书传世殊少，清时仅有抄本存世。1927年，上海东方学会以活字排印本（线装6册）刊行。书中有不少关于州府废置和进士及第方面的珍贵史料。东方学会排印本现已有影印本（文海出版社《宋史资料萃编》第1辑，1967年）。

•《太宗实录》

宋钱若水等撰，这是宋代所编实录中唯一残存者，原有80卷，现仅存20卷，是一份展示宋代实录形式的珍贵史料。版本方面，使用便利者有《四部丛刊》本，另有根据旧钞本所刊刻本《宋太宗实录残本》线装2册（中国书店，1994年）。

以上为宋史研究的基本史料，其中多数基本史籍，已列入文海出版社所刊赵铁寒主编《宋史资料萃编》全4辑（1967—1981年，全94册），影印行世。

◆书籍目录

宋代的主要书目，可列举以下6种。

王尧臣等撰《崇文总目》，这是一部北宋官修的藏书总目录，成书于1041年。宋代的藏书机构三馆（昭文馆、史馆、集贤院）和秘阁，总称为崇文院。现存《崇文总目》，系散佚后重新辑录的2种辑本。南宋时期的官修藏书目录，有陈骙等撰《中兴馆阁录》及《中兴馆阁续录》（张富祥点校《南宋馆阁录·续录》，中华书局，1998年）。

私人藏书目录，有晁公武撰《郡斋读书志》（孙猛校证本，上海古籍出版社，1990年，附：书名索引、著者索引）和陈振孙的《直斋书录解题》（上海古籍出版社，1987年，附：书名索引、著者索引），这两种最为重要。其次为尤袤撰《遂初堂书目》。

以上5种藏书目录，许逸民、常振国编《中国历代书目丛刊》（第一辑，上、下册）[1997]均有影印收录。此外，同样重要的书目有《文献通考经籍考》和《宋史艺文志》。前者的校点本，上文已有介绍，后者有陈乐素的考证成果《宋史艺文志考证》[2002]。

◆历史地理相关史料

以下对宋代历史地理相关史料做一解说，这方面史料大体可分为地理总志、地方志、城市史史料、中外交通贸易史料。首先介绍一下5种主要的地理总志。

【地理总志】

乐史撰《太平寰宇记》（200卷，文海出版社《宋代地理书四种》，1963年），集中记述了北宋初年的州县沿革等内容，作为唐、五代的地理资料亦颇有用处，其中对主客户口数的记载尤为珍贵。宫内厅书陵部所藏宋本已有影印本《宋本太平寰宇记》（中华书局，2000年），惜乎残缺严重。

王存等撰《元丰九域志》（中华书局《中国古代地理总志丛刊》，1984年，附：地名索引），该书以4京23路为中心，记述了北宋元丰年间的行政区划。

欧阳忞撰《舆地广记》全38卷（文海出版社《宋代地理书四种》，约1962年），成书于北宋末年，行政区划沿革方面的记述颇为翔实。该书点校本有《丛书集成初编》本和《国学基本丛书》本。

南宋王象之撰《舆地纪胜》，原有200卷，现存者已颇多散佚。除行政区划沿革外，书中记载了各地的山川景物和碑刻诗咏等内容，是为特色。该书有据清刊本的2种影印本，分别由中华书局（全8册，附：地名索引，《中国古代地理志丛刊》，1992年）和文海出版社（《宋代地理书四种》全2册，1962年）出版。

南宋末年1239年成书的祝穆等撰《方舆胜览》70卷，相较建置沿革，作为“事要”记载的风俗、形胜、题咏、四六等内容精详，更有特色。该书已有据南宋咸淳年间刻本影印的《（宋本）方舆胜览》（上海古籍出版社，1991年，附：人名、引书、地名三种索引）等本子。

此外，近年来对宋元时期各部地理总志进行校订的《宋元地理志丛刊》（四川大学出版社）业已启动，已出版《舆地广记》（2册，2003年）和元代地理总志《大元混一方舆胜览》（2册，2003年），未来计划出版《太平寰宇记》《元丰九域志》《舆地纪胜》《方舆胜览》和元《大元大一统志》等。

【地方志】

宋代编纂有数百种地方志，但留存至今的仅数十种而已，且大半为东南地区（尤其是今江苏、浙江二省）的地方志。使用这些方志时，切记留心其内容的地域性。现存宋元时期方志，大多已收录于《宋元地方志丛书》（全12册，大化书局，1978年）、《宋元地方志丛书续编》（全2册，大化书局，1990年）和《宋元方志丛刊》（全8册，中华书局，1990年）等影印丛书。这些地方志所载人物传记，有朱士嘉编《宋元方志传记索引》[1963]和沈治宏、王蓉贵编撰的《中国地方志　宋代人物资料索引》（全4册）[1997]、《中国地方志　宋代人物资料索引续编》（全4册）[2002]。

大多数地方志历来只是采用影印或是钞本的形式再刊，不过，从《吴郡志》（《江苏地方文献丛书》江苏古籍出版社，1986年）、福州市地方志编纂委员会整理《（淳熙）三山志》（海风出版社，2000年）开始，以点校本形式新刊的地方志日渐增多，进一步进行数字化的工作亦已开始。

【城市史史料】

关于北宋都城东京开封府（河南省开封市）和南宋行在临安府（浙江省杭州市），传世有一些比较集中的史料。

南宋初1147年，孟元老完成了回忆古都开封的《东京梦华录》10卷。该书是一部细致描绘北宋末年东京开封府街市景象和岁时习惯的回忆录，对后世的城市史文献，尤其是都城繁盛记之类文献产生了深远的影响。该书最佳的本子为静嘉堂文库所藏元刊本，1941年影印出版，入矢义高、梅原郁译注的《东京梦华录——宋代的都市与生活》[1983] 还附有该刊本的图版。中国学界也很早就关注此书，刊有上海古籍文学出版社编辑部编《东京梦华录　外四种》[1956] 等点校本，其中就有最早专注于该书的邓之诚《东京梦华录注》[1959]。关于宋都开封的后世史料文献，有明人李濂的《汴京遗迹志》(周宝珠、程民生点校《中国古代都城资料选刊》，中华书局，1999 年，附：地名索引) 和清人周城撰《宋东京考》(单远慕点校《中国古代都城资料选刊》，中华书局，1988 年，附：地名索引)。

关于南宋临安府有 4 部著作传世，即灌圃耐得翁撰《都城纪胜》1 卷（ 1235 年成书)、西湖老人撰《西湖老人繁盛录》1 卷（ 1253 年前后成书)、吴自牧撰《梦粱录》20 卷（ 1275 年前后成书)、周密撰《武林旧事》10 卷（ 1280 年前后成书)。前揭上海古典文学出版社编辑部编《东京梦华录　外四种》[1956] 收有 4 书的点校本。《梦粱录》又有梅原郁的译注本《梦粱录》(全 3 册)[2000]。梅原郁还编有《东京梦华录、梦粱录等语汇索引》[1979]，为 5 书的语汇索引。

【 中外交通贸易史料 】

以《岭外代答》《诸蕃志》等为代表的宋代南海相关史料，收录于中华书局《中外交通史籍丛刊》(1961 年—　)。此类零星的文献史料，也大部分收录于张星烺编注《中西交通史料汇编》[2003 (1930)]、北京大学南亚研究所编《中国载籍中南亚史料汇编》[1994] 和刘佩等编《二十四史中的海洋资料》[1995] 之类史料集成中。五代和宋代的日中关系史史料，汪向荣、夏应元编《中日关系史资料汇编》[1984] 可资利用。

宋与高丽交通交流史的基本史料，有北宋末年徐兢撰《宣和奉使高丽图经》40 卷，书中记述分 28 门，其中海道门最为详细。版本方面，有南宋乾道三年（ 1167 ）刻本的影印本（线装 3 册，《善本丛书》，台北故宫博物院，1974 年)，另有《国学基本丛书》和《丛书集成初编》所收点校本，还有朴尚得译本《宣和奉使高丽图经》[1995]。相关资料集有金渭显编著《高丽史中中韩关系史料汇编》(上、下册)[1983]、张东翼编著《宋代丽史资料集录》[2000] 和杨渭生等编著《十至十四世纪中韩关系史料汇编》(上、下册)[1999—2002]。

•《岭外代答》

南宋周去非撰，10 卷。该书参考了记述广南各地物产与风俗的范成大《桂海虞衡志》等书，是一部以岭南见闻为中心整理而成的岭南、南海相关资料集。

全书分地理、边帅、外国（上、下）、风土、法制、财计、器用、服用、食用、香、乐器、宝货、金石、花木、禽兽、虫鱼、古迹、蛮俗、志异，共20门，总计294条记事。书中关于岭南地区的记载颇多，外国门中所载南海、西亚方面事情尤为珍贵。但也需注意，书中传闻类记事不少。该书有屠友祥校注《岭外代答》[1996]，另有杨武泉校注《岭外代答校注》（附：人名、地名、物名、杂类索引）[1999]。

•《诸蕃志》

南宋赵汝适撰，2卷。卷上为“志国”，记载了南海、西亚五十余国事情。卷下为“志物”，列举了乳香、吉贝等南海诸国的珍奇物产。该书有冯承钧校注《诸蕃志校注》[1940]，另有杨博文《诸蕃志校释》[1996]和韩振华《韩振华选集2　诸蕃志注补》[2000]。前揭藤善真澄《关西大学东西学术研究所译注丛书5　诸蕃志》（附：文献目录、索引）[1991]亦值得参考。

◆笔记史料

笔记是取古今或当代文史掌故，以灵活的形式编缀而成的随笔杂录。笔记中多有正史、实录之类史料中未见之记载，以多元视角观之，正是社会史和文化史资料的绝佳来源。早先有《宋元人说部丛书》（精装2册，中文出版社，1980年影印出版。原名《宋元人说部书》，1919—1920年，上海商务印书馆排印本）和《笔记小说大观》（6册，新兴书局，1960年；35册，江苏广陵古籍刻印社，1983—1984年），学界利用较多。近年来，有不少单行本或新编的笔记丛书经整理校订出版，其利用相比过去已大大方便。以中华书局《唐宋史料笔记丛刊》为代表，1979年以后，已出版有陆游《老学庵笔记》、司马光《涑水记闻》等数十种，1998年以后又有40种31册再版。这套丛书的前身为《宋代史料笔记丛刊》，出版有王明清的《挥麈录》等。上海古籍出版社亦有《宋元笔记丛书》，1981年以后，校订出版了曾敏行《独醒杂志》、龚明之《中吴纪闻》等近20种笔记。《全宋笔记》第一编（全10册，大象出版社，2003年）也是类似的一种新编笔记丛书，以五代史史料孙光宪《北梦琐言》、张齐贤《洛阳搢绅旧闻记》、钱易《南部新书》为代表，收录五代、宋人笔记49种，且加以点校。该丛书计划在近五六年的时间内出齐全部10编，整理出版约500种宋人笔记。①

① 译者按：《全宋笔记》至2018年完成第十编，共计102册。

以下，将对若干宋人笔记、宋代及其后世分类编纂的数种笔记集成以及新编的笔记丛书，分别做一简介。

首先要列举的是上述笔记类丛书未能收入，但不乏史料价值的几种笔记。洪迈撰《夷坚志》(全4册，何卓点校，中华书局，1981年，附：人名索引)，这是一部以志怪小说为代表的重要的社会史史料集。吴曾撰《能改斋漫录》(上、下册，点校者不详，上海古籍出版社，1960年，1979年重印)，有关名物制度和文学方面的资料甚为丰富。洪迈撰《容斋随笔》(上、下册，徐德麟点校，上海古籍出版社，1978年)包含了关于宋代典章制度和旧事掌故的大量记载。沈括撰《梦溪笔谈校证》(上、下册，胡道静校注，上海出版公司，1956年；中华书局上海编辑所，1962年；上海古籍出版社，1987年再版)，这部著作以自然科学记载且记事准确而闻名，由胡道静加以校证。

江少虞撰《宋朝事实类苑》(《皇朝类苑》)，是一部成书于南宋初年的笔记史料集成。全书足本78卷，分为24门，系从50多种史料中采辑而成，其中不乏现已散佚之书，对于理解北宋历史颇有助益。该书有日本元和七年(1621)木活字本的影印本2种(《皇朝类苑》，中文出版社，1911年董康诵芬室丛刊影印本，1977年；4册，文海出版社，1981年)，点校本1种(《宋朝事实类苑》，上海古籍出版社，1981年)。

清人潘永因编《宋稗类钞》，是一部搜集汇编宋人传闻逸事的笔记集，整理成书于清初。该书有康熙八年(1669)刊本的影印本(全8册，广文书局，1967年)，另有点校本(2册，刘卓英点校，书目文献出版社，1985年)。类似的还有丁传靖辑《宋人轶事汇编》20卷，集录了600多位宋人的记载。该书有商务印书馆本(1935年初版，1958年重版)，后又有中华书局本(3册本，1981年；2册本，2003年)，均附有简要的人名索引。在此做一提醒，上述各种笔记集中，往往存在不经意的删节，故请尽可能对照文字出处进行字句的校核。

与五代、宋代相关的新编笔记丛书，还有周光培编《宋代笔记小说》(全24册，《历代笔记小说集成》，河北教育出版社，1995年，影印本)，李时人编校，何满子审定《全唐五代小说》(全5册，陕西人民出版社，1998年，点校本，附：作者、篇目索引)，上海古籍出版社编《唐五代笔记小说大观》(全2册，《历代笔记小说大观》，上海古籍出版社，2000年，点校本)，上海古籍出版社编《宋元笔记小说大观》(全6册，《历代笔记小说大观》，上海古籍出版社，2001

年，点校本）等，所收笔记请参考各丛书详目。

◆类书

所谓类书，就是将社会各方面的记载，包括天文、官制、物产、文史、岁时、风俗等，分类汇编为资料集成，是为百科全书之一种。类书中多为社会琐末的片段记载，但也不乏礼制、官制和军制等系统性论述，不少内容已成为重要的史料来源。仅宋人所编类书便有近30种，除《四库全书》本（《四库类书丛刊》，上海古籍出版社）外，此处暂列举使用价值较高的宋人类书十数种。另外，《册府元龟》和《玉海》已在前文介绍。

• 陈元靓撰《事林广记》(《和刻本类书集成》第1辑，汲古书院，1976年；中华书局，元刻本、和刻本影印，1999年）

• 高承撰，明人李果订《事物纪原》(《和刻本类书集成》第2辑，汲古书院，1976年；金圆、许沛藻点校，中华书局，点校本，1989年）

• 叶庭珪撰《海录碎事》(上海辞书出版社，明刻本影印，附：词目索引，1989年；李之亮校点，上、下册，中华书局，点校本，2002年）

• 吴淑撰注《事类赋注》(冀勤、王秀梅、马蓉校点，中华书局，点校本，附：引书索引，1989年；北京图书馆出版社《北京图书馆古籍珍本丛刊》，宋刻本影印，1987—1998年）

• 孙逢吉撰《职官分纪》(中华书局《四库全书》本影印，1988年，仅有《四库全书》本）

• 不著撰人《锦绣万花谷》(全4册，新兴书局，明刻本影印，附：索引，1974年；上海辞书出版社，明刻本影印，附：引书索引，1992年；北京图书馆出版社《北京图书馆古籍珍本丛刊》，宋刻本影印，1987—1998年）

• 祝穆撰《古今事文类聚》附：元人富大用撰《古今事文类聚》新集、外集，元人祝渊撰《古今事文类聚》遗集（中文出版社，明刻本影印，全4册，1982年；书目文献出版社，全3册，1991年）

• 潘自牧撰《记纂渊海》(新兴书局，明刻本影印，全10册，附：索引，1972年；中华书局，宋刻本影印，全4册，1988年；北京图书馆出版社《北京图书馆古籍珍本丛刊》，宋刻本影印，1987—1998年）

• 章如愚撰《群书（山堂）考索》(新兴书局，明刻本影印，全8册，附：索引，1969年；上海古籍出版社，《四库全书》本影印，全3册，1992年；另有

影印本 2 种）

• 谢维新编《古今合璧事类备要》（全 4 册，新兴书局，明刻本影印，附：索引，1969 年）

• 林駉撰《（新笺决科）古今源流至论》附：宋人黄履翁撰《古今源流至论》别集（新兴书局，明刻本影印，全 2 册，附：索引，1970 年）

• 王应麟撰《小学绀珠》（汲古书院《和刻本类书集成》第 2 辑，1976 年；中华书局，明刻本影印，附：目录，1987 年）

• 陈元靓撰《岁时广记》（新兴书局，清刻本影印，上、下册，1977 年）

◆史料集、史料集成

关于宋代的农民起义，有苏金源、李春圃编《宋代三次农民起义史料汇编》[1963]，何竹淇编《两宋农民战争史料汇编》（上、下编，北宋、南宋，全 4 册）[1976]，为基本史料集，另有谷川道雄、森正夫编《中国民众"叛乱"史 2　宋—明中期》[1979]，附有译注。

史学史、民族（藏族）方面的史料集，分别有杨翼骧编《中国史学史资料编年》（第 2 册：两宋时期）[1994]，陈乃文、陈燮章辑《藏族编年史料集》（上、下册）[1989—1990]。

拓本、石刻史料集成方面的代表，可举北京图书馆金石组编《北京图书馆藏中国历代石刻拓本汇编》（第 36—44 册："五代十国　附：大理" 1 册；"北宋" 6 册；"南宋" 2 册）[1990] 和国家图书馆善本金石组编《宋代石刻文献全编》（全 4 册）[2003a] 2 种。前者为碑刻拓片图版的集成；后者从包括地方志在内的各种著录金石资料的文献中，汇录集成宋代石刻文献 3000 余篇。两部集成卷首有详细的目录，书末附有石刻文献资料的笔画索引。在此另提一句，北京图书馆自 1998 年起改称中国国家图书馆。

◆宋人文集文献及其他

这方面的文献，首推本章第二节第（三）部分介绍过的吉田寅、棚田直彦编《日本现存宋人文集目录》[1972]，刘琳、沈治宏编著《现存宋人著述总录》[1995]。曾枣庄、刘琳主编《全宋文》[1988—　]，现已刊至北宋后期部分。① 其次，在已编有目录、索引的《四库全书》《四库全书存目丛书》《续修四

① 译者按：曾枣庄、刘琳主编《全宋文》已于 2006 年由上海辞书出版社全部出齐，共计 360 册。

库全书》《四部丛刊》《丛书集成初编》《丛书集成续编》《丛书集成三编》等大型丛书中，检索宋人文集的书名和所在也是一项必要的工作。另外，上海图书馆编《中国丛书综录》（全3册）[1982]、阳海清编撰《中国丛书广录》（上、下册）[1999]、施廷镛编撰《中国丛书综录续编》[2003]等也是检索丛书子目的必备工具书。

了解宋人文集个别整理出版的情况当然非常重要，但及时把握这些工作动态颇有难度。近20年间，仅限于新编新刊的点校本和标点本，业已整理出版的宋人文集就有60种以上。此处难以穷举宋人文集方面的资料，有些遗憾。大体言之，这段时间，年谱等文集相关史料，文学、思想（尤其是理学）领域重要人物的文字，已有不少经校订整理，以单行本或史料集的形式出版，今后的整理出版情况还需时加留意。

上述文献以外，五代、宋代文学作品和通俗文学方面的总集、集成等，今后有望在以社会史、文化史为中心的研究中得到更为广泛的使用。限于篇幅，对这类文献的介绍，此处只得割爱。有助于宋史研究的史料和参考书，不胜枚举。关键还是要首先通览前述诸书，然后逐渐扩展阅读面。史料类书籍在中国及海外的整理校勘与出版日新月异，故还应十分留意这方面的动态。

（木田知生）

第六章　辽·西夏

森安孝夫

一、研究视角

所谓“中国是汉人的世界，中国史说到底是以汉人为中心而展开”，在持有这样一种立场（本章称为中华主义①）的人们看来，南方的宋朝为正嫡，而北方的辽、金二朝只能视为庶出，也就是南北正闰论，这种观念一度被视为正统。虽然魏特夫（Wittfogel，Karl August）提出，相对于传统的中国王朝，辽、金、元、清四个王朝应当用“征服王朝”这一概念来加以概括和把握（魏特夫、冯家昇合著《中国社会史——辽（907—1125）》[1949]），且该观点问世至今已有半个多世纪，但南北正闰论被广泛接受的状况在本质上还是没有发生变化，现在日本高中的世界史教科书中对辽、金的处理就反映了这一点。持中华主义的人们（也包括大多数普通知识分子）顽固地坚信，辽、金只是统治了中国一部分的周边王朝，奄有中国全境的元朝、清朝的统治者蒙古人、满人，最终也是“被文化水准更高的汉人所同化”。更何况西夏史连正史也没有被列入，甚至都少有人关注。不过，拥有丰富非汉文史料的元朝和清朝，其历史现已被日益廓清，已不能再用“同化”“汉化”之类中华主义者惯用的术语来模糊地表述元朝和清朝的情况。因此，笔者认为同样被列入征服王朝范畴的辽、金、西夏，理应亦是如此。

早在魏特夫的学说问世之前，藤枝晃《李继迁的兴起与东西交通》[1951]就

① 编者按：下章亦同。

提到，“中国历史的主流在五代战乱期间分为南北两派，此后至元朝时再度合流”，他进一步论述道，西夏的存在不可忽视，“所以，与其说那是一个南北对立的时代，用三国鼎立来描述那个时代更为允当”。而且，“在南方五代各朝和宋朝统治下的中国走向近世化的同时，北方辽金治下亦出现了近世化”。鉴于已进入21世纪的今天，还有那么多人秉持着汉人“正统”的中国史观，藤枝晃的洞察确为卓见。然而，关于辽、金、元的特征，藤枝晃认为“组成那些国家的并非单一民族”，笔者并不认同。何出此言呢？因为藤枝晃的论断以一背景为前提：此前的隋唐和五代诸王朝是单一民族组成的王朝，即汉人王朝。但是，仅五代之中，便有三代是沙陀突厥的王朝，这一点现已无可置疑。而且，被魏特夫纳入典型汉族王朝范畴的隋、唐，根据杉山正明等人的研究，也属拓跋（鲜卑系）王朝。

魏特夫的征服王朝论，说到底还是立足于中国史的观点，从一开始就具有一定的缺陷，但因其发端于文化变迁理论的崭新思路和精彩表述，该理论在日本也获得了独立的发展。尤其是田村实造，他从中国史和北亚史实为一体的立场出发，将征服王朝视为崛起于汉人与北方游牧民族交错地带的王朝，认为在北亚历史空间中形成的国家，大体可分为游牧国家型和征服王朝型两种。而护雅夫着眼于草原城市的出现，将回鹘视为辽的先驱。接受这一观点的森安孝夫《从渤海到契丹——征服王朝的成立》[1982]认为，辽的先驱不仅有回鹘，渤海亦应考虑在内，他同时指出，征服王朝这一概念的适用范围还应进一步扩展至西方。虽然现在这方面的研究尚处于概说阶段，但森安孝夫《回鹘眼中的安史之乱》[2002]，基于田村实造和护雅夫等人的北亚史观点，对“征服王朝”概念进行了重新界定。岛田正郎等人曾批判征服王朝论割断了中国的历史脉络，但森安孝夫的北亚史征服王朝论超越了这一批判，指出了征服王朝在欧亚大陆整体历史变迁中的地位。概言之，活跃于欧亚大陆“北部”中亚地区的骑马游牧民族，对自古以来在欧亚大陆“南部”发展的四大农耕文明圈实现系统的统治，发展为征服王朝，这一欧亚大陆历史上的划时代巨变发生于10世纪前后。其中，辽与西夏合为一组，欧亚大陆东部爆发的安史之乱则是“早产的征服王朝”。换言之，这一理论将中国从一国历史的框架中脱出，从欧亚大陆的历史脉络出发，重新思考了中国历史，而且，中国历史上的所谓唐宋变革期也正与此巨变期差相吻合。学界对唐宋变革之后究竟为中世还是近世未有定论，该问题理应置于欧亚大陆的整体历史中来进行探索。藤枝晃将五代置于中国史的主流，而笔者认为，“中国历史的主流在唐代时与中亚历史合流，经过安史之乱和‘黄巢之乱’，又分为五代与辽、五代与十国两派，他们分别为西夏与金、北宋与南宋所继承，至元代时再度合流”。简言之，笔者与藤枝晃对五代史的处理有着截然不同的主张。

迄今为止的中国史叙事，较诸从唐、五代十国至北宋、南宋的南方文化脉络，北方脉络相对不受重视。不过，鉴于后世的元就是从中亚崛起的征服王朝，唐→五代、辽→金→元这一北方脉络的重要性便不言而喻。作为北方游牧民族谱系中一员的辽，其独特之处，此前已有所揭橥，近年来，唐和五代的社会变迁对辽的影响及其在辽代的进一步变化，以及辽宋之间在文化和制度方面的交流被日益廓清。这些方面，本章均将予以介绍。对初学者而言，辽是契丹人的王朝还是汉人的王朝这样的基本问题还是难以回答，笔者的答案为两者皆是。

从现在开始，有志于中国史的后学都应当意识到，所谓中国，虽然是以汉字、汉语为媒介而形成的历史空间，但绝不是以汉人为中心的世界。安史之乱的中坚人物，突厥人、粟特人和契丹人，或曰，突厥系的粟特人等，若只是被视为“外人”，那么，唐史研究就不可能有重大推进。同样，若固执地墨守中华主义的立场，将西夏视为“外人”，把辽、金视为汉人王朝之外的异端，对这段历史的研究亦不可能有所起色。契丹史、西夏史，无疑是中国史的重要组成部分，缺失这些部分的中国史不可想象。日本自明治以来便有严谨的北亚—中亚史（旧称“满蒙”史、塞外史、西域史）研究传统，所以相对不会拘泥于从中华主义的立场来把握辽、金、元及西夏史。甚至可以说，日本学界更加注重征服者一方的活动，而相对忽视被统治的占人口多数的农耕汉人一方，结果，中国通史中有关这段历史的叙述相比其他时段为少。在这样的研究背景中，古松崇志《论修端〈辨辽宋金正统〉——元代〈辽史〉〈金史〉〈宋史〉三史的编纂过程》[2003] 体现了研究转向的到来，颇值得注意。①

首先交代一下，本章中关于辽的部分由森安孝夫、远藤和男及宅见有子共

① 编者按：上文批判了所谓“中华主义”的南北正闰论，不过其批判的工具“征服王朝论”也需要辩证地看待，因为“征服王朝论”本身也含有边疆政权对中原农耕社会入侵与征服的意味。虽然作者在此处主张的“征服王朝”说与片面强调少数民族自身特性的“新清史”等研究思潮还有所区别，但需注意的是，日本中国史学界对中国历史上边疆地区及少数民族、尤其是北方游牧民族活动的研究，是延续近代以来的北亚—中亚史传统而来的，而当年的这股研究热潮与日本的海外扩张和侵略活动互为张本，并且在所谓“征服王朝”等理论的形成过程中发挥过一定的作用。

同撰写，西夏部分由森安孝夫和佐藤贵保共同完成。撰写时，执笔者首先重新研讨了《东洋史料集成》（平凡社）、《中国史学入门》（平安文库）、《亚洲历史事典》（平凡社）、《亚洲历史研究入门》（同朋舍出版）、《中国史研究入门（增补版）》（山川出版社）中有关辽、西夏的论述，再查对了远藤和男编《契丹（辽）史研究文献目录（1892—1999）》［2000］和荒川慎太郎、佐藤贵保编《西夏关联研究文献目录　2002年度版》［2003］中著录的全部文献，随后经过反复讨论，撷选出本章须涉及的内容。本章初稿因记述了各论著的特点，篇幅约有现在的3倍之多，但受篇幅限制，只得大幅删减。如此一来，关于辽朝的研究、文献史料和考古资料就只能以近25年来的新动向为中心，而且对其中代表性的内容也只能用简短评介的方式点到为止。因此，上述前人研究的解题和文献目录的核查，亦非徒劳。此外，新近出版的刘浦江编《二十世纪辽金史论著目录》［2003］亦是有用之书。另一方面，有关西夏的内容，本章是首次进行专门的梳理，所以综述中包括了相当早期的论著。

耶律阿保机于10世纪初建立的国家，契丹语一直是以Kara-Khitan称之（汉字音译为哈喇契丹），① 汉语则以大契丹或大辽称之，本章依习惯称其为辽或辽朝。契丹族属于蒙古系民族，阿保机作为契丹君主即位于907年，中国史上将建元神册的916年视为辽的建国。1125年，第9代天祚帝为女真族的金朝所攻灭，王族耶律大石西逃，建立西辽，一直存续至成吉思汗勃兴之时。辽于926年吞并渤海国，继之于936年占据燕云十六州。燕云十六州是辽协助五代后唐叛将石敬瑭建立后晋而得到的赠礼，从那时起，辽面对中原王朝便开始占据上风。1004年，辽与宋缔结了著名的澶渊之盟，由此更为稳定地成为“征服王朝”。西夏则是10世纪下半叶至13世纪上半叶，由藏系游牧民族党项人在今宁夏回族自治区、甘肃省西部和内蒙古自治区西部建立的政权。西夏始于何时，众说纷纭，此处以党项人平夏部的李继迁于928年在陕西北部掀起反宋大旗为其起点。李继迁之子德明、孙子元昊时期，西夏向西扩张至宁夏、甘肃地方，元昊又于1038年自称大夏皇帝，政权一直独立存续至1227年为蒙古所灭。因此，该政权的正式自称为大夏，不过本章仍依习惯称其为西夏。

① 译者按：域外文献通常用“哈喇契丹”指称西辽，但不少契丹语专家认为，“哈喇契丹”一直是契丹人自称的国号，迄今聚讼纷纭，未有定论。此条承温海清提示，谨致谢意。

二、研究进展

（一）辽朝

二战之前，出于殖民地策略，日本学者得以开展基于实地调查的研究，在历史地理和史料校勘等领域取得了巨大的成就。二战之后，岛田正郎和田村实造等学者也广泛地活跃于多个领域，然而，此后的研究受制于史料，渐偏于琐碎。不过，进入 1980 年代之后，考古调查趋于繁荣，出版了大量包括考古成果的史料集成和发掘报告书，可以说，目前进入了基于这些新史料来订正补充前辈学人成果的阶段。因此，本章对此类史料尽可能多地加以介绍。此外，日本学界近年对 Kara-Khitan（西辽）没有研究，故本章亦未涉及。契丹文史料方面，目前只解译了一部分契丹文的含义和语音，仅这部分史料尚堪利用。挑战契丹文字释读，需要蒙古语、突厥语、女真语、满语和语言学方面的知识。在释读史料时，中文不可缺少，关于 Kara-Khitan（西辽）的史料，波斯语亦为必要。论文阅读方面，中文、英语、俄语、德语和法语等亦属必要，故本科阶段应当首先学好中文。

本章初校稿完成后，京都大学文学院文学研究科 21 世纪 COE 项目“全球化时期的多元人文学基地建设”研究班编写的《辽文化・庆陵一带调查报告书 2005》（2005 年 3 月）出版。报告书中，杉山正明以游记形式撰写的文章，对今后辽代研究的整体方向极富启发意义，书中另有多篇考古、美术方面的论文，亦令人颇感兴趣。虽然该书不易获得，但仍建议务必参考。

◆概论、专著

初学者当首先阅读岛田正郎的《契丹国——游牧民的契丹王朝》[1993]，但是该书内容并不全面，其中辽史部分有些滞后。专著方面则有以下几种。岛田正郎的《辽代社会史研究》[1952] 讨论了社会体制、家族法和经济等，他的《辽朝史研究》[1979] 进一步探讨了辽的法制与礼制、经济与文化。田村实造的《中国征服王朝研究》（上）[1964] 论述了辽建国前后的对外关系、经济、城市和社会生活，他的《中国征服王朝研究》（下）[1985] 则考察了文化、佛教、陶瓷和庆陵壁画等内容，这几本专著均为基础读物。杨若薇的《契丹王朝政治军事制度研究》[1991] 分析了斡鲁朵制度、官制、行政制度、军事制度和科举等，并在书中对《辽史・百官志》进行了考订。所谓斡鲁朵，是游牧国家首领的居所、宫殿，在辽代指皇帝私有的领地和属民。

◆国家社会体制、经济

契丹族只有耶律氏和萧氏两姓，对初学者而言，两姓统治集团的结构，以及南北两面官之间的相互关系，都是不易理解的内容。这些方面有爱宕松男的《契丹古代史研究》[1959]，岛田正郎的《辽代社会史研究》[1952]、《辽朝官制研究》[1978] 和《辽朝史研究》[1979]，田村实造的《中国征服王朝研究》（上）[1964] 等先行大作，但就其本质仍有未能廓清之处。不过，近年来已涌现出若干接近其本质的研究。尤其值得一提的是武田和哉的《辽朝的萧姓与国舅一族的结构》[1994] 和《萧孝恭墓志所见契丹国（辽朝）的姓与婚姻》[2005]，他指出，辽朝的耶律和萧二姓实为人为构建的制度性集团，这一理解超越了爱宕松男的氏族集团图腾崇拜（phratry totemism）说。

关于辽的二重官制（基于契丹族既有制度组织的北面官制和基于中原王朝制度组织的南面官制），岛田正郎的《辽朝官制研究》[1978] 为基本读物，不过该书主要依据《辽史》立论，有待根据石刻等新出史料进一步深化。武田和哉《论契丹国（辽朝）的北、南院枢密使制度与南北二重官制》[2001] 追溯了枢密院的变迁，对岛田正郎《辽朝官制研究》[1978] 中的观点做了修正。辽代其他职官的变迁，还有必要进行专门的梳理。

高井康典行以藩镇和斡鲁朵为中心，考察了辽的地方统治方式，他的这项工作值得关注。有关斡鲁朵的研究积累不多，高井康典行《辽代斡鲁朵的存在形态》[1999] 探究了各斡鲁朵的设立过程及其所在位置，随后，他的《斡鲁朵与藩镇》[2002a] 又针对岛田正郎《辽代社会史研究》[1952]、田村实造《中国征服王朝研究》（上）[1964] 和杨若薇《契丹王朝政治军事制度研究》[1991] 等先行成果，指出斡鲁朵属下州县同时受到斡鲁朵、政府和藩镇三者的控制。这说明，藩镇研究方面，辽是宋以外的又一着力点，辽史研究很有必要将游牧因素和农耕因素综合起来。此外，高井康典行《蒙古帝国史的考古学研究》[2002b] 利用石刻史料考察了官制中的武阶。德永洋介《辽金时期的法典编纂》（上）[2003] 探索了辽在五代时如何变通吸收中原汉法。此外，僧官方面，有藤原崇人的研究《辽代兴宗朝庆州僧录司的设置背景》[2003]。

辽代经济方面史料不多，故研究积累亦少，仅有松田光次《论辽的权盐法》[1975] 和《对辽代官方经济机构的一项考察》[1976]、今井秀周《二税户小考》[1992]，不过其考论甚为重要。此外，松田光次《辽朝科举制度考》[1979] 论及了辽的科举。

有辽一代，汉人居于怎样的地位呢？最初，汉人只是从事农耕和手工业的俘虏，后来开始担任对外扩张和内政事务中的谋士，同时，为提升农业生产力，汉人逐渐在政治和经济上占据重要地位。松田光次《辽朝汉人官僚小考——韩知古一族的谱系及其事迹》[1982]便梳理了这一过程，寺地遵《辽朝治下的汉人大姓——玉田韩氏的情况》[1988]进一步指明了该专题未来的研究方向。

◆文化、宗教

该领域概括性的前人研究，关于辽人的本土宗教，有岛田正郎的《辽朝史研究》[1979]，关于佛教，有野上俊静《辽金的佛教》[1953]。文化、宗教方面的研究总体偏于薄弱，不过后来有远藤和男《论辽朝君主的即位仪式》[1990]和今井秀周《辽祭山仪考》[2000]，通过分析祭祀，探讨了辽朝的特质。近年来，随着房山石经的发现和整理，加之应县木塔等处发现了包括契丹藏零散经卷在内的大量佛经，佛典研究趋于兴盛。竺沙雅章《宋元佛教文化史研究》[2000]和《论黑水城出土的辽刊本》[2003]探明了《佛祖统记》和《佛祖历代通载》等书中未记的辽代佛学。辽代佛教全面继承唐代长安佛教，并进一步传播至东亚诸国，因此，探究宋元文化，必须考察辽—（北宋—）金—元这一北方脉络。此外，气贺泽保规编《中国佛教石经研究——以房山云居寺石经为中心》[1996]中收录了3篇论文，其中，岩井俊仁从政治史的角度考察了辽代的佛教，中纯夫和藤本幸夫指出，“契丹藏经”与房山石经辽金刻经之间具有显著的亲缘关系。

◆考古、美术

该领域以往仅有庆陵及其壁画研究、瓷器研究及若干城郭研究，近年来，随着发掘工作的推进，基于墓葬、城郭、绘画和器物等新发现，考古和美术也成长为一个重要的研究领域。

高桥学而《中国东北地方的辽代州县城——以其平面结构及规模为中心》[1987]分析了州县城、中京、上京的规划，指出辽圣宗时期开展了州县制度的整饬。高桥学而《论辽南京（燕京）析津府的平面规划》[1997]认为辽时维持了城坊制，并将非汉人城市南京（今北京）定位为辽代城市建设的转折点。采用考古学方法研究蒙古时期的白石典之，对辽史亦有巨大贡献。白石典之《蒙古部族独立与成长的契机》[1994]和《世界考古学19　成吉思汗考古学》[2001]的第5—37页（《蒙古帝国史的考古学研究》[2002]的第15—55页又有增补），厘清了辽人进入蒙古高原的情形和蒙古诸部族的动向，并指出成吉思汗（岭北）长城实为辽代长城。白石典之《蒙古帝国史的考古学研究》[2002]第142—152页考证出从唐代至金代（前半期）的营造尺1尺相当于公制29.6 cm，1里=1800尺。

《文物》杂志1996年第1、2期的《耶律羽之特集》，揭载了耶律羽之墓的发掘情况。辽人在原渤海国领地设置了属国东丹国，耶律羽之为东丹国最高统治者。这座辽代初期的大墓，其方形墓室、彩绘、丰富的随葬品（金银铜铁器、瓷器、纺织品等）深受唐、五代的影响。由墓志铭可知，耶律羽之家族在辽太祖勃兴前已是望族，东丹国的官制亦与《辽史・百官志》中所见不同，沿袭了渤海国的传统，设立四相，分别为左、右相和左、右平章事。此外，武田和哉《关于契丹国（辽朝）道宗朝政治史的一项考察——对庆陵出土皇后哀册的再思考》[2003]考察了两种哀册中透露的政治斗争，认为在辽道宗时已经出现了超越血缘和亲族的“党”。松木民雄《北京・戒台寺诸佛塔》[2001]和《北京・天宁寺塔》[2003]论述了佛寺和佛塔的沿革及现状。今野春树《辽代契丹墓研究——分布、区位与构造》[2003]则对契丹墓葬进行了分期，并尝试开展综合研究。

美术史方面，小川裕充、弓场纪知编《世界美术大全集　东洋编5　五代・北宋・辽・西夏》[1998]堪称大成。尽管辽的瓷器大量模仿宋朝，但其绘画有独立的发展脉络。是书中，小川裕充将辽代绘画划分为3个阶段。关于雕刻、瓷器、金工、玻璃器、佛寺、佛塔、陵墓、陈国公主墓（未遭盗掘，经科学发掘，故价值极高），书中所收长冈龙作、弓场纪知、中野彻、真道洋子、田中淡、夏南悉（Steinhart，Nancy Shatzman）的论文各有论及。全书涉猎广泛，为辽代美术史必读之书。

◆对外关系

《日野开三郎东洋史学论集》收有关于辽代的论文，尤其是接下来将要介绍的两卷。《日野开三郎东洋史学论集》第10卷《东北亚国际交流史研究》（下）[1984]汇集了其经济和贸易方面的论文，在五代和宋史研究中触及辽代，论述了辽的财政与岁币及银、绢的供需，指出宋朝每岁贡奉的银两通过贸易又大半回流。《日野开三郎东洋史学论集》第16卷《东北亚民族史》[1990]则考察了渤海国灭亡之后，渤海人、兀惹部和女真人交替成为东北地区主导力量的复杂过程。其他方面，畑地正宪《论北宋与辽之间的贸易和岁赠》[1974]认为，榷场贸易构成了北宋与辽之间长久和平的纽带，斯波义信《宋代对外贸易：其地域及组织》[1983] 认为 8—13 世纪是中世的商业革命时代，辽从一开始就是一个贸易依赖型国家。代田贵文《论〈辽史〉所见“大食（国）”》[1992] 利用零散的西方和东方史料，推断考证了《辽史》中记载的西域地方。

辽境内流通北宋货币。在与宋的榷场贸易中，辽总是处于赤字地位，依靠来自宋的岁赠银进行填补，通过走私贸易流入辽境的铜钱向北宋的回流也因此趋于减弱。而且，据井上正夫《辽与北宋之间的通货问题——论伪造太平钱的前后经过》[1996]，辽的货币缺乏市场信用，辽朝政府故意伪造北宋太平通宝，混入流通领域。

作为对外交流的据点，辽的五京分别具有怎样的功能和特征，关于这一点，相比田村实造《中国征服王朝研究》（上）[1964]，河上洋《辽代五京的外交功能》[1993] 有了更为详细的考察。他指出，北方的上京是契丹族权力的基础，在确保上京的同时，考虑到向南方进行势力扩张的地理及政治环境，辽人设置了五京。这与渤海的情形虽然表面上不同，但内在功能相似。松田光次《赵志忠与〈虏廷杂记〉——北宋时期一位归明人的事迹》[1986] 讨论了归明（归服）这一辽宋间特有的现象。此外，毛利英介《论 1074 年至 1076 年间契丹（辽）与宋之间疆界交涉发生的原因——来自契丹视角的考察》[2004] 从契丹的立场出发，探讨了辽宋间的国境问题，外山军治《金朝史研究》[1964] 论述了辽代末年与金人之间的关系。

（二）西夏

西夏立国 200 多年，与其近邻北宋、辽、金相比，存续时间更长。西夏从北宋获取大量贡品（岁币），由此可见其强势，不过，西夏并没有如中原王朝般编纂正史，故未能得到同等的重视。20 世纪初，俄国的科兹洛夫（Козлов，Пётр Кузьми́ч）探险队和英国的斯坦因（Stein，Marc Aurel）探险队在内蒙古的黑水城遗址发现了大量西夏时期文献，备受世人关注。不过，当时西夏文尚未被破译，所以早期的研究是利用宋、辽、金汉文史料中残存的零散记载来研究西夏的对外关系史、东西交通史和建国史。20 世纪后半叶，随着西夏文释读的推进，学者开始利用西夏文献来开展佛教史研究、文书及法典研究。特别是近年来，出土文献的图版陆续出版，研究条件发生了巨大变化。

大量的西夏语文献尚未释读，而新的考古发现又不断问世，今后西夏学的繁荣程度，当不亚于此前的敦煌吐鲁番学。目前，西夏史研究的主要力量在中国和俄罗斯，故有志于西夏史研究的学生必须学习中文和俄语。

◆概论

日本学人中，西田龙雄作为语言学者，在西夏语研究领域成就巨大，他的《西夏王国的语言与文化》[1997]一书第3部分第1章不可不读。该书简要介绍了西夏和党项人的兴衰，并对西夏文字和主要的西夏语文献做了概述。中岛敏《西夏政局的演变与文化》[1936]则考察了西夏历朝皇帝的事迹及其文化政策变迁。他指出，西夏前半期的统治者，在尊崇党项原有佛教文化还是中原儒家文化之间逡巡抉择，后半期的统治者则采用了两种文化并举的政策。该书汇集了西夏历朝皇帝的事迹，故也是一部西夏政治史概论。相对更为详细的西夏通史中，克恰诺夫（Кычанов，Евгений Иванович）的 *Очерк истории тангутского государства*（《西夏史纲》）[1968]和吴天墀的《西夏史稿（增订本）》[1983]最为重要。这两部通史均以宋、辽、金方面的资料为基本史料，探讨了从党项崛起至西夏灭亡间的政治、经济、官制、社会和文化。二书在论证中均存在着不加考辨、径直引用清代考据学者成果的缺点，不过，克恰诺夫《西夏史纲》[1968]一书使用若干西夏语文献，补充了汉籍史料的不足，吴天墀《西夏史稿（增订本）》[1983]则增加了不少注释详尽的史料考证。

◆对外关系史、东西交通史

对外关系史方面，围绕西夏与北宋间关系的研究最为热门。宫崎市定《西夏之兴起与青白盐问题》[1934]指出，李继迁将当地所产青白盐输出至北宋，充实了自身的经济基础，而北宋方面为抑制李继迁势力的扩张、建立盐专卖制度，禁止青白盐的输入，党项人不满此项禁令，最终走向“叛乱”。宫崎市定《宋与辽、西夏的关系》[1935]则概述了10—11世纪的国际关系，北宋与西夏的关系不同于北宋与辽，双方战和不定，其原因在于西夏相对北宋，尚无绝对占据上风的实力。中岛敏《围绕西羌族的宋夏之争》[1934]指出，北宋利用青海地方的吐蕃人（青唐人）从南方牵制西夏，而西夏方面试图通过压制吐蕃人来加以对抗，最终导向了北宋对青海地方的直辖统治。金成奎《宋代的西北问题与异民族政策》[2000]一书第1—4章，以国境划定的交涉历史为中心展开研究，作者在宋人文集中博搜史料，开辟了西夏对外关系史研究的新气象。

西夏对金关系方面，闵丙勋的韩语论文《西夏与金交聘关系研究》[1996]

指出，西夏将金视为与西辽之间的缓冲地带，并且希望利用金来牵制南宋，文章同时详细论述了西夏遣金朝贡使在迎宾场馆内开展的贸易活动。星斌夫《论蒙古的第三次入侵西夏》[1941]和《蒙古勃兴期的金与西夏关系》[1944]指出，13世纪的西夏与蒙古结成军事同盟，配合蒙古军队的行动，与金人断续交战，并力图获得与南宋的联手，西夏与南宋在12世纪下半叶也陆续互派密使接洽。佐藤贵保的《西夏法典贸易关联条文译注》[2004]，则讨论了这一背景下西夏牵制金朝的战略目标。

西夏控制了灵州和河西走廊等连接中原与西域间东西交通路线（丝绸之路）的主干道，以日本学界为中心，此期东西交通史方面的探讨不断推进。藤枝晃《李继迁的兴起与东西交通》[1950]指出，李继迁时期，大多数西域国家选择向北宋或是辽朝贡，且因应李继迁与北宋、与辽之间关系的变动来选择朝贡方，其中前往辽的使节迂回取道河西走廊以北地段。另一方面，长泽和俊《西夏进入河西与东西交通》[1963]论述道，西夏占据河西走廊后，通过西夏境内前往辽地的回鹘商人非常活跃，冈崎精郎《党项古代史研究》[1972]一书的第3篇第1章则提醒读者注意，西夏输往北宋和金的商品中包括了西域的物产，可见西夏时期丝绸之路贸易的繁盛。通常认为宋代海上贸易发达，陆上贸易则趋于冷寂，但仅据现存的各种文物便可得知，西夏与周边诸国有着密切的交流。佐藤贵保《西夏法典贸易关联条文译注》[2003]在西夏贸易政策研究方面也取得了新的进展。

◆西夏建国期（李继迁—元昊时代）的研究

山本澄子《五代宋初的党项族及其与西夏建国的关系》[1951]梳理了五代至李继迁时期党项各部族的分布和活动，认为党项并非一个整体，各部族根据所处区位以及北宋、西夏和辽的招徕政策等条件，各自决定其归属方向。冈崎精郎《党项古代史研究》[1972]的本编部分详细论述了隋唐至李德明时期党项的发展。李德明时期的西夏，通过与北宋议和及发展贸易，经济基础得以充实。岩崎力《西夏建国与党项诸部族》[1990]仔细梳理了归附西夏的党项各部族的动向。他分析了各部族与西夏王族之间的关系，并列举了随着西夏实力壮大，原来归附北宋或是吐蕃的部族转投西夏的事例。冈崎精郎《西夏的李元昊与秃发令》[1959]通过研究壁画资料指出，李元昊强制民众剃成名为“秃发”的发型，并不是党项人旧有的习俗，而是一种新发明，强制推行“秃发令”的背景是国粹主义政策。西夏治下除党项人外，还居住有汉、回鹘和藏等多个民族。从西夏建国至灭亡的约200年间，各部族、各民族与政权之间是怎样一种关系，仍所知不多。在探究政权结构的基础之上，重要的官制、军制研究现在也少有推进。

◆佛教史

西田龙雄《西夏王国的语言与文化》[1997]一书的第4篇第1章，分析了佛经的翻译地点、刊行年代和翻译形式，发现西夏建国初期的西夏文佛经存在着两个不同的翻译系统，一个是以宁夏地区为中心的汉文佛经翻译系统，另一个是以河西地区为中心的藏文佛经翻译系统。12世纪下半叶的仁宗（李仁孝）时期，为完成大藏经的编纂，统一为依据汉文佛经来进行翻译。不过，松泽（野村）博《西夏文·土地买卖文书的书式》[1986]指出，发现于河西地区的仁宗时期西夏文佛经残片表明，同时存在着由藏文译为西夏文和汉文的情形。史金波《西夏佛教史略》[1988]是一部西夏佛教史的概论。书中指出，西夏僧官顶层的“帝师”类似元朝的帝师，西夏佛教受到了藏传佛教的深刻影响。书末附有佛经和石窟题记的录文、各国所藏佛经目录，非常有用。竺沙雅章《论黑水城出土的辽刊本》[2003]从刊本特征出发，指出科兹洛夫获得的黑水城汉文佛经中有辽代刊本和契丹藏残本，并论述了辽文化对西夏文化的影响以及西夏的避讳实例。关于西夏佛教盛行的原因，西夏佛教与中原汉地、西藏、敦煌、回鹘以及之后元朝佛教的关联性等，还有不少有待探索的课题。克恰诺夫（Кычанов，Евгений Иванович）、西田龙雄、荒川慎太郎合编 *Каталог тангутских буддийских памятников Института востоковедения Российской Академии Наук*（《俄罗斯科学院东方学研究所西夏佛教文献目录》）[1999]，为俄罗斯所藏西夏文佛经的目录，数量庞大。此外，萨莫秀克（Samosyuk，K. F.）《黑水城西夏绘画中“施主”的含义及功用》[2001]和谢继胜《西夏藏传绘画　黑水城出土西夏唐卡研究》（全2卷）[2002]，指出西夏佛教绘画大多受到西藏和西域的影响。期待未来还有更多此类使用非文字资料的生动研究。

◆文书研究

松泽（野村）博《西夏文·土地买卖文书的书式》[1979]，指出西夏文土地买卖文书的格式与汉文、回鹘文文书有共通之处。此后，松泽博在《东洋史苑》《龙谷史坛》等刊物上陆续发表了有关谷物借贷和审判等文书的研究。文书中使用的西夏文多用难以辨认的草书写就，且大多仅剩残片数行，其研究需要强大的解读能力。未来不能局限于传统的照片图版研究，而应在实物观察、用纸材质等古文书学数据采集的基础上展开研究。

◆法典研究

1980年代后期以降，有关西夏法典《天盛改旧新定律令》的研究进展迅速，克恰诺夫（Кычанов，Евгений Иванович）的*Изменённый и заново утверждённый кодекс девиза царствования Небесное процветание (1149—1169)*（《天盛改旧新定律令（1149—1169）》）[1987—1989]对该法典做了专门研究，并将法典译为俄文。他指出，该法典不仅受到唐宋法律的影响，也存在着适应游牧民族统治的特有规定。岛田正郎《西夏法典初探》[2003]基于汉译本（史金波、聂鸿音、白滨《天盛改旧新定律令》[2000]），逐条研究了其中的刑法类条文，指出该法典可能受到了金律的影响，并将其定位于模仿中原法典订立的一部非汉族法典。基于该法典译本中的家族法和行政制度类条文，已出现一些社会经济史方面的研究，但尚无讨论该法典实施有效性的实证研究。在勉强译出的译文中，汉译与俄译存在着理解不同的地方，因此还有从原文翻译修正的空间。佐藤贵保《西夏法典贸易关联条文译注》[2003]，便是基于法典原件观察而展开的法典条文研究。

三、史料解说

（一）辽朝

◆史籍

杨家骆主编《辽史汇编》全10册，1973年，《辽史汇编补》，1974年，均由鼎文书局出版。两书同为史料汇编，使用便利，内中主要包括以下史籍。《辽史》：志的内容多为从本纪和列传中引用再编而成，其中含有元代编纂者的误解，使用时务必注意。《辽史》的版本情况可参见百衲本跋语，冯家昇《辽史初校》[1959（1933）]等。中华书局出版于1974年的点校本，阅读最为便利。若城久治郎编《辽史索引》（东方文化学院京都研究所，1937年）系据南监本编制，刘竟的校订本（辽沈书社，1987年）①将索引改为中华书局点校本的页码。

① 译者按：日文原文将该书出版者著录为“辽沈书社”，经核查，该书实为辽宁社会科学院历史研究所于1987年5月刊行的内部出版物，系北方史地资料编委会编《北方史地资料》之第六种，有精装、平装两种版本。

罗继祖撰《辽史校勘记》(愿学斋丛刊，1938年，后有上海人民出版社，1958年)，为校勘记中最优者。《契丹国志》：关于该书的由来和撰著目的，可参见李锡厚《叶隆礼和契丹国志》[1981]。不同于常见的扫叶山房本，贾敬颜、林荣贵的点校本（上海古籍出版社，1985年）以元刊本为底本，质量颇佳。根据点校本校勘记，可了解《契丹国志》所引史料的出处。中法汉学研究所编《契丹国志通检》(1949年）为一集大成之作。《宋大诏令集》卷228—232（宋致辽国书)。《焚椒录》(道宗宣懿皇后诬告事件)。《武溪集》卷18（官制、兵制）“契丹官仪”。《契丹交通资料七种》国学文库47编（文殿阁书庄，1937年)。田村实造《辽宋交通史料注稿》[1947]对该书进行了部分译注。王民信《沈括熙宁使虏图抄笺证》[1976]是对地理资料的综合研究，并收录了相关史料。张亮采编《补辽史交聘表》(中华书局，1958年)。《辽史》存在着内容杜撰，且分量偏少，为弥补其不足，《辽史拾遗》和《辽史拾遗补》全面收集了史籍、金石等资料。这两部书，可作为搜寻与《辽史》记载有关的其他史料的索引。

以下列举《辽史汇编》未收入的重要文献。《资治通鉴》。《册府元龟》(尤其是“奉使部”“外臣部”)。《旧五代史》。《新五代史》。《五代会要》(卷29中与契丹相关部分)。陆游《南唐书》(卷15《契丹传》颇为重要)。《宋史》。《金史》。《续资治通鉴长编》。陶晋生、王民信编《李焘续资治通鉴长编宋辽关系史料辑录》[1974]收录了与辽有关的部分，不过该书索引存在若干错误，文字亦有讹录之处。《宋会要辑稿》(“蕃夷·辽”“兵·归明”“兵·讨叛二”中的契丹大辽颇为重要)。《三朝北盟会编》(上帙二十五之前很重要，关于辽代末年的记载最为详细)。赵永春编注《奉使辽金行程录》(吉林文史出版社，1995年)。贾敬颜《五代宋金元人边疆行记十三种疏证稿》(中华书局，2004年)。傅朗云编注《金史辑佚》(吉林文史出版社，1990年）对了解辽代末年情形有所助益。《高丽史》。金渭显编著《高丽史中中韩关系史料汇编》(上)[1983]是从《高丽史》中全部世家和别姓王列传中辑录的五代至元朝相关记载。

陈述编校《全辽文》(中华书局，1982年)。该书收录了从书籍、石刻中所得诗文，包括契丹文内容。书中还有问题若干，可参见刘凤翥《〈全辽文〉中部分碑刻校勘》[1983]。向南撰《辽代石刻文编》(河北教育出版社，1995年)。该书没有收录契丹文材料，但是收录了《全辽文》刊行之后未及收入的不少新见史料。阎凤梧主编《全辽金文》全3册（山西古籍出版社，2002年)。上册为辽代，收入各类诗文，但未收契丹文材料。相较《全辽文》和《辽代石刻文献》，共有5人6篇新见史料。中、下册中含有辽金关系方面的内容。盖之庸编著《内蒙古辽代石刻文研究》（内蒙古大学出版社，2002年）中，约有七成为《全辽文》和《辽代石刻文献》所未收者，可与拓本对照研究。北京市文物局编《北京辽金史迹图志》（上、下）（北京燕山出版社，2003—2004年）中的上册为塔、寺院等遗址的照片，石刻史料的图版和拓片，下册为图版、解题、拓本和录文。书中包含了《辽代石刻文编》刊行以后新出的史料，可进行拓本和录文的比较。北京图书馆金石组、中国佛教图书文物馆石经组编《房山石经题记汇编》（书目文献出版社，1987年）可作为官制和社会史史料。清格尔泰等著《契丹小字研究》（中国社会科学出版社，1985年）。曾贻芬、崔文印编《辽史人名索引》（中华书局，1982年）系根据中华书局点校本编制。传记索引方面，还有哈佛燕京学社编《辽金元传记三十种综合引得》（燕京大学图书馆，1940年），梅原郁、衣川强编《辽金元人传记索引》（京都大学人文科学研究所，1972年）。

清代《四库全书》以后的著作和文集，内中非汉族语汇的汉语音译，可能采用了经过清人修改的译法，在阅读这些文献时，有必要参考中华文化复兴运动推进委员会四库全书索引编纂小组主编的《钦定辽金元三史国语解索引》。

◆考古资料

辽宁省博物馆编《中国陶瓷全集17　辽代陶瓷》（上海人民美术出版社/美乃美，1986年）。北京市文物研究所编《北京龙泉务窑发掘报告》（文物出版社，2002年）（辽金器物分期图）。田村实造《庆陵的壁画——绘画、雕饰、陶瓷》（同朋舍出版，1977年），为田村实造、小林行雄著《庆陵》（全2册）（京都大学文学部，1952—1953年）的缩写本，且加入了新的内容。书中研究大多又收于田村实造《中国征服王朝研究》（下）[1985]。松田光次的《书评　田村实造著〈庆陵的壁画〉》[1978]为该书解题。杨仁恺原作，杉本达夫译《关于叶茂台第七号辽墓出土古画的研究》，《国华》第1080号（1985年）。乌盟文物工作站、内蒙古文物工作队编《契丹女尸——豪欠营辽墓清理与研究》（内蒙古人民出版社，1985年）。王建群、陈相伟《库伦辽代壁画墓》（文物出版社，1989年）是有关萧孝忠家族墓地的发掘报告。内蒙古自治区文物考古研究所、哲里木盟博物馆编《辽陈国公主墓》（文物出版社，1993年）。曹峰、神谷正弘《论辽朝陈国公主墓出土的随葬马具》[2001]是对该书的摘译和评论。江上波夫、李逸友主编《北方骑马民族的黄金面具展》(旭通信社，1996年)。河北省文物研究所编《宣化辽墓——1974—1993年考古发掘报告》(上、下)(文物出版社，2001年)是有关张氏家族和韩师训壁画墓的发掘报告(研究1册，图版1册)。河北省文物研究所编《宣化辽墓壁画》(文物出版社，2001年)中的图版为彩色，补充了前述发掘报告的不足。中国历史博物馆、内蒙古自治区文化厅编《契丹王朝——内蒙古辽代文物精华》(中国藏学出版社，2002年)为北京同名展览会的图录，为文物收录最全者。朱天舒《辽代金银器》(文物出版社，1998年)(金银器的分类和分期)。刘淑娟《辽代铜镜研究》(沈阳出版社，1998年)(分类与分期)。许晓东《辽代玉器研究》(紫禁城出版社，2003年)(分类与分期)。山西省文物局、中国历史博物馆主编《应县木塔辽代秘藏》(文物出版社，1991年)。国家文物局主编《中国文物地图集·内蒙古自治区分册》(上、下)(西安地图出版社，2003年)中的上册为文物分布图和图版、解说，下册为各行政区内各文物的解说。郭黛姮主编《中国古代建筑史》第三卷《宋辽金西夏建筑》(中国建筑工业出版社，2003年)收录了相关建筑的沿革、照片和研究。中国历史博物馆遥感与航空摄影考古中心、内蒙古自治区文物考古研究所编著《内蒙古东南部航空摄影考古报告》(科学出版社，2002年)(包括辽代都城的航空照片)。《文物》《考古》《内蒙古文物考古》《考古与文物》和《北方文物》也经常刊载相关发掘成果。

(二)西夏

◆宋、辽、金、元一方的史料

从事西夏对外关系史等研究，其邻国宋、辽、金、元一方的记述至今依然重要。韩荫晟《党项与西夏资料汇编》[2000](以下简称《汇编》)，收录了汉籍史料中有关党项和西夏的记载。该书问世后，清代、民国时期考据学家们编纂的《西夏书事》《西夏纪》《西夏纪事本末》随之失去了利用价值。但是，该书不收录年代未能确定的记载，故尚不能全部覆盖宋、辽、金、元一方的史料。另外，书中还有手民误植及使用劣本作为底本的情况，所以在使用时还有必要取史料出处进行核对。以下，将以《汇编》未收史料为中心，对其中的代表文献做一介绍。各文献的详细解题，并请参考宋、辽、金、元部分的相关内容。

《宋史》:《汇编》未收入本纪和夏国传等内容，另外，《食货志》中也有一些关于宋与西夏贸易的记载。

《金史》：除《汇编》中收录的《西夏传》和《交聘表》外，《食货志》的榷场部分有关于金与西夏贸易的记载。另外，《礼志》中收入了《新定夏使仪注》，这是西夏灭亡前夕有关西夏朝贡使节行为礼仪的规定。

《续资治通鉴长编》：该书为编年体，故《汇编》收录了书中与西夏相关的全部记载。但是，《汇编》所用底本为《四库全书》本，其中党项人的名字、西夏语的汉语音译均为经清人修改的译法，故有必要取底本更佳的中华书局标点本进行译名的核对。

《宋会要辑稿》：有关西夏的记载，不仅见于蕃夷部，也散见于方舆、食货、兵部。因为包含未能定年的内容，所以有相当部分内容未能收入《汇编》。

此外，宋人的笔记和文集中，还有关于宋对西夏政策和贸易方面的记载，宋夏战争中重要人物事迹等内容，部分未能收入《汇编》。新发现石刻史料中的相关记载亦需注意。元人传记史料中，不仅有活跃于元朝的传主本人事迹，有的还会连带记述活跃于西夏时期的祖先事迹。因此，汉籍史料的收集工作，不能拘泥于史料分类，扩大时代范围也很有必要。

◆西夏一方的史料

俄罗斯和英国所藏黑水城文献中重要者的图版，已汇编为《俄藏黑水城文献》丛书（已出版至第 11 卷。① 前 6 卷为汉文文献，第 7 卷以后为西夏文文献）和《英藏黑水城文献》丛书，由上海古籍出版社出版，可方便阅览。近年，在敦煌也发现了大量西夏语文献，其图版亦已出版（《敦煌莫高窟北区石窟》全 3 卷，文物出版社，2000—2004 年）。其中的西夏语文献多为佛经，也有汉籍的西夏文译本、西夏语字典及韵书、医书、历书、诗集和契约文书等各种文献，既有西夏时期的，也有元朝时期者。其中的汉文文献，不仅有西夏时期的，也混有宋、辽、金、元各时期者。从现在开始，西夏史研究期待能有更多对西夏一方文献的灵活运用。不言而喻，处理西夏语文献，必须学会难懂的西夏语。

银川、武威等地的考古工作亦在推进之中。史金波、白滨、吴峰云合编《西夏文物》[1988] 收录了代表性的出土文物。书中照片略显模糊，但都附有解说。中国国家博物馆、宁夏回族自治区文化厅编《大夏寻踪　西夏文物辑萃》[2004] 为宁夏地方新发现文物的图集。在史料相对稀少的西夏史研究中，这些考古工作所得文物以及测量数据，均能成为重要的研究材料。毋庸多言，还必须通过《考古》《文物》等刊物来及时掌握最新的考古信息。

① 译者按：截至 2018 年末，已出版至第 27 卷。

第七章　金·元

森田宪司

一、研究视角

金、元两个王朝，金为女真人所建，元由蒙古人建立，均为非汉民族统治汉民族的政权。因此，在理解这两个王朝时，必须既注意他们作为民族史一部分的一面，又要注意他们作为中国史上王朝的一面。尤其对于元朝，还需要具有几乎奄有欧亚大陆的蒙古帝国的这一视角。本章内容，便以中国史上的一个王朝为研究视角来对元朝进行论述。

关于元朝对汉族的统治，过去总是认为金人大力吸收中华文明，而蒙古人相反，与中华文明对立，态度冷淡，统治体制也专由蒙古人和色目人组成统治中枢，即采用"蒙古至上主义"的统治理念。但是，最近的研究中，针对这一时期的看法不断发生着变化。蒙古人对中国的统治尽管的确可看出异民族王朝统治的特殊性，但未必便可断言其对中华文明的态度就比其他王朝冷淡，必须考虑华北社会由金入元，江南社会由南宋到元明的延续性。这样的认识不断扩展，新的研究潮流随之不断形成。

历史研究的基础是史料判读，因此，史料的情况，决定了以某时代为对象的历史研究的基本框架。金元史研究展开的基础，不仅有以正史为代表的国家层面的史料，还有基于实地考察所得石刻等史料，对具体个案的挖掘和研究，后者已有不少积累。日本的元史研究在最近10多年间蔚为热门，正是出于这一原因。后面还会谈到，近年来，金史研究亦呈现出类似的走向。另外，元史方面，围绕蒙古帝国的研究，中国的改革开放和苏联的解体带来了实地考察的便利，由此可在内陆亚洲各地开展更加全面、更为深入的实地考察，这也是元史发展的一个重要原因。不过，这一因素不在本章讨论范围之内，下文不会涉及。

另一方面，金元毕竟为异民族政权，史料情况有其特殊性，在研究时务必注意。就金史研究而言，女真语、女真文文献的绝对数量还不是很多，主要使用传统汉语文言书写的史料，故语言问题较少。而元史研究，不仅汉文文献种类多样，还有以回鹘语、波斯语和藏语为代表的多语种文献，且分藏于世界各地，因此，如何将这些材料系统地组合起来推动研究已成为一个大问题，这在本章中将有所涉及。

又及，以下介绍的各种史料，其点校本的刊行情况，将尽可能地稍作解说，影印本和电子版的情况，则不一定能顾及。另外，研究论著的情况，本章原则上只涉及日本学界，不过，中国学界在该领域也取得了惊人的进展，常态化的日中交流正激励着双方将研究推向前进。关于中国学界的研究情况，金史方面，有刘浦江编《二十世纪辽金史论著目录》[2003]。元史方面没有目录，但《元史论丛》等专业刊物登载了不少论文。以韩儒林、陈高华、陈得芝、李治安和萧启庆为代表的研究者，各有论文集出版。

二、研究进展和史料解说

（一）金朝

◆金史及其基本史料

金史研究不能仅根据现存史料的多少来决定研究方向，该领域的主要史料仅有《金史》，其他补充性史料也很有限，所以金史研究的难点还在于史料。崛起于中国东北的女真族由完颜阿骨打完成统一，建立金朝。金在攻灭辽和北宋之后，统治了中国北部，最终在末代哀宗时被蒙古攻灭。作为一个存续100余年的王朝，史料数量颇为有限。

正史有《金史》，宋、辽、金三朝的正史，为元朝末年1343年同时下令编纂。关于其前后原委的研究，有藤枝晃《征服王朝》[1948] 和爱宕松男《辽金宋三史的编纂与北族王朝的立场》[1951]。最近，古松崇志《论修端〈辨辽宋金正统〉——元代〈辽史〉〈金史〉〈宋史〉三史的编纂过程》[2003] 又有新的论述。金史的成书，与元好问等人的修史努力和积累密不可分（参见藤枝晃《征服王朝》[1948]），其作为正史的体例亦有发展完善。但是，其他平行史料太少，仅有南宋宇文懋昭编纂的纪传体金朝历史《大金国志》（中华书局标点本），以及记载金代朝廷礼仪并成为《金史》礼志素材的《大金集礼》。反映科举繁荣（三上次男《金的科举制度及其政治性的一面》[1967]、森田宪司《异民族王朝下的科举》[1999a]）和汉人士大夫活跃的文集类史料，存世数量亦很稀少。其中，元好问编《中州集》（收于《四部丛刊》），是用诗歌编汇而成的金朝历史。全书汇集金人诗作，作者小传附于诗后，编纂金史时也被用作史料，颇具价值。元好问的文集《遗山先生文集》（收于《四部丛刊》），留下了不少关于金代末年至蒙古统治时期华北情况的记载。同期还有刘祁的见闻录《归潜志》（收于《元明史料笔记丛刊》）。金人的文章总集有清代张金吾编《金文最》（中华书局点校本），诗歌总集有薛瑞兆、郭明志编《全金诗》（南开大学出版社，1995 年）。其他史料还有南宋使节洪皓出访金廷的记录《松漠纪闻》，金人编写的宋金关系记录《大金吊伐录》（中华书局点校本）和南宋徐梦莘编《三朝北盟会编》。

研究方面，先来看一下概论类著作。各种通史中，关于金的记述，大多埋没于宋、元之间，被简化处理。其中，记述金代还比较集中的著作，可举爱宕松男《亚洲的征服王朝》（河出文库，1989 年）、村上正二《游牧民族国家·元》（《图说中国的历史》6，讲谈社，1977 年）。基本工具书方面，梅原郁、衣川强编《辽金元人传记索引》（京都大学人文科学研究所，1972 年）、《辽金元传记三十种综合引得》（《哈佛燕京学社引得》35，1940 年）汇录了文集所收传记资料。欲了解文集的传世情况，可利用山根幸夫、小川尚编《日本现存元人文集目录》（1970 年），金人文集亦包括在内。日本学界专门以金为主题的文献目录尚付阙如，但以宋、契丹或元为主题的文献目录大多包含金在内，不可不察。

关于战前以降的辽金元史研究主流，杉山正明《日本的辽金元时代史研究》[1997] 已有综述，可据以参考。若将视野扩展至近年，笔者认为，日本学界的金史研究大体可分为三个趋向：金朝政治史、制度史（包括对南宋关系史），社会文化史，华北地域社会史。首先，关于国制，三上次男从金朝建国开始，围绕这一基本问题展开论述，其成果已汇编为三大册（三上次男《金史研究 2　金代政治制度研究》[1970]、《金史研究 1　金代女真社会研究》[1972]、《金史研究 3　金代政治、社会研究》[1973]）。其次，金与南宋关系方面，外山军治的研究引入文化史视角，其成果已汇编为《金朝史研究》[1964]。上述三上次男、外山军治的成果以及田村实造对征服王朝的一系列研究（《中国征服王朝研究》[1964—1985]）之外，该领域后来仅有高桥弘臣以财政史为中心的探讨（高桥弘臣《元朝货币政策形成过程研究》[2000]）和井黑忍《金代提刑司考——章宗朝官制改革的一个侧面》[2001]。金与南宋关系方面，衣川强《论“开禧用兵”》[1977]、寺地遵《南宋初期政治史研究》[1988] 等宋史研究者的成果亦有必要一读，但这些研究更多是从南宋一方切入的探讨。曾经撰写《征服王朝的时代》(《讲谈社现代新书》，1977 年）概述这一时期的竺沙雅章，在一系列佛教史，尤其是论述大藏经出版史的论文中指出，辽代统治以降，中国史的脉络虽分南北两条，但华北方面的研究仍然不足。不过，新的历史脉络也在此期生成，下文还将谈到。

文化方面，除了围绕元好问等人的文学史研究外，宗教方面值得关注的内容也不少。关于佛教方面，野上俊静《辽金佛教》[1953] 之后，可举桂华淳祥《论真定府获鹿县灵岩院——金代买额寺院的形态》[1988]、《金朝寺观名额的出售与乡村社会》[1989] 和《宋金时期山西的寺院》[2000] 等。道教方面，全真教、太一教和真大道教等所谓新道教的出现是有金一代的重要文化事件，这方面的研究有陈垣《南宋初河北新道教考》(辅仁大学，1941 年)，该作品完成于日军占领北京的 1941 年，书名表达了作者对时局的看法。该书已成为经典之作，连同针对这一专题的增补史料《道家金石略》(文物出版社，1988 年，并参见森田宪司《陈垣编〈道家金石略〉》[1989])，已是该领域的必读文献。关于该专题，并请参见元朝部分。

金史方面，考古成果不可忽视。金朝的故地，曾经的伪满洲国地界，日本人在二战前曾进行过一些调查。最近，以金太祖完颜阿骨打墓地的发现和金朝历代皇帝陵寝的清理为代表，形成了不少以河北、山西为中心的金代墓地发掘报告，有望从中窥得此期社会文化的具体情况。尤其是戏剧方面的文物，赤松纪彦《山西中南部的戏曲文物及其研究》[1986] 有过专门探讨。此外，中国刊物中也有戏曲文物的相关考古报告。

◆从金至元——华北地域社会

有关华北的地域社会研究，最近持续升温，饭山知保《金元时期华北社会的地方权势——碑刻所见山西忻州定襄县的情况》[2003a]、《金元时期华北州县祠庙祭祀所见地方官谱系——以山西平遥县应润侯庙为中心》[2003b]，并黑忍《山西洪洞县水利碑考——金天眷二年“都总管镇国定两县水碑”中的史事》[2004] 等研究之外，前述桂华淳祥的研究亦与地域社会相关。将金元作为一条连续脉络来把握历史成为最近研究的主流趋势，该学术动向的背景为石刻史料的使用。清代学者编纂的通代石刻史料集成《金石萃编》《八琼室金石补正》(均有《石刻史料新编》影印本) 等的收录范围均以金代为下限。此外，各地出版的石刻资料集和地方志也收有不少金代石刻（石刻资料集，请参见元代相关部分）。并且，最近因有条件开展实地考察，新的成果亦层出叠见（饭山知保等《陕西、山西访碑行报告（附：陕西、山西访碑行现存确认金元碑目录）》[2002]、井黑忍《山西洪洞县水利碑考——金天眷二年“都总管镇国定两县水碑”中的史事》[2004]）。这方面的情况，饭山知保《金元时期华北社会研究的现状与展望》[2001] 有过专门整理，可据以参考。关于从金至元的连续性，存在着一个问题，元朝，尤其是元朝初期的统治体制是如何吸收金代制度的呢？法制方面，围绕元朝初期如何继承金代施行的律，植松正《元初法制论考——重点考察与金制的关系》[1981] 曾有专门的讨论。另外，行省虽然是元代制度，但有必要思考其与金代制度的关系，高桥弘臣《金末行省的性质与实态》[1991] 就讨论了这一问题。思想史方面，有南宋的朱子学如何北传的问题。该问题不仅与金代学术有关，还与元朝科举采用朱子学，即朱子学的官学化紧密相关。围绕这一专题，除安部健夫《元代的知识分子与科举》[1959]、吉川幸次郎《朱子学北传前史——金朝与朱子学》[1974] 之外，还有高桥文治《泰山学派的后裔们——论 12、13 世纪山东的学术》[1986]、三浦秀一《金朝性理学史稿——13 世纪前半期中国北方程朱学与新道教的交错》[1995a] 和《金末的宋学——赵秉文与李纯甫及王若虚》[1995b] 等研究。这些探讨不仅着眼于思想史，也从社会文化的角度加以切入。

从 1210 年代开始，因蒙古军队进攻和黄河泛滥，金朝社会陷于混乱，各方势力蜂起。例如，反抗金朝的红袄军（大岛立子《论金末红袄军》[1974]）和拥护金廷的义军（池内功《金末义军制度的考察》[1978]）等。当时涌现的新势力及其后续情况，将在元朝部分加以介绍。

（二）元朝

◆研究对象的范围和元史的基本文献

讨论元朝，或曰蒙古帝国的历史，有三个视角，本书的性质为中国史研究入门，故限定于讨论中国历史上的元朝。多语言史料等问题，已在本章起首“研究视角”中述及，以下将介绍元史研究的相关史料及以此为基础的最近研究趋势和主要论文。关于元史研究的历史和现状，前人已有《中国史研究入门》《亚洲历史研究入门》，介绍了此前的元史及其他断代研究情况。此后的研究进展，杉山正明发表有一系列综述（杉山正明《日本的蒙古时代史研究》[1991a]、《蒙古时代史研究的现状及课题》[1996a]、《日本的辽金元时代史研究》[1997]），梳理了最近的研究动态，另有饭山知保《金元时期华北社会研究的现状与展望》[2001]、樱井智美《日本最近的元代史研究——以围绕文化政策的研究为中心》[2002]等综述，可据以获取全面、详细的先行研究介绍。此外，一线的研究者还从各自视角出发的问题点入手，整理了《中国史学的基本问题3　宋元史学的基本问题》（汲古书院，1996年）。《史滴》第24号特集《元史研究中多视角方法的尝试》展示了新史料带来的诸多新视角。面向普通读者的最近研究趋势介绍，有《中国月刊》①2001年11月号的特集《蒙古的冲击》等。

从上述研究综述的分类亦可得知，相比中国史的其他断代，元史研究在近20年间有了长足进展，对该时期的理解也发生了变化。过去对元朝统治中国的理解，以羽田亨在《元朝对汉文明的态度》[1928]和《宋元时代总说》[1935]中提出的“蒙古至上主义”为代表。羽田亨认为，在漠视传统文化的异民族高压统治下，汉人郁郁不得志，故这是一个价值混乱的时代，该观点一度被广为接受。但是，这样的理解确实反映了当时的社会状况吗？这一疑问带来的新探索，目前正不断展开。从箭内亘《元代社会的三个阶级》[1916]和蒙思明《元代社会阶级制度》[1938]等研究开始，对蒙古、色目、汉人、南人“四等人制度”的理解，就尝试摆脱旧有观念的窠臼，舩田善之《论元朝治下的色目人》[1999a]和《元代户籍制度中的色目人》[2000]综述了这一段学术史。以下将介绍的各种研究，大多完成于这样的视角转换背景中。

目前，中国正在进行各种大型丛书的出版和文献的数字化，史料占有情况的变化，也对元史研究产生了巨大影响。更多文献已能被利用，这一点自不待

① 译者按：该刊日文原本题名《月刊しにか》，しにか即Sinica，系拉丁文的中国，现多用于指代中国文明、古代中国。该刊是大修馆书店《月刊しにか》编辑室主编的一份杂志，主要刊载东亚文化圈历史、风俗和文化方面的学术论文，创刊于1990年4月，停刊于2004年3月，共出版170期。

言，诸多史料的不同版本亦能方便接触。与元代史料相关，还有清代乾隆年间的文字改动，这是一个切实存在的问题。数字化工作中，《四库全书》自身也成为文字改动的对象，而每种史料各有其不同情况，若不全面了解其性质，数字化工作便会产生积极或负面的影响。元史学者杉山正明《史料研究的新时代》［2003］和森田宪司《十年后的中国学、韩国学——历史（中国中世—近世）数字化的结果如何？》［2004a］等，围绕史料情况及其研究发表了自己的看法。

构成元史特殊性的另一个因素是史料的多语言性。蒙古文、回鹘文、藏文、波斯文等非汉文史料自不待言，即便汉语文献也存在多语言的情形。例如，文言之外，以《元典章》为代表的法制史料中频频出现的吏文，就是混杂了当时的口语词汇，且忠实于蒙古语语序而译成的硬译体（直译体），还有元杂剧中的白话等史料。因此，治元史者，相比其他断代的研究者，还必须关注中国语言学方面的研究成果。文献数字化后，对于这些辞典编纂尚不完备的语言，文献的数字化为扩大语料规模、提高归纳效率提供了不少便利。

以下，在分述元史各领域的史料和研究情况之前，先介绍一些与元史整体有关的各种工具书。除此处介绍的基本工具书外，还可参见舩田善之《关于解读〈元典章〉——兼谈有关工具书、研究文献》［1999b］。

首先，论文目录方面，有山根幸夫、大岛立子编《元代史研究文献目录》（汲古书院，1971 年），其后新出论文目录，则有野泽佳美编《元代史研究文献目录》（立正大学东洋史研究室，1991 年），日本蒙古学会编《蒙古研究文献目录 1900—1972》（日本蒙古学会，1973 年）包括了研究蒙古各地的论文。此外，舩田善之在个人主页上不断更新着元史相关文献目录。其次，基本的人名索引有王德毅等编《元人传记资料索引》（新文丰出版公司，1979—1982 年），梅原郁、衣川强编《辽金元人传记索引》（京都大学人文科学研究所，1972 年），前者内容全面，且附有小传，后者则以细致见长，传记史料中的族人姓名亦一并收录，两者各有优点。此外，还有《辽金元传记三十种综合引得》（《哈佛燕京学社引得》第 35 种，1940 年）。中国史研究中，文集史料占有很大比重。元人文集方面，有山根幸夫、小川尚编《日本现存元人文集目录》（1970 年），不过该书没有收入最近新刊丛书中的元人文集。另外，陆峻岭编有《元人文集篇目分类索引》（中华书局，1979 年），安部健夫所编《元人文集史料索引》，附录于他的《元代史研究》（创文社，1972 年）。当然，现在还有《四库全书》和《四部丛刊》的数据库可资检索。

◆《元史》与政治史脉络

元朝的正史《元史》，系明朝洪武帝在“灭元”的第二年，即洪武二年（1369）下令编纂，历时6月成书，翌年续行编纂，至正式完成，共计331日，用时极短。不过，《元史》中相当一部分乃据《经世大典》而成，就此而言，倒不能仅以仓促言之。不过，如后所述，《经世大典》编于1329年，《元史》中这一时间点之后的历史，系综采各类文献编撰而成，故行文中榫卯不接之处不在少数。然而，虽有这样的问题，《元史》作为元史研究的基本史料则毫无疑问，在开展研究时，必须首先参考。

早在明代时，就有人开始尝试改编《元史》，至民国时还有人反复尝试，其中最值得关注的是清代大儒钱大昕的工作。他利用各种文献开展元史研究，其史料利用的广度和史料批判的精神，可谓今日元史研究之起点。除《元史氏族表》《元进士考》这样直接以元史为主题的研究外，《潜研堂文集》《潜研堂金石文跋录》和《十驾斋养心录》等书中，也有不少关于元朝的内容，这些都是现在的研究者仍应时常参考的先行研究。现已有《嘉定钱大昕全集》（江苏古籍出版社，1997年），可资使用。

随着19世纪下半叶与西欧交流的展开，中国人开始了解到西方保存有与元朝相关的史料，于是开始参考这些文献，尝试重修元史。这方面的成果有屠寄的《蒙兀儿史记》，民国年间集清人工作而成的柯劭忞《新元史》。尤其是前者，至今利用价值颇高。

元朝政治史的基本史料，此处举苏天爵编《国朝名臣事略》。该书采择元朝初年至延祐年间的高官传记资料，主要为碑传行状类文字，包含不少颇具史料价值的记载。该书有元刊本的影印本及以其为底本的点校本（中华书局）。还有《全元文》（江苏古籍出版社），不仅收录了文集中的文章，还广泛收录石刻和明清地方志等各种文献中的元人文章，按作者汇编而成，利用价值颇高。

研究方面，首先介绍概论类著作。各种世界历史、中国历史通史丛书中有专门的元代卷，最近刊行者可举《世界历史大系　中国3》（山川出版社，1997年）和《世界历史9　大蒙古时代》（中央公论社，1997年）。前者重在详细记述历史事实，政治、经济、文化·社会和思想分别由杉山正明、斯波义信、森田宪司和沟口雄三执笔。后者的元朝部分由杉山正明执笔，有别于常规视角的观点不少。再前一辈学者中，爱宕松男也曾为若干丛书执笔，其中，《中国的历史　元明》（讲谈社，1974 年，讲谈社学术文库，1998 年）比较详细。欲了解爱宕松男在元朝史方面的见解，最好阅读他的《元的中国统治与汉族社会》［1970］，《爱宕松男东洋史学论集》（三一书房，1988 年）为其作品集成。

蒙古帝国的历史，以成吉思汗统一蒙古高原及其向周边的扩张为前史，当时尚未拥有本民族文字的蒙古人，就如同日本的《古事记》一般，通过口传留存历史。《元朝秘史》就是经后世整理的口传历史，其成书时间众说纷纭。该书内容始于蒙古人的始祖传承，下迄成吉思汗及其后代。日本的《蒙古秘史》研究，始于明治时期，那珂通世将其日译为《成吉思汗实录》［1907］，近年又有小泽重男（岩波文库）和村上正二（平凡社东洋文库）两种译注，颇具研究传统。关于《元朝秘史》的研究，有原山煌编《元朝秘史关系文献目录》（日本蒙古学会，1978 年）、《元朝秘史关系文献目录补编》（编者刊，2004 年），汇录了国内外的研究文献。

蒙古进攻中原始于 1210 年代，当时的华北，金廷式微，黄河泛滥，在多重因素夹攻下处于混乱状态，各种武装自卫集团纷纷出现，有的与蒙古政权联系，其中获得稳定地位者成为当时华北的实际统治者。爱宕松男最早注意到这批人，称他们为“汉人世侯”（爱宕松男《李璮的叛乱及其政治意义——蒙古朝治下的汉地封建制及其向州县制的发展》［1941］、《元朝的汉人政策》［1943］）。近年，关于各个集团，有池内功《史氏家族与蒙古的金国经略》［1980a］、《蒙古的金国经略与汉人世侯的形成》（1）［1980b］、《蒙古的金国经略与汉人世侯的形成》（2）［1980c］、《蒙古的金国经略与汉人世侯的形成》（3）［1981a］、《蒙古的金国经略与汉人世侯的形成》（4）［1981b］、《论蒙古朝廷内汉人世侯的权力》［2002a］，野泽佳美《张柔集团的形成过程及其构成》［1986］、《蒙古太宗、定宗时期史天泽的活动》［1988］，堤一昭《李璮乱后的汉人军阀——济南张氏的史事》［1995］等研究。另外，爱宕松男《李璮的叛乱及其政治意义——蒙古朝治下的汉地封建制及其向州县制的发展》［1941］就元朝对中国统治结构的变化，讨论了山东军阀李璮的叛乱。关于李全、李璮集团叛乱前后的情况，也已有若干研究，例如，池内功《李全论——南宋、金、蒙古交战期一名民众起义领导者的轨迹》［1977］、森田宪司《李璮之乱以前——以石刻史料为素材》［1988］和《陈垣编〈道家金石略〉》［1989］。

将元朝作为一个中国王朝来理解时，忽必烈时期因确立了各项制度，并征服南宋，统一中国，成为学界关注的热点。围绕忽必烈时期及其后对中国的统治，杉山正明一直努力转换视角，提出与以往研究不同的观点。他的《忽必烈政权与东方三王家》[1982]讨论了忽必烈政权建立的过程及其对后世历史的影响，以该文为首的诸篇论文，又合编为《大元兀鲁思与蒙古帝国》[2004]。此外，杉山正明还有《忽必烈的挑战》[1995a]、《蒙古帝国的兴亡》[1996b]和《世界历史 9　大蒙古时代》[1997]等概述性论著，亦面向大众读者，所以对近年的元史研究产生了巨大的影响。

元朝统治中国初期至完成统一这段时期，确立了各项制度，尤其是中央官制、税制及作为其基础的户籍和军制，为学界所关注。在既往研究史中，这些内容可谓元史研究的核心问题。从元史研究的开拓者箭内亘以来，研究积累深厚（箭内亘的研究已汇编为《蒙古史研究》[1930]），此处将围绕近年的成果做一整理。

蒙古帝国的结构、军事体制和统治体制等问题，恐怕是最受研究者关注的课题。过去的研究，多利用与《元史》同时期旭烈兀汗国（伊儿汗国）史官拉施特的《史集》，兼采文集中所见官僚们的讨论，探讨当时政治的整体形势，而最近的研究与之相反，更倾向于从具体个案出发来展开考察。这应该与最近史料占有更加丰富，尤其是围绕具体个案的石刻史料更受关注有关。

蒙古在扩张过程中，将新获得的土地分给成吉思汗的家族成员，杉山正明《蒙古帝国的原型——论成吉思汗的家族分封》[1978]探讨了这一现象，他认为该做法构成了此后蒙古帝国的原型。大汗家族和功臣们所得领地（投下）的分布、投下的地方官与领主的关系、民众与领主的关系等问题，是理解蒙古贵族如何统治中国的关键所在。杉山正明《关于八不沙大王令旨碑的石刻记载和释读》[1993]具体讨论了投下领主的统治（关于投下，还可参见饭山知保《金元时期华北社会研究的现状与课题》[2001]）。投下不仅分布于华北，也存在于江南，植松正《元代江南政治社会史研究》[1997]所收论文论述了这一点。

其次为军事体制方面，池内功《元代河南非汉诸族军人的家系》[2002b]，堤一昭《元代华北蒙古军队长官的家系》[1992]，松田孝一《蒙古帝国东部国境的探马赤军》[1992a]、《察合台家千户的陕西南部驻屯军》(上)[1992b]和《察合台家千户的陕西南部驻屯军》(下)[1993]，村冈伦《蒙古时代初期的河西、山西地方——以右翼汗国分地的形成为中心》[2001]和《蒙古时代的右翼汗国与山西地方》[2002]等，探讨了蒙古军队在中国各地的屯驻情况，该方向最近颇为热门。中央层面的制度中，大汗身边怯薛的存在值得注意，片山共夫《元朝的四怯薛轮值制度》[1977]、《论元朝怯薛出身者的家族地位》[1980a]和《怯薛与元朝官僚制》[1980b]，森平雅彦《元代怯薛制度与高丽王族——关于元代高丽王地位的初步考察》[2001]讨论了这一问题，宫纪子《"对策"的对策——大元兀鲁思治下的科举与出版》[2003]对此亦有言及。

与居于被统治地位的汉人相关者，首先是户籍与税役负担问题。关于元朝对汉人的管控，税制方面的研究有安部健夫《元代包银制研究》[1954]、爱宕松男《元朝税制考——论税粮与科差》[1965]，户等方面有柳田节子《元代乡村的户等制》[1977]，户口统计方面有爱宕松男《蒙古人政权治下汉地的版籍问题——尤其以乙未年籍、壬子年籍及至元七年籍为中心》[1950]以及松田孝一对该文的商榷《蒙古帝国在汉地的户口统计》[1985]等，以上均为最基本的研究成果。最近，元史研究日渐受到关注的话题是元朝征服南宋后对江南的统治体制以及当时江南的社会状况。植松正长期耕耘于该领域，他的《元代江南政治社会史研究》[1997]汇集了此前的研究成果，《元朝统治下的江南地域社会》[1996]论述了他的基本见解。此外，对于征服南宋过程中及之后的军事体制、统治结构，堤一昭从元朝一方入手进行了分析，并发表了一系列研究成果（堤一昭《元朝江南行台的设立》[1996]、《大元兀鲁思的江南驻屯军》[1998]、《大元兀鲁思治下初期江南政治史》[2002a]、《大元兀鲁思江南统治高层两个家族的家系》[2002b]）。

与忽必烈时期研究有如此之多积累相比，后忽必烈时期的元朝政治史研究略显寂寥。杉山正明除在各种概论中有所述及外，专门在《大元兀鲁思的三大王国——海山夺权及其前后》（上）[1995b]一文中论述了后忽必烈时期的政治状况。众所周知，元朝末年顺帝时期，气候异常，农村疲敝，国家财政困难，各地"叛乱"此起彼伏。杨讷、陈高华编《元代农民战争资料汇编》（中华书局，1985年）收集了众多这方面的史料，谷川道雄、森正夫编《中国民众"叛乱"史》2（平凡社东洋文库），译注了《明史》和《明史纪事本末》中的相关记载。有关元末诸势力集团的论文，关于方国珍有寺地遵《方国珍政权的性质——宋元时期台州黄岩县情况素描　第三篇》[1999]，关于方国珍、张士诚有檀上宽

《元末海运与刘仁本》[2001] 和《方国珍海上势力与元末明初的江浙沿海地域社会》[2003]。关于最终的胜出者朱元璋及其集团的性质，因与明代部分重合，此处从略，但不要忘记从元明连续的视角来探究这段历史。宫崎市定《从洪武到永乐——明朝初期政权的性质》[1969] 提出了这一点，最近檀上宽也再度触及了这一问题（例如，檀上宽《中国历史人物选 9　明太祖朱元璋》[1994]）。

◆所谓“元朝对中华文明的态度”

致力于视角转换的元史研究，变化最大的一点当属元朝与中华文明的关系。关于元朝对汉人传统文明及价值观的态度，否定或曰冷淡，已成为近乎常识的观点。但是，随着个案研究的积累，这一论断发生了变化。最近，论证元朝相比其他王朝更热心于中华传统文化的研究逐渐增多。个中代表为宫纪子围绕元代出版物的一系列研究，在众多新史料的支撑下，宫纪子指出，元朝的出版，无论是纪念重要事件的官方编纂活动，抑或个人著作，均屡屡受到地方政府的支持和协助（宫纪子的系列研究，可参见书末文献一览）。她的观点，与史料性质有关，引人瞩目，而且与知识分子受到冷遇从而更多参与庶民文化这一逐渐成为常识的观点有关。

关于元朝统治下汉族知识分子的情况，森田宪司《元代汉人知识分子研究课题举隅》[1990] 介绍了前人的研究情况，并论述了研究的必要性。此后 10 年的研究情况，樱井智美《近年来日本的元史研究——以“文化政策”为中心》[2002] 以“文化政策”为关键词进行了整理和介绍。就具体问题而言，关于元朝初期，也就是灭金之后对华北知识分子政策的研究，有安部健夫《元代的知识分子和科举》[1959]、杉山正明《西夏儒者高智耀的真实形象》[1991b] 和森田宪司《〈太祖崇褒祖庙之记〉再考——丁酉年对“圣人之家”的优免》[1994]。元朝的科举合格者不多，据说并没有什么实质意义，历来主张元朝轻视中华文明的讨论均以此为典型事例。萧启庆等整理了元代历次科举合格者的数据，已陆续公布，可作为进一步研究官场和社会中科举功能的基础。以《新编历举三场文选》和《大科文选》等科场范文为代表的科举史料，森田宪司《关于元朝的科举资料——以钱大昕的编著为中心》[2001a] 和陈高华《两种〈三场文选〉中的元代科举人物名录——兼说钱大昕〈元进士考〉》[2001] 做了专门研究。以应试读本为代表，科举与出版的关系也是一个让人深感兴趣的话题，宫纪子《“对策”的对策——大元兀鲁思治下的科举与出版》[2003] 以开阔的视野探究了这一问题，此外，樱井智美也有相关研究《论元代科举允许带入考场的书籍——以〈文场备用排字礼部韵注〉为中心》[2004]。关于元朝对儒教的态度，宫纪子《围绕大德十一年〈加封孔子制诰〉的诸问题》[1999a]指出，大德十一年（1307）加封孔子是元朝儒教政策的一个关键事件，它成为官民合作推进出版和立碑等系列活动的起点。元朝时，学校（当时称为“庙学”）是管理和控制汉族知识分子的场所。在法制史料一节中还将介绍的《庙学典礼》是反映当时庙学情况的珍贵史料，牧野修二据此进行了相关考述（《元代的儒学教育——以教育课程为中心》[1979a]、《论元代庙学书院的规模》[1979b]和《元代生员的学校生活》[1980]）。关于江南知识分子与元朝的关系，村上哲见《贰臣与遗民——宋末元初江南文人的亡国体验》[1994a]指出了不出仕的南宋旧臣与元朝之间的交流。论述宋元之交南宋知识分子情况的研究有樱井智美《赵孟頫的活动及其背景》[1998]和森田宪司《碑记撰述所见宋元易代时期庆元的士大夫》[1999b]等。此外，岳渎祭祀反映了元朝对传统的态度，森田宪司《元朝的代祀》[2001b]对此有专门讨论。

◆法制史料（附经济史料）

元史研究的一个特点是拥有以《元典章》（大元圣政国朝典章）为代表的一系列法制史资料。此处试举其名，《元典章》《通制条格》《宪台通纪》《南台备要》和《庙学典礼》等，据报道，在韩国还发现了《至正新格》的元刊本。另有《经世大典》，成书于1329年，可谓有元一代的百科全书，不过很可惜，该书仅“站赤”等内容保存于《永乐大典》，《国朝文类》各卷序录也保存了一些《经世大典》的内容。关于元代法制史料，植松正《元典章·通制条格，附辽、金、西夏法》[1993]做了详细的解题，故此处仅举其大要，介绍元朝法制史研究的基本史料和主要方向。

《元典章》是一部皇帝诏敕、皇后皇太子命令、各级官府通告和判例等文件的汇编，在没有专门编纂法典的元朝，这是行政执法的基本依据。书中大多为具体事例，故不仅制度史，对社会史而言也是极富魅力的史料。过去通行的沈家本跋语刻本，文字问题颇多。1972年，台北故宫博物院所藏元刊本影印出版，从此有了可资信赖的文本，但其中仍有不少待校订之处，关于刑部（岩村忍、田中谦二校定《校订本元典章刑部》第一册[1964]、《校订本元典章刑部》第二册[1972]）、兵部（寺田隆信、熊本崇等校定《校订元典章兵部》（上）

[1986]、《校订元典章兵部》(中)[1988]、《校订元典章兵部》(下)[1990]）的校点本亦已出版。中国也出版了刑部（祖生利、李崇兴点校《大元圣政国朝典章・刑部》[2004]）和户部一部分（陈高华等《〈元典章・户部・禄廪〉校释》[2004]）的校订本，期待全书的校点和译注早日完成。[①] 另外，宫纪子《围绕大德十一年〈加封孔子制诰〉的诸问题》[1999a] 指出，该书可能还存在着不同的版本。

《元典章》的不少内容，《通制条格》有所涉及。《通制条格》是 1323 年制定的“大元通制”的一部分，传世部分同样为命令、通告和判例等，与《元典章》重复者颇多，有必要对照而观。冈本敬二等编《通制条格研究译注》3 册(国书刊行会，1964—1976 年) 之外，还有方龄贵等的《通制条格校注》(中华书局，2001 年)，均很有用。《宪台通纪》为关于御史台之书，《南台备要》为有关江南御史台之书，二书均保存于《永乐大典》，其他有关监察机构的点校本史料有洪金富的《元代台宪文书汇编》(台湾“中研院”历史语言研究所，2003 年)。日本学界的元代监察机构研究有丹羽友三郎的《宪台通纪》译注（丹羽友三郎《〈宪台通纪〉校订・译注》(一) —（三)[1968—1969]）和研究（丹羽友三郎《中国元代的监察官制》[1994]）。其次，《庙学典礼》是一部有关元代学校和知识分子政策的法令集（内容时间下限为大德年间），与元代的知识分子政策关系密切。关于其成书，森田宪司《〈庙学典礼〉成书考》[1992] 和宫纪子《〈庙学典礼〉札记》[2002] 有不同看法。

上述法制史资料中的大部分，有浙江古籍出版社《元代史料丛刊》点校本。另外，植松正编有《元典章年代索引》(同朋舍出版，1980 年)，将涉及法制史的文书按照年代整理排列，对于梳理元代历史脉络颇有助益。

《元史》中有《刑法志》，但与其他正史不同，采用按条文逐条记载的形式。关于《元史・刑法志》，小竹文夫等编有《元史刑法志研究・译注》(教育书籍，1962 年)，梅原郁编有《译注　中国近世刑法志》(下)(创文社，2003 年)。

元代的法制史资料，多采用政府公文用语“吏文”，这种书面语是按蒙古语

① 译者按:《元典章》全书的校点和译注业已完成，陈高华、张帆、刘晓、党宝海点校:《元典章》(全 4 册)，中华书局、天津古籍出版社，2011 年。近年，另有台湾地区学者洪金富的点校本，洪金富校定:《元典章》(全 4 册)，台湾“中研院”历史语言研究所，2016 年。此条承温海清提示，谨致谢意。

语序用汉语记录下来的硬译体（直译体），夹杂着用汉语写就但有别于一般文言的内容，文书结构复杂，其解读需要专门的方法。从语言角度入手的探讨，历来不乏努力者，其中，田中谦二堪称第一人，他的研究业已汇编出版（《田中谦二著作集》第1—3卷，汲古书院，2000—2001年），便利学界使用。植松正围绕《元典章》读解过程中所遇疑难篇章的解析，尝试总结了文书解读的专门方法（植松正《元典章文书分析法》[2004a]）。另外，中国学界该领域的第一人为亦邻真，他对吏文文体的讨论和解读示例，均已译成日文（亦邻真《读1276年龙门禹王庙八思巴字令旨碑——兼评尼古拉·鲍培的译注》[2001a]、《元代硬译公牍文体》[2001b]），可资参考。关于《元典章》中的语汇，京都大学人文科学研究所元典章研究班曾油印有索引，现有多个电子文本接近完成，可以预见该工作将十分有助于语义的判定。《吏学指南》可谓元代的胥吏用语辞典，不仅有据《居家必用事类全集》辛集为底本的翻刻本（东洋史研究会，大华印书馆，浙江古籍出版社等），最近还有朝鲜刊本的影印本。关于朝鲜刊本，有末松保和的解题《论朝鲜覆刻本〈吏学指南〉》[1942]。此外，关于吏文，朝鲜王朝时代还编有《吏文》一书，前间恭作为其做了训读，末松保和将其与另一部可称为吏文用语辞典的《吏文辑览》合并刊行为《训读吏文　吏文辑览附》(国书刊行会复印本，1942年)。其中，《吏文辑览》又按50音图顺序编为《吏文正续辑览》(京都大学东洋史研究室，1952年)，更便于使用。

其次为经济史方面的史料，《元史·食货志》的译注迄今尚未刊行。不过，前述法制史资料中有关经济史的内容亦有不少。元朝经济史研究的主要课题有纸币交钞的使用、蒙古帝国形成带来的东西贸易扩大、作为财政基础的盐专卖和大运河的开通等。关于交钞，前田直典的研究堪称代表，其成果集中于他的《元朝史研究》[1973]。关于当时的通货，有高桥弘臣《元朝货币政策形成过程研究》[2000]和宫泽知之《元代后半期的币制及其崩坏》[2001]。盐政方面，佐伯富《元代的盐政》[1985]做了通史性的论述，古松崇志的《元代河东盐池神庙碑研究序说》[2000]分析了实地所见解州盐池庙的石刻。流通方面，植松正《论元代江南的豪民朱清、张瑄——围绕其伏诛及财产充公》[1968]、《元初的海事问题与海运体制》[2003]、《元代的海运万户府与海运世家》[2004b]研究了承担海运的豪民，星斌夫《大运河发展史》[1982]译注了《元史·食货志》中有关海运和大运河的内容。松田孝一《中国交通史——元代的交通与南北物流》[2000] 简要综述了元代的流通问题。

◆地方志与石刻——地域社会问题

中国自古有编纂地方志的传统。地方志追溯地方历史，记述地方现状，为行政参考资料之一种。目前传世的地方志多为宋代以降之物，《宋元地方志丛书》和《宋元地方志丛书续编》，基本上收录了现存的全部宋元方志，利用方便，故此处不再列举书名。《永乐大典》残本收录的地方志，有《永乐大典本地方志汇刊》(中文出版社，1981 年) 和《永乐大典方志辑佚》(中华书局，2004 年)。元代的全国总志《大元一统志》现已散佚，有赵万里辑本 (中华书局，1966 年)。此外，明代以降的地方志中也有元朝相关记载和元代遗文，必须注意。元代遗文，现有《全元文》(江苏古籍出版社，1997—2005 年)，元代的石刻资料则汇录于《石刻史料三编》。

石刻是与地方志一并可用于理解地域历史的有用资料，尤其是元朝，传世有大量史料价值颇高的石刻，可作为一手史料使用。日本学界最近元史研究发展的背景之一，就是对石刻作为元史资料的认识和利用。1989 年，杨志玖等编《元史学概说》(天津教育出版社) 就评论道，在日本的青年研究者中存在着一个“石刻热”。其实，日本学界早在二战前就已开始关注石刻，杉山正明《日本的辽金元时代史研究》[1997] 介绍了日本学者的石刻史料收集情况。

关于元代石刻，并不像金代以前的石刻那样，有清代金石学者的全国性著作，所以，多利用《山右石刻丛书》(山西) 和《山左金石志》(山东) 这类地域性石刻集。按年代顺序编排的石刻目录，有清代吴式芬的《博古录》和杨殿珣编《石刻题跋索引 (增订本)》(商务印书馆，1957 年)。这类传统的石刻资料集，几乎都在《石刻史料新编》及其二编、三编中得到影印，《历代石刻史料汇编》第四编 (北京图书馆出版社，2000 年) 汇集了各种石刻资料集中的辽、金、元部分，使用方便。而且近年来，石刻拓本图录大量刊行，这为考察石刻原貌提供了可能。这方面的代表性图录有《北京图书馆藏石刻拓本汇编》(中州古籍出版社，1989 年)，其中 48—50 卷为元代石刻。地方性的拓本图录亦层出不穷，此处不表。另外，专门收录道教相关石刻的有《道家金石略》(后述)，蔡美彪的《元代白话碑集录》(科学出版社，1955 年) 收录了元朝特有的硬译体石刻，入矢义高《读蔡美彪编〈元代白话碑集录〉》[1956] 不仅评议了该书，对硬译体史料的解读也颇有助益。随着中国改革开放的深入，开展碑刻实地调查成为可能，这方面的报告有饭山知保、井黑忍和舩田善之的《陕西、山西访碑行报告（附：陕西、山西访碑行现存确认金元碑目录）》[2002]，池内功的《元代河南非汉诸族军人的家系》[2002b]等。另外，中村淳、松川节《新发现的蒙汉合璧少林寺圣旨碑》[1993]之类报告，为日本学界提供了连中国学界亦未知的新史料。以个别石刻及其内容为主题的论文，此处从略。

相比石刻史料，文书史料更是作为一手史料备受重视。众所周知，中国现存的文书史料数量有限，元朝的文书史料，向来更是只有若干残存的报道（竺沙雅章《汉籍纸背文书研究》[1973]），因是之故，法制史料和类书中所见文书样式和个别具体事例的记载备受研究者关注。不过，近年来不仅在徽州文书中发现了元代的作品（宫纪子《徽州文书新探——基于〈新安忠烈庙神纪实〉》[2005]），在河北省隆兴县鸽子洞也发现了元代文书等文物（参见《文物》2004年第5期）。而且，在黑水城遗址①也发现了元代的文书典籍，相关研究亦已启动。关于黑城文书的介绍，有李逸友编《黑城出土文书》（科学出版社，1991年），其中一部分已由古松崇志加以译注（古松崇志《元代黑城文书解读》[2001，2005]）。这些文书史料的研究成果，可举池内功《论元朝郡县祭祀中的官费支出——对黑城出土祭祀费用文书的考察》[1994]、松井太《黑城出土蒙汉合璧税粮纳入簿断简》[1997]、市丸智子《论元代货币贯文、锭两单位的区别——以黑城出土文书及徽州契约文书为中心》[2002]等。另一方面，杉山正明编有《元代蒙汉合璧命令文研究》（一）[1990]和《元代蒙汉合璧命令文研究》（二）[1991c]，汇集了石刻史料中蒙文和汉文混用（蒙汉合璧）的命令文书，从历史和语言两个角度进行了详细的注释。此外，杉山正明还有《八不沙大王令旨碑研究》[1993]。最近，学界出现了不少对蒙古帝国各地文书的研究，松川节《大元兀鲁思命令文的书式》[1995]、小野浩《长生天气力里》[1997]对蒙古帝国各地的各种文书格式进行了整理和研究，中村淳《元代藏文命令文研究序说》[2002]汇录了藏文写就的命令文书并做了解题，其中也包括对同类石刻文书的研究。关于回鹘文文书，有松井太等人的研究（例如《蒙古时期畏兀儿地区的税役制度与征税体系》[2002]）。蒙古帝国各地的文书研究已蔚为大观，这一点也会在今后的元朝文书史料研究中得到体现。中村淳《元代法旨所

① 译者按：黑水城遗址又名黑城遗址。

见历代帝师的居所——大都的花园大寺和大护国仁王寺》[1993]、宫纪子《"对策"的对策——大元兀鲁思治下的科举与出版》[2003] 指出，蒙古帝国命令文书中，有的记载着签发日期、签发地点和怯薛长官姓名之类信息，亦可作为政治制度方面的史料。

关于元代地域社会，以制度为中心的基础研究，可举松本善海《中国村落制度史研究》[1977]。围绕元代乡村"社"制的研究颇多，最近，中岛乐章梳理了社随时代推移发生的性质变迁（关于社的研究综述，可参见中岛乐章《元代社制的形成与发展》[2001]、饭山知保《金元时期华北社会研究的现状与展望》[2001]）。特定地域社会研究方面，饭山知保《金元时期华北社会的地方权势——碑刻所见山西忻州定襄县的情况》[2003a] 考察了华北地方权势的家族谱系，他的《金元时期华北州县祠庙祭祀所见地方官谱系——以山西平遥县应润侯庙为中心》[2003b] 探讨了州县层面的庙祀与地方官之间的关系，这些均是利用石刻反映的具体个案来开展地域社会研究的实例。植松正《元代江南政治社会史研究》[1997] 所收论文，讨论了江南被称为"豪民"的人群，这是理解南宋、元、明之间江南社会连贯性的重要问题。

在理解元朝时，其首都大都具有重要的意义。元代的北京地方志方面，《析津志辑佚》辑录了元人熊梦祥编《析津志》的佚文。关于大都的城市空间及宫城，中国的营造学社团队在二战前曾根据文献开展复原研究，积累深厚。最近，随着城市的开发，不少遗迹和文物得以出土，有望开启新的研究局面。渡边健哉《大都研究的成果与课题》[2005] 曾整理介绍过这方面的成果。NHK 取材班编《大蒙古帝国 3　宏伟的都城——超级大国的遗产》[1992]，直观再现了大都城市空间的形象。陈高华《元上都》[1984] 从城市文化入手，探讨了大都的建设和管理，对此，渡边健哉也有《关于元代的大都南城》[1999] 等一系列研究。大都通过大运河沟通江南，并从江南经由海路进一步连通世界，杉山正明《忽必烈的挑战》[1995a] 指出了这一点。另一方面，杉山正明《忽必烈与大都》[1984] 和《大都与上都之间——基于围绕居庸南北口的小事件》[1999] 还论述了大都如何通过陆路连通蒙古高原，构建一个更为庞大的都市圈。

◆文化及社会问题

在此首先介绍一下与各种文化现象有关的史料和研究。不过，文化史的一个重要领域美术史（含建筑史），此处因篇幅原因只得割爱。海老根聪郎、西冈康宏编《世界美术大全集　东洋编 7》（小学馆，1999 年）附有美术史各分支的解说和包含中文在内的详细文献目录，可资参考。

科学技术方面，东西方交流和宋代以后社会中实用技术的发展，令科学技术进步成为这一时期的显著特点。郭守敬编纂授时历、回回天文台的设置，这些都与历法天文学领域吸收伊斯兰天文学知识有关。《秘书监志》（浙江古籍出版社点校本，1992 年）是一部汇录宫廷文化机构秘书监相关记载的志书，该书不仅记录了相关部门的人事，也记载了机构所藏各种仪器，从中可知当时宫内配齐了伊斯兰的天文观测仪器。这方面内容，还可参见山田庆儿《授时历之路——中国中世的科学与国家》[1980]。另外，当时的医学也取得了长足进步，这与当时不得志的知识分子将行医作为人生志向之一不无关系。金文京《论关汉卿的出身——元代戏剧繁荣的一个背景》[1996] 围绕元杂剧作者与医学的关系，讨论了不得志的知识分子的人生出路。农业技术方面，出现了《王祯农书》和《农桑辑要》等农书，现已有点校本（农业出版社，1981 年、1982 年）。此外，涉及此期各种科学技术的读物，还有《宋元时期科学技术史》（京都大学人文科学研究所，1967 年）。

文学方面，关于传统的文言诗文，吉川幸次郎著有《元明诗概说》（《中国诗人选集第二集》，岩波书店，1963 年，收于其全集第 15 卷），该书之后，未见有对此期诗文的总体概述。元人文集的汇编影印，除《四部丛刊》外，有《元代文集珍本汇刊》（10 种，台北"中央图书馆"，1970 年）、《元人文集珍本丛刊》（26 种，新文丰出版，1985 年）。另外，《全元文》亦已刊行，可惜影印的是文本上有些问题的《四库全书》本。文集的数字化工作，令史料方面的研究条件不断改善。另外，《国朝文类》（苏天爵辑）收录了延祐朝之前的元人文章，不少史料价值颇高。《四部丛刊》中的元刊本不仅有影印本，也有点校本。清人顾嗣立编《元诗选》是按作者分类汇编的一部诗歌选集，后又有席世臣补编《元诗选癸集》，搜罗了各种文献中的元诗，作为史料集亦颇为有用（均有中华书局点校本）。单个文学家及其作品的介绍，此处从略。

元杂剧（元曲）方面，最近中国各地发现的戏台（舞台）遗迹、墓室壁画和雕塑、随葬俑偶等戏曲相关文物也多有报道，这些文物不断展现出一个与传世文字资料不同的戏曲世界（介绍戏曲文物的日文文献，有赤松纪彦《山西中南部的戏曲文物及其研究》[1986]）。作为戏曲作品的杂剧，因为是用独特的语言写就，读解不易，代表性的注释有京都大学研究团队的《元曲选释》(1951—1977年)，而且，最近开始的翻译和校注工作，底本不再使用以《元曲选》为代表的明代文本，而是未经后人改动的元刊本杂剧（赤松纪彦《元刊杂剧研究（1）〈尉迟恭三夺槊〉全译校注》[2004]，元刊本杂剧的情况，可参见金文京《〈元刊杂剧三十种〉序说》[1983]）。以吉川幸次郎《元杂剧研究》(收于其全集第14卷）为代表，该领域已有不少研究。另外，元代还出现了大量以“全相”为名的上图下文式书刊，宫纪子《〈孝经直解〉中的插图研究》[1998a] 和《〈孝经直解〉的出版及其时代》[1998b] 以《孝经直解》为例，指出这类历来被认为是大众文化产物的出版物，其实有着国家参与的背景，并重新思考了这类出版物的性质。

还有其他一些有助于理解元代社会文化的文献。《山居新语（话）》《至正直记》《辍耕录》和《草木子》等私家随笔，展示了官方文献未及之史实。《至正直记》收于《宋元笔记丛书》，后两种收于《元明史料笔记丛刊》，均为点校本。另外，类书亦不可忽视。《事林广记》和《居家必用事类全集》之类书籍被称为日用类书，性质不同于此前专为作文而编写的作为语汇和用例集的类书。《事林广记》为南宋陈元靓编撰，有多种版本（参见森田宪司《论〈事林广记〉的诸版本——以日本所藏诸本为中心》[1993]），中华书局出版了台北故宫博物院藏本、北京大学藏本的影印本，汲古书院出版了有泰定标记的和刻本，该书部分内容的译注也已陆续发表（金文京《〈事林广记〉刑法类・公理类译注》[2002]，“元代社会与文化”研究班《〈事林广记〉人事类译注》[2003]、《〈事林广记〉学校类译注（一）》[2004]、《〈事林广记〉学校类译注（二）・家礼类（一）》[2005]）。《事林广记》成书于南宋，故有沿袭前人文献者，全书内容丰富，不仅可作为元史，尤其是元代社会文化史史料，还可广泛供语言学、科技史、法制史和风俗史等领域的研究者使用。《居家必用事类全集》则多为日常生活方面的内容，该书和刻本有中文出版社的影印本，明刊本有《北京图书馆古籍珍本丛刊》的影印本。另一方面，与作文有关的类书，有《新编事文类要启札青钱》(有汲古书院影印本)、《事文类聚翰墨大全》(有收录于《北京图书馆古籍珍本丛刊》的明刊本影印本）等。上述书中收录的契约文书活套、书信格式和各种规约等，均为社会史、法制史研究的有用史料。这一点，自仁井田陞《元明时期的村落规约与租佃证明等——从日用百科全书中的20个类别出发》[1956] 以来已广为人知。《中国土地契约文书集》(东洋文库，1975年)和张传玺编《中国历代契约会编考释》(北京大学出版社，1995年)均以上述文献为主要史料来源。

◆宗教

宗教方面，必须从延续自前代的新道教活动开始谈起。新道教的各个宗派均与元朝政权有着密切的联系。关于新道教的详细情况，不能不提陈垣的经典之作《南宋初河北新道教考》，他的《道家金石略》(文物出版社，1988年)进一步补充了调查、收集所得道教石刻，是为研究此期道教的基本史料集(参见森田宪司《陈垣编〈道家金石略〉》[1989])。《元代白话碑集录》也有不少与道教有关的内容。新道教的代表教派全真教和由天师道改名而成的江南正一教，时至今日仍为中国道教的两大派别。道士所编汇录全真教历代事迹的文献有《甘水仙源录》《宫观碑志》等，均收于《道藏》。关于全真教，二战前有窪德忠的研究，他的《中国宗教改革》[1967]为普及性读物，《蒙古时期的道教与佛教》[1992]为学术论文集。思想史入手的探讨，有蜂屋邦夫的一系列研究，合集为《金元时期的道教》[1988]。横手裕《全真教的变迁》[1990]指出，南宋的内丹道和全真教在融合以后，形成了明代以降的全真教。高桥文治基于石刻等史料进行了一系列的研究，讨论了蒙古政权与教派的关系以及在朝廷担任文牍行政工作的全真教道士(高桥文治《蒙古时期全真教文书研究(一)》[1995]、《张留孙登场前后——官方文件所见蒙古时期的道教》[1997a]、《蒙古时期全真教文书研究(二)》[1997b]、《蒙古时期全真教文书研究(三)——"大蒙古国累朝崇道恩命之碑"研究》[1997c]、《晋祠至元四年碑研究》[1997d]、《至元十七年的纵火事件》[1997e]、《蒙古王族与道教——武宗海山与苗道一》[1999a]、《承天观公据研究》[1999b]、《忽必烈令旨二通——又一场"道佛论争"》[1999c])，宫纪子《〈龙虎山志〉所见蒙古命令文的世界——正一教教团研究序说》[2004]也进行了这方面的探讨。元代最重要的宗教事件，莫过于佛道之争。除窪德忠《蒙古时期的道教与佛教》[1992]所收论文和上述高桥文治的研究外，最近，中村淳《蒙古时代"道佛争论"的真相——忽必烈统治中国之道》[1994]又讨论了朝廷文牍行政承担者的问题。关于这一事件，佛教一方的文献有元人释祥迈撰《大元至元辨伪录》(收于《大正大藏经》和《北京图书馆古籍珍本丛刊》)。

佛教方面，《元史》有《释老传》，野上俊静著有《元史释老传研究》(朋友书店，1978 年)。另一方面，佛门记述此期历史的文献有《佛祖历代通载》，收于《大正大藏经》,《北京图书馆古籍珍本丛刊》影印了该书的元刊本。最近的元代佛教研究有脱离佛教史框架，转向在元史或者蒙古帝国史的脉络中来理解元代佛教地位的趋势，并热衷于利用非汉文佛经作为史料。元代藏传佛教信仰颇为盛行，藏传佛教寺院在大都鳞次栉比（杉山正明《忽必烈与大都》[1984]）。关于大都的藏传佛教寺院及仪式，石滨裕美子《基于八思巴佛教思想的忽必烈王权形象》[1994] 和中村淳《论元代大都的敕建寺院》[1999] 有专门研究。藏传佛教与元代政治有着深刻的关联，大汗任命的藏传佛教最高权力者国师，同时兼任藏地的最高行政长官。中村淳《元代法旨所见历代帝师的居所——大都的花园大寺和大护国仁王寺》[1993] 论述了元代首位国师八思巴的活动及其与大汗的关系。关于佛教与社会大众的关系，竺沙雅章研究了佛教各教派的活动、江南的民间佛教白云宗和大藏经的出版，其作品收录于《中国佛教社会史研究》[1982] 和《宋元佛教文化史研究》[2000]。

◆周边地区，尤其与高丽、日本的关系

元朝是奄有欧亚大陆半数以上地区的蒙古帝国的一部分，因此元朝与周边地区的关系，与中国历史上的其他朝代相比，有诸多不同之处。日元关系方面，过去有池内宏、森克己和木宫泰彦等人的研究，不过近年来，除了杉山正明关于元寇的论述，几乎没有什么令人耳目一新的成果。反倒是最近的日本史领域，榎本涉灵活利用汉文文献，取得了一系列新成果（《顺帝朝前半期的日元交通——从禁绝到恢复》[2001a]、《远征日本以后的元朝倭船对策》[2001b]、《明州市舶司与东海交易圈》[2001c]、《元末内乱期的日元交通》[2002]），期待中国史领域也有积极的回应。朝鲜半岛方面，当时的朝鲜处于高丽王朝时代，高丽早期就开始与蒙古接触，经过一段曲折的过程，于 1259 年为蒙古政权所征服，高丽王族长期保持着大汗驸马的地位（参见森平雅彦《驸马高丽国王的产生——关于元朝高丽王地位的初步考察》[1998a]、《高丽王位的基础考察——作为大元兀鲁思一支分权势力的高丽王族》[1998b]、《元朝怯薛制度与高丽王族——关于高元关系中秃鲁花的意义》[2001]）。高丽史的基本史料有两种，朝鲜王朝时期郑麟趾编撰的纪传体史书《高丽史》(1451 年编）和编年体史书《高丽史节要》(1452 年编），其中包含大量关于元朝的记载。高丽时期的文集中，有关元代中国的记载亦不少。例如，李承休的《宾王录》(收于《动安居士集》)为至元十年（1273）高丽王遣使大汗的旅行记，内中有不少珍贵记载（森平雅彦《〈宾王录〉中所见至元十年的遣元高丽使》[2004]），李齐贤《益斋乱稿》中的中国纪行，金文京《李齐贤在元事迹考（其一） 从第一次入元到峨眉山奉使行》[2003] 曾有专门探讨。这一时期的文集，除了以《高丽名贤集》等形式在韩国影印出版外，还有《韩国文集中的蒙元史料》(广西师范大学出版社，2004年)，专门抽取了与元朝相关部分。

高丽文献中绝不可忽视《老乞大》和《朴通事》，两书为高丽人撰写的汉语会话教科书，不仅是当时汉语的重要语料，也包含了不少有关元代中国社会文化的内容。很遗憾，现在通行的本子经过了明人的修改，不过，近年在韩国大邱发现了元刊本的《老乞大》，引起了学界的极大关注。元刊本《老乞大》现已有影印本（《元代汉语本老乞大》，庆北大学校出版社，2000 年），另有译注本收录于平凡社的《东洋文库》丛书（金文京等译注《老乞大——朝鲜中世的中文会话读本》[2002]），已能方便使用。船田善之《作为元代史料的原本〈老乞大〉——以钞和物价记载为中心》[2001] 也对该书做了专门的介绍。关于《朴通事》，田村祐之发表了部分译注稿（田村祐之《译注〈朴通事谚解〉》(1)—(4)[1996—1998]、《〈朴通事谚解〉试译》(1)—(7)[1996—2002]）。将两书作为近世汉语语料，从语言学入手的研究汗牛充栋，多为讨论其在汉语发展中的位置，此处暂不赘述。另外，《老乞大》和《朴通事》均有专门的语汇索引。

韩国新安的沉船，展现了元朝、日本和高丽间交流的实物。关于从沉船中打捞上来的文物，有大韩民国文化公报部文化财管理局编《新安海底遗物》(日本语版，同和出版公社，1983 年)。

第八章　明代

岸本美绪、檀上宽

一、研究视角

二战后日本的中国史学界，明代是否为“一个时代”成为时代分期问题中最大的争议点。其理由在于，明代后期的16世纪前后，明显地出现了商品经济发展、乡绅势力崛起等社会经济的飞速变迁，这些都是划时代的巨变。因此，关注这一变动的研究者，相比整个明代，更倾向于将发生巨变的16、17世纪（乃至18世纪），即“明末清初”单独提出作为研究对象，而关注这一时段之前的研究者专以明代前半期为研究对象。结果，明代前半期的研究者与后半期的研究者发生了分离，并且后者所占比重相对更大。

1980年代以降，日本的明史研究在方法论和视角两个方面均发生了巨大的变化。以西方近代化为模板的发展阶段论退潮，同时，一直视野集中的明末研究也呈现出重新分化的态势，开始给予明初和明中期以一定的关注。原本漠视政治变动的社会经济史出现了反省，政治史和军事史重又兴盛起来。超越国别史，从东亚史视角出发，厘清明朝与周边诸国关系的研究相比过去亦更为活跃。

关于明代初期，其继承元代多民族世界性国家的一面引人注目，从政治、军事、经济入手的明初研究非常热门（檀上宽《明帝国初期体制论》[1997a]）。英语学术界向来将唐末至宋初和明末清初视为两个变革期，而中间南宋至明初一段并没有赋予明确的历史意义，但现在也开始重视这段时期，致力于追问“宋—元—明变革”（Song-Yuan-Ming Transition）的意义，例如史乐民（Smith，

Paul Jakov）与万志英（von Glahn，Richard）合编的《中国历史上的宋元明转型》[2003]。另一方面，明末研究则开始倾向于从全球性的白银流动和国际商业的发达来理解此期的社会经济变动，整个历史学界在 1980 年前后受世界体系理论的强大影响在此表现了出来。不仅是社会经济变迁，包括政治、军事和文化在内的动向，都被尝试置于 16 世纪后半期以降东亚和东南亚的变迁中来进行整体的理解。

关于有明一代的通论，南炳文等编有《明史》(上、下)[1985，1991]，有机地融合了中国的正统观点。日本学界近年的明清史通论，有岸本美绪、宫嶋博史的《世界历史 12　明清与李朝时期》[1998] 和神田信夫编《世界历史大系　中国史 4　明、清》[1999]，行文中吸收了不少新观点。包含研究综述、史料、工具书和论文索引的明史研究手册，有李小林等编《明史研究备览》[1988]，从中可知以中国大陆为中心的研究动向。此外，欲知中国的研究进展，南炳文的《辉煌、曲折与启示——20 世纪明史研究回顾》[2001] 和赵毅等编《20 世纪明史研究综述》[2002] 均详细回顾了 20 世纪的明史研究，十分有用。

日本的明史研究论文目录，有山根幸夫编《新编明代史研究文献目录》(汲古书院，1993 年）①，该书也附载了韩国的明史研究文献目录。山根幸夫每年编印一册《明代史研究》，不仅揭载前一年日本及韩国的明史研究论文目录，山根幸夫还亲自解题介绍主要新著，对于了解最新动态颇有帮助。中国的明史研究论文目录，中国社会科学院历史研究所明史研究室编有《中国近八十年明史论著目录》(江苏人民出版社，1981 年）②。不过，该书已出版多年，关于新出论文的情况，还需参见前述南炳文和赵毅等人的研究综述。掌握明史的研究情况，不仅需要参考上述目录，还应广泛涉猎前后时代和周边地区的研究现状，如文学、农学和人类学等其他领域的研究进展，如此方能获得独到的研究视角。

---

① 译者按：该书后又有续编，山根幸夫编：《明代史研究文献目录 1993—2003》(汲古书院，2005 年)。此条承张佳提示，谨致谢意。

② 译者按：该书后又有续编，中国社会科学院历史研究所明史研究室编：《百年明史论著目录》(上、下)(安徽教育出版社，2011 年)，为 1900 至 2005 年中国国内（包括香港、澳门、台湾地区）公开正式发表的明史论文和著作之中文目录（以及个别发表于国内书刊的外文论著目录)。此条承张佳提示，谨致谢意。

以下，本章将以16世纪初为界，分述明代初、中期和明代后期的研究情况。

（岸本美绪）

二、研究进展

（一）明代初、中期

◆明初的帝国体制

与明代前半期的研究紧密相关的一个重要课题，就是明初国家究竟应当如何定位。过去认为，宰相部门即中书省被朱元璋的恐怖政治所废除，中国的专制体制在明初被极端强化。檀上宽《明王朝成立期的轨迹——洪武朝的疑狱事件与京师问题》[1978]结合当时的政治、社会变动，有机地梳理了明初变迁的意义，其后他又在《明朝专制统治的历史结构》[1995]一书中，结合思想层面，展开新的论述。永乐迁都北京系出于巩固政权的目的，这已成为定论，不过，檀上宽指出，洪武时期已有迁都北方的计划，洪武、永乐两朝具有连续性的一面。与之相对，新宫（佐藤）学着眼于洪武与永乐之间断裂性的一面（新宫学《关于明初政权的建都问题》[1997]），他强调了洪武时期南京京师体制与永乐时期北京京师体制间的差异，他的《北京迁都研究》[2004]还系统论述了迁都北京在明代历史中的意义。松本隆晴《明代中都建设始末》[1984]揭示了洪武时期迁都中都（凤阳）的计划及其挫折，大田由纪夫《南京回归——洪武体制的形成》[2001a]在新宫学和松本隆晴观点的基础上，认为放弃中都催生了以南京为中心的洪武体制，他的《中都放弃的背景・再论》[2003]又进一步论证了这一观点。藤高裕久《论明初专制权力的背景》[2001]承续檀上宽《明朝专制统治的历史结构》[1995]在思想层面的分析，指出永乐政权决定迁都北京和亲征蒙古，是为了抹消政权的篡夺性质，将其合法化为社会的内在要求。此外，关于明代独特的两京（北京、南京）体制，范德（Farmer，Edward L.）《明初政府：两京制的发展》[1976]从军事、经济角度探讨了建立这一体制的意义，王剑英《明中都》[1992]详细论述了明代中都的变迁。

洪武、永乐两朝之间建文朝的特点和对靖难之变（役）的定位，关系着明初政权究竟为连续还是断裂这一重要问题。原本燕王（永乐帝）与建文帝之间的内战——靖难之变，源于洪武朝采用了南京京师体制，在北方边境分封诸王。佐藤文俊《论明太祖的诸王分封体制》[1993]考察了诸王分封体制在明初国家体制中的地位，并在《明代王府研究》[1999]中进一步梳理了此后的明代藩王问题。关于显露分封体制破绽的靖难之变及建文帝的对策，阪仓笃秀的研究《建文帝的政策》[1978]是为先驱，此后，檀上宽《明初建文朝的历史地位》[1992]在梳理海内外前人研究的基础上，进一步论述了建文朝的独特性。不过，集中直面建文朝还属川越泰博的一系列研究，他的成果已汇为《明代建文朝研究》[1997a]，多角度地分析了燕王势力和建文政权。书中附载的靖难之变和建文朝相关论文目录亦十分有用。达第斯（Dardess，John W.）《儒学与专制：明朝开国中的专业精英》[1983]①从浙东学派思想入手探讨了明初政治，也提出了有关建文朝的独到见解。

在认识明初国家体制时，如何理解元朝与明朝的关系是一个十分重要的问题。早先，宫崎市定《从洪武到永乐——明朝初期政权的性质》[1969]指出了元、明的连续性，最近用连续性来把握明初体制的观点已被广泛接受。明初的官制、王府制度和乡村组织等，确实不能不考虑元朝的影响。三田村泰助《生活的世界史2　拓殖黄土的人们》[1976]曾将元、明、清视为多民族的“世界性国家”，从而强调三个王朝的连续性。檀上宽《明初帝国体制论》[1997a]和《永乐帝——中华“世界体系”梦》[1997b]②也关注到明初的多民族性，并从世界性国家视角来理解迁都北京之举。若将清朝视为多民族国家的完成期，那么从三个王朝的连续性出发，或能对明初的国家体制提出新的理解。

另外，围绕明代皇帝，中国学界出版了诸多传记，有《明代帝王系列传记》（辽宁教育出版社）、《明帝列传》（吉林文史出版社）、《中国历代帝王传记》（人民出版社）等系列丛书。此外，关于朱元璋有陈梧桐的《洪武皇帝大传》[1993]，关于永乐帝有朱鸿的《明成祖与永乐政治》[1988]、毛珮琦和李焯然的《明成祖史论》[1994]等，均为博搜史料的重要著作。

---

① 译者按：日文原文该书出版时间标为“1982”，实应为“1983”，径改。

② 译者按：该书日文原本题名《永楽帝——中華“世界システム”への夢》（讲谈社，1997年）。2012年，檀上宽将该书修订为文库本，并改题名为《永楽帝：華夷秩序の完成》（讲谈社，2012年）。中译本系根据后者译出，王晓峰译：《永乐帝：华夷秩序的完成》（社会科学文献出版社，2015年）。

◆明初体制与官僚制

明初专制主义高涨，形成了政治压倒社会的“高压体制”①（岸本美绪《清朝与欧亚大陆》[1995]），也就是所谓的明初体制。该体制基本上确立于洪武、永乐时期，檀上宽《明王朝成立期的轨迹——洪武朝的疑狱事件与京师问题》[1978]考察了洪武时期发生的冤案与行中书省和中书省的废止等事件，对政治与官制改革间的关联进行了统一的理解。关于洪武朝最后的冤案“蓝玉案”，川越泰博《明代中国的疑狱事件——蓝玉案及其株连者》[2002a]通过对《逆臣录》的仔细分析，指出了该案与洪武时期军制改革的关联。关于中书省罢废后的中央官僚机构，阪仓笃秀《明朝中央统治机构研究》[2000]从内阁和吏部多个视角梳理了其至明代中期的演变。樱井俊郎《明代题奏本制度的形成及其变迁》[1992]专门讨论了上奏文的处理制度，这可以说是支撑官僚制的文牍行政的核心。

支撑起官僚制运行的官僚主要通过科举不断产生。明代科举制度的特点是应试者限定于学校学生（监生、生员），由此伴生出以官僚为顶点，基于科举体系的身份序列。吴金成《明代社会经济史研究——缙绅阶层的形成及其社会经济角色》[1990]从徭役免除（优免）入手，探讨了缙绅阶层的形成，渡昌弘《论明代生员的徭役优免特权》[1999]也探讨了同样的问题。与这些社会经济史研究路径不同，五十岚正一《中国近世教育史研究》[1979]讨论了政治制度中的科举（学校）。该书还涉及了旨在民众教育的社学和学校中的儒学教官，可以说是日本迄今唯一一部明代教育史。和田正广《明朝官僚制研究》[2002]从多个角度讨论了科举的制度规定与身份制问题，考察了科举的政治和社会功能。此外，松本隆晴《洪武学制改革的政治意图》[1979]分析了洪武时期富户与学校的关系，渡昌弘《明初的科举重开与监生》[1983]讨论了洪武时期的重开科举问题，檀上宽《明代科举改革的政治背景——论南北卷的创设》[1986]考察了南北卷分区取士制度的由来，鹤成久章《明代会试的幕后——读严嵩撰〈南省制〉》[2002]分析了会试的运行过程。渡昌弘还有一系列关于监生的研究（渡昌弘《明代捐纳入监概观》[1986]、《论明代监生的回籍》[1990]、《对明代监生增减的一项考察》[2003]）。

① 译者按：日文原文为“固い体制”。

关于科举合格者的任官问题，大野晃嗣《明代的廷试合格者与初任官职》［1999］基于《同年齿录》对初任官职进行了统计分析，发现了明代中期通往科道官（给事中、御史）的仕进通道。关于科道官的任用和提拔，城井隆志《论明代六科给事中的任用》［1987］、《明代前半期御史的任用》［1993a］、《明代科道官的升迁人事》［1993b］有专门研究。阪仓笃秀《论成化元年的散馆请愿——对明代庶吉士制度的思考》［1987］和《徐溥的庶吉士制度改革提案》［1989a］探讨了庶吉士制度储备科举合格人才的意义，和田正广《对明代地方官职身份序列的考察——通过与清代县缺的比较》［1985］发现，明代中期以降的地方官职显著地倾向于进士出身者。

国家对官僚和军人的管制，通过监察和考课制度而达成。关于中央的监察机构都察院，小川尚《论明代都察院的重组》［2001］考察了包括南京都察院在内的明代监察制度，他的《明代都察院体制的形成》［2003］透过都察院的设立，讨论了该机构的特点。地方监察方面，小川尚《明代地方监察制度研究》［1999］梳理了由监察御史、按察司官构成的地方监察制度的建立过程，是为日本该领域的第一本专著。欲了解明代监察制度的全貌，张治安的《明代监察制度研究》［2000］颇为有用。奥山宪夫《明代巡抚制度变迁》［1986］考察了统领地方监察官的巡抚制度，张哲郎《明代巡抚研究》［1995］论述了该制度在有明一代的沿革。科道官方面，渡昌弘翻译了曹永禄的韩语著作《明代政治史研究——科道官的言官功能》［2003］。此外，关于评定官员政绩的考课制度，有车惠媛《明代考课政策的变化——以考满与考察的关系为中心》［1997］、和田正广《明清官僚制研究》［2002］等论著。

明代专制政治的特征之一是赋予了宦官特务和监察的权力，丁易的《明代特务政治》［1983（1949）］是为该领域的先驱，其研究至今仍有启发意义。野田彻《论明朝宦官的政治地位》［1993］将明代宦官分为内官职和特务职，并分析了特务职宦官啸聚为与外臣抗礼的政治集团的原因。在此基础上，进藤尊信《明代的司礼监及其周边》［2002］和《论官至司礼监太监的历程与宦官履历》［2004］分析了位居宦官组织顶层的司礼监一职，野田彻梳理了镇守太监出任地方监军制度的变迁过程（野田彻《论明代外放宦官的形式》［1996］、《论嘉靖时期镇守宦官的裁革》［2000］）。这些研究的共通之处在于，并没有将宦官视为寄生于皇帝的群体，而是将他们视为“内朝官僚”，从官僚制的角度来加以把握。

最近，中国出版了不少关于宦官的史料和传记作品。日本学界关于明代宦官的个案研究，有川越泰博的《太监喜宁擒获始末》[2002b]，披露了正统朝宦官喜宁一案。关于正统朝的刘瑾，有间野潜龙《宦官刘瑾与张永的对立》[1980] 和阪仓笃秀《论明武宗时期的八虎铲除计划》[1983] 等研究。

构成明代国家职能核心的法律制度，由清代回溯而投射的关注持续高涨，但相关论文相比清代依然不多。试举数例，围绕罪犯的审录，谷井阳子《明代审判机关的内部统制》[1996] 和《明律运用的统一过程》[1999] 论述了审判机关的制度设计，陶安あんど《明代的审录》[2001] 就审录中适用罪名的分类，讨论了其与犯罪名例变迁间的关系。关于杂犯死罪的赎刑（财产刑和劳役刑），宫泽知之《明代赎法的变迁》[1996] 和陶安あんど《中国刑罚史上的明代赎法》[1999a] 曾有分析，并探讨了明代赎刑在刑罚史上的意义。另外，加藤雄三《明代成化、弘治的律与例》(1)(2)[1997—1998] 讨论了法律实践中律与法的关系，对“威逼人致死”条缘起的分析则可举高桥芳郎《明律〈威逼人致死〉条的渊源》[1999]。欲了解明代审判机关的全貌，杨雪峰《明代的审判制度》[1978] 和那思陆《明代中央司法审判制度》[2002] 颇为有用。

最近日本学界明史研究的特点是对政治史的关注持续走高，此前几乎少有顾及的明代中期亦进入研究者的视野。岩渕慎《明洪熙朝政权的性质》[2003a] 从人事层面讨论了永乐朝与洪熙朝的不同，新宫学《还都南京——永乐十九年四月北京三殿失火的波澜》[1993a] 和《从洪熙到宣德——定都北京之路》[1993b] 讨论了迁都北京后的还都南京问题，荷见守义《〈明史〉与〈明实录〉之间——论孙氏的评价问题》[2000a] 通过对宣德皇后孙氏的评价，考察了宣德、正统和天顺时期的政治。川越泰博《明代中国的军制与政治》[2001] 梳理了曾在土木之变中被俘的正统皇帝的活动，荷见守义《景泰政权的产生与皇太后孙氏》[2000b] 展示了土木之变与景泰朝的混乱政局。川越泰博《被蒙古掳掠的中国皇帝——明英宗的多舛命运》[2003a] 是日本唯一一部关于正统皇帝的传记。以上研究主题虽然仅限于政治史方面，但围绕明代中期历史的研究由此有了扎实的积累。

◆军事制度与战役

支撑专制国家的基础当然是强大的军事实力。明代军事制度的主干为卫所制度，从 1970 年代初期开始研究海防的川越泰博，后来成为卫所制度研究的领军人物。他对卫所的编制和组织，与卫所管理、维护有关的借职制、优养制的实际运作均有所廓清（川越泰博《明代中国的军制与政治》[2001]）。徐仁范《卫所与卫所军》[1999]和奥山宪夫《从扩军到肃军——洪武朝的军事政策》[1999]探讨了明代初期的卫所。关于京畿卫戍部队京营，青山治郎《明代京营史研究》[1996]梳理了其建立与崩坏的过程。奥山宪夫《对明代中期京营的一项考察》[1980]指出了明代中期以降京营内部权力结构的变化。奥山宪夫就卫所军官和士兵的人事、薪俸也展开了一系列的考察，完成了首部带有社会经济史意味的军事政治史专著（奥山宪夫《明代军政史研究》[2003]）。顾诚《谈明代的卫籍》[1998]和介绍顾诚研究的新宫学《明清社会经济史研究的新观点——围绕顾诚教授的卫所研究》[1998]，将卫所作为与州县行政系统并存的地方统治单位，富于启发。关于提供兵源的军户的社会地位，可参见于志嘉《论明代军户的社会地位——以军户的婚姻为中心》[1990a]和《论明代军户的社会地位——其科举与任官》[1990b]。松本隆晴《明初的总兵官》[2003]，考察了指挥作战部队的总兵官。除川越泰博外，日本学界几乎没有涉及的海防、江防问题，中国学界最近相继出版了黄中青《明代海防的水寨与游兵——浙闽粤沿海岛屿防卫的建置与解体》[2001]、吕进贵《明代的巡检制度——地方治安基层组织及运作》[2002]和林为楷《明代的江防体制——长江水域防卫的建构与备御》[2003]等研究。

明代军事史领域，有关于靖难之变和土木之变等战役的专题研究。关于前者，川越泰博的《明代建文朝研究》[1997a]颇为翔实，尤其是他的《论靖难之役中燕王麾下的卫所官》[1990a]、《论靖难之役后燕王麾下的卫所官》[1990b]、《论靖难之役中建文帝麾下的卫所官》[1990c]、《靖难之役与蜀王府（一）——以四川成都三护卫的动向为线索》[2005]基于卫选簿（武职选簿），论述了建文帝、燕王麾下卫所军官和卫所军队的动向。顺便一提，利用卫选簿的研究，还有松浦章分析郑和远航部队的《郑和“下西洋”的随员事迹》[1998]和关于“邓茂七之乱”的《〈武职选簿〉所见“邓茂七之乱”》[1997]。土木之变方面，川越泰博《土木之变与亲征军》[1993]亦利用卫选簿分析了亲征部队的构成，论证了亲征为决断之行，而非通常所认为的突发之举。川越泰博《袁彬〈北征事迹〉的成书》[1997b]和《论袁彬题本——〈明英宗实录〉中取材的结构》[1998]讨论了被俘明英宗近侍袁彬题本的史料价值，他的《〈李实题本〉考》

[1994]考察了反映土木之变后形势的李实题本，基于李实题本论述勤王部队编制的徐仁范《土木之变与勤王兵》[2000]亦是不可忽视的研究。关于土木之变后的募兵制问题和卫所制度的变化，可参见徐仁范《论明代中期的陕西土兵》[1995]和《明代中期的北边防卫与军户》[1997]。

土木之变不仅是明朝与瓦剌之间的事情，也对周边诸国，尤其是朝鲜产生了巨大的影响。荷见守义《明朝的册封体制及其形态——围绕土木之变及其与李氏朝鲜的关系》[1995]和《李朝的交邻政策及其展开——以土木之变时期明朝、女直、日本间的关系为中心》[1999]聚焦于册封体制下的朝鲜，多角度地论述了土木之变后朝鲜在混乱中的应对，并提示注意在北京与汉城（首尔）之间担任中介的辽东都司的擅自行动。荷见守义《边防与贸易——中朝关系中的永乐朝》[2002]论述了永乐时期的中朝关系。川越泰博《明代异国情报研究》[1999]和《明代长城群像》[2003b]考察了北边地带的间谍活动和境外情报，颇有新意。此外，关于明代北边防卫体制的最近成果，可举松本隆晴的《明代北边防卫体制研究》[2001]。

◆货币、财政、流通

1980年代前后，研究方法和视角变化最大的当属社会经济史领域。明史研究中，与土地制度及国家对农民的统治紧密相关的赋役制度曾备受关注，在激烈的论战过程中积累了丰富的研究。代表性的成果有80年代以降陆续刊行的川胜守《中国封建国家的统治结构——明清赋役制度史研究》[1980]、滨岛敦俊《明代江南农村社会研究》[1982]、岩见宏《明代徭役制度研究》[1986]、森正夫《明代江南土地制度研究》[1988]、小山正明《明清社会经济史研究》[1992]和谷口规矩雄《明代徭役制度史研究》[1998]等著作。另一方面，进入80年代以后，随着对交易货币、市场结构、商品流通和财政政策等方面的新关注，很快出现了透过这些内容来把握中国社会结构的研究趋势。不过，关注的时段偏重于明末至清代，对明代前半期的研究依然不多。这方面的成果，可据田口宏二朗《前近代中国史研究与流通》[1999]的扎实综述加以了解。

关于明代前半期，货币问题最受关注。首先，足立启二《明代中期京师的钱法》[1989]通过考证明中期京师的钱法，论述了“国家支付手段”由铜钱过渡至白银的过程中，铜钱的功能性意义。明清时期通常被认为是从铜钱经济向白银经济的过渡时期，足立启二《专制国家与财政、货币》[1990a]和《明清时期铜钱经济的发展》[1990b] 在前述研究的基础上，主张应当从铜钱功能的转换和铜钱经济的发展来理解明清时期的经济。致力于通代把握中国货币的宫泽知之，认为明初政权在努力建立钱钞体制的过程中，两种货币的国家信用丧失殆尽，由此催生白银成为中国的国内货币（宫泽知之《由唐至明货币经济的发展》[1993]）。针对足立启二从"国家支付手段""国家信用"的角度来理解货币流通的混乱，大田由纪夫《15、16 世纪中国的货币流通》[1997] 从铜钱原本便具有的非回流性质入手，提出了反对意见。

关于明代的钞法，从政治史角度切入考察的有檀上宽《明朝初期的通货政策》[1980]，也有从财政史角度来理解银钱关系的宫泽知之《明初的通货政策》[2002a] 等研究。大田由纪夫《元末明初徽州府内的货币动向》[1993] 通过对徽州文书的分析，尝试从迁都北京之后行政和财政体制的转变来解析明初钞法崩坏、白银流通的宏观原因。他的《中国王朝的货币发行与流通》[2001b] 认为元、明两代为"钞的时代"，通行于洪武时期特殊财政和行政体制中的钞，在永乐朝以降转型为北京京师体制后，便完成了其历史使命。

最近的明代货币史研究，不再局限于中国国内，而是扩展至东亚的尺度。足立启二《中国所见日本货币史的若干问题》[1991] 和《东亚的货币流通》[1992]，从作为"国家支付手段"的铜钱在中世日本流通这一事实出发，论述日本已融入中国内部的货币体系。针对这一点，大田由纪夫《12—15 世纪初叶东亚铜钱的流布——以日本、中国为中心》[1995] 提出了不同观点，他考察了 12—15 世纪渡来钱在日本的流通情况，认为不如说是渡来钱不再作为明朝的"国家支付手段"，方才成为日本国内的主要通货。大田由纪夫后又将视野扩展至 16 世纪，进一步论证了自己的观点（大田由纪夫《15、16 世纪东亚的货币流通》[1998]）。另外，黑田明伸《货币制度的世界史——解读"非对称性"》[2003] 认为，13 世纪在中国周边出现了一个阶段性的"环中国海货币共同体"，并论述了该共同体于 16、17 世纪趋于消失的原委。

关于与货币密不可分的财政体系，中国史研究会的足立启二和宫泽知之强调了财政物流与市场流通之间的差异。与前述货币论密切相关，他们将财政定位于专制国家统合社会的一种手段，并进行了相应的分析（足立启二《专制国家与财政、货币》[1990a]、宫泽知之《中国专制国家财政的发展》[1999] 和《中国专制国家的财政与物流——宋明的比较》[2002b]）。另一方面，岩井茂树

《徭役与财政之间——对中国税、役制度的历史性理解》(1)—(4)[1994]追问了宋代以后两税法体制下财政与徭役之间的关系，他认为，专制国家的财政体制中贯穿着“原额主义”，并因其脱离实际财政需求而引发徭役问题，据此，他对均徭法提出了新的解释。除中央法定的统一财政外，岩井茂树还注意到基于地方包税的分散财政，由此站在了与中国史研究会足立启二、宫泽知之等人所主张的国家集权统合社会学说不同的立场之上。

永乐帝迁都北京以后，形成了以北京为中心的物流体系，关于这一点不得不举新宫学的一系列研究。新宫学以《论明代首都北京的城市人口》[1991]所论迁都带来的人口迁移为起点，在《明代前期北京的官店塌坊与商税》[1990a]一文中论述了北京仓库业（官店、塌坊）的情况及变迁，又在《明代北京铺户的役及其折银化——围绕城市工商业者的实态和把握》[1984]和《论明代的牙行——以其与商税的关系为中心》[1990b]等论文中分析了针对城市工商业者的“铺役”和“牙税”。关于北京与通州之间的陆运和水运，新宫学考察地方社会变迁的《通州、北京间的物流与地方社会——以嘉靖年间通惠河的整修问题为线索》[2000]是一篇重要的论文。关于来自江南的漕粮，京仓、通仓的存储及分配情况，田口宏二朗《明代的京仓、通仓》[2000]有详细的考察。另外，新宫学《明代南京铺户的役及其改革——围绕“行”的诸问题》[1985]专门论述了南京的“铺役”。

◆地方社会的多面形象

关于1980年代以降的所谓“地域社会论”，诸多学者有所整理（例如，山本进《明清时期的地方统治》[1998]、三木聪《明清时期的地域社会与法秩序》[1998]、山田贤《中国明清史研究中“地域社会论”的现状与课题》[1998]、伊藤正彦《中国史研究的“地域社会论”》[1998]），但国家与社会之间究竟是怎样一种关系，他们依然没有形成统一的意见。此处将对围绕明代前半期国家与地方社会间关系的论述做一集中介绍。滨岛敦俊很早就在《明代江南农村社会研究》[1982]中提出，以里甲制为代表的明代乡村统治体系是浙东地主理念的具体实践，他们在明朝建立过程中卓有贡献。伊藤正彦《元末的一项地方政治改革提案——明初地方政治改革的先驱》[1997]将元末宁波思想家赵偕的构想誉为明初地方政治改革的先驱理念，强调了元、明之间的连续性。井上彻《论明朝的“里”制——森正夫著〈明代江南土地制度研究〉读后》[1990]在前人研究的基础上，论述了里甲制中包含的国家意志。岩井茂树《赋役负担团体的里甲与村》［1997］将里甲视为赋役的承担团体，并分析了里甲陷于功能不调的原因。

关于地方社会的秩序与国家的乡村统治，学界的关注点集中于里老人问题。首先，井上彻《论明朝的“里”制——森正夫著〈明代江南土地制度研究〉读后》［1990］提出问题，国家如何在“里”的基础上形成秩序，据此，他提醒注意开展里老人制与地主政治思想的比较研究。三木聪《明代里老人制的再思考》［1992］发现《教民榜文》中所见国家理念与乡村社会现实间存在着落差，由此指出里老人制的原则从明初开始便已渐成具文。与之不同，中岛乐章《明代中期的老人制与乡村审判》［1994］和《明代的诉讼制度与老人制》［2000］则主张，里老人制原则一直延续至明代中叶，他利用徽州文书梳理了由里老人来处理纠纷这一制度的变迁过程（中岛乐章《明代乡村纠纷与秩序——以徽州文书为中心》［2002］）。伊藤正彦《对理解明代里老人制的建议》［1996］探讨了国家依托里老人制来处理乡村社会纠纷的习惯做法和利用这一做法形成的赋役制度。另外，前迫胜明《关于明初耆宿的一项考察》［1990］研究了里老人的前身——耆宿。国家实施里老人制的意图究竟是什么，仍是今后应当继续探讨的课题。

宗族问题是解析地方社会实态的关键所在。井上彻《元末明初的宗族形成风潮》［1992］、《论宗族形成的动因》［1993］基于多种文集史料指出，浙东、浙西的地主和士大夫在受到朱元璋的压制之前，构建宗族的愿望便已逐渐增强。明朝初年面对“宗法主义”复活的反应，可参见井上彻《祖先祭祀与家庙》［1995］。他的《中国的宗族与国家礼制——从宗法主义角度所作的分析》［2000］概括了自己的研究，论述了宗族的形成在明初因国家压制而中断，自明中期以降重新兴起并普及，随后至清代扎根于地方社会的过程。关于宋以后至明清时期宗族的研究，井上彻《宋代以降宗族特质的再思考——围绕仁井田陞的同族“共同体论”》［1987］、《关于传统中国宗族若干研究的介绍》［1998a］和《宋元以降宗族的意义》［1998b］，远藤隆俊《中国近世宗族论的发展》［1994］等论文的梳理均颇为有用。

井上彻注重地方社会以宗族聚合为契机，确保科甲连绵，延续名门家系，与之不同，上田信则注重从移民和开发的角度来把握宗族，他同样以浙东为例，探讨了水利的维护和管理对宗族向心力的激发。据上田信研究，宋元时期盛行地区间移民，而明代前半期的移民多限于本县范围之内，从中可见地域结构的稳定性，这也是里甲制存续的一个根据（上田信《地域的履历——浙江省奉化县忠义乡》[1983]、《地域与宗族——浙江省山区》[1984]）。另外，上田信《传统中国——"盆地""宗族"所见明清时期》[1995]聚焦于明清时期浙东的诸暨盆地，论述了以宗族为中心的地域秩序及其与国家的关系。此外，檀上宽《义门郑氏与元末社会》[1982]、《〈郑氏规范〉的世界——明朝的权力与富民阶层》[1983]讨论了金华的义门郑氏，以徽州宗族为研究对象的有铃木博之《明代宗祠的形成》[1994]和《徽州的村落与祠堂》[1997]、中岛乐章《围绕明代徽州一宗族的纠纷与同族统合》[1996]等论文。

关于中国地方社会中是否存在村落共同体，意见纷呈，但不管怎么说，社会共同性的存在还是不容否定。滨岛敦俊通过城隍神信仰分析了明初的国家祭祀政策（滨岛敦俊《明初城隍考》[1988]），其后又结合实地考察探讨了江南三角洲的总管信仰，他认为，及至明代中期，小农的生活空间还是局限于以土地庙为中心的一"社"范围之内（滨岛敦俊《总管信仰——近世江南农村社会与民间信仰》[2001]①）。滨岛敦俊的研究指出，元代的社制和明代的里甲制，构成了一"社"范围内的共同性和各种活动的基础，并首次点出过去共同体论未曾注意的视角——祭祀和信仰。关于明初的国家祭祀政策，小岛毅《城隍庙制度的确立》[1990]、《正祠与淫祠》[1991]认为其理念基本来源于朱子学思想。

◆海禁与东亚国际关系

关于以明朝为中心的14、15世纪东亚世界，无论是倭寇问题，抑或日明贸易问题，一直是日本史研究的主流。最近日本学界的研究，尝试突破国家的界限来重新审视历史。倭寇、渔民、海禁和贸易问题，在日本史和东洋史中均得到新的关注。关于以东亚海域为生活场所的渔民、海盗及倭寇，藤田明良《"兰秀山之乱"与东亚海域世界——14世纪的舟山群岛与高丽、日本》[1997]通过考察元末明初的舟山群岛渔民，描绘了中国与朝鲜半岛间的交流图景。奥崎裕司《"方国珍之乱"与倭寇》[1990]指出了海盗方国珍与倭寇之间的关系。寺地遵《方国珍政权的性质——宋元时期台州黄岩县情况素描 第三篇》[1999]论述了诞生于浙江沿海的方国珍政权的特点。檀上宽《方国珍的海上势力与元末

① 译者按：该书日文原本题名《総管信仰——近世江南農村社会と民間信仰》（研文出版，2001年），中译本题名《明清江南农村社会与民间信仰》（朱海滨译，厦门大学出版社，2008年）。

明初的江浙沿海地域社会》[2003] 考察了方国珍集团的水军情况，梳理了明朝建立后国家面对海盗和渔民的应对措施。有井智德《高丽李朝史研究》[1985] 围绕倭寇，探讨了明与高丽间的交涉。

关于以海禁为特征的明代对外政策，郑樑生《明、日关系史研究》[1985] 和佐久间重男的《日明关系史研究》[1992] 论述颇详。大隅晶子《明代洪武帝的海禁政策与海外贸易》[1990] 认为，海禁的目的在于防止违禁物资外流，檀上宽《明朝初期的海禁与朝贡——理解明朝专制统治的一个途径》[1997c] 认为，以维护沿海地区治安（海防）为目的的海禁，最终与朝贡体制对接，形成海禁—朝贡体系。桃木至朗《南方海域世界》[1999] 从明与南海诸国的关系中探知，明朝闭锁了成为元朝般海上商业帝国的道路，而选择建设以小农为基础的政治帝国，由此厉行海禁政策。檀上宽《明代海禁概念的形成及其背景——从违禁下海到下海通番》[2004] 将海禁视为明清时期特有的海洋统制政策，并梳理了海禁概念的形成过程。中国学界从 1980 年代开始，与改革开放政策相关的海洋史研究亦趋于活跃。李金明《明代的海外贸易史》[1990]、陈尚胜《闭关与开放——中国封建晚期对外关系研究》[1993]、万明《中国融入世界的步履——明与清前期海外政策比较研究》[2000] 等成果陆续出版。目前，仍在继续出版的杨国桢主编《海洋与中国丛书》（江西高校出版社），收录了不少有关明代海洋史的重要研究。此外，熊远报《倭寇与明代“海禁”》[1997] 整理了最近中国学界的海禁和倭寇研究，可资参考。

关于以明朝为中心的东亚国际秩序，大隅晶子《论明初洪武朝的朝贡》[1982]、《论明代永乐时期的朝贡》[1984] 论述了洪武、永乐时期朝贡制度的整体情况，北岛万次《永乐帝时期对朝鲜国王的册封与贸易》[1995]、《明对朝鲜的册封与贸易关系》[1996] 考察了对朝鲜的册封，另外，藤原利一郎《东南亚史研究》[1986] 讨论了明初与东南亚诸国的关系。研究海禁体制下琉球的成果为数不少，近年的研究有论述明初琉球优待政策的冈本弘道《明代朝贡国琉球的地位及其演变》[1999]，探讨“闽人三十六姓”的真荣平房昭《琉球、东南亚贸易的发展与华侨社会》[1993]，该领域的入门书，当举丰见山和行《日本的中世 5　北方的平泉・南方的琉球》[2002]。李露晔（Levathes，Louise）《当中国称霸海上：真龙天子的宝船舰队（1405—1433）》[1994] 和宫崎正胜《郑和的南海大远征——永乐帝的世界秩序重整》[1997]，将郑和的南海远航作为确立国际秩序的一环做了概述。李露晔一书已有日译本《当中国称霸海上——郑和及其时代》[1996]①，可惜注释被省略。此外，佐久间重男《明清所见东亚华夷秩序》[1990]和川胜守《日本近世与东亚世界》[2000]通论了明清时期的册封体制，岸本美绪《东亚、东南亚传统社会的形成》[1998]以“传统社会的形成”为关键词，宏观论述了14世纪以降东亚、东南亚的国际关系。

有关日明关系的研究积累丰厚，此处不可能全盘介绍。其代表性成果有田中健夫《中世对外关系史》[1975]、郑樑生《明、日关系史研究》[1985]、村井章介《亚洲中的中世日本》[1988]、佐久间重男《日明关系史研究》[1992]等。最近，桥本雄《遣明船的派遣时机》[2002]考察了遣明船每次派遣的契机，伍跃《日明关系中的“勘合”——尤其是关于其形态》[2001]基于宋元时期的“公凭”“公验”和清代的勘合，对明代勘合的形态提出了新的观点。鹿毛敏夫《15、16世纪大友氏的对外交涉》[2003]考察了大友氏与东亚海域世界的关系。榎本涉《元末内乱期的日元交通》[2003]论述了元末战乱期间日中之间的往来，他的《14世纪下半叶渡来日本的人们》[2003]列表整理了明初抵达日本的渡来人，颇为重要。此外，荫木原洋《洪武帝时期日中关系研究的动向与课题》[1996]、《明使仲猷阐、无逸克勤归国以后的日明关系》[1997]梳理了洪武时期日明关系的各种问题，檀上宽《明初的对日外交与林贤事件》[2000]对日本卷入的林贤事件的可信性提出了质疑。中岛乐章《永乐年间的日明朝贡贸易》[2003]基于《敬止录》，廓清了以往知之甚少的永乐时期日明贸易的运作情况。有关东亚国际关系的研究，随着日本史与东洋史之间相互交流的加深，今后有望取得更为扎实的研究成果。

（檀上宽）

（二）明代后期

◆政治与官制

明代后期的中国，不仅中央，地方社会也被卷入全国性的政治斗争，其基本表现为张居正与东林党的对立，明末政治史的焦点可以说亦正在此。张居正之前的内阁首辅徐阶对明朝政治进行了不小的变革，川胜守《徐阶与张居正》[1990]、中纯夫《徐阶研究》[1991]分析了徐阶的政治手段和政治思想。张居

① 译者按：该书日译本题名《中国が海を支配したとき——鄭和とその時代》(君野隆久译，新书馆，1996年)。

正施行中央集权官僚统制的典型表现是考成法，小野和子《明季党社考——东林与复社》[1996] 的第一章“东林党与张居正”论述了东林党与张居正考成法之间的关系。过去总是用“进步与反动”之间的对抗来看待东林党与张居正之间的对立，到底哪一方为进步，议论纷纭。小野和子认为，张居正与东林党之间有共通之处，他们都在商品经济发展导致王朝矛盾激化的背景中摸索新的政治体制，双方理念的根本区别在于张居正力图由中央控制地方，而东林党主张由地方控制中央。此外，关于考成法，岩井茂树《明清时期商品生产问题的争论》[1993a] 从“治法主义”的视角分析了张居正施行官僚统制的意义，谷井阳子《明朝官僚的征税责任——考成法再探》[2002] 又论述了官僚统制实施的实际效果。岩井茂树《张居正的财政课题与方法》[1989] 还从财政入手，讨论了张居正政治的特质。小野和子《明季党社考——东林与复社》[1996] 第二章“万历前期的对外问题”，从张居正与山西商人的关系入手，讨论了他的对外和平政策。韦庆远《张居正和明代中后期政局》[1999] 详细记述了张居正政策的总体情况，评价了他的功过是非。黄仁宇《万历十五年》[1989] 是在英文和中文学术圈都广受关注的话题之作，该书透过万历十五年（ 1587 ）前后政界和思想界各种人物的活动，展示了明代末年的政治特征，认为“道德”至上的政治文化导致了中国的衰退。

关于从东林党到复社的政治潮流，小野和子《明季党社考——东林与复社》[1996] 收录的一系列论文考论颇详，在同情之上做了冷静细致的论述。沟口雄三《所谓东林派人士的思想》(上)[1978] 以东林党人在乡村中的活动为中心，捕捉到他们成为“乡村领导者”的改革构想。关于复社，井上进《复社姓氏校录》[1993] 通过细致考证，制作了复社成员的名单，以此为基础，京都大学人文科学研究所“明末清初的社会与文化”研究班编写了《复社姓氏索引》(1995 年)。南明政权显现了明末政治斗争的持续复杂，司徒琳（ Struve，Lynn A.)《南明史：1644—1662》[1984] 和顾诚《南明史》[1997] 展示了南明政权的全貌。复社成员面对清人的抵抗，除了小野和子《明季党社考——东林与复社》[1996] 第九章“复社人士的抵抗”外，邓尔麟（ Dennerlin，Jerry)《嘉定忠臣——17 世纪中国士大夫之统治与社会变迁》[1981] 将嘉定侯氏的抵抗运动置于地域社会的全民抵抗中来加以理解。谷口规矩雄《东阳民变》[1986] 论述了明朝崩溃时期南明政权镇压浙江东阳民变的过程。

明代后期政治史中历来饱受反面评价、几乎无人研究的人物，近来亦开始受到关注。例如，城井隆志《万历三十年代的沈一贯政治与党争》[1985a]、《论明末的一支反东林派势力》[1990]对“反东林派”沈一贯、顾天埈的研究。大木康《严嵩父子及其周边》[1997]指出，严嵩的“奸臣”形象系由其仇敌王世贞等文人所塑造，自明末至今，广为流传。中国学界已出版了以张显清《严嵩传》[1992]为代表的多部严嵩传记，力图基于实证对严嵩重作评价。

明代后期的官制改革，与政治变动有着深刻的关联。阪仓笃秀的《掣签法与吏部尚书孙丕扬》[1989b]指出，万历年间，围绕外官人事问题，内阁与吏部之间的对立持续激化，为了回避对立，最终只能采用掣签的办法来决定人事任用。和田正广《明清官僚制研究》[2002]第三篇“官僚考课制与腐败”所收诸论文指出，明代后半期，因为官官相护，地方官的考课制度（政绩评价）作用渐失，取而代之的是通过衙役和贫民来获取地方官的评价信息。关于考课制度，樱井俊郎《隆庆时期的内阁政治——以高拱的考课政策为中心》[1996]论述了张居正之前高拱时代的政策，车惠媛《明末地方官的人事异动与地方舆论》[1996]考察了考课与地方舆论之间的关系。和田正广还有一系列论文从“官僚制的腐败结构”视角入手，分析了明末东北军阀李成梁势力的扩张过程，这部分研究汇录于《关于中国官僚制度腐败机制的个案研究——以明清易代时期的军阀李成梁为例》[1995]一书。谷井俊仁《〈明南京车驾司职掌〉研究》[1993]利用明末南京车驾司的职务手册梳理了文牍行政的流程机制。此外，关于16世纪上半叶的翰林院改革，城井隆志有专门研究《论嘉靖初年的翰林院改革》[1985b]。最后提一下，关于明代官制的研究动向，大野晃嗣的整理《最近的明代官僚制研究》[2003]可资参考。

科举制度方面，艾尔曼（Elman，Benjamin A.）的巨著《晚期中华帝国科举文化史》[2000]中，有相当篇幅与明代有关。艾尔曼的科举研究已有一部分日译（《作为再生产装置的明清科举》，《思想》第810号，1991年；《明代后期科举中的“自然学”》，《中国——社会与文化》第11号，1996年）。和田正广《明清官僚制研究》[2002]第一篇中收录的诸论文，研究了命题科目等有关明代科举的问题。

◆财政与经济

二战以后中国和日本的明末经济史研究有一个特点，关注点最后都聚焦于中国发展资本主义的可能性。西嶋定生《中国经济史研究》[1966]和田中正俊《中国近代经济史研究序说》[1973]收录的诸篇农村工商业相关论文，时至今日依然是需要首先阅读的经典之作。关于战后日本学界明清商品生产研究的动向，岩井茂树《论明清时期的商品生产》[1993b]做了专门的整理。1950年代中国学界热烈的"资本主义萌芽"论战，中国人民大学历史系、南京大学历史系中国古代史教研室编写的数本论文集汇编了相关论文。"文化大革命"结束之后，对这一问题的关注依然持续，许涤新等编《中国资本主义发展史》第一卷《中国资本主义的萌芽》[1985]是一部汇聚中国学界之力的集大成之作。傅衣凌是资本主义萌芽论战中的一方，他的论文集《明清社会经济史论文集》[1982]，展示了对明清经济各个方面的多角度关注。李文治、魏金玉和经君健合著的论文集《明清时代的农业资本主义萌芽问题》[1983]讨论了农业中的雇佣劳动问题，李文治的《明清时代封建土地关系的松解》[1993]包含了大量统计资料，均为值得参考的扎实研究。

"资本主义萌芽论"是用西欧的历史经验作为模板来评判中国历史，其中自有偏颇之处，中国学界现已认识到这一点，并对其做出批判。这些批判中，力图突破旧说的有李伯重《江南的早期工业化（1550—1850年）》[2000]和《发展与制约：明清江南生产力研究》[2002]等一系列研究。李伯重的研究，重心置于以江南为中心的手工业发展（"早期工业化"），与之前集中于纺织业的研究不同，他的研究广泛涉及食品和日用百货等多个行业，并且在探究其发展条件时，不仅关注生产关系，也注意到资源、环境和市场等具体因素。李伯重强调，明清时期江南的能源、资源集约型轻工业显示出不亚于西欧的发展高度，这在所谓资本主义发展必然性的学说中是无法见到的。当代的历史研究，出现了打破西欧中心论，在中西比较中走向崭新全球史的新潮流，李伯重、彭慕兰（Pomeranz，Kenneth）、王国斌（Wong，R. Bin）等人的见解，可以说均为预潮流而得的新观点。

近年来，对明代后期经济的研究出现了一个特点，无论是农业还是手工业，愈来愈关注其中的环境和技术因素。川胜守《明清江南农业经济史研究》[1992]收录的诸篇论文，重点置于稻作品种和"春花"（复种作物）栽培等江南农业技术问题。滨岛敦俊长期关注明末江南三角洲的"分圩"现象，他的《论明代中期的江南商人》[1986]分析了当地开发过程中为提高土地利用效率而出现的工程措施。濮德培（Perdue，Peter C.）对湖南沼泽地带的研究《耗尽地力：湖南的政府与农民（1500—1800）》[1987]，马立博（Marks，Robert B.）对岭南的研究《虎、米、丝、泥：帝制晚期华南的环境与经济》[1998]，均聚焦于特定地域的自然和人文环境，并考察了伴随开发而出现的社会经济变迁。吴金成《明代社会经济史研究——缙绅阶层的形成及其社会经济角色》[1990] 第二篇中收录的各篇论文论述了长江中游三省（江西、湖北、湖南）水利开发中士绅的作用。田口宏二朗《论明末畿辅地区的水利开发事业》[1997] 从农业水利技术与行政的关系入手，考察了北京周边的水利问题。谷光隆的《明代河工史研究》[1991]，是一部有关明代河工的论文集。唐立（Daniels，Christian）的论文《明末清初新型制糖技术体系的运用及其国内传播》[1988]、《明末清初甘蔗栽培的新技术》[1992]、《16 至 17 世纪福建的竹纸制造技术》[1995]，分别考察了明末清初的制糖技术、甘蔗栽培技术和竹纸制造技术。

近年，明清经济史研究的一个主要发展方向是厘清物资流通（包括官方物流）经各种中间环节而结成的经济体系。藤井宏《新安商人的研究》[1953—1954]、寺田隆信《山西商人研究》[1972] 之类商人研究均为必读文献，不过近年来，相比商人活动本身，学界关注的重点更倾向于由商人活动整合的市场结构。三木聪《抗租与阻米》[1987]、黑田明伸《16 至 17 世纪的环中国海经济与货币流通》[1999] 均剖析了明末清初福建的市场结构，前者分析了米谷和经济作物的流通，并讨论了以抗租、闭籴运动为背景的市场结构，后者以私铸货币的流通为例，考察了当时环中国海经济的结构，地方货币独立流通的各种区域经济在相互影响中并存。随着学界关注的重点从农村生产关系转移至流通领域，作为商业中心的市镇研究亦兴盛起来。川胜守关于市镇的系列研究，汇编为《明清江南市镇社会史研究——空间与社会形成的历史学》[1999]。森正夫《江南三角洲的乡镇志——以明代后半期为中心的探讨》[1996] 利用新刊的影印版乡镇志集成，分析了明末江南乡镇志展现的社会现象。有关明末城市的研究不少，其中综合研究明代城市各个方面的专著，可举韩大成的《明代城市研究》[1991]。堀地明《明末福建诸都市的火灾与防火行政》[1995] 论述了福建的城市消防行政。

岸本美绪《清代中国的物价与经济波动》[1997] 第六章“关于明末田土市场的一项考察”，论证了白银以国家财政为中介的自南向北流动导致了内地农村的萧条。全汉昇《中国近代经济史论丛》[1996]编制了明代中期以后太仓银库的岁入、岁出及京运年例银额表，相当具体地展示了当时财政的白银流向。郑克晟《明代政争探源》[1988]指出，明代的政治斗争可用“南北对立”来概括，这与北方倚赖对南方的财政掠夺这一宏观经济结构不无关系。他认为，不论是抢米之类地方性问题，还是央地对立之类全国性问题，都不能简单视为市场和物流发展带来的单纯的区域整合问题，而是由此所导致的社会经济体系各层级间的相互抗衡问题。田口宏二朗《畿辅的“矿、税”——围绕安文璧的〈顺天题稿〉》[2004]以华北为中心，对万历年间的“矿、税”问题展开了新的探讨。

欲知明代后期财政的整体情况，黄仁宇的研究《十六世纪明代中国之财政与税收》[1974]至今依然有用。岩见宏《晚明财政的一项考察》[1989]，利用《万历会计录》等材料，讨论了万历初期财政中白银的地位。岩井茂树《徭役与财政之间——对中国税、役制度的历史性理解》(1)—(4)[1994]与学界1970年代前后的明代赋役制度研究一样，关注里甲制、均徭法、一条鞭法等一连串赋役改革。不过，过去的研究聚焦于农村的阶级关系，致力于探讨哪个阶层承担税负，亦即科派对象问题，而岩井茂树更倾向于将赋役制度与财政结构相关联，进而分析传统中国的政治统治秩序。岩井茂树认为，明清时期，在中央政府制度上的集权统治外围，发展出公私暧昧的、非制度的、但却是实质性的地方财政，从而形成一套多层次的财政结构，这一结构至今依然延续。

传统中国的官僚制度，存在着科举官僚与胥吏衙役并存的多层结构，岩井茂树描绘的财政结构，正与之吻合。伍跃《明清时期的徭役制度与地方行政》[2000]聚焦于里长、保长、胥吏、衙役等行政末端，考察了地方行政制度的特质。以徽州文书为代表的地方文书的公开出版，成为基层实态研究得以开展的一个背景条件。鹤见尚弘很早就从鱼鳞图册等明清地方文书入手开展研究，其成果均收录于业已中译的《中国明清社会经济史研究》[1989]一书。中国学界有栾成显的《明代黄册研究》[1998]等成果，利用地方文书，将地方行政制度的实态研究推向前进。

◆乡绅、文人和庶民文化

1950年代末以降，因为将地主土地所有制、商品生产等与地方经济相关的问题与国家性质的讨论联系起来，乡绅受到了学界的关注。小山正明《明清社会经济史研究》[1992]、重田德《清代社会经济史研究》[1975] 等论著讨论了与明末清初封建制形成说有关的乡绅统治问题。那段时间乡绅研究的动向，檀上宽《明清乡绅论》[1993] 曾有专门的整理。岸本美绪《明清易代与江南社会——17 世纪中国的秩序问题》[1999] 的第二章“明清时代的乡绅”，从乡绅自身的地位和经济实力出发，关注到“依附乡绅的各种人士”的活动，并尝试将这部分力量解释为乡绅势力的延长。英语学术圈中，“缙绅”研究亦盛行一时，有关其近年的状况，由周锡瑞（Esherick，Joseph W.）和冉玫铄（Rankin，Mary B.）合编的论文集《中国的地方精英及其控制模式》[1990] 可窥得一二。他们不仅关注有科举功名的缙绅，也关注拥有军事或商业实力的“地方精英”，持续考察他们灵活利用经济、军事、文化和人脉等各种资源，围绕地方控制而展开的各种合作，从而窥得各地的地方特性。何炳棣经典之作的日译本《科举与近世中国社会——立身出世的阶梯》[1993] ① 基于对进士家族谱系的统计，分析了官僚身份的流动性，这虽然是作者 60 年代的研究，但时至今日，依然为必读文献。

关于士大夫阶层的研究，过去倾向于以“地主”乃至“官僚”这样的身份属性为核心展开讨论，多少失于抽象。滨岛敦俊的个案研究《明末江南乡绅的具体形象》[1989] 则利用明末江南一名乡绅的书信和家训，描摹出士大夫的具体形象。在包括庶民文化在内的广义文化中来探讨士大夫阶层，酒井忠夫《中国善书研究》[1960]、奥崎裕司《中国乡绅地主研究》[1978] 早先就有所探索。近年的明末士大夫研究也不再拘泥于过去所重视的土地所有制和功名身份，转而关注士绅文化，且同时包括了文人雅趣和庶民文化两个方面，这一研究动向颇为明显。寺田隆信《论明末北京的官僚生活》[1995]、井上充幸《明末文人李日华的情趣生活》[2000] 和中砂明德《江南——中国文雅的源流》[2002]，展示了包括个人兴趣在内的官僚文人日常生活。关于文人家庭的女性生活，高彦

① 译者按：该书英文原本题名 *The Ladder of Success in Imperial China: Aspects of Social Mobility, 1368—1911*（《中华帝国成功的阶梯：社会流动视角 1368—1911》）（哥伦比亚大学出版社，1962 年），中译本题名《明清社会史论》（徐泓译注，台湾联经出版事业有限公司，2013 年），日译本题名《科挙と近世中国社会——立身出世の階梯》（寺田隆信等译，平凡社，1993 年）。该书第六章另有中文译本《科举和社会流动的地域差异》（王振忠译，陈绛校，收于中国地理学会历史地理专业委员会《历史地理》编辑委员会编《历史地理》第 11 辑，上海人民出版社，1993 年）。

颐（Ko，Dorothy）的《闺塾师：明末清初江南的才女文化》[1994]有详细的论述。柯律格（Clunas，Craig）《长物：早期现代中国的物质文化与社会状况》[1991]以衣食住和书画古董等“物”为媒介，探究了明代人的社会认知。柯律格一书取名 *Superfluous Things*，即“长物”之英译，所谓“长物志”，就是前文所述诸“物”之目录。《长物志》的日文译注本有平凡社的东洋文库本（荒井健等译注《长物志》(1)—(3)，1999—2000年）。陈智超《明代徽州方氏亲友手札七百通考释》[2001]详细解说了哈佛燕京学社收藏的明末徽州一位儒商的700余通书信。400多位写信人中，包括了王世贞等著名的文人，当时人们的交游热情可见一斑。

将文章作为商品，用于献媚权势的文化服务业者被称为“山人”，关于这一人群，金文京撰有《明代万历年间的山人活动》[2002]。著名山人陈继儒，大木康《山人陈继儒及其出版活动》[1990]曾有专门论述。关于明末城市中快速发展的出版业，除井上进《藏书与读书》[1990]和《顾炎武》[1994]外，还有大木康的《失意的读书人》[1995]、《明末江南的出版文化》[2004]。海外学界同类专题亦很盛行，有贾晋珠（Chia，Lucille）《谋利而印：11至17世纪福建建阳的商业出版者》[2002]等研究。大木康《明末江南的出版文化》[2004]还从出版业入手，探讨了信息的传播问题，关于这一点，另有尹韵公的专论《中国明代新闻传播史》[1990]。

日用类书一直为学界所关注，但是除少部分外，大多未得充分利用，小川阳一《基于日用类书的明清小说研究》[1995]、坂出祥伸《明代“日用类书”医学门考》[1998]利用少有问津的日用类书，推进了从游戏、占卜和医疗等角度入手的研究。田中健夫《倭寇图杂考》[1988]基于日用类书中收录的倭寇图，讨论了明代中国人眼中的日本人形象。路程书反映了明末商旅的盛行，关于这类史料的研究，有山根幸夫《明代路程书考》[1994]、谷井俊仁《路程书的时代》[1996]，中国学界则有杨正泰《明代驿站考　附：寰宇通衢、一统路程图记、士商类要》[1994]、陈学文《明清时期商业书及商人书之研究》[1997]等论著。卜正民（Brook，Timothy James）的《为权力祈祷：佛教与晚明中国士绅社会的形成》[2002]，开列了路程书、山志及书院志的详细书目。另外，大泽显浩围绕此期地理书的出版和普及，发表了一系列论文（《〈肇域志〉的成书》[1992]、《明版〈广舆记〉考》[1994]、《地理书与政书——掌故展现的地域》

[1996])。善书方面，酒井忠夫《中国善书研究》[1960] 经过大幅度的增补，又作为他文集的一部再版。包筠雅（Brokaw，Cynthia J.）的《功过格：明清社会的道德秩序》[1991]，是关于功过格的一部专著。

近来，历史研究出现了重视感性与感知的趋势，利用小说、戏曲等文学作品来分析明末社会的尝试颇为兴盛。陈大康的《明代商贾与世风》[1996] 等作品大量利用小说开展明代商人研究。森纪子《新都杨氏与小说二题》[1989] 灵活使用明末白话小说等素材，分析了明末社会变迁背景中烈女故事的形成。岸本美绪《明清易代与江南社会——17 世纪中国的秩序问题》[1999] 第五章"'五人'像的形成"，讨论了包括小说和戏曲在内的各种文献如何描述苏州的开读之变。此外，田仲一成的巨著《以 15、16 世纪为中心的江南地方戏嬗变考》（一）—（六）[1973—1987] 和《中国祭祀戏剧研究》[1981] 讨论明末社会与戏曲间的关系，他通过全面的文献考索和实地调查，探讨了城市与农村，以及不同社会阶层中戏曲表演的变迁。

自岛田虔次《中国近代思维的挫折》[1949] 以降，透过与社会的关系来分析明末的思想成为日本明史研究的一个特色，且蔚为潮流。近年，该书又加入井上进的解说，再版发行（岛田虔次《中国近代思维的挫折》[2003]），岛田虔次关于明末思想的其他论文也已汇为论文集《中国的传统思想》[2001]。岛田虔次的作品，以及沟口雄三《中国前近代思想的屈折与展开》[1980] 对阳明学的研究，对思想史以外的研究者来说，也有助于培养对明末社会气氛的感受。小岛毅《又一桩明儒学案——福建朱子学的发展故事》[1993] 批判了前人研究中对明末阳明学的流行过于一般化的处理，他强调其流行也有地域上的差异，小岛毅的这一观点必须留意。另外，卜正民《为权力祈祷：佛教与晚明中国士绅社会的形成》[1993] 讨论了明末士大夫的佛教信仰对他们在社会中权势的影响。

冈本さえ的《清代禁书研究》[1996] 注意到，明末多元的思想潮流在清代却成为禁毁的对象，她对明末学术界的自由与清王朝统治下的压抑展开了对比研究。井上进《朴学的背景》[1992]、《顾炎武》[1994] 描述了复社的士人群体在清朝统治之下，向新统治者表示迎合的现象。关于明末清初的封建论，增渊龙夫《论历史学家对当世历史的考察》[1983] 所收《历史认识中的尚古主义与现实批判》一文进行了讨论，令人深感其研究视野之宽广与思想史研究之深入。

清初遗民方面，有何冠彪《生与死——明季士大夫的抉择》[1997]等研究，赵园《明清之际士大夫研究》[1999]尝试对遗民的言论措辞进行细致的心理分析。

◆地域社会与秩序问题

前述"地域社会论"一语，在最近20年来的日本明清史研究中，作为一个方法视角被频繁使用。"地域社会论"指什么，不一定要有非常明确的定义，森正夫在"地域社会的视角"学术研讨会的主题报告（收于森正夫《中国前近代史研究中的地域社会视角》[1982]）中这样解释道：地域社会"不是一个被外在赋予而存在的客体，而是以领导者的共同指挥和活动为构成前提，进而由身处其中、相互交往的人们自觉创造和维持的场"。可以说，"地域社会论"从一开始就不是一个"封建统治"框架，其关注点在于秩序的生成和变动，即身处其中的人们为何以及如何形成一个整合的社会（森正夫《明末秩序变动再考》[1995]）。

各种社会集团纷纷登场的明末，是一个具有划时代意义的时期，这一点已得到广泛认可。在诸社会集团中，宗族（确实拥有同一祖先或观念上认为拥有同一祖先的父系血缘集团）颇受研究关注。上田信《地域与宗族——浙江省山区》[1984]将目光投向浙江山区，论述了明末的宗族整合活动和人们面对水利和纠纷之类社会问题的应对策略。井上彻认为，宗族形成的目的是重视官僚身份的维持和继承（井上彻《中国的宗族与国家礼制——从宗法主义角度所作的分析》[2000]），围绕这一观点是否正确，明代宗族研究展开了热烈的讨论，并催生出新的研究课题，井上彻等编《宋至明宗族研究》[2005]所收井上彻撰写的总论阐述了这一学界动向。

为应对商品生产发展、人群迁移活跃、社会矛盾激化等明末社会变迁而出现且成长的社会集团不仅仅是宗族集团。在城市中，商人、手工业者和游民中间，也盛行结成相互扶助的团体。新宫学《明末清初地方都市中的同业组织与公权力》[1987]论述了明末清初江南城市中的同业组织，上田信《明末清初江南都市中围绕"无赖"的社会关系——打行与脚夫》[1981]分析了此期江南的流氓结社。为防止乡村纠纷而在明代后期普及的"乡约"，有井上彻《黄佐〈泰泉乡礼〉的世界》[1986a]和《论"乡约"的理念》[1986b]等研究。寺田浩明《明清时期法秩序中"约"的性质》[1994]分析了一个与传统中国社会秩序特点紧密相关的关键概念——"约"，在中国，缺少了拥有共同客观规范的团体这样一种制度性的存在，因此经由平等的合约也好，高位者的倡导也罢，有必要不断动态地来达成人心的归一（即“约”的状态）。岸本美绪《明清易代与江南社会——17 世纪中国的秩序问题》[1999] 认为，明末各种集团形成的背后是对直观认同感的追求，阳明学的“万物一体论”应置于这一时代潮流中来加以理解。

以乡绅为中心的自发型慈善事业的发展，为具有明末特色的社会现象之一。夫马进的《中国善会善堂史研究》[1997] 搜集大量史料，论述了从明末各地的“同善会”至近代善会、善堂的历史。梁其姿的《施善与教化——明清时期的慈善组织》[1997] 同样探讨了明清时期的慈善活动，她从秩序化和教化的视角入手来把握这段历史。这些慈善事业为传统中国地方社会“自治”活动的一部分，关于这类活动的历史地位，美国的中国史学界以罗威廉（Rowe，William）等人为代表，用近代西欧的“公共圈”（public sphere）来类比中国的慈善事业。以这些讨论为契机，英语中的 public、汉语中与之略有不同的“公”，其各自含义受到了学界的关注（参见沟口雄三《中国的公与私》[1995]）。“公议”“公论”等用语，在明末频发的士变、民变等抗争行动中被广泛使用（夫马进《明末的反地方官士变》[1980]、《明末的反地方官士变・补论》[1981]，岸本美绪《明清易代与江南社会——17 世纪中国的秩序问题》[1999]），可以说，在这些现象中，社会史和思想史交织在了一起。

法律和审判，是有关明末地方社会与国家间关系的重要课题。明末地方审判方面的新史料，不断地发掘披露。滨岛敦俊《明代的判牍》[1993] 整体介绍了过去不为学界所知的地方官判词，个别史料的具体介绍，则有他的《北京图书馆藏〈按吴亲审檄稿〉简介》[1981]、《北京图书馆藏〈莆阳谳牍〉简介》[1983] 等作品。另一方面，夫马进的一系列讼师研究（夫马进《明清时期的讼师与诉讼制度》[1993]、《讼师秘本〈萧曹遗笔〉的出现》[1994]、《讼师秘本的世界》[1996]）介绍了讼师秘本。关于讼师，虽然过去有川胜守《论明末清初的讼师》[1981] 等研究，不过就讼师秘本而言，还有进一步深入分析的空间。夫马进基于对大量讼师秘本的分析，提出有必要重新检视讼师“毒舌诡辩”的脸谱化形象。此外，高桥芳郎《宋代中国的法制与社会》[2002] 第十二章介绍了详录明末徽州祠观纠纷的新出史料，中岛乐章《明代乡村纠纷与秩序——以徽州文书为中心》[2002] 也收录了利用徽州文书探讨明末纠纷处理的论文。滨岛敦俊《明清时期中国的地方监狱》[1984] 注意到明末出现了国家介入抗租类民间纠纷的动向，并探讨了与之相关的明末监狱变化。关于官员如何处理抗租，三木聪《抗租与法律、审判》[1988] 一文的细致研究包括了明末的个案，该文证明，在雍正五年（1727）抗租条例之前已经有了针对抗租的处罚行为。高桥芳郎《明末清初奴婢、雇工人身份的重组与特性》[1982] 分析了明代至清代中期奴婢、雇工人相关法规的变迁。

最后，关注一下民间宗教、农民起义和民众“暴动”。关于明代被视为异端的民间宗教，野口铁郎的《明代白莲教史研究》[1986] 为探讨白莲教的集大成之作，以罗教、闻香教为中心的考察有浅井纪的《明清时期民间宗教结社研究》[1990]。佐藤文俊围绕李自成等明末农民起义的一系列研究，合编为《明末农民“叛乱”研究》[1985]，该书也收录了介绍该领域研究动向的专文。吉尾宽《明末的“流贼叛乱”与地域社会》[2001] 探讨了李自成和张献忠的起义，从乡绅的地方防卫等角度入手来研究地域社会，是为该书的特色。关于根植于地方社会的各种起义和暴乱，甘利弘树《明末清初广东、福建、江西交界地带的广东“山寇”》[1998] 考察了华南数省交界地带的“山贼”，森正夫《〈寇变纪〉的世界——李世熊与明末清初福建省宁化县的地域社会》[1991] 探讨了明清易代时期福建宁化县的起义，均为从地方社会具体形态入手的研究。关于抗租和抢米，除了三木聪《明清福建农村社会研究》[2002] 所收诸篇论文外，堀地明《明末城市的抢米与平粜》[1992] 和《明末江南的抢米风潮与救荒政策》[1999] 从与救荒政策的关系入手研究了抢米运动。

马渊昌也《论最近日本以明清时期为对象的“社会史”研究》[1996] 就当时日本学界明清社会史研究的动向，概括了“重视主观世界”“关注传播”“关注地域社会”“提出竞技场式的社会观”“与田野考察、文化人类学的交叉”等特征。此处不能就此详细展开，但前述诸多论文确实显现了这些特点。关于中国学界明清社会史研究的动向，常建华《最近中国的明清社会史研究》[1991] 介绍了不少展现近年中国学界社会史发展蓬勃势头的论文。

◆边境社会与国际秩序

明代后期以降海外白银流入中国的重要性，百濑弘《明清社会经济史研究》[1980]、全汉昇《中国近代经济史论丛》[1996] 等早有论述，其后，经过 1980 年代前后艾维泗（Atwell，William S.）和魏斐德（Wakeman，Frederic Evans，

Jr.)《洪业：清朝开国史》[1985]的讨论，明清易代的全球性经济变动背景，可以说已得到相当广泛的赞同。最近，弗兰克（Frank，Andre Gunder）《白银资本——重视经济全球化中的东方》[2000]提出，中国位居白银流通世界体系的中心位置，这一观点引发了热烈的讨论。万志英（von Glahn，Richard）《财富之源：中国的货币与货币政策（1000—1700）》[1996]关注白银和铜钱的流动，进行了十分扎实的研究。货币流动情况与明末清初社会变动之间的关系，尽管现在还只是初步的探讨（岸本美绪《清代中国的物价与经济波动》[1997]），但可以确认，明代末年，从北方边疆到东南沿海的边境军事地带，在汇集大量白银、掀起交易热潮的同时，也成为新兴军事力量成长的摇篮。

岩井茂树《16、17世纪的中国边境社会》[1996]指出，在明末边境贸易热潮中成长起来的女真势力具有多民族性和商业性的特征，清朝因具有这些特点，所以能在解决边境战争的同时，将动荡的社会引向安定。关于明末北方、西部边境社会中的军事集团，除前述和田正广《关于中国官僚制度腐败机制的个案研究——以明清易代时期的军阀李成梁为例》[1995]之外，还有冈野昌子《嘉靖十四年的辽东兵变》[1989]和《万历二十年宁夏兵变》[1996]、谷口规矩雄《论明末北边防卫中的债帅》[1996]等研究。关于东南沿海的海上势力，史景迁（Spence，Jonathan D.）和卫思韩（Wills，John E. Jr.）合编《从明至清：17世纪中国的征服、地域与延续》[1979]一书所收卫思韩的论文《从汪直到施琅》，展示了从"边境史"视角来把握明清易代的有效性。关于倭寇，近年除太田弘毅《倭寇——商业、军事史研究》[2002]和郑樑生的一系列研究外，从村井章介《中世倭人传》[1993]等日本史研究者的讨论中亦能获得不少启发。关于李旦、郑芝龙等17世纪上半叶的海上势力，永积洋子《近世初期的外交》[1990]利用荷兰语史料，提出了新的见解。关于明末民间的海上贸易，研究颇多，可举林仁川《明末清初私人海上贸易》[1987]。岩井茂树《16世纪中国交易秩序探微——互市的实态及其认识》[2004a]尝试论述了16世纪的官僚在海禁和朝贡贸易体系中实现互市的努力。17世纪的台湾是"东亚的中转站"，曹永和《台湾早期历史研究》（正编、续集）[1979、2000]收录了多篇有关台湾的论文。

东亚各地之间的关系，松浦章编《明清时代中国与朝鲜的交流》[2002]收入了有关明末朝鲜使节的论文。对朝鲜使节中国观的讨论，还有夫马进《万历二年朝鲜使节对“中华”国的批判》[1990]等研究。三木聪《福建巡抚许孚远的谋略》[1996]分析了福建巡抚许孚远联合萨摩对抗丰臣秀吉的计划，展示了民族国家体制尚未成熟时期的东亚形势。火器的传播对当时东亚各方势力的行动产生了巨大的影响，关于这一点，有久芳崇《16世纪末日本式铁炮向明朝的外传》[2002]等研究。

与欧洲各国的关系方面，关于明末至清初的西学，冈本さえ著有《近世中国的比较思想》[2000]。张铠《庞迪我与中国》[1997]利用西班牙语史料，考察了传教士庞迪我（de Pantoja，Diego）的事迹。其他利用欧洲语言史料开展的研究，有浅见雅一《教会史料所见张献忠的四川统治》[1990]，该文基于耶稣会传教士的报告，分析了张献忠在四川的统治。关于澳门则有榎一雄《明代澳门》（1）—（3）[1984]、高濑弘一郎《澳门教会学校创设考》[1996]、冈美穗子《基督教时代澳门圣保禄学院的角色》[2002]等论文。围绕澳门的研究还有汤开建的《澳门开埠初期史研究》[1999]，他提倡“澳门学”，利用汉语史料分析明末的澳门。

（岸本美绪）

三、史料解说

（一）明代初期、中期

明代初期和中期的史料，与明末相比，寡众悬殊。不过，涉及明代初期和中期的史料，不仅有实录和文集等时人的材料，也有明末及清代回溯而言及的史料。此处的介绍基本上以时人材料为中心，兼涉明末和清代的代表性史料。近年所刊与明史相关的史料集，在此亦一并涉及。

◆明代前半期的政治史料

明史研究，与正史《明史》同样基础的史料当属《明实录》。实录是皇帝去世后，利用记录其言行的起居注和官僚奏议汇编而成的编年史，是了解各朝史实的最基本文献。不过类似《太祖实录》那样经过两次重修的实录，不少内容受到编纂时政治形势和皇帝好恶的影响，其记述的可信度必须加以充分的考量。明代各朝实录的编纂经过，可参见间野潜龙《明代文化史研究》[1979]。现在一般通行台湾“中研院”的本子，此外，取《明实录》中史料分专题汇编而成的史料集，在中国也出版有多种。另外，起居注目前仅存明末三朝（万历、泰昌、天启）。[1]《明代辽东档案汇编》（辽沈书社，1985年）所收《明实录》稿本，川越泰博《〈明实录〉稿本所载琉球记事考》[1991]业已指出，实为《洪武实录》残本。

与明初法令和制度有关的各种敕撰书已有出版，汇编为《皇明制书》。《皇明制书》有多种刊本，国书刊行会编《皇明制书》附有山根幸夫的解说，使用便利。[2]该书收有《皇明祖训》《诸司职掌》《洪武礼制》《资世通训》等21种敕撰书。其中，《御制大诰》等训诫书中记有具体的惩处案例，是了解太祖时期恐怖政治的极佳材料。杨一凡《明大诰研究》[1988]为《御制大诰》做了详细的注释。关于恐怖政治，还有收录蓝玉案罪犯供述的《逆臣录》，该书原被以为早已亡佚，近年，北京大学出版社排印刊行了北京图书馆所藏抄本。川越泰博《〈逆臣录〉与〈蓝玉党供状〉》[1995]解说了该书与《蓝玉党供状》（北京图书馆古籍珍本丛刊）的关系。

◆法制史料与档案

研究明初法制，《明律》和《明令》均为不可或缺的史料。前者经多次修订，于洪武三十年（1397）告成，是为有明一代的基本法典。佐藤邦宪《明律、明令与大诰及问刑条例》[1993]对《明令》和《御制大诰》的解说，可资参考。《明律》的注释本，荻生徂徕、内田智雄等校订的《明律国字解》（创文社，1966年）附有索引，最为通行。除律文本身外，该书也收录了万历问刑条例。此外，天顺、成化和弘治年间的条例汇编有《皇明条法事类纂》，是了解明代中期法制、社会和经济情况的必备史料，该书有古典研究会的影印本。[3]

明代初期和中期，各种榜文与明律一同广为刊布，但传世者已不多。目之所及，《皇明制书》所收《教民榜文》等41榜之外，仅见《南京刑部志》祥刑篇的69榜及朝鲜王朝编《吏文》所收41榜。《训读吏文　附吏文辑览》（国书刊行会，1975年）对《吏文》做了训读，对理解当时的法律和官府用语颇为有用。

---

① 译者按：万历起居注已有整理本，南炳文、吴彦玲辑校：《辑校万历起居注》（全6册）（天津古籍出版社，2010年）。此条承张佳提示，谨致谢意。

② 译者按：《皇明制书》已有整理本，杨一凡点校：《皇明制书》（全4册）（社会科学出版社，2013年）。此条承张佳提示，谨致谢意。

③ 译者按：《皇明条法事类纂》已有整理本，杨一凡、刘海年、齐钧点校：《皇明条法事类纂》（全3册）（科学出版社，1994年），此3册为刘海年、杨一凡总主编《中国珍稀法律典籍集成》乙编之第4、5、6册。此条承张佳提示，谨致谢意。

顺带介绍一下，总括明代法制的《明史·刑法志》，其译注有野口铁郎编译《译注明史刑法志》[2001]、梅原郁编《译注中国近世刑法志》(下)[2003]，均颇为详细。另外，《明令》仅在明初通行过一段时间，明代中期以后便有会典作为国家法令制度的总览。有明一代有正德、万历两部《大明会典》，为研究政治制度和社会经济所必备。正德会典已由汲古书院影印出版，附有山根幸夫的详细解题。山根幸夫《明、清的会典》[1993]也是有关会典的解题。

与现存数量庞大的清代档案（公牍）相比，明代档案的存世数量就少得多，且仅有一部分被利用。最近，中国第一历史档案馆和辽宁省档案馆所藏明代档案，汇编为《中国明朝档案总汇》(广西师范大学出版社，2001年)影印出版，对明史研究者而言，此为极大喜讯。从此，即便身处日本，也能阅读到明代档案。尤其是其中收录的卫所官员记录《卫选簿》，过去仅有川越泰博《论靖难之役中燕王麾下的卫所官》[1990a]、《论靖难之役后燕王麾下的卫所官》[1990b]和《论靖难之役中建文帝麾下的卫所官》[1990c]，松浦章《中国第一历史档案馆所藏〈锦衣卫选簿　南京亲军卫〉考》[1995]、《〈武职选簿〉所见“邓茂七之乱”》[1997]、《郑和下西洋随行人员事迹》[1998]等研究有所关注，对其全貌的把握仍有困难。这类档案作为明代军事史研究的必备史料，今后必定会得到充分的利用。松浦章《中国第一历史档案馆所藏〈锦衣卫选簿　南京亲军卫〉考》[1995]附录了105件卫选簿目录。对《中国明朝档案总汇》的介绍，可参见甘利弘树《论利用明朝档案的研究动向——〈中国明朝档案总汇〉刊行有感》[2002a]、《关于〈中国明朝档案总汇〉》[2002b]。岩渊慎《中国明朝档案总汇总目录》[2003b]为该史料集总目录。

◆文集与奏议

上述主要为官修和官方史料，与之相对，明代成于私人之手的史料也不少，甚至可以说大半属于后者。其中，官僚和士大夫留下的文集，在当世史料中占有重要地位，作为官修史料的补充绰绰有余。明人文集大部分收于《四库全书》和《四部丛刊》等丛书，这两种丛书相继电子化后，使用已很方便。若再加上最近刊行的《四库全书存目丛书》(齐鲁书社)和《续修四库全书》(上海古籍出版社)，可以说已经覆盖了明人文集的相当部分。山根幸夫编《增订日本现存明人文集目录》(汲古书院，1978年)记录了各种文集的馆藏信息，使用方便，不过需要注意部分馆藏信息现已发生变化。另有《皇明经世文编》和《皇明经济文录》等数种文编，汇录了各种文集中有资于治道的奏议等文献，重要人物的经世文亦收入其中。这些奏议按主题分类的目录，有东洋文库编《明代经世文分类目录》(1986年)，可资参考。不过，从严谨考虑，若文集现仍传世，应使用出处原书。

◆政治、制度相关史料

明末以降，实录已可供阅览，由此出现了利用实录、会典等史料而撰写的各种史书。其中，除了按专题整理明代诸制度的《续文献通考》《皇明世法录》《国朝典汇》和《皇明泳化类编》等政书之外，① 纪传体史书《明书》《罪惟录》中亦不乏有用的记载。编年体类，《国榷》可谓《明实录》的精编版，亦很有用。该书对明初至崇祯年间史事有着精彩的记述，是了解实录所缺建文帝时期史事的必备之书。关于明代中期，《大学衍义补》中不少记载颇为珍贵，留下了明代中期政治和社会经济的重要信息。该书有和刻本流传，并已由中文出版社影印出版。政治史和制度史方面，《吾学编》《弇山堂别集》《春明梦余录》等亦不可遗漏。汇集明代史籍的代表性丛书，有民国时期编辑的《纪录汇编》② 和《玄览堂丛书》，此外，还有以标点本形式出版的《元明笔记丛书》(中华书局)。

◆徽州文书和地方志

明代史料太半系由士大夫阶层以旁观者视角撰写，不过，还有与诉讼、契约等日常生活紧密相关的民间文书。近年围绕基层社会诸问题的研究中，“徽州文书”备受瞩目。这批南宋至民国年间在徽州地区形成并保存下来的史料，内容涉及土地、赋役、商业、宗族、行政和诉讼等诸多方面。“徽学”这一崭新的研究领域由此应运而生，它不是单纯的徽州地方研究，而是为理解中国社会整体提供支撑。徽州文书类史料集有《明清徽州社会经济资料丛编》第1、2集(中国社会科学出版社，1988年，1990年)，《徽州千年契约文书》(花山文艺出版社，1991年)等。《徽州历史档案总目提要》(黄山书社，1996年)和《徽州文书类目》(黄山书社，2000年)等目录亦已出版。刘重日《徽州文书收藏、整理与研究的现状》[1989]、周绍泉《徽州文书的分类》[1993]、臼井佐知子《徽

① 译者按：日文原文如此，但《皇明泳化类编》为传记资料，并非政书。此条承张佳提示，谨致谢意。

② 译者按：日文原文如此，但《纪录汇编》为明人沈节甫所编丛书，并非编辑于民国时期。此条承张佳提示，谨致谢意。

州文书和徽州研究》[1997]和中岛乐章《明代乡村纠纷与秩序——以徽州文书为中心》[2002]等对上述史料集均有详细解说。另外，与基层社会研究相关，专门收录明代方志的丛书有《天一阁藏明代方志选刊》正、续编（上海古籍书店，上海书店），同时，《中国方志丛书》（成文出版社）、《稀见中国地方志丛刊》（中国书店）、《日本藏中国罕见地方志丛刊》（书目文献出版社）及前揭《四库全书存目丛书》等史料集亦收录不少明代方志。

◆对外关系史料

虽与明代前半期相关者不一定多，但对外关系史料的整理和出版最近颇为繁荣。冲绳县文化振兴会公文书管理部史料编集室一直在推进琉球外交史料《历代宝案》的校订和译注工作。《使琉球录》为册封使的记录，围绕这一史料，原田禹雄有一系列译注，夫马进编《增订使琉球录解题及研究》[1999]解说了这类史料的价值。朝鲜方面，派往北京的使节，也就是燕行使的记录已汇编为《燕行录全集》（东国大学校出版部，2001年）、《燕行录全集日本所藏编》（东国大学校韩国文学研究所，2001年），最近在韩国相继出版。作为主编，夫马进《日本现存朝鲜燕行录解题》[2003]对后者有详细的介绍。倭寇方面的史料，郑樑生编有《明代倭寇史料》（1）—（7）（文史哲出版社，1987—2007年）。

过去，明代史籍数量虽多，但除了基本文献之外，大量史料只能前往特定的图书馆和研究机构阅览，殊为不易。最近，随着大量丛书和史料集的出版及数字化，昔日的阅览不便已大为缓解。想来这一趋势今后只会日益增强，而不会变弱。所以，关键就在于研究者个人如何利用这巨量的史料构筑起明代历史的新面貌。史学的基础建立于史料的博搜与精读之上，对研究者的这一要求自昔至今没有改变。

（檀上宽）

（二）明代后期

16世纪以降，中国的书籍出版数量出现飞跃性的增长（井上进《藏书与读书》[1990]），因此，相比明代中期以前，明末的史料格外丰富。地方志和文集数量的增加自不必说，其他富有特色的史料类型还可举以下数种。

◆明末的政治史料

《实录》是最为重要的明代政治史料，各朝实录均在下一任皇帝在位期间编纂，所以崇祯实录并未成书。可补充这一空缺的史料有谈迁的《国榷》和著者不明的《崇祯长编》①。前者为有明一代的编年体通史，崇祯年间部分尤为详细。两书有关崇祯年间部分，均利用邸报和私家著述的详细记事，颇可信赖。此外，详细记载崇祯年间至南明时期政治动向的文献，有吴伟业《绥寇纪略》、计六奇《明季北略》和《明季南略》、李清《南渡录》等。另有钱一本编纂的《万历邸钞》（参见小野和子《明季党社考——东林与复社》[1996]第三章第一节）亦系抄录邸报整理而成，是利用万历年间邸报编成的私家版国家大政记录。

◆野史、笔记等

有关明末清初（从万历至清初反清势力灭亡）的史料，目前最好的入门书是谢国桢的《晚明史籍考》（初版于1931年，增订版为上海古籍出版社，1981年），书中对野史类文献的记载尤其丰富。野史中内容无从征信者不少（例如李自成政权中的重要人物李岩，实际为野史虚构的人物，参见佐藤文俊《1644年（崇祯十七年、顺治元年）江南的李公子形象》[2001]），这类虚构本身也是值得探讨的对象。

明代后期笔记数量不少，例如沈德符《万历野获编》、朱国祯《涌幢小品》、谢肇淛《五杂组》、何良俊《四友斋丛说》等，这些作品超越了作者的出身地域，涉及内容相当广泛，故被频繁引用。与地方关系更为密切的笔记，有南京顾起元的《客座赘语》、松江范濂的《云间据目抄》和上海叶梦珠的《阅世编》等。

小说和戏曲也被作为明史史料得到日益广泛的利用。欲了解这类史料的基本情况，小说方面，可参见江苏省社会科学院明清小说研究中心等编《中国通俗小说总目提要》（中国文联出版公司，1990年），戏曲方面，可参见董康《曲海总目提要》（人民文学出版社，1959年）等。

◆实学书、实用书

明末出版了大量与实用技术相关且配有插图的书籍。有关手工业技术的宋应星《天工开物》（平凡社东洋文库日译本），有关农业技术的徐光启《农政全书》，有关药物介绍的李时珍《本草纲目》等均为其中代表。此外，带有插图的

① 译者按：现存《崇祯长编》有两种，一种为六十六卷本，记事起自天启七年（1627）八月，止于崇祯五年（1632）十二月，传为明末清初汪辑撰；另一种为二卷本，记事起自崇祯十六年（1643）十月，止于崇祯十七年（1644）三月，传为清初万言撰。此条承张佳提示，谨致谢意。

百科全书，王圻的《三才图会》亦颇为有用。面向商人和底层知识分子，相对更为通俗的日用类书，酒井忠夫有专门的介绍（酒井忠夫《明代的日用类书与庶民教育》[1958]）。这些日用类书中的一部分，已合编为《中国日用类书集成》（汲古书院）影印出版。路程书方面，中国也已出版了若干种。

◆外国史料

《朝鲜王朝实录》中丰富的记载对明史研究颇有价值。吴晗编《朝鲜李朝实录中的中国史料》全 12 卷（中华书局，1980 年），所录史料出处的查考尚属方便，故在引用时当取原文核查。德川幕府中专门负责处理外交文书的林氏家族，依据从抵达长崎的中国船只得到的消息，编写了《华夷变态》（全 3 册，东洋文库，1958—1959 年），其中包含了有关明清鼎革之际中国情况的珍贵记录。明代到访中国的欧洲传教士和商人撰写的记录亦有日译，例如，利玛窦（Ricci，Matteo）《耶稣会与天主教进入中国史》、曾德昭（de Semedo，Álvaro）《大中国志》（大航海时代丛书 18、19，岩波书店，1983 年）以及克鲁斯（da Cruz，Gaspar）《中国志》（明石书店，1987 年；讲谈社学术文库，2002 年）① 等。关于荷兰东印度公司以台湾为中心的活动，过去有《巴达维亚城日记》的选译（平凡社东洋文库）可资利用，台湾《热兰遮城日志》的荷兰语排印本亦自 1986 年开始出版，台湾地区还有该书的汉译本（江树生译注《热兰遮城日志》，台南市政府，2002 年、2011 年）。书中有郑芝龙等相关史料，内容传神生动，令人深感兴趣。

◆人物检索方法

以《明史》列传和《国朝献征录》为代表的传记集，有《八十九种明代传记综合引得》可资利用。《明人传记资料索引》不仅简述了各人物的事迹，还开列了有关该人物的墓志铭和行状所在文献的目录，《明遗民传记资料索引》亦如

① 译者按：克鲁斯（da Cruz，Gaspar）的 *Tratado das cousas da China*，日译本方面，1987 年明石书店日埜博司初译本题名《十六世紀華南事物誌：ヨーロッパ最初の中国専著》（《16 世纪华南事物志：欧洲最早的中国专著》），1996 年新人物往来社日埜博司重译本改题名为《クルス〈中国誌〉：ポルトガル宣教師が見た十六世紀の華南》（《克鲁斯〈中国志〉：葡萄牙传教士所见 16 世纪的华南》），2002 年讲谈社学术文库本沿用新人物往来社译本，添加序言、后记，省略注释、索引，又改题名为《クルス〈中国誌〉：ポルトガル宣教師が見た大明帝国》（《克鲁斯〈中国志〉：葡萄牙传教士所见大明帝国》），中国学界习称该书为《中国志》。

是。从人物的字号反查本名，有王德毅编《明人别名字号索引》(上、下)。《明清进士题名碑录索引》可根据人物籍贯检索，能据此寻得地方志中的人物传记。《天一阁藏明代方志选刊》正、续中收录的地方志，华东师范大学图书馆古籍部编有《天一阁藏明代方志选刊人物资料人名索引》(上海书店出版社，1997年)。富路特(Goodrich，Luther Carrington)、房兆楹合编的 *Dictionary of Ming Biography 1368—1644*(《明代名人传》) 2卷(哥伦比亚大学出版社，1976年)，也可作为一部明代人物小传的合集。

(岸本美绪)

第九章　清代

岩井茂树、加藤直人、谷井俊仁

一、研究视角

清史研究，最初是作为当代史起步于20世纪初叶。清朝是中国最后一个王朝，也是一个疆域辽阔的大帝国。著有《清朝衰亡论》(1912年)等作品、深切关注现实政治和社会动向的内藤湖南，从奉天(沈阳)故宫得到《满文老档》《五体清文鉴》等文献的照片，成为开启满文文献研究的标志性人物。二战之前，对"入关"(1644年)以前清政权形成时期的研究，以八旗制度、多民族统治体系等问题为中心。基于这些研究积累，加之台湾地区从1970年代开始、大陆地区从1980年代开始，逐步公开各种资料，以满文和汉文档案为中心的文献研究由此愈加深入。近年，围绕以八旗为核心的社会制度特质研究，利用蒙古语史料开展的政治和法制史研究，均不断深耕拓展。清朝与准噶尔之间的战争，关系到内陆亚洲政治格局的变动，其研究今后有望进一步深入。利用维吾尔语资料进行的政治史和宗教文化史研究，随着资料的开掘也不断呈现出新的面貌。1990年以降，基于档案资料，这些研究取得了令人瞩目的扎实推进。

另一方面，围绕清朝在中国社会发展中所处地位的探讨，在二战后亦有进展。田中正俊、小山正明、重田德等援引发展阶段论的研究者，提出从围绕租佃关系和商品生产的地主统治、赋役制度中体现的国家统治特质等角度入手来探讨这一问题。认为统治体系在明末清初发生转变的学说，便诞生于这一研究潮流中。关于乡绅统治这一观点，也从多个方向尝试论证，例如，通过分析租税征收中的“包揽”等习惯做法，探得官府行政能力的界限，以及乡绅、胥吏衙役、宗族组织等基层组织力量的形成，这类研究甚至对于理解今日中国社会的特质亦有贡献。

制度史和政治文化史方面，宫崎市定和安部健夫等人始于1949年的《雍正朱批谕旨》合作研究取得了丰硕的成果（《雍正时代研究》，同朋舍出版，1986年）。滋贺秀三利用包括清代判牍和地方档案在内的审判文书，廓清了司法制度的实际运作，并进一步深入至对清代法律文化的认识。以档案及据此编纂而成的典籍为素材的研究是一个大有可为的领域，值得探究的问题点和研究方法，还可以从前人成果中学到很多。夫马进的讼师研究、寺田浩明从法社会学角度切入的一系列成果、岸本美绪对土地交易文书的分析等，均为优秀的典范。

1980年代以降，日本学界清代社会史、经济史领域的研究视角及方法论发生了巨大的变化。此前的研究多关注生产关系、市场控制等问题，从岸本美绪的研究开始，不少研究者的工作开始着眼于市场性质、地域经济结构、货币流通实态及其特质等问题。与此同时，采用社会史方法和视角的研究也取得了丰硕的成果。本章第二节“（四）社会史、经济史”将介绍这方面的最新研究动向，近年，中国的研究者也开始关注社会史，研究活动颇为活跃。

以“徽州文书”为代表的民间文书研究，从1980年代开始在中国正式展开，今后这方面的发掘还将持续推进。若以清史研究为志向，在此强调一下，接受文书档案格式和草书辨识方面的训练极有必要。

欲知日本学界清史研究的动向，《中国史学的基本问题4　明清时代史的基本问题》（汲古书院，1997年）颇为合适。中国方面则有《清史研究概说》（天津教育出版社，1991年），不过该书已略显老旧。获取最新的研究资讯，必须依靠《清史研究》（季刊，1991年—　）等学术刊物中刊载的研究综述和论文目录。

以下，本章将分述清人入关前及清代北部边疆地区，以及清人入关后的国家体制和政治史、社会史、经济史等内容。其中，史料解说部分，以后者为中心。与前者相关者，语文学研究占有不小比重，故在研究介绍中进行史料的解说。

（岩井茂树）

二、研究进展

（一）清入关前

中国东北的沈阳以东，有一个名为抚顺的地方。现在这里是著名的露天煤矿区，明代在该地设有名为“抚顺关”的边境关隘和马市，明朝商人与居住于关外名为“建州左卫”的女真部族集团（河内良弘《明代女真史研究》[1992]）在此进行贸易。明代的马市，不仅交易马匹，也交易各种商品（江嶋寿雄《明代清初女直史研究》[1999]）。对女真人而言，最为重要的商品是毛皮和人参。毛皮，特别是黑貂皮，以及人参在明朝都是价格昂贵的商品。以全球视角观之，16世纪的东亚与东北亚，一方面存在着对这些奢侈品的需求，另一方面迎合这一需求已形成相应的贸易体系。依托该贸易体系带来的利润，建州左卫的领袖，也就是后来的清太祖努尔哈赤（Nurhaci），势力不断壮大。

1587年，努尔哈赤在佛阿拉（Fe Ala，“旧山岗”之意）筑城，这是努尔哈赤首次正式筑城。佛阿拉城，二战前伪满洲国的“建国大学”曾开展实地调查，出版有报告书（稻叶岩吉等《兴京二道河子旧老城》[1939]）。佛阿拉时期努尔哈赤政权的结构，根据当时朝鲜人申忠一的实地侦查报告“申忠一书启及图录”，即《建州纪程图记》（稻叶岩吉等《兴京二道河子旧老城》[1939]），其弟舒尔哈齐（Šurgaci）与努尔哈赤实力相当（松村润《舒尔哈齐考》[1983]）。努尔哈赤差不多攻灭了除叶赫部（Yehe）以外的海西女真各部，1603年，他将居城迁往赫图阿拉（Hetu Ala，“横岗”之意）。赫图阿拉位于面朝苏子河干流的河岸丘陵之上，相比几乎没有平地的佛阿拉城，赫图阿拉城囊括了河流冲积平原上的外城部分，平地面积广大。1616年，努尔哈赤在赫图阿拉建立金国（Aisin Gurun，后金）（神田信夫《满洲（Manju）国号考》[1972]、《后金国的山城、都城研究》[1989]）。

努尔哈赤于1619年在萨尔浒（Sarhū）之战中击败明军，又降伏了叶赫部，为谋求政权稳定，1621年至1622年期间，他遴选诸子出任后金政权的中枢——和硕贝勒（hošei beile），并向明朝辽东地区进发。随后，他首先迁都东京城（辽阳附近），不久又迁都沈阳。迁都沈阳后，虽然努尔哈赤开始对汉人采取怀柔政策，但在统治汉人方面，还是产生了包括土地问题在内的巨大困难。关于这些问题，石桥秀雄的《清代官僚动向研究》[1989]、《关于清代汉人官僚的一项考察》[1989]，考论颇为详细。

1626年，努尔哈赤去世后，其第八子四贝勒（duici beile）皇太极（Hong taiji）经过众旗王的互选登上汗（han）位。不过，皇太极即位之后，作为汗的他与众旗王之间形成了森严的等级秩序。皇太极的兄长大贝勒（Amba Beile）①、阿敏（Amin Beile）、莽古尔泰（Manggūltai Beile）三人被称为"三贝勒（ilan amba beile）"，受到特别的优待。其后，皇太极利用各种理由铲除了三贝勒的势力，又于1635年在征讨察哈尔部时得到了蒙古人的权力象征"大元传国之玺"（松村润《围绕天聪九年征讨察哈尔的诸问题》[1992]），由此开始塑造对本集团的自我认同，决定以"满洲（Manju）"作为本集团的专称。翌年，皇太极在天坛举行了中原王朝式的皇帝祭天仪式，定国号为"大清（Daicing）"，年号为"崇德（wesihun erdemungge）"（石桥崇雄《清初皇权的形成过程——尤其以"丙子年四月〈秘录〉登汗大位档"所见太宗皇太极登基记载为中心》[1994]）。以"崇德"为年号、"大清"为国号，再加上中原王朝式的祭天仪式，大清的建国，绝对是有意识地按汉人及明朝的方式来进行（松村润《崇德改元与大清国号考》[1969]）。关于这段历史，石桥崇雄《大清帝国》[2000a]指出，"皇太极模仿中原皇帝与王之间的关系，明确地界定了汗与宗室诸贝勒之间的关系"，其意义在于对内。

努尔哈赤的传记，有若松宽《中国人物丛书 8　努尔哈赤》[1967]和松浦茂《中国历史人物选 11　清太祖努尔哈赤》[1995]，两书均扎实可靠，最近又有关于努尔哈赤的全新史料披露，即《先太祖贤行典例》(《nenehe genggiyen han i sain yabuha kooli，uheri juwan nadan debtelin》）全17卷（中国第一历史档案馆藏）。关于这部史料，石桥崇雄《无圈点满文档案〈先太祖贤行典例·全十七条〉》[2000b]和松村润《清太祖实录研究》[2001]已有部分翻译，尽管存在若干译文的不同，但毕竟已有了日译。根据松村润的研究，这份史料当为"太祖纪"一类文献，具体言之，为努尔哈赤的言行记录，可能是崇德元年告成的清朝首部"实录"《太祖太后实录》(《dergi taidzu，dergi taiheo i yahuha yargiyan kooli bithe》)（现已散佚）的一份稿本。

《太祖太后实录》纂成之后，努尔哈赤的"实录"于顺治年间重修，名为《太祖武皇帝实录》（汉文本藏于台北故宫博物院，满文本全本藏于中国第一历史

① 译者按：大贝勒（Amba Beile）即代善（daišan）。此条承齐光提示，谨致谢意。

档案馆），此后，康熙、乾隆年间又两次重修，均名为《太祖高皇帝实录》（神田信夫《清朝实录考》[1964]）。康熙年间，皇太极时期的《太祖太后实录》与“太祖实录战迹图”（现已散佚）又曾合编为《满洲实录》。所以，努尔哈赤的“实录”，前后共有 5 种。不过，从史料价值言之，《先太祖贤行典例》与顺治重修本更优（松村润《清太祖实录研究》[2001]）。

考察入关前的清朝历史，包括努尔哈赤在位期间，最为基本的史料还是《满文老档》（满文书写的旧档）。该史料以编年体形式记录了从太祖努尔哈赤至太宗皇太极时期的“大清”建国（崇德元年，1636 年）历史。不过遗憾的是，因为更原始的资料（“满文原档”）中的缺漏，天聪七年、八年和九年这 3 年均失载。《满文老档》的日译，日本满文老档研究会的译文（《满文老档》Ⅰ—Ⅶ，东洋文库，1955—1963 年）质量极佳。有志于清初历史者，有必要首先参考该译本。

上述《满文老档》的原本，1931 年发现于北京故宫博物院的旧内阁大库。这批资料被称为“满文原档”。“满文原档”是 17 世纪上半叶用满文（一部分为蒙古文）书写的档案，18 世纪乾隆帝时期，基于这批资料编成《满文老档》。因此，就史料运用的严谨言之，有必要取“满文原档”对照而观。这批原档现藏于台北故宫博物院，该机构已于 1969 年以《旧满洲档》为名将其影印出版（神田信夫《清朝兴起史研究——从“满文老档”到“旧满洲档”序说》[1979]）。与《清太祖实录》编纂有着密切关系的编年记录“内国史院档”亦颇为有用（神田信夫等《内国史院档　天聪七年》[2003]）。关于清代初期的各种史料，可参见加藤直人的解说《清入关前的法制史料》[1993]。

努尔哈赤时期，八旗制度创立，这一社会、军事制度此后成为清朝的基石。八旗制度历经变化，一直延续至民国。清代八旗制度及其连带诸问题，已有各种研究问世，欲整体了解，可参考细谷良夫的《清朝八旗制度的变迁》[1968]。最近，学界出现了一股“八旗制度研究热”，欲从八旗制度入手，廓清清朝的国家制度。中国方面，杜家骥的《清皇族与国政关系研究》[1998]、刘小萌的《满族的部落与国家》[1995] 均堪称代表。日本方面，细谷良夫之外，柳泽明的《八旗再考》[2001]，楠木贤道的《天聪年间爱新国对蒙古诸部的法律支配进程》[1999a]、《编入清朝八旗的蒙古族扎鲁特部》[2001]，杉山清彦的《清初正蓝旗考——从姻戚关系考察旗王权力的基础结构》[1998]、《八旗旗王制的成立》[2001a]、《清初八旗中最强的军事集团——从太祖努尔哈赤到摄政王多尔衮》[2001b]，铃木真《雍正帝实施的旗王统制与八旗改革——镶红旗旗王苏努定罪案及其意义》[2001]，绵贯哲郎《清初的旧汉人与八旗汉军》[2002]、《〈六条例〉的形成——乾隆朝八旗政策的一个断面》[2003] 等研究均引人瞩目。杉山清彦《大清帝国史研习札记——以“清朝社会与八旗制”研究班为中心》[2001c] 就清代的八旗制度论述道：“八旗制下的基本统治关系是被分封的皇室诸王（旗王）领有各旗之人，乃至分给所管牛录，这有着主从制统治的一面，即分封制与牛录制相结合的一面（旗王制）。这种统治关系下构成的各旗和旗王家族，以旗为单位，均分权利和义务（八分体制）。与此同时，分为左右各四旗，规定仪式及出征时的部署（左右翼制）。这种被称为旗王制的垂直结构和八分体制，被称为左右翼制的水平结构，是为贯穿八旗制度的基本结构”，可以说，基于对八旗结构的分析，八旗有了基本的定义。不过最近，谷井阳子批判了这一理解，她认为，“八旗的组织和人员，更倾向于在汗之下的集中管理”（谷井阳子《八旗制度再考（一）——连旗制论批判》[2005]）。关于八旗的结构，以康熙、雍正时期改革为中心的考察有细谷良夫《雍正朝牛录名号称呼考》[1983] 和铃木真《雍正帝实施的旗王统制与八旗改革——镶红旗旗王苏努定罪案及其意义》[2001]。尤其是细谷良夫的研究，从雍正帝的八旗改革入手，以牛录名称的变更问题为中心展开了探讨，铃木真则以原始档案为基础，对康熙、雍正时期的旗王权力进行了详细的考察。

1644 年，清人甫一入关，就有为数不少的旗人迁居北京及其周边地区。关于留在东北的旗人和移居京畿的旗人如何区分决定，尚未见到专门论述，不过关于供给京畿地方旗人的“旗地”和“营”，有周藤吉之《清初畿辅旗地的形成过程》（上、下）[1944]、石桥秀雄《清朝中期的畿辅旗地政策——尤其以雍正、乾隆年间制度上显现的防止旗地崩坏与救济旗人相关政策为中心》[1956]、细谷良夫《畿辅旗地的形成及性质》[1972] 等研究。而且，随着清朝势力的扩大，西安、广州、杭州和福州等重要地方均设置了“驻防八旗”，在清朝统治中发挥了重要的作用，这些旗人在与当地汉人的交流中，形成了特殊的民族（ethnicity）社会。关于这个问题，柯娇燕（Crossley，Pamela Kyle）《孤军：满人一家三代与清帝国的终结》[1990] 和《满人》[1997]、欧立德（Elliott，Mark C.）《满人之路：八旗制度与清代的民族认同》[2001] 等美国研究者的成果引人注目。另外，细谷良夫等人基于实地考察取得的成果《三藩史迹——福州、广州、桂林之旅》[2003] 也是对“八旗驻防”问题的重要探讨。关于蒙古旗人的研究，不算兴盛，不过最近村上信明《乾隆时期的翻译科举政策与蒙古旗人官僚的兴起》[2002]、《乾隆朝中叶以降藩部统治中蒙古旗人官僚的任用》[2003] 考察了乾隆时期的蒙古旗人“官僚”。

从明末至清初，女真社会的结构到底如何，围绕这一问题，增井宽也采用社会人类学的方法，取得了扎实的成果。增井宽也的研究（《论满族入关前的穆昆——以〈八旗满洲氏族通谱〉为中心》[1993]、《论明末建州女直的强势穆昆——沙济的富察哈拉》[1999a]、《明末瓦尔喀部女直及其集团结构》[1999b]、《古出（gucu）考——以努尔哈赤时期为中心》[2001]）初见无甚高明，但作为廓清清初社会不可或缺的扎实成果，最近备受瞩目。

近年，清初八旗研究的中心，可以说是以“汗”“旗王”和“婚姻关系”为关键词来探讨清朝的权力结构。代表性的成果，可举楠木贤道《清初入关前的汗・皇帝与科尔沁部首领层的婚姻关系》[1999b]、杜家骥《清皇族与国政关系研究》[1998]、杉山清彦《清初正蓝旗考——从姻戚关系考察旗王权力的基础结构》[1998]、《八旗旗王制的成立》[2001a] 和《清初八旗中最强的军事集团——从太祖努尔哈赤到摄政王多尔衮》[2001b]。同时，有关雍正朝八旗改革之后的制度变化及旗人社会变迁的研究也得到了推进。细谷良夫、铃木真和绵贯哲郎的成果均可为代表。这些崭新的八旗研究，预计今后将成为清朝社会研究的主流。

（二）清朝北部边疆地区

蒙古、新疆的昆吾（哈密）和吐鲁番的两个王族，以及西藏，并称为“外藩”（即清朝的“内属外藩”）。清朝在势力扩大的过程中，首先将察哈尔，随后于 17 世纪后半叶将喀尔喀纳入麾下，最终整个蒙古归附清朝。在此过程中，清朝怀有一种怎样的统治理念呢？中见立夫《中央欧亚的边缘化》[2000] 认为：“清朝皇帝与同样信仰儒家文化的‘朝贡’各国之间，呈现出一种中华世界的‘皇帝’与‘国王’之间的秩序关系，而面对藏传佛教圈的蒙古和西藏，皇帝则被解说为文殊菩萨的化身。进而，西藏与清朝皇帝之间的关系，可以比作佛教宗派与施主之间的关系，清朝皇帝继承了成吉思汗以降的皇权，蒙古与他的关系，则是蒙古王公与成吉思汗那样的主从关系。”顺着中见立夫的观点深入下去，那么，新疆在该体系中处于何种位置呢？而且，这毕竟只是清朝皇帝一方的想法，该想法实际能贯彻到一般大众的哪一层次，这些问题均须深入探讨。岸本美绪《中国史学　前近代Ⅱ　以宋代至清中期为中心》[2000] 认为："从这一视角出发，可以想象将会呈现出一个截然不同的清朝国家形象。"最近有关清朝国家结构与统治理念的研究情况，可参见片冈一忠《朝贺制度所见清朝与外藩、朝贡国的关系》[1998] 和杉山清彦《大清帝国史研习札记——以"清朝社会与八旗制"研究班为中心》[2001c]。

◆蒙古地区

关于清朝与内蒙古各部间的关系，已有较多研究积累，尤其是最近森川哲雄的一系列成果《察哈尔八鄂托克及其分封考》[1976]、《察哈尔部布尔尼亲王之乱》[1983a]、《围绕阿睦尔撒纳的清俄交涉始末》[1983b]。如前所述，关于内蒙古诸部，尤其是清初皇室与科尔沁上层的婚姻关系，最近有楠木贤道的研究《清初入关前的汗・皇帝与科尔沁部首领层的婚姻关系》[1999b]。关于卫拉特蒙古准噶尔的历史，代表性的研究有冈田英弘《四卫拉特的起源》[1974]、若松宽《准噶尔王国的形成过程》[1983] 及随后宫胁淳子的一系列研究《17世纪的卫拉特——对"准噶尔汗国"的疑问》[1981]、《蒙古与卫拉特关系史——从13世纪到17世纪》[1983] 和《最后的游牧帝国——准噶尔部的兴亡》[1995] 等，令准噶尔研究得到了相当程度的深化。冈田英弘在台北故宫博物院发现了康熙帝在亲征噶尔丹途中寄给皇太子的信件，分析了其内容。这一研究成果，可以说是首次利用清朝满文档案来开展的蒙古史研究（冈田英弘《康熙帝的书信》[1979]）。关于喀尔喀的研究，冈洋树《清朝在喀尔喀蒙古建立盟旗制度的过程——以牧地问题为中心》[1988] 和《乾隆帝对喀尔喀的政策及喀尔喀的反应》[1992]、荻原守《18世纪喀尔喀蒙古法律的演变》[1990] 极为精彩。特别是荻原守的研究，从清代蒙古"法"入手，详细探讨了清朝统治的特质及接受这套法制的蒙古王公反过来对"法"的利用问题。冈洋树《清朝的国家性质与蒙古王公》[1994] 对于了解清朝政治结构亦颇有助益。期待该领域的研究不断深入。

◆东北地区

在清史研究中提出"田野"概念的当属细谷良夫。他所定义的田野不同于社会人类学的工作，一般是指前往史书记载的地方进行实地"确认"。细谷良夫遍历东北各地的历史遗迹与八旗驻防地，开展田野考察，并通过访谈八旗驻防地等地方旗人后裔，收集了未传诸文字的口述史料（细谷良夫《中国东北的清朝史迹 1986—1990 年》[1991]）。众所周知，随着历史遗迹的渐趋消亡，以及了解之前旗人社会的老人的相继逝去，在此意义上，细谷良夫的“田野调查”便极有价值。东北史，尤其是关于被纳入清朝统治的“边民”研究，有松浦茂的《清朝边民制度的形成》[1987]。松浦茂的一系列研究，《18 世纪末黑龙江下游地区的边民组织》[1991]、《18 世纪黑龙江下游地区的霍集珲》[1996]、《18 世纪黑龙江中游地区的民族更替——以七姓、八姓赫哲的迁移为中心》[1997] 和《17 世纪黑龙江中游地区居民的经济活动》[1998]，利用辽宁省档案馆收藏的“三姓副都统衙门档案”，考察了生活于黑龙江中下游的各个人群。

柳泽明《所谓“布特哈八旗”设立考》[1994]、《清代黑龙江地区八旗制的发展与民族再编》[1997] 考察了生活于东北的各个人群被编入八旗的背景和目的。其理由包括：①作为军事力量加以利用；②防止叛乱，加强统治；③通过支给薪俸，给予生活补助等（柳泽明《八旗再考》[2001]）。楠木贤道《康熙三十年达斡尔驻防佐领的编立》[1994] 考察了达斡尔驻防佐领的设立情况。此外，加藤直人《大兴安岭地区的“民族”与“地域”——以光绪十一年布特哈总管衙门副总管博多罗的上诉为中心》[1997] 探讨了 19 世纪下半叶，栖息于嫩江流域布特哈一带的人们及鄂伦春人在新的近代国际体系中如何处理与俄罗斯人的关系。

附：中俄关系

清朝对俄关系方面，吉田金一长期耕耘于该领域。吉田金一在台湾地区发现了尼布楚条约谈判清朝代表团成员郎坦（Langtan）绘制并携回的《吉林九河图》（吉田金一《俄罗斯进入东方与尼布楚条约》[1984]）。吉田金一曾研究过尼布楚条约所定国境线格尔必齐河的位置，其成果收于他的《围绕俄罗斯与中国东部国境的诸问题》[1992]。最近，吉田金一的研究后继有人，柳泽明和涩谷浩一开始利用中国和俄罗斯收藏的各种文献史料，探讨自恰克图条约开始的中俄关系。柳泽明《通向恰克图条约之路——清的通商停止政策与伊兹玛依洛夫使团》[1988]、《恰克图条约前的外蒙古—俄国边境地区》[1989]，涩谷浩一《俄清关系与洛伦兹・郎格——以恰克图条约的签订为中心》[1991]、《恰克图条约签订前的俄罗斯北京贸易——以清朝方面的接待体制为中心》[1994]，均以史料为基础，实证讨论了中俄两国关系。

◆新疆地区

17 世纪以降的新疆研究，羽田明和佐口透为领军人物。羽田明不仅使用汉文史料，还利用以察合台文为代表的当地语言史料来开展研究，取得了《阿古柏叛乱史料一则》[1963]、《中亚史研究》[1982] 等大量成果。佐口透则穷尽汉语和俄语史料进行分析，在此基础上，对 18、19 世纪有关该地区的问题，尤其是以伯克（beg）制为代表的当地社会结构展开研究，取得了划时代的成果——《18 至 19 世纪新疆社会史研究》[1963]、《新疆民族史研究》[1986]、《新疆穆斯林研究》[1995]。继承羽田明的学术传统，以当地语言史料为核心的研究方面取得的进展有滨田正美的《19 世纪维吾尔历史文献导言》[1983] 等。继承佐口透的学术传统，以汉文史料为中心进行新疆西部（回疆）① 社会考察的有堀直《关于清朝回疆统治的若干问题——对一则叶尔羌史料的思考》[1979]、真田安《绿洲巴扎的静态研究——19 世纪后半期喀什噶尔的情况》[1977]、《清代伯克制创设期所见喀什噶尔的绿洲社会》[1983]。此外，片冈一忠《清朝新疆治理研究》[1991]，讨论了清朝治疆的特质。进入 1980 年代以后，中国的档案史料逐步开放，在此动向中，加藤直人《天理图书馆藏〈伊犁奏折〉考》[1983a]，继承佐口透的研究理路，专门解说了满语文书史料的重要性。现在，利用包含满文的清朝公牍档案来开展研究日渐兴盛，堀直《回疆社会经济史研究与满文史料——介绍佐口透收藏的一件文书》[2001] 也逐渐向这一方向靠拢。近年，小沼孝博通过浏览清朝公牍档案，发现了有关清朝在征讨准噶尔后，对厄鲁特实施“旗制”的史料。他以此为基础，讨论了旗制编立的意义和阿睦尔撒纳叛乱之后当地的变化（小沼孝博《清代对厄鲁特各鄂托克统治的展开——蒙古诸部统治中“旗”制的导入》[2004]）。

◆青海、西藏地区

清代的青海和西藏方面，已有和田清《东亚史研究（蒙古篇）》[1959] 为代表的基础研究。利用藏文史料进行研究的正式展开，当以山口瑞凤《顾实汗达成西藏统治的经过》[1963] 为最早。这篇论文探讨了 1630 年代和硕特顾实汗将青海和西藏纳入其势力范围的经过，其以《青海年代纪》等藏文史料为基础，由此成为此后该地区研究的一个起点。佐藤长不仅使用藏文史料，还尽可

① 编者按：回疆是清代对新疆天山南路的通称，亦称“回部”。清末新疆建省，回部成为新疆的一部分。

能地利用当时所能得到的汉文史料，探讨了17、18世纪的青海和西藏历史，撰成《罗卜藏丹津叛乱考》[1972]和《近世青海诸部落的起源》（上、下）[1973]。当时，有关西藏、青海、蒙古、准噶尔与清朝的关系史，仅有伯戴克（Petech，Luciano）的概括性研究《18世纪前期的中原和西藏》[1972]，佐藤长开始将该领域的研究引向深入。

从1970年代末、1980年代初开始，这一领域的研究逐步转型为文书研究。加藤直人使用清朝的满语文献开展研究，他利用台北故宫博物院刊布的史料集《年羹尧奏折》，考察了1723年爆发于青海的罗卜藏丹津叛乱，取得了《1723年罗卜藏丹津叛乱——以叛乱前夜为中心》[1983b]、《罗卜藏丹津叛乱与清朝——以叛乱经过为中心》[1986]等一系列成果。石滨裕美子进一步深化了加藤直人的研究，使用汉文、藏文、满文和蒙古文史料，详细探讨了青海、西藏以及清廷与藏传佛教间的关系。①

（加藤直人）

（三）国家体制史、政治史

清朝以灵活的姿态统一了帕米尔高原以东的空间，因此在开展清史研究时，必须采用比研究其他中国王朝更为广阔的视野。元朝与之相似，但元朝是一个不足百年的短命王朝，而清朝有着近300年的国祚。势力范围的广阔和长期统治的持续，令清朝的制度史和政治史有趣异常，当然研究难度也不小。

过去对清朝体制的理解，总是将其视为明朝体制的延续。但是最近，出现了其与明朝体制间并非延续关系的主张。例如，谷井阳子《从做招到叙供——明清时代的审理记录形式》[2000]指出，刑事审判中事实报告的做法，明与清就存在着不同。

关于鸦片战争以前的清朝体制，从总体上展开的考察有以下几种。宫崎市定《东洋的朴素主义民族与文明主义社会》[1992a]和《朴素主义与文明主义再论》[1992b]，用朴素的文明冲突史观描述了东亚的历史，现在已有重新评价的必要。石桥崇雄《"满洲"（manju）王朝论——清朝国家论序说》[1997]、《大清帝国》[2000a]将清朝理解为由满族、汉族、蒙古族、藏族、维吾尔族等民族组

① 编者按：关于石滨裕美子研究中所带强烈的为政治服务的现实意图以及其理论的缺陷，可参见沈卫荣《大元史与新清史：以元代和清代西藏和藏传佛教研究为中心》（上海古籍出版社，2019年）对其的批判。

成的多民族国家，将其视为现代中国的原型。

关于清朝体制，以宫崎市定《〈雍正朱批谕旨〉解题——论其史料价值》［1991a］为代表，将其视为中国近世王朝君主独裁体制之一种。另一方面，从上承入关前满族体制的连续性入手来探讨清朝体制的细谷良夫《清朝八旗制度的演变》［1968］，同样主张清朝在雍正时完成了君主独裁体制。岸本美绪《皇帝与官僚、缙绅——从明至清》［2002］尝试对两条脉络进行统一的理解。

从比较史角度切入的研究有足立启二的《专制国家史论——从中国史到世界史》［1998］。他认为，与日本的幕府制社会相比，清朝这一专制国家是一个缺少中层自治团体的巨型整合体。谷井俊仁《清朝官僚制的合理性》［2002］提出了与马克思·韦伯不同的家产官僚制。

关于清代法律的基本特征，建议顺着滋贺秀三的理解来加以把握。诸种清朝法制史中，滋贺秀三《大清律例考——附：会典、则例、省例等》［2003a］不可不读，他的《中国法文化的考察——以诉讼的形态为素材》［1987］、《中国法的基本性质》［2003b］简洁地论述了中国法律的特征，值得深入领会。

通过展现时代氛围的普及读物来触摸清朝的政治体制也是一个不错的途径。井上进的《顾炎武》［1994］是一部有关清代考据学鼻祖顾炎武的评传，该书探讨了从明至清的时代变迁，描绘了清朝对明末风气的彻底扫除。宫崎市定的《雍正帝——中国的独裁君主》［1991b］，传达了一个专制的时代形象。孔飞力（Kuhn，Philip Alden）《叫魂：1768 年中国妖术大恐慌》［1996］则生动地描绘了乾隆年间清朝专制体制的迷失状态。

关于清朝的国家体制，入关前与入关后的体制性质当然存在差异，但也不可否认存在着一定的连续性，因此有必要先对入关前的体制有一基本的把握。三田村泰助《清朝前史研究》［1965］对穆昆、塔坦制度的研究，作为入关前满族社会史总论，是为必读名篇。阿南惟敬《清初军事史论考》［1980］详细论述了八旗的组织原理，神田信夫《清朝史论考》［2005］则讨论了议政大臣、文馆等政治制度。谷井阳子《八旗制度再考（一）——连旗制论批判》［2005］，批判了已被史界广泛接受的连旗制论。从前述研究可知，入关前满族人社会与汉人社会差别甚大。若读一下园田一龟的《鞑靼漂流记》［1991］，还会有满族人社会更近似于日本社会的印象。那么，入关前满族制度在入关以后是如何贯彻，又经历了怎样的挫折和变迁，对这些问题的解读，正是清朝国家体制史和政治史研究的趣味所在。

◆官制

关于清朝官制的总体论述，20世纪初，“台湾总督府”编有《临时台湾旧惯调查会第一部报告　清国行政法》[1972]，不过，该书系基于近代行政法理论而作，故不可避免地招来了负面评价。而且，该书虽十分详细，但也有令人难解之处，这也是招致负面评价的一个原因。同时代其他学人在这方面的论述有服部宇之吉《清国通考》[1966]、狩野直喜《清朝的制度与文学》[1984]，但还是“台湾总督府”所编者相对更为明晰准确。二战以后，这方面的论述则有坂野正高《外交交涉中清末官员的行动方式——以1854年的条约改正交涉为中心》[1973]。

约束官僚的是皇帝，所以必须先理解皇帝。但是围绕皇帝的专门讨论，却意外阙如。石桥崇雄《清初汗（han）权的形成过程》[1988]，从入关前满族额真（主人）—阿哈（奴才）关系的延续来理解入关后的皇帝。清朝皇帝的这个侧面，过去的君主独裁制讨论并未涉及，只有基于这一侧面，才能理解通过私信（奏折）来控制官僚的皇帝。

对官僚整体的研究，出现了利用丰富的史料而进行的量化分析。楢木野宣《清代重要职官研究》[1975]探讨了满汉并用制，石桥秀雄《清代官僚动向的研究》[1989]、《关于清代汉人官僚的一项考察》[1989]按籍贯分析了进士的仕途。欲理解这些现象如何产生，就必须明了作为其基础的人事政策，但是，这方面的研究乏人问津。清朝以治人为统治之要谛，故欲理解清朝国家体制的历史，必须将人事政策作为最优先的课题。这一方面，近藤秀树《清代的铨选——外补制的形成》[1958]可为先驱，他指出，人事权的一部分在雍正时期被下放至外省。最近出版的相关专著，有大野晃嗣《清代加级考——中国官僚制度的一个侧面》[2001]。

关于中央政府机构，宫崎市定《清朝国语问题之一面》[1991c]指出了内阁和军机处作为翻译机构的特点，是为该领域的一流名篇。另外，渡边修《清代步军统领衙门考》[1981]研究了北京的警察机构步军统领衙门，是一篇纵贯清初至清末的力作。

关于地方政府机构，州县衙门方面积累颇多，但州县以上部门的运作则至今不甚了了。州县实务并不单纯由州县官员操办，而必须借助幕友（行政顾问）、胥吏（办事员）、衙役（杂役夫）、家人（州县官员的仆从）的力量。其中，关于幕友和胥吏，有宫崎市定的研究《清代的胥吏与幕友——以雍正朝为中心》[1991d]，关于衙役和家人，有谷井俊仁的研究《论清代外省的警察功能——以割辫案为例》[1988]。关于胥吏的轮换，近年有加藤雄三的研究《清代胥吏缺买卖考》[2000—2001]。关于绿营承担的警察功能和犯罪的动向，太田出《清中期江南三角洲市镇的犯罪与治安——以绿营汛防制度的发展为中心》[2000] 有专门探讨。

关于作为官僚录用制度的科举，宫崎市定的《科举史》[1993b]、《科举——中国的考试地狱》[1993b] 堪称经典，建议同时阅读狩野直喜《清朝的制度与文学》[1984]。该课题在欧美学界亦颇受关注，何炳棣《科举与近世中国社会——立身出世的阶梯》[1993] ① 通过科举研究了社会阶层的流动，是为名著。该领域最新的研究动态，贾志扬（Chaffee，John William）《中国社会与科举——欧美的研究动向》[2002] 有专门介绍。如何迎合科举进行学习，考试中会出怎样的试题，佐野公治《〈四书〉学史的研究》[1988] 介绍了这些内容，从中可了解清人思维方式之一端。另一方面，关于官僚录用的非正常通道——捐纳（买官），近藤秀树《清代的捐纳与官僚社会的尾声》（上、中、下）[1963] 进行了量化分析，讨论了变身官僚的营利性。欲知捐纳制度的整体情况，伍跃《清代捐纳制度论考——以报捐为中心》[2000a]、《清代捐纳制度与候补制度考——以捐纳出身者的任用问题为中心》[2004] 是为佳作。

◆政治

政治史是清史研究的一个弱项。围绕明代和清末的研究如此深厚，而从入关至清代中期的清史研究，总是缺少一些政治史的魅力。

开始自觉关注到该领域的仅有大谷敏夫。他的研究成果，汇集于《清代政治思想史研究》[1991] 和《清代的政治与文化》[2002]。大谷敏夫将君权与官

① 译者按：该书英文原本题名 *The Ladder of Success in Imperial China: Aspects of Social Mobility, 1368—1911*（《中华帝国成功的阶梯：社会流动视角 1368—1911》）（哥伦比亚大学出版社，1962 年），中译本题名《明清社会史论》（徐泓译注，台湾联经出版事业有限公司，2013 年），日译本题名《科挙と近世中国社会——立身出世の階梯》（寺田隆信等译，平凡社，1993 年）。该书第六章另有中文译本《科举和社会流动的地域差异》（王振忠译，陈绛校，收于中国地理学会历史地理专业委员会《历史地理》编辑委员会编《历史地理》第 11 辑，上海人民出版社，1993 年）。

僚机构的关系作为清代政治史的基本课题，他的研究对于探讨清代政治的本质颇有启发意义。他认为，清朝的专制体制，皇帝意志的形成，与其说是近乎无所限制的独断，不如说是实施层面的问题。因此，官僚机构极为重要。明朝时，官僚相互攻讦，皇帝在此之上做出决断，而实施中弊漏百出。明与清，虽然同为专制体制，政治风气却大相径庭。如何理解两者之不同，有助于廓清清代政治历史的特征。

井上进《朴学的背景》[1992]透过知识分子政策，对明清两代进行了比较研究，考察了从顺治到乾隆的政治历史。井上进总结道，乾隆帝对知识分子的要求是“内心如何姑且不论，表面则必须绝对服从”。从强调统治合法性的近代观念来看，实属异类，不过这正是清朝专制政治发展所达程度之表现。

从入关前满族史入手的研究，还尝试通过分析婚姻关系，以连续把握入关前后的清朝历史。这方面的代表作可举杉山清彦《清初正蓝旗考——从姻戚关系考察旗王权力的基础结构》[1998]和铃木真《雍正帝实施的旗王统制与八旗改革——镶红旗旗王苏努定罪案及其意义》[2001]。关于从努尔哈赤到雍正帝历代大汗所持政治合法性理念，有谷井俊仁的研究《一心一德考——清朝的政治正当性逻辑》[2005]。有关华夷思想和中华思想，安部健夫《清代史研究》[1971]堪为经典，平野聪《清帝国与西藏问题》[2004]则从政治学的立场出发进行了讨论。坂野正高《外交交涉中清末官员的行动方式——以1854年的条约改正交涉为中心》[1970]分析了清末官员在外交中的行动方式，也是一篇积极引入政治学分析方法的论文。

接下来介绍一下围绕各时期的研究。顺治年间对南明的作战、满汉间的党争、从多尔衮专权到顺治亲政等事件，尽管都是政治史的主题，研究却并不深入。总体论述顺治朝历史的作品有谷井俊仁的《顺治时期政治史试论》[1994]。关于由明入仕清朝的贰臣，有冈本さえ的《贰臣论》[1976]，郑氏政权方面，则有林田芳雄《郑氏台湾政权的形成过程》[1996]。

入关之后，清朝最大的危机是三藩之乱，该专题自细谷良夫《三藩之乱再研究——以尚可喜一族的动向为中心》[1984]之后便几无探讨，因此研究还很薄弱。围绕康熙五十年（1711）科场案，有井波陵一的研究《论康熙辛卯江南科场案》[1996]。关于汉人官员的动向，泷野邦雄的一系列成果汇集于《李光地与徐乾学——康熙朝前期的党争》[2004]一书中。

关于雍正帝，历来认为其即位疑点重重。关于雍正即位前的兄弟阋墙、即位后的清洗镇压，宫崎市定《雍正帝——中国的独裁君主》[1991b]和杨启樵《"雍正篡位"再论》[1987]颇为详细。香坂昌纪《清代的馈送——以江苏巡抚吴存礼为中心》[1986]，从赠礼往来入手论述了满族诸王与官员之间的串通勾连。

乾隆一朝，对内是一个专制体制走向迷失的时代，对外则是一个实现东亚统一的时代。孔飞力（Kuhn，Philip Alden）论述乾隆三十三年（1768）剪辫事件的《叫魂：1768 年中国妖术大恐慌》[1996]，展示了当时政治体制的迷失状态。若根据井上进的观点，此期的禁书政策也没有达到思想压制那么夸张的程度，这方面的探讨有冈本さえ的专著《清代禁书研究》[1996]。

乾隆一朝与准噶尔部的关系，有宫胁淳子《最后的游牧帝国——准噶尔部的兴亡》[1995]和滨田正美《从蒙兀儿汗国到新疆——新疆地区与明清王朝》[1998]。与俄罗斯的关系，有菊池俊彦《北方世界与俄罗斯的进入》[1998]。对英关系方面，马戛尔尼（Macartney，George）的《乾隆英使觐见记》[1975]为基本史料。

鸦片战争之前嘉庆、道光朝的政治史研究，大多还是一片空白。关于白莲教起义，倒有铃木中正的研究，他的《清朝中期史研究》[1971]，对这一时期的政治过程论述颇详。此外，还有若干人物研究建议阅读。片冈一忠《洪亮吉传（初稿）》(1)—(4)[1992—1994，1996]，梳理了洪亮吉从乾隆初年至嘉庆中期的生平经历。谷井阳子《道光、咸丰时期外省财政形势的变化——以张集馨的经历为线索》[1989]，基于地方财政官员张集馨的年谱，展示了地方的财政与官场生态，从中可窥得当时闭塞的时代氛围。人物虽然是整个清代都可深入开展的研究，但成果并不多。井上进《张氏顾亭林先生年谱补正》[1989]对顾炎武的年谱做了补订，为展现人物研究方法的典范之作。

◆法制

法制领域最近颇受关注，并倾向于关心清代秩序的理想模式。若只是想了解秩序的各种表现，其实经由任何领域均可触及。法制史的强项，就在于能揭橥清人自己理论化的理想秩序模式，我辈由此能从现实和理论两个角度切入来理解清代的秩序。

该领域最受关注的成果当属滋贺秀三的研究。在他有关清代法律的成果中，

《清代中国的法与审判》[1984] 讨论了若干个案，《中国法制史论集——法典与刑罚》[2003c] 则探讨了清代法律在中国通代法制史中的地位。滋贺秀三的清代法制史研究，兼及个案和通论，可谓该领域的标杆之作。

滋贺秀三研究的特点是将法律置于宏大的背景中来加以理解。他探讨的问题包括刑事审判的行政性质，宗族的私刑，民事审判中明确判决理念的缺乏，作为民事法律法源的情、理、法等。特别是围绕民事案件的开创性研究，是滋贺秀三最为擅长的领域。与之相比，中村茂夫《清代刑法史研究》[1973] 的路子则更为正统，推进了对刑事案件的解释学研究。

有关清代法制史料的解说，滋贺秀三著有《大清律例考——附：会典、则例、省例等》[2003a]，更早时候，他还编有《中国法制史——基本资料的研究》[1993]，亦须参考。后者内容翔实，组织专家分别解说了入关前的法制史料（加藤直人）、清律（谷井俊仁）、蒙古例（荻原守）、省例（寺田浩明）、刑案（中村茂夫）、判词（森田成满）、契约文书（岸本美绪）。不过，精编版的前者仍不可忽视，若欲得到有关清代法制史料的总体印象，还是以前者为佳。

清律，必须将其视为构成清代法律思维骨架的基础来加以充分的理解，其中，律注不可不察。谷井俊仁《大清律辑注考释》（1）—（6）[1999—2004] 考订解说了《大清律辑注》人命篇和斗殴篇的注释。廓清个别法理的研究为数不少，此处仅举若干。中村茂夫《针对传统中国法雏形说之试论一则》[1979] 讨论了中国法雏形说，小口彦太《清代中国刑事审判中成案的法源性》[1986] 考察了成案的法源性，中村正人《清律误杀初考》[1993] 专门探讨了误杀这一概念。

民事案件方面，因为律的规定并不充分，所以在审判中追求基于案情勘明的调停解决。因此，该方向的研究，法社会学的方法最为有效。黄宗智（Huang，Philip C. C.）《〈民事审判与民间调解：清代的表达与实践〉导论》[1998] 批判了滋贺秀三对民事审判的理解，滋贺秀三《论清代的民事审判》[1998] 旋即提出反驳意见，两者论战的焦点在于民事审判究竟是不是以法为基础来做出判决。另外，活跃于该方向的学者还有寺田浩明，他用满员电车模式来解释民事秩序。寺田浩明成果颇多，代表作为《权利与冤抑——清代听讼和民众的民事法秩序》[1997]。他的《清代的民事诉讼与“法之构筑”——以〈淡新档案〉中的一个事例为素材》[2003] 讨论了民事审判中法律的性质。

司法行政和审判方面，滋贺秀三《清代中国的法与审判》[1984] 已成基本文献。关于死刑犯的重审制度秋审，高远拓儿《清代的秋审制度与秋审条款——尤其以乾隆、嘉庆年间为中心》[1999] 做了专门的研究，铃木秀光《杖毙考——清代中期死刑案件处理的一项考察》[2002] 则讨论了杖刑中因此而死的杖毙情形。最近颇有新意的研究是对民间诉讼代理人的考察，例如夫马进《讼师秘本的世界》[1996]、唐泽靖彦《清代的诉状及其制作者》[1998]。

则例和省例没有律例那样稳定的规范性，其性质更多是出于实践操作方便而编纂的案例集。清代中期以降，此类书籍陆续问世，谷井阳子《户部与户部则例》[1990] 和《清代则例省例考》[1995] 对此进行了全面的研究。

（谷井俊仁）

（四）社会史、经济史

人的生活和生计周期，被刻画表现为“养生送死”的生命周期。这一周期并非孤立，而是在与其他周期的复杂互动中运转演变，不断生发和消灭各种关系和事物。若将这些相互作用和关系横向剖开，便会浮现出其中的“场”和“结构”。如果考察一下“结构”一边因应互动一边发生变迁的过程，就有可能发现其中的循环和变化，甚至是朝着某一预设方向的“发展”。社会史和经济史的研究目标，就是在历史的视角中来认识以相互作用和相互联系为约束条件的社会及市场结构。这一出发点，应当置于影响世人行动的相互作用和相互联系所处的位置[①]来加以理解。1759 年呈献给乾隆皇帝的《姑苏繁华图》，描绘了江南中心城市苏州及其近郊的日常生活，为当时风俗画之代表。这幅画的作者徐扬，出生于苏州城内西片工匠集中的坊巷之中，他在 40 岁进京成为宫廷画师之前一直生活于此。苏州城内自不待言，画师还极其细致地描绘了周边的农村与市镇，运河等交通沿线及虎丘别墅区中款款展开的生活景象。这幅画卷有辽宁省图书馆编《盛世滋生图》[1986] 复制本，内中所附介绍可资了解。范金民《〈姑苏繁华图〉：清代苏州城市文化繁荣的写照》[2003] 发挥文献史家的特长，对该图做了精详的解说和考证，与之相比，前者的介绍则不免逊色。若关注清代的社会史和经济史，建议首先入手一幅详细的苏州地图，对照范金民的文章，仔细品鉴一番《姑苏繁华图》。

---

① 译者按：日文原文为“位相”。

◆城市的各个方面

围绕这幅画卷的主题——城市，能够发现不少值得研究的内容。斯波义信《中国都市史》[2002] 基于多年的研究积累，从地域开发、商业发展和城乡关系入手，通代论述了中国城市的历史。该书接引中国和欧美学者的最新成果，运用了从人类活动的空间集聚和生态环境角度入手的都市生态论、分析人类活动组织方式及其功能的组织论等具有普适性的分析视角和概念，从而使得与其他地域的同类现象进行比较成为可能，并强调甚至可以据此开拓一条认识中国社会及其历史发展特征的新路，社会史、经济史研究者应当能从中获得不少入门的线索。此外，川胜守《中国城郭都市社会史研究》[2004] 广泛地考察了城市管理、讼师和打行等不法行为以及宗教设施等内容，高村雅彦《中国江南的城市与生活——水乡环境的形成》[2000] 尝试构筑以水路和建筑为焦点的城市空间论，爱宕元《中国的城郭都市》[1991] 以城市的起源和城郭的构造为重点，概述了中国城市的历史。上述成果主题多样，取材广泛，值得学习。上田信《明末清初江南都市中围绕"无赖"的社会关系——打行与脚夫》[1981] 论述了城市中的无赖，其观点和叙事两方面均堪称佳构。施坚雅（Skinner，G. William）主编的《中华帝国晚期的城市》[1977] 包含若干城市个案研究，读之可了解欧美学界该领域的研究方向和方法论。罗威廉（Rowe，William T.）《汉口：一个中国城市的商业和社会（1796—1889）》[1984] 论述了位于中国中心位置的商业城市汉口的发展，亦为佳作。关于 17 世纪以前的汉口，则有谷口规矩雄《汉口镇形成考》[2002] 可为补充。进入清代以后，史料数量明显增多，但是记录人口、居民结构及迁移等信息的户口统计资料几乎没有，而能从个人记述或绘画中得到的信息又很有限，所以，不仅是城市史，社会史和经济史领域中，均有必要注意使用与之相关且容易获得的民国及现代调查、统计资料。滨岛敦俊等编《华中、华南三角洲农村实地调查报告书》[1994] 是一部文献史家编制的调查记录，多有启发之处。

夫马进《中国善会善堂史研究》[1997] 讨论了围绕城市及其周边农村各种"善举"（慈善活动）的社会合作及支撑这些活动的思想背景、组织串联及壮大和政府管治等内容，通过细致的史料发掘，不仅增进了对慈善组织及其活动的了解，而且提出了慈善事业的徭役化，清末"善堂"作为城市自治机构的发展，慈善组织通过公开活动内容和经费获取公信力等新的观点。城市中有不少作为同乡或同业活动场所的会馆、公所之类设施，也受到了学界的广泛关注。这方面有全汉昇《中国行会制度史》[1934]、仁井田陞《中国社会与行会》[1951]等研究，佐伯有一等人对二战前日人在北京收集到的资料进行了整理编注，出版了《仁井田陞博士辑北京工商行会资料集》(全6册)[1975]。范金民《明清江南商业的发展》[1998]广泛讨论了江南商业活动的成长，有关会馆、公所的论述亦很详细。通过碑刻和地方志等史料来管窥清代会馆、公所的运营方式和组织功能，尚有隔靴搔痒之遗憾，有待今后更多史料的发掘利用。

江南地方除府城、县城外，没有城墙、沿运河等交通路线发展起来的中小城市亦异军突起，这些城市被称为市镇。1980年代中期以降，市镇获得学界关注，与当时以“市场经济”“乡镇企业”为代表的产业结构转型作为实现乡村地方经济发展的基本方针存在着关联。两相对比中，明清至近代的市镇繁荣广受关注。寺田隆信《论苏松一带城镇的棉布商人》[1958]从苏州、松江地方棉业商人的活动入手，分析了大城市与周边市镇的经济关系，是为该方向的拓荒之作。林和生《中国近世地方城镇的发达——太湖平原乌青镇的情况》[1984]以乌青镇为对象，对其商业发展进行了长时段的考察。森正夫编《江南三角洲市镇研究——从历史学与地理学入手》[1992]基于与地理学者共同实地考察所获成果，讨论了江南三角洲市镇的区位条件和内部结构。稻田清一《清末江南镇董考——以松江府、太仓州为中心》[1992]以镇董为例，展示了市镇领导阶层的活动，以此探求行政与社会之间的关系，思路清晰鲜明。川胜守《明清江南市镇社会史研究——空间与社会形成的历史学》[1999]博搜史料，除经济之外，还考察了市镇的交通、风俗、义冢、治安和文化等多个方面。森正夫《清代江南三角洲的乡镇志与地域社会》[1999]以江南三角洲的大量乡镇志为素材，从乡镇志编纂者如何记述镇的扩大和结构入手，探讨了地域社会形成的主要因素。刘石吉《明清时代江南市镇研究》[1987]，樊树志《明清江南市镇与乡村的城市化》[1987a]、《明清江南市镇的实态分析——以苏州府吴江县为中心》[1987b]、《明清江南市镇的实态分析——以湖州府为中心》[1988]、《明清江南市镇探微》[1990]，陈学文《明清时期杭嘉湖市镇史研究》[1993]、《明清时期太湖流域的商品经济与市场网络》[2000]，讨论了商业、手工业的发展与市镇兴衰之间的关系，是对该领域有重要推进的基础论著。量化分析、与其他地域的比较研究，是为刘石吉一书的主要特点。广东珠江三角洲也有大型市镇的出现，有关佛山镇的研究不断推进，罗一星《明清佛山经济发展与社会变迁》[1994] 为其中之代表。林和生《明清时期广东的墟和市——对传统市场形成及其功能的一项考察》[1980] 论述了广东的集市大多由乡绅阶层创设。片山刚《珠江三角洲的市场与市镇社会——19 世纪初叶顺德县龙山堡大冈墟》[2001] 详细分析了珠江三角洲大冈墟的形成和运营，发现其中有乡绅等地方权势者的参与，日常的运行管理则倚赖具有里长户身份、拥有一定实力的同族成员。三木聪《明清福建农村社会研究》[2002] 探讨了福建内陆沙县集市的商品流通情况，从多个方面讨论了地域社会的发展趋势。厘清围绕城市管理和集市的社会关系，是为讨论清代社会特质的关键所在。中国的城市和乡村普遍存在着约定俗成的定期集市，加藤繁《清代村镇的定期市》[1953] 为触及这一现象的拓荒之作。石原润《明、清、民国时期河北省的定期市》[1973]、《明、清、民国时期华中东部的传统集市（market）》[1980] 又尝试使用经济地理学的方法来剖析该问题。百濑弘《明清社会经济史研究》[1980]、山根幸夫《明清华北定期市研究》[1995] 以地方志为核心史料，论述了华北地区定期市的运作情况。市镇发达的江南三角洲几乎没有记述定期市的史料，依靠船只的行商支撑起农村的日常交易，对这些基层商业活动实态的认知目前仍相当缺乏。

◆社会史

社会史研究大体可分为两个方向。第一个方向是以家庭、宗族等血缘团体，村落等地缘团体，行会、结社等社会团体，围绕祭祀、市场和水利等形成的共同体等组织为研究对象。

《姑苏繁华图》中，木渎镇以东部分用烟云缭绕来展示庙宇的香火繁盛（庙宇之中，有意没有绘制人物），滨岛敦俊《总管信仰——近世江南农村社会与民间信仰》[2001] 基于大量文献和实地考察，廓清了江南农村民众所奉各种民间信仰和祭祀的变迁，并进一步通过考察城隍庙的分布，探讨了其间所反映的城乡关系。他将文化人类学和民俗学的调查成果与史料联系起来，方法上颇具新意。滨岛敦俊认为，对同一显灵故事与社（即土地庙）祭的信仰，反映了这一人群在基层组织中具有的共同体性质。基于该认识，他提出一个假设，显灵故事和所祀神灵的变迁反映了基层的权力结构和农业经营的商业化，并用丰富的史料加以证明。中国学界中，赵世瑜《狂欢与日常——明清以来的庙会与民间社会》[2002]，郑振满、陈春声编《民间信仰与社会空间》[2003] 等，将视野投向以庙会（依托祭祀之日形成的集市）和以祭祀为中心的民众社会生活，成果层出不穷，实地考察在这一领域效果凸现。清代的民间宗教还留下了不少被称为“宝卷”的文献。浅井纪《明清时期民间宗教结社研究》[1990]、《罗教的继承与变迁——无极正派》[1993]，相田洋《中国中世的大众文化——法术・规范・“叛乱”》[1994]廓清了以罗教为代表的各教派活动及世界观。关于18、19世纪之交活动于四川、湖北和湖南的白莲教及其发动的起义，铃木中正《清朝中期史研究》[1971]、《中国历史上的革命与宗教》[1974]，铃木中正编《千年王国群众运动研究——中国及东南亚》[1982]，小林一美《齐王氏的“叛乱”——嘉庆白莲教“叛乱”研究序说》[1983]，佐藤公彦《义和团的起源及其运动——中国民众Nationalism的诞生》[1999]，山田贤《中国的秘密结社》[1998a]①、《“官逼民反”考——试论嘉庆白莲教“叛乱”的“叙事手法”》[2001]均有详细的考论。另外，安野省三《中国的异端及无赖》[1985]、山田贤《地方社会与宗教“叛乱”——18世纪中国的光与影》[1998b]，将包括宗教色彩淡薄的“会党”在内的秘密结社，置于延伸至20世纪的背景中做了概述。酒井忠夫醉心于理解中国民众的精神世界，他的论著集《酒井忠夫著作集》(全6册)[1997—2002]不仅探讨了19世纪以降中国本土的秘密结社，对同时在海外华人中发展壮大的青帮、红帮之类秘密结社，亦开展了十分扎实的研究。

基层社会组织得到了学界立足不同视角的关注，有的从国家统治手段入手，有的则从着眼于习俗和文化结构的文化人类学视角入手。伊原弘介《清朝乡村统治的结构——以顺庄法为基础（1）浙西杭嘉湖三府的情况》[1988]、《清朝乡村统治的结构——以顺庄法为基础（2）湖州府、杭州府的情况》[1990]详细考察了浙江省推行的顺庄编里法。三木聪《明清福建农村社会研究》[2002]从多个角度切入，推进了对福建的研究，尤其是自上而下组织而成的保甲制和自下而上自发形成的民间组织各自的功能。片山刚《清末广东省珠江三角洲的图甲表及相关诸问题——税粮、户籍、同族》[1982a]、《清代广东省珠江三角洲的图甲制——税粮、户籍、同族》[1982b]、《清末广东省珠江三角洲图甲制的诸矛盾及其改革（南海县）》[1984a]、《清末广东珠江三角洲的图甲表及同族控制的重编（顺德县、香山县）》[1984b]考察了珠江三角洲的图甲制，厘清了宗族

① 译者按：该书日文原本题名《中国の秘密結社》(讲谈社，1998年)，中译本题名《中国秘密结社真相》(王在琦译，台湾实业文化，2002年)。

组织与政府赋役征调组织之间的重合关系，以及政府通过总户来打包征税的做法，这为理解体现国家统治的征税与社会组织之间的关系提供了不少启发。片山刚《清代珠江三角洲的里甲经营与地域社会——顺德县龙江堡》[2002]还介绍了珠江三角洲民众创设市场，作为里甲（图甲）内部公共经费来源的若干实例。伍跃《明清时期的徭役制度与地方行政》[2000b]、洪性鸠《明末清初徽州的宗族与徭役分担公议——以祁门县五都桃源洪氏为中心》[2003]则讨论了徽州宗族内部的徭役分担问题。上田信《村落中的磁力——浙江省鄞县勤勇村（凤溪村）史》[1986]从下延至当代的长时段视野入手，分析了村落中人脉和行政的各自作用，才思敏捷，富于启发。熊远报《清代徽州地域社会史研究——地域、集团、网络与社会秩序》[2003]利用徽州村落图，考察了村落的景观与环境、宗族与村落的关系等内容，尝试将宗族组织理解为支撑生产生活的自发秩序体制。关于拥有祭祖祠堂、族谱和公共财产的血缘组织——宗族，上田信《传统中国——“盆地”“宗族”所见明清时期》[1995]曾对浙江省内一个地区的社会情况做了长时段的考察，读之可了解宗族之大概。关于开发和移民过程中宗族所发挥的功能，可参考山田贤《移民的秩序——清代四川地域社会史研究》[1995]。另外，关于作为先祖祭祀共同体形成原理的宗法，井上彻《中国的宗族与国家礼制：从宗法主义角度所作的分析》[2000]从宋至清的长时段视野入手进行了考察。关于清代宗族，个案研究颇多，田仲一成《萧山县长河镇来姓祠产簿剖析》[1989]介绍了祠产簿，涩谷裕子《论明清时期江南徽州农村社会的祭祀组织——〈祝圣会簿〉介绍》(1)(2)[1990]、《论徽州文书所见“会”组织》[1997]利用《祝圣会簿》等展现宗族活动和宗族组织长期动态的文书展开讨论，弥足珍贵。关于如何理解基于宗族形成的土地占有和社会权势，经济史大家傅衣凌晚年构想了“乡族”概念。对此，森正夫的解说《论“乡族”》[1985]可作为入门读物。

社会史的另一个研究方向，是将形态多样的社会关系，相比将其视为组织，更倾向于将其作为一个动态的过程来加以把握。岸本美绪《明清易代与江南社会——17世纪中国的秩序问题》[1999]以明清鼎革之际的江南地区为舞台，着眼于围绕政治消息和舆论的各种活动以及在此过程中人们的拉帮结伙和权力生灭，讨论了当时社会的特质和动向。从中可知，当时的人们通过“投”来全身心地攀附权势者，或是通过“盟”来联合志同道合者，并没有确定的整体感，贯穿其中的是小团体主义和对权力及威权的承认。岸本美绪的另一部作品《中国史学　前近代Ⅱ　以宋代至清中期为中心》[2000]，透过老爷等称呼的演变考察了地方社会阶层感觉的变化，若与前书一同阅读，便可理解其一直主张的“自下而上”视角及方法。小田则子《清代华北的公议》[2000] 利用地方档案，考察了乡镇社会中的“公议”，涩谷裕子《清代徽州农村社会中的生员社区》[1995] 则利用徽州文书探得生员阶层的社会活动情况。

◆ 市场与经济

16 世纪以降的中国，存在着从地方小市场到全国规模的物资流通，使用包含各种规模市场的重层模型来加以理解比较有效。重层的市场结构支撑起各级市场中的物资交换，维持着城市的经济文化繁荣，以及农民的生计。各地区之间经济结构的差异及其季节性变化，是催生大尺度物资流通的主要因素，明晰区域经济的时空差异是市场结构研究的基础性工作。因此，实现物资流通的经济活动及相关制度的性质、商品的生产条件、支撑经济政策的理念和政策评价等，均被纳入研究课题之内。

透过商品的流通、消费和价格结构来探讨市场的特点是一个有效的研究方法。北村敬直《论清代的商品市场》[1953] 通过分析湖南商品粮产区和广东经济作物产区的生产和流通情况，全面考察了华中和华南的商品流向。北村敬直指出，中小农民为补贴家用而从事经济作物副业生产，从而成为米的消费者，湖南大米在乾隆时期（1736—1795）没有流向省外而用于满足省内需求的增长，为此，他提出一个假设，米的商品化随着地主制的发达而深化。安部健夫《清代米谷供需研究——试作〈雍正史〉之一章》[1957] 是一部廓清清代米谷全国性流通和储备情况及其发展趋势的大作。极大拓展了清代市场论的岸本美绪《清代中国的物价与经济波动》[1997a] 收录了多篇思维敏锐的力作。她从物价研究出发，着眼于市场景气的波动等不安定现象，展开了有关市场动态结构的讨论。岸本美绪通过认真体会市场中各色人物的行动和言论，展现由市场参与者的动因和意图整合而成的市场结构，该方法在探讨其他课题时亦有诸多值得学习之处。则松彰文《雍正时期的米谷流通与米价波动——以苏州与福建的关联为中心》[1985]、《试论清代中期的经济政策——以乾隆十三年（1748）的米贵问题为中心》[1989]、《清代中期浙西的粮食问题》[1990]、《清代的“境”与流通——粮食问题一则》[1992] 进一步深化了对米谷流通及其政策的研究，他的《论清代中期江南的流行衣料》[1993]和《清代中期社会的奢侈、流行与消费——以江南地方为中心》[1998]，又专门探讨了奢侈和流行等消费行为。山本进提出了地域经济圈这样一个假设，并细致耐心地追索了经济圈中的商品在全中国范围内的流通轨迹，他在这方面的成果有《清代的市场结构与经济政策》[2002a]、《明清时期的商人与国家》[2002b]和《清代社会经济史》[2002c]。山本进描绘了这样一个经济图景，明代以降的全国市场，以盛产棉布的江南为中心，在自由竞争的市场中，既有带来均衡的地域分工发展，也能看到地域经济圈独立发展的倾向。岸本美绪着眼于需求和供给的不平衡所导致的经济问题和市场功能缺失，强调了清代市场的开放性和不完全性，与岸本美绪不同，山本进构想了清代的市场结构并认可其发展。

探讨市场结构和经济发展的趋势，还有一种方法，就是对农民、地主、手工业者和商人等经济主体的分析。重田德《清初湖南稻米市场研究一则》[1956]通过考察湖南稻米产区佃户商品粮生产的普及，提出当地佃户相对于地主的人身依附关系在清代初期已经废除。小山正明《明末清初的大土地所有》[1957—1958]认为，佃户自立化，中国的封建制方才成立，重田德与之遥相呼应，并认为清代的市场是一个地主市场。足立启二《明末清初农业经营之一种——〈沈氏农书〉再评价》[1978a]通过分析《沈氏农书》，推断明末清初的江南地区存在着以追求利润为目标的富农经营形式。18世纪江南地区的重要商品之一是作为肥料使用的豆饼，足立启二《大豆粕的流通与清代的商品农业》[1978b]仔细追踪了这种商品的流通轨迹，论证了集约、多肥型农业生产方式在江南三角洲已得到普及，他认为，农产品的商品化带动了全国性市场的形成，农业也具有资本主义化的可能。足立启二《清代苏州府地主土地所有的发展》[1982]、《清至民国初期农业经营的发展——长江流域的情况》[1983]还利用苏州的鱼鳞册，量化分析了土地占有和农业经营的规模。在使用鱼鳞册等台账类史料时，有必要阅读高岛航《清代的赋役全书》[2000a]，了解这类史料的特点。田尻利《清代农业商业化研究》[1999]从太湖流域的桑椹、江西的靛蓝和烟草生产及贸易问题出发，讨论了农业的商业化。川胜守《明清江南农业经济史研究》[1992]通过考察水稻、统称为“春花”的复种作物和棉作等，论述了江南农业的多样性，同时，他通过分析文书史料，尝试廓清苏州一带地主经营的本质。片冈芝子《明末清初华北的农家经营》[1959]，从商品生产的特点出发，分析了华北的地主经营，小麦、烟草和棉花等商品生产中已能见到中小土地所有者向富农经营发展的趋势。此外，清代东北和蒙古地区消费市场的扩大也促进了织布业的发展，但华北等棉花产区的原料生产尚少有为客商所制约者，华北一带已出现农村手工业从农业中分离出来，呈专业化发展的趋势。罗仑、景甦《清代山东经营地主经济研究》[1984]也指出，清代山东省亦可见到市场发展促进地主雇工经营的现象。足立启二《清代华北的农业经营与社会构造》[1981]通过分析华北地方的农书，发现当地使用畜力进行精耕细作，蓄养牲畜获取肥料以维持地力的经营方式，在清代商品农业的比较优势中不断消亡。关于农业和农村经济，还可以从天野元之助《中国农业经济论》[1978]、《中国农业的地域发展》[1979]，柏祐贤《中国北方农村经济社会的结构及其发展》[1944]等二战前和二战中的工作中获取相关知识。此外，渡部忠世等编《中国江南的稻作文化——跨学科研究》[1984]是水利和农学方面的专家与历史研究者围绕江南稻作技术这一主题展开学术研讨的会议论文集，亦为必读文献之一。珀金斯（Perkins，D. H.）《中国农业的发展：1368—1968年》[1969]是明代以降中国农业发展的一部重要通史。黄宗智《华北的小农经济与社会变迁》[1985]、《长江三角洲小农家庭与乡村发展：1350—1988年》[1990]，李伯重《发展与制约——明清江南生产力研究》[2002]尝试量化分析了农业经营的劳动生产率和边际生产力（用劳动和资本的追加量与投入后相应获得的收益之间的比率来进行测算）的演变趋势。因为使用通用的计量单位，量化方法在进行不同地域比较时颇为有效，但在探讨19世纪以前的问题时，因资料原因，量化方法困难重重。

手工业方面，奈良修一《17世纪中国的生丝生产与对日输出》[1993]讨论了生丝生产与海外市场之间的关系。苏州踹布业（抛光加工）中有被称为包头的承包者，寺田隆信《论苏松一带城市的棉布商人》[1958]、《苏州踹布业的经营形态》[1968]、《明清时期商品生产的发展》[1971]，横山英《清代踹布业的经营形态》[1961]、《清代包头制的发展——踹布业变迁过程考》[1962]深化了对这一业者功能的研究。田中正俊《关于明清时代的包买商制生产》[1984]广泛考察了展示批发商预付式经营形态的相关史料，并援引列宁和大塚久雄的学说，认为这一制度并不表征近代资本主义生产方式。关于华北的棉业，则有北村敬直《论清初河南省孟县的棉布》[1983]。唐立（Daniels，Christian）讨论制糖、造纸技术的《明末清初甘蔗栽培的新技术——其出现及历史意义》[1992]、

《16至17世纪福建的竹纸制造技术——〈天工开物〉所述造纸技术时代考》［1995］极大地提高了该领域的研究水平，他所重视的技术比较和传播效果，是今后经济史研究应当用力的方向。森纪子《清代四川的盐业资本——以富荣厂为中心》［1983］论述了四川地区的井盐生产，其中可见较为丰富的文书史料和调查资料。宫崎洋一《清朝前期的煤炭业》［1991］分析了为数不多的围绕煤矿开采的政策讨论，发现民间采煤于1739年获得了政府的许可。各种经营主体的活动被陆续廓清，他们在市场中如何做出抉择，面对着怎样的问题，这些都是据以明晰时代和地域特质的重要课题。

与上述通过经济分析来认定经营性质的方法不同，岸本美绪在社会关系脉络中讨论地主和农民的经营。岸本美绪《清代中国的物价与经济波动》［1997］中的道德经济论和浙江地主家庭的家产经营，对清末地主经营心得《租核》一书的分析，展示了这一研究理路。对读者而言常感枯燥无味的土地买卖契约文书，不仅可据以了解交易习惯的变迁，还可用来窥探作为农民生活基础的土地及其买卖对于清代民众来说意味着什么，岸本美绪《明清时代的"找价回赎"问题》［1997b］就巧妙地讨论了这些问题。

地主和商人经营方面，利用徽州文书开展的个案研究亦不断推进。铃木博之《清代族产的发展》［1990］通过祠堂文书揭示了宗族组织的土地所有情况，臼井佐知子《徽州商人研究》［2005］从盐专卖制度的变化和宗族网络入手，论述了徽州商人势力的壮大。

货币经由市场成为资产，关注货币的流动，也是探讨市场结构的一种方法。岸本美绪的市场研究，就白银的流动和铜钱使用时的计数方法提出了新的观点。党武彦《乾隆初期的通货政策——以直隶省为中心》［1990］、《论乾隆末年的小钱问题》［2003］，足立启二《清代前期的政府与铜钱》［1991］将白银和铜钱这两种货币的动向置于市场与政策的关联中来加以解说。黑田明伸《中华帝国的结构与世界经济》［1994］在关注18世纪中叶之前铜钱不足，其后则铜钱铸造增多、米谷储备制度亦形完善时，发现了银钱功能的差异和铜钱滞留当地等现象，从而指出银钱功能的分化是为了确保地域内的通货流动性，并不一定追求与其他地域之间的收支平衡。黑田明伸从货币这一普世体系入手，不仅用长时段的连贯视角来观察近代中国经济，也引向了对世界范围内货币流动与经济间关联的讨论，其《货币制度的世界史——解读"非对称性"》［2003］就是这一方向上的成果。岸本美绪《东亚的“近世”》[1998] 则用平实的语言介绍了东亚地区白银的流动情况，推荐一读。

◆交通、人口、资源

商品流通的扩大伴随着交通手段的发达。星斌夫《明清时期交通史研究》[1971a]、《大运河——中国的漕运》[1971b] 论述了清代的漕运，松浦章的一系列研究《论清代的沿海贸易——帆船与商品流通》[1983]、《论清代山东、盛京间的海上交通》[1985]、《论清代汉口的民船业》[1988a]、《论清代宁波的民船业》[1988b]、《论清代福建的海船业》[1988c]、《清代客商与长途贸易》[1989] 大大扩展了对支撑市场经济发展的内河与沿海航运的了解。关于长江水运，川胜守有相关论文收于他主编的论文集《东亚地区生产与流通的历史社会学研究》[1993]。松浦章有关海外贸易的专著《清代海外贸易史研究》[2002]、《清与琉球贸易史研究》[2003] 和《清代上海沙船航运业史研究》[2004]，从视野的广度和资料的丰度来说，均堪称佳作。从国内关税（常关）入手来探讨物流变迁及其与财政间关系的作品有香坂昌纪《清代浒墅关研究》（1）—（4）[1972，1975，1983—1984]、《清代大运河的货物流通——以乾隆年间的淮安关为中心》[1985]、《清代的北新关与杭州》[1990]、《清代中期的杭州与商品流通——以北新关为中心》[1991]、《雍正年间的关制改革及其背景》[1992]，泷野正二郎《论清代淮安关的构成及其功能》[1985]、《清代乾隆年间的官僚与盐商——以两淮盐引案为中心》（1）（2）[1986，1994]、《论清代常关中的包揽》[1988]、《论清代凤阳关的物资流通》[1993]。冈本隆司《近代中国与海关》[1999] 以近代为重点，其中对鸦片战争前粤海关情况的考察最为出色。

清代人口在 1800 年超过了 3 亿（当时的世界总人口约为 10 亿），1842 年五口通商时估计达到了 4 亿。如何解释清朝 18 世纪人口的增长，在史料匮乏的条件下，上田信《明清时期浙东的生活周期》[1988] 通过统计族谱中所见死亡月别数据，讨论了这一问题。他的研究，重点关注与人口增长相关的山区和低湿地开发及移民是如何进行，这些活动又对社会、经济产生了怎样的影响。山田贤《移民的秩序——清代四川地域社会史研究》[1995] 论述了四川省的移民和开发，以及由此伴生的社会关系和行政体制变迁，在研究方法上对读者多有教益。森纪子《清代四川的移民经济》[1987] 扎实地论述了四川山区经济的具体面貌。涩谷裕子《清代徽州休宁县的棚民形象》[2000]、《安徽省休宁县龙田乡浯田岭村山林经营方式的特征》[2002] 围绕被称为“棚民”的山区移民，基于徽州文书和实地考察，分析了棚民的迁移开发形态、棚民与原住民之间的纠纷、迁入地的经济发展与移民定居等问题，文中还述及了山地开发中的乱象和宗族共有山林的收益分配等问题。关于行政主导的移民活动，安野省三《王穆的〈西乡县志〉》[2002] 以秦岭山区为例，论述颇详。若欲探讨 18 世纪以降汉人移民开发的东北地区，可以荒武达朗《清朝后期东北地方移民的定居和发展》[1998] 和《清代乾隆年间山东省登州府与东北地区之间的人员迁移及血缘组织》[1999] 为起点。关于明代以降广东珠江三角洲农田的长期开发，西川喜久子《清代珠江下游地区的沙田》[1981]、《〈顺德北门罗氏族谱〉考》(上、下) [1983—1984]、《顺德团练总局的形成》[1988]、《珠江三角洲的地域社会——新会县的情况》[1994，1996]，片山刚《珠江三角洲桑园围的结构与治水组织——清代乾隆年间至民国时期》[1993]、《清末、民国时期珠江三角洲顺德县的聚落与“村”的范围——旨在对旧中国村落的再研究》[1996] 等均为上佳之作。松田吉郎《明清时期华南地域史研究》[2002] 也探讨了广东和台湾的开发和水利问题。

对农业而言，水利开发及其维持是一个长期的重要问题，个中涉及农民的共同体意识、公权力的作用、成本分摊和技术改进等课题。该领域有关清代的研究为数不少，其中，森田明《清代水利史研究》[1974]、《清代水利与区域社会》[2002] 可作为入门书，据以了解该领域所涉及的基本内容。克服农业生产不稳定的努力不仅限于水利开发，救荒作物甘薯和山区开发主力玉米等作物的栽培在清代得到了普及，成为社会安定和人口增长的一个因素，不过，以旱地农业为主的中国北方仍然难以避免饥馑的发生。透过粮食储备和救荒活动，探究社会组织、权力关系的特质，亦为研究课题之一。夫马进《中国善会善堂史研究》[1997]、稻田清一《清代江南的救荒与市镇——以宝山县、嘉定县的“厂”为中心》[1993] 就展示了这一研究方向。土地开发、农业及畜牧业之类生产活动，城市人口增长及人口向边地的迁移等活动，必然会导致环境的变化，人类是生态系统中一个具有特殊能力的组成部分，环境问题因人而起，所以毫不夸张地说，这是一个面向未来、具有全球性的课题。如何获得涉及衣食住行的生活资源，水利、燃料、原料、肥料等生产资源，并维持与环境的和谐关系，这些问题随着时间的推移、人类社会的壮大而累积加剧。尝试从历史的视角来探讨环境问题的研究业已起步。宫崎洋一《明清时期森林资源政策的演变——中国环境认识的变迁》[1994]、《清代 18 世纪的水灾及其对策》[1997]，上田信《森林与绿色的中国史——生态史的尝试》[1999]、《老虎讲述的中国史——生态史的可能性》[2002] 均为尝试透过森林资源来重新解读历史的力作。

◆财政与税收

集权行政组织与流动剧烈的社会在构成何种关系的同时又实现了经济的循环，着眼于财政和税收的研究与该问题紧密相关。岩井茂树《中国近世财政史研究》[2004] 论述了死板僵硬的正规财政、依托附加税和差役等加征的正额外财政，并以两者关系为主线，讨论了清代财政的层累性和分散性。山本进《明清时期的商人与国家》[2002b]、《清代财政史研究》[2002d] 指出，19 世纪下半叶，因为地方税收改革以及商人在流通过程中收入的增加，省以下地方财政逐渐成形。谷井阳子《道光、咸丰时期外省财政形势的变化——以张集馨的经历为线索》[1989] 利用高官的自传，讨论了 19 世纪中叶地方省份的财政动向。有关省级财政的个案研究还有高铭铃《清代台湾财政结构考察一则》[2002]。使用银两征税时会加征名为“火耗”的附加税，雍正年间，官方确定了火耗的征收比率，并制定了养廉银和公费制度，关于其前后原委的探讨，有安部健夫的《清代史研究》[1971]，佐伯富《清代雍正时期的养廉银研究——以地方财政的形成为中心》[1970—1972]，岩见宏《对雍正时期公费的一项考察》[1957]、《养廉银制度创设考》[1963]。这些研究作为政治史读之，亦意味深长。征收谷类的漕粮，自 18 世纪以降，也扩大为征收铜钱等物资，演化为地方经费筹措的手段，关于这一点，佐佐木正哉《咸丰二年鄞县的抗粮“暴动”》[1963]、并木赖寿《论清代河南省的漕粮》[1983] 均有所讨论。关于土地税和商税等税金的征收如何实现，西村元照《清初的包揽——私征体制的确立：从解禁到包税制》[1976]、山本英史《清初包揽的发展》[1977] 深化了对包揽，也就是包税的研究，同时亦论及与乡绅统治和地主制等相关的诸问题。川胜守《中国封建国家的统治结构——明清赋役制度史研究》[1980] 从清初的奏销案和均田均役入手，探讨了清代赋役制度的定型过程，并讨论了有关胥吏、衙役及乡绅统治的问题。森田明《清代的“议图”制及其背景》[1976] 讨论了纳税组织“议图”的本质和性质。山本英史《论浙江省天台县的“图头”——18 世纪初叶中国乡村统治的一种形态》[1980]、《从均田均役法到顺庄法的一个过程——清初吴江、震泽两县的情况》[1981]、《关于清初华北丁税科派的一种见解——以黄六鸿〈编审论〉为中心》[1985]、《"自封投柜"考》[1989]、《绅衿的税粮包揽与清朝政府》[1990]、《雍正绅衿抗粮处分考》[1992]、《清代的乡村组织与地方文献——以苏州洞庭山地方的乡村劳役为例》[1999]，论述了与征税相关的书役、自封投柜、缙绅优免等多个方面，对基层统治结构研究多有启发。山本英史《清代康熙年间浙江的基层势力》[2000]、《清朝的江南统治与基层势力》[2004]使用"基层势力"① 这一概念来揭示胥吏和衙役的功能。高岛航《吴县、太湖厅的经造》[2000b]专门论述了被称为"经造"的征税承包人。西村元照《清初土地丈量考——以国家与缙绅之间围绕土地台账和隐田的对抗关系为主线》[1974]指出，时至清代，对课税土地的掌握仍然存在困难。高岛航《清代的赋役全书》[2000a]追索了《赋役全书》中的数据从何而来，他认为这套数字的系统完整性仅存在于税收业务范围之内。岩井茂树《清代的版图顺庄法及其周边》[2000a]、《武进县的〈实征堂簿〉与田赋征收机构》[2000b]、《武进县的田土推收与城乡关系》[2001]认为，江苏省用来掌握课税对象的版图法和征税业务中的承包制，令村落行政编排的重要性下降。有关清代的编籍，潘喆、康世儒《获鹿县编审册的初步研究》[1984]为必读文献。常关税方面，香坂昌纪《清代中期的国家财政与关税收入》[1993]和泷野正二郎《论清代常关的包揽》[1988]、《关于清代乾隆年间常关征税额的一项考察》[2001]，论及了关税收入在财政上的重要性及税收承包制度。盐税方面，佐伯富的巨著《清代盐政研究》[1956]、《中国盐政史研究》[1987]当为后来者的研究起点。最近，冈本隆司《清末票法的产生——道光朝两淮盐政改革再论》[2001]指出，"票法"改革本质上是政府对私盐贩运的承认。围绕财政和税收的诸问题，是理解王朝国家统治结构的重要入口。

（岩井茂树）

三、史料解说

清代史料浩如烟海，虽然散佚不少，但目前仅中国现存的清代政府文书就超过了 1 千万件、册，这些文书被称为"档案"。关于这批资料的基本情况和已

---

① 译者按：日文原文为"在地势力"。

出史料集，秦国经《中华明清珍档指南》(人民出版社，1994年)的介绍为最佳。《历史档案》为该领域的专业杂志。图版方面则有《明清档案存真选辑》初集—第3册(台湾“中研院”历史语言研究所，1959—1975年)和《明清档案》全324册(第11、12辑以降为光碟版，台湾“中研院”历史语言研究所，1986年至今)，内容丰富。入关(1644年)前的史料和满文史料等，本章第二节(一)(二)部分已有介绍，故此处主要介绍其他史料。

清代国家体制和政治史研究，必须从档案中爬梳出与问题点相关的史料，此非易事。研究人口、货币、物价、经济政策和财政等课题，同样如此。地方政府形成了数量更为庞大的行政档案，但目前仅存宝坻(顺天府)、巴县(重庆)、淡新(台北)等地方档案(不过仍有近20万件)。另有家庭、商号和社会团体等组织的民间文书，不过与日本相比，还是有很大差距，同样性质的近世文书，在日本数量庞大，且研究已成规模。另一方面，因著述的知识分子数量庞大，加之出版业的繁荣，全面掌握刻印书籍的数量极为困难。刻印书籍中与政治相关的文字，若追根溯源，还是需要回到档案。刻印书籍的利用，必须留心其经过了编纂改动，在原始资料业已散佚、难以找到的情况下，这类史料才有较高的利用价值。

清代的政治运作基本上是通过文书来进行传达和指示。呈献皇帝的上奏文书(题本和奏折)，保存于宫中及内阁、军机处(均在紫禁城内)。不过，上奏者在编纂出版个人文集时，时常将奏议收入在内。另外，地方志的艺文部分也会收录奏议。题本、奏折的影印出版正不断推进，不过，对于这些经过编纂的奏议仍须保持关注。作为皇帝指示的上谕，其原始版本可回溯至《上谕档》，但《大清历朝实录》、《十朝圣训》、雍正帝的《上谕内阁》和《上谕八旗》等经过编纂的史料仍可使用。地方政府官员之间往来的公文和公布的通告，统称为“公牍”。这类史料，其原始文件几乎无有留存，必须仰赖个人文集或收录公牍的书籍方能得见。概言之，档案资料虽然反映政府实务，但因其基本为例行公事的产物，所以未免过于繁琐，研究人员必须将这类史料置于宏观历史脉络中来理解其意涵。

审判是地方政府的重要工作之一，现存地方档案大部分为审判文书。作为法官的地方官，他们在处理案件过程中的所见和判断会以“审语”和“看语”等形式记录下来，官员文集和判牍集所收即这类文字。但若欲考察审判的调查取证过程，则必须利用地方档案。幸运的是，部分地方档案已能购得缩微胶卷。淡新档案不仅正在出版排印本，在台湾大学的网站中也有部分公开（http://www.lib.ntu/General/digital_program.htm）①。巴县档案方面，现已有《清代乾嘉道巴县档案选编》（上、下）（四川大学出版社，1989、1996 年）、《清代巴县档案汇编（乾隆卷）》（档案出版社，1991 年）得窥部分。关于上诉至中央刑部的案件，可据全凭皇帝裁决的题本来了解事件原委。《清代地租剥削形态》（中华书局，1982 年）等就是从刑部相关题本中辑选出来的史料集。

财政和经济政策方面，有分类目录《中国第一历史档案馆馆藏清代朱批奏折财政类目录》（全 5 册，中国财政经济出版社，1990 年），目录中还附有上奏者索引，使用便利。财政类奏折的缩微胶卷，在东京大学东洋文化研究所和筑波大学图书馆均可阅览。

在释义清律时，有时会参考江户时期大儒荻生徂徕注释的《明律国字解》，故必须知晓其弱点。荻生徂徕的注解系面向日人，所以以语义和事物解说为主，法理方面少有述及，还不如熊本藩训译的《清律例汇纂》，训译包括律注，非常有用。可惜《清律例汇纂》是以乾隆时人注释的《大清律例集注》为底本，注释质量欠佳。律注甚佳者，有沈之奇《大清律辑注》，取两书比较对读，亦为研究之一法。清律作为一部实务用书，不乏律文的改订和条例的增补。关于这些变化，《大清律例通考》和《读例存疑》做了相应梳理。《读例存疑》是清末刑部尚书薛允升撰写的条例研究专著，从中可了解律注中未见的法理解释。则例和省例，因为没有形成进行注释的专门学问，所以只能自行解读。《官箴书集成》第六册收录有浙江省的《治浙成规》。

统治机构方面，可参见会典、《皇朝文献通考》、《皇朝续文献通考》之类文献。会典是一种上溯《周礼》来设计国家制度的典籍，并非行政实务之用。实际所用者为实务工作者个人编撰的资料集（“秘本”），出版物则有则例和省例。此类资料若无从得观，退而求其次，可使用《大清会典》和《大清会典事例》。清朝的会典，因为曾有编纂理念的改变，故有①康熙、雍正，②乾隆，③嘉庆、光绪三种。最易读到的是光绪版，它由简明记载机构整体情况的会典和记载具体事例的会典事例两部分组成。建议在初步解读会典的基础之上，再阅读具体

① 译者按：该网页已失效，新地址为：http://www.digital.ntu.edu.tw/tanhsin/（2019 年）。

的会典事例。另外，乾隆版因为收入了《四库全书》，最近也能方便读到。但在使用会典和会典事例时务必注意，书中所记，毕竟只是一次性的事例，此后是否有以此为先例者，还需使用其他史料加以确认。必须谨记，仅用会典和会典事例无法把握制度史。

地方行政实践方面，被称为官箴书的指南手册颇为有用。利用前述《官箴书集成》丛书，可方便查阅。有和刻训读本的《福惠全书》亦属必读文献，该书影印本附有索引，使用方便。不过，《福惠全书》只是针对康熙年间山东省的政务，故使用时必须注意其内容的局限。此外，与《福惠全书》名声比肩者，有汪辉祖的《学治臆说》和《佐治药言》。

用心编纂的二手史料亦可作为指南和索引，以便尽可能地顺藤摸瓜，回溯至一手史料，这也是一个不可忽视的研究方法。在此意义上，政书和《清史稿》便绝非无用之物。制度史、财政和经济政策史方面，《职官志》《刑法志》和《食货志》等内容均有用处。列传的价值自不待言，在研究历史事件时，可作为编年史了解事件前后还有什么其他事情发生，这些事情的相互作用导致了怎样的问题。

地方志方面，可利用《中国地方志总目提要》（汉美图书，1996 年）、《中国地方志联合目录》（中华书局，1985 年）来找到相关地域的志书。《中国地方志集成》（自 1991 年起陆续出版中）① 等的出版，令清代方志的使用便利很多。因为地方志是作为各地的地方百科全书编纂而成，所以从志书中可拣选出各种史料，例如艺文志就载有珍贵的碑文。此外，通过地方调查编纂而成的碑刻集有《广东碑刻集》（广东高等教育出版社，2001 年）、《明清以来苏州社会史碑刻集》（苏州大学出版社，1998 年）、《明清佛山碑刻文献经济资料》（广东人民出版社，1987 年）、《广西少数民族地区石刻碑文集》（广西人民出版社，1983 年）、《明清苏州工商业碑刻集》（江苏人民出版社，1981 年）、《明清以来北京工商会馆碑刻选编》（文物出版社，1980 年）、《上海碑刻资料选辑》（上海人民出版社，1980 年）、《台湾南部碑文集成》（台湾文献丛刊 218，1966 年）、《台湾中部碑文集成》（台湾文献丛刊 151，1962 年）、《江苏省明清以来碑刻资料选集》（生活・读书・新知三联书店，1959 年）等。

文集类史料，应围绕研究主题，区分时段和地域来开展阅读。《清人别集

① 译者按：原文作 1995 年，实《中国地方志集成》从 1991 年起陆续出版，径改。

总目》全3册（安徽教育出版社，2000年）和《清人诗文集总目提要》全3册（北京古籍出版社，2002年）之类可作为入门书。贺长龄编《皇朝经世文编》及其后各种经世文编，按主题分类辑录各种文章，是了解清人在政治和社会方面直面哪些问题的最佳史料集。

徽州文书方面，《徽州千年契约文书 清·民国编》（20卷，花山文艺出版社，1991年）收录了中国社会科学院历史研究所所藏文书的图版，《徽州文书 第一辑》（全10册，广西师范大学出版社，2005年）收录了安徽大学和祁门县博物馆收藏的文书。此外，陆续出版有安徽省博物馆编《明清徽州社会经济资料丛编》（第一辑）（中国社会科学出版社，1988年）、中国社会科学院历史研究所徽州文契整理组编《明清徽州社会经济资料丛编》（第二辑）（中国社会科学出版社，1990年）、《明清徽商资料选编》（黄山书社，1985年）等史料集。从福建省各地收集到的文书，汇编有《明清福建经济契约文书选辑》（人民出版社，1997年）。关于徽州文书，还有《徽州文书类目》（黄山书社，2000年）和《徽州历史档案总目提要》（黄山书社，1996年）两种分类目录。

明代史书中有不少私修野史，可作为正史的一种补充。清代史书中也有野史，例如雍正时期的《永宪录》，但它只是一种例外。言说时政，会带来政治上的危险，故清代基本上没有此类著作，作为其替代，可供研究使用的是年谱和笔记。研究的对象时段是否有相应的年谱，可使用《中国历代人物年谱考录》（中华书局，1992年）来进行检索。日记类史料的发掘和利用也在不断推进，已出版有《清代日记汇抄》（上海人民出版社，1982年）等日记史料汇编。笔记、杂文和随笔之类，使用得当，亦可用作政治史史料，《啸亭杂录》即为其中有名者。另有清人笔记的集成之作《清稗类钞》，使用方便。

《国朝耆献类征初编》《碑传集》等个人传记集成，优劣并存。有的传记系来自清朝官方历史编纂所国史馆的传记文稿，罗列仕途履历，令人兴味索然。有的传记则采录自个人文集，不乏与政治事件及其背景相关的记载。

最后再提一下《文渊阁四库全书》电子版。《四库全书》收录了清初至乾隆时期的主要官修史料，对清史研究颇有助益。例如以雍正朝宫中档为原始资料的《朱批谕旨》，利用电子版进行语句检索，可查找到原始的宫中档。经由不同用户之手，《文渊阁四库全书》电子版作为研究工具将发挥出不可小觑的威力。

（岩井茂树）

第十章　近代

井上裕正、村上卫

一、研究视角

本书此前各章基本上按王朝分章叙述，本章和下一章则用“近代”和“现代”来进行划分。依照这样的分法，历史可分为古代、中世、近世、近代和现代，即历史阶段的划分。不过，在划分历史阶段时，政治、经济和文化等各个方面，究竟当以何者为标准呢？如果没有绝对的标准作为划分前提，也就没有绝对的历史阶段划分法。

若认可这样的观点，那所谓“近代”，就不会只有唯一绝对的划分法，根据不同的标准出现多种划分法毫不为奇。本章沿用通行的划分方法，即以中国与欧美诸国的关系，或曰中国与近代全球历史间的关系为标准，将鸦片战争作为中国近代史的起点，下限则大致在辛亥革命清朝灭亡。总之，本章的“近代”大体为清朝后期，因此，要理解“近代”，至少不可忽视第九章中对“清代”的理解。

近年来，随着冷战格局的终结，历史研究开始重新审视历史上的“革命”，正如久保田文次《论中国的近代化》[1992a]、并木赖寿《日本的中国近代史研究动向》[1993]、藤谷浩悦《中国近代史研究的动向与课题》[2003] 等学术史综述所论，日本中国近代史研究亦掀起对“革命史观”的再思考。相比用辛亥革命（1911 年）和中华人民共和国成立（1949 年）等事件来“分割”中国近代史的观点，中国近代史超越“革命”的“连续”一面已更加受到关注。

与该研究趋势相关，柯文（Cohen，Paul A.）《在中国发现历史：中国中心观在美国的兴起》[1988] ① 等论著，对用“西方冲击”(western impact) 和中国“反应”(response) 来把握中国近代史的冲击—反应模式 (Impact Response Model)，以及近代化论、世界体系论等基于西方中心论的学说提出批判，提倡重视中国内生发展的研究理路 (China-centered Approach)。基于该理路，将鸦片战争作为中国近代史起点的时代划分法也遭到了置疑。

对中国近代史的看法，更进一步说，也就是对历史的看法，即史观和史识，可以说，时至 21 世纪初叶的现在，20 世纪下半叶曾流行一时的各种学说正处于失去解释力的某种凝滞状态。欲打破这样的凝滞状态，就要响应整个历史学界的趋势，在中国近代史研究中开创新的视角。

视角之一为对“地域”的重视。对应该视角，存在各种空间上的“地域”，有的被设定为国家疆域内的一部分，有的则被设定为超越国家的广阔区域。这些“地域”空间的共同之处在于，“国家”受到反思，不再是一个绝对的框架。

其中，滨下武志等学者主张的“朝贡贸易体制”论，以及“亚洲交易圈”论，作为超越国家的广阔地域，迫使此前以“冲击—反应”模式为代表的西方中心史观做出了修正。这些成果，以滨下武志《近代中国的国际契机——朝贡贸易体系与近代亚洲经济圈》[1990] 为代表，强调了朝贡贸易体制、亚洲的华商及其组织和网络所具有的持续、强韧之一面，认为“西方冲击”的影响力并没有此前所论那么大。

这一理解在推动华侨、华人研究的同时，也带来了沟口雄三等人所编《从亚洲出发思考》[1993—1994] 等以“亚洲”为认识框架来进行立论的系列研究。不过，这一理解也遭到了来自杉原薰《近代亚洲经济史的连续与断绝——以川胜平太、滨下武志的学说为中心》[1996a]、本野英一《来自亚洲经济史研究者的三个质问》[2002] 等批评，他们认为这一理解过高评价了华商及其网络的力量，过低估计了“西方的冲击”，“地域”这一概念具有模糊性。

另一方面，围绕近代中国地域社会的研究，作为着眼于国家内部“地域”

① 译者按：该书英文原本题名 *Discovering History in China: American Historical Writing on the Recent Chinese Past* (《在中国发现历史：最近美国的中国史研究》)(哥伦比亚大学出版社，1984 年)，中译本题名《在中国发现历史：中国中心观在美国的兴起》(林同奇译，中华书局，1989 年)，日译本题名《知の帝国主義——オリエンタリズムと中国像》(《知识帝国主义——东方主义与中国形象》)(佐藤慎一译，平凡社，1988 年)。

的探讨，因应世界性的社会史研究热潮，以及与明清史研究的连续性，日渐盛行。尤其是近年来，随着天津地方史研究会编《天津史——再生都市的拓扑学》[1999]、高桥孝助等编《上海史——大都会的形成与市民的营生》[1995]、日本上海史研究会编《上海——多层性的网络组织》[2000] 等与天津、上海等城市相关的研究成果陆续出版，着力于廓清地域社会和城市内中国内生制度及政治文化的研究不断展开。此外，从“地域”视角入手撰著的世界史研究丛书，有滨下武志等编《地域的世界史》[1997—2000]。

以上内容被概括为“研究视角”，笔者意欲强调，例如观察视角、时代划分之类历史理论，并非研究的“目的”，而是服务于理解历史的“手段”。目前，在历史观念和历史认识方面尽管存在着前述若干凝滞状态，但与使用唯一绝对的历史观来强硬地解释历史相比，现在的理解还比较健全。怀揣柔性思考，透过各种视角，观察到不同的历史形象，冷静而透彻地洞悉各种视角的有效性和局限性，这一点非常重要。

（井上裕正）

二、研究进展

（一）概论著作

欲了解日本学界围绕中国近代史曾开展过怎样的研究，可查阅坂野正高等编《近代中国研究入门》[1974]、岛田虔次等编《亚洲历史研究入门》[1983]、辛亥革命研究会编《中国近代史研究入门：现状与课题》[1992]、小岛晋治与并木赖寿合编《近代中国研究案内》[1993]、山根幸夫编《中国史研究入门（增补改订版）》（下）[1995] 等工具书。研究综述方面，久保田文次《论中国的近代化》[1992a]、并木赖寿《日本的中国近代史研究动向》[1993]、藤谷浩悦《中国近代史研究的动向与课题》[2003] 之外，还有滨下武志《中国近现代史研究的视角》[2000]，入门书则有田中比吕志与饭岛涉合编《中国近现代史研究的规范——学位论文的撰写》[2005]。

概论性著作方面，中国学界有基于“革命史观”的胡绳《帝国主义与中国政治》[1974] ①、复旦大学历史系和上海师范大学历史系编著的《中国近代史》

① 译者按：该书首版于 1948 年（生活书店），日译本题名《中国近代史 1840—1924》（小野信尔、狭间直树、藤田敬一译，平凡社，1974 年）。

（全 3 册）[1981] ①。日本学界则有市古宙三《彩图版世界历史 20　中国的近代》[1969]、小野信尔《新书东洋史 5　走向人民中国之路》[1977]、姬田光义等《中国近现代史》（上、下）[1982]、小岛晋治与丸山松幸合著《中国近现代史》[1986]、池田诚等《图说中国近现代史》[1988]、堀川哲男编《亚洲的历史与文化 5　中国史——近、现代》[1995] 等。收录最近研究动向的则有并木赖寿和井上裕正《世界历史 19　中华帝国的危机》[1997]、松丸道雄等编《世界历史体系　中国史 5——清末—现在》[2002]。此外，述及近代史整体情况的论文集有野泽丰、田中正俊合编《讲座中国近现代史》（1）—（7）[1978]、森时彦编《中国近代的都市与农村》[2001] 和《中国近代化的动态结构》[2004]。坂野正高《近代中国政治外交史》[1973] 虽然重点为政治和外交方面，但时至今日，作为有关中国近代史整体情况的出色概论，依然不失其魅力。

（二）**政治、外交**

政治、外交方面的概论性著作，除坂野正高《近代中国政治外交史》[1973] 之外，还有植田捷雄《东洋外交史》（上）[1969]。卫藤沈吉《近代中国政治史研究》[1968]、坂野正高《近代中国外交史研究》[1970] 收录了围绕 19 世纪上半期和中期政治、外交的诸篇论文。川岛真《中国近代外交的形成》[2004] 主要探讨民国时期的外交，作为其前奏的清末外交及相关研究综述也得到了相应的整理。

◆中华帝国的动摇

清朝在国内以皇帝为顶点的统治体制，对外以传统朝贡制度为基础的控制体系（= 中华帝国），至 18 世纪末因白莲教起义而开始发生动摇，其后，因对外发生的鸦片战争，对内爆发的以推翻清朝统治为口号的太平天国运动，飘摇日甚。

鸦片战争、第二次鸦片战争　关于鸦片战争，围绕引发战争的鸦片问题及

① 译者按：该书实为《中国近代史丛书》编写组编撰的《鸦片战争》《太平天国革命》《捻军运动》《洋务运动》《中法战争》《甲午中日战争》《戊戌变法》《义和团运动》《辛亥革命》《北洋军阀》（上海人民出版社，1972 年），作者主要为复旦大学历史系和上海师范大学历史系教师。日本学者在日译这套丛书时，将原 10 分册重编为 3 册，将作者标为“复旦大学历史系、上海师范大学历史系”，总题为《中国近代史》（野原四郎、小岛晋治编译，三省堂，1981 年）。

清朝的对策，有田中正美《危机意识、民族主义思想的发展——鸦片战争前夜》[1978]、村尾进《广东学海堂的知识分子与鸦片弛禁论、严禁论》[1985]和新村容子《鸦片贸易论争——英国与中国》[2000]等研究，另外，井上裕正《清代鸦片政策史研究》[2004]独辟蹊径，从“内禁”“外禁”角度入手，分析了18世纪末至鸦片战争时期的清朝鸦片政策。关于鸦片战争的经过，佐佐木正哉《鸦片战争研究——从英军进攻广州到义律全权罢免》[1979—1982]、《鸦片战争研究——从璞鼎查到任至南京条约签订》[1983—1984]和《南京条约的签订及其后诸问题》[1991]所论颇详。关于鸦片战争期间作为钦差大臣被派遣至广州的林则徐，有堀川哲男《林则徐》[1966]、井上裕正《中国历史人物选12　林则徐》[1994]等传记。此外，欲理解鸦片战争在东亚世界中的历史意义，可参考三好千春《与鸦片战争相关的燕行使情报》[1989]、原田环《朝鲜的开国与近代化》[1997]和加藤祐三《黑船前后的世界》[1985]，这些研究探讨了鸦片战争对朝鲜、日本等国的影响。

围绕鸦片战争后的中外关系，费正清（Fairbank，John King）《中国沿海的贸易与外交：1842—1854年通商口岸的开埠》[1953]梳理了南京条约所开五口的情况和外籍税务司制度在上海的建立过程，坂野正高《近代中国外交史研究》[1970]讨论了最惠国待遇以及清朝的对外交涉过程等问题。此外，村上卫《19世纪中叶华南沿海秩序的重建——英国海军与闽粤海盗》[2004]揭示了鸦片战争后清朝与英国海军合作体制下的中国沿海海盗问题。关于第二次鸦片战争后鸦片贸易的合法化，有井上裕正的研究《论清代咸丰时期的鸦片问题——尤其以咸丰八年（1858）的鸦片贸易合法化为中心》[1977]。

太平天国运动　基于“革命史观”立场，将太平天国视为革命运动先驱，给予高度评价的代表作品有小岛晋治《太平天国革命的历史与思想》[1978]、增井经夫《中国的两个悲剧》[1978]、西川喜久子《太平天国运动》[1966—1967]。对该评价持批判态度的论著则有宫崎市定《关于太平天国的性质》[1965]、市古宙三《近代中国的政治与社会（增补版）》[1977]。此后，在前述再思考“革命史观”的潮流中，小岛晋治《太平天国运动与现代中国》[1993]也对自己曾经的“革命史观”理解进行了再思考。此外，菊池秀明《广西移民社会与太平天国（正文编）》[1998]揭示了太平天国运动与广西移民社会结构之间的关系，菊池秀明除《太平天国与历史学——“客家民族主义”的背景》

[1999] 之外，还有一本概论性著作《世界史手册 65　太平天国中的异文化接纳》[2003]。

林建朗《1853 至 1854 年的太平天国与列强》[1979] 讨论了太平天国运动与西洋列强之间的关系，小野信尔《李鸿章的登场——以淮军的形成为中心》[1957] 考察了镇压这场运动的李鸿章淮军。波多野善大《中国近代军阀研究》[1973] 将淮军之类“乡勇”理解为后世军阀的前身。关于同期长江以北捻军的情况，有并木赖寿的《捻军“叛乱”与圩寨》[1981] 和《苗沛霖团练事件》[1990]。

边境危机　因为鸦片战争和第二次鸦片战争清朝的失败，中国开始被卷入欧美外交体系，东亚国际秩序因此而发生重组，茂木敏夫《李鸿章的属国控制观——以 1880 年前后的琉球、朝鲜为中心》[1987]、《中华世界的“近代”变迁——清末的边境控制》[1993] 对此有专门探讨，同时，他还撰著了一部这方面的通论书《世界史手册 4　变迁的近代东亚国际秩序》[1997]。关于清朝面对条约体制的应对，坂野正高除《近代中国外交史研究》[1970] 所收论文外，还有英文专著《中国与西方 1858—1861：总理衙门的创设》[1964]，论述了中国外交部的前身总理衙门的设立过程。井上裕正《论阿思本舰队事件的外交史意义》[1975]，从第二次鸦片战争之后英国新的对华政策入手，揭示了总理衙门与总税务司的历史地位。

此外，佐藤慎一《近代中国的知识分子与文明》[1996]、金凤珍《东亚三国的“开国”及对万国公法的接受》[1995]、川岛真《中国对万国公法的接受与应用・再考》[2000]、茂木敏夫《中国对近代国际法的接受——“朝贡与条约并存”的诸种表现》[2000] 考察了万国公法（国际法）的传入。佐佐木扬《清末中国的日本观与西洋观》[2000] 分析了清朝外遣公使群体的西洋观，川岛真《中国近代外交的形成》[2004] 梳理了外交行政制度的变迁过程，箱田惠子《清末领事派遣论——以 1860、1870 年代为中心》[2002] 和《论清朝驻外公馆的设立》[2003]，青山治世《晚清关于增设驻“南洋”领事的争论》[2005] 专门探讨了领事及驻外公使的派遣。

正如佐藤慎一《近代中国的知识分子与文明》[1996] 所论，朝贡体系及作为其基础的华夷思想，历来富有弹性，是一种柔性的秩序和思想，因此很容易解释其融入条约体系。不过，在中国周边的朝贡国家和地区受到欧美列强和日本侵略之后，柔软的朝贡体系亦无可奈何地逐渐解体。

从 19 世纪上半叶开始，俄国加紧推行其传统的南下政策。吉田金一《世界史研究丛书 16　近代俄清关系史》[1974] 考察了此期的中俄关系，新免康《“边境”居民与中国——从新疆出发的思考》[1994] 论述了新疆的阿古柏（Yakub Beg）之乱和俄国占领伊犁事件，佐佐木扬《论近代俄清关系史研究——以中日甲午战争为中心》[1979a] 和《围绕 1895 年清政府“俄法洋款”的国际政治》[1979b] 探讨了 19 世纪末的中俄关系。中见立夫《蒙古的独立与国际关系》[1994] 梳理了辛亥革命前后，蒙古接受俄国援助，逐渐脱离清朝统辖的过程。此外，关于清朝在新疆的统辖，片冈一忠《清朝新疆治理研究》[1991] 论述颇详。

中英关系方面，神户辉夫《围绕马嘉理事件的英清交涉》[1995] 考察了马嘉理事件，平野聪《清帝国与西藏问题》[2004] 论述了清朝对西藏的统辖及中英之间的关系。中法关系方面，围绕朝贡国越南而发生的中法战争以清朝战败而告终，越南逐渐沦为法国的殖民地，山本达郎编《越南中国关系史》[1975]、坪井善明《近代越南政治社会史》[1991] 考察了这段历史，细见和弘《李鸿章与中法战争——关于拒绝派遣北洋舰队的再讨论》[1996] 研究了中法战争及在此期间的洋务派官僚李鸿章。

中日关系　德川时期在以中国为中心的东亚朝贡体系中相对比较独立的日本，在进入明治时代之后，通过与中国、朝鲜等国签订条约，塑造了新的东亚国际关系。有关近代中日关系的入门书、概论书和论文集，有竹内好、桥川文三编《近代日本与中国》（上、下）[1974]、山根幸夫编《近代中国与日本论集》[1976] 及其所著《近代中国的日本人》[1994]、王晓秋《近代中日启示录》[1991] ①、曾田三郎编《近代中国与日本》[2001] 等。

关于明治四年（1871）中日修好条规签订的考论，有彭泽周《明治初期日韩清关系研究》[1969]、藤村道生《甲午战争前后的亚洲政策》[1995]、安冈昭男《明治前期日中关系史研究》[1995]、佐佐木扬《清末中国的日本观与西洋

① 译者按：该书中文原本题名《近代中日启示录》（北京出版社，1987 年），日译本题名《アヘン戦争から辛亥革命——日本人の中国観と中国人の日本観》（《从鸦片战争到辛亥革命——日本人的中国观与中国人的日本观》）（小岛晋治审校，中曾根幸子、田村玲子译，东方书店，1991 年）。

观》[2000]。关于其后一段中日关系历史的研究，有彭泽周《中国的近代化与明治维新》[1976]、佐藤三郎《近代日中交涉史研究》[1984]。熊达云《山梨学院大学社会科学研究所丛书 3　近代中国官民的日本考察》[1998]、张伟雄《文人外交官眼中的明治日本——中国首批驻日公使团的异文化体验》[1999]、佐藤三郎《中国人所见明治日本——东游日记研究》[2003] 和陈捷《明治前期日中学术交流研究——清廷驻日公使馆的文化活动》[2003]，专门探讨了当时中国人在日本的活动与感受。

作为清朝朝贡体系最后一个堡垒的朝鲜，在此期间也受到日本的强力影响，其结果就是明治二十七年（1894）中日两国之间爆发的甲午战争（日本称之为“日清战争”）。森山茂德《近代日韩关系史研究》[1987]、东亚近代史学会编《甲午战争与东亚世界的变迁》（上、下）[1997]、冈本隆司《属国与自主之间——近代清韩关系与东亚命运》[2004] 研究了这段历史。日本学界对甲午战争的研究，当然从日本史立场出发者居多，但亦不乏站在中国史立场来开展研究的日本学者。

◆改革运动

洋务运动　清末的中国，为复兴摇摇欲坠的中华帝国，提出了改革思想，启动了改革运动。首先被提出的是引入欧美先进技术，尤其是军事技术以图自强的“洋务论”。鸦片战争甫一结束，魏源的《海国图志》先行提出洋务论，围绕这部著作的研究，有小野川秀美《清末政治思想研究（增补版）》[1969]、大谷敏夫《清代政治思想与鸦片战争》[1995]、佐佐木正哉《〈海国图志〉余谈》[1985]。此外，村尾进《〈海国四说〉的意义》[1992] 以广东地区为中心，讨论了近代中国对西方的认识。

经过第二次鸦片战争和太平天国运动，洋务论转向实践性的洋务运动，重点发展军事工业。铃木智夫《洋务运动研究的现状与课题——以日本近年的研究为中心》[1992a]、中田吉信《从“汉奸”到“爱国者”——以左宗棠的“复权”为中心》[1986]、并木赖寿《中国近代史及其历史意义——以对洋务运动、曾国藩的评价为中心》[1989] 综述了有关洋务运动的前人研究，重点介绍了1980 年代之后中国学界对洋务运动和洋务官僚的重新评价。有关洋务运动具体内容的研究情况，本章将在随后的“近代化与工业化”一节中加以介绍。此外，沟口雄三《作为方法的中国》[1989] 主张，中国近代是一个在“中国基体”上通过洋务来进行自主改革的时期。坂野正高《中国近代化与马建忠》[1985]专门研究了洋务政策的重要论者马建忠。

变法运动　洋务官僚李鸿章推动的北洋海军建设可谓洋务运动的集大成之举，细见和弘《李鸿章与户部——以北洋舰队的建设过程为中心》[1998]对此做了专门研究。甲午战争中，北洋海军全军覆灭，洋务运动承认失败。甲午战争后，在制度层面以明治日本为榜样、提倡欧美化的“变法论”兴起，康有为和梁启超等变法派取得光绪帝的支持，努力推进变法运动。藤谷浩悦《清末变法运动研究的动向与课题》[1992]整理了有关变法运动的前人研究。小野川秀美《清末政治思想研究（增补版）》[1969]、高田淳《中国的近代与儒教——戊戌变法的思想》[1970]、有田和夫《清末意识结构研究》[1984]、竹内弘行《中国的儒教近代化论》[1995]、佐藤慎一《近代中国的知识分子与文明》[1996]，坂出祥伸《改订增补　中国近代的思想与科学》[2001]考察了康有为等人的变法。近年，围绕梁启超的研究日渐兴盛，狭间直树编有《共同研究　梁启超——西洋近代思想的接纳与明治日本》[1999]①，梁启超年谱的译注有丁文江、赵丰田编《梁启超年谱长编》(第1—5卷)[2004]。关于严复的研究，则有史华慈（Schwartz，Benjamin I.)《寻求富强：严复与西方》[1978]②。

甲午战争中主战派与“清流派”之间的关系、西太后在其中的作用，光绪帝的戊戌变法因西太后政变而发生的顿挫，关于这段政治史的研究，有市古宙三《近代中国的政治与社会（增补版）》[1977]、原田正己《康有为的思想运动与民众》[1983]和深泽秀男《戊戌变法运动史研究》[2000a]。有关戊戌变法史料的真伪问题（康有为的变法上奏），孔祥吉的《康有为变法奏议研究》[1988]必须参考。此外，围绕湖南省变法情况的研究，有小野川秀美《清末政治思想研究（增补版）》[1969]、目黑克彦《19世纪末湖南的形势与变法派的应对》

① 译者按：该书日文原本题名《共同研究　梁啓超——西洋近代思想受容と明治日本》(狭间直树编，みすず书房，1999年)，中译本题名《梁启超·明治日本·西方：日本京都大学人文科学研究所共同研究报告》(孙路易、吴光辉等译，社会科学文献出版社，2001年)。

② 译者按：该书英文原本题名*In Search of Wealth and Power: Yen Fu and the West*（哈佛大学贝尔纳普出版社，1964年)，日译本题名《中国近代化と知識人——厳復と西洋》(平野健一郎译，东京大学出版会，1978年)，通行中译本题名《寻求富强：严复与西方》(叶凤美译，江苏人民出版社，1990年)，另有一中译本题名《严复与西方》(腾复等译，职工教育出版社，1990年)。

[1985]、藤谷浩悦《湖南变法运动的发展与乡绅的抵制逻辑》[1987]。

◆王朝体制的崩坏

义和团运动 第二次鸦片战争后的天津条约承认了基督教在中国内地的传教权，各地教会纷纷建立，教徒亦随之增多，由此产生与非教徒之间的对立。非教徒冲击教会和教徒，部分激化为外交问题。关于中国的基督教传教与反洋教运动，有矢泽利彦《对长江流域教案的一项考察》[1958] 和《中国与基督教》[1972]、山本澄子《中国基督教史研究》[1972]、里井彦七郎《近代中国的民众运动及其思想》[1972]、铁山博《清末四川仇教运动的发展与守旧派官僚的引导》[1991]、渡边祐子《清末扬州教案》[1994]、深泽秀男《中国的近代化与基督教》[2006b] 等研究，广濑一惠《关于清末天主教会传教的新近研究》[1990] 整理了相关学术史。

反洋教运动的典型事例，就是兴起于山东，于 1900 年在北京围攻公使馆区的义和团。里井彦七郎《近代中国的民众运动及其思想》[1972] 等立足于“革命史观”，高度评价义和团为反帝国主义斗争，与之相对，市古宙三《近代中国的政治与社会（增补版）》[1977] 将义和团理解为盲目的排外运动。此外，村松祐次《义和团研究》[1976] 梳理了义和团的阶段性发展，堀川哲男《义和团运动研究序说》[1964] 指出了义和团的多元性和多面性，佐佐木正哉《义和团的起源》[1977—1978] 认定义和团起源于与白莲教无关的义和拳和大刀会。小林一美《义和团的民众思想》[1978] 指出了义和团的迷信、宗教和法术所具有的大众性特点，他的《义和团战争与明治国家》[1986] 又强调了义和团的民族抗争性。三石善吉《中国的千年王国》[1991]、《中国 1900 年——义和团运动的光芒》[1996] 将义和团运动理解为抵抗列强侵略的“全国性千年王国运动”。佐藤公彦《义和团的起源及其运动——中国大众民族主义的诞生》[1999] 将义和团的起源置于白莲教的谱系中，将其理解为大众的民族主义运动。此外，千叶正史《通讯革命与义和团事件——电气通信的出现与清末中国政治的变迁》[1999] 从事件与信息传播的关系入手探讨了义和团运动。森悦子《天津都统衙门考》[1988] 专门研究了与义和团相关的天津都统衙门。

光绪新政 义和团运动期间，清朝向八国联军宣战，败北后于 1901 年与列强签订《北京议定书》(《辛丑条约》)，支付高额战争赔款，并承认列强在北京公使馆区等地的驻兵权。受此刺激，清朝终于启动了被称为“光绪新政”的一系列改革，包括立宪、地方自治和官制改革等。关于这次新政，可参考横山英编《中国的近代化与地方政治》[1985]，横山英、曾田三郎合编《中国的近代化与政治整合》[1992]，曾田三郎编《中国近代化的领导者们》[1997] 所收论文，以及川岛真《光绪新政中的出使大臣与立宪运动》[1994]、中村哲夫《通往光绪新政的政策转变背景》[1998]。本章后一节“社会史”部分所列举的相关论文，亦可参考。中村哲夫《通往光绪新政的政策转变背景》[1998] 还讨论了科举制的废除，宫川尚子《论清末面向留学归国人员的官员录用考试》[2001] 探讨了科举废除后归国留学生的入仕制度。针对美国的排华政策，国内掀起了抵制美货和利权回收运动，民族主义情绪高涨，菊池贵晴《中国民族运动的基本结构——排外运动研究》[1974]、菅野正《清末日中关系史研究》[2002]、堀川哲男《辛亥革命前的利权回收运动》[1962]、土屋洋《清末山西的矿山利权回收运动与青年知识阶层》[2000] 对此做了专门研究。此外，西川真子《清末裁判制度改革》[1994] 探讨了新政中的司法改革，千叶正史《清末立宪改革中的国家整合重组与铁道》[2005] 论述了新政制度下国家的重新整合与铁路制度间的关联。

辛亥革命　推行新政的清朝，力图重建濒临崩溃的统治体制，但已无法制止其威信的跌落、地方的分权、立宪派及民众的离心离德。结果，辛亥年（1911）10 月，革命派的军队在武昌起义，革命瞬时波及全国各地。翌年初，清朝灭亡，民国建立。关于辛亥革命的概论和论文集有菊池贵晴《现代中国革命的起源——辛亥革命的历史意义》[1970]、野泽丰《辛亥革命》[1972]、北山康夫《中国革命的历史研究》[1972]、市古宙三《近代中国的政治与社会（增补版）》[1977]、横山英《辛亥革命研究序说》[1977]、小野川秀美与岛田虔次合编《辛亥革命研究》[1978]、中村义《辛亥革命研究》[1979]、寺广映雄《中国革命的历史发展》[1979]、永井算巳《中国近代政治史论丛》[1983]、孙文研究会编《辛亥革命的多元结构》[2003] 等。尤其是民众运动方面的研究，有石田（山下）米子《辛亥革命时期的民众运动》[1965]、清水稔《长沙的抢米风潮与民众》[1972]、西川正夫《辛亥革命与民众运动——四川保路运动与哥老会》[1978]。思想史方面则有岛田虔次《中国革命的先驱们》[1965]、岛田虔次与小野信尔合编《辛亥革命的思想》[1968]、小野川秀美《清末政治思想研究（增补版）》[1969]、近藤邦康《辛亥革命》[1972]、狭间直树《中国社会主义的黎明》

[1976]、丸山松幸《中国近代的革命思想》[1982]、河田悌一《中国近代思想与现代》[1987] 等研究。

对辛亥革命的历史评价，诸说纷纭，有从“革命史观”出发的“资产阶级革命”说（菊池贵晴《现代中国革命的起源——辛亥革命的历史意义》[1970]、野泽丰《辛亥革命》[1972]、中村义《辛亥革命研究》[1979]）和“绝对主义变革”说（横山英《辛亥革命研究序说》[1977]），强调其民众性的人民抗争说（狭间直树《山东莱阳“暴动”小论——辛亥革命中人民抗争的作用》[1963]、《中国近代史中“资本主义农奴”的出现及与之相关的农民抗争》[1964]），从乡绅领导角度理解的“王朝革命”说（市古宙三《近代中国的政治与社会（增补版）》[1977]），第三世界军人主导变革说（汤本国穗《辛亥革命的结构性探讨——1911 年中国西南地区政治变动的社会史意义：以昆明为例》[1980]）等。正如本章起首所述，近年学界对“革命史观”的再思考，与其说强调否定辛亥革命的“革命性”，不如说更倾向于关注超越辛亥革命的历史“连续”面。此外，久保田文次《论对辛亥革命的理解》[1992b]、中村哲夫《辛亥革命研究的课题与展望》[2002] 详细论述了包括海外学界在内的研究动向。

围绕革命派孙文和中国同盟会的研究，有藤井昇三《孙文研究——尤其以民族主义理论的发展为中心》[1966]，池田诚《孙文与中国革命》[1983]，横山宏章《孙中山的革命与政治领导》[1983]，中村哲夫《同盟的时代——中国同盟会成立过程研究》[1992]，“孙文与亚洲”国际学术研讨会日语版编辑委员会编《孙文与亚洲　1990 年 8 月国际学术研讨会报告集》[1993]，日本孙文研究会、神户华侨华人研究会编《孙文与华侨——孙文诞生 130 周年纪念国际学术讨论会论文集》[1999]。关于孙文与日本的关系，有中村哲夫《移情阁遗闻——孙文与吴锦堂》[1990]、俞辛焞《孙文的革命运动与日本》[1989] 等研究，俞辛焞《辛亥革命时期的中日外交史研究》[2002] 同时论述了辛亥革命时期的中日关系。关于袁世凯的研究，有陈志让（Ch’en，Jerome）《袁世凯与近代中国》[1980]、杨格（Young，Ernest P.）《袁世凯总统》。近年，在人物评价中也出现了突破革命派这一理解框架的趋势，例如横山宏章《现代亚洲的肖像 1　孙文与袁世凯》[1996] 对孙文和袁世凯的理解。

此外，小岛淑男《辛亥革命中的上海独立与绅商阶层》[1960]、西村成雄《中国近代东北地域史研究》[1984]、寺广映雄《中国革命的历史发展》[1979]

论述了辛亥革命向各地的传播。关于宋教仁，松本英纪译有《宋教仁日记》[1989]，他还撰有《宋教仁研究》[2001]。关于张謇，有藤冈喜久男的研究《张謇与辛亥革命》[1985]。小岛淑男《留日学生的辛亥革命》[1989] 考察了此期的留日学生。野泽丰编《近邻》① 第 39 号 [2001] 出版了 "辛亥革命 90 周年纪念特集"，收录了有关辛亥革命的多篇论文。

（井上裕正）

（三）社会、经济

◆近代化与工业化

中国近代经济史研究在日本的正式展开始于第二次世界大战之后。当时，美国学界以费正清《中国沿海的贸易与外交：1842—1854 年通商口岸的开埠》[1953] 为代表的中国近代史研究开始重视中国面对西方冲击的反应，受此影响，日本学界的中国近代经济史研究也致力于厘清鸦片战争以降，中国在欧美列强冲击之下的应对过程。作为开山性的研究，卫藤沈吉《近代中国政治史研究》[1968]、田中正俊《中国近代经济史研究序说》[1973]、小山正明《明清社会经济史研究》[1992] 关注了鸦片战争前后中国的对外贸易和商品流通，波多野善大《中国近代工业史研究》[1961] 则着眼于鸦片战争后中国近代产业的形成及其局限性。不过，这一阶段日本的中国近代史研究总体上重视政治运动史，对洋务运动等与工业化相关问题的探讨始终只是着眼于历史评价而缺乏实证研究，如此情形一直延续至 1970 年代末，经济史方面的研究总体深入有限。

进入 1980 年代之后，经济史研究的状况随之一变。以沟口雄三《近代中国形象没有歪曲吗？——洋务和民权及中体西用和儒教》[1983] 批判中国近代化研究中存在 "偏向" 为契机，在该文与久保田文次的前人研究综述《近代中国形象歪曲了吗？》[1985] 之间围绕洋务运动的评价展开讨论的刺激下，工业化问题开始作为洋务运动以降历史的研究对象得到正式的实证研究，其代表者为

① 译者按：该刊日文原本题名《近きに在りて》，全称《近きに在りて：近現代中国をめぐる討論のひろば》(《近邻：近现代中国论坛》)，为中国近现代研究方面的学术集刊。该刊由野泽丰创刊于 1981 年，为半年刊，由汲古书院发行，最终休刊于 2011 年，总计出版 60 期。编者最初为野泽丰，后长期由《近きに在りて》编集委员会主持编辑工作，部分特刊号由专业学会组稿，例如中国女性史研究会（第 48 号）、广岛中国近代史研究会（第 49 号）、日本上海史研究会（第 50 号）、中国现代史研究会（第 51 号）。

铃木智夫《洋务运动研究》[1992b]。

1980 年代以降的研究，相较针对特定近代化政策的历史评价，更倾向于探讨被视为近代化的工业化，并受日本经济史的影响，将视野扩展至民国时期以降。中国工业化的展开以纺织工业为中心，受严中平《中国棉纺织史稿》[1966]的刺激，日本学界的实证研究取得了重大进展。例如，中井英基《张謇与中国近代企业》[1996] 研究了以张謇大生纱厂为中心的企业经营，森时彦《中国近代棉纺织业史研究》[2001] 对机制棉纱和棉花的运销过程进行了量化分析，曾田三郎《中国近代制丝业史研究》[1994] 对制纱业展开了历时性的考察。但是，关注清末工业化的新人研究者出现了减少的趋势，期待今后有新锐力量从“近代化”以外的角度入手推进工业史研究。

关于上述以工业化为中心的政府经济政策，光绪时期的新政引人注目，其中拓荒性的研究有曾田三郎的商会研究《商会的设立》[1975]，仓桥正直《论清末商部的实业振兴》[1976] 着眼于商部实业振兴的探讨。此后，实业振兴方面，林原文子《论清末民间企业的勃兴与实业新政》[1988] 讨论了实业新政，曾田三郎《围绕清末产业行政的分权化与集权化》[1992] 评价了商部的积极政策，刘世龙《中国的工业化与清末的产业行政——以商部、农工商部的产业振兴为中心》[2002] 论述了商部和农工商部的产业振兴政策。商会方面的研究也得到了推进，例如，陈来幸《长江三角洲的商会与地域社会》[2001] 分析了江南地区县、镇一级的商会组织。清代政策考论正逐渐趋向于积极性评价，今后还有必要与后面将介绍的商业史研究进行讨论。

◆关于亚洲交易圈论

以 1984 年社会经济史学会全国大会主题“亚洲交易圈的形成与结构”中滨下武志、川胜平太、杉原薰的报告为契机，被称为亚洲交易圈论的研究潮流应运而生，这是 1980 年代中国经济史研究领域的最大转变。这一潮流，相较西方的冲击，更重视亚洲的独特性，并以超越一国史观为目标，对旧有的西方中心史观和发展阶段论史观提出了大幅修正的要求。以亚洲新兴工业经济体为中心的东亚经济高速发展，以及中国改革开放政策的推进等，构成了这些讨论形成和发展的时代背景。

亚洲交易圈论成果纷呈，川胜平太《亚洲棉花市场的结构与发展》[1985] 讨论了日本的工业化在亚洲内部竞争中的地位，杉原薰《亚洲内部贸易的形成与结构》[1996b] 强调了近代亚洲内部贸易的成长，滨下武志《近代中国的国际契机——朝贡贸易体系与近代亚洲经济圈》[1990] 和《朝贡体系与近代亚洲》[1997] 基于白银流动和朝贡贸易体系的视角，强调了亚洲从前近代过渡至近代的连续性。以这些讨论为代表的亚洲贸易圈论观点，正如杉原薰《亚洲内部贸易的形成与结构》[1996b] 所示，不同于近代亚洲经济是连续或是断裂的两分认识，而是脱胎于两种认识的相互激荡。相关论文集，有聚焦于 19 世纪后半期亚洲交易网和市场圈的滨下武志与川胜平太合编《亚洲交易圈与日本工业化 1500—1900》[1991]，讨论贸易网络的杉山伸也与顾琳（Grove，Linda）合编《近代亚洲的流通网络》[1999]，致力于连接起日本经济史与亚洲经济史的川胜平太编《亚洲太平洋经济圈史 1500—2000》[2003] 等。

亚洲交易圈论研究，并不将“中国”之类国家作为结构的基本单位，而是关注以中国国内通商口岸为中心的地域性经济结构，正如小濑一《19 世纪末中国通商口岸间的贸易结构——以营口为中心》[1989]、佐佐波智子《19 世纪末中国的通商口岸与内地市场间关系——以汉口为例》[1991] 等研究，利用海关史料，推进了对各通商口岸经济圈的了解。此后的研究进一步触及以各通商口岸为起点、超越国家的网络，探究网络中“物”的流动，代表性的作品有古田和子《上海网络与近代东亚：19 世纪后半期东亚的贸易与交流》[2000]，该书以棉布贸易为线索，廓清了以上海为节点的贸易网络。此外，菊池道树《东南亚与中国》[1993] 讨论了中国与东南亚的大米贸易，石川亮太《19 世纪末东亚的国际贸易结构与朝鲜——海产品的生产和贸易》[2000] 论述了中朝之间的海产品贸易，村上卫《清末厦门贸易结构的变化》[2000] 探讨了厦门贸易结构的变迁。“人”的移动方面则有藤村是清《洋流式劳动力迁移的社会条件——1876—1938》[1995]，量化分析了从华南前往东南亚的移民情况。

关于外国企业和商品的渗透中国问题，已有宫田道昭的研究《清末洋货贸易机构考察一则——以行会的贸易控制为中心》[1981] 和《19 世纪后半期中国沿海的市场结构——一个“半殖民地化”的视角》[1986]。他从中国商人团体和中国沿海地区的市场结构入手展开实证研究，指出了中国商人团体的局限性，强调了 1890 年代出现的重大转折。

外国公司和外国银行方面，石井摩耶子《近代中国与英国资本——以 19 世纪下半叶的怡和洋行为中心》[1998] 通过分析怡和洋行（Jardine Matheson）的经理账簿，论述了洋行经营的整体情况，金田真滋《中国开放通商口岸后的外国银行》[1998] 分析了香港的中小公司与外国银行之间的关系，萧文娴《清末上海的实业投资及其资金筹集——以橡皮股票风潮（1910）的形成过程为中心》[1998] 讨论了外国商人在上海的资金筹措，这些作品展示了与中国商人研究迥异的观察视角。

与此同时，由上述热烈的亚洲交易圈论引发的反思性研究也取得了不少进展。一方面，亚洲交易圈论的目标在于重新评价已遭质疑的西方冲击论，并以积极利用西文史料为其特征。本野英一《来自亚洲经济史研究者的三个质问》[2000] 和《传统中国商业秩序的崩坏——不平等条约体制与洋行买办》[2004] 为个中代表作。本野英一发现，19 世纪末以降出现了中国人利用不平等条约特权的情况，由此导致太平天国之后重组的中国商人团体走向解体，为此，他对中国商人具有团结优势的说法提出了质疑。

另一方面，明清至近代的经济秩序，原本以统计性史料为中心的亚洲交易圈论难以讨论，现亦得到廓清。该领域最重要的成果当属冈本隆司《近代中国与海关》[1999a]，相对于朝贡贸易体系，他利用明末至民国时期的海关材料，对中国的财政和贸易体系又提出了新的结构性理解。同一研究方向上，村上卫《闽粤沿海民众的活动与清朝——以 19 世纪前半期的鸦片贸易活动为中心》[2003] 通过考察鸦片战争前夜中国人的鸦片贸易，探讨了清朝贸易管理体制的崩坏。

如上所述，围绕亚洲交易圈论的研究，时段大多集中于清末，从国家权力的角色变化来探讨民国以后的变迁，尚待今后之展开。

◆经济史研究的转变与多样化

1980 年代以降明清史研究路径的转变，给其他方向带来了巨大的变化，出现了基于明清史的通代讨论。其中，足立启二《专制国家史论——从中国史到世界史》[1998] 在明晰西欧和日本各自特点的同时，指出了中国社会经济秩序的不安定性。

另一方面，探讨货币史的黑田明伸《中华帝国的结构与世界经济》[1994] 发现，采用银钱双轨货币制的中华帝国内，19 世纪末的省政府已能建立起自己的货币圈区域，并形成独立的省经济圈，他将清末的政治变动归因于此。黑田明伸《货币制度的世界史——解读“非对称性”》[2003] 进一步对世界货币体系做了考察，据此揭示了中国的自由市场经济，并就成为工业化前提的资本积累提出了重要的观点。

针对商品流通的研究也在明清史方面取得不少进展。除了分析豆饼流通的足立启二《大豆粕的流通与清代的商品农业》[1978] 和分析台湾大米贸易的栗原纯《清代台湾的米谷内销与郊商》[1984] 等论著外，近年，山本进《清代的市场结构与经济政策》[2002a] 通过考察不同地域，论述了地域经济圈的独立性。地域经济圈与亚洲交易圈论之间存在着怎样的关联，值得今后继续探讨。

农业方面，以江南为中心的地主制研究历来颇为盛行。近年，夏井春喜《中国近代江南的地主制研究——租栈相关簿册的分析》[2001] 通过搜集分析租栈簿册，论述了从太平天国时期至 1930 年代江南地主与佃户关系的实态和演变过程。关于地主制的讨论，围绕曾被铃木智夫《近代中国的地主制》[1977] 等高度评价的《租核》，岸本美绪《清代中国的物价与经济波动》[1997] 重新分析了《租核》作者的土地所有制观点和市场论观点，进一步深化了对该问题的讨论。

1980 年代以降，以往未得眷顾的课题也取得了诸多进展，尤其是发展最为迟缓的技术史领域，唐立（Daniels，Christian）《中国砂糖的国际地位》[1984] 以及他和孟泽思（Menzies，Nicholas K.）合著的《中国的科学与文明》（第 6 卷）第三部分“农产品加工业与林业”[1996] 对制糖业的研究堪称该领域翘楚。

信息传播在经济史中的重要性，近年也开始受到关注。中国近代史方面已出现信息和通信方面的研究，例如，饭岛涉《近代中国的通讯网络——邮政事业的发展与“中国”地域》[1995] 对清末邮政的研究，千叶正史《论清末电信业的国有化重组过程》[1998] 对电信的研究。正如古田和子《经济史中的情报及制度——中国商人与情报》[2003] 所言，此类课题向社会经济史方向的展开颇可期待。石川祯浩《1910 年长沙抢米风潮的“镇压”与电信》[1993] 就通过考察长沙抢米风潮的平息，指出通信和信息体系中存在的不平等。

运输、保险和服务业，在其他区域的近代史研究中均有所关注。不过，中国近代史研究中，铁道国有化等问题虽有从政治史入手的探讨，但经济史方面，仅有千叶正史《清末国家物流系统的维持与近代交通手段的导入——漕运问题史上卢汉铁路计划的地位》[2002] 梳理了从漕运过渡至铁路的物流体系演变，除此之外，该方向上的研究仍十分薄弱，尚有大量未曾着手的课题。

诚如上述研究所示，从整体上来把握多元化的中国经济史研究，困难颇多，不过仍有相关工具书可资利用。例如，狭间直树等著《数据中的中国近代史》[1996]，是一部具有数据意识的概论，统计资料方面，则有久保亨《中国经济的百年历程——统计资料所见中国近现代经济史（第二版）》[1995]。

◆财政史

财政史中，明清史的研究方法大有用武之地。受 1980 年代以降日本明清史学界社会经济史转向的影响，财政史也向着长时段视野的研究进发。

19 世纪中叶各种战乱带来的财政巨变是此期财政史研究最重要的一个主题。该主题下，围绕财政与督抚权力的关系，臼井佐知子《太平天国末期李鸿章的军费对策》[1984] 从太平天国时期李鸿章的军费筹措入手，指出督抚财政权力的强化。细见和弘《李鸿章与中法战争——关于拒绝派遣北洋舰队的再讨论》[1998] 考察了李鸿章在北洋舰队建设期间与户部的拉锯争执。

地方财政方面，黑田明伸《中华帝国的结构与世界经济》[1994] 以湖北省为例，讨论了省级财政的独立。山本进《清代财政史研究》[2002b] 考察了清末各省的财政改革，揭示了各省财政的差异，并以四川省为例，发现督抚借助设置公局来谋求增强财政权力。另外，山田贤《移民的秩序——清代四川地域社会史研究》[1995] 通过考察四川合州的事例，发现壮大的社会力量与王朝国家僵硬的行政、财政体制之间存在着空隙，公局—绅粮体制正是填补该空隙的一个创举。

作为财源，清末新出现的厘金和海关税等成为重要的财政项目，这些税种以往均被目为掠夺性，但 1980 年代之后，此类看法发生改变，开始从多个角度来加以把握。这一方面，关于地方的重要财源厘金，罗玉东的研究《中国厘金史》[1936] 作为史料亦十分珍贵。近年，经济史领域出现了不少围绕厘金问题的研究，饭岛涉《"裁厘加税"问题与清末中国财政——1902 年中英马凯条约交涉的历史地位》[1993] 从财政史入手，透过马凯条约谈判中的"裁厘加税"尝试，讨论了中央政府统制省政府的有效性。此外，金子肇《清末民初江苏省的认捐制度》[2000] 论述了清末民初江苏认捐制度与同业团体之间的关系。

作为中央财源，海关税的重要性与日俱增。滨下武志《中国近代经济史研究——清末海关财政与通商口岸市场圈》[1989] 揭示了海关所展现的清末财政、经济情况，并对海关提出了新的理解。高桥孝助《中国的常关、厘金、海关》［1990］认为国家对商人和商品的统制，经历了从常关到厘金、海关的演变，饭岛涉《中国近代的常关制度——以牛庄洋关对营口常关的管理为中心》［1990］通过分析营口常关，指出常关制度被洋关制度和厘金制度所解体和取代。近年，海关研究方面的代表作当属前述冈本隆司的《近代中国与海关》［1999a］，该书透过洋关的设立和财政与借款之间的关系，清晰地梳理了清朝的财政结构。

盐税历来亦为重要财源，不过佐伯富《清代盐政研究》［1956］仅论至陶澍改革，此后的盐税则少有探讨。清末民初一段，现有冈本隆司的研究《清末民国与盐税》［1996b］，该文围绕盐税讨论了中央与地方之间的对立，并论述了全国性盐税征收机构的组建。

包括上述清末财政变迁的财政史集大成之作，当属岩井茂树《中国近世财政史研究》［2004］。该书的研究跨度上起明代，下迄现代，作者透过国家财政中内在的原额主义以及由此带来的正额外财政的滋生，指出了清末财政危机的地方化、分散化和层累性特征。

以上介绍了近代财政史相关研究的进展情况，期待未来在与政治外交史和经济史相互交叉关联的领域以及其他未开拓的方向上取得新的进展。

◆社会史

地域社会史　1980 年代对社会史而言也是一个具有划时代意义的时期，除与经济史发展同样的背景外，社会史研究在全世界的升温，学人长期盘桓于中国的机会增多，实地体验当地社会和收集地方史料成为可能，均推动了社会史的繁荣。1980 年代以降，日本明清史研究兴起的地域社会史潮流也进一步产生巨大影响，地域内部社会秩序的变迁日渐受人关注。

从地域社会史角度切入，有关清末战乱的研究发生了显著的变化。二战后的历史学界高度评价农民战争，故围绕清末战乱的研究积累深厚，不过如小岛晋治《太平天国运动与现代中国》［1993］和小林一美《从义和团研究走向中国整体史研究》［1992］等所示，进入 1980 年代之后，这一情形发生了转变，19 世纪中叶的各种战乱开始被理解为地域社会的重组。在这一方向上，臼井佐知子《同治四年（1865）江苏省的赋税改革》［1986］、《太平天国时期的苏州绅士与地方政治》［1989］分析了太平天国之后地方绅士阶层对地方行政的干预及其在地方政治中的地位，西川喜久子《顺德团练总局的形成》［1988］透过广东团练，论述了清朝中央与地方绅权之间的相互补充，并木赖寿《苗沛霖团练事件》［1990］聚焦于太平天国期间苗沛霖团练建立地方权势的尝试，山本进《清代财政史研究》［2002b］论述了动乱之后江南和四川地方行政的变化，强调了督抚权力的作用。

类似山田贤《移民的秩序——清代四川地域社会史研究》［1995］，透过18世纪末以降地域社会的变迁来深入探求战乱根源的做法亦颇为兴盛。菊池秀明《广西移民社会与太平天国》［1998］尝试从广西移民社会精英阶层与非精英阶层之间的对立来探寻太平天国兴起的原因。此外，围绕太平天国时期西南地区的战乱，稻田清一《太平天国时期的壮族"动乱"及其背景——广西横州永淳县的情况》［1988］着眼于少数民族的汉化问题，讨论了壮族起义的背景，武内房司《清末土司体系的瓦解与民族问题——以贵州西南布依族地区为中心》［1997］则将贵州农民的起义归因于汉族移民涌入贵州少数民族地区。回民起义方面，安藤润一郎《清代嘉庆、道光年间云南省西部的汉回对立——关于"云南回民起义"背景的一项考察》［2002］将云南西部激烈的人群竞争关系作为云南回民起义的背景，黑岩高《械斗与谣言——19世纪陕西渭河流域的回汉关系与回民起义》［2002］将汉、回境遇的差别视为陕甘回民起义的原因。这些研究有一共同特点，均从汉族向周边地区扩展的背景入手来展开讨论。此外，藤谷浩悦《1906年萍浏醴起义与民众文化——以中秋节谣言为中心》［2004］关注到起义蜂起背景中的大众文化。关于义和团的研究，可参考前文"王朝体制的崩坏"一节中的介绍。关于与清末各种动乱有着深刻关联的秘密结社、宗教结社问题，可参考佐佐木正哉《清末的秘密结社》（前篇）［1970］、酒井忠夫《中国民众与秘密结社》［1992］、《酒井忠夫著作集4　中国帮会史研究　青帮篇》［1997］、《酒井忠夫著作集3　中国帮会史研究　红帮篇》［1998］和《酒井忠夫著作集6　近现代中国的宗教结社研究》［2002］。

关于地域内国家与社会的关系，从光绪新政以降的地方自治问题出发来展开的探讨正不断推进。江夏由树《近代东三省的社会变动——清末旧奉天省地方势力的兴起》［1994］及其英文专著《旗产：清末奉天地方精英的崛起》［2004］论述了以土地制度改革为代表的清末变局中奉天地方势力的兴起，贵志俊彦《北洋新政体制下地方自治制度的形成——天津县各级议事会的成立及其权限》［1992］围绕地方实力人物，分析了"北洋新政"时期天津的地方自治。继这些研究之后，史料丰富的江南研究亦有飞速进展，出现了一批实证考论。例如，田中比吕志《清末民初的地方政治结构及其变化——江苏省宝山县地方精英的活动》[1995]清晰地梳理了精英参与地方政治的方式，黄东兰《近代中国的地方自治与明治日本》[2005]考察了中国的地方自治与日本地方自治之间的关联性，佐藤仁史《清末民初上海县农村的地方权势与乡土教育——〈陈行乡土志〉及其背景》[1999]论述了地方实力人物以"乡土"为起点的秩序构想，藤谷浩悦《1910年的长沙抢米风潮与乡绅——以中央与地方的对抗为中心》[1993]从长沙抢米事件入手，分析了乡绅在央地对抗之间的作用。目前，聚焦其他地域的研究亦在推进之中。

关于教会、传教士与中国社会，李若文《清末在华欧美传教士"干预诉讼"问题的一个侧面——以新教徒的应对策略为中心》[1994]透过传教士对诉讼的干预，发现了因个人世俗目的而出现的伪教徒。该方向接引地域社会视角的研究中，佐藤公彦《义和团的起源及其运动——中国民众Nationalism的诞生》[1999]指出，拥有治外法权的教会的出现所带来的双重权力现象也是义和团兴起的背景之一，蒲丰彦《传教士、中国信徒与清末华南乡村社会》[2003]通过分析潮州地方的基督教社会，论述了基督教徒与中国社会之间的矛盾。

城市社会史　近年，社会史诸分支中，城市社会史发展迅速。基于二战前在中国的实地调查，该领域在战后不久便出现了根岸佶《中国的行会》[1953]、仁井田陞《中国社会与行会》[1951]、今堀诚二《中国的社会结构——旧社会中的"共同体"》[1953]等聚焦商人团体的成果，但在随后的战后历史学中，该领域并未广受关注。

不过，进入1980年代之后，基于前述地域社会史的发展，在罗威廉（Rowe，William T.）《汉口：一个中国城市的商业和社会（1796—1889）》[1984]、《汉口：一个中国城市的冲突和社区（1796—1895）》[1989]的刺激之下，日本学界的城市社会史研究又有了推进。韦伯（Weber，Max）认为，传统中国城市的行会并没有发展出由独立团体主导的自治，罗威廉以清末汉口为例，发现了商人自治的扩展，由此批判了韦伯以来的认识。关于拥有城市管理功能的社会团体，高桥孝助《近代初期上海的善堂——关于其应对城市问题的一个侧面》[1984]堪称先驱，夫马进《中国善会善堂史研究》[1997]通过分析明末至清末的善会、善堂，进一步具体阐释了国家与社会间的关系。关于城市居民的归属意识，帆刈浩之《近代上海的遗体处理问题与四明公所——同乡会馆与中国的城市化》[1994]通过考察上海同乡团体的组成，梳理了其中的地缘原理。小浜正子《近代上海的公共性与国家》[2000]通过分析清末和民国时期上海的社会团体，讨论了这类组织的公共性问题。卫生史方面，饭岛涉《鼠疫与近代中国：卫生的制度化和社会变迁》[2000]是为先驱，该书围绕鼠疫，从中国近代制度建立的角度出发，论述了以城市为中心的卫生行政，他的《疟疾与帝国——殖民地医学与东亚广域秩序》[2005]又从疟疾入手，讨论了日本殖民地医学在近代东亚卫生行政中的地位。

吉泽诚一郎《天津的近代——清末城市的政治文化与社会结合》[2002]以清末天津为例，不仅讨论了政治参与与公共性、社会管理、国民意识与归属意识等议题，还探讨了启蒙与大众文化等问题，是一部多有建树的城市社会史集成之作。

城市史方面，受施坚雅（Skinner，G. William）主编《中华帝国晚期的城市》[1977]的影响，斯波义信《中国都市史》[2002]论述了长时段视野中的中国城市史。城市空间方面，村尾进《珠江、广州、澳门——英文及绘画史料所见"广东体制"》[1996]通过分析包括珠江、澳门在内的广东城市，提出了"广东体制"的构想，小羽田诚治《清代成都劝业场的设立》[2003]以成都劝业场为例，探讨了城市的商业空间。

◆华侨、华人史与人类学

华侨、华人史研究，既可以视为中国史研究的扩展，又可以理解为围绕其迁居地的地域研究之一环，此处紧扣本书主题，主要介绍其定位于前者的研究成果。

近代史方面，可儿弘明《近代中国的苦力与"猪花"》[1979]利用香港保良局文书，探讨了苦力与猪花问题，为二战后关于这段历史的先驱之作。关于东南亚华人，酒井忠夫主编《东南亚的华人文化与文化摩擦》[1983]以新加坡和马来西亚为中心，是为该领域的重要成果。在日华侨研究与热烈的亚洲交易圈论声气相求，亦兴盛一时，笼谷直人《亚洲国际通商秩序与近代日本》[2000]对亚洲交易圈的整体研究，就高度评价了在日华侨的商业网络。尤其值得一提的是长崎华商泰益号文书，作为二战前的华商私人文书，极为稀见，有力地推动了在日华侨史的研究。这方面的成果有山冈由佳《长崎华商经营的历史研究》

[1995]，她利用账簿史料分析了其簿记方面的特点，朱德兰《长崎华商贸易的历史研究》[1997] 则考察了泰益号的商业网络，廖赤阳《长崎华商与亚洲交易网的形成》[2000] 通过对东亚贸易圈的相关讨论，清晰地梳理了华商的人际关联。

此外，帆刈浩之《香港东华医院与粤人社会网络——以 20 世纪初叶的救灾活动为中心》[1996] 考察了支撑香港东华医院医疗活动的粤人网络，田仲一成《粤东天地会的组织与戏剧》[1990] 敏锐地从新加坡的祭祀中发现了清末以降粤东天地会的影响，石川亮太《开埠后朝鲜的华商贸易活动——以 1894 年清朝的大米中转贸易为例》[2004] 关注到朝鲜华商的贸易活动，上述研究表明，该方向在主题、方法和地域等方面均有了新的进展。欲了解近年的相关成果，还可参考饭岛涉编《华侨、华人史研究的现状》[1999]、游仲勋先生古稀纪念论文集编辑委员会编《日本的华侨华人研究——游仲勋先生古稀纪念论文集》[2003]。另外，论述华侨历史变迁的斯波义信《华侨》[1995]、日本首部华侨专题辞典——可儿弘明、斯波义信和游仲勋合编《华侨 · 华人事典》[2002]，均可参考。

与华侨、华人史关系密切的文化人类学研究，早期的有弗里德曼（Freedman，Maurice）《中国的宗族与社会》[1987]、《中国东南的宗族组织》[1991]。日本学人自从被允许进入中国本土进行田野调查，具有历史意识、以汉族为考察对象的人类学研究也取得了新的进展。这方面的成果以濑川昌久《客家：华南汉族的族群性及其边界》[1993]、《族谱：华南汉族的宗族、风水、移居》[1996] 和可儿弘明等编《从民族解读中国》[1998] 为代表，前者讨论了华南汉族族群性（ethnicity）的发展和族群（ethnic group）的活动，后者收录了包括华侨、华人研究在内的多种论文。期待今后该领域的研究能扩展至华南以外的区域。末成道男《中国文化人类学文献解题》[1995]，使用至为便利。

近年来，对清末社会经济史的研究，从世界范围来看，并不算活跃。日本学界亦如此，尽管亚洲交易圈论热烈一时，但未能与其他方向的发展相结合，也没有与围绕工业化的讨论联系起来。整体而言，关注点从经济史转向社会史，关注时段也下移至 20 世纪初叶以降，留下了诸多值得研究的时段和课题，例如对开埠初期至洋务运动时期的再思考，经济史与社会史的会通等。

（村上卫）

（四）文化、其他

如本章起首所述，1980 年代以降历史研究中日益显著的最新动向，除了广受关注的地域社会史和城市社会史领域，还有广义上的文化领域。其中，思想方面前文已有述及，尚未言及的研究，此处做一补充。山室信一《作为思想课题的亚洲》[2001] 将清末的思想置于“亚洲”这一历史空间中来加以检视，嵯峨隆《近代中国无政府主义研究》[1994] 考察了中国的无政府主义，村田雄二郎《王朝・国家・社会——近代中国的情况》[1994]、《中国的近代革命与儒教社会的回潮》[1995] 主要从思想史角度梳理了近代中国的国家与社会变迁，佐藤慎一编《近代中国的思想者们》[1998] 则是一部了解近代思想家群体的入门书。

教育 教育研究近年颇为热门，阿部洋《中国的近代教育与明治日本》[1990] 从日本明治时代教育制度的引入来梳理 20 世纪[①]初叶中国教育的近代化，他的《中国近代学校史研究——清末学校制度的形成过程》[1993] 又关注了学堂教育，早川敦《论清末的学堂奖励——近代学制引入期的科举与学堂之间》[2003] 则讨论了学堂与科举间的关系。关于引入日本明治时代教育制度时的赴日考察活动有汪婉的考论《清末中国赴日教育考察研究》[1998]，关于近代教育的普及和改革则有小林善文《中国近代教育的普及与改革研究》[2002]。地方教育改革方面，有荫山雅博聚焦江苏省的研究《清末江苏省“日本型”学校制度的引入过程——以张謇的活动为中心》[1992] 和高田幸男《清末地域社会中教育行政机构的形成——苏浙皖三省各厅州县的情况》[1993]、《清末江苏地方自治的构筑与教育会——江苏教育总会对地方精英的“改造”》[2001]，聚焦湖南省的宫原佳昭《论清末湖南长沙民办学堂的设立与新教育界的形成——以胡元倓与明德学堂为中心》[2003]。汪向荣《日本教习》[1991][②]研究了教育行业雇佣的来华日人，他们是教育行业最早“受雇的外国人”。另外，关于中国人赴日留学，近年亦研究颇盛，例如实藤惠秀《中国人留学日本史（增补版）》

---

① 译者按：日文原文为“19 世纪”，据文意径改。

② 译者按：该书中文原本题名《日本教习》（生活・读书・新知三联书店，1988 年），日译本题名《清国お雇い日本人》（《清国雇佣的日本人》）（竹内实译校，朝日新闻社，1991 年）。

[1970]、黄尊三《留学日记》[1986] ①、严安生《日本留学精神史——近代中国知识分子的轨迹》[1991] ②、小林共明《留日学生史研究的现状与课题》[1992]、周一川《中国女性日本留学史研究》[2000]、大里浩秋和孙安石合编《中国人日本留学史研究的现状》[2002]。

女性史　女性史也是近年比较活跃的一个领域。该领域的入门书有中国女性史研究会编《中国女性 100 年——史料揭示的历程》[2004]、关西中国女性史研究会编《中国女性史入门——女性之今昔》[2005]，概论书有小野和子《中国女性史——从太平天国到现代》[1978]，中山义弘《近代中国女性解放的思想与行动》[1983] 则探讨了女性解放的思想和行动。此外，柳田节子先生古稀纪念论集编辑委员会编《柳田节子先生古稀纪念　中国的传统社会与家族》[1993] 收录了性别史方面的多篇论文。论及近代中国女性解放时常被提起的缠足，有夏晓虹《晚清文人妇女观》[1998] ③，另外，坂元ひろ子《中国民族主义的神话——人种・身体・性别》[2004] 从中国近代身体论的视角讨论了缠足，高嶋航《天足会与不缠足会》[2003]、《在教会与信徒之间——女性传教士解放缠足的努力》[2004] 和东田雅博《缠足的发现——英国女性与清末中国》[2004] 将中西关系也纳入考察范围，触及了不缠足运动的本质。高嶋航另外还有一篇《水龙会的诞生》[1997]，以"水龙会"为中心，考察了清代的消防。

近代性　西方人眼中，与缠足并称"奇俗"的是男性的辫发问题，吉泽诚一郎《爱国主义的形成——从民族主义看近代中国》[2003] 与坂元ひろ子关于女性缠足的研究相通，从近代性，或曰近代身体观的角度入手展开研究。刘

---

① 译者按：黄尊三《留学日记》为其《三十年日记》(湖南印书馆，1933 年) 的第一部分。实藤惠秀与佐藤三郎将这部分日译，改题为《清国人日本留学日記 1905—1912 年》(东方书店，1986 年)。

② 译者按：该书日文原本题名《日本留学精神史　近代中国知識人の軌跡》(岩波书店，1991 年)，已由陈言译成中文，题名《灵台无计逃神矢：近代中国人留日精神史》(生活・读书・新知三联书店，2018 年)。

③ 译者按：该书中文原本题名《晚清文人妇女观》(作家出版社，1995 年)，日译本题名《纏足をほどいた女たち》(《解开缠足的女性们》)(清水贤一郎、星野幸代译，朝日选书，1998 年)。作者后又有增订版《晚清文人妇女观》(北京大学出版社，2016 年)，初版作为"上编综论"收入，另大幅新增"下编分论"。

香织《断发——近代东亚的文化冲突》[1990]还通过对比朝鲜、日本，讨论了剃发问题。另外，吉泽诚一郎《爱国主义的形成——从民族主义看近代中国》[2003]还收入了多篇与中国民族主义形成有关的论文。

其他方面，卓南生《中国近代报业发展史：1815—1874》[1990]论述了近代报纸的出现，狭间直树编《西洋近代文明与中华世界》[2001]是一部会议论文集，讨论了中华文明与西洋文明相互接触所引发的各种文化变迁现象。辛亥革命时期被处死的满族大员端方，也是一著名金石收藏家，浅原达郎围绕端方的研究《"入神"之人——端方传》(1—7)[1987—1995]非常有意思。

最后，介绍一下利用绘画等图像资料开展的研究，这也是近年历史研究各方向出现的一个共同倾向。武田雅哉《飞翔吧！大清帝国——近代中国的幻想科学》[1988]、中野美代子与武田雅哉合著《世纪末中国的随刊附册——插图新闻〈点石斋画报〉的世界》[1989]利用了《点石斋画报》，胡垣坤、曾露凌、谭雅伦合编《美国早期漫画中的华人》[1997]基于美国画报中描绘中国移民状况的讽刺画展开了研究，东田雅博《图像中的中国与日本——维多利亚时期的东方幻想》[1998]分析了英国维多利亚时期画报中描绘的中国和日本形象，安田震一(Shang，William)《绘画所见近代中国——来自西洋的视角》[2001]研究了西方画家关于19世纪广州、香港等地的画作。

（井上裕正）

三、史料解说

正如本章起首所述，本章中的"近代"是指"清朝后期"，所以，清代的基本史料，例如《实录》《起居注》《东华录》《方略（纪略）》和《清史稿》等文献中的道光朝以降部分均为"近代"的重要史料。尤其是制度史方面，除《大清会典事例（光绪朝）》外，还有《皇朝经世文编》和《文献通考》两个系列。个人传记方面有《清史列传》《碑传集》，关于特定地域，则有方志史料。

其次，该时段的中文史料还有一特别之处，当时，报纸、杂志业已问世，均为考察19世纪末以降历史所不可或缺。日本国内此类资料的收藏情况，可参见亚洲经济研究所编《中文杂志、报纸综合目录》(亚洲经济研究所，1986年)。近年，可资利用的报纸数量也正在不断扩大。

该时段已开放可用的档案也正不断增多。除北京中国第一历史档案馆和台北故宫博物院文献馆外，地方收藏的商会文书等资料亦可利用，徽州文书等明清史研究大量使用的史料，有关近代者亦不少。近年，碑刻史料出版繁荣，多有清末碑文收入，利用价值颇高。因此，本节的介绍也稍连带其他时段。清代档案的使用方面，可参考高田幸男《中国近现代文书入门》，互联网资料使用方面，可参考饭岛涉《互联网与近代中国研究》(均收于《历史评论》第638号，2003年)。

该时段的史料与之前时代相比，关键差别在于外文史料的质和量都有了飞跃性的增长。尤其是西文史料，相比其他时段，更为重要。西文史料方面，除以 *North-China Herald*（《北华捷报》）为代表的报纸和杂志外，英美国家的官方文件亦非常有用。史料集方面，英国的议会对华文件集① *Irish University Press Area Studies Series: British Parliamentary Papers, China*，42 vols.，Irish University Press，1972.（《爱尔兰大学出版社区域研究丛书：英国外交文件集·中国》，42卷，爱尔兰大学出版社，1972年）和美国的对华官方文件集② Davids，Jules (ed.)，*American Diplomatic and Public Papers: the United States and China*，Scholarly Resources，1973—1981.（戴维兹·朱尔斯主编：《美国外交与公共事务文件集：美国与中国》，学术资源出版社，1973—1981年）均使用便利。英国外交史料（Great Britain Foreign Office Records）之类一手史料的使用，可参见佐藤元英《日本·中国关系英国外务省文书目录》(クレス出版，1997年)。与清末外交相关的诸种外方史料，可参见坂野正高的《政治外交史——以清末的基础资料为中心》(坂野正高等编：《近代中国研究入门》，东京大学出版会，1974年)、滨下武志的《中国近代经济史研究》(汲古书院，1989年)。

◆全局性史料

•《清代史料笔记丛刊》中华书局

这是一套收录清代笔记史料的丛书，收入此类清末相关笔记史料：梁廷枏《夷氛闻记》(1997年)、梁廷枏《海国四说》(1997年)、段光清《镜湖自撰年谱》(1997年)、张集馨《道咸宦海见闻录》(1999年)等。

•《中国近代人物文集丛书》中华书局

这是一套收录近代中国相关人物文集等资料的丛书，收入此类人物文集：《宋教仁集》(1981年)、《黄兴集》(1981年)、《林则徐集》(1984—1985年)、《蔡元培全集》(1984—1989年)、《严复集》(1986年)、《伍廷芳集》(1993年)、

《文廷式集》(1993年)、《谭嗣同全集》(1981年)等。

•《中国近代人物日记丛书》中华书局

这是一套收录近代中国相关人物日记的丛书，收入此类人物日记:《王韬日记》(1987年)、《李星沅日记》(1987年)、《翁同龢日记》(1989年)、《王文韶日记》(1989年)等。

•《中国近代史资料丛刊》

① 中国史学会主编《鸦片战争》6册，神州国光社，1954年

② 中国史学会主编《第二次鸦片战争》6册，上海人民出版社，1978—1979年

③ 中国史学会主编《太平天国》8册，神州国光社，1952年

④ 中国史学会主编《捻军》6册，神州国光社，1953年

⑤ 中国史学会主编《回民起义》4册，神州国光社，1952年

⑥ 中国史学会主编《中法战争》7册，新知识出版社，1955年

⑦ 中国史学会主编《中日战争》7册，新知识出版社，1956年

⑧ 中国史学会主编《洋务运动》8册，上海人民出版社，1961年

⑨ 中国史学会主编《戊戌变法》4册，神州国光社，1953年

⑩ 中国史学会主编《义和团》4册，神州国光社，1951年

⑪ 中国史学会主编《辛亥革命》8册，上海人民出版社，1957年

这是中华人民共和国甫一成立，中国史学会举全会之力编纂的中国近代史基本史料集（其中，②的编纂和出版较他种为迟）。每种史料集，不仅收录了《实录》等清朝一方的史料，也收录了外方史料，例如①书中收有与鸦片战争相关的英方史料（译成中文），书末还附有文献解题。2000年，除②之外，其余各种均由上海人民出版社再版。

•《中国近代史资料丛刊续编》

① 罗尔纲、王庆成主编《太平天国》10册，广西师范大学出版社，2004年

② 张振鹍主编《中法战争》4册，中华书局，1995—2002年

③ 戚其章主编《中日战争》12册，中华书局，1989—1996年

④ 中国第一历史档案馆、福建师范大学历史系合编《清末教案》5册，中华书局，1996—2000年

这套史料集为《中国近代史资料丛刊》的续编，除了④反洋教事件史料集

《清末教案》外，均为原编诸种的补编。

•《中国近代史资料汇编》台湾“中研院”近代史研究所编，台湾“中研院”近代史研究所

①《海防档》9 册（1957 年）；②《矿务档》8 册（1960 年）；③《道光咸丰两朝筹办夷务始末补遗》（1966 年）；④《四国新档》11 册（1962 年）；⑤《中美关系史料》8 册（1968—1990 年）；⑥《中法越南交涉档》7 册（1962 年）；⑦《清季中日韩关系史料》11 册（1972 年）；⑧《教务教案档》7 辑 2 册（1974—1980 年）；⑨《近代中国对西方及列强认识资料汇编》10 册（1972—1990 年）；⑩《清季华工出国史料 1863—1910 年》（1995 年）。

这套史料集，收录了现保存于中国台湾地区的清末至民国时期官方文件。①②为洋务运动相关者，③④为后面将提到的《筹办夷务始末》的补编史料集，⑤为中美关系相关者，⑥为中法战争相关者，⑦为中日两国围绕朝鲜的关系，⑩为海外劳务输出中国人（华侨）相关史料集。

• 沈云龙主编《近代中国史料丛刊》（正编）100 辑 1281 册，文海出版社，1966—1973 年

这是收入清末至民国时期重要史料和研究著作的大型影印史料集，除正编外，还有续编（100 辑）和三编（33 辑）。

• 阿英编《鸦片战争文学集》2 册，古籍出版社，1957 年
• 阿英编《中法战争文学集》，中华书局，1957 年
• 阿英编《甲午中日战争文学集》，中华书局，1958 年
• 阿英编《庚子事变文学集》2 册，中华书局，1959 年
• 阿英编《反美华工禁约文学集》，中华书局，1960 年

以上诸书按顺序，收录了鸦片战争、中法战争、甲午战争、义和团运动、抵制美货运动相关诗歌、小说和戏曲等史料。

•《国家图书馆藏历史档案文献丛刊》全国图书馆文献缩微复制中心

这套丛刊是基于国家图书馆所藏内阁六部档案、光绪年间总理衙门档案，以及其他清代乾隆至民国时期各种档案，按主题分类整理的史料集，现仍在陆续出版之中。丛刊中收录了以下诸种与近代史相关的史料。《总署奏底汇订》（2003 年）、《光绪戊戌年收发抄电》（2004 年）、《清末奏底汇订》（2004 年）、《北洋公牍类纂　正续编》（2004 年）等。

◆中华帝国的动摇

〈鸦片战争、第二次鸦片战争〉

①《筹办夷务始末》道光朝 80 卷、咸丰朝 80 卷、同治朝 100 卷

② 蒋廷黻编《筹办夷务始末补遗》9 册，北京大学出版社，1988 年

③ 中国第一历史档案馆编《鸦片战争档案史料》7 册，天津古籍出版社，1992 年

鸦片战争、第二次鸦片战争清朝一方的基本史料，除前揭《中国近代史资料丛刊》所收者外，①也是基本史料。①书中，道光朝部分编纂于其后咸丰朝时期，余者类推，主要收录道光、咸丰和光绪三朝与外交相关的皇帝上谕及官僚上奏。该书有国风出版社（台北）影印版、中华书局铅印版（仅道光、咸丰朝）。②为时任清华大学教授的蒋廷黻利用军机处档案，对①所做补编。③系基于北京故宫内中国第一历史档案馆所藏鸦片战争相关档案史料，整理编纂、铅印出版的史料集，因紧扣鸦片战争，故相比①，在进行鸦片战争研究时，更应重视利用③。

关于钦差大臣林则徐的史料，前揭《中国近代人物文集丛书》中有《林则徐集》（中山大学历史系中国近现代史教研组编），此后，《林则徐全集》编辑委员会利用新出史料追加补充编成《林则徐全集》（10 册，海峡文艺出版社，2002 年），此为林则徐相关史料集中最佳者。

④ 佐佐木正哉《鸦片战争前中英交涉文书》，岩南堂，1967 年

⑤ 佐佐木正哉《鸦片战争研究·资料篇》，近代中国研究委员会，1964 年

⑥ 佐佐木正哉《鸦片战争后的中英抗争·资料篇》，近代中国研究委员会，1964 年

以上④⑤⑥系佐佐木正哉从英国外交部所存资料中整理所得史料集，包括鸦片战争前后中英政府间的往来文件，英国驻中国机构收集的排外运动招贴等中文史料。

〈太平天国运动〉

① 太平天国历史博物馆编《太平天国史料丛编简辑》6 册，中华书局，1961—1963 年

② 中国第一历史档案馆编《清政府镇压太平天国档案资料》26 册，光明日报出版社、社会科学文献出版社，1990—2001 年

③ 广西省太平天国文史调查团编《太平天国起义调查报告》，生活·读

书·新知三联书店，1956 年

④ 菊池秀明《广西移民社会与太平天国（史料编）》，风响社，2001 年

⑤ 韩长耕等整理《曾国藩全集》30 册，岳麓书社，1985—1994 年

⑥ 庄吉发主编《先正曾国藩文献汇编》8 册，台北故宫博物院，1993 年

⑦《左宗棠全集》15 册，岳麓书社，1986—1996 年（20 册，上海书店，1986 年）

⑧ 吴汝纶编《李文忠公全集》7 册，文海出版社，1962 年

⑨ 顾廷龙等编《李鸿章全集》3 册，上海人民出版社，1985—1987 年

太平天国相关史料，除前揭《中国近代史资料丛刊》《中国近代史资料丛刊续编》所收者外，还有①和中国第一历史档案馆所藏档案史料集②。③为太平天国实地调查资料。④收录了日本学者在农村调查中发现整理的族谱、碑文等资料。曾国藩、左宗棠和李鸿章参与镇压太平天国，随后因功出任地方大员，并在洋务运动中发挥领导作用，⑤⑥⑦⑧⑨收录了这些人物的上奏等资料。不过，目前⑨仅出版“电稿”3 册。

〈边境危机、中日关系〉

① 王彦威辑、王亮编《清季外交史料》光绪朝 218 卷、宣统朝 24 卷等，1932—1935 年

② 故宫博物院编《清光绪朝中日交涉史料》76 卷，1932 年

③ 故宫博物院编《清宣统朝中日交涉史料》6 卷，1933 年

前揭《筹办夷务始末》所涉时段为道光、咸丰和同治三朝，就内容而言，①为前书续编，光绪、宣统两朝外交的相关史料集。关于 19 世纪下半叶围绕朝鲜的中日两国关系，除前揭《中国近代史资料丛刊》中的《中日战争》、《中国近代史资料丛刊续编》中的《中日战争》、《中国近代史资料汇编》中的《清季中日韩关系史料》外，还有利用军机处档案编成的②和③。①②③均由文海出版社（台北）出版。李毓澍编有《清季中日韩关系资料三十种综合分类目录》2 册（中文研究资料中心，1977 年），该书是基于《清季中日韩关系史料》《筹办夷务始末（同治朝）》和②③等 30 种史料集，分类、整理而成的目录。

◆改革运动

〈洋务运动〉

①《中国近代兵器工业档案史料》编委会编《中国近代兵器工业档案史料》

4 册，兵器工业出版社，1993 年。

② 王树枏编《张文襄公全集》6 册，1963 年（28 册，文海出版社，1980 年）

有关洋务运动的基本史料集为前揭《中国近代史资料丛刊》中的《洋务运动》，①是聚焦于兵器制造的档案史料汇编。张之洞是推动洋务运动的重要官员，在 20 世纪初叶的清末政治中居于中心位置，②为张之洞的文集。

〈**变法运动**〉

① 国家档案局明清档案馆编《戊戌变法档案史料》，中华书局，1958 年

② 姜义华等编校《康有为全集》3 集，上海古籍出版社，1987 年

③ 林志钧编《饮冰室合集》40 册，中华书局，1936 年

④ 蔡尚思、方行编《谭嗣同全集（增订本）》上、下，中华书局，1981 年

⑤ 谭嗣同著，西顺藏、坂元ひろ子译注《仁学——清末社会变革论》，岩波文库，1989 年

⑥ 夏东元编《郑观应集》上、下，上海人民出版社，1982、1988 年

变法运动的基本史料，除《中国近代史资料丛刊》中的《戊戌变法》外，基于明清档案馆（现中国第一历史档案馆）所藏相关档案汇编而成的①也是基本的史料集。②为变法论第一人康有为的全集，③为梁启超的全集，④为谭嗣同的全集，已收录于前揭《中国近代人物文集丛书》，⑤为谭嗣同所著《仁学》的日译和注解，⑥为郑观应的全集。

◆王朝体制的崩坏

〈**义和团运动**〉

① 国家档案局明清档案馆编《义和团档案史料》2 册，中华书局，1959 年

② 中国第一历史档案馆编辑部编《义和团档案史料续编》上、下，中华书局，1990 年

③ 中国社会科学院近代史研究所《近代史资料》编辑组编《义和团史料》上、下（近代史资料专刊），中国社会科学出版社，1982 年

反洋教运动和教案的基本史料为前揭《中国近代史资料丛刊续编》中的《清末教案》和《中国近代史资料汇编》中的《教务教案档》。有关义和团运动的基本史料，除前揭《中国近代史资料丛刊》中的《义和团》外，还有基于中国第一历史档案馆所藏档案汇编而成的①及其续编②。③收录了义和团一方的文献。

〈光绪新政〉

① 故宫博物院明清档案部编《清末筹备立宪档案史料》上、下，中华书局，1979 年

② 中国第一历史档案馆编《光绪朝朱批奏折》120 辑，中华书局，1995—1996 年

③ 中国第一历史档案馆编《光绪宣统两朝上谕档》37 册，广西师范大学出版社，1996 年

④ 朱寿朋编《光绪朝东华录》5 册，中华书局，1958 年

⑤ 故宫博物院编辑《宫中档光绪朝奏折》26 辑，台北故宫博物院，1973—1975 年

⑥ 台北故宫博物院故宫文献编辑委员会编《袁世凯奏折专辑》8 册，广文书局，1970 年

⑦ 天津图书馆、天津社会科学院历史研究所编《袁世凯奏议》上、中、下，天津古籍出版社，1987 年

⑧ 天津市档案馆编《袁世凯天津档案史料选编》，天津古籍出版社，1990 年

光绪新政中，围绕立宪运动的史料集有①。从光绪至宣统间清政府的基本史料有②③④⑤，首先可利用④来把握整体的脉络，再使用②和⑤具体展开，尤其是②，是一部按内政、军务、财政、农业、水利、工业、外交和民族进行分类的大型史料集。光绪新政以后，袁世凯是活跃于政治舞台的重要人物，⑥⑦⑧为关于袁世凯的史料集。

〈辛亥革命〉

① 张枬、王忍之编《辛亥革命前十年间时论选集》3 卷 5 册，生活·读书·新知三联书店，1960—1963 年、1977 年

② 中国第一历史档案馆、北京师范大学历史系编《辛亥革命前十年间民变档案史料》2 册，中华书局，1985 年

③ 中国人民政治协商会议全国委员会文史资料研究委员会编《辛亥革命回忆录》6 集，中华书局，1961—1963 年

④ 广东省社会科学院历史研究所等合编《孙中山全集》11 卷，中华书局，1981—1986 年

⑤ 西顺藏、近藤邦康编译《章炳麟集——清末的民族革命思想》，岩波文

库，1990 年

⑥ 武汉大学历史系中国近代史教研室编《辛亥革命在湖北史料专辑》，湖北人民出版社，1981 年

辛亥革命的基本史料为前揭《中国近代史资料丛刊》中的《辛亥革命》。①汇集了辛亥革命之前 10 年间主要报纸和杂志的评论文章，②汇录了同期民众运动相关史料，③为辛亥革命相关人员的回忆和陈述，④为辛亥革命导师孙文的全集，⑤为章太炎政论作品的日译。辛亥革命在国内各地的进展情况，除⑥外，还有上海社会科学院历史研究所编《辛亥革命在上海史料选辑》（上海人民出版社，1966 年）、辽宁省档案馆编《辛亥革命在辽宁档案史料》（辽宁省档案馆，1981 年）等，数量不少。

◆社会、经济

① 李文治、章有义编《中国近代农业史资料》3 册，生活·读书·新知三联书店，1957 年

② 彭泽益编《中国近代手工业史资料》4 册，生活·读书·新知三联书店，1957 年

③ 汪敬虞、孙毓棠编《中国近代工业史资料》2 辑 4 册，科学出版社，1957 年

④ 陈真、姚洛等合编《中国近代工业史资料》4 辑 6 册，生活·读书·新知三联书店，1957—1961 年

⑤ 聂宝璋编《中国近代航运史资料》第一辑上、下，上海人民出版社，1983 年；聂宝璋、朱荫贵编《中国近代航运史资料　1895—1927》第二辑上、下，中国社会科学出版社，2002 年

⑥ 宓汝成编《中国近代铁路史资料　1863—1911》3 册，中华书局，1963 年

⑦ 中国人民银行总行参事室金融史料组《中国近代货币史资料》1 辑 2 册，中华书局，1964 年

⑧ 中国人民银行总行参事室编《中国清代外债史资料　1853—1911》，中国金融出版社，1991 年

⑨ 章开沅等编《苏州商会档案丛编》第 1 辑（1905—1911）、第二辑（1912—1919），华中师范大学出版社，1991 年、2004 年

⑩ 天津市档案馆、天津社会科学院历史研究所、天津市工商业联合会编

《天津商会档案汇编　1903—1950》5 辑，天津人民出版社，1989—1998 年

⑪ 中国人民银行山西省分行、山西财经学院《山西票号史料》编写组、黄鉴晖《山西票号史料》，山西经济出版社，2002 年

⑫ 张謇研究中心、南通市图书馆编《张謇全集》7 册，江苏古籍出版社，1994 年

⑬ 陈翰笙主编《华工出国史料汇编》8 册，中华书局，1980—1985 年

①为农业方面，②③④为工业方面，⑤为航运方面，⑥为铁道方面，⑦为货币方面，⑧为外债方面相关史料集。⑨⑩为商业方面，⑪为山西商人所营票号相关史料集。⑫为民族资本家张謇的全集。⑬为华工（移民劳动者）相关史料集。

⑭ H. B. Morse，*The Chronicles of the East India Company Trading to China，1635—1834*，5 vols.，Oxford：The Clarendon Press，1926，1929（马士：《东印度公司对华贸易编年史（一六三五——一八三四年）》5 卷，牛津：克拉伦登出版社，1926、1929 年）①

⑮《中国旧海关史料》编纂委员会编《中国旧海关史料》，京华出版社，2001 年

⑯ 黄富三等编《清末台湾海关历年史料》2 册，台湾“中研院”台湾史研究所筹备处，1997 年

⑰ Hsiao Liang-Lin，*China's Foreign Trade Statistics 1864—1949*，Harvard University Press，1974（萧亮林：《中国对外贸易统计　1864—1949》，哈佛大学出版社，1974 年）

关于开港前中国与英国之间的贸易，基于英国东印度公司记录的⑭为基本文献。近代中国的统计资料并不算丰富，不过中国海关出版的海关统计和海关报告非常有用，⑮的出版便利了此类资料的使用，⑯汇录了台湾海关方面的资料。关于海关资料的处理，可参见⑰，欲了解海关史料的整体情况，可参考滨下武志《中国近代经济史研究》（汲古书院，1989 年）。

清末以降，日语文献亦大有用武之地。经济方面的史料，基于领事报告编

① 译者按：该书已有中文译本，题名《东印度公司对华贸易编年史（一六三五——一八三四年）》（全 5 卷）（区宗华译，林树惠校，章文钦校注，中山大学出版社，1991 年；广东人民出版社，2016 年）。

纂而成的《通商汇纂》颇为有用，这类史料的利用，可参见角山荣《日本领事报告研究》(同文馆，1986年)。

◆文化、其他

〈思想〉

① 西顺藏编《原典中国近代思想史》6册，岩波书店，1976—1977年

② 西顺藏、岛田虔次编《中国古典文学大系58　清末民国初政治评论集》，平凡社，1971年

业已出版的洋务运动、变法运动和辛亥革命等基本史料集中包含了思想和思想家方面的史料。①②为重要思想家言论的日译。

〈教育〉

① 舒新城编《中国近代教育史资料》3册，人民教育出版社，1961年

②《中国近代教育史资料汇编》，上海教育出版社

《鸦片战争时期教育》(1990年)、《学制演变》(1991年)、《留学教育》(1991年)、《洋务运动时期教育》(1992年)、《戊戌时期教育》(1993年)、《高等教育》(1993年)、《教育行政机构及教育团体》(1993年)、《实业教育　师范教育》(1994年)、《普通教育》(1995年)、《教育思想》(1997年)

③ 朱有瓛《中国近代学制史料》第一辑上、下，第二辑上、下，第三辑上、下，第四辑，华东师范大学出版社，1983—1992年

④ 北京大学、中国第一历史档案馆编《京师大学堂档案选编》，北京大学出版社，2001年

⑤ 吕顺长编著《晚清中国人日本考察记集成——教育考察记》上、下，杭州大学出版社，1999年

此前，①为近代教育史方面的基础史料。近年，②③出版之后，也已成为该方向的基础史料。④为有关北京大学前身京师大学堂的档案史料集。⑤为明治时期日本教育状况的考察记。

〈其他〉

女性史方面，李又宁、张玉法编有《近代中国女权运动史料　1842—1911》2册，传记文学社，1975年。

(井上裕正、村上卫)

第十一章　现代

久保亨、江田宪治

一、研究视角

二战后日本学界的中国近现代史研究，以 1980 年左右为分水岭，前后分成两段。前一段，即二战结束至 1970 年代，其发展呈两极分化态势。一部分日本学者从可称为“革命中心史观”的视角出发，积极推进扩展中国革命史研究。另一部分日本学者尝试开展旨在量化把握中华人民共和国经济实态的调查研究。

不过，这一深受冷战格局影响的两极分化态势从 1970 年代末开始发生急剧的变化。放弃革命中心史观，探索新的研究课题和研究方法，见地各异的研究者综采各种方法开展客观的实证探讨渐成历史研究的主流。野泽丰、田中正俊合编《讲座中国近现代史》[1978] 正问世于 20 世纪 70 年代末的中国近现代史研究转型之时。该丛书共 7 卷，由 50 多篇论文组成，在延续革命中心史观的同时，字里行间已展现出挣脱其影响的各种思考。

日本的中国近现代史研究在即将进入 1980 年代时发生重大转变，激发这一转变的首要条件是当时中国与世界的巨变。1980—1990 年代，中国开启“改革开放”，推进“市场经济”，给社会经济带来了巨大的变化。苏联东欧世界的解体、东西冷战的终结，台湾地区国民党独裁政权的终止，也为中国近现代史研究的巨大转变提供了时代契机。20 世纪上半叶的民国，以辛亥革命后共和制中华民国成立的 1912 年 1 月为起点，下迄 1949 年 10 月中华人民共和国的成立，总共约38年的历史，在整体上被视为一个过渡时期，这样的理解已逐渐成为大多数研究者的共识。正如久保亨《今日之中华民国史研究》[2003]所论，这一新认识的问世，与魏斐德（Wakeman，Frederic Evans，Jr.）和安瑞志（Edmonds，Richard Louis）合编《重估中华民国》[2000]所述欧美学界的情况相同，在民国史研究中产生了深刻的影响。

研究状况发生巨变的第二个条件是台湾地区所藏包括各种公牍在内的大量史料的公布。各时期的报纸、杂志和政府公报之类史料被制成可方便获取的影印本或缩微胶卷，以中国第二历史档案馆编《中华民国史档案资料汇编》[1979—2000]、中华民国重要史料编辑委员会编《中华民国重要史料初编》[1981—1988]为代表的史料集亦陆续刊行。从中国第一历史档案馆（北京）、第二历史档案馆（南京），到以上海市档案馆、北京市档案馆、重庆市档案馆、江苏省档案馆和四川省档案馆等为代表的地方档案馆均面向研究者开放，利用档案馆开展中国近现代史研究，在进入1990年代以后成为常态。

第三个条件是中日两国学术交流的活跃，特别要指出的是，日本的中国史研究者已能获得在华长期生活经验。能够长居中国开展研究，不仅便利了史料收集，也能令学者在体验中国社会现实的同时，推进对历史的认识。当然，同时也有大量中国研究者来到日本，通过自由的学术交流，相互砥砺。

因此，经过1980年代初的转变，日本的中国近现代史研究在各个方向涌现出不少崭新的研究成果，其中一部分将在下文加以介绍。今后，随着研究的深化和对新中国成立的重新认识，为了从整体上把握20世纪初至21世纪的中国历史，需要时常明确地意识到新中国的成立只是历史进程的中途一点。时常留心新中国成立的连续性与非连续性以及两者之间的相互关系，推进个案研究，在历史脉络中理解新中国成立的地位将日趋重要（久保亨《中国1949年革命的历史地位》[2004]）。上述梳理是否妥当，有待今后继续讨论，不过，从整体上来统一把握20至21世纪的中国历史，无疑是有志于中国近现代史研究的学人不可回避的一个课题。

（久保亨）

二、研究进展

（一）政治、思想史

◆中国现代政治史是如何重构的——“民国史观”的提出

正如前节所述，1980年代中期以降，日本的中国现代政治、思想史研究，正不断探索新的叙述范式，逐渐摆脱过去“革命中心史观”的影响。“革命中心史观”以孙中山和中国共产党领导的革命运动及与之相关的民众运动等为中心，以中华人民共和国的成立为现代政治史的终点。然而无法用革命运动来解释的“现代”问题的浮现，令研究者逐渐反思。中国学界方面，中国社会科学院近代史研究所从70年代末开始编辑出版包括《民国人物传》在内的《中华民国史资料丛刊》，80年代初又出版了《中华民国史》第1卷，中国学者的这些成果也对日本研究者形成了刺激。

因此，从1980年代中期开始，日本的研究者开始依照国家体制，将1912至1949年间的中国历史，作为“中华民国历史”来进行考察。进入1990年代后，山田辰雄在《“民国史观”正当时》[1990]一文中提出了“民国史观”，差不多同一时期，野泽丰主导的杂志《近邻》① 开始采用以中华民国史为中心的编辑方针，“民国史观”又增一阵营。不少研究者支持“民国史观”，或者多多少少具有了“民国史观”的意识。

当然，这波被称为“民国史观”的研究动向，并不仅限于此处所述政治史和思想史。可以说，这一股动向广泛涉及政治史、思想史以外的经济史、社会史、教育史和文化史等领域（作为相关成果的综述论文集，野泽丰编《日本的中华民国史研究》[1995]值得参考）。就政治史、思想史而言，探讨中华民国的政治过程和政治制度时，从原有史观出发，中国国民党及其政权无疑只是“革命的旁流”，被定位于“非革命”或“反革命”的人物——例如宋教仁、袁世凯、康有为和梁启超等名人，在“革命史”视野中亦不上台面。但在“民国史观”研究潮流中，围绕“民国史”舞台上风云人物的政治活动和思想历程、“革命”敌人军阀的兴衰存亡及其政权结构，均涌现出不少实证成果。

◆民国政治与人物（1）——政治家・革命党・政党

田中比吕志《民国元年的政治与宋教仁》[1991]关注了以宋教仁为中心的

① 译者按：该刊日文原本题名《近きに在りて》，全称《近きに在りて：近現代中国をめぐる討論のひろば》（《近邻：近现代中国论坛》），为中国近现代研究方面的学术集刊。

民国初年政治史，他的《近代中国国家建设的摸索》[1993] 揭示了一个包括袁世凯政权在内的多层次政治史。松本英纪《宋教仁研究》[2001] 对宋教仁展开了系统研究，他认为，临时约法制定时期，宋教仁的政治构想是建设一个中央集权国家，并以之为政体，建立议会内阁制度。山田辰雄主编《历史中的现代中国》[1996] 所收《袁世凯帝制论再考》一文、金子肇《袁世凯政权在国家统一上的摸索及其咨询机构的作用》[1997a] 都是对袁世凯政权的研究。以往作为"反革命"政治家而被唾弃的袁世凯，现今也成为民国史研究的重要对象。此外，藤冈喜久男《中华民国第一共和制与张謇》[1999] 梳理了立宪派政治家张謇在民国初年的活动，镫屋一《章士钊与近代中国政治史研究》[2002] 重新评价了提倡复古运动的章士钊，认为他的政治思想是以"不同政见合法化"和"政治宽容"为特征的自由主义思想。

另外，关于被贴上"改良派""保皇派"标签，并持相应政治立场进行活动的康有为，竹内弘行《五四运动研究 14　后期康有为论——亡命、辛亥、复辟、五四》[1987] 论述了康有为在辛亥革命至五四运动期间的活动，《康有为与吴佩孚》[1992] 则考察了国民革命期间康有为的行踪。梁启超作为民国时期卓越的启蒙思想家和影响广泛的政治家，近年也大受关注。狭间直树编《梁启超・明治日本・西方》[1999] ① 以梁启超在日本流亡期间的西洋文明学习为中心，梳理了他的历史功绩。楠濑正明《中华民国初期的梁启超与第一届国会》[1994] 关注了梁启超在第一届国会期间的政治活动。丁文江、赵丰田合编的《梁启超年谱长编》全 5 卷 [2004] 以梁启超往来书信为中心编纂而成。岛田虔次的译本为该书完整日译，极为详尽的译注首次披露了不少梁启超的活动和政见，为研究 1912 至 1928 年间的民国政治史提供了珍贵而又丰富的资料。

山田辰雄《中国国民党左派研究》[1980] 围绕国民党左派的讨论开启了对国民党的专门研究，这是民国史研究拓展的重要组成部分。该方向的专著方面，深町英夫《近代中国的政党、社会与国家——中国国民党的形成过程》[1999] ② 梳理了国民党的形成和发展；土屋光芳《汪精卫及其"民主化"企图》[2000]

① 译者按：日文原文该书出版时间误作"2000"，实应为"1999"。

② 译者按：该书日文原本题名《近代中国における政党・社会・国家——中国国民党の形成過程》(中央大学出版部，1999 年)，中译本题名《近代广东的政党・社会・国家：中国国民党及其党国体制的形成过程》(社会科学文献出版社，2003 年)。

论述了汪精卫30年代中期之前的政治言论；家近亮子《蒋介石与南京国民政府》[2002]重新评价了蒋介石与南京国民政府。单篇论文方面，江崎隆哉《第一次国共合作与西山会议派的形成》[1995]分析了西山会议派形成和存在的原因；南京国民政府成立以后，“以党治国”理念徒有其表，蒋介石确立其独裁统治，树中毅《南京国民政府统治的制度化与意识形态的躯壳化》[1996]、《强力威权主义统治与软弱的列宁主义政党》[2001]梳理了蒋介石的威权主义统治从中央向地方的渗透过程；段瑞聪《新生活运动的组织结构与人事》[1997]、《蒋介石的权力渗透与新生活运动》[1998]考察了蒋介石新生活运动的组织架构与其权力渗透之间的关系。

关于国民党领袖孙中山，前揭山田辰雄《中国国民党左派研究》[1980]指出了孙中山思想的未完性（正因为如此，孙中山思想存在着被其继任者多样解释的可能）。此外，关于孙中山的一系列国际研讨会论文集，例如孙文研究会编《孙中山研究日中国际学术讨论会报告集》[1986]、《孙文与亚洲——1990年8月国际学术讨论会报告集》[1993]、孙文研究会与神户华侨华人研究会编《孙文与华侨——孙文诞生130周年纪念国际学术讨论会论文集》[1999]，展示了近年孙中山研究各个方面的进展。

关于不同于国民党和共产党（关于共产党详见后文）两大政党，独立摸索救亡之路的“第三势力”和“民主党派”，脱离“革命中心史观”的研究者也取得了不少成果。该方向上，从整体上探讨“第三势力”的菊池贵晴《中国第三势力史论》[1987]强调了这支力量的历史意义，平野正《中国民主同盟研究》[1983]梳理了中国民主同盟的历史。除此之外，还有平野正《中国的知识分子与民主主义思想》[1987]，论述邓演达、谭平山等人所建第三党（即后来的中国农工民主党）历史的周伟嘉《中国革命与第三党》[1998]等著作。单篇论文方面，桥本浩一《福建人民革命政府的政权构想、组织及其实态》[1992]考察了福建人民政府这唯一一个由第三势力建立的政权，水羽信男《论施复亮的“中间派论”及其批判》[1994]、《九一八事变前夜（1928至1931年）罗隆基心目中的“国民”形象》[1995]、《抗日战争与中国的民主主义》[1997]分别研究了施复亮、罗隆基和章乃器。

◆民国政治与人物（2）——资本家·军阀·思想家

民国时期政治史有一个特征，原本远离“革命”，甚至对“政治”也敬而远之的资本家群体，在“政治史”中担当了重要的角色。不少研究指出了这一点，例如，林原文子《五四运动研究 6　宋则久与天津的国货提倡运动》[1983] 考察了领导天津国货运动的宋则久，陈来幸《五四运动研究 5　论虞洽卿》[1983] 梳理了上海总商会领导人虞洽卿的生平，金子肇《上海的资本家阶级与国民党统治（1927—1929）》[1987] 考察了上海商总联会领导人冯少山，他的《商民协会与中国国民党（1927—1930）》[1989a] 还分析了上海商民协会与国民党政权的关系。

与资本家群体不同，军阀被认为居于与“革命”对立的位置。关于军阀，松尾洋二《曹锟・吴佩孚集团的兴亡》[1988] 细致地梳理了曹锟、吴佩孚等直系军阀的盛衰，涩谷由里《张作霖政权形成的背景》[1997] 分析了张作霖政权建立的背景，她的《张作霖政权下的奉天省民政与社会》[1993] 考察了张作霖政权下奉天省民政的推进，松重充浩《“保境安民”时期张作霖的地域权力与地域整合政策》[1990] 则探讨了张作霖的地方整合策略。关于张作霖、张学良政权的基本情况，还可参见水野明《东北军阀政权研究——张作霖、张学良的对外抵抗、对内统一路线》[1994]。陈志让（Ch’en，Jerome）《军绅政权：近代中国的军阀时期》[1984] 认为，中华民国成立后的军阀政权是一个由清末得势军人领导绅士阶层的“军绅政权”，该书至今仍不失为北洋时期政治史、制度史和社会史方面的经典之作。

以上主要是政治史，或者是围绕政治家思想的研究，有关现代中国思想和哲学的研究，伴随着研究者关注范围的扩大，也涌现出聚焦不同思想家和哲学家的丰硕成果。例如，关于胡适，山口荣《胡适思想研究》[2000] 主张新文化运动以后的“胡适思想”具有一贯性，并尝试对“胡适思想”做了全面的重新评价，河田悌一《胡适与国故整理及对戴震的评价》[2002] 讨论了胡适对国故整理运动的贡献。森纪子《虚无主义者的重生》[1995] 论述了 1920 年代思想界出现的虚无主义思潮。后藤延子《蔡元培与宗教》[1999，2001—2004] 从宗教这一新颖角度分析了蔡元培的思想。新儒家方面，岛田虔次《五四运动研究 12　新儒家哲学考——熊十力的哲学》[1987] 从整合复兴儒释两大思想传统、尝试开创崭新哲学的角度考察了熊十力的思想；中尾友则《梁漱溟的重建中国构想——探索新的仁爱共同体》[2000] 认为，梁漱溟的思想整合统一了接引西方近代与保持儒学价值两大要素。

马克思主义思想（哲学）方面，陈正醍《论上海大学时期的瞿秋白》(上、中、下)[1993—1995] 对瞿秋白的马克思主义哲学做了梳理，他的《新哲学论战与德波林批判》[1985] 注意到了新哲学论战（1935—1937）中苏联哲学界思潮的影响。近藤邦康《毛泽东——实践与思想》[2003] 认为，毛泽东思想一贯主张抵御外侮，国家独立与人民革命相结合，并从该立场出发，考察了毛泽东一生的“实践与思想”。

◆关注地域政治过程的出现及发展

中华民国的历史，若以“政治史”观之，军阀割据时期，统一当然无从谈起，甚至南京国民政府时期也没有实现完全的统一，这一点必须留心。不过，这一认识，反过来也可以作为地域政治过程的独立来加以考察，从而推动“地域史研究”的展开。以“近代”为起点的“社会史”将不少研究者的关注点引向了天津、上海等大城市，当“现代”“政治史”受到关注时，研究者又开始将目光投向湖南省、广东省、东北三省。这一研究动向的出现有三个背景：①湖南省，在军阀混战至国民革命时期为南北政权的争夺之地，同时也是联省自治的发轫之地；②广东省，既是孙中山等人领导的对抗北京政府的政权所在地，又是反帝国主义运动和北伐的策源地；③东北三省，是奉系军阀的地盘，也是最早受日本殖民统治的地区之一。从中可以看出，“地域政治”作为中国现代政治史的一条脉络业已自行展开。

其中，①关于湖南省，笹川裕史《1920 年代前半期的湖南省政民主化运动》[1985]、《1920 年代湖南省的政治变革与地方议会》[1986] 分析了 1920 年代省宪法的制定、地方议会的动向等政治变革过程，清水稔《五四运动研究 16　湖南五四运动小史》[1992] 从民众运动和学生运动两个角度入手，详细分析了湖南的五四运动，塚本元《中国的国家建设努力：湖南 1919—1921 年》[1994] 梳理了 1919 至 1922 年间湖南省地方精英的活动和联省自治运动。②关于广东省，盐出浩和《广东省的自治要求运动与县长民选》[1992]、《广东商团事件》[1999] 和《广州的国会》[2002]，考察了 1920 年代广州政权下的自治运动、商团事件和国会问题，蒲丰彦《地域史所见广东农民运动》[1992] 从地域史角度，分析了国民革命时期的广东农民运动，生田赖孝《商绅政权》[2001—2002] 考察了陈炯明政权的基础。③东三省方面，松重充浩《日本殖民地大连华人社会的发展》[1994]、《国民革命时期东北地方权势阶层的民族主义》[1997] 分别考察了大连的华人社会和奉天总商会，土田哲夫《东三省易帜的政治过程（1928年）》[1993]考察了东北易帜的政治经过，涩谷由里《九一八事变后沈阳的政治状况》[1995]分析了九一八事变之后沈阳的政治局势。金静美《中国东北部朝鲜、中国民众抗日史序说》[1992]详细论述了朝鲜和中国人民反对吉会铁路、抵抗日本“部落集团”等问题。

上述地域的选择，一方面是因其地域政治发展的独特性，另一方面也受到地方报纸和官方文件保存情况的左右。可以想见，任何地域都存在着有别于中央的政治过程，故期待今后的研究进一步扩展至其他地域。

◆剑指构建新的研究范式

除了上述围绕政治过程、地方政权、人物活动及思想等内容的研究论著外，还有依“民国前期”（中央大学人文科学研究所编《民国前期的中国与东亚的变动》[1999]）、“1920年代”（狭间直树编《1920年代的中国》[1995]）、“中国国民政府史”（中国现代史研究会编《中国国民政府史研究》[1986]）、“战后国民政府时期”（姬田光义编著《战后中国国民政府史研究——1945—1949年》[2001]）来分段讨论中国现代史，尝试从不同角度入手分析的论文集，亦为重要成果。如何从整体上来把握“中华民国史”，进一步，如何思考其与下一阶段“中华人民共和国史”的连续性（或曰如何统一把握两个时代）等新问题的提出，构成了这些成果出现的背景。此后，已有不少研究者尝试解答这两个问题。

例如，西村成雄《中国的民族主义与民主主义——20世纪中国政治史的新境界》[1991]围绕中国民族主义与民主主义的相互关联，以1930年代确立的训政体制及其演变过程为主要内容，展开了对中华民国政治史的讨论，他的《20世纪中国的政治空间：“中华民族国民国家”的凝聚力》[2004]①又分析了民国作为民族国家的阶段性和政党国家体制的承续性，强调了20世纪中国的连续性。山田辰雄认为，目前尚缺一个解释20世纪中国政治对立的制度框架，为

① 译者按：日语“国民国家”对应英文“nation state”，而中文一般将“nation state”译为“民族国家”。虽然细究言之，强调单一民族立国的“民族国家”与强调公民立国的“国民国家”仍有细微差别，但考虑到该差别为未竟之学术争议，且本书并未着意讨论两者的差异，故译者一般将日语“国民国家”译为中文通行术语“民族国家”。此处书名日文原文为《20世紀中国の政治空間　“中華民族的国民国家”の凝集力》，考虑到“国民国家”前“中華民族的”已包含“民族”之意，故此处未将日语“国民国家”译为“民族国家”，以避重复。

此，他提出“代行主义”的线索，从该视角出发的系列研究已汇编为论文集（山田辰雄编《历史中的现代中国》[1996]）。横山宏章《中华民国史——专制与民主的相克》[1996] 围绕“专制与民主的相克”，认为各方政治势力尝试建立各种政治体制的过程可以作为理解中华民国整体历史的一条基本线索。不同于中国学者强调中华民国与中华人民共和国之间划时代变革的历史观，野泽丰《论中国共和史》（2）[1999] 提出“共和史”概念，作为连续把握这两段历史的理解框架。

此外，奥村哲《中国现代史——战争与社会主义》[1999] 认为，中国社会主义体制的诸要素形成于抗日战争时期，确立于朝鲜战争时期与美国的对立之中，他以此为焦点，展示了关于民国史与共和国史的新锐观点和叙述。尝试打通民国史与共和国史，通观 20 世纪中国历史的还有姬田光义等著《中国 20 世纪史》[1993]，这是一部概论书，另有宇野重昭、天儿慧合编的论文集《20 世纪的中国：政治变动与国际契机》[1994]，均持同样观点。

◆如何研究现代中国的“运动史”

一国的政治过程，总会出现各种事件、政治运动、抵御外侮之类转折关头，离不开政党派系对事件、运动的领导和推动，它们构成了政治史的基本骨架。因此，这些政治运动和抗争（抵抗运动）的历史过程——此处拟称为“运动史”，其重要性已为广大研究者所普遍认识。

例如，围绕 1925 至 1927 年基于第一次国共合作而展开的国民革命，除野泽丰编《中国国民革命史研究》[1974]、狭间直树编《中国国民革命研究》[1992] 外，栃木利夫、坂野良吉《中国国民革命——两次大战间东亚的地壳变动》[1997] 提出，应同时抓住国家统合与民主革命及阶级斗争这两个性质来理解这场革命，并基于这一视角对国民革命做了全面论述。坂野良吉《中国国民革命政治过程研究》[2004] 提出新的国民革命论，认为“国民党运动”吸收了“国民运动”。单篇论文方面，狭间直树《“三大政策”与黄埔军校》[1987] 以充足的史料为支撑，解说了孙中山“三大政策”（包括孙中山本人并未提出的内容）的由来和背景，目前日本绝大多数高中世界史教科书均记载了孙中山的“三大政策”。三石善吉《商团事件与黄埔军校》[1985]、《苏维埃军事顾问与黄埔军校》[1986]、《廖仲恺遇刺与鲍罗廷的战略》[1988] 围绕黄埔军校的发展，记述了国共合作前后广东革命政府的动向。马场毅《近代中国的华北民众与红枪会》

［2001］系统论述了华北的红枪会运动。

关于抗日战争，鹿锡俊《中国国民政府的对日政策 1931—1933》［2001］论述了 1931 至 1933 年间国民政府对日政策，安井三吉《从柳条湖事件到卢沟桥事件——1930 年代日中围绕华北的对抗》［2003］以华北为舞台，考察了九一八事变至卢沟桥事变的中日关系，他的《卢沟桥事件》［1993］还尝试缕清卢沟桥事变的背景和具体经过。关于抗战期间的诸问题，池田诚编《抗日战争与中国民众——中国的民族主义与民主主义》［1987］围绕中国的民族主义和民主主义，从多个方面对抗日战争展开分析。井上清、卫藤沈吉编《日中战争与日中关系——卢沟桥事件 50 周年日中学术讨论会记录》［1988］为中日两国学者共同举办的“卢沟桥事件 50 周年日中学术讨论会”论文集，至今仍有其价值。今井骏《中国革命与对日抗战——抗日民族统一战线史研究序说》［1997］提出用“持久战”来重新理解和评价蒋介石的抗战论。共产党军事史方面，宍户宽等人合著《中国八路军、新四军史》［1989］梳理了八路军和新四军的历史，三好章《摩擦与合作——新四军 1937—1941》［2003］为新四军军史，后者指出，皖南事变促使中国共产党开始采取扩展根据地的策略。

近年的其他成果还有宇野重昭编《日益深入的侵略：曲折与抵抗——1930 年代至 1940 年代的日中关系》［2001］，该书指出，日本的侵略不仅是政治军事侵略，还包括了经济文化方面的侵略。菊池一隆的《日本反战士兵与日中战争——与重庆国民政府地区俘虏收容所相关的情况》［2003］详细研究了国民政府的日军战俘。刘大年和白介夫编《中国复兴枢纽》日译本［2002］①，展示了中国学界的抗日战争研究高度。另外，关于抗日战争后的第二次国共内战，中村元哉《战后中国的宪政实施与言论自由 1945—1949》［2004］分析了宪政实施和言论自由问题。

若通观从国民革命到第一次国共内战和抗日战争这段历史，在与中国国民党的对抗中，以中国共产党为中心的运动取得了胜利，并建立了人民共和国，这是历史的事实。如此说来，与政治运动和抗争（抵抗运动）史一样，共产党史和民众运动史当然也是“运动史”的组成部分，若将这一部分完全忽略，就脱漏了中国现代史的重要方面。也就是说，本章至此已介绍的各种研究

① 译者按：该书由北京出版社于 1997 年出版，日译本题名《中国抗日戦争史——中国復興への路》（《中国抗日战争史——走向复兴之路》）（曾田三郎等译，樱井书店，2002 年）。

动向——将研究对象扩展至革命史以外的领域并提出新的研究范式，在克服以“革命”为“中心”的历史观的同时，也深化了对革命史的研究，可以说，这是其内在反思之后必然引发的课题。

显示出这一点的正是围绕国民革命和抗日战争之前民众运动——五四运动的一场论战。京都大学人文科学研究所10年共同研究的成果，从狭间直树《五四运动研究》[1982]、藤本博生《五四运动研究3　日本帝国主义与五四运动》[1982]、片冈一忠《五四运动研究2　天津五四运动小史》[1982]开始陆续出版。其中，狭间直树的研究遭到了野泽丰的书评批判，狭间直树就此发起回应，成为引发论战的导火索。随后，中央大学人文科学研究所编《五四运动历史形象的再思考》[1986]主张“重新思考”五四运动的历史面貌，对京都大学一方的成果提出批判，论战由此在京都大学与中央大学两个研究团队之间展开，一直延续至1987年7月在中央大学召开的专题学术研讨会（由中央大学人文科学研究所和日本国际政治学会共同举办）。

论战中，京都大学团队认为，五四运动中的上海三罢斗争具有反帝国主义的性质，无产阶级的罢工在其中发挥了决定性的作用。与之相对，中央大学团队提出新的见解，认为五四运动是以资产阶级为主导的山东利权回收运动的一个组成部分，其性质仅限于“反日、反皖系”。五四运动是“新时代的起点”（狭间直树语），还是仅为资产阶级民族运动的一部分，是否具有划时代的意义，构成了论战的焦点。

京都大学团队的见解，并不一定固守“新民主主义史观”，但也必然受其影响，中央大学团队的见解着力于提出新的观点，但也不可否认存在着不少实证上的问题。因是之故，论战交锋总体而言并不严密（《季刊中国研究》第13号和中央大学人文科学研究所编《五四运动研究史研讨会记录》[1988]可视为论战记录，但狭间直树认为其中存在着“记录”问题，参见狭间直树《〈五四运动研究〉全部出版之际的感言》[1992]）。此后，中央大学团队的笠原十九司发表《山东主权回收运动史试论——五四运动历史面貌的重构》[1990]，斋藤道彦发表《五四运动的虚像与实像——1919年5月4日的北京》[1992]，加强了本方观点，京都大学团队方面也刊发了小野信尔《五四运动研究13　救国十人团运动研究》[1987]、清水稔《五四运动研究16　湖南五四运动小史》[1992]、江田宪治《五四运动研究17　五四时期的上海劳动运动》[1992]（此外，小野信尔还发表有《五四运动在日本》[2003]，论述了日本的五四运动）。尽管有此论战，此后的民众运动史研究却不如说是走上了倒退之路。其原因在于，这场围绕五四运动的论战虽然既有鲜明的观点对立，也以正面交锋的形式展开论辩，但也不得不指出，除此之外，论战双方并没有一个“旨在用实证深化、再思考革命史和民众运动史研究，换言之，旨在摆脱‘革命中心史观’的”共同问题意识。

◆如何评价共产党史和左翼各派

那么，在20年左右的时间内，被视为“革命中心史观”大本营的中国共产党史情况如何呢？此处需明确一点，大约从20年前开始，日本的相关研究者差不多都已经放弃了“革命中心”。日本学者将中共党史作为革命史和运动史的一个组成部分，努力追求研究的深化。共产党在中华民国后期是对抗国民党的有力政党，至中华人民共和国时期又成为执政党，梳理清楚共产党的政治历史，并不只是中华民国史中一个政党历史的简单复原，而应触及现代中国政治的各种问题。最近数年中，部分专著仍以“革命中心史观”的摆脱为主题，据此看来，实际并无多大意义。

此处试举若干基于上述立场的代表性成果。福本胜清《中国革命的挽歌》[1992] 着眼于国民党党内“肃清”，生动地记述了共产党的抗争史。石川祯浩《中国共产党成立史》[2001a] 将中国知识分子对马克思主义的接受与第三国际的推动联系起来，利用一手史料，细致地厘清了中国共产党的成立过程。绪形康《危机话语（discourse）——中国革命1926—1929》[1995] 对20年代的共产党历史提出了自己的观点。田中仁《1930年代中国政治史研究——中国共产党的危机与重生》[2002] 分析了转向抗日民族统一战线政策时（以中国共产党为中心）的政治史。此外，江田宪治《陈独秀与“二次革命”论的形成》[1990] 尝试对陈独秀的革命论做出新的评价，他的《中国共产党历史中的城市与农村》[2001] 认为，在中共党史中被作为典型错误的“城市中心论”最初并不存在。石川祯浩《转向农村革命》[2001b] 厘清了第三国际对中国共产党转变农民运动方针的影响，他的《早期共产国际大会中的中国代表（1919—1922年）》[2004] 考察了20年代初参加共产国际大会的中国代表。高桥伸夫《中国共产党的组织与社会》[1997]、《中国共产党组织的内部结构》[1998]、《根据地的党与农民》（1）（2）[2000] 论述了土地革命时期，河南、湖北等地的共产党地方组织情况。

另外，内藤阳介《毛泽东的肖像——从毛泽东邮票解读现代中国》[1999]、丸田孝志《陕甘宁边区的纪念日活动与新历、农历时间》[1998]和《抗日战争、内战时期中国共产党根据地的象征——国旗与领袖像》[2004]以“政治文化”为主题，讨论了中共领导人肖像等问题。这些成果超越了党史的既有模式，拓荒了新的研究领域。

中共中央文献研究室编纂的周恩来、毛泽东等传记已有了日译本（金冲及主编《周恩来传1898—1949》（上、中、下）[1992—1993]、金冲及主编《周恩来传1949—1976》（上、下）[2000]、金冲及主编《毛泽东传1893—1949》[1999—2000]）。这些传记均基于丰富的一手资料编纂而成，仍属必读材料。

此外，过去几乎未被日本的中国现代史研究者所关注的托洛茨基派，也在前述的中共史观框架中得到重新考察，成为研究对象。菊池一隆《中国托洛茨基派的形成、活动及主张——以1927至1934年为中心》[1996]梳理了中国托派的发展历史。郑超麟为中共早期活动家，后加入托派活动，他的《中国共产党初期群像——托洛茨基派郑超麟回忆录》（1）（2）[2003][①]为回忆录日译本。这类文献必须辨析其史料性质，但为我们提供了当事人的珍贵证言。

无政府主义者与托派同为少数派，嵯峨隆《近代中国无政府主义研究》[1994]系统论述了辛亥革命以降的无政府主义者刘师培、李石曾、吴稚晖和刘师复。此外，嵯峨隆《近代中国的革命幻影——刘师培的思想与生平》[1996]对刘师培做了专门研究，砂山幸雄《“五四”中的青年形象》[1989]指出，恽代英同时受到了无政府主义和民族主义的强烈感染，石川洋《师复与无政府主义》[1993]讨论了刘师复的逻辑和价值观。

（江田宪治）

（二）社会经济史

◆探究中国经济的发展逻辑

近现代中国经济史领域中的一个重要课题，就是如何看待中国经济的发展逻辑。相比近代化的先导欧洲，亚洲被认为没有发展，即所谓“亚洲社会停滞”论，研究者一直尝试从近现代中国的事实出发，破除这一论调。早在1930年

① 译者按：该书中文原本题名《郑超麟回忆录》（现代史料编刊社，1982年），日译本题名《初期中国共産党群像——トロツキスト鄭超麟回憶録》（长堀祐造等译，平凡社，2003年）。

代，就已有矢内原忠雄《中国问题之所在》[1937]等研究，主张近现代中国也有走向资本主义的可能。1980年代初，奥村哲《日本学界中国近现代经济研究的动向（Ⅱ）——资本主义相关诸问题》[1983]、吉田浤一《日本学界中国近现代经济研究的动向（Ⅰ）——以农业为中心》[1983]又关注到该方向，并梳理了相关学术史。

以往的经济史认为，新中国成立前的中国在帝国主义列强、地主和军阀等封建势力，以及官僚资本的压迫下，逐步陷入"半殖民地半封建"社会，基于后面将要介绍的实证研究，久保亨《论两次世界大战间中国经济史的研究视角》[1982]、《中国经济的百年历程——统计资料所见中国近现代经济史（第二版）》[1995]、奥村哲《中国的资本主义与社会主义——近现代史面貌的重构》[2004]第9章（首发于1990年。还可参见奥村哲在1980年代的著作以及该书第35页等内容）对此提出了不同意见。

重新评价民国时期的经济发展，自然引出一个新的课题，包括中国在内的非欧洲地区，其经济发展的逻辑是什么。自亚当·斯密（Smith，Adam）以来，一般经济发展理论均以近代欧洲经济史为模版，并不能充分反映占世界大半的非欧洲地区的经济发展现实。在此意义上，中村哲《近代世界史面貌的重构：从东亚视角出发》[1991]、《近代东亚史面貌的重构》[2000]以NIEs（新兴工业经济体）的形成为线索，提出"半先进国家资本主义"① 概念的理论工作便值得注意。此外，滨下武志《近代中国的国际契机——朝贡贸易体系与近代亚洲经济圈》[1990]留心近代亚洲市场的形成和亚洲各地区、各国内部经济活动中内在的历史特质，提倡在更为广阔的时空视野中推进研究。其后，杉山伸也和顾琳（Grove，Linda）合编《近代亚洲的流通网络》[1999]着眼于商品流通，尝试对网络理论展开讨论。亚洲内部确实存在着贸易往来，杉原薰《亚洲内部贸易的形成与结构》[1996]、笼谷直人《亚洲国际通商秩序与近代日本》[2000]、秋田茂和笼谷直人合编《1930年代的亚洲国际秩序》[2001]进一步深入考察了基于此类贸易的经济发展。不过，上述研究均采用单一方法，故无法解决所有问题，例如，即便重点关注亚洲地域史，那也不能忽视采用民族国家乃至国民经济框架的研究。横山宏章、久保亨、川岛真编《周边所见20世纪的中国》

① 译者按：日文原文为"中進国資本主義"。

［2002］留心到这一问题，并尝试进行国际性的讨论，颇值得注意。总之，探讨包括中国在内的非欧洲社会经济发展的普遍逻辑，时机业已成熟。

◆廓清 20 世纪中国经济的发展过程

在中国经济自身发展与中国周边国际形势的关联中探讨 20 世纪中国近代国民经济的形成过程，此类研究的正式展开约略始于野泽丰主编《中国的币制改革与国际关系》［1981］，该书是中国史研究者与日本史、英美史研究者围绕 1935 年币制改革的合作研究成果。1983 年，中国棉业史讨论班在名古屋举行，由此拉开了 80 年代至 90 年代中国近现代经济史系列讨论班的序幕。此次会议研讨内容可参见各位报告人执笔的《中国产业史研究的探索——“中国棉业史讨论班”的举行》［1984］，这些集中讨论为研究注入了诸多活力。

工业史方面，试举若干聚焦专题的著作。曾田三郎《中国近代制丝业史研究》［1994］论述了清末至民国前期的蚕丝业，中井英基《张謇与中国近代企业》［1996］考察了同期棉纺织企业的命运，萩原充《中国的经济建设与日中关系——走向对日抗战的序曲 1927—1937 年》［2000］以中日经济关系为线索，讨论了铁路、制铁业相关诸问题，森时彦《中国近代棉纺织业史研究》［2001a］从市场结构特质的角度入手，分析了近代中国的棉纺织业，奥村哲《中国的资本主义与社会主义——近现代史面貌的重构》［2004］一书第 1 部分考察了 1920 年代至 1930 年代的蚕丝业，久保亨《两次世界大战间中国的棉纺织业与企业经营》［2005］则聚焦于同期棉纺织业的经营。旧著重刊的冈部利良《旧中国的纺织劳动研究》［1992］讨论了纺织工人，虽为二战前的研究成果，但时至今日，依然颇有价值。单篇论文方面，关于棉纺织业有不少论文，例如，清川雪彦《中国棉纺织工业技术发展过程中日本在华纺织企业的意义》［1974］、《中国纤维机械工业的发展与日本在华纺织企业的意义》［1983］论述了日本在华纺织企业在技术移植方面发挥的作用，富泽芳亚《银行团接管期的大生第一纺织公司——论近代中国金融资本的纺织企业代理经营》［1994］梳理了银行监管下大生第一纺织公司的重建过程，菊池敏夫《1930 年代的金融危机与申新纺织公司》［2000］探讨了申新纺织公司直面的危机。前述棉业史研讨会提出的各种设想，后来涌现出不少成果，故其记录至今仍有参考价值。蚕丝业方面，中国近现代经济史研讨会运营委员会编《中国蚕丝业的历史发展》［1986］综述了战前以降的学术史，并提出了新的研究方向。此外，金丸裕一《中国“民族工业黄金时期”与电力产业——以1879至1924年的上海、江苏为中心》[1993]研究了电力工业，贵志俊彦《永利化学工业公司与范旭东》[1997]考察了化学工业，中井英基《清末民初的中国面粉业》[2003]探讨了面粉工业，这些研究提出了不少令人深感兴趣的观点（关于商业团体的研究参见后文）。

上述研究主要以被称为“战间”的20世纪20至30年代为对象，研究者提出了一连串问题并展开讨论，例如，中国的近代产业和近代企业经营是在怎样的国内外条件下形成和发展的，他们与传统产业乃至传统企业经营形态之间存在着怎样的关联，他们有怎样的局限性，又是如何努力克服的？基于这些成果，围绕随后的历史阶段，即抗战时期、1940年代国民政府统治的崩溃、中华人民共和国的成立、1950年代的社会主义改造等一连串历史变动，又涌现出诸如各种产业及企业经营有哪些发生变化、哪些没有发生变化之类重要研究课题。这部分内容，本章将在综述经济政策史相关研究之后再加以介绍。

让我们再将视线转向农业，小林弘二编《旧中国农村再考——变革起点之问》[1986]、《中国农村变革再考——传统农村与变革》[1987]批判地梳理了1930年代中国农村社会性质论战以来的学术史，在综述前人成果的同时，战前农村的实态调查也基于新的视角得到了重新整理，汇集了考察农业经济和农家经营实态的丰富成果。尤其是围绕农业的资本主义发展和共同体生产习惯，吉田浤一《论20世纪中国一植棉地带农民阶层的解体》[1975]和《20世纪前半期华北粮作地带农民阶层的解体动向》[1986]、石田浩《中国农村社会经济结构研究》[1986]、内山雅生《中国华北农村经济研究序说》[1990]和《现代中国农村与“共同体”——变革期中国华北农村的社会结构与农民》[2003]、奥村哲《中国的资本主义与社会主义——近现代史面貌的重构》[2004]又继续展开了极有意义的论战。近年的专著方面，柳泽和也《近代中国的农家经营与土地所有》[2000]基于冀东农村实态调查，讨论了继承习惯对土地占有情况的影响，弁纳才一《华中农村经济与近代化——近代中国农村经济历史面貌重构的尝试》[2004]考察了华中农村的品种改良事业和土布业的发展过程；论文方面则有关于华北农村土地所有和农家经营的三品英宪《近代华北农村的变迁过程与农家经营的发展》[2000]等一系列作品，后面将要介绍的农村社会相关研究亦须参考。

通货金融制度、信用结构等方面，除前揭野泽丰主编《中国的币制改革与国际关系》[1981]外，岩武照彦《近代中国货币统一史——15年战争期间的通货斗争》[1990]记述了国民政府通货先后与日占区通货、共产党地方政权通货发生激烈斗争的过程。此外，中田昭一《恐慌期中国的银行融资》[1998]以银行法制定过程中的讨论为线索，论述了当时商业银行主义与综合银行主义之间的冲突，城山智子《关于上海金融恐慌（1934—1939年）的一项考察》[1999]又在与国际经济的关联中讨论了中国金融体系重建的历史地位，冈崎清宜《恐慌期中国信用体系的重整》[2001]以华北棉花贸易和棉业金融为例，考察了传统金融结构的巨大变迁。近年该方向新作迭出，但仍有相当多问题有待今后研究。

1980年代以降，随着"国民政府再评价"的兴起，以中国近现代史研讨会事务局编《中国经济政策史探析》[1989]的讨论为契机，围绕国家与经济间关系的研究日益兴盛。分析经济政策的决策经过及实施过程、考察经济财政政策在发展经济和稳定财政中作用的研究层出不穷。久保亨《走向自立之路：两次世界大战之间中国的关税通货政策和经济发展》[1999]考察了关税自主权的恢复经过与关税通货政策，冈本隆司《近代中国与海关》[1999]、小濑一《中国海关与北京特别关税会议》[1997]以财政为重点，对关税问题做了专门研究，富泽芳亚《1937年的棉纱统税上调与日中纺织资本》[2000]在考虑中日两国纺织业资本利害关系的同时，论述了棉丝统税的制定过程，金子肇《国民政府预算制定机构的形成过程（1928—1931）》[1989b]、《清末民初江苏省的认捐制度》[2000]揭示了中央与地方各级政府中财政机构的实态，姜抮亚《1930年代中国的包税制改革与国家——广东省陈济棠政权整理税收系统的尝试》[2003]考察了地方传统的税收系统及其改革尝试，林原文子《近代中国机制洋货的厘金免除及其对象商品的扩大》[2000—2001]展示了国内通行税减免政策在产业保护方面的作用。一项政策常兼有产业振兴政策和财政政策的性质，如何评价其间各种均衡兼顾，论者观点各异。不过，依靠中国、日本、英国等国的公牍、政府公报及报刊等史料，考察两次世界大战之间华盛顿体系内，中国政府保持一定程度自主性的决策过程及其意义，差不多是所有研究者共同的基本立足点。其中，围绕农业生产振兴政策，下列研究引人注目。饭塚靖《关于南京政府原棉政策的研究札记》[1986]和《1930年代河北省的植棉改良事业与合作社》[2001]、弁纳才一《近代中国农村经济史研究——1930年代农村经济的危机与走向复兴的征兆》[2003] 等研究对棉花、蚕种的改良普及，农业合作社的组织等民国时期农业政策的意义及农业经济的发展做了一定程度的评价。笹川裕史《中华民国时期农村土地行政史研究——国家—农村社会间关系的结构与变迁》[2002]、《粮食、士兵的战时征发与农村社会变迁——以四川省的案例为中心》[2004] 围绕土地、粮食供给等针对广大农村社会的各项政策，考察了国家的农村问题处理方式。天野祐子《日中战争期间国民政府的粮食征发——以四川省的实物田赋征收为中心》[2004] 论述了战时粮食征用面临的困难及其对农村社会造成的影响。山本真《全国性土地改革的尝试及其挫折》[2001] 梳理了战后国民政府尝试的全国性土地改革。此外，交通政策方面，泉谷阳子考察了轮船业政策，萩原充《重庆国民政府时期的民间航空——关于援蒋路线的一项考察》[2004] 论述了战时的航空产业政策。

关于掌控政策筹划与实施的枢机官僚，川井悟《围绕全国经济委员会成立及改组的一项考察》[1982]、石川祯浩《南京政府时期技术官僚的形成与发展——近代中国技术人员的谱系》[1991] 梳理了全国经济委员会、资源委员会等经济行政机构和技术官僚（technocrat）的作用，山本真《全国性土地改革的尝试及其挫折》[2001] 整理了土地行政方面的官僚群体。尽管已有上述成果，但该方向的研究仍显薄弱。总体言之，一项经济政策的决定和落实，交织着各种政策意图，其背后当然存在着不同政策主体，形形色色的利害关系在其中错综作用。一项政策的制定和实施，就是对立、妥协、合作等各种关系的整合，欲明了其过程，离不开对当时政治、社会和经济结构的综合认识。而且，一项经济政策的落地，同时也会反作用于原有的社会经济结构，多少产生若干影响，因此，新的经济政策的推动所引发的效应也必须加以注意。该过程不可能是一个单线的过程，经常是若干决策过程与实施过程相互交织，呈现出错综复杂的面貌。“1930—1940 年代中国的政策过程”工作坊就围绕上述问题展开了综合的讨论，该工作坊事务局编《1930—1940 年代中国的政策过程》[2004] 作为报告和讨论的记录，值得阅读。

从抗战爆发开始，到第二次世界大战期间，经济政策的性质发生了巨大的变化，无论是重庆国民政府统治区，还是包括东北在内的日军占领区，都开始追求支撑战时体制的统制计划经济。因此，战争结束后，一方面，存在着延续战时统制计划经济及其经济发展潜能的趋势，另一方面，也存在着追求适合战后美国主导自由贸易主义国际经济秩序的开放性经济政策的动向。围绕这一点，川井伸一《战后中国纺织业的形成与国民政府——中国纺织公司的成立过程》[1987]、《中纺公司与国民政府的统制——国有企业的独立经营方针及其挫折》[2001] 对战后国民政府接收日资在华纺织企业，成立大型国营企业中国纺织建设公司的研究，泉谷阳子《新中国成立初期的民营企业政策——民主改革、“三反”“五反”运动与轮船公司的公私合营》[2000] 对轮船业的研究，均从新的视角入手，讨论了战后国民政府与中华人民共和国初建时期之间的连续性和非连续性。姬田光义编著《战后中国国民政府史研究——1945—1949 年》[2001] 和石岛纪之、久保亨编《重庆国民政府史研究》[2004] 收录的其他社会经济史相关论文，也为思考该问题提供了若干线索。

对外经济联系方面，因为与列强的交往总是伴随着帝国主义的压迫，所以一直到 1970 年代，对此持完全否定评价的倾向非常明显，从民族主义的立场出发，世界性历史机遇和国际性因素被有意轻视，或曰，这些条件作为“外在因素”，相比中国经济内部的“内在因素”，只能是次要的。尽管有清川雪彦《中国棉纺织工业技术发展过程中日本在华纺织企业的意义》[1974] 和《中国纤维机械工业的发展与日本在华纺织企业的意义》[1983]、中井英基《中国近现代的官商关系与华侨企业家》[1998—1999]、本野英一《传统中国商业秩序的崩坏——不平等条约体制与洋行买办》[2004]、久保亨《两次世界大战间中国的棉纺织业与企业经营》[2005] 之类研究尝试，客观考察近现代中国经济发展过程中对外贸易、外国资本和华侨资本等因素所起作用的工作仍然进展有限。从日本经济史角度探究日中经济关系的研究，从 1970 年代开始即有问世，浅田乔二编《日本帝国主义下的中国——日占区经济研究》[1981]，高村直助《近代日本棉纺织业与中国》[1982]，中村隆英《战时日本的华北经济统治》[1983]，国家资本输出研究会编《日本的资本输出——对华借款研究》[1986]，中村政则、高村直助、小林英夫编《战时华中的物资动员与军票》[1994]，大江志乃夫等编《岩波讲座　近代日本与殖民地》[1992—1993]，山本有造编《“满洲国”研究》[1993]，柳泽游《日本人的殖民地体验——大连日本工商业者的历史》[1999] 等，积累了重要的实证成果。不过，上述研究作为日本帝国主义史一部分的倾向很明显，对其作为中国经济史组成部分的一面没有给予足够的重视。关于战时华北经济，出现了范力《中日“战争交流”研究——以战时华北经济为中心》

[2002]、内田知行《黄土大地1937—1945：山西省日占区社会经济史》[2005]等成果。饭岛涉《香港—日本关系中的香港日本商工会议所》[1997]、塚瀬进《奉天的日本商人与奉天商业会议所》[1997]从中国经济史的角度论述了日本的商工会议所，本庄比佐子、内山雅生和久保亨编《兴亚院与战时中国调查》[2002]梳理了日本开展的战时中国经济调查。

对1950年代以降中国经济的研究，多以当代现状分析为中心，从历史研究的角度切入，至今仍有价值的成果则没有那么多。这些研究中，石川滋《中国的资本积累机构》[1960]通过分析资本积累机制，指出了当时中国经济优先发展重工业的事实，尾上悦三《中国产业区位研究》[1970]基于自行搜集的统计数据，讨论了工业发展的空间结构，中国资本积累研究会编《中国的经济发展与制度》[1976]是以亚洲经济研究所为中心取得的合作研究成果。

欲了解各方向的研究目前所达高度，全面整理统计资料和相关文献、作为授课讲义的久保亨《中国经济的百年历程——统计资料所见中国近现代经济史(第二版)》[1995]，以及金丸裕一的综述《工业史》[1995]、弁纳才一的综述《农业史》[1995]均值得参考。为克服经济统计资料的不完整，一桥大学经济研究所编《中华民国时期的经济统计——评价与推算》[2000]持续推进着民国经济长期统计资料的编纂工作。

◆把握中国社会的结构

相比经济发展过程，村松祐次《中国经济的社会态制》[1949]更倾注心力于解析社会的存在形态，这部作品反映了作者浓厚的韦伯式志向，通过对比近代欧洲社会，明晰非欧洲社会的特质。这类研究加强了对以近代欧洲为圭臬的观念的批判，其本身也是结构性把握中国社会特质的重要尝试。作为对这一学术志向的继承，近年勃兴的以社会史为中心的研究引人注目。吉泽诚一郎的综述《中华民国史对“社会”与“文化”的探求》[2003]展示了一系列社会史研究的基本取向，即在包括政治、经济在内的长期的、综合的视野中，重新审视中国的“近代(性)”问题。其中，饭岛涉《鼠疫与近代中国：卫生的制度化和社会变迁》[2000]以卫生的政治化和“制度”化为关键词，重新思考了所谓帝国主义和民族主义的区别，并就此论述了近代中国卫生行政的建立过程。小浜正子《近代上海的公共性与国家》[2000]着眼于慈善团体、消防组织等民间力量与国家的关系，揭示了近代上海城市公共空间的出现。吉泽诚一郎《天津的近代》[2002] 以天津治安维持制度和社会福利制度为例，考察了近代中国的价值观念、社会管理及社会整合。岩间一弘《民国时期上海的女性拐卖与救济》[2001] 以上海的妇女拐卖和救助活动为例，讨论了女性的社会地位。福士由纪《国际联盟保健机构与上海的卫生——1930 年代的霍乱预防》[2004] 着眼于与国际联盟的关系，讨论了近代中国的卫生问题。这一方向上，上述研究均堪称代表。此外，与经济史研究紧密相关的商会、同业团体研究，涌现出金子肇《1930 年代中国的同业团体与同业规制》[1997b]、陈来幸《长江三角洲地区的商会与地域社会》[2001]、川原胜彦《中国同乡团体的改造、解体过程（1945—1956 年）》[2003] 等作品。社会史包含的研究领域相当广泛，这一点必须有所意识。历史研究者开展的现代中国农村调查，例如三谷孝编《农民讲述的中国现代史——华北农村调查记录》[1993]、《中国的农村变革与家族、村落、国家——华北农村调查记录》[1999—2000] 等，① 为探讨农村社会的长期变迁提供了丰富的资料。前述从面上论述国民政府农业政策的笹川裕史《中华民国时期农村土地行政史研究——国家—农村社会间关系的结构与变迁》[2002]、天野祐子《日中战争期间国民政府的粮食征发——以四川省的实物田赋征收为中心》[2004] 等研究，也涉及对中国社会的讨论。

女性史研究的内容并不局限于社会史方面，也涉及政治思想史，但前文相应部分并未述及，故在此处试举若干女性史研究相关文献。关西中国女性史研究会编《中国女性史入门》[2005] 为最新入门书，中国女性史研究会编《中国女性 100 年——史料揭示的历程》[2004] 是一部近现代中国女性史概论，中国女性史研究会编《论集中国女性史》[1999] 为中国女性史研究论文集。劳工运动史方面，中国劳工运动史研究会曾编有《中国劳工运动史研究》第 1—15 号 [1977—1986]，所刊论文多有研究线索披露，但不少课题仍有待今后的研究。

教育史方面，已有阿部洋《中国的近代教育与明治日本》[1990]、阿部洋编《日中教育文化的交流与摩擦——战前日本在华教育事业》[1983]、小林善

① 译者按：三谷孝主编的这两部中国农村调查记录汇编，系基于与南开大学魏宏运教授共同组织的华北农村调查，前者为当时北京市房山县吴店村的调查记录，后者为当时北京市顺义县沙井村、天津市静海县冯家村、河北省栾城县寺北柴村及山东省平原县夏家寨村的调查记录。两书中文版出版时，合编为魏宏运、三谷孝主编《二十世纪华北农村调查记录》全 4 册（社会科学文献出版社，2012 年）。

文《中国近代教育的普及与改革研究》[2002]等在教育制度史、或曰教育思想史方面的推进，以这些研究为线索，高田幸男《教育中的“复员”与教职员》[2001]、《重庆国民政府的教科书政策》[2004]对教育活动和教育内容做了具体的梳理，岩间一弘《两次世界大战间上海商业教育的发展与新中产阶级的形成》[2003]探讨了近代教育所培养的新一代社会阶层的特质，这类研究无疑均为重要的课题。近年，文化史方面，榎本泰子《乐人之都：上海——西洋音乐在近代中国的发轫》[1998]论述了近代西洋音乐在中国的普及过程，张新民《抗日救国运动中上海电影界的动向及其意义》[1994]尝试从史学的角度来把握电影界的动向，贵志俊彦《国民政府实施的电化教育政策与抗日民族主义》[2003]综合考察了广播的作用，这些研究均值得关注。民国社会变迁视野中的文学史研究，可参见藤井省三、大木康合著《新中国文学史》[1997]，关于民国年间上海电影的历史可参见佐藤忠男、刈间文俊《上海：电影之都》[1985]。

地域史方面的研究亦不可不提。在此首先要举出横山英、曾田三郎编《中国的近代化与政治整合》[1992]，该书基于细致的史料工作，探讨了清末至民国时期地方自治的推进步伐，这是以广岛大学为中心的研究团队取得的成果之一。民国期间，在地方开明乡绅、知识分子、新兴工商业者的支持下，社会经济的全方位近代化政策在地方得到了有力推行。清末的立宪运动、辛亥革命、民国初期的联省自治运动等，无不兴起于地方。这不仅引发了中央—地方关系的巨大变动，也提出了一个重要的课题：地方应如何被整合进入新的民族国家。《中国的近代化与政治整合》[1992]一书即聚焦于该问题，考察了湖南、江苏、浙江、上海和天津等地的产业行政、土地政策和地方自治。

以上海、天津等特定城市或地域为研究对象的学人，还成立了专门的地域史研究会，在最近20年间，成绩显著。近年，天津地域史研究会编《天津史——再生都市的拓扑学》[1999]、日本上海史研究会编《上海——多层性的网络组织》[2000]等书相继问世，汇集了各自长期共同研究的成果。此外，关于东北地区，日本殖民地史研究者和朝鲜近代史研究者共同组织了东北亚地域史研究会，一直开展学术活动。围绕华南和江南，也有各自的研究会。

◆结语

本章起首“研究视角”中提到的问题点，将20至21世纪的中国历史作为一个整体来进行把握，在前面介绍的各方向研究成果中或多或少均能见到。鲜明贯穿该问题意识的大型共同研究“现代中国的结构变动”（1996—1998年度科研费资助）已经结项，西村成雄编《现代中国的结构变动3　民族主义——从历史进入》[2000]作为项目成果全8册丛书中的一种业已出版。从事该领域研究的当然绝非仅有日本，虽然本章仅介绍日本国内的成果，但在中国大陆召开的中国史学会、中国社会科学院近代史研究所主办“1949年的中国”研讨会（1999年12月30日—2000年1月3日，参见徐秀丽《“1949年的中国”国际学术讨论会综述》[2000]），在中国台湾地区召开的中国近代史学会主办“1949年：中国关键年代”研讨会（1999年12月9日—12月10日），美国出版的齐慕实（Cheek，Timothy）与赛奇（Saich，Anthony）主编《对中国国家社会主义的新认识》[1997]，均基于各地的研究认识，重新审视了1949年前后的连续性和非连续性。基于上述海内外研究成果，我们正在从本章开篇所述野泽丰、田中正俊主编《讲座中国近现代史》全7卷[1978]开创的自省反思出发，为实现新的集成研究而努力。

（久保亨）

三、史料解说

大量史料文献的出版及其在互联网上的发布，令中国近现代史研究的史料情况发生了巨大改观。饭岛涉《学位论文与互联网》、高田幸男《学位论文撰写中如何灵活利用图书馆和档案馆》等文章（收于田中比吕志、饭岛涉编《中国近现代史研究的学术规范》）已成为收集史料、撰写学位论文的便利参考。

中国近现代史研究方面，日文史料集委实不多。现已绝版的横山英编译史料集《中国近代史　文献》（亚纪书房，1973年）等，至今仍为重要的史料文献。若紧扣中日关系，日本外务省编《日本外交年表并主要文书》（原书房，初版1955年）和巨制《日本外交文书》（1938年—　）系列丛书包含有大量中国近现代史相关史料，みすず书房版《现代史资料》（1962—1980年）、《续·现代史资料》（1982—1996年）“满洲事变”“日中战争关系”等卷中也能见到诸多中国近现代史相关史料。日本国际问题研究所中国部会编译的《中国共产党史资料集》全12卷（劲草书房，1970—1975年）和《新中国资料集成》全5卷（日本国际问题研究所，1963—1971年）均为业已日译的优秀史料集，毛里和子等编《原典　中国现代史》全9册（岩波书店，1994—1996年）扼要地汇集了涉及中华人民共和国时期各个方面的史料，并用日语做了翻译和介绍。不过，若仅依赖于上面列举的日译史料集，无论是量还是质均有局限，若有志于研究中国近现代史，还是离不开中文一手史料。

收录民国时期中文档案资料的代表性史料集，如下所述。首先介绍中国台湾地区方面。民国前期最有实力的革命政党、民国后期的执政党中国国民党，利用其党史馆所藏政策文件、会议报告、党内指示等资料，经过适当整理，汇编为大型史料集《革命文献》(台北“中央文物供应社”，1953 年)，自 1953 年以来，已陆续出版 110 余册，可以说是民国史研究最为基础的文件史料集之一。另外，由台湾新店“国史馆”所藏南京国民政府重要政策文件按专题分类整理而成的《中华民国重要史料初编：对日抗战时期》全 26 册（也包括战后部分。中国国民党中央委员会党史委员会，1981—1988 年)，还有台湾“中研院”近代史研究所保存的清末至民国前期中日关系、中苏关系等相关外交档案也已按专题整理为《中国近代史史料汇编》(台湾“中研院”近代史研究所，1957 年—　)。这两个系列的史料集，均为从事相关专题研究所必读。

中国大陆方面，正如后文所述，收录民国时期政治、经济相关资料的史料集，在按事件或专题分类的“革命史”史料集之外另成一系统，且公开出版较晚。确切言之，早在 1950 年代，曾启动过初步的整理，并汇编为未定稿史料集，供中国国内一部分研究者使用。不过，当时整理工作的成果，并未面向广大海内外研究者开放。直到 1970 年代末，第二历史档案馆所藏史料的正式整理和开放方才再度启动。其主要成果是将中华民国北京政府、南京国民政府等各个时期的政府文件档案，按政治、外交、军事、财政经济、教育、文化等专题，整理为《中华民国史档案资料汇编》全 5 辑（江苏古籍出版社，1979—2000 年)，并公开出版。其中，第 3 辑收录中华民国北京政府时期档案，第 5 辑第 1 编收录 1927—1937 年南京国民政府时期档案，第 5 辑第 2 编收录战时重庆国民政府时期档案，第 5 辑第 3 编收录战后国民政府时期档案，各辑总计 20 余册，是一套大型史料集。虽然部分史料已见于台湾地区出版的史料集中，但该丛书按时间和专题，收录了行政机构内部会议记录和下级行政机构工作报告等极为翔实的史料，价值极高。不过，不可否认的是，该丛书对史料系统性的考虑尚嫌不足，决策过程中的重要文件失之未收，使用不便之处颇多。

按辛亥革命、五四运动、五卅运动、工人运动、抗日民族统一战线、抗日根据地等“革命史”专题编辑而成的史料集，1980 年代在中国有大量出版，按同样主题分地域编辑的史料集亦不胜枚举。从中也能发现不少可引出独到视角讨论的史料。

民国时期的法令和政府内部的会议记录，也按政府机构分别汇编为《政府公报》《国民政府公报》《行政院公报》《立法院公报》《财政公报》《实业公报》等史料集。当时没有公布的部分亦有收入，故基本上可据此梳理出各政府机构相当部分的活动。公报类史料，大部分已制作成缩微胶卷或影印版，相对易于浏览。此外，还有以孙中山（中国社会科学院近代史研究所民国史教研室等编《孙中山全集》全 11 册，中华书局，1981—1986 年）、蒋介石（全 3 册，台北“国防研究院”，1965—1968 年）和汪精卫为代表的重要领导人物的全集、文集等，其意义自不待言。

共和国时期档案史料集方面，中央档案馆将中国共产党建党以来的文献汇编为《中共中央文件选集》全 18 册（中共中央党校出版社，1989—1992 年），中共中央文献研究室将共产党和共和国政府相关文件汇编为《建国以来重要文献选编》全 20 册（中央文献出版社，1992—1997 年），均已出版。同时，对毛泽东（《毛泽东选集》全 5 册，人民出版社，1940 年代—1977 年；《建国以来毛泽东文稿》全 13 册，中央文献出版社，1987—1998 年）、周恩来（《周恩来选集》全 2 册，人民出版社，1980—1984 年）、刘少奇（《刘少奇选集》全 2 册，人民出版社，1981—1985 年）、陈云（《陈云文选》全 3 册，人民出版社，1984—1986 年）等领导人文集的分析，也需要给予重视。

进入民国时期以后，中国出版了大量报纸和杂志，可供历史研究使用的文献数量激增。代表性的大报有《申报》（上海，1872—1949 年）、《新闻报》（上海，1893—1949 年）、《大公报》（天津等地，1902—1949 年），国民党系统的报纸有《中央日报》（南京等地，1928—1949 年）、《民国日报》（上海、广州等地，1916—1947 年），共产党系统的报纸有《解放日报》（延安等地，1941—1947 年），权威的政治外交评论杂志有《东方杂志》（上海，1904—1948 年）、《国闻周报》（天津，1924—1938 年），新文化运动时期深得青年青睐的《新青年》（上海，1915—1922 年），国民革命时期共产党的机关报《向导》（广州等地，1922—1927 年），抗战期间至战后，报道共产党观点的《群众》（上海、汉口、香港等地，1937—1949 年），战后面向知识分子的代表性政治评论杂志《观察》

（上海等地，1946—1950 年），最为普及的教育界专业刊物《教育杂志》（上海，1909—1948 年），连续发行 30 年以上的经济类杂志《银行周报》（上海，1917—1950 年）等，上述诸种报刊，全部或者其中重要部分已制成缩微胶卷或影印版，为研究中国的专业机构所收藏。《东方杂志》《国闻周报》《新青年》和《银行周报》等已有题名总目，使用方便。上述报刊对于梳理全国乃至上海之类大城市的动向非常重要，若欲梳理各地具体的历史进程，则有必要阅读各地发行的地方性报纸，例如内地山西的《山西日报》、四川成都《新新新闻》、当时四川重庆的《商务日报》等。这类地方性报纸，日本国内研究机构所藏甚少，但可从中国购入缩微胶卷加以利用。另外，根据研究主题，上海发行的英文报刊 *North China Herald*（《北华捷报》）（在华英国人经营）、*China Weekly Review*（《密勒氏评论报》）（在华美国人经营）也必须给予关注。这类报刊不仅表达反映外方利益的主张，也刊载当时中方报刊没有报道的消息。上述两种英文报刊，在日本也能方便看到。20 世纪上半叶在中国发行的《上海日报》《上海日日新闻》《上海日本商工会议所周报》《青岛日本商业会议所月报》等日文报刊、年鉴等亦为数众多。令人遗憾的是，这类资料保存情况不佳，收藏完全者甚少，但其中史料极为丰富。

上述报纸、杂志所载各类报道，无疑是推进近现代史研究的史料宝库。不过，就信息性质言之，报道内容是否基于事实、评论内容反映了怎样的立场等，都有必要加以细心分辨。

日记、书信集等作为重要史料，也不可避免会有所接触。实际上，因为政治变动错综复杂、风起云涌，所以这类材料中对中国近代史研究而言，有意义的内容并没有那么多。不过，日记、书信集和回忆录之类，藏有极为珍贵的内幕消息，具有其他史料无法取代的意义。蒋介石日记，被稍显任意地选择若干，以产经新闻社编《蒋介石秘录》全 15 卷（产经新闻社出版局，第 10 卷之后，产经出版，1975—1977 年）的形式，在日本翻译出版。① 近年，新店“国史馆”中也有相当部分业已提供阅览。公开出版的日记，已有周佛海（曾出任汪伪政权高官。蔡德金编注《周佛海日记全编》，中国文联出版社，2003 年）、

① 译者按：该书日文原文题名《蒋介石秘録》（古屋奎二主编，产经新闻社出版局、产经出版，1975—1977 年），中文简体字版题名《蒋介石秘录：中日关系八十年之证言》（《蒋介石秘录》翻译组译，湖南人民出版社，1988 年）。

王世杰（历任国民政府外交部长等职。《王世杰日记》全10册，台湾“中研院”近代史研究所，1990年）、邵元冲（历任国民党宣传部等要职。《邵元冲日记》，上海人民出版社，1990年）、唐纵（蒋介石近侍军官。公安部档案馆编注《在蒋介石身边八年：侍从室高级幕僚唐纵日记》，群众出版社，1991年）、王子壮（国民党中央元老干部。《王子壮日记》全10册，台湾“中研院”近代史研究所，2001年）、张嘉璈（历任中国银行总经理及政府要职。有大量引用其日记的年谱，姚崧龄编著《张公权先生年谱初稿》全2册，传记文学出版社，1982年）、陈光甫（上海商业储蓄银行总经理。邢建榕、李培德、上海市档案馆编《陈光甫日记》，上海书店出版社，2000年）等，披露了不少极有价值的内容。书信集、回忆录之类文献不胜枚举。但共和国时期的日记，公开不多。中国的档案馆中实际上也保存着不少日记、书信集等个人史料。不过，出于保护个人隐私，目前绝大多数原则上处于非公开状态。在这一点上，美国斯坦福大学保存的宋子文档案、张嘉璈档案，哈佛燕京学社保存的胡汉民档案，哥伦比亚大学保存的顾维钧等人口述记录，虽然数量不及中国档案馆所藏，但基本上普通研究者均可自由阅览，是极其珍贵的史料资源。与中国有关的日本，乃至欧美的外交官、军人、实业家和学者的回忆录，也包含不少富有史料价值的内容。

再将目光转向经济史方面，贸易统计有记载各方面经济情况的历年海关报告，中国、日本等各国调查机构撰写的经济形势调查报告，生产、物价和金融等方面的统计资料，各种经济方面的报刊报道，全国各地方志中的记载等，各种材料均可供经济史研究利用。作为这些史料整合汇编的一次尝试，1950年代至1960年代，以中国社会科学院经济研究所、上海社会科学院经济研究所为中心而开展的史料收集与整理工作形成了一个高峰。代表性的史料集包括：严中平等人的《中国近代经济史统计资料选辑》(科学出版社，1955年)，汇集了基本的统计史料，陈真等人的《中国近代工业史资料》全6册（生活·读书·新知三联书店，1957—1961年)，整理了工业方面的描述性史料和统计史料，孙毓棠编《中国近代工业史资料》全4册（科学出版社，1957年)，重点收录清末和民国初年的史料，李文治、章有义编《中国近代农业史资料》全3册（生活·读书·新知三联书店，1957年)，汇录了农业方面的资料，彭泽益编《中国近代手工业史资料》全4册（生活·读书·新知三联书店，1957年)，集中了手工业方面的史料。在铁路、轮船和贸易等方面按产业类别编辑出版大型史料集的同时，申新纺织、启新洋灰、大中华火柴和棉布贸易等方面的经营史料，也按企业或行业进行了整理。这部分按企业或行业整理的史料集，一部分在“文化大革命”前业已完成出版，编纂进行中的大部分成果，经过“文化大革命”的中断，于1970年代末至1990年代正式出版。中国人民银行总行参事室编纂的《中华民国货币史资料》全2册（上海人民出版社，1986、1991年）就是其中一种。1980年代之后，新店“国史馆”也陆续出版了卓遵宏编《抗战前十年货币史资料》全3册（新店“国史馆”，1985—1988年）、侯坤宏编《粮政史料》全6册（新店“国史馆”，1988—1992年）、薛月顺编《资源委员会档案史料汇编——电业部分》（新店“国史馆”，1992年）等史料集。无需赘言，这些史料集为经济史研究带来了相当多的方便。不过，若不前往公藏机构亲自确认一手史料，仅依赖史料集来开展研究，会出现难以跳出史料集作者编纂意图和问题意识框限的情况，对此必须有所警惕。关于《中外经济周刊》（经济行政机构主办）、《经济半月刊》（同前）、《工商半月刊》（同前）、《国际贸易导报》（同前）、《中行月刊》（中国银行经济调查部门主办）、《银行周报》（上海银行公会主办）等民国时期主流经济杂志，可参考滨下武志、久保亨等编《中国经济关系杂志记事总目录》（1）—（5）（东京大学东洋文化研究所东洋学文献中心，1983—1989年）所作解题和题名目录。经济史方面的各种统计资料、按产业和企业分类的史料集，可参见久保亨《中国经济的百年历程——统计资料所见中国近现代经济史》第二版（创研出版，1995年）、《20世纪中国企业经营历史研究》（科研报告书，信州大学人文学部，1997年）所载文献目录。

教育史方面，舒新城编《中国近代教育史资料》全3册（人民教育出版社，1961年）汇集了清末至民国时期教育法令和制度方面的史料。作为近年史料整理的成果，李桂林等编《中国近代教育史资料汇编（普通教育）》（上海教育出版社，1995年）、琚鑫圭等编《中国近代教育史资料汇编（实业教育、师范教育）》（上海教育出版社，1994年）按普通教育、实业教育等分类对史料进行了整理。多贺秋五郎编《近代中国教育史资料》全5册（日本学术振兴会，1972—1976年）也收集整理了1949年之前的相关中文史料。这些资料可与前揭《教育杂志》所载内容及公藏机构所藏史料相互配合，共同推进教育史研究。

近年中国近现代史研究方面取得的成果，得益于对档案史料的细致探讨。

目前，包括日本在内的众多海内外学者，已前往中国各地的公藏机构访查史料。第一历史档案馆（北京）主要负责整理公开明清时期的档案史料，第二历史档案馆（南京）主要负责整理公开中华民国时期（1912—1949 年）的档案史料。此外，据悉近年中国外交部也单独开设了档案馆。不过，正如后文还要提到的，1949 年国民党迁往台湾时携带了大量重要文件，因此，民国时期档案史料的细致查考，还需在南京和台北两地访查。

中国地域广大，方土异同，故各地方政府档案亦价值颇高。中国全国共有 2000 多所省、市、县档案馆，负责保存各自相关档案并提供阅览。其中，上海市档案馆的开放程度和为读者提供的服务最值得称道。此外，土地登记、城市规划等相关大宗档案，收藏于名为城建（城市建设的简称）档案馆的公藏机构。台湾地区有“国史馆”（新店）、“党史馆”（台北）、“中研院”近代史研究所档案馆（同前）、台北故宫博物院（同前）等公藏机构，均为访查档案史料的重要机构。1949 年，失去人民支持的国民党将大量文物、历史档案等重要文件转移至台湾。当然，随着岛内外政治形势的变动，这些文物资料原本的意义也发生了巨大的变化。目前，台湾当局相关文件主要收藏于台北郊外新店市的“国史馆”，蒋介石相关机密文件亦于 1990 年代移交给该馆保存。自 1928 年定都南京以来长期执政的中国国民党，其档案馆为“党史馆”。清末至民国时期重要外交文件珍品和经济部相关文件，辗转保存于台湾“中研院”近代史研究所档案馆。此外，收藏清代文件的机构还有台北故宫博物院。

关于上述各地公藏机构的最新专门介绍有中村元哉《国民党政权研究相关档案馆、图书馆指南》（收于中央大学人文科学研究所编《民国后期中国国民党政权研究》，中央大学出版部，2005 年）。

至此列举的基本都是中文方面的史料。实际上，中国近现代史研究中，外语文献也是一个重要的史料来源，尤其是日语撰写的调查报告。中国是战前日本海外“权益”最大的地区，“满铁”（“南满洲铁道株式会社”）调查部、“台湾银行”总务部调查课、“青岛守备军”民政部、“东亚研究所”、“兴亚院”等机构开展了相当多调查。从战前到战争期间，日本在华调查机构完成的报告书，以经济为中心，亦包括政治、社会和文化方面的大量内容。亚洲经济研究所图书资料部井村哲郎等人编撰的出版物目录（《旧殖民地关系机关刊行物综合目录——台湾编》，亚洲经济研究所，1973 年；《旧殖民地关系机关刊行物综合目录——“满洲国”“关东州”编》，亚洲经济研究所，1975 年；《旧殖民地关系机关刊行物综合目录——“南满洲铁道株式会社”编》，亚洲经济研究所，1979 年）是利用这类调查报告的重要指南。关于战时中国的情况，可参见本庄比佐子等人整理的“兴亚院”出版物目录及对其调查活动的研究（《“兴亚院”与战时中国调查》，岩波书店，2002 年）。“满铁”调查部也在上海和天津设立事务所，调查地区也不仅限于中国东北地区。同样，“台湾银行”总务部调查课的调查活动也不限于台湾而广泛覆盖华南地区至东南亚一带。日方调查机构开展的中国实态调查，多数情况并不出自纯粹的学术兴趣，而是有着维持和扩大日本在华“权益”、为侵略战争服务的目的，调查内容亦因此而产生各种偏颇之处。尽管如此，内容广泛的调查报告书提供了非常详细的资料，不少内容为中方资料所未见。因此，在充分注意其各种偏颇的同时，也应合理地利用这类史料。

中文和日文以外的外文史料，当然亦须留心使用。近现代的中国，业已置身于包括贸易投资、教育文化在内的复杂国际关系中。中国对外关系方面自不待言，关于中国国内的情况，也可通过对照各种外文史料，尤其是各国档案史料来开展研究。日本的外交史料馆、防卫厅防卫研究所图书馆、国立公文书馆，英国的公共档案馆（Public Record Office），美国的国家档案馆（National Archives），乃至欧美的公司和基督教传教团体等均收藏有大量与中国有关的文件，当给予关注。日本藏中国相关档案的一部分，现已能在亚洲历史资料中心的网站上浏览。

在此还必须补充一点，以上介绍的资料，无论是汇编出版的史料集和报告书等，还是档案馆保存的原始文件，均为留存至今的文字史料。实际上，文字史料以外，录音、绘画、照片、电影、录像等各种资料均可作为史料利用，尤其是近现代史研究。尽管目前这类研究成果尚少，但传媒研究、广告研究等领域，业已开始朝着这一方向探索。

以下列举若干对上述史料相关信息有过专门整理的日语文献。市古宙三等编《近代中国研究入门》（东京大学出版会，1974 年），介绍了人名、地名等的检索方法，不少内容至今仍有参考价值。小岛晋治等编《近代中国研究案内》（岩波书店，1993 年）和野村浩一等编《岩波讲座现代中国　别卷 2　现代中国研究案内》，反映了 1970 年代末至 90 年代初史料公布的大幅进展情况。田中比吕志、饭岛涉编《中国近现代史研究的学术规范》（研文出版，2005 年）为这方面最新的入门书。此外，野泽丰编《亚洲的变革》(上、下)(校仓书房，1978、1980年)、岛田虔次等编《亚洲历史研究入门》全5卷(同朋舍出版，1983—1984年)、辛亥革命研究会编《中国近代史研究入门》(汲古书院，1992年)、山根幸夫编《中国史研究入门》(上、下)(山川出版社，1983年)、《近代日中关系史研究入门》(研文出版，1992年)等书也提供了丰富的史料线索。尽管有上述参考文献，欲了解最新的学术信息，还是要从饭岛涉论文(收于田中比吕志、饭岛涉编《中国近现代史研究的学术规范》，研文出版，2005年)中介绍的网站入手进行检索。不过，这些信息的性质，需留心本章中提到的诸多注意点以及各种史料指南书中的提醒，并且，网站披露的信息也有可能并非最新，这都需要细致认真地加以分辨。

中国近现代史研究拥有海量的史料，需要根据不同的研究主题搜寻、拣选有用的材料，本章的介绍至多仅能提供一些史料收集的线索。利用关键词在文献数据库中进行全面的检索，利用前人研究中提到的文献进行顺藤摸瓜式的搜寻，两种方法相互配合，持续不断努力搜索，定能发现有意思的史料。

(久保亨)

第十二章　世界史中的中国史

杉山正明、冈本隆司

一、中国史与世界史

（一）来自研究实践的反思

科学、知识日新月异，甚至距离这些进步最为遥远的历史学也不例外。受惠于印刷和信息技术的进步，以往无知的世界，现在也能方便地查个水落石出。研究随之加速深入，走向专题细分。即便仅就中国史而言，该趋势在本书中亦一览无余。

这一趋势并不仅限于个别学术领域。当然，文献史料并非如空气般无处不在，因此，研究者所处的位置，既有可能存在不可替代的优势，也有可能存在无法克服的障碍。不过，研究条件的地理差异正在急速减小，日趋扁平。所以，若只是论文生产，无论多少都能写出来的时代已经到来。被称为研究的著述，也确实见增不见减。若言便利，这的确是一个便利的时代。

然而，便利的切实使用和成果的真正产出，两者的匹配还有赖于不见于人前的积累和驾驭。真正深刻领会研究议题，必须在咀嚼消化大量前人研究的基础上，挖掘出独到的研究课题。作为研究素材的史料亦如此，只有经过取舍精选，才能判断史料的利用是否恰当。正如市古宙三《近代中国的政治与社会（增补版）》［1977（1971）］所告诫，将已知的内容振振有词地换个说法，只能算作随想评论，称不上学问研究。子曰："知之为知之，不知为不知，是知也。"现在，这样的积累和驾驭，言者人稀，反而成了问题，甚至批评者自身也缺乏应有的能力和自觉。结果，如此便利的时代，缺乏素养和自制的粗陋议论及著述竟大行于世。试举最近一例，平野聪的《清帝国与西藏问题》[2004]，该书犀利地论述了清朝的多民族统一，风评颇佳，但即便这样的著作，观点、史料和史实的处理方面均有失之草率之处，然至今无人指出。

专题细分化、史料海量化之后，往往会出现仅纠缠于文献中的数字、单词和字面意思，却并不真正阅读文章的现象。粗制滥造的原因，大抵如此。如果这也是历史研究，那将这些工作留给计算机即可，这样不就获得了永远正确的历史学了吗?

对事物的逆向思维也非常重要。正因为专题细分化，才有必要逆向进行综合的思考。在考察某一专题时，不能不顾及周边的其他专题，不能不考虑它在整体中所处的位置。在阅读史料和论著时，字面意思自不待言，还需吟味字里行间的话外之音。唯有如此，才能超越计算机式的机械工作。“中国史”这一巨大领域，因此也必须置于世界史和人类史中进行综合的考察。它与所谓“支那学”“东洋学”有共通的一面，当然也有不同的立场和方法，通过后文所述它们处理主题和史料的具体方式，便很容易理解它们的异同。

一说到综合，首先想到的就是曾经的“世界史基本规律”。毋庸赘言，该“规律”就是发展阶段论，略言之，即历史的进程只遵循一种“规律”，放之四海而皆准。符合这一规律的历史进程在中国是否存在，一段时间内，相关争论曾被等同于中国史研究，也就是谷川道雄编著《战后日本的中国史论战》[1993]中所称的“论战”时期。论战双方有一共同前提，他们均将西方的历史进程作为构建东方历史的基本模版。

这一话题虽然看似陈腐，但实际并未解决。如果说该话题与现在的我们不无关系，那也绝非戏言。直至今日，仍有人在使用这种宏大理论换汤不换药的陈旧思维而不自知；或许即便意识到了，也坚称自己的不是什么旧的宏大理论，而是新的原创观点。相比前述“论战”时期和所谓探求“世界史基本规律”，这一情形反而更加糟糕。

魔鬼藏在细节里。用简化的概念、模式、数值来替换、理解丰富多彩的历史事实，是一种求知上的怠惰，一种对历史的亵渎，一种知识上的傲慢。数字化得到清晰的图像，是通过去除模拟信号中应当能看到的阴影后方才实现。在此意义上，理论、模式和概念之类，归根结底只是一种抽象和偏见。

因此，概念化虽然必要，但最终只是令自己所需的历史面貌更为清晰的一种手段而已。然而在历史中，那些被去除的阴影，可能正潜藏着历史的本质。所以，概念、理论最终只能作为立论的参考和通过归纳得到的结论，而不能作为进行解释和演绎的出发点和公理。学说归根结底不是史料、不是史实。

因是之故，在世界史中思考中国史，绝然不同于以标榜世界史的理论为基准来思考中国史。不过，我也很能理解，践行前者和推动前者的研究者，往往被误解为后者，实情如此。

我不否认理论学习，只是提醒注意理论的使用方法。现有的很多学术和既有的概念均源于西方，历史学亦不例外。若没有这样的自觉，就无法将理论与“西方”相对区分开来。

若如此，像田村实造《思考亚洲史——构成亚洲史的四个历史世界》[1990]那样，对亚洲和中国的设定只是简单的空间划分，便几无意义。桑原骘藏《中等东洋史》[1898] 开创了“东洋史”的提法，对西方中心史观，更宽泛地说，对我们已视为常识、西方人亦坚信不疑的西方式近代观提出了质疑。在西洋史之外另提出亚洲史和中国史，意义正在于此。所以，如何让亚洲史成为亚洲史，如何批判地、客观地看待这一点，反过来也就证明了我们的思维是如何被西洋史的偏见和近代意识所占据的。

那我们当具体如何做为好呢？首先，无疑是根据史料，复原出过去发生的事件。史料的阅读掌握并非立即将其与西方概念联系起来，而是在更为宏阔的史实中思考史料的意涵。因此，实地综合考察中，看似矛盾的实证不可忽视。

不过，将史料的阅读掌握等同于实证时，有一点必须注意，史料必定存在着偏差，绝非完全中立。稍微想一下就会意识到，史料并非为后世的历史研究者而书写。如果有那样的史料，那也毫无史料价值。此种情形，世界各地大同小异，只有程度的差异。

同时，作为本文所关心的中国史料，不仅有诸多语言上的难解之处，立场偏见、个人回护之语亦甚多，文献和文章体例与事实不符之处也有不少。打算“原原本本”地揭橥事实时，便会发现迷惑性史料空前之多。我们的目的是复原和传达事实，而那些史料的书写并不出于这样的立场，此语毫不为过。

因此，认为搜集史料、增加证据，客观事实就会自然浮现的想法，实为大谬。博搜史料不可或缺，但毋宁说这还只是问题的起点。

史料处理至少须经过以下步骤：①首先，疏通文字；②其次，确定字面所示事实的范围和内容；③最后，复原历史事实。这三步可谓知易行难。处理中国史料，首先上述第①步便处处陷阱，名家亦难免失手。即便第①步顺利完成，中国史料中如猜谜之处甚多，第②步的确认亦非易事。作者所言到底是要说明什么，难以把握。

假设第①②步均已完成，那也只是了解了作者的意思，仅此而已，尚未到达第③步。尤其是在只有单方面同质史料的情况下。如果还有其他语言的史料，则另当别论。

若有出于不同的世界观和价值观，不同的理念和利害判断，不同的逻辑和用词，总之用不同方式记录下来的史料，对照结合，就能在深化第①②步工作的基础上，在相当程度上接近第③步的工作。本应相同的事实甚至语句，一旦使用不同的观点或语言来记述，恐怕就会出现分歧。若史料记载一致，仅能确认事实如此，反而并不有趣。若史料存在差异，那就不得不思考其含义，由此更为深入、更为开阔地思索记载所示内容。不可否认，这就是理解史料、认定史实之精髓所在。在此意义上，最接近历史真相的就是对外关系史，因为无论从狭义还是广义而言，那是一个可用外交文件作为史料的领域，换言之，就是将中国置于世界中来加以理解。

开展这类研究工作，目前正逢千载难遇的好时机。现在不仅有便利的研究条件，而且，现代中国在不断高速走向世界的过程中，非常有必要摆脱旧有桎梏，用中国的方式来解说中国的历史。毫不夸张地说，在此意义上，历经战后巨大变迁重新出发的中国史研究，在半个多世纪后的今天，正迎接着上述变革的到来。为了更好地把握这一时机，我们必须首先坚定自己思考的立场。

（冈本隆司）

（二）他者的视角——日本人的态度

对于生活在日本列岛的人们而言，被称为中华或中国的地域、居民和文明，与其说是历史的只言片语，恐怕更是一个从远古走来，历经长久岁月，绵延至今，一直具有特殊权重和情由的存在。中国的整个发展进程，通常被习称为中国史，但其外延和内涵，极为长远、广阔、复杂、多样。关于这一点，应地利明《如何理解东南亚——从印度世界出发》[1999] 一书中的观点引人注目，他认为，中国是统一中有多元，而印度是在多元中有统一。

对于中国这个庞大的邻居，日本不仅倾向用徘徊于统一和多元这两个极端的状态来描述其特征，更多情况下，日本会隔着大海，通过各种联系，长久地关注着对岸的方方面面，并与之对峙。正如砺波护《东洋史学与世界史学》[1993]所言，明治以降的日本近代化过程中，作为学术研究之一种，日本引入了以西欧为范本的历史学，与中国史相关的领域，则以“东洋史”这一独特名义，与亚洲史其他领域一起，继承和发扬了江户幕藩时期深厚的汉学传统，并以之为优势和支柱，开创出一门独立的学问。

本书集中介绍了中国史研究的进展和现状，希望对海内外该领域的学习者和研究者有所帮助。全书基本上由日本国内研究者执笔写就，这也是该书的一大特征。该特征一目了然，当然不会被忽视。因此，书中的内容，在面貌、观点、分类和展开等方面，自然与中国史家的作品存在差异。这是当然的，也是必须的。

日本与中国有着深厚的历史渊源，其传统文化同属于汉字文化圈，所以，日本的中国史研究与中国及中文世界中者，在质量和内容方面好歹极为接近。首先，古典的素养或修为内化于研究者个人，是为不显山露水的基本底蕴。其次，在继承清代考据成果和方法的基础上，进一步接引各种近代史学方法。中日两国研究人员在基本的知识结构方面，具有明显的共通和相似之处。

此外，从明治时期到现在，中日两国在研究方面的相互影响和学术交流，虽然时常受到政治波动和政治气氛的干扰，但仍绵延不绝。例如，甚至在相互磨难重重的战争时期和两次大战之间，以及“文化大革命”时期，双方在研究上的联系依然没有中断。从主流来看，毫不夸张地说，两国的研究正是在相互关联和相互刺激中发展到目前的阶段。尤其是近年，研究者的相互交流更为显著。因此，从断代、分类和主题来看，已几乎难以看出中日两国研究之间的差异。

确实，面对作为研究对象的中华及其相关地域的各种历史现象，日本因格外熟悉和联系紧密而易于接近，可以说，这是日本中国史研究的一大特征和优势。但同时，中国史毕竟不是日本的本国史。所以，强项也好，软肋也罢，换言之，优势也好，劣势也罢，因为中国史并非日本本国史，日本只能同时接受这两个特点，相对积极地说，日本也有能力两者并包。研究的立场、兴趣、动机、视角、认识、见解、问题意识和分析方法等，自然都基于这两个特点的并存。一言以蔽之，日本的中国史研究是从他者视角入手的历史研究。虽然这是一个常识，但还要在此提醒，对日本而言，中国史归根结底还是外国史。这一点，无论如何提醒亦不为过。

（三）作为外国史的中国史——超越西欧经验

那么，他者眼中的中国史，最终是一个怎样的存在呢？或者，更为功利地说，日本的中国史研究者究竟是在哪一点上，独立发展出与中国研究者的本国史研究显著不同的探讨，从而重构出别具意义的历史面貌？

话虽如此，与之相反，考虑到中国及中文世界中国史研究的至尊地位，换言之，若将自身没入、同化至他们本国史的观点和框架中，也能获得不错的立足点。这样的想法不仅在中国史领域，在日本中国研究的各领域，历来也为大家所认可。时至今日，恐怕仍然如此。但在汉学素养和传承日趋薄弱的今天，若务实地着眼未来，重新思考中国史研究在日本的存在意义，不可否认，其首先是一门外国史，就现实而言也不能否认这一点。

反过来，日本的外国史研究认为，理应仿效的典范是被称为“西洋史”的广阔领域。众所周知，明治以降，西洋史与以中国史为中心的东洋史，在特点、性质上形成鲜明的对比，在学术和教育两个领域也呈现出西洋史和东洋史两者并进的态势。

恐怕各位都得承认，日本的西洋史研究因应国家和社会的强大需求，为日本的近代化提供了学习的参照，各种研究层出不穷，影响遍及海内外。经过一百多年的发展，西洋史研究对日本社会的影响不可胜数。不得不承认，社会贡献方面，包括中国史在内的东洋史，较之西洋史，略失风采。此处斗胆说一句，日本历史学界投入人才心血最多的，正是需要通晓诸多欧美语种文献的西洋史方面。即使现在，有志于西洋史者所需要的能力，依然被认为总体上要高于治日本史及东洋史所需者。这一方面，前田徹等编《历史学的现在——古代东方》[2000]，佐藤彰一、池上俊一、高山博编《西洋中世史研究入门（增补改订版）》[2005（2000）] 的论述真诚而又充实，令人印象深刻。

然而，也正因为如此，恰如京都大学西洋史学研究室编《为了 21 世纪的西洋史研究——西洋史读书会第七十回纪念》[2002] 和谷川稔编《作为历史的欧洲特性》[2003]，从西洋史的研究实践出发，追问了西洋史在 21 世纪的存在价值，并表达了其中的苦闷。在当下的日本，作为所谓民族国家形成的欧美化、近代化，纯然已成历史记忆，政治、经济和文化的全球化及世界格局的剧变，又从根本上动摇了以近代西欧为参照的历史研究和世界认识。甚至伴随着研究的国际化，“日本的”西洋史，乃至整个西洋研究的意义，也不能安于过去那种“套套逻辑”①式的理解，即便非研究者对此也能完全理解。

不过，包括中国史在内的东洋史，甚至东洋研究的各分支，坦率地讲，均没有看到像西洋史和西洋研究那样的紧迫感和危机感，学科内还洋溢着“没有问题”之类的安心感。这样的心态，可能源于日本学者能娴熟使用原典史料的自信，或曰，即使不接引欧美学问，也能自行展开研究的自负，甚至形成一种自尊，怀揣着东洋诸国自己的研究亦无法与之抗衡的优越感。如果这些自信、自负和自尊确为事实，怀有在此基础上的安心感倒也为幸事。然而，事实结果是怎样的呢?

必须承认，东洋史作为历史研究的疑问和困境，与西洋史有着明显共通的一面，这是很自然的事情。如果日本的东洋史，乃至中国史研究，不能观照整个历史研究，总是习惯性地避开诸多深刻且根本性的问题，或许正是因为东洋史作为这部分历史研究尚“不够发达”。

因此，若言包括中国史在内的历史研究应以何者为旨归，当然需要从全体人类知识的立场出发来进行思考。世界史，更确切地说，人类史，应当超越旧有的19世纪式的西欧观点，向着从根本上概括人类发展步伐的整体史发起挑战。正是因为这一点，前述日本西洋史研究的烦闷与苦恼，当然也存在于东洋史研究和中国史研究。

正是在这一点上，未来日本的中国史研究应当树立一个宏伟的目标。目前的日本可以说已经对西欧知识有了较为充分的消化，因此对于日本的中国史研究者而言，走向世界史乃至人类史，业已具备颇为充足的文化环境。要言之，不仅可在中国史的框架中来把握中国史，还能从世界史的立场出发来考察中国史，思考中国史在世界史中的意义和地位。换言之，将中国史作为世界史中一个不可缺少的部分来加以研究。

这一想法，实际上过去时有提及。然而，现实中日本的中国史研究，总体上还是忽视了面向世界史的视角，这是客观的事实。西洋史和西洋研究能为历

① 译者按：日文原文为“あるからあるのだ”，意为“因为这样所以这样”，即逻辑学中的“套套逻辑”。

史研究提供模型和启发，但中国史提供给本专业以外历史学家和读者的世界观和世界历史，可以说是凤毛麟角。坦率地说，这是需要深刻反省的地方。在这一点上，我们可能多少过于懦弱了。

（杉山正明）

二、在欧亚世界史中

（一）史料与研究的巨大变化

从21世纪初叶至今，世界史研究的巨大转型趋势已如前所述。尤其是由多种地域并存杂驳组成的亚洲史，近年接连有新史料披露问世，研究的基础发生了不小变化。10年、20年之前横亘于亚洲研究中的“政治壁垒”“国境壁垒”“意识壁垒”及“史料壁垒”，可以说现今已大多烟消云散。政治、经济、文化的全球化与信息技术革命的同步前行，带来了史料和研究的深刻变化。史学会编《历史学的最前线》[2004]可作为了解相关情况的基本线索。

这些变化在中国史及其相关领域表现相当明显。其直接原因，毋庸置疑，自然是改革开放在中国的快速推进。这20年中，史料的剧变及以此为基础的研究新动态，可谓惊人异常。可以说，策划和出版本书的动机和意义亦正基于此。

关于中国，历来总有一种先入为主的看法，认为文献史料极其丰富。这句话未必错误，但考虑到中国史巨大的时空跨度，文献史料委实称不上丰富。与一般印象不同，就断代史言之，宋代之前的史料，无论是质还是量，历来均有“匮乏”之叹。研究者蚁聚于“少数史料”，这一说法并不夸张。

不过，几乎中国史的各个时期和地域，研究状况都发生了巨大变化。史料不再局限于汉语文献，满语、蒙古语、藏语和维吾尔语等各种民族语言文献及档案也被披露使用。例如，西藏自治区档案馆编《西藏历史档案荟萃》[1995]就是一座惊人的史料宝库，展示了西藏巨量档案的传世与收存情况。包括日本人在内的外国研究人员，已能方便地前往以北京、上海为代表的各地公藏机构、图书馆和档案馆寻访、阅览史料。20年前关于中国史几乎没有古代文书留存的说法，现在看来已近乎梦呓。

此外，伴随着中国经济体量的扩大，“世界工厂”“巨大市场”的形成，基础建设和旅游开发进展迅速，大量遗迹、文物和文献被陆续发现。这波史料发现的规模，可能远超19世纪末20世纪初以敦煌文献为代表的汉语及非汉语史料的大发现。可以说，继 20 世纪初受到欧美文明及欧美史学的强烈影响，二战之后价值观和世界观的重大转型，中国史研究目前正在迎接第三次变革的到来。

这波新史料浪潮中，作为中国史文献类史料主干的各种典籍发生了不少变化，更多善本重现人世。而且，随着这些史料的陆续影印出版，数字化工作亦快速推进，海量检索瞬间完成。至少在术语、词汇和事件的检索方面，目前已能在过去任何研究者都无法把握的海量范围内轻松检索而获得结果。过去备受推崇的"旁征博引"是只有少数研究者依赖个人能力和研究条件方能具备的本领和特权，而现在，"旁征博引"已成为一项稀松平常的工作。

研究上的变化也涉及对中国史和中国文明的基本认识。过去的中国和日本学界，恰如贝塚茂树《中国历史》(上)[1964]所论，就作为中国史舞台的地域，均强调其在空间上的相对独立性。这一看法实际上强调了中国作为一种文明的独立性，甚至往往容易被表述为一种"中华中心主义"的一元世界观。不过，近年中国从"世界的中国"出发，强调了作为多元民族统一体的"中华"，这在历史学和考古学等研究中有着显著的反映。例如，苏秉琦《中国文明起源新探》[2004]对中国文明的讨论，就扼要地展示了当时中国考古学领军人物苏秉琦的思想。从"生态学视角"出发的"多元文化区系理论"，不同于过去以汉族为中心的王朝史观、中原史观，带来了历史认识的巨大变化。这一主张，与执教于哈佛大学的考古学者张光直在《中国青铜时代》[2000]①中的论述，以及费孝通《新世纪、新问题、新挑战》[2001]所倡导的"中华民族多元一体"相通。这一"多元统一体"思路，在近年中国国内的中国史领域获得了普遍认可。

另一方面，近年中国学界的研究，相比量的增加，在质的方面，进化、变迁和发展的倾向更为显著。试举最近偶然接触到的一个例子，作为北京大学历史学系重大研究成果而出版的荣新江、李孝聪主编《中外关系史——新史料与新问题》[2004]，其正副标题正可视为中国学界中国史研究范式变化的表征。不仅如此，中国学界中，强烈意识到多元论、广域化、国际化和新领域的研究不在少数。反倒日本学界还能见到倾向于使用旧时王朝史观和汉族中心史观来把握历史的研究，这一现象可能有点意思。

① 译者按：该书中文原本题名《中国青铜时代》(生活·读书·新知三联书店，1983 年)，日译本题名《中国古代文明の形成：中国青銅時代(第 2 集)》(小南一郎、间濑收芳译，平凡社，2000 年)。

（二）欧亚国家的结构

作为把握中国及其周边历史的空间结构，迄今日本学者偏好使用者为东亚，或曰东亚世界。借用岸本美绪《东亚地域论》[2003]中的表述，近数十年来日本历史学界的主攻方向是超越分别探讨日本、朝鲜、中国等国历史的“国别史”研究方法，加意重视各国间的相互关联。这一关联的范围，并非一下子就以整个世界或亚洲全域为对象，而是以包括中国及其周边地区在内的东亚为单位，尝试进行历史的考察，这样的研究方法现已得到广泛的认可。

该视角观照下的日本与东亚大陆间关系，已有多种研究积累，此处虽然无暇述及相关要点，但仍要介绍一下木宫泰彦《中日交通史》(上、下)[1926—1927]及其增订版《日中文化交流史》[1955]，该书至今依然极有用处。木田章义等编《学习的世界——中国文化与日本》[2002]考察了日本史上所称中世、近世两个时期内，日、中、韩三国之间书籍、学术和文化的广泛交流，富于启发之处。围绕三国之间的交流，张东翼的系列基础研究《高丽后期外交史研究》[1994]、《元代丽史资料集录》[1997]、《宋代丽史资料集录》[2000]和《日本古中世高丽资料研究》[2004]亦颇为有用。以日本为中心的研究，对外关系史综合年表编集委员会编《对外关系史综合年表》[1999]亦有参考价值。

西嶋定生在《古代东亚世界与日本》[2000]中倡导的“东亚世界论”，不仅对中国史，对朝鲜史和日本史也产生了巨大的影响，关于这一点，李成市《东亚文化圈的形成》[2000]认为，这是从日本人的视角出发，偏重汉字文化圈的一种构想，其价值不容否定。不过也正如杉山正明《欧亚史悖论——蒙古出发的视角》[2002]所论，“东亚”本身也是一个需要经过验证的概念。

此外，中国史的实际进程，正如大家清晰所见，与北亚、中亚各地区，即广义上的草原世界，或曰干旱地带有着密切的关系，这一点非常明显。历代中国王朝中，与游牧民族及其军事力量无关系者屈指可数，游牧势力与中原王朝间有着显著的重叠关系。另一方面，匈奴与秦汉，突厥与隋唐，契丹、女真与两宋等，游牧国家与中原王朝之间的对抗和并存关系也非常明显。要言之，游牧与农耕两极间的摆动，大体可归纳由秦至清的国家兴亡。而且，游牧帝国时常远远突破中华的框架，在横跨欧亚的体量上发展。从早先西迁的匈奴，到奄有东西的突厥，再到向西方迁移的突厥语系人群，随后是两次横跨东西的契丹，经过一连串的大事件，最终形成蒙古的欧亚帝国。

这些游牧国家与中原王朝之间明显的联动现象，不仅是研究中国历史时发现、观察和理解欧亚国家型权力系统所不可缺少的内容，而且展示了随时代盈缩的中国历史空间与欧亚世界整体变动之间的关系。杉山正明《游牧民的世界史——超越民族·超越国境》[2003（1997）]就论述了这一历史巨流。将中国理解为特立独行“封闭世界”的旧观念，原本就是行不通的。也就是说，需要将中国史置于欧亚世界的框架中来加以考察，这一角度无疑必须加以重视。

继“中央欧亚”这一历史空间概念提出后，学界又讨论了“中央欧亚”与历史前进动力之间的关系，尤其是近年，从该角度入手的中国史研究盛极一时。试举一例，关于安史之乱，森安孝夫《回鹘眼中的安史之乱》[2002]透过与回鹘的关系来加以把握，稻叶穰《安史之乱大食兵入唐考》[2001]指出可能有来自阿拉伯的部队参与其中，清水和裕《马穆鲁克（mamlūk）与五勒恩（ghulām）》[1999]进一步将安史之乱与伊朗、中东地区阿拔斯（Abbasid）王朝的出现联系在一起，这些研究均引人瞩目。另外，关于此期中国与中东一带的海上往来，藤本胜次译注《中国印度见闻录》[1976]留下了黄巢起义期间广州等地景象的记载，极具参考价值。总之，中国史研究非常有必要引入伊斯兰世界的视角，小杉泰、林佳世子、东长靖编《伊斯兰世界研究手册》[即出]①便是一本对此有所助益的入门书。

（三）从大陆到海洋，从“小中国”到“大中国”

在广阔的欧亚世界中把握中国历史时，须注意到以13、14世纪蒙古世界帝国时期为界，中国史和世界史均发生了重大的变动。

关于这段历史，不仅有马可·波罗（Polo，Marco）的游记，伊本·白图泰（Baṭūṭah，Ibn）的游记也是必读的史料，家岛彦一的译注本《大旅行记——伊本·白图泰》(1)—(8)[1996—2002]②为该书的使用提供了不少便利。该领域的巨著，当属细致利用东方文献的伯希和（Pelliot，Paul）《马可·波罗注》(Ⅰ、Ⅱ、Ⅲ)[1959、1968、1973]和巴托尔德（Бартольд，Василий Владимирович，又名Barthold，Wilhelm）《巴托尔德文集》全9卷[1963—1977]，后者利用伊斯兰文献，打通了中亚史与中东史，开启了欧亚史的新纪元，这两位作者均堪

① 译者按：该书日文原本题名《イスラーム世界研究マニュアル》，已于2008年由名古屋大学出版会出版。

② 译者按：该书中译本题名《伊本·白图泰游记》（马金鹏译，宁夏人民出版社，2000年）。

称巨擘。关于蒙古帝国及其时代，本田实信《蒙古时代史研究》[1991] 基于世界和日本深厚的研究积累，广泛涉猎东西方文献史料，亦成一代名著。

日本的中亚史研究者已不断指出，实际上从那时起，远自所谓大航海时代之前，欧亚世界各地之间就已有了广泛的联系。珍妮特·L. 阿布–卢格霍德（Abu-Lughod，Janet L.）《欧洲霸权之前：1250—1350 年的世界体系》日译本[2001] 略显粗疏的讨论，似乎提出了划时代的观点，实际上最多只是延续了日本中亚史学者的观点，而且书中多引用日本的东洋史和中国史成果，不得不说诚为缺憾。

若用一个多少有些象征性的表达来概括此期的变化，中国的国家结构完成了从“小中国”到“大中国”的变身，与之同时发生，亦互为因果的是大陆与海洋的紧密相连，世界性的历史新纪元从此开启。通代论述草原与海洋间联系的书籍有很多，刘迎胜《丝路文化：草原卷》[1996]、《丝路文化：海上卷》[1996] ① 堪称中国学界该领域的代表作。在这场巨变中，中国的中心乃至重心发生了从内陆到沿海、从高地到低地、从干旱区到湿润区的转移，政治中心也顺应“大中国”格局，固定于中国内地的东北隅，也就是现在的北京。不可忽视的是，中国社会也进一步相应地由生产优先转向流通优先。

向“大中国”的转变，大陆和海洋的连通，与超越古老欧亚世界的历史变动相关联，并进一步与近现代的“世界与中国”问题直接联系起来。关于这一点，德尼·龙巴尔（Lombard，Denys）和弗朗西斯·奥班（Aubin，Francoise）合编《13 至 20 世纪印度洋与中国海上的亚洲商人》[1988] 值得参考。同时，围绕蒙古时代之后的“王权”及其发展，杨海英《成吉思汗祭祀——历史人类学重构的尝试》[2004] 提出的世界之问也很重要。总之，在这个领域，中国史研究已是人见人新，不能仅仅局限于所谓中国史研究来解决问题。从中国史来看世界史，从世界史来看中国史，业已不可回避。

进入这样一个宏大的世界，即便是前半段欧亚世界史，也需要相比先前更为多元的世界视野和多语言文献的运用能力，后半段的后蒙古时代，也就是所谓大航海时代及其后的世界史，对每个研究者才、学、识方面的要求自然更高一层，也不得不更为严苛。“世界史中的中国史”，实在是一条艰险满布的研究之路。

① 译者按：两书出版时间原文标为“1995”，实应为“1996”，径改。

与文字史料相配合，绘画、地图等图像史料也能反映人类历史的多个方面，对图像史料及其所示世界观的考察，是引向研究突破的又一进路。葛兆光《“天下”“中国”与“四夷”——作为思想文献的古代中国的世界地图》[1999]生动地展示了古代中国人心目中的世界形象，应地利明《古地图中的世界形象》[1996]①围绕中世日本，对此做了精彩的综述。金田章裕等编《近世的京都图与世界图——大塚京都图珍藏与宫崎市定旧藏地图》[2001]和藤井让治等编《绘画、地图所见世界形象》[2004]，开启了未来研究的大门。

（杉山正明）

三、世界史的转向

以整合农耕社会与游牧社会、消弭南北对抗的蒙古帝国为界，世界史可分为前后两个时代。若硬要总结特征，则前一时代以亚洲为中心，后一时代以欧洲为中心。若后者展现了近代和现代，则前者展现的便是前近代，相比老套的地域和时代划分，这一分法更加重视人类活动空间的历史扩展和主要活动舞台的变化。也就是说，前者连缀起的只是旧世界的历史，是一个剔除草原世界便无法想象的时代，与之相对，后者则是加入了美洲的新旧世界，是一个排除海洋世界便无法想象的时代。

只有旧世界的时代，即前述欧亚世界史时期。毫不夸张地说，其核心为贯通东西的游牧与农耕社会关系史。不符合这一通则的只有西洋史和日本史，可以说是非常特殊的少数派。而亚洲史的难点在于，本应为特殊少数派的西洋史和日本史，实际上却成了历史研究的参照标准。正如角山荣《茶的世界史——绿茶的文化与红茶的世界》[1980]②、《时钟的社会史》[1984]所言，一方面，与西洋史和日本史相通才可称为“世界史”，另一方面，亚洲史却如“丝绸之路”这一名称所示，尽管是浪漫和憧憬的对象，在历史研究中却没有获得应有的地位。看一下松田寿男《亚洲的历史——东西交涉所见前近代世界的面貌》

① 译者按：该书日文原本题名《絵地図の世界像》（岩波书店，1996年），“絵地図”指采用绘画形式，粗略表示地物相对位置的地图，非基于测绘的古地图多为“絵地図”。

② 译者按：该书日文原本题名《茶の世界史——緑茶の文化と紅茶の社会》（中央公论社，1980年），中译本题名《茶的世界史：文化与商品的东西交流》（王淑华译，玉山社，2004年）。

［1992（1971）］一书中的苦恼和挣扎，便可大体理解这一点。

当然，克服这一难点的努力业已出现。中国史领域中的典型当属西嶋定生《中国古代国家与东亚世界》［1983］提出的古代“册封体制”论和滨下武志《朝贡体系与近代亚洲》［1997］提出的近世、近代“朝贡体系”论。前者以日本为固定不动的基点，而后者以西方为固定不动的基点来观察中国，旨在更新旧有的历史观。对此，我欣然认可。不过，在旧史观业已更新的今天，有必要再次考虑这两种学说存在难免受到汉语表述误导的问题。笔者下文执着于过去的研究，简直让人觉得有点过分，实际上，这一方面旨在挣脱他们的束缚，另一方面也是为了从否定的角度来阐说上述二人的研究是如何框定了中国史研究的基本看法。

（一）后蒙古时代与欧亚世界史

蒙古帝国在天灾、疫病、萧条，也就是世界性的“14 世纪危机”中逐步走向瓦解和崩溃，但草原世界暂时保持着它的辉煌。与对抗蒙古的明朝相对峙，重建蒙古帝国的帖木儿（Temuriylar）王朝出现于中亚。围绕其历史地位的论述，首推罗茂锐（Rossabi，Morris）《1368 年以降的中国与内亚》［1975］和间野英二《新书东洋史⑧　中亚的历史——草原与绿洲的世界》［1977］。帖木儿王朝存续期间，作为联系各地的纽带，草原世界仍是欧亚世界史的中心。

短命的帖木儿王朝的覆灭，正如罗茂锐（Rossabi，Morris）《中亚商队贸易的“衰落”》［1990］、久保一之《帖木儿王朝及其后》［1997］所述，带来的不仅仅是蒙古帝国之前那种南北对立，草原世界再也不能重获它先前在世界史中的地位。不久，南北对立的局面终结，出现了可称为帖木儿王朝继承者的政权。他们均分化自帖木儿王朝，其边地势力又进一步向周边扩张。与帖木儿王朝有血统关系的莫卧儿（Mughal）王朝，从阿富汗（Afghanistan）向印度斯坦（Hindustān）扩展。间野英二《〈巴布尔回忆录（Bābur-nāma）〉研究Ⅳ：巴布尔及其时代》［2001］的翔实论述不可错过。如马特（Matthee，Rudolph P.）《伊朗萨非王朝时期的贸易政治：以丝易银 1600—1730》［1999］所述，萨非王朝（Safaviyān）从阿塞拜疆（Azerbaijan）向大伊朗（Īrān-zamīn）、波斯（Persian）湾扩张。奥斯曼（Osmanlı）王朝从安纳托利亚（Anatolia）出发，沿地中海、红海扩张，关于这部分内容，林佳世子《奥斯曼帝国时代》［1997］简明扼要，富于启发。莫卧儿王朝、萨非王朝和奥斯曼王朝均走上了从内陆向沿海扩张的发展轨道，中亚作为周连各地的纽带意义逐渐消失。也就是说，草原从纽带变为障碍。当然，这一过程并非完成于一朝一夕，而是从15世纪开始，经历了漫长的时间。海洋世界的崛起，与草原世界的沉沦同步，并最终取代了草原世界的地位。

当然，在此之前，海洋并非全无意义。诚如桑原骘藏《蒲寿庚考》[1935]、家岛彦一《伊斯兰世界的形成与国际商业——以国际商业网络的变动为中心》[1991]所生动论述，由阿拉伯人经手的印度洋商贸非常重要。然即便如此，其地位仍属次要，不过是陆上贸易的补充。作为旧世界全部的欧亚世界史，总体只是大陆世界史，与之相应，印度洋是欧亚大陆的唯一海岸，大西洋和东海则是隔断世界的边界。如果同意杉山正明《忽必烈的挑战：迈向蒙古海上帝国之路》[1995]的观点，认为蒙古帝国的海上远征是为了进一步整合印度洋的阿拉伯人贸易，那么，从宫崎正胜《郑和的南海大远征——永乐帝的世界秩序重整》[1997]可知，这段经略的集大成之作就是穆斯林宦官郑和的远洋活动。

尽管从整个欧亚世界史来看，印度与中亚联系不断，但它与中国一样，不如说是一个“孤立的”存在。不过，随着草原的沉沦和印度洋的崛起，印度逐步取代中亚，尤其是在经济方面，开始左右世界走向，成为亚洲的中心。

南亚次大陆产业发展，不断生产出广受欢迎的物产，其重要性有了很大提升。不过，正如皮尔森（Pearson，M. N.）《葡萄牙与印度——中世古吉拉特的商人与统治者》[1984]所述，有一事实更值得关注，正是将印度物产转变为国际商品的贸易活动，将向西经波斯湾、红海至地中海，向东经东南亚至东海的商路连接了起来。由此，印度洋从附属欧亚大陆的一段海岸，划时代地演变为世界性的通衢。关于这段世界扩张史，可从近藤治《印度莫卧儿王朝史研究》[2003]所收入门文献开始了解。

（二）印度的勃兴与全球世界史的形成

印度的勃兴在世界史上已具有革命性的意义。若细究之，人员和物资往来的主要通道由草原转变为海洋这一极简单的历史事实，当然不仅是一种质的转变。随着量的飞跃性扩大，旧世界单纯的大陆世界史，被引向囊括新旧世界、具有全球规模的海洋世界史。与先前的欧亚世界史相对，后者可称为全球世界史。因此，这段历史就绝不是亚洲单独参与的一个过程。与之同步发生、密不可分的还有大航海时代带来的各种变化。

就西洋史而言，大航海时代开启了“环大西洋革命”的序幕。以此为契机，西欧与美洲大陆共同崛起，成长为“世界经济”的中心。欧洲人，尤其是盎格鲁·撒克逊人，取代阿拉伯人，承担并主宰了印度洋上的往来和流通。因为这一更迭，世界史的重心从亚洲移向欧洲。在此意义上，“环大西洋革命”也是一场世界史意义上的革命，不过，这一更迭并没有在大航海时代之后立刻呈现，它成长为不可逆的决定性趋势，还有待工业革命和拿破仑战争之后世界经济的确立和西欧军事力量的冲顶世界。正如埃里克·琼斯（Jones，Eric）《欧洲奇迹：欧亚史中的环境、经济与地缘政治》[2000] 所论，西欧崛起，创成近代，仅发生于西欧，故就结果言之，这是一个“奇迹”。对此，笔者没有异议。不过，以欧洲“奇迹”的诞生过程为标准，分析各地与西欧近代化的关系，恐怕不是一种历史的思考方式。从沃勒斯坦（Wallerstein，Immanuel），到弗兰克（Frank，Andre Gunder）《白银资本——重视经济全球化中的东方》[2000]，一直是这样一种思路。但至少在现阶段，情况有所不同。从亚洲视角入手的“地域系统”“市场圈”等思路，多少更有说服力。

与“地域系统”“市场圈”思路不尽相同，依据松井透《商人与市场》[1999] 的思路，可归纳出这样一种模式，基于自然与人文环境自成一体，但与外界并不隔绝的地域圈、交易圈，以印度洋为通道，如佛珠般串联起来。该模式开始日渐清晰的 16 世纪，全球性的世界史拉开帷幕，大西洋和东海不再是世界的边界。欧亚大陆两端，大西洋和东海沿岸西欧和日本的繁盛即为其表征。在此意义上，所谓“环大西洋”圈也好，“亚洲交易圈”也罢，只是多个“地域系统”中的一个而已。西欧与新大陆建立联系后，美洲的白银经中东输入印度洋。根据小叶田淳《中世中日交通贸易史研究》[1969（1941）]，足利时代的日本亦毋论官民，争相扬帆入海，向中国输出白银。

新形势的出现，带来了秩序的失范。成为各“市场圈”舞台的沿海地区，残暴的海盗与全球性的世界史同步登场，东海的倭寇便是其中之一。在此过程中，重建秩序的摸索亦同步推进。相对稳定秩序的暂时出现，正对应了西洋史上的所谓“17 世纪危机”，即 17 世纪至 18 世纪上半叶。

横跨亚欧非三大洲的奥斯曼王朝、扩张至南亚次大陆的莫卧儿王朝、整合中原及其周边的清王朝，无不出自游牧民族，他们都是所谓“征服王朝”政权，继承了欧亚世界史的传统。尽管如此，囊括以海洋世界的存在为前提的各“市场圈”，并左右这些“市场圈”兴衰进程的庞大“帝国”，无疑还是全球性世界史的产物。较之统一并整合欧亚世界史的蒙古帝国，这些帝国具有不同的时代特征。梅棹忠夫《文明的生态史观・近代日本文明的形成与发展》[2002（1967）]①和川胜平太《文明的海洋史观》[1997]提出的模式，涉及这一阶段的部分均极具说服力。

（三）围绕中国的全球世界史

上文简介的各种模式，尽管在表述方式和着力点方面有所差异，但或多或少已形成一些大体共通的认识。因此，今后的研究课题，既不会是原有模式的依样画瓢，也不会是谨守既有框架的细节添绘，而是以切实修正前人模式为目标，展开细致的探讨，尤其要体现出全球世界史革新与欧亚世界史传统之间的交锋情况。

走在前沿的西洋史，这一模式被概括为葡萄牙、荷兰和英国先后称雄的“海上帝国”“商人帝国”。西方视角入手的研究，从博克塞（Boxer，Charles Ralph）《荷兰的海上帝国：1600—1800》[1965]和《葡萄牙的海上帝国：1415—1825》[1969]、生田滋《大航海时代的东亚》[1971]，到特蕾西（Tracy，J. D.）编《重商帝国的政治经济：国家实力与世界贸易（1350—1750）》[1991]、乔杜里（Chaudhury，S.）和莫里诺（Morineau，M.）合编《商人、公司与贸易：近代早期的欧洲与亚洲》[1999]，已有了长期的深厚积累。这些成果均以西人史料为立论依据，换言之，强调了全球世界史中革新的一面。针对其不足，研究者又从亚洲入手，提出了“地域系统”概念。这样的话，“地域系统”的研究重点应当置于对各地欧亚世界史传统的分析，如果缺乏对当地基本史料的扎实考论，那么连线索都无从抓住。而且，“地域系统”没有在整体结构上实证探究、梳理清楚与“商人帝国”间的关系，也没有针对欧洲中心史观提出修正。中国史领域，早先曾有矢野仁一《中国近代对外关系研究——以葡萄牙为中心的明清外交贸易》[1928]取用以葡萄牙和荷兰为代表的西人史料，对照地方史料进行研

① 译者按：该书日文原本题名《文明の生態史観ほか》（《文明的生态史观及其他》）（中央公论新社，2002年），实际包括了《文明の生態史観》《近代日本文明の形成と発展》两书，前者中译本题名《文明的生态史观：梅棹忠夫文集》（王子今译，上海三联书店，1988年），后者中译本题名《何谓日本：近代日本文明的形成与发展》（杨芳玲译，百花文艺出版社，2001年）。

究，今后还需要这样的研究工作。

该方向在日本史领域也正在推进之中。这一时期对应于日本的中世和近世初期，关于此期贸易的研究，小叶田淳《日本货币流通史》[1969(1930)]、《金银贸易史研究》[1976]，岩生成一《新版 朱印船贸易史研究》[1985(1958)]、《南洋日本人町研究》[1966]、《续 南洋日本人町研究》[1987]均堪称典范。日本史该方向的研究对象，业已扩展至中国东海。与之相应，中国史当然也有着与东南亚史联系起来的可能。安东尼·瑞德(Reid，Anthony)提倡“贸易时代”① 的东南亚史。

时至日本近世，情况依然。追问“锁国”的本质是日本人永远不失兴趣的话题，即便是普及读物，速水融、宫本又郎编《日本经济史 1 经济社会的成立：17—18 世纪》[1988]、川胜平太《日本文明与近代西洋——“锁国”再考》[1991]之类作品，论述明快，更新了世人对“锁国”的印象。这些成果建立在从岩生成一《近世日中贸易的计量考察》[1953]到永积洋子编《唐船输入品数量一览》[1987]等完备的史料搜集工作，以及山胁悌二郎《长崎的唐人贸易》[1964]等前人深厚的研究基础之上。

日本史中不可忽视的内容，不仅有贸易史、经济史，还包括外交史、政治史，甚至思想史。关于外交史和政治史，朝尾直弘《将军权力的创造》[1994]和托比(Toby，Ronald)《近世日本的国家形成与外交》[1990]能带给读者全局性的洞见。专题研究方面，关于与朝鲜的关系，有中村荣孝《日鲜关系史研究》(中、下)[1969]、田代和生《近世日朝交通贸易史研究》[1981]，围绕琉球，有小叶田淳《中世南海交通贸易史研究(增补版)》[1968(1939)]，与荷兰的关系，有永积洋子《近世初期的外交》[1990]。进一步，荒野泰典《近世日本与东亚》[1988]、渡边浩《东亚的王权与思想》[1997]尝试在世界观层面上重新评价“锁国”，并做了更加形而上的理解。“亚洲中的日本史”这一命题并非横空出世，远在该提法备受推崇之前，便已具有深厚的传统和积累。该方向并非学界主流，但其成果不乏学术价值。

(四)世界史与明清时期

由此观之，中国史研究仍未得先进。仅就明清史言之，日本在该领域的研

① 译者按：日文原文为“交易の時代”。

究若称世界一流亦不为过。不过进一步，跳出大陆、进入东海的世界，就立刻显现出无法与日本史同类成果相提并论的差距。比较一下滨下武志、川胜平太编《亚洲交易圈与日本工业化 1500—1900》[2001（1991）] 一书所论日本史的“亚洲交易圈”和中国史的“亚洲交易圈”，高下立见。尽管“网络”论的先验性可以暂时不讨论，但相互连接的原初动力、节点的内部结构之类重要问题，还是有必要展开实证探讨。但中国史方面，诚如滨下武志《朝贡体系与近代亚洲》[1997]、松浦章《清代海外贸易史研究》[2002] 等所示，并未超越现象和史料的罗列，关心的问题也仅限于通商贸易史一条脉络。关于中国内地，藤井宏《明代盐商的一考察——边商、内商、水商的研究》（一）—（三）[1943]、佐伯富《中国盐政史研究》[1987]，以及与之关系密切的藤井宏《新安商人的研究》（一）—（四）[1953—1954]、寺田隆信《山西商人研究——明代商人及商业资本》[1972]，关于中国沿海，片山诚二郎《明代海上走私贸易与沿海地方乡绅阶层——透过朱纨海禁政策的强推及其挫折过程的一项考察》[1953]、佐久间重男《日明关系史研究》[1992] 等成果，业已成为剖析商业与政治、社会间关系结构的经典作品。商业这块内容，能在中国史的脉络中论述清楚，而未必能在世界史的构想中发挥其作用。上田信《传统中国——“盆地”“宗族”所见明清时期》[1995]、足立启二《专制国家史论——从中国史到世界史》[1998] 之类作品，立足中国内部来思考世界史，但在去除对外关系方面的史实后，仍难免有直接套用理论框架的倾向。

理由非常简单，西洋史和日本史都将经济贸易与政治外交等紧密联系起来，综合地实证探究其体系，而中国史踟蹰于个案研究，未能立足史料进行扩展，故研究水平上存在差距。当然，有一点必须说明，日本史与中国史的史料样态不同，将日本史的视角和方法原封不动地搬用至中国史并不合适。日本史和中国史之间的差距和隔膜，并非仅限于明清时期，进一步言之，中国史方面，围绕与政治经济紧密结合的对外关系及其背后制约体制的实证研究还有待展开。虽然已有“亚洲史中的日本史”这一提法，但要确定日本史①在亚洲史中的地位，仍需时日。

尽管如此，近年来，致力于将先进的日本史成果与中国史研究相整合的工

① 译者注：据文意，此处与前句中的“日本史”当为“中国史”，疑为笔误。

作正向好发展。岸本美绪《时代划分论》[1998a] 和《东亚的“近世”》[1998b] 所提倡的“近世”，就是其中的代表性成果，其与宫嶋博史《东亚小农社会的形成》[1994]、《两班——李朝社会的特权阶层》[1995] ① 所述“传统社会”一起，讨论了整个“东亚”的“同步性”及其缘由。

上述研究动向以社会经济史为中心，仍然不够全面。将社会经济史与政治组织、文化结构如何塑造社会之类问题结合起来，是今后需要开展的课题。鉴于日本的明清史研究已经将“地域”和“秩序”作为主要课题，故朝着该方向的发展并非难事。岸本美绪《清朝与欧亚大陆》[1995]、中砂明德《江南——中国文雅的源流》[2002] 便是这一方向上的成果。正如中砂明德一书，一些薄弱的专题可成为极佳的研究主题。例如天主教的传教事业及其相关问题，这也是一个与日本史有着明显差距和隔膜的领域，尚未见到系统的研究。顺着矢泽利彦《耶稣会来华与天主教传教的发展》[1971]、《中国与基督教》[1972]，平川祐弘《利玛窦传》(1) —(3) [1969、1997]、埃尔登（Alden，Dauril）《缔造天业：耶稣会在葡萄牙，其事功及会通（1540—1750）》[1996] 等著作的指引，便能掌握相关线索。该主题有必要与当时中国国内阳明学的发展，讲学、结社的普及，以及同时期海外汉学的形成等现象联系起来。该主题也不能仅着眼于中西的比较和交流，而应从社会构成的视角入手展开新的探讨，总之不能拘泥于中国“思想史”的窠臼之内。余英时《中国近世宗教伦理与商人精神》[1991] 受惠于韦伯的学说，更确切地说，批判地继承了韦伯的思想。上述研究内容，若能将山本澄子《中国基督教史研究——以新教的“本土化”为中心》[1972] 未能考察的新教传教活动及教案事件纳入研究视野，便能与世界史更为紧密地真正联系起来。

随后，欲将这些工作与西洋史成果建立联系，整合一体，还是要回归印度洋，思考这部分历史在整个亚洲史中处于怎样的位置。由此，当然能廓清东海世界“近世”“地域系统”的实质，并在此基础上，自然导向与其他“帝国”结构的比较这一宏大课题。从百濑弘《明清社会经济史研究》[1980]，到足立启二《东亚铜钱的流通》[1992]、黑田明伸《货币制度的世界史——解读“非对称性”》[2003] 的货币金融史研究，可谓一个典型。在此意义上，永田雄三《历

① 译者按：该书日文原本题名《両班（ヤンバン）——李朝社会の特権階層》（中央公论社，1995 年），中译本题名《两班——朝鲜王朝的特权阶层》（中西书局，2024 年）。

史上的阿扬（Ayan）阶层——19世纪土耳其地方社会的繁荣》[1986]、《关于奥斯曼帝国后期包税制的若干考察——以其作为地方名士权力基础的一面为中心》[1997]，从小亚细亚和巴尔干的历史获得启发，取奥斯曼王朝的“阿扬”（Ayan）阶层与中国明清的乡绅展开比较研究，艾兹赫德（Adshead，S. A. M.）《中国盐政的近代化（1900—1920）》[1970]、《盐与文明》[1992]对中国、印度和土耳其盐政的比较研究，均为富于魅力的主题。不过，比较必须在同质的前提下进行，所以当务之急是如何在各专题的比较研究中探讨其同质性。这方面的例子有坂本勉《中东伊斯兰世界的国际商人》[1999]所从事的贸易比较研究，也能扩展至军事组织和财政制度等方面。杉山伸也和顾琳（Grove，Linda）合编《近代亚洲的流通网络》[1999]、山本有造编《帝国研究——原理·类型·关系》[2003]所确认的“网络”论，以及与此密切相关的“帝国”概念的先验性，届时也有必要重作考量。

（冈本隆司）

四、近代亚洲与西方

（一）“西方的冲击”

从“14世纪危机”开始的全球世界史，经过“17世纪危机”，暂时大体成形。随后，从17世纪至18世纪上半叶，对亚洲而言，是一段非常安定的时期，可称盛世。但是，毫不夸张地说，只有欧美以“17世纪危机”为新的起点，在竞争与战乱中埋头前进。从那时开始，“商人帝国”蜕变为“民族国家”、资本主义和帝国主义。“奇迹”与“世界经济”的真正诞生，不如说是从18世纪到19世纪这一阶段。至19世纪末，世界为之一变。

西欧视角对这段历史的理解，以“世界体系”论为代表，众所周知，这类理论汗牛充栋、复杂多样，故在此不可能面面俱到。重要的是，这种理解方式在亚洲究竟有多大程度的适用性，近代亚洲史研究的意义正在于此。作为近代亚洲史研究前提的范式和假设，相比之前并未有所变化。

这段时期的历史，从一个角度来说，是“世界经济”的世界化，从另一个角度来说，又是英国的“帝国”化。要言之，就是英国控制印度洋世界的历史。乔杜里（Chaudhuri，Kirti N.）《亚洲贸易世界与英国东印度公司（1660—1760）》[1978]以东印度公司为中心，松井透《世界市场的形成》[1991]从“世界市场形成”的角度入手，论述了这段历史。印度是世界性通衢的中枢，又是亚洲的中心，控制印度的英国没有理由不控制亚洲。大英“帝国”的亚洲战略也是以印度的经营和保全为第一要义。信夫清三郎《莱佛士传——英国近代殖民政策的形成与东洋社会》[1968（1943）] 论述了莱佛士（Raffles，Sir Thomas Stamford Bingley）的事迹及东南亚的殖民地化和近代化，这段历史脉络不可忽视。正是在这一过程中，中国开始感受到世界的脉搏。印度的殖民地化过程与清朝的兴衰表里一体，这已是清楚的历史事实。

中国近代史在很长时间内以“西方冲击”论为主要议题。关于“冲击”的内容，得到了英国一方大量史料的支撑，现已达到过剩的程度。卫藤沈吉《近代中国政治史研究》[1968]、田中正俊《中国近代经济史研究序说》[1973] 详细论述的三角贸易，也曾被视为“西方冲击”的同义词。这一脉络的扩大，就是索尔（Saul，S. B.）《世界贸易的结构与英国经济（1870—1914）》[1974] 所展示的多边结算结构，至滨下武志《近代中国的国际契机——朝贡贸易体系与近代亚洲经济圈》[1990] 一书，已基本梳理清楚。正如杉原薰《近代亚洲经济史的连续与断绝——以川胜平太、滨下武志的学说为中心》[1996a] 切实所论，前述研究是“绅士资本主义”论的先声，展示了大英“帝国”在亚洲史和世界史中的意义。

早在格林堡（Greenberg，Michael）《英国的贸易与中国的开埠 1800—1842》[1951] ① 一书中已指出，这个多边结算结构以印度与中国间的鸦片、棉花等贸易为核心，不过现在对这一史实又有新的解说。中国面对的“西方冲击”，可以说就是印度的冲击，就此引出了滨下武志《近代中国的国际契机——朝贡贸易体系与近代亚洲经济圈》[1990]、杉原薰《亚洲内部贸易的形成与结构》[1996b] 那种被称为近代“亚洲交易圈”的理解方式。不过在他们的研究中，对中国内在结构的实证和讨论完全缺失。

英国的“冲击”也好，印度的“冲击”也罢，中国史研究探讨这些内容的动机，一度是为了复原中国“半殖民地”化的历史。这一做法最初是将中国作为一个整体，从西方的近代观念出发来考察中国与西方的关系。如果这一视角前提没有变化，那么中国人所说的“半殖民地”无论换成怎样的说法，其基本

① 译者按：该书英文原本题名 *British Trade and the Opening of China 1800—1842*（剑桥大学出版社，1951 年），中译本题名《鸦片战争前中英通商史》（康成译，商务印书馆，1961 年）。

内容和历史定位都不会有什么不同。西人的“世界经济”论和“边缘化”论自不必说，即便是“自由贸易帝国主义”论、“协作者”论、“非正式帝国主义”论，极端说来，都少不了来自中国的例证。在此意义上，如果不重视中国方面的一手史料，而只依赖英国方面的论著和史料，那么，无论是于尔根·奥斯特哈默（Osterhammel，Jürgen）《20世纪中国的半殖民主义与非正式帝国：一个分析框架的尝试》所尝试的理论性探讨［1986］，还是他的《大不列颠与中国（1842—1914）》［1999a］、《中国》［1999b］，以及秋田茂《大英帝国与亚洲国际秩序——从霸权国家到帝国式结构的权力》［2003］等从大英“帝国”史出发所描绘的近代中国，即便是最新研究，仍注定是过时的。

（二）中国近代史的观点

很遗憾，近代史与明清史不同，在日本的中国史研究中属于滞后者，且对于外来理论、概念和潮流抱有过于敏感的态度。所以，当下的目标还是积累从中国视角出发的研究，使之能与从海外视角出发的研究对等讨论，且不受其影响而展开合理的批判，其首要工作是对海外史料和中国史料进行细致的对比分析。目前，在日本的中国近代史研究中，还缺乏能与石井孝《增订　明治维新的国际环境》［1966］、《明治维新与外部压力》［1993］之类明治维新研究相比肩的作品，其研究水准可见一斑。

在此意义上，目前有必要重新重视马士（Morse，Hosea Ballou）《中华帝国对外关系史》全3卷［1910、1918］、欧文（Owen，David Edward）《英国在中国和印度的鸦片政策》［1934］、伯尔考维茨（Pelcovits，Nathan Albert）《中国通与英国外交部》［1948］等使用海外史料却没有理论预设的研究。此后，从日文的矢野仁一《近代中国史》［1926］、《近世中国外交史》［1930］，英文的费正清（Fairbank，John King）《中国沿海的贸易与外交：1842—1854年通商口岸的开埠》［1969（1953）］、徐中约（Hsü，Immanuel Chung-Yueh）《中国进入国际大家庭：1858—1880年间的外交》［1960］开始，到坂野正高《近代中国外交史研究》［1970］、佐佐木正哉《营口商人研究》［1958］、《咸丰二年鄞县的抗粮“暴动”》［1963］，则更多通过核对和考证对应外国史料的中方史料来展开讨论，这些围绕对外关系史的记述，其价值有必要加以重新认识。

中国近代史因应国际契机的展开过程，本书第十章有所涉及，然并未深入，故在此有必要就中国的内在结构添述若干。整体概述方面，马士（Morse，

Hosea Ballou）《中华帝国的贸易与行政》[1920（1908）] 至今仍有参考价值。具体言之，军事和财政的变迁至为重要。军事方面的论著，有罗尔纲《湘军新志》[1939]、铃木中正《清朝中期史研究》[1971（1952）]、王尔敏《淮军志》[1967]、波多野善大《中国近代军阀之研究》[1973]。关于为军事提供财政支持的借款、关税和厘金，通过汤象龙《中国近代财政经济史论文选》[1987]、徐义生《中国近代外债史统计资料 1853—1927》[1962]、汤象龙编著《中国近代海关税收和分配统计：1861—1910》[1992]、罗玉东《中国厘金史》[1936]，可了解相关基本情况。这些都是与当时政治社会结构有着密切关系的史实，其重要性毋庸赘言，然而，对这些史实的分析，从经济史、社会史个案研究的进展来看，却意外地无甚进步，这是因为对制度的深入认识还很不足。近年问世的论著，可举孔飞力（Kuhn，Philip Alden）《中华帝国晚期的叛乱及其敌人：1796—1864 年的军事化与社会结构》[1970]、黑田明伸《中华帝国的结构与世界经济》[1994]、冈本隆司《近代中国与海关》[1999]、岩井茂树《中国近世财政史研究》[2004]、本野英一《传统中国商业秩序的崩坏——不平等条约体制与洋行买办》[2004] 等数种，但这些研究还远谈不上综合，暂时只能从其他方面的考察入手来展开研究，例如，波多野善大《中国近代工业史研究》[1961]、村松祐次《近代江南的租栈——中国地主制度研究》[1980（1970）] 等。"亚洲交易圈"论也好，"全球史"论也罢，这些研究最终都离不开史料分析，所以首先还是需要正视中国本身，如此方能展开扎实的讨论。

上述财政和军事问题，不仅影响着清朝内部的统治结构，同时也与清朝外交争端的展开有着密切的关系，在日本学界，对后者的研究尤其薄弱。这部分内容的重要性，只要阅读考狄（Cordier，Henri）《中国与西方列强关系史（1860—1902）》[1902]、邵循正《中法越南关系始末》[2000（1935）]、易劳逸（Eastman，Lloyd E.）《皇权与官僚：1880 至 1885 年中法战争期间中国的政策抉择》[1967]，留意一下越南问题上中法关系的内幕，便能立刻理解，也可从中获得新的视角启发。若欲整体了解清末的外交争端情况，蒋廷黻《近代中国外交史资料辑要》（中）[1934]、入江启四郎《中国边疆与英俄的角逐》[1935]、坂野正高《近代中国政治外交史》[1973] 依然是最为便捷的选择。

（三）非欧列强与中国

这一时期中国与俄国、与日本关系的变动，直接成为清朝体制变革的契机，至为重要。尼古拉·班蒂什-卡缅斯基（Бантыш-каменский，Николай Николаевич）《俄中两国外交文献汇编（1619—1792年）》[1882]、葛斯顿·加恩（Cahen，Gaston）《早期中俄关系史：1689—1730》[1912] 为清代中俄关系的经典之作。正如本书第九章所述，尽管该领域有了快速的推进，但触及更为重要的19世纪后半叶以降史事的研究，仅有吉田金一《俄清贸易考》[1963]、《近代俄清关系史》[1974]，不可否认仍不充分。首先备受关注的焦点为西北，尤其是新疆，阿古柏（Mohammad Yaqub Beg）政权、左宗棠西征及随后的新疆建省，都是无论如何强调都不为过的重大事件。关于这段历史背景的研究，有羽田明《中亚史研究》[1982]、榎一雄《新疆的建省——20世纪的中亚》[1984—1987]，关于其过程的作品，有查尔斯·耶拉维奇（Jelavich，Charles）和巴巴拉·耶拉维奇（Jelavich，Barbara）编《俄国在东方1876—1880：若米尼（Jomini，A. G.）致吉尔斯（Giers，N. K.）信中所见俄土战争与固勒札（Kuldja）危机》[1959]，徐中约《伊犁危机：中俄外交研究（1871—1881）》[1965a]、朱文长（Chu，Wen-djang）《1862—1898年中国西北的回民起义：对政府民族政策的一项研究》[1966]、霍德扎耶夫（Ходжаев，Аблат）《清帝国、准噶尔和新疆》[1979]，均可据以了解事件梗概。此后的新疆问题依然不失其重要地位，但研究的关注点转移至民族主义的形成与新疆地方统治间的关联及其在清代对外关系史中的定位。在了解这段历史之上，有必要再提起徐中约《1874年中国的政策大论战：海防与塞防之争》[1965b]、刘石吉《清季海防与塞防之争的研究》[1971] 曾经论述过的"海防""塞防"之争，思考其在中国史和世界史中的意义。

重要性不亚于新疆，且对日本人而言更具有重大意义的是引发甲午战争、日俄战争的东三省及朝鲜半岛问题。在该问题上，虽然佐佐木扬《关于近代俄清关系史的研究——以中日甲午战争为中心》[1979]、《围绕中日甲午战争的国际关系——欧美的史料与研究》[1996] 扎实地披露了海内外的相关论著与史料，但俄文史料的利用仍难以推进。因此，鲍里斯·罗曼诺夫（Романов，Борис Александрович）《俄国在"满洲"（1892—1906）》[1928]、纳罗奇尼茨基（Нарочницкий，Алексей Леонтьевич）《资本主义列强在远东的殖民政策（1869—1895）》[1956] 均为必读书。前者既有英译本，又有日译本，强烈推荐与矢野仁一《中日甲午战争后的中国外交史》[1937]、《"满洲"近代史》[1941]

对照阅读。

若聚焦于甲午战争，在日趋细分的日本近代史研究中，有田保桥洁的作品《近代日鲜关系研究》[1940]、《中日甲午战争外交史研究》[1951]，中国史中对这段历史的研究则有王信忠《中日甲午战争之外交背景》[1937]，这些论著视野广阔，读者可从中了解基本的观点、史实和史料，迄今仍有价值。近年，因为研究积累和史料情况的不平衡，很难基于目验提供一份各方平衡的论述，冈本隆司《属国与自主之间——近代清韩关系与东亚命运》[2004] 尝试克服这一困难。甲午战争的爆发，只需对照阅读高桥秀直《通往中日甲午战争之路》[1995] 和佐佐木扬的英文作品《中日甲午战争时期（1894—1895）的国际环境——英俄的远东政策与中日战争的爆发》[1984]，便可清晰了解相关史实。

甲午战争、义和团、日俄战争相继发生的世纪之交，对日本史自不待言，对中国史、世界史而言，也都是巨大的历史分水岭。大体安定的中国在 19 世纪后半叶顿时进入一个混乱和革命的时代。英国的霸权，一度被讴歌为“不列颠治世（Pax Britannica）”，但正如尼西（Nish，Ian Hill）《英日同盟：两个岛屿帝国的外交（1894—1907）》[1966]、杨国伦（Young，Leonard Kenneth）《英国对华政策（1895—1902）》[1970] 所述，英国最终也不得不放弃在远东的光荣孤立策略。其间，日本崛起，美国在远东登场。20 世纪上半叶的中国演化为帝国主义势力角逐的战场，民族主义的形成和实现成为时代的主旋律。其中最为举足轻重的力量，不是欧洲，而是日本、俄国和美国。罗杰・路易斯（Louis，William Roger）《英国的远东策略（1919—1939）》[1971] 从英国的立场出发，如实指出了这一点。

回首历史，明治维新以来清朝对日本的态度及其动机，佐佐木扬《清末中国的日本观与西洋观》[2000] 已有论述。清末民国的政治史上，尤其是民族主义形成过程中，从李鸿章到梁启超、孙中山和蒋介石，日本作为近旁的参照、竞争对手，地位举足轻重。在此意义上，将进入 20 世纪之后的中国历史视为日本冲击下的时代，至为清晰。

此期的中美关系也是必须认真加以探讨的课题。说起来，日本对中国的研究当然比不上对欧洲的研究，相比之下，对俄国、对美国的研究亦积累不深。尽管日俄关系、日美关系方面的研究有所积累，其他方面则颇为薄弱，这亦属实情。不过，日俄关系也好，日美关系也罢，在很大程度上都不能忽视中国因素的存在，因此，从中国史的立场出发来探讨日俄、日美关系，实有进一步充实之必要。

即便如此，俄国方面，无论是沙皇，还是共产主义，详细暂且不说，在中国的外交和内政中均不乏其身影，尽管日本国内外都存在史料条件的制约，这一点还是应当比较清楚的。与本书第十一章所述国共合作密切相关的内容，因为从中国学界亦能获得相应研究线索，兹不赘述。而照理史料条件更佳的美国，对其研究却明显薄弱。

（四）美国的登场与中国史

从第一次世界大战到华盛顿体系期间，美国崛起为世界大国之后在远东国际政治中的作用，可参考以细谷千博、斋藤真编《华盛顿体系与日美关系》[1978]为代表的诸多论著，此处不再赘述。不过，反过来也可以说，从19世纪开始，美国在远东国际政治中的地位变迁，尚未经过系统的研究。对此初步做一整体把握，泰勒·丹涅特（Dennett，Tyler）《美国人在东亚：十九世纪美国对中国、日本和朝鲜政策的批判的研究》[1922]、特里特（Treat，Payson J.）《美国与日本的外交关系》全3卷[1963（1932，1938）]，仍为首选的必读研究。若更偏重于外交，韩德（Hunt，Michael H.）《一种特殊关系的形成：1914年前的美国与中国》[1983]可作为补充。

专题研究方面，中国移民问题最为重要。首先可参考油井大三郎《19世纪下半叶的旧金山社会与排华运动》[1989]、贵堂嘉之《19世纪下半叶美国的排华运动——广东与旧金山的地方世界》[1992]和《“不可入籍外国人”的出现——1882年排华移民法案的制定过程》[1995]，不过日语写就的研究，更大程度上为美国史和移民史研究，视角和史料也因此存在着局限。在中国史领域，还出现了菊池贵晴《增补　中国民族运动的基本结构——排外运动研究》[1974（1966）]、张存武《光绪卅一年中美工约风潮》[1966]、吉泽诚一郎《爱国主义的形成——从民族主义看近代中国》[2003]等与革命史相关的大量研究，基本上聚焦于20世纪初民族主义的形成。如何将两者联系起来，并加以充实，是今后必须展开的课题。这一方面，颜清湟（Yen，Ching-Hwang）《出国华工与清朝官员：晚清时期中国对海外华人的保护（1851—1911）》[1985]、《近代海外华人史研究》[1995]所关注的移民保护外交制度史，可作为一个出发点。百濑弘译注《西学东渐记——容闳自传》[1969]、罗香林《梁诚的出使美国》[1977]

所述及的中国留学生教育事业也与之密不可分，且是一个可扩展至中国国内政治外交整体形势的问题。古矢旬《美国主义——“普遍主义国家”的民族主义》［2002］加入经济史方面的分析成果，展示了一条内容更为丰富的历史脉络，并提出有必要将此与美国世界霸权的展开结合起来进行理解。

19世纪下半叶，美利坚合众国介入太平洋，与日本、中国发生关系。这一事实，换一角度视之，正意味着进入了与当代直接连通的全球世界史发展的最终阶段，环太平洋地区逐渐真正成为世界史的舞台。1850年代，因加利福尼亚、澳大利亚的淘金热而大规模涌现的中国移民，可以说就是其中一环，因此，移民问题并非仅限于中美两国关系。在这样的宏阔背景中，从内田直作《日本华侨社会研究》［1949］以降，日本学界以日本华侨为主要对象的华人华侨史研究，也开始充分考虑时代及地域的差异，迎来了一个研究理路的反思时期。可儿弘明《近代中国的苦力与“猪花”》［1979］就值得从这一角度出发，重新再作解读。颜清湟（Yen，Ching-Hwang）《星、马华人与辛亥革命》［1976］、《新马华人社会史（1800—1911）》［1986］揭橥的丰富信息，斯波义信为柴田三千雄等编《世界史叩问丛书3　迁移与交流》所撰《华侨》［1990］一章及专著《华侨》［1995］所展现的广阔视野，也可作为进一步反思和深化研究的立足点。

新的研究实际业已展开，笼谷直人《亚洲国际通商秩序与近代日本》［2000］可谓其中代表。不过，其与近代国家、跨国企业网络之间的相互关联及整体比较，亦不可不关注。围绕后者的研究不可避免地为个案考察，故不可能做到全面探讨，不过这方面的成果仍值得列举。例如，银行史方面有权上康男《法兰西帝国主义与亚洲——印度支那银行史研究》［1985］、景复朗（King，Frank H.H.）《汇丰银行史》（卷1、2、3）［1987、1988］，日本外贸史方面，有角山荣编《日本领事报告研究》［1986］及其专著《“通商国家”日本的情报战略——领事报告解读》［1988］，均为先行的研究积累。然而近年，这方面的研究却乏人问津。华人华侨的存在这一事实，从不同角度言之，均以近代国家的形成和统治为前提，这一点，不待白石隆《海洋帝国——如何思考亚洲》［2000］指出，业已为人所知。若如此，从与华人华侨的关系出发，反观原本似乎清楚当然的近代国家、跨国企业，他们的历史地位就有了重新定位的可能。总之，只考虑人种差别与民族主义形成的政治史，仅关注唐人街及华人华侨共同体内部的社会史，局限于劳动力迁移和贸易金融关系的经济史，均难免偏颇，必须采用包罗全面的整合视角。

不过，如果研究的问题点是这样形成的，那么，讨论的内容也必定不会仅限于美国、太平洋和中国移民。环太平洋地区重要性的上升过程，与延续至今的 20 世纪中国历史及民族主义的形成过程正相重合。考察民族主义这一“上层建筑”的形成，离不开探讨如何理解其“经济基础”、如何看待两者之间的关系。中国史内部，也已提出应重新重视内藤虎次郎《中国论》[1914]、《新中国论》[1924] 以来对“国家与社会”的考察。该范式扩展至世界规模，极粗略言之，就是中国北方和环太平洋地区在很大程度上决定“上层建筑”的同时，共存于海内外的经济文化共同体作为“经济基础”，又与中国南方、与东海、与印度洋有着密切的关系，这一事实当如何看待，进而又引出一问题，近代日本在其中具有怎样的地位。只有通过梳理从国民革命到中华人民共和国成立的历史进程，比较研究此期日、英、美、苏在政治、经济中的权重及其盈缩，才能认识到整体修正该范式的必要性。换言之，20 世纪的中国史与 19 世纪的中国史存在着关联，忽视任何一方都是偏颇的做法。

（五）世界史与中国史——着眼于课题

这样的探究若进行下去，狭义的近代史自不必说，对前后时代的看法，不久也会发生变化。不过，当前主流还是未将这一变化纳入研究课题，研究者的关注点和精力正快速转向 20 世纪的各种问题即为其表征。在中华人民共和国也大体成为历史研究对象的今天，基于现代中国来展开思考可能已在所难免。不过，现代中国归根结底还是一种历史存在。巨大中国的变化，远比看上去的缓慢。但愿拥有一双长程慧眼，看透变化的内在本质和关键节点，研习历史的意义正在于此。学术研究，就是对历史的盘根究底。

始于 19 世纪的“民族国家”，在 20 世纪冷战以后走向终结，“文明圈”随之取代“民族国家”，占据了我们的世界观。木村尚三郎《历史的发现——新世界史的提倡》[1968]、《近代的神话——新的欧洲形象》[1975] 曾通过重新研究欧洲史的阶段划分，用“近代的神话”来表述这一变化。社会阶段论的确是西方人任性定义世界的一个“神话”。这个表述虽然尖锐，但易于理解，实际上反过来说明我们这些非西方人是多么地内化了西方式的思维。我们不仅要对一知半解的欧洲价值观进行反思，也必须回溯神话何以成为神话，否则就会陷入“神话”再生产的循环之中。很遗憾，饭塚浩二《亚洲中的日本（增补版）》

［1969（1960）］的讨论，至今仍不失其意义。仅就历史学而言，诸如川北稔《风正吹向何方——欧罗巴与亚细亚》［2003］那种“对西欧中心史观的质疑”，“沃勒斯坦和弗兰克等也表示赞同”之类的想法，在我们看来，依旧只是一种西方中心史观。

沃勒斯坦也好，弗兰克也罢，都没有对亚洲史进行规范的历史学探讨。只是在欧美亚洲史研究论著的基础上，主观而又粗糙地试图超越旧有的西洋史框架。至少日本的西洋史，是在咀嚼消化本国日本史和亚洲史的基础上，尽可能写出与西方的西洋史有所不同的西洋史。坦率地讲，希望日本的东洋史学生对东洋史的研习，能达到日本西洋史那样的程度。破除西洋史所直面的困境，这不正是一条途径吗？

当然，这即便不是胡说，也差不多是妄想吧。因为若如此，首先必须写出能令西洋史和日本史刮目相看的高质量的亚洲史和中国史。与西洋史及日本史之间，确实存在着百年左右的差距，欲做出可与两者比肩的研究，当如何向前推进呢？如果该问题立等便有答案，那本书从一开始就没有什么意义了。这应该是一个需要不断追问的问题吧。

对新问题、新资料、新观点、新方法的不懈追求，是包括历史学在内的所有学术研究的必由之路。但这并不是说，此前尚未充分反思的内容便可以置之不理。历史学尤其如此，亚洲史、中国史的实证研究也适用这一条。为了建设真正的世界史，过去的和将来的中国史研究应当承担的职责，仍然相当艰巨。

子曰：“先行其言，而后从之。”与其在这儿反复讨论，不如亲自迈开步伐。虽然起步已晚，但仍有希望。但愿本章以及本书能为这个愿望的实现略尽绵薄之力。

（冈本隆司）

中国历史研究入门

[日]砺波护 [日]岸本美绪 [日]杉山正明——编

邹怡——译

册

ZHONGGUO LISHI YANJIU RUMEN

中西書局

图书在版编目(CIP)数据

中国历史研究入门 / （日）砺波护，（日）岸本美绪，（日）杉山正明编 ；邹怡译. -- 上海 ：中西书局，2024
ISBN 978-7-5475-1674-4

Ⅰ. ①中… Ⅱ. ①砺… ②岸… ③杉… ④邹… Ⅲ. ①中国历史-研究 Ⅳ. ①K207

中国国家版本馆 CIP 数据核字(2024)第 055671 号

第II部

中国史研究法

A. 史料解读法

井上进、浅原达郎、大泽显浩

一、目录学——读书的门径

◆中国史研究中的史料

先说一句老生常谈，没有史料的运用，就没有历史研究的存在。因此，开展中国史研究，离不开史料典籍的利用。如今已众所周知，这是中国史研究的显著特征。之所以这么说，是因为目前的日本史研究，无论研究怎样的主题，完全不使用文书已很难想象，一般说来就是如此。但中国史论文仅使用典籍史料，未用文书史料的情况并不算少。为何会出现这样的情况？的确，中国缺少类似日本、西欧那种传世文书。那为何会产生这样的差异呢？

中国与日本、西欧的差异在于最终没有建立领主制。尤其是近千年来，中国通过科举制保持了高度的社会流动性，统治阶级在总体上相当稳定，个别家族则起伏无常。总之，近千年的中国，除了皇室这一特殊个例，不存在能延续数百年的豪门。而且，中国的中央集权皇帝制度将行政、司法等文书均集中于官府朝廷，结果，一旦王朝崩溃，便会出现此前所积累的文牍全数尽毁的结局。

更有一可称为"积极的"原因，即传统中国史学的发达。步入近代以后，在中国首次直面相对自身具有压倒性优势的异质文明时，中国人不得不发出我是谁、何为中国文明的疑问，从而在尝试总体梳理和清算中国文明时得出这样的结论："中国于各种学问中，惟史学为最发达；史学在世界各国中，惟中国为最发达。二百年前可云如此"（梁启超《中国历史研究法》第二章）。确实，中国从公元前8世纪开始就拥有明确纪年的编年史（《春秋》），自公元前1世纪《史记》之后的两千多年来，编纂历代王朝历史的传统绵延不绝。正因为如此，今日的我们还能令人惊叹地准确知晓数百年，乃至一千年、两千年前的史事。

不过，这样发达的史学，与国家设立的史官制度密不可分，故历史叙述偏重于中央的政治史，未经整理和加工的原始一手史料也因此而难以传诸后世。结果，中国的史料，最为普遍的就是各种史籍以及其他书籍，即便是文书和金石，很多情况下也并非保持原样，而是以经过编撰的书籍形式被流传使用。

如此两千多年未曾间断的史学传统，留下了其他国家罕有的海量史籍，同时，作为史料的书籍，简言之，即各类书籍，也在文明的延续中形成令人难以置信的深厚积累，传承至今。说起中国的典籍，常用“浩如烟海”来加以形容，这实际上一点都不夸张。扬帆于书海之中，不比岸边小艇的游憩，正式出航之时，若没有海图和罗盘，或者有了却不知如何使用，均万万不可。书海之中，相当于海图或罗盘的东西就是目录。

◆目录与目录学

当关注某方面的研究，欲亲自探讨该领域的问题时，一般是通过此前所读过的专著和论文，对主要应使用哪些史料（书籍）形成一定程度的认识。随后，打个比方，需要使用《史记》《汉书》，就从研究室或是图书馆中借出中华书局的标点本，基本上都是这样一个工作流程。但在这样的情况下，当然需要事先清楚自己使用的是什么史料，是何时何人所写的什么内容，具有怎样的特点，它们作为论著乃至史料，迄今得到怎样的评价，有哪些版本和注疏，其各自特点和优劣又如何，至少在打算开展研究工作时要做好这步工作。

当然，像《史记》《汉书》这类典籍，这些内容已近乎常识，且在标点本前一般附有点校说明和前言，读之便可大致了解。不过，虽说都是标点本，但点校水平参差不齐，所附说明和前言，用心之作有之，不敢恭维者有之，不一而足。说到底，“浩如烟海”的中国典籍，仅部分有标点本，从数量上言之，大量典籍既无解说，亦无整理，所以必须阅读原典。

需首先查阅的目录，即中国史研究所需目录，是专门著录中国传统典籍的目录。这类典籍，在中国被称为“古籍”，在日本被称为“汉籍”。那么，这种目录究竟为何物，它们是基于怎样的基本理念，采用怎样的体例编纂而成，综合性和专题性的代表目录又有哪些。如果对此一无所知，只是胡乱打开几本目录，根据索引尝试寻找需要的书籍，想来难以获得预想的结果。

何为目录？最初是“条其篇目，撮其旨意，录而奏之”（《汉书 · 艺文志》），简言之，本意为著录书籍篇目和大意之书（余嘉锡《目录学发微》），所以最初为“录”的集合，从西汉末年问世的刘歆《七略》开始，“九流以别”，已基于明确的分类体系加以组织，《汉书 · 艺文志》承续之，“爰著目录”（《汉书 · 叙传下》）。总之，所谓目录，从其出现之初，就是依照分类著录书籍之书，不必说，其中当然存在着一定的分类体系。所以，在日本，按照五十音序列举书名之书往往被称为“目录”，实际上，这只是簿录（书单），称不上目录。

那么，汉籍是如何分类的呢？汉籍是根据书中内容在传统知识体系中所处的位置来进行分类。简言之，汉籍的分类体系就是传统的学术体系，目录正是展示该体系的一张概要图。该体系的基础为经史子集四部分类。中国的学术，早在《七略》中就已有了明确的分类体系，但随着汉帝国的崩溃，这一古老体系不得不发生变化，经过六朝，最终演变为新的四部分类法，成为后世传统中国学术的基本体系。

四部分类法是在整体上将知识和书籍分为经史子集四部，那么，经史子集又是什么呢？占据首位，即地位最高的“经”，是关于圣人“制作”（文明乃至文明原理），展示普遍价值（通义）的书籍。经部包括了这些经书及其注释（传、注）、再注释（疏），以及为阅读这些内容而服务的基础“小学”（训诂、文字、音韵学）等。其次，“史”是与“义”相对的“事”，是相对于普遍价值，记录具体事实的学问，至高无上的“义”也必须诉诸具体的“事”作为途径来加以实现，所以史学的地位仅次于经学。

第三类“子”，是指诸子百家等时期的“子”，“自六经（经书）以外，立说者皆子书也”（《四库全书总目 · 子部总序》）。总之，子部的书籍为传承特定学者、学派主张及学说的著作，以成为正统思想的儒家居首，兵家、法家、农家等紧随其后。而且，子部之中，因为包含了所有“立说者”书，所以与正统价值无关，甚至与正统价值相左的书籍亦全数收入。与有志于成“士”者必修的“学”相对，子书记述的可以说只是与某领域专家有关的“术”。关于医学、天文算法、术数、艺术的书籍，甚至汉末以降被视为异端典型的佛、道宗教书籍等，均属于子部。

最后为“集”。简言之，即诗文、文学之类。“集”位于四部最末，是因为专注文辞被认为不过是“壮夫不为”的“雕虫篆刻”、何足挂齿的琐末技巧（扬雄《法言·吾子》），“辞赋”只是“小道”（曹植《与杨德祖书》），正统观点确实如此。但这个小道即便不足以作为志向，也不妨碍它成为一个基本要求，诗文面目可憎者说到底是成不了士的。集部的书，比其他任何一部为多，在数量上居于四部之首。若欲更为具体、详细地了解汉籍分类，建议参考井波陵一《知识的坐标——中国目录学》（白帝社，2003 年）一书中扎实的解说。

一如整体的四部分类，各部之内又分若干类，并根据情况，类下还有更细的分类，与之对应的书籍按作者年代顺序编制为目录，“类例既分，学术自明，以其先后本末具在观……睹其书，可以知其学之源流”（郑樵《通志·校雠略》），其目的在于成系统、有层次地反映前人学术的全貌。总之，将书籍分类著录实际上是通过目录形式来记述学术史，目录学作为一门学问亦由此而形成。尝试目录学理论探讨的清代中期学者章学诚认为，目录乃“辨章学术，考镜源流”之物，这估计是对目录学理念最为直接清晰的表述。

如此说来，似乎各种目录都可以标榜为学术史著作，这倒又言过其实了。所谓“辨章学术，考镜源流”，归根结底是一个最终追求的理念，现实中目录学的工作，更多还是以朴素的、为这一理念服务的基础研究为主要内容，即逐本准确著录书籍的内容与版本。对内容与版本的把握自不必说，两者有着密切的关系，若要深入、细致地把握某部书籍的内容，必须在版本调查的基础上开展校勘工作。汇集多种版本进行校勘，在形成定本的基础上再撰写解题，实际上正是目录学祖师刘向（刘歆之父）在图书整理事业中用力最勤之处。

成功的校勘，离不开对版本的掌握。也就是说，校勘工作必须以版本的调查和研究为前提，包括现存诸种版本的存在形态，它们分别是何时、何地、由何人抄写或刊行，各版本有什么特征，相互之间又有何关联。因此，版本研究本身现在也已成为一专门的学问——版本学，它与文献学在研究同一对象的同时，形成了不同的研究方向。

◆目录阅读

作为目录学成果最为精炼的表现形式——目录，并非仅有检索之用，也是值得展读之物。尤其是解题目录，最初在一般意义上为阅读服务而作，但对于广泛利用古籍者而言，解题目录可以说具有极高的参考价值。当然，解题目录形式各异，叙述重点不同，质量亦有高下之别。此处首先要列举的是解题目录的典型，甚至可以说是解题目录中的代表作，即被张之洞誉为“读群书之门径”（《輶轩语·语学》）的《四库全书总目》。

乾隆时期编纂《四库全书》，兼具文化事业和文化控制双重意味。《四库全书总目》系《四库全书》编纂之时，以文渊阁著录之书（收入《四库全书》者）为基础，连同其他被认为没有采录价值的著作，逐本解题并汇编而成的目录。其中，收入四库者约3500种，未收而存目者（仅见于目录）约6800种，总计10000余种，无有出其右者。所谓10000余种，若言占18世纪见存书籍大半亦不为过，如就元以前著作言之，可以说几乎全部收录在内。所有这些书籍，“每书先列作者之爵里，以论世知人，次考本书之得失，权众说之异同，以及文字增删，篇帙分合，皆详为订辨，巨细不遗”，由此撰成解题，实为一空前壮举。

而且，解题由戴震、邵晋涵、姚鼐等大量优秀学者参与编撰，再经与之相当的学者总纂官纪昀一手修改，“就其大体言之，可谓自刘向《别录》以来，才有此书也”（余嘉锡《四库提要辨证》序录），此誉并不为过。这也正是我们使用文献开展相关研究时，首先需要查阅该书的原因。

此处再絮叨一些关于《四库全书》的题外话。过去，一提到《四库全书》，只能通过《四库全书珍本》丛书部分窥得其面貌。近年，全套文渊阁《四库全书》已分别由台湾商务印书馆和上海古籍出版社影印出版，使用颇为便利。这当然值得庆贺，但是，还存在着以永乐大典本（业已亡佚，从《永乐大典》中辑出的本子）为代表的，通常在四库全书本中无法得见的著作，另外，在一般条件下，只能使用四库全书本的情况也并不少见。在这些情况下，务必心存警戒，四库全书本绝非最优版本。

说起来，《四库全书》为官修的抄本（写本）。所谓官修，无论古今中外，可以说就是不负责任的同义词。而且，一般说来，相比刊本，抄本无论如何也免不了有更多讹脱之处。总之，在《四库全书》中追求善本，从一开始便是缘木求鱼。《四库全书》的纂修，原本就是乾隆朝“右文”（弘扬文治）的文化事业，故加意重视其工作质量。不过，当时担任管理的官僚们所关注的问题，并非文字质量，而是表面的齐整，删改“夷狄”之类“违碍”（对他们不利的）字句，以及在规定时间内完成工作。所以，任事者从一开始就根本不在乎版本的比较、底本的选定和校勘之类工作，结果出现提要所据版本与四库全书本底本存在差别、两者未能匹配这样的荒唐事故。

除了版本问题，四库全书本不收录底本中的序跋之类文字，而序跋通常会记述成书和出版的经过、作者的意图等内容，对于了解该书基本情况颇为重要。同时，还存在着前面提到的故意删改问题。“夷狄”等“违碍”字句自不必说，关于先人“夷狄”金元的事迹，甚至与四库馆臣乃至清朝“钦定”价值标准不符的古人行为，例如妇女改嫁等问题，若读一下清晰揭出这些事实的鲁迅《病后杂谈之余》(《且介亭杂文》) 和顾颉刚的考证 (《古今伪书考》顾序)，便可知其费力极多。

《四库全书》确实为我们提供了不少便利，但同时也隐含着大量问题，因此使用时务必慎重。其与《四库全书总目》完全一样，无意的讹误自不必说，未经细读便草草了事的“官样文章”、版本核对的不负责任，乃至因曲解而导致的错误亦不少见，还存在着从“钦定”价值观出发，极为主观的臆断。

例如,《四库全书总目》子部类书类存目一著录了《左粹类纂》，解说“兹编以《左传》所纪之事，分十五门编载”，实际上，此处“左粹”的“左”并非《左传》而是左丘明，是指《左传》和《国语》。同在类书类存目三的《类书纂要》33 卷，被著录为“国朝周鲁撰”。实际上，该书为明人邹道元撰著的万历二十三年（1595）刊本《汇苑详注》36 卷，其刻版流传后世，被剜改书名，附以新的序文和凡例。至于著录中的 33 卷，是因为单纯依据了缺少末尾 3 卷的残本。

《四库全书总目》中明显的主观性最直接地表现于对明末著作的评价。四库馆臣们一提到明末之书便一概恣意谩骂，甚至全然视而不见，连存目都未收入。比如说，袁宏道等公安三袁（公安县出身的袁宏道等袁氏三兄弟）的作品“独抒性灵，不拘格套”，抽掉三袁，明末文学便无从谈起。可是，袁宏道的作品未被收入《四库全书》，且存目中评价道，三袁文学“惟恃聪明”，其流弊在于“破律而坏度”，有害无益，持全盘否定态度。袁宏道的文集尚列存目，其兄袁宗道、其弟袁中道的文集则根本未在存目中出现。当然，这样的否定、谩骂，反过来还颇有参考价值，但无论如何,《四库全书总目》虽为必用之书，亦不可奉为圭臬，这一点毫无疑问。

◆诸家书目

四库馆臣的立场和意识形态问题另当别论，撰写 10000 余篇的解题，个中当然难免相当的错误和不足。因此，若要对书籍作稍许详细的调查，仅凭《四库全书》便不敷应用，有必要查阅前人的订补和其他目录。首先，《四库全书总目》的订补，最为知名者为余嘉锡的《四库提要辨证》（科学出版社，1958年。中华书局香港分局，1974年。中华书局，1980年等）。作者为继承朴学（清代考据学）传统的硕学之士，据其自述，该书“为一生精力所萃”（序录），其考据之精详、论断之准确，迄今无有出其右者。

该书虽然以精确著称，但所辨证者不足500种，存目之书仅及数种，文渊阁著录诸书中存在的问题当然没有尽数指出。因此，有必要进一步参考胡玉缙《四库全书总目提要补正》（中华书局，1964年）。该书考辨者计有2300余种，各附有目录和笔记，汇录了来自文集等各种文献的相关记载，可谓旁征博引，读者往往能在其中找到有助于个人研究的内容。不过，该书在“博”的同时也有些“繁简无当”，讨论之处常流于枝蔓琐屑，且大段引用他人的评价和意见，多少令人难以招架，至少于笔者而言如此。

余嘉锡和胡玉缙的著作均十分有用，“然于提要犹未及十一也，继斯有作，则在后之学者”（《四库全书总目提要补正》王欣夫跋）。在此之后，又有李裕民《四库提要订误》（书目文献出版社，1990年）、崔富章《四库提要补正》（杭州大学出版社，1990年）等著作。不过，除此之外，笔者在此拟介绍一下周中孚的《郑堂读书记》。

道光初年，周中孚为某藏书家代写藏书志，以此为基础撰成《郑堂读书记》，通行版本中收录解题4000余种。周中孚以一人之力，在四五年左右的有限时间内撰成如此大作，委实令人叹服。囿于该书的成书经过，书中解题当然不可能篇篇精彩，但可与《四库全书总目》对照而观。该书还著录了《四库全书总目》之后，差不多乾隆至嘉庆中期的大量书籍，这一点颇有价值。

《郑堂读书记》有吴兴丛书本、二战之后台湾地区出版的国学基本丛书本，以及国学基本丛书本的重印本，前面两种，即吴兴丛书本和国学基本丛书本并不见佳。因为这两个版本并未收录从读书记前身《慈云楼藏书志》中辑出的《补逸》（参见罗振常《善本书所见录》，商务印书馆，1958年，附录的周子美《慈云楼藏书志考》）。相对正编71卷，《补逸》有30卷，收入解题达千篇以上，这部分内容的缺失的确可以说是上述两个版本的致命伤。

《四库全书总目》著录的书籍是当时已作古者之著作。简言之，根据这个目录，清代学人成果中的大半无从知晓，填补这一空白的是《续修四库全书总目提要》稿。该续修计划大致始于1930年代，由日本人设立的北京人文科学研究所具体实施，该机构为日本对华文化工作的一个组成部分。参与编撰人员有吴承仕、伦明、胡玉缙、谢国桢等人，列名者均为货真价实的学者，故也不能认为稿件内容本身有特别的政治倾向。最终，该计划尚未完成时日本已经战败，汇集于北京人文科学研究所的稿件，长时间内束之高阁。至1972年，其中一部分，约10000余篇由台湾商务印书馆作为《续修四库全书提要》出版。1993年，经部的全部稿件又由中华书局作为《续修四库全书总目提要（经部）》出版。至1996年，全书30000余篇又由齐鲁书社影印出版。该目录不仅著录了《四库全书总目》之后问世的著作，还收入了不少总目未收的明人著作等，学术价值颇高。

综合性的解题目录即如上所述，以下拟介绍各专题的代表性目录，并及其他参考文献。首先要介绍的是柴德赓《史籍举要》（北京出版社，1982年），与其说是目录，该书更是一部史料学著作。从书名可知，该书主要面向中国史学生介绍正史、通鉴、三通等基本史料，但其内容实际学术含量极高，叙述了各书的作者、史料来源、史学史中的地位、注释、版本等信息，充分展示了作者的学术功力。可以相信，有志于专攻中国史者，阅读此书绝对有所收获。柴德赓的学术根柢源于其为陈垣高足，我们至今仍时常受益于这本“入门书”。

其次要介绍的是经部总目《经义考》。该目录为清初学者朱彝尊所撰，据《四库全书总目》中的概略介绍，“是编统考历朝经义之目”，“每一书前，列撰人姓氏、书名卷数……次列原书序跋，诸儒论说，及其人之爵里，彝尊有所考正者，即附列案语于末。……亦可以云详赡矣”。总之，该书即便不算作解题目录，那至少也是一部值得一提的研究著作。通过书中汇录的序跋和评论，可了解各书的内容大意及其在经学史上的地位。尽管解题极为简略，但其中关于作者字号、籍贯、履历等内容的记载，有些也已成为稀见的传记资料。

当然，这是一部个人著作，无论作者朱彝尊如何博闻多识，一人耳目所及毕竟有限，对存佚等内容的记载不可能完全正确，著录也不免存在若干遗漏之处。不过，该书是清初以前经学史，乃至学术史和文化史方面极为重要的参考书，且从一般意义言之，作为目录亦不乏利用价值，这一点毋庸置疑。旧时著作颇难检索，基本上没有考虑到“检索”这一使用方法，故对应该书编制有《经义考撰著者索引》（佐野公治、杉山宽行编，采华书林，1977年），令其也能使用现代的检索方法。

还有一种上海图书馆编《中国丛书综录》(中华书局，1959 年；上海古籍出版社，1982 年新版)，也是极为有用的图书目录。该书超迈此前任何一种丛书目录，著录丛书共约 2800 种，分为总目（以丛书为主干，分列其子目)、子目（以子目为主干，列出其所在丛书)、索引（子目书名及作者）三部分，内容极其完备。我们打算查阅某书时，一般来说，使用丛书本的情况颇多，且据《中国丛书综录》还能查得该书有哪些丛书本，从而有可能利用这些本子来确认文字的疑问之处。

以上介绍的均为单行本，除《史籍举要》外，都是比较大部头的著作。中国学者关于书籍的研究，实际上并非仅有著作形式，还有许多采用了题跋、书后等单篇文章的形式，尤其是将考据学推向高峰的清代学者作品，不少参考价值颇高。如何才能利用这些成果，这一问题，借助王重民等《清代文集篇目分类索引》(北平图书馆，1935 年；国风出版社，1965 年影印，1979 年再版。北京图书馆出版社，2003 年影印）和罗伟国、胡平《古籍版本题记索引》(上海书店，1991 年)，大都可以解决。

利用这两种索引能检索到的文献，大体言之，前者为学者题跋，后者为藏书家题跋。前者内容不限于书籍本身，即不仅是版本问题，大多还包含成书经过以及有关该书内容特点的见解，而后者所论者，除基本内容外，重点在于与善本相关的版本问题。在此提醒一句，两者的性质多少有些差异，但也不能说前者的价值就经常比后者高。不过，藏书家的题跋，时常会夸耀自家藏本的精良，有意无意的夸张甚至到了非常虚伪的程度，这一点必须有所注意。

藏书家的题跋提供了善本方面的详细信息，不仅有用，也非常必要。从中可知，哪本书有哪几个版本，毋论使用、经眼亦困难的宋元旧刻之外，有哪些日常使用的普通本子，诸版本中何者为佳，或者各版本分别有什么特点。不过，这些问题非常难，没有一本参考书能方便地解决大部分问题，这样的参考书今后也不大可能出现。比较研究某一书籍的多种版本，梳理其版本系统、分辨其版本优劣，通常知名的书籍才有这样的工作。知名度较小的书籍，这些问题只能依靠自行访查、自行解决。

书籍相关问题相当麻烦，值得一提的内容很多，但此处只得从略。正如前文所述，书籍研究已形成版本学这一专门领域，即便粗略介绍，至少也有必要另开一章，而且，对于开始进入中国史研究的人来说，对版本的了解，其优先度实际上也没有那么高。现实一点讲，即便不清楚版本，也能够展开某一主题的研究，所以书籍和版本两相比较，书籍的优先度高于版本。

不过，读者需知晓，宋元旧刻等所谓善本（及其影印本）自不必说，经过校勘的标点本，版本方面也不可能全无问题，所以，自己阅读时有疑义的地方，有必要取其他版本对勘。这样的经验积累到一定程度，再掌握一些版本的基本常识，对个人研究极有助益。

此外，还有不少对特定专题具有重要意义，或曰非常实用的目录。《汉书·艺文志》《隋书·经籍志》为考察中国古代、中世学术史和文化史不可或缺。晁公武《郡斋读书志》、陈振孙《直斋书录解题》对唐宋著作做了简要解题。记录有明一代艺文情况的有《千顷堂书目》（由黄虞稷《明史·艺文志稿》增补而成。虽然一般认为《千顷堂书目》为黄虞稷所撰，但并非如此［简单］）。著录清人单行本著作最为全面的目录为孙殿起《贩书偶记》（1936 年，1959 年中华书局版，此后还有新版）及《贩书偶记续编》（上海古籍出版社，1980 年）。除此之外，还有必要根据自己的研究，利用各种专题目录。例如，解说唐人别集的万曼《唐集叙录》（中华书局，1980 年），关于宋人别集的祝尚书《宋人别集叙录》（中华书局，1999 年），作为现存方志总目的北京天文台主编《中国地方志联合目录》（中华书局，1985 年），关于年谱的谢巍《中国历代人物年谱考录》（中华书局，1992 年），关于明末史籍的谢国桢《增订晚明史籍考》（上海古籍出版社，1981 年，原为 1964 年内部发行）等。使用这些目录，不仅有“事半功倍”之效，还可获得一点读书的门径，少走一些弯路。

（井上进）

二、金石学与考古学

◆金石学

所谓金石学，从字面意思理解，就是研究书写于金属和石材上史料的学问。书写于金属上的文字，其代表为铸于青铜器的金文，而石材上的文字，各位首先想到的想必是刻于石碑上的文字。简言之，金石学的课题姑且可以说就是处理金文史料和石刻史料。不过，近年来，金石学处理的史料种类日趋增多，就材料言之，甲骨、竹简、木简、陶文、玺印等各种史料均被纳入金石学的研究范围。容媛《金石书录目》(历史语言研究所，1930 年，1935 年［《考古通讯》1955 年第 3 期有补编］) 作为金石方面的图书目录，至今依然有用，全书分为“一、总类”“二、金类”“三、钱币类”“四、玺印类（附封泥）”“五、石类”“六、玉类”“七、甲骨类”“八、陶类”“九、竹木类”“十、地志类”。若在此基础上补充一个“帛类”，则基本上可涵盖目前金石学的研究范围，不愧是一部在金石学方面有所心得的学者编制的目录。令人欣喜的是，目前一般汉籍目录的金石部分也采用了这一分类。

这么说来，如何定义广义的金石学确实相当困难。勉强言之，金石史料与书写于一般书籍中史料的不同之处在于文字书写的物体或曰媒介，现在也尝试将其称为载体，这些载体强烈地影响了史料的性质。总之，脱离了载体就不能存在的史料就是广义的金石史料，研究这类史料的学问就是金石学。不过，如此定义的话，敦煌文书、吐鲁番文书等古文书史料，以及近代的档案史料，视为金石史料也未尝不可。例如，“帛类”这一分类成立的话，书写于纤维制品上的古文书史料便不能排除在外。当然，一般并不认为古文书资料包括金石史料，难以想象金石学范围的无限扩大会被无条件接受。不过，在讨论金石学时，也不可能将古文书资料之类史料完全置于视野之外。这么一来，就不得不在此广义意义上对金石学进行全面的解说，尽管不得不说这相当困难。

概述金石学的文章迄今并非空白，但还是以关于狭义金石史料的解说居多。当然，这类文章各有用途，但考虑到现下金石学范围的扩大，从更为宽广的视野入手亦理所当然。而且，即便将话题限定于狭义的金石史料，其种类也确实有了增长。例如，秦代的权（重量标准具）和宋元时代的锤（杆秤的秤砣），同为金属，用途亦相近，但已不能用同样的方式来进行研究。上面书写的文字和内容，各有特点，实际上，如果研究这些文字内容，需要完全不同的知识储备。在此全面介绍上述各类金石学，从内容体量言之，从个人学力言之，都是不可能完成的任务。

因是之故，笔者拟将金石史料处理上最为基本的态度，分为上、中、下三策，在此逐一介绍。

首先，理解金石史料为何物，并理解史料中所记录的事实，此为“上策”。假设有一历史人物，其生平梗概已大体知晓。有一方记录该人物事迹的碑文，因为石碑本身的原因也好，文字内容的原因也罢，碑文阅读存在障碍，不过，因为书写内容大体可以想象，碑文也就变得不难解读。即便出现误读或是不解之处，对该人物造成重大误解的风险也不大。而且，即使碑文记录了迄今并不知晓的内容，若熟悉与之相关的事件，便能更好地理解新出内容的意义。总之，金石史料解读的关键，不在于有关金石史料的知见，而在于探求有关金石中所记事实的意义。

其次，搜集尽可能多的资料，围绕金石史料进行分析，谓之“中策”。在这过程中，当然少不了对载体的分析。如果可能的话，最好能实地目验其载体，同种材质的金石史料多接触一些，亦时常有所帮助。在不能目验的情况下，有必要尝试参考依原样复制的资料，例如照片、拓本之类。然后应当使用怎样的方法来进行分析呢？总的来说，只能寄希望于想尽一切方法，具体使用何种方法，只能根据金石种类灵活选择，各类金石自有其处理的法门。

最后为“下策”，即暂时不关注金石史料中所记事实以及金石史料的性质，先集中精力编制出金石史料的目录，这类工作时常可见。

金石史料研究中，“上策”“中策”的重要性，自不待言，此处不必特意强调。不可忽视的倒是“下策”的功用。

首先，“上策”的用武之地仅限于各方材料配合极佳的场合，但多数情况下，史实相关史料不足，金石史料因此而意义重大。例如，一方完全未知人物的碑文，“上策”便无能为力，最合适的是“中策”。不过，“中策”的实施需要相当优越的研究环境。比方说，日本国内少有可以目验的金石材料，复制品也极为有限。当然，有志于研究者并不会抱着那么消极的态度，但每个人的条件不同，“中策”推进过程中，也存在着实际可用方法极少的情况。另外，金石原件灭失的情况也不少。当然，这类金石的史料价值依然不变，故不可忽视原件灭失的金石史料。总之，正因为各种制约的存在，在“中策”亦不易实施的情况下，就只能暂行“下策”。对金石史料而言，此“下策”亦并非只是下策。

中国的书籍按传统分类，分为经、史、子、集四部，与金石学相关的书籍，多列于史部的金石类。需注意，个别目录将玺印方面的书籍列于子部艺术类，不过，笔者认为，一般情况下，还是应沿用容媛书目中的分类方式。那为何金石类列于史部呢？这绝不是因为金石是历史史料，四库全书中原有“目录类”，图书目录一并收录在内。那目录类为何置于史部呢？这并非只言片语便能说清，姑且就认为是因为它没有被列入经部、子部和集部。金石类从目录类中独立出来，最初是在清末成书的《书目答问》。那为何原本图书目录和金石史料归为一类呢？印刷技术发达之后，金石史料才能原样复制，在此之前，汇录金石史料的书籍势必只能是单纯的金石史料目录，其性质与图书目录非常接近。时至清末，受惠于印刷技术的发达，金石史料图书得以呈现出与图书目录显著不同的风格，且因为金石学本身的发展，金石类方从目录类中独立出来。直到现在，书目类与金石类比邻而列的目录还有很多，这可以说是过去目录类的余响。

总之，所谓金石学，其发展最初始于金石史料目录的编制。因此，容媛的书目中收录了大量金石学方面的书籍，即金石史料目录。虽一概称为目录，但就其范围广博、收集细致、描述详尽言之，实际类型繁多。金石学的起步阶段，首先必须从阅读理解既有目录入手。然后，在这一阶段最有帮助的是自己尝试编制一份目录。目录的范围、细致程度、详细程度，以适合自身兴趣和学力为佳。一开始没有必要追求完美，但务必亲自动手，否则无甚意义。只有感受一下自己一个人所能付出的精力和能力，方能理解前人目录的背后意味着多少精力和能力。若没有这方面的感同身受，直接参考前人的目录，则有风险存在。

亲自编制目录的意义，当然并不只是在于阅读他人目录时作为参考。自行制作的目录，对本人而言当然有实用价值，不过更有价值的是能从个人使用角度出发来编制目录，若非如此，则失却了自编目录的意义。并且，尽管他人也许已编制过同样的目录，但亲自再编一份，同样意义重大。即便是完全相同的目录，亲手编制者，凝聚了编写过程中的各种知见，在此意义上，没有一种目录的使用能比自编者更为顺手。而且，哪里的处理失之草率，何处再下功夫可臻完善，这些内容，编者本人最为清楚，总之，一份目录只有面对编者本人，才能生机勃勃，充满发展的可能。

例如，王国维于1914年编成《宋代金文著录表》(《国学丛刊》1914年）和《国朝金文著录表》(《国学丛刊》1914年）之后，从翌年开始陆续有金文研究的论文发表，所论内容其他地方均未述及。不难想象，这两份目录对于王国维个人而言是极重要的研究积累，当然，对他人而言，时至今日亦依然有用。两份目录均有后世学者的增补版，收录材料更为丰富，值得参考。王国维的研究论文至今仍熠熠生辉，作为派生出这些成果的基础工作，这两份目录至今亦不失其意义。

林巳奈夫的《三代吉金文存器影参照目录》(大安，1967年，台北：学生书局，1971年再版)，作为青铜器研究的早期工作，在日本学界后无来者，但恐怕还不大为人所知。后来，因为周法高编成了使用更为广泛的同类目录(《三代吉金文存著录表》，周法高自刊，1977年)，现在，大家都已几乎不再使用林巳奈夫的目录。不过，该目录在推进编者个人研究方面确实功不可没。林巳奈夫在1971年再版本的序言中就写道："由编者本人来说可能很奇怪，目录使用极为便利，故恐怕利用最为频繁的还是编者自己吧。"罗振玉将个人收藏的金文拓本用珂罗版印刷出版了《三代吉金文存》，林巳奈夫的目录基于从该书获得的名录，著录可见器形的青铜器照片，并加以解说。对于优先依据器形来判定青铜器年代的林巳奈夫来说，该目录应该非常有用，而对于没有像林巳奈夫那种器形鉴别能力的读者来说，这只能说是一部功亏一篑的目录。而周法高的著录表，不论器形有无，全部著录，故使用更为广泛。不过，林巳奈夫的研究由此而派生，从这一点来看，该书意义重大，而且对他本人而言，自行编制的目录可能至今仍称便利。值得参考的著录并非仅限于提供器形者。哪本著录中载有器形，若有专家的水准，对此应该清楚，周法高的著录表中亦有相关信息，应该不是问题。不过，目录编撰过程中，在多大范围内收集资料，在何处有发生错误的可能等问题，最为了解的还是编者本人。清楚和不清楚这些问题的目录之间，使用的便利程度差距很大。在颟顸不清的目录中查找资料，预期很有可能落空。世间并无完美的目录，那些所谓优秀的目录，也免不了在多大程度上完整、在多大程度上不完整的问题，适配自己的目录，只能自行编制。

因此，作为金石研究的第一步，首先建议围绕自己打算研究的金石史料自行编制一份目录。不必立志编成一部刊行后能令大家受益的目录，说到底主要还是着眼于自己的研究，必须自行收集资料，自己设计形式，自行撰成目录。最近，计算机日趋易用，若能根据自身能力使用计算机，那再好不过，不过，如果输入工作不亲自进行，那还是不会清楚制作目录的目的，希望能根据个人使用的特点，相应调整检索等快捷功能。总之，只有多亲自动手，方有可能编制出一部优秀的目录，如果认为这只是一个简单工作，从而委托他人操作，那正是"下下之策"。最后，仍然不要忘记，编制目录毕竟只是"下策"，如果可能的话，还应就金石史料本身进行探讨，进一步的最终目的是理解金石史料所记述的事实。

◆考古学

何为考古学，考古学家已有定义，此处不必再论。只不过，考古学也是历史学。本书为解说中国史研究方法之书，中国考古学原本并未列入本书范围，此处单独开列“考古学”，只是权宜之计，因为相对于正宗的考古学，此处其实是历史学，如何称呼暂时还是个问题。若姑且称之为文献学或文献史学，那么，从文献史学的立场出发，刚才提到的金石史料，即脱离了载体便不成其为史料的史料，对其载体的研究，又应专门归属考古学领域。在此意义上，或许可以说，金石学正处于文献史学与考古学的连接处。不过当然，对载体的考察，用考古学的术语来说就是对文物的研究，正是考古学工作的一部分。

考古学可分为历史考古学和史前考古学，与文献史学关系密切的当然是历史考古学。就中国考古学而言，主要研究的时间下限为明代。自然，比这更晚近的时代，并非没有考古学的用武之地，但暂时说来，关于清代以后的历史，有必要从考古学入手的研究相对更少。而且，考古学的重要性随着时代的上溯而上升，这基本上靠常识也能想象。中国史考古学的上限一时还难以定论，历史时期大体可上溯至出现甲骨文的殷商后期。新石器考古学，属于史前考古学范畴，从新石器至殷商后期这一段，存在着若干过渡时期，但对此亦不必过于在意。因为就中国而言，大体视之，从新石器时期，亦即仰韶文化早期开始到现在，有着一条贯通的传统文化，故理应超越历史和史前的界线，将“中国史”的范围设定为上溯至新石器时期，因此，文献史学研究者所关注的上限也应为新石器时期。不过，新石器时期已是考古学的舞台，文献史学的出场多少有些勉强。此外，进一步回溯至旧石器时期的史前考古学，与文献史学的关系可以说微乎其微。

中国社会科学院考古研究所《新中国的考古发现和研究》(文物出版社，1984年)概述了下迄明代的中国考古学成果，该书已有日文译本(关野雄等译《新中国の考古学》，平凡社，1988年)。不过，这毕竟已是20年前的内容，故有必要留心阅读此后考古学的进展。另外，作为各省考古学成果回顾系列中的最新一种，文物出版社编《新中国考古五十年》(文物出版社，1999年)，概述了截至1999年的情况，但从记述的系统性言之，尚不能取代前揭中国社会科学院考古研究所之书。

前揭中国社会科学院考古研究所著书之后，可供了解中国考古学各方面信息的参考书为《中国考古学年鉴》。该书由中国考古学会编写，自1984年起每年出版一册。其内容为前一年（例如，2001年版的内容为2000年）中国国内的考古学进展，“考古学研究”（学界动态，重要论文的介绍）、“考古文物新发现”（各地考古调查简介）、“考古学文献资料目录”三个栏目占据了其中大部分篇幅。对专业的考古学者而言，年鉴关于“考古文物新发现”的内容过于简略，且有着一二年的出版滞后问题，多少有些缺憾，但足以供圈外人士了解中国考古学概况。年鉴中金石学方面的有用信息颇多，尤其是“考古学文献资料目录”中的“新发表古代铭刻资料简目”，作为新出金石史料目录，非常重要。

欲获得相比《中国考古学年鉴》更为详细、更为及时的信息，只有依靠勤勉地翻阅中国考古学方面的杂志、报告和论文集等。重要杂志方面，除《考古》《考古学报》《文物》之外，地方性质的有《考古与文物》（陕西）、《中原文物》（河南）、《华夏考古》（河南）、《江汉考古》（湖北）等。在这一方面，《考古》的新刊介绍栏目颇为充实。此外，建议尽可能浏览一下每周两期的《中国文物报》。当然，互联网上也有不少相关信息的线索。

日本学界的中国考古学杂志有日本中国考古学会的《中国考古学》（年刊，其前身为《日本中国考古学会会报》）。欧美学界方面，没有专门讨论中国考古的杂志，但有 *Journal of East Asian Archaeology*（《东亚考古学杂志》）。不过，这些杂志均创刊不久，期待其今后的发展。

日本考古学者也撰有概述中国考古学的书籍若干，其中最新一种为饭岛武次《中国考古学概论》（同成社，2003年）。林巳奈夫《中国文明的诞生》（吉川弘文馆，1995年），亦可作为中国考古学的概述。英语写就的此类著作，有张光直的名著 *The Archaeology of Ancient China*, 4th ed.（《古代中国考古学》第4版）（耶鲁大学出版社，1995年）。在探寻张光直学术思想根源的意义上，该书至今仍有阅读价值。不过，这些著作均以殷周或是秦汉时期的考古为时间下限。中文写就，分时代或分地域的中国考古学概述著作当然很多，此处暂无余暇赘述，这些著作对于并非专业考古学者的我们来说，最重要的是在阅读的同时感受不同作者的风格。对此，下文将简述之。

简言之，这就是如何从文献史学立场出发来面对考古学，与如何面对金石史料一样，依上、中、下三策分述之。

首先为“上策”，对立志成为考古学家者而言，此为最佳之法。考古学是一门需要专业训练和知识的学问。要理解考古学，最便捷的方法就是成为考古学家。不过，考古学者倾注全力方成其为考古学者，文献学者欲同时成为考古学者，在资质和努力两个方面均有不同于常人的要求。而且，在非考古学者的我们看来，对考古学者能力的要求，随着科学分析技术的进步，相比过去也有了极大的提高。因此不可断言不可能，所以姑且将此作为“上策”提出，但同时成为考古学者和文献学者，实际极端困难，对此必须有心理准备。而且，以此为目标者，必须阅读考古学的入门书，而非本书。因此，关于“上策”，此处也不打算展开。

若放弃成为考古学者，而想熟悉考古学者的工作，则行“中策”。总之，非考古学者欲理解考古学，首先必须理解考古学者。文献中有谎言，文献史学必须不断留意这一点，考古学则没有这样的忧虑，考古学者经常自诩文物不会说谎。我想，考古学者就是这样的想法。可是，即便考古材料不会说谎，考古学家也可能说谎。就算没有故意说谎的考古学家，也未必所有的考古学者总能对考古材料做出正确的解释。非考古学者是以考古学者的解释为中介来理解考古材料，所以解释的准确度有多高就成为一个切实的问题，了解作为中介的考古学者是一位怎样的考古学者当然亦因此而重要起来。

为此，有必要从日常开始就习惯起考古学者的思考方式。如果身边有考古学者或有志于考古学者，尽可能抓住与他们接触的机会。即便他们的研究领域不是中国考古学，而是日本考古学也没有关系。要言之，考古学者在什么情况下进行谨慎的推测，在何种情况下果断下结论，必须掌握对此的感觉。毋庸置疑，只要亲身掌握一丁点考古学者的技能，就能尝试一下“上策”那样的工作，若能如此，岂不至善。不过，说到基本能力，还要提醒一下过手珍贵文物务必戴上白手套等规矩，若只是阅读考古学概论著作则难以了解这些。

如果没有考古学从业者，也没有直接接触考古学者的机会，那也没有办法。这样的情况下，总之务必阅读中国考古学的论文、报告或是概论书，此时，应在努力阅读中形成对论文作者的印象。为此，有必要从平时开始，广泛涉猎一定范围内的中国考古学相关文献，在知晓考古学者的名字后，检索出该学者所做研究的相关信息，若有必要，则尝试通读他的作品，从而在体会其志趣和学风的同时，理解该学者对考古材料的解释。总之，在阅读时应当怀有一种信念，眼前的不应是论文、报告或是概论书，而是撰写这些作品的考古学者。当然，面对日本学界的考古学者作品，同样如此。由此，通过无数次的反复，学术眼力得到了提高，即便只有一篇论文，也能分辨出考古学者的能力和学风，一切水到渠成。

如此则不得不重视考古学者的所在单位和地位，但也必须避免为这些信息所误导。对考古学者而言，是否具备田野工作的经验，或者是否有经常过手文物的条件，最为重要。因此，首先应当尊重具有这类有利条件的考古学者的意见。不过也时常有优秀的考古学者，虽然不一定拥有这些有利条件，但也能提出高明的推测和精彩的解释。反而具备有利条件的考古学者，也有凭借占有田野和文物之利而任意解释的情况发生。所以，还是有必要一边体悟不同考古学者的风格，一边阅读他们的论文、报告或是概论书。

当然，存在着上述做法办不到的情况，此时便只能采用“下策”。

考古学者得出的结论，正因为是专家之言而一概接受，此为“下策”。反过来，尤其是历史考古学领域，考古学者需要处理文献史料的情况也有不少。此时不妨思考一下，若考古学者对文献学者的成果，例如对文言的白话翻译不加分辨、照单全收，并在此基础上进行推论，那会有怎样的结果？举一极端例子，金石史料的断代，文献考证所得结论难有自信时，便需援引考古学者对金石史料载体的分析。不过，如果实际上一些考古学者对载体分析所得结论仍缺乏自信，暗中引用文献学者的文本分析，那会如何呢？当然，对日本学者而言，中国考古毕竟是外国考古，对不熟悉的考古学者的结论，因无从检验，暂时只能引用的情况时常不可避免，并非绝对不可能发生。不过，这毕竟是“下策”，并非建立在理解的基础之上。但如果认为这样做有风险，从而完全无视考古学成果，或对考古学史料的非专业解释表示泰然，那才是“下策之下策”，应当绝对避免。不管怎么说，考古学者倾尽全力方成其为考古学者。

（浅原达郎）

三、地理学——对历史舞台的理解

在《中国史研究入门》的框架中讲授地理学，入门读物方面，有森鹿三《东洋学研究　历史地理篇》（东洋史研究会，1970 年）中诸篇章，学术史和版本均周全备述的梅原郁《历史地理学》（岛田虔次编《亚洲历史研究入门》3，同朋舍出版，1983 年），时至今日，这些内容读过一遍，仍基本足用。限于篇幅，本节将聚焦于理解中国历史时需注意的约束条件，即历史发生的舞台，力图透过一必要且实用的体系来介绍传统地理学、历史地名、地方风俗方面的相关知识及处理此类史料时的注意点。

我们一般所认为的中国的空间范围以当代中华人民共和国的疆域为基础，历史上诸王朝的疆域、首都、中心与边缘的感觉，当然有异于当代。回溯历史，汉代时，在朝鲜半岛置乐浪、带方等郡，越南也处于中原王朝的直接控制之下，历史上这类事例屡屡出现。这些全都是有关疆域的历史地理问题。在中国古代汉族的感觉中，大体言之，设有州县之类亲民官衙署的地方为“中华”之地，“非中华”的化外之地，由臣服中央王朝，被授予王、将军之类头衔的地方势力首领（例如卑弥呼、倭五王，甚至足利义满这类人物）实行着中央王朝心目中的间接统治。明代辽东都指挥使司境内的女真人便是如此，他们的酋长被授予卫所军官职衔，实际上是明朝对当地一种大体形式上的军政统治。进入清代以后，除了国初一段时间，该地被视为龙兴之地，禁止汉人向关外（山海关外、长城之外）移民垦殖。

◆地理学史

中国传统地理学的雏形见诸《汉书·地理志》,《汉书·地理志》的编纂反映了“普天之下，莫非王土”(《孟子·万章》) 的儒家世界观，不仅记述了大一统帝国统治的必要信息，还有意对应了“禹贡”所象征的儒家天下观。中国的地理学以历史地理为中心而发展起来，诚如《汉书·地理志》所示，意在沟通过去与现实的经书，方有记忆之必要。如欲了解中国的地理学史，海野一隆等编《地理学的历史与方法》(大明堂，1970 年) 中的“第一部：地理学的历史　第一编：东洋”仍为首选，海野一隆近年出版的《东西地图文化交涉史研究》(清文堂，2003 年) 和《东洋地理学史研究·大陆篇》(清文堂，2004 年) 亦需参考。李约瑟《中国的科学与文明 6　地理科学》(海野一隆等译，思索社，1976 年初版，1991 年) 也有详细的参考文献目录。中国学界这方面的作品，较早者有王庸的《中国地理学史》(商务印书馆，1938 年初版，1955 年重印)，还有他的《中国地理图籍丛考》(商务印书馆，1947 年初版，1956 年修订重印)，时至今日仍是重要的史料集。其后，又有中国科学院自然科学史研究所地学史组编《中国古代地理学史》(科学出版社，1984 年)，胡欣、江小群合著《中国地理学史》(台北：文津出版社，1995 年) 等。关于地理学者及其著作，有王兆明、傅朗云主编《中华古文献大辞典·地理卷》（吉林文史出版社，1991 年），谭其骧主编《中国历代地理学家评传：1. 秦汉魏晋南北朝；2. 两宋元明；3. 清、近现代》（全 3 册，山东教育出版社，1990—1993 年）。地图学史方面，有海野一隆《汉民族社会中历史地图的变迁》（收于氏著《东洋地理学史研究·大陆篇》）和卢良志《中国地图学史》（测绘出版社，1984 年），阎平、孙果清编《中华古地图集珍》（西安地图出版社，1995 年）收录古地图 100 幅，并附有说明，相当于一部地图学史。此外，检索 1980 年之前历史地理学方面的中文论著，可使用杜瑜、朱玲玲编《中国历史地理学论著索引（1900—1980 年）》（书目文献出版社，1986 年）。邹逸麟主编《中国历史人文地理》（科学出版社，2001 年）将中国疆域的形成过程、历代行政区划的结构与功能、人口分布的变迁、各种采矿业的分布、城市的发展与交通的变迁、商业的成长及其空间结构的变化等方面综合为一册，颇为有用。中文的专业杂志则有中国地理学会的《历史地理》（年刊）① 和陕西师范大学《中国历史地理论丛》（季刊）。

在中国学界，地理学史被视为自然科学史的一部分，所以从自然地理学角度入手的研究不少。其中，探究气候对生物影响的物候学方向最近与环境学、生态学频繁互动，值得关注。而且，留心一下历史地图便能很快明白，黄河也是经过金明昌五年（1194）和清末咸丰五年（1855）的大洪水，方才形成当代北流注入渤海、南流汇入淮河注入东海的格局。② 除黄河河道变迁之外，长江三角洲和珠江三角洲也是历经变迁而形成的土地。这类从文献史学入手常失之单薄的自然地理问题，因为文科分类的原因，在中国有较多研究，在日本学界则可举秋山元秀《上海县的形成——江南历史地理一瞥》（《中国近世的城市与文化》，京都大学人文科学研究所，1984 年）。此外，平田昌司《雪霁风景——中国语言文化圈的“内”与“外”》（《中国——社会与文化》第 9 号，1994 年）在桥本万太郎语言地理类型学基础上的讨论，对于思考人类迁徙、开发的历史和

① 译者按：《历史地理》创刊于 1981 年，由中国地理学会主办，上海人民出版社出版，最初为集刊类年刊。自 2013 年 6 月第 27 辑起，调整为集刊类半年刊。自 2017 年 7 月第 35 辑起，改由复旦大学出版社出版。自 2019 年 9 月第 39 辑起，更名为《历史地理研究》，改由复旦大学与中国地理学会共同主办，并变更为期刊类季刊。

② 译者按：原书此处表述有误。清咸丰五年（1855）铜瓦厢决口改道后的今黄河为北流注入渤海，未南流汇入淮河注入东海。

汉族的发展史均极富启发。

◆风水、天文分野

人们解说地理一词时，常会引用《易・系辞传》中的“仰以观于天文，俯以察于地理”。现在，地理已被固定为 geography 的对译，但旧时说到地理，一般是指风水，因为人们认为地表的形态正表现了大地中气的流动。关于汉族的风水观念，海野一隆《汉族的地理思想》（收于氏著《东洋地理学史研究・大陆篇》）、宫崎顺子《地理・风水》（《中国思想文化事典》，东京大学出版会，2001年）做了提纲挈领的概述。《汉书・艺文志》展现了中国最古老的学术体系，其中，地理书被归于数术的形法家，《山海经》与其他《国朝》《宫宅地形》等可以说是风水地形学的书籍被归为一类。梁代阮孝绪《七录》之后，相当于后世史部的纪传录中出现了名为土地部的分类，反映了六朝时期地方性著述编纂的繁盛。《隋书・经籍志》著录史部地理类作品 139 部，已大体对应现在地理书的概念，其中已出现名为“图经”“地记”的方志，伴随南方开发而编纂者则多冠以“异物志”“风俗记”之名，还有《洛阳伽蓝记》之类关于城市、宫殿和古迹的作品，以及法显《佛国记》之类僧侣纪行和见闻记。另一方面，风水书则被归为子部的五行类，风水地形学和地方志在原则上被归为两类。

天文分野说是始于汉代之前的一种古老观念，它展示了天界星宿与地上区域的对应关系。其首出于《吕氏春秋》《淮南子》，亦见于《史记・天官书》。《汉书・地理志》对此有所记载，后世的地理类作品也总是首先交代禹贡九州及其对应的天文分野，例如《大明一统志》卷 1“顺天府”中便首述“[建置沿革]禹贡冀州之域，天文尾箕分野”。后世也经常用地图来表现这类内容，明末日用类书中就有《二十八宿分野皇明各省地舆总图》（《三台万用正宗》卷 2《地舆门》）之类地图。此外，明初刘基《大明清类天文分野之书》24 卷，顾炎武《天下郡国利病书》中亦加以引用，顾祖禹《读史方舆纪要》也记载了分野说，由上可知，天文分野说具有强大的生命力。

另一方面，风水观念并没有像天文分野说那样走向地理学的前台，它在中国传统地理学中是作为术，而不是学。《通志・艺文略》中列举了过去没有的葬书 149 部 5140 卷（五行类，卷 68），可见唐中期以后风水书的发达。那段时期，贵族制瓦解，富贵非基于身份，而由科举功名得之，门阀制这一个人头顶先天的阶层天花板被去除，人们得以凭借个人能力实现社会地位的上升，但是，身后子孙的繁荣依然没有保障。在此情况下，如果拥有一定资产，挑选一块风水优渥的土地作为墓地，以此寄托子孙的幸运，就发展成为一个非常现实的办法。也就是说，风水是随着科举官僚制而发展定型，与之相应，科举仕进之路闭塞的元代，风水就不那么流行，进入明代以后，风水则再度兴盛起来。

作为龙脉观念基础的唐代僧一行的山河两戒说（《新唐书》卷31《天文志》），为北宋末年税安礼《历代地理指掌图》所吸收（《山河两戒图》），并被广泛引用，产生了深远的影响，南宋朱熹在北宋程颐基础上对风水的新理解也与之不无关系。明代嘉靖末年，集风水理论之大成的《地理人子须知》提出了“三大干龙”论，不仅为万历年间的百科全书王圻《三才图会》卷16和章潢的《图书编》卷30所引用，也见诸明末余应虬名为《四书引蒙翼经图解》的建阳书坊俗本，其实这是一本解释经书的参考书。而且，在明末的日用类书中，所谓地舆门，一般与营宅门、地理门、茔宅门和堪舆门等一样被作为风水来处理。甚至在言及朱子（朱熹）亦重风水的《二刻拍案惊奇》卷12“硬勘案大儒争闲气，甘受刑侠女著芳名”入话部分，朱熹差不多是一个丑角的形象，不管怎样，朱子与风水紧密相关的观念在明末已很普遍。

◆地图

关于中国古地图，有北京图书馆善本特藏部舆图组编《舆图要录》（北京图书馆出版社，1997年）、李孝聪《欧洲收藏部分中文古地图叙录》（国际文化出版公司，1996年）和《美国国会图书馆藏中文古地图叙录》（文物出版社，2004年）等目录。其他收有真彩图版的古地图集有曹婉如等编《中国古代地图集——战国—元・明代・清代》（全3册，文物出版社，1990、1994、1997年）、中国测绘科学研究院编《中华古地图珍品选集》（哈尔滨地图出版社，1998年）等。关于中国的地图学史可参考前述诸作，此处简述一下中国古代如何利用地图。西晋裴秀的《禹贡地域图》和唐代贾耽的《海内华夷图》，幅面巨大，故使用方法也与现代地图不同。史料中时常可见地图挂于殿内，或宫殿壁上绘有地图（《玉海》卷14《至道滋福殿观地图》）。唐宪宗的浴堂中挂着绘有“河北险要所在”的地图，系为进攻魏博节度使而准备（《旧唐书》卷146《李吉甫传》），李德裕出镇蜀地时，在筹边楼绘制了当地的山川险要图（《新唐书》卷180《李德裕传》）等，另外还有制成屏风的地图。虽然史载唐太宗在屏风上记下地方高官的姓名，却没有明确提到屏风上是否有地图（《贞观政要》卷3《择官》），但南宋乾道三年（1167）为孝宗绘制的华夷图屏风，就是一幅附有标识地方官员职位姓名黄色纸签的地图（《玉海》卷91《乾道选德殿御屏风华夷图》）。此外，明代张居正制作了记有地方官姓名的屏风，上呈尚值冲龄的万历皇帝（《国榷》万历二年十二月壬子）。由此可知，记有各处地方官员姓名的地图一般为置于皇帝侧近之物。

现存的山水画式地图，或称全景图式地图，最早者为明清之物，例如海野一隆《作为绘画的地图》（收于氏著《东洋地理学史研究·大陆篇》）介绍的内阁文库藏写本《舆地图》，《中国古代地图集——明代》披露的北京图书馆（中国国家图书馆）所藏万历年间绢本彩色《江西全省图说》和《淮安府图说》。历朝绘制的分区划山水画式地图，从《江西省府县分图》（《中国古代地图集——清代》第20图）、《云南舆图》（《中国古代地图集——清代》第5图）、中国第一历史档案馆和广州市档案局等合编《广州历史地图精粹》（中国大百科全书出版社，2003年）等图册可一睹其貌。这类地图的原型，正如前揭海野一隆《作为绘画的地图》所述，可能与贾耽的《海内华夷图》有关，直接相关者可能为北宋景德四年（1007）遣画工至各地绘制的《景德山川形势图》（《玉海》卷14）之类地图。《大明一统志》及各地方志所绘地图虽然存在精粗之别，但总的来说都是山水画式地图，原因在于人们对方志地图的期待是作为绘画。诚如张哲嘉《明代方志的地图》（黄克武主编《画中有话——近代中国的视觉表述与文化构图》，台湾“中研院”近代史研究所，2003年）所论，方志地图反映了官员们的视角，方志中的地图呈现了官员端坐衙署之中向外眺望所见的世界，因此，相比《广舆图》之类方格地图的制图精确性，方志地图更强调官府、学校等彰显的政治、文化权威。

地图是世界观的视觉化，因为记录地标内容，故绘制山水和宝塔之类并非不可思议。尽管中国很早就通过裴秀总结的“制图六体”，懂得了正确的制图原理，但山水画式地图依然占据着正统地位。一方面，这是因为山水画式地图诉诸视觉，勿论识字与否，皆可使用。现存地图多数为刊刻的书籍形式，也就是说，目前所见各种古地图为文人士大夫圈子所用者，很有可能与战场上军人圈子所用者并不相同。另一方面，充分表现天文与地理间的相互关系（天文分野说），需要绘制出土地生发之气。因此，诚如海野一隆所述概念“作为绘画的地图”，相比准确的方位和距离，更重要的是表现当地山水蕴藏的气韵。正如版图具有象征意义，地图常与权力的正统性问题联系在一起。定期不断向中央呈送的地图不仅具有军事上的实用性，也具有延续正统统治的象征性。拥有地图，可以说象征着获得了这块土地，对这块土地拥有统治权。南宋黄裳通过绘制天文图和地理图，展示了天上存在的星相对应着人间对土地的控制。一地的地图关系着占有一地的地气，正因为如此，官府掌握的地图就有必要以绘画的形式将这块土地的风貌表现出来。与之形成鲜明对比的是《禹迹图》和《地理图》等石刻地图，这类地图置于府学或文庙中。石刻经书可以说是为了提供标准的文本，石刻地图想来也具有同样的功用。不过，直到唐代还是秘藏于宫廷的地图，至宋代时，在一段时间内急速出现于各地的石刻中，正如说明《地理图》时经常提到的，这与民族意识的影响不可分割。

反过来，西欧绘制的中国地图，明末清初耶稣会士卫匡国（Martini, Martino）基于明人罗洪先制作的传统方格地图《广舆图》而绘制的《中国新图志》（*Novus Atlas Sinensis*，1655），被收录于阿姆斯特丹地图出版商琼·布劳（Bleau，Joan）出版的地图集（荷兰语版，9 卷本）中，该地图集又被节选入约翰·高斯（Goss，John）编著《布劳的世界地图——17 世纪的世界》（同朋舍出版，1992 年）的彩色图版，除亚洲地图外，节选了中国地图，以及北直隶（北京）、陕西、山东、南京（江南）和福建各图。入清以后，实测《皇舆全览图》稿本经巴黎的杜赫德（du Halde，Jean Baptiste）之手传入欧洲，并由唐维尔（d'Anville，Jean-Baptiste Bourguignon）改绘为西洋风格，收于杜赫德《中国地理、历史、政治及地文全志》（*Description Geographique*，*Historique*，*Chronologique*，*Politique*，*et Physique de l'Empire de la Chine et de la Tartarie Chinoise*，1735，初版），自卫匡国以来的欧洲中国地图因此为之一新。关于西欧绘制的中国地图，除海野一隆《欧洲的广舆图——中国地图学西渐的早期情形》（《研究集录》[大阪大学教养部] 第 26、27 号，1978—1979 年）论述了《广舆图》向西欧的传播外，还有介绍京都外国语大学附属图书馆所藏西洋古地图的木村宏《京都外国语大学附属图书馆所藏的西洋古刊地图（亚洲篇）及其解说》（《京都外国语大学研究论丛》第 45、48、50 号，1995、1997、1998 年）等论著。限于收藏，直接目验古地图困难重重，不过，神户市立博物馆、神奈川县立历史博物馆、东洋文库、天理图书馆等机构的藏品，可于各种图录中得见。大阪大学的“西洋古版亚洲地图”藏品和京都大学的室贺信夫藏品等，也可在博物馆和大学的网站上浏览，在疲倦了满是汉字的世界时，见到这些内容，心情亦会随之一振。虚拟图书馆（Virtual Library）的地图史（Map History）网站“在线早期地图（Images of early maps on the web）”（http://www.maphistory.info/webimages.html）提供了齐全的海外古地图站点链接。此外，日本国立国会图书馆网站“专题检索指南”① 亚洲相关资料（http://www.ndl.go.jp/jp/data/theme/theme_bunrui_1.html）② 所汇总的地名、地图资料目录，也可作为地图方面的工具书加以参考使用。

◆地名、郡望

众所周知，六朝时代的建康就是现在的南京，唐代的长安就是现在的西安，元代的大都就是现在的北京。但是，为什么苏州、杭州、广州、泉州等许多城市名称带有表示过去地方区划的“州”字，这只有了解了过去的地方行政制度方能理解。另有明代时明州府因与国号相同而改成宁波府，避万历名讳而将河南省的钧州改成禹州之类避讳事例，以及天台山和五臺山之类用繁体字书写方显区别的地名，在运用史料时都必须给予注意。中国的历史地理中，沿革地理非常发达且占据主要地位，上文不过聊举数例，要言之，沿革地理就是了解一地的历史背景。

检索历史地名时，务必注意旧假名的使用。这方面的工具书有青山定雄编《支那历代地名要览读史方舆纪要索引》（东京东方文化学院，1933 年，后改名《中国历代地名要览读史方舆纪要索引》，大安，1965 年。省心书房，1974 年再版），该书基于出版时的民国行政区划，以新旧地名对照的方式开列了顾祖禹《读史方舆纪要》中的地名，至今仍然有用，中国台湾地区也经常以《中国历代地名要览》的名义，将该书影印重刊。另外还有据刘钧仁原著增订而成的盐英哲编《中国历史地名大辞典》（全 7 册，凌云书房，1980—1981 年），近年又有魏嵩山编《中国历史地名大辞典》（广东教育出版社，1995 年）、史为乐主编《中国历史地名大辞典》（上、下，中国社会科学院出版社，2005 年）之类地名辞典。关于文学方面的胜迹，有国家文物事业管理局主编《中国名胜词典》（上海辞书出版社，1981 年）和魏嵩山主编《中国古典诗词地名辞典》

① 译者按：日文原文为“テーマ別調べ方案内”。为便利读者使用日文网页，此处附注原文。

② 译者按：该网页已失效，新地址为：https://rnavi.ndl.go.jp/research_guide/index.php（2019 年）。

（江西教育出版社，1989年），前者已有日译本（铃木博译：《中国名胜旧迹事典》全5卷，ぺりかん社，1986—1989年），后者收录名胜18000余条。正史地理志也是非常重要的史料，台湾"中研院"历史语言研究所的汉籍电子文献资料库（http://www.sinica.edu.tw/~tdbproj/handy1）①，收录了正史中的地理志和列传，从而为零散地名的检索提供了条件。历史地图方面，除了作为《亚洲历史事典》别卷的松田寿男和森鹿三合编《亚洲历史地图》（平凡社，1966年初版，1984年再版），还有谭其骧主编《中国历史地图集》（全8册，地图出版社，1982—1987年），后者又有繁体字版（香港：三联书店；台北：晓园出版社，均为1991—1992年）。哈佛大学与复旦大学还合作建设有中国历史地理信息系统（China Historical GIS）（http://www.fas.harvard.edu/~chgis/），可以说重新整合了历史地图中的史料。另外，侯仁之主编《北京历史地图集》第1、2集（北京出版社，1988、1997年）、史念海主编《西安历史地图集》（西安地图出版社，1996年）、山西省地图集编纂委员会编《山西省历史地图集》（中国地图出版社，2000年）等各地的历史地图集亦陆续出版。还有陈正祥的《中国历史、文化地理图册》（原书房，1982年），绘制了各种历史专题地图，颇有用处。现代地名方面，崔乃夫主编《中华人民共和国地名大词典》（全5册，商务印书馆，1998—2002年）最为详尽，但词条按政区、居民点、自然实体、交通、企业、名胜古迹分类，同一省份的地名散见于各分类之中，使用有所不便。还有一部《全国乡镇地名录》（测绘出版社，1986年），收录了全国8318个镇、80273个乡。应视为中华人民共和国标准地图的则有地图出版社编《中华人民共和国地图集》（地图出版社，1979年），后续又有国家地图集编纂委员会编《中华人民共和国国家普通地图集》（中国地图出版社，1995年），前者还配有地名索引一册（《中国地名录》，地图出版社，1983年）。城市地图方面，中国城市地图集编辑部编有《中国城市地图集》（上、下，中国地图出版社，1994年）。英文地名现在一般已使用普通话拼音来表示，与过去的威妥玛拼音不同，两者对照的辞书有竹之内安巳的《英中对照中国地名人名辞典》（国书刊行会，1979年）、加藤祐三主编《英中・日中对照　中国地名辞典》（原书房，1985年改名重刊）。

此外，一地又有雅称和古称，例如北京又称燕京、苏州亦称吴门、南京又

① 译者按：该网页已失效，新地址为：http://hanchi.ihp.sinica.edu.tw/ihp/hanji.htm（2019年）。

名金陵。在电报中还时常可见晋（山西）、冀（河北）、鲁（山东）、豫（河南）、鄂（湖北）、皖（安徽）、粤（广东）和宁（南京）、沪（上海）之类用单字作为省名或城市名简称的情况，也见于铁路名称、报纸名称、国共内战时期解放区名称，乃至各地饮食流派等处。另外，家族为表示为某地名门，后代在叙述家世时会径用地名古称。魏晋南北朝时期九品官人法确立的各地名族被称为望族。对应所在州县，望族有县望、郡望、州望的提法，后世固定为用郡望来表示当地的名族，就像陇西李氏、太原王氏、范阳卢氏、汝南周氏一样在家族前冠以地名。不过，唐宋变革带来贵族制的解体，五代以前的真实家系难以查考，后世就借用郡望，拉上已没有关系的本籍地，自称某地某氏，若有同姓历史名人，也有冒认其为先祖，自称出自同一家族的情况发生。明代凌迪知的《古今万姓统谱》记有郡望，内藤湖南《中国史学史》曾评介过这部人物辞典，明末的童蒙书《百家姓》也在各姓后注有郡望，例如“赵［天水］钱［彭城］孙［乐安］李［陇西］”，这为后来的《东园杂字》所继承，这类书籍的问世确实因应了当时的社会需求。钱大昕《十驾斋养心录》卷 12 指出，郡望“唯民间嫁娶名帖偶一用之”。婚礼时李必称陇西，王必称琅琊，从而抬高出身，钱大昕批评了这种毫无根据的自称郡望。郡望的概念后来逐渐固化，鲁迅《阿 Q 正传》中也提到了这一点。另外，正史中很少见到直呼名讳（本名）的情况，随笔中常可见到镰仓殿、水户黄门等用出生地来尊称著名人物的情形，此类称例还有明末的徐阶（华亭）、张居正（江陵）、叶向高（福清），清末的曾国藩（湘乡）、李鸿章（合肥）、袁世凯（项城）等。

◆城市

城市研究方面，斯波义信《中国都市史》(东京大学出版会，2002 年）为必读之书。该书不仅全面介绍了相关参考文献，还运用施坚雅的理论，对城市体系进行了计量地理学的分析，令人深受启发。若将城市作为研究对象，首先应当对旧中国城市的具体面貌有一认识。不过，过去受史料的制约，城市史研究的重点除了历代王朝的首都外，主要是围绕苏州、杭州等近世大城市的文化及社会史研究。古代城市的图像史料有张择端的《清明上河图》和徐扬的《姑苏繁华图》等，历史复原图方面则可举徐苹芳编《明清北京城图》(地图出版社，1986 年）。后者的蓝本为乾隆十五年（1750）的京城全图（中国第一历史档案馆藏），其比例尺为 1:650，高 14 米、宽 13 米的巨大图幅分为上下 17 排，每排分3册，总计51册。后来，北京市古代建筑研究所、北京市文物事业管理局资料中心又以1:2400的比例尺将该图影印为《加摹乾隆京城全图》（北京燕山出版社，1996年）。另外，张锡昌编《中国城市老地图》（上海辞书出版社，2004年）收录了1930年代前后城墙尚存时期的各地城市地图，虽然地图不够精细，但数量不少。地图资料编纂会编《近代中国都市地图集成》（柏书房，1986年）汇集了大比例尺的城市图，通过这套图集可方便地接触到民国时期的城市地图。

一提到传统中国的都市，总是有围郭城市的印象，但州县原本并不具有城市的本意。自古以来，正如史籍中所述“方百里”（《汉书》卷19上《百官公卿表》）之县，所谓州县，原本是指疆域内的地方区划，地方政府所在的行政城市被称为州城、县城。现代汉语使用“城市”一词来指代都市，其中，“城”是指城墙或是被城墙包围起来的都市，但并不是所有的都市都可以称为“城”。都市成为县城的必要条件并非经济原因，而由其在行政上的地位所决定。与之相对应的镇，是指自然形成的聚落（点状聚落，不包括周边乡脚），与州县性质不同。大体唐代之前，都市（城）与农村（乡）两分，从行政或军事入手已足以理解一座都市，但宋代以降，自发形成于交通要冲的商业聚落（镇）有了长足发展，并开始出现商业都市或产业都市。宋代的镇，基本上是征收课利（两税以外的税收）的商业聚落，置于镇的官员也并非亲民官，而是由负责特定业务（征收商税、酒税或是负责治安）的官员来担任监镇官。一提到县城，总感觉是朝廷所派官员的驻地，但至宋代时，未筑城墙的县城不在少数，其经济规模也与镇相差无几，实际上还是可以理解为地方的小型都市。宋代重整中央集权制度，规定了中央下派科举官僚的人数，并确立了必须由朝廷所派父母官管理民众（土地）的原则（这些父母官由士大夫担任，理学便是因应当时士大夫的情况而形成的一场思想运动）。

宋代以降飞速发展的镇，例如商业市镇、港口市镇、驿站市镇，由手工业、盐场或是矿山而兴盛起来的市镇，无论其经济如何繁荣，受限于并非治所，还是不能等同于管理一定行政区域的州县。明清时期出现的四大镇——汉口镇（湖北）、佛山镇（广东）、朱仙镇（河南）、景德镇（江西），尽管并非县城，但都发展成为拥有数十万人口的大都市。传统中国并没有根据人口多寡来提供相应行政服务的构想，在州县官员看来，只要应征税收未发生积欠就没有什么问题。州县治所的设置，意味着相应官僚机构的设置、文庙等国家祭祀设施的设置，至明清时期，还包括学校的设置以及具备科举考试资格的生员定额的设置。以科举为目标的文人另当别论，对于平民而言，就是住在天子脚下也省不了多少纳税的手续，反过来倒更有可能被临时加征实物税、课以额外的附加税，所以，离官府更近并无特别好处可言。

◆府州县及其等级

以明清为例，府大体上由元代的路演变而来，行政管辖序列中位于省以下、州县以上。府，最初来源于幕府，有“官署”的含义，很容易理解，其与州县这类地方区划有不同的由来。府城之民直接接触的是设于府城中的一两个附郭县，冠以府名的城市在行政上并不存在。试做一类比，北海道厅位于札幌市区，负责管辖北海道全境，但北海道说到底是一个地区名称，而不是札幌那样的城市名称。北京顺天府的附郭县为宛平、大兴两县，苏州府的为吴、长洲两县，杭州府的为钱塘、仁和两县，广州府的为南海、番禺两县，府名与附郭县名原则上不同。但仍有特例，例如浙江嘉兴府的嘉兴县和秀水县，金华府的金华县。还有一些复杂的情形，例如湖北武昌府的附郭县为江夏县，山西太原府的附郭县为阳曲县，但府城分别设于附郭县以外的武昌县和太原县。顺便提一下，徽州文书中安徽徽州府的附郭县为歙县，以出产歙砚而闻名。在《汉书·地理志》(卷28上，丹阳郡）中，颜师古注“歙”音为“摄”，“摄”的日语发音为せふ（sehu），现代日语读音为しょう（shou）。但计算机文字输入中“歙”不是这个读音，①各种字典的标音也并不全都正确。关注这些内容本身就有点老古董了，但至少笔者曾被教导，若以中国史研究为志业，必须一字不落地追究汉字的读音。

一开始不清楚附郭县等概念也问题不大，实际上，在翻阅地方志时，即便不了解杭州府与仁和县、钱塘县的关系，也不会忽略这一点，因为列传等卷中，某地的人物是列于县名之下，而非府名之下。这就清晰地表明，府并不直接治民，县才直接面对民众。再提醒一点，正史列传中某县人士，并不仅限于生于该地、成长于该地。某县表明的是该人士户籍所在地，必须留心，常有人随出任地方官的祖父或是父亲迁移户籍至任职地，或是因为参加科举而将户籍迁往首都北京或南京，从而出现户籍地与实际居住地不符的情形。例如，黄宗羲、

① 译者按：日语罗马字输入法中，“歙”的读音为“きゅう”，输入方式为“kyuu”。

张廷玉、王引之就随父亲在他乡度过了童年和少年时期。另外，中华人民共和国的市相当于明清时期的府，所以市之下有若干县，这与日本的县市关系正好相反。上述关于州县的概念，伊藤东涯《制度通》卷2“州县郡国之事”中有所记载，该书虽略显老旧，但至今依然有用。实际上，其他专题方面，《制度通》也给出了简明扼要的概括，适合阅读记忆。

史料中，顺天府有时是指顺天知府，同理，大兴县有时是指大兴知县，州县名称意味着官员的职位，这一点不难理解。不过在唐代，虽然同为县令，但因州县等级不同，官阶也有差异（《旧唐书》卷42《职官志》，九品职事），州县的等第还指示了官僚制中地方官职位的高低。州县等第的区分早已有之，汉代时同为县的长官，就有县令（万户以上）和县长（不满万户）的区分（《日知录集释》卷8《州县品秩》），后世区分更臻细化，唐代时已细分为赤、畿、望、紧、上、中、下7个等第（杜佑《通典》卷33《职官》，县令）。全国范围内该等第区分的情况可见于传统地理总志和正史地理志，这两类文献均以全国为记述对象，自唐代《元和郡县图志》之后，宋代的总志有王存《元丰九域志》10卷、王象之《舆地纪胜》200卷、欧阳忞《舆地广记》38卷等。另据《玉海》卷14，唐宋时期的行政区划图《十道图》中又有“地望”和“郡县上下紧望”之分，元代《大元一统志》也记载了这一等第区分。明代的划分又有变动，王圻《续文献通考·舆地考》记载了上、中、下三等，但未见于《大明一统志》，也未见于嘉庆重修《大清一统志》。正史地理志中，《旧唐书》和《新唐书》记载了府州县的等第，《宋史》和《元史》亦延续记载。这些等第系根据府州县在政治、军事上的重要性，并参考户口数而确定，至明初洪武年间，府州县等第的认定依据由户口数转变为税粮额（《明史》卷75《职官志》）。正因为如此，《明史·地理志》就没有记载府州县的等第。此后，《清史稿·地理志》又将上、中、下代之以“冲繁疲难”。本来，行政上府州县划分等第的必要性可以说在于征税。府州县等第认定的依据由户口数转变为税粮额，若结合里甲制的推广，便可知这意味着征税原理发生了怎样的细微变动，可以说，州县等级开始包含税粮额规模因素，反映了当时的州县等级已无法单纯依据户口数来认定。里甲制瓦解之后，不考虑更为复杂的因素，地方政府的运作便无从实际展开，这一情况集中反映于冲僻、繁简、淳刁、瘴盗之类“吏治考语”中。罗洪先《广舆图》的附表可一览明代前期的州县等第，其中大量用到上中下和冲烦疲等表述。

万历年间宝善堂刊行的《大明官制》5卷本开始通过“吏治考语”来直接反映地方官员的叙迁，其中可见冲烦疲等表述，但未见上中下之类表述。由此，至明末时，依据“吏治考语”将州县评价与官员职位关联起来的条件业已成熟，至清代又进一步演变为冲繁疲难四字缺（大泽显浩：《从“词章之学”到“舆地之学”——地理书所见明末》,《史林》第76卷第1号，1993年）。雍正年间，冲繁疲难四字缺正式确立，成为对地方官职位的一种评价。

◆方志的性质

目前，汉籍地理书（史部地理类）的分类，据京都大学人文科学研究所汉籍目录，如下所示。

1. 总志；2. 舆图；3. 古地志；4. 今地志；5. 杂地志；6. 边防；7. 外纪；8. 水道水利；9. 考古；10. 名胜；11. 宫殿学校祠墓寺观名园；12. 游记纪程路程总记；13. 土谚习俗；14. 目录丛刻。

其中作为史料最常阅读的恐怕是今地志（明代以降编纂的方志）。所谓方志（地方志），就是从省到府、州、县、镇，分地方区划编纂而成的综合性历史人文地理书，相应地被称为通志（省志）、府志、州志、县志和镇志等。综述方志的概论，有山根幸夫《关于中国的地方志——以县志为中心》(《历史学研究》第641号，1993年）。工具书方面，除汇集各收藏单位目录的中国科学院北京天文台主编《中国地方志联合目录》(中华书局，1985年）外，近年金恩辉、胡述兆主编《中国地方志总目提要》(全3卷，汉美图书，1996年）简介了各部方志的内容，他们主编的《中国地方志总目提要（1949—1999）》(汉美图书，2002年）简介了1949年以后编纂的3402种新方志。

方志始于郡国地图附录的解说性“图经”，魏晋南北朝时期，随着汉族对南方的开发，出现了主要记述长江以南地区的“地记”，留下了地理、古迹、人物和事件方面的记载。常璩《华阳国志》、习凿齿《襄阳耆旧传》、宗懔《荆楚岁时记》之类地域性著作也陆续编纂问世。这些作品关注地域和人物，反映了六朝时期的地方割据性。终结南北朝分裂局面的隋唐梳理了全国的行政组织，图经开始定期由地方政府上呈中央，在隋代和唐代分别由尚书（《隋书·经籍志》地理类总叙）和兵部职方司（《通典》卷23《职官》，兵部）负责管理。宋代加强中央集权，由中央向地方派遣官员，地方官对地方知识的需求由此提升。方志从而成为官员治理地方的参考资料，还出现了为弘扬政绩而编纂方志的情况。

与唐代之前的图经不同，方志中艺文和人物的比重加大，相比此前出于行政需求而编纂者，更倾向于是一部地方史。个中典型就是宋初的总志，乐史《太平寰宇记》200卷，该书增加了人物、风俗、题咏和名胜等内容，开启了百科全书式地理书的编纂传统。方志中，艺文为科举诗作，人物不预设门第，这是贵族制瓦解带来的两个变化趋于定型的表现。

现存方志据说有8577种（金恩辉、胡述兆主编:《中国地方志总目提要》），绝大多数为明代以降所编纂。汉籍目录中，这些方志依据《大清一统志》中的顺序排列，依刊行年号称呼，例如万历《某县志》。入清以后，方志的编修必须得到官方的认可，且要求定期编纂，故一般认为方志编修是地方官的例行工作，章学诚对方志编纂提出了“志乃史体”的要求，可以说是针对这一认识而提出的反思。一部方志，一般卷首为境域和县衙图，随后为地理（沿革、山川、古迹）、城池、祠庙、学校、食货、物产、风俗、选举（科举）、职官（历代地方官）、名宦、人物、兵事、艺文和杂记等内容。食货部分会开列户口、徭役等各种细致的统计数字，欲检索出生当地的人物和赴当地任官之人，则应分别翻阅人物和名宦部分。方志不仅收录当地相关人物的诗文、出生当地者的著作，还收录与地方政治有关的文章和碑文。不过，方志基本上由官僚、缙绅为主体编纂而成，当然无农民、商人和手工业者观点的容身之处。方志记述的重心之一是有助于理解文学作品背景的地理知识，另外就是从读书人观点出发对地方的美化。不少人口众多的镇并没有方志，说到底，方志基本上还是依托官员的存在。

因此，方志虽然数量巨大，但从本质而言，内容并没有那么丰富，除去制度和人物方面的记载，少有其他信息，对方志的这一局限应当有所认识。若没有方法论意识，即使找对了切入史料的方法，还是会迷失于内容重复的大堆方志，难以得到期待的成果。另外，正如《日知录集释》卷10对斗斛丈尺、地亩大小的记述，前近代的中国，各地亩制和度量衡不同，这样的情形司空见惯（有些地方甚至现在依然如此），所以在处理统计数字时务须小心。官僚制度总是追求各地官员整齐划一地完成职责范围内的工作，因此，关于各地风俗及社会面貌的生动记录，不在官修方志，反倒大量留存于王士性《广志绎》5卷、黄印《锡金识小录》12卷之类笔记和私修志书中。方志所述基本上是守土守民的县及其以上政府视野中的地域面貌，城市政治性的一面倒不必说，但其商业性和产业性的一面，并不在他们的视线之内。所以，方志是一种内容有着具体限定和分类的史料，并没有直接展示民众的生活面貌，对此必须有所注意。上有政策，下有对策，虽有政策一方的记录，但对策一方的记录仍属稀缺。

◆域外视角

过去有玄奘、义净等佛教僧人的求法旅行记，宋人陆游《入蜀记》和范成大《吴船录》之类行记也广为人知。不过，可能限于识字人口的规模，中国国内一般旅行记的史料价值不高，反而是日人圆仁、策彦，以及欧洲人利玛窦（Ricci，Matteo）的来华行记，出于与中国人完全不同的视角，保存了颇具价值的历史记录。明末时，黄汴《一统路程图记》等一系列路程书出版问世，日用类书中也出现了商旅门（《三台万用正宗》）之类内容。不过，除了官僚和一部分商人，对大多数人而言，当时的制度尚不支持自由旅行。明末《徐霞客游记》的自然地理记载非常有名，但该书作为历史研究的史料价值有限。麟庆《鸿雪因缘图记》图文并茂地生动记述了清末旗人的生活，也包括对名胜的介绍，但因为与今人的视角不同，难以用作史料。

若将视线转向海外，知识分子还是沉浸于中华贵胄的自足感，并没有意识到认识域外的必要性，纪行中少有对塞外和域外情形的记载。在这样一种氛围下，遑论记述域外情形，甚至读者都很稀少。明清时期，总的说来，相当于“一统志”的作品，事实上虽然有来华耶稣会士利玛窦绘制的世界地图《坤舆万国全图》和艾儒略（Aleni，Giulio）编纂的世界地理著作《职方外纪》5卷，但没有中国人自己撰述的世界地理著作，崇祯年间陈组绶的《皇明职方地图》对利玛窦《坤舆万国全图》中的世界知识采取“议而不论”、置之不理的态度（船越昭生：《在华耶稣会士的地图绘制及其影响》，《东洋史研究》第27卷第4号，1969年）。清代时，除图理琛《异域录》这类外派使臣报告之外，还出现了雍正八年（1730）序的陈伦炯《海国闻见录》和嘉庆二十五年（1820）杨炳南笔录的谢世高《海录》之类作品，这些书籍由负责海防的武将（也可以说是海盗、商人的后裔）编纂或是根据意外漂流商人的记录而撰成。清代知识分子意识到撰写世界地理著作的必要性，一直要等到清末遭受列强侵略之时。如果说北虏南倭的紧迫形势催生了明代丰富的地理著作，那么，清人此类意识的晚出可能是因为有清一代长久的和平状态。

试想一下就会发现，基督教和佛教均有传教一说，而儒教传道这一概念本身就并不存在。基督教有传播福音的传教士，伊斯兰教通过穆斯林商人的商业活动向外传播。不过儒教文化中，商人并不是儒教的代表人群。入明以后，虽有六谕的宣讲，但儒教并没有供人祈愿的教会和寺院之类组织。所谓文庙是作为孔门弟子的士大夫们祭祀孔子的场所，原则上不允许女性和平民踏足，也不是大众入内祈愿礼拜的场所。横滨中华街上的也是关帝庙，而非孔子庙（文庙）。国内的阶层秩序——正统性拥有上的不平等，正是中华文明对外保持冷淡态度的基底原因。不仅是中国，整个东亚均基于这一思想本底而保持了一种自大的态度，从而时常派生出华夷有别、中体西用之类论调。

在生活层面上理解中华文明并非易事。对于传统中国的史料，在不理解中华文明的情况下生吞活剥士大夫们描绘的美丽“口号”，就有将史料中的完美制度作为现实来解读的危险。对传统中国书写者和被书写者之间立场差距的关注，再强调亦不为过。

（大泽显浩）

B. 附录

中砂明德

笔者负责在此介绍一些在学习中国史时有必要预先了解的内容，但我作为一个领航员还真不那么够格。我是一个没有亲自遍访海内外图书馆涉猎文献的懒人，我只是利用书桌上的工具书和个人电脑，勉强可成为一个静心尽职的安乐椅侦探（armchair detective），但这实在称不上是学问的门径。

即便如此，我还是不得不面对已进入专业学习的三年级学生讲授“入门”课程。在课上，作为入门心得，我向诸位学生推荐《亚洲历史研究入门》1（同朋舍出版，1983 年 *。现在，即 2005 年 8 月已买不到新书者，附以 *，下同）一书中岛田虔次的“序论”，不过附言道：“这是我研究生时代读过的文章，但直到今天要和大家分享的还是这篇，颇感惭愧。”若要真正反省，真希望能从头重新开始，但已不可能有如此令人艳羡的人生。在此，我还是建议诸位读者及早阅读岛田虔次的这篇文章。

◆图书馆

学生时代，我对目录几乎全无关心。在我担任教职之后，开始注意到那些凭借有限的书目信息，为搜寻稀见书籍而倾注心血的人们。例如，清末学者杨守敬（1839—1915），他作为朝廷公使的随员，从 1880 年开始驻留日本 4 年。在此期间，他努力寻访在中国本土业已失传的书籍。那些保存于日本的抄本和宋元时代的刻本，为六朝至宋代间的学术史提供了弥足珍贵的史料，这些信息均保存于杨守敬著《日本访书志》。

《日本访书志》中，时常可见“枫山官库”之名。那是指日本宽永十六年（1639）在江户城内红叶山创建的文库（有红叶山文库、御文库、枫山文库等称呼），后为明治政府所继承。杨守敬归国后不久，明治政府实行内阁制度，随之兴建内阁文库。内阁文库就是以枫山官库为核心，基于昌平坂学问所等机构的藏书而建成。现在，内阁文库属于与皇居对门而立的国立公文书馆。

经由长崎购入的汉籍，以及各地大名敬献的书籍构成了内阁文库藏书的主要部分，其中有不少是在中国也已无法见到的孤本。另外，德川吉宗苦心购入的清初地方志，在海内外也享有盛誉。这些江户时期的积累，不仅令内阁文库成为珍本书籍的渊薮，也成为明清史研究的宝库。关于这段历史，可参见《内阁文库百年史（增补版）》（汲古书院，1986 年 *），相关通俗读物，推荐福井保《红叶山文库》（乡学舍，1980 年 *）。另外，1891 年，宋元善本由图书寮（现宫内厅书陵部）接管（与内阁文库不同，阅览需办理预约手续）。大名家的藏书，有前田家的尊经阁文库（东京，需预约）、尾张德川的蓬左文库（名古屋）等，可观者甚多（上述文库，现均有相应藏书目录）。

这些文库，可以说体现了江户时期中日两国的文化交流历史，但进入近代以后，就不能轻描淡写地仅以“交流”目之了。进入近代后的日本购书活动，在中国看来已属文化掠夺。

清末著名藏书家陆心源（1834—1894）去世后，其藏书被拍卖出售。当时，海内外有意购藏者甚众，最终，由三菱岩崎弥之助（1851—1908）购得，入藏静嘉堂文库。其中包括陆心源以“皕宋楼”自夸的宋版书，甚至元版书，共计 250 多种。当时，中国最大的出版社商务印书馆的主持人、在近代文化史上留下重要印迹的张元济（1867—1959），力阻这批珍贵人文遗产的外流，但最终未果。后来，张元济访日时，得缘在静嘉堂等机构遍览珍本，一了夙愿，并与内藤湖南（1866—1934）及当时的静嘉堂文库长诸桥辙次（1883—1982）等学者交往密切，想来当时心境颇为复杂。研究中日文化交流史的严绍璗也曾经历同样心境，他的《日本藏汉籍珍本追踪纪实》（上海古籍出版社，2005 年），记录了在日本的访书经历，除前揭收藏机构外，他还拜访了御茶水图书馆的德富苏峰（1863—1957）成篑堂文库、东福寺等佛寺书库，该书可作为当代北京大学教授的日本观察记来阅读。

如上所述，日本收藏了大量令中国人羡慕而又扼腕的珍稀图书。近年来，这些书籍在中国得到了相比杨守敬、张元济时期更大规模的影印出版（例如，中国台湾地区刊行的《中国方志丛书》第3期就包括了不少内阁文库等日本藏本的影印本），对日本学者而言，也在一定程度上省却了走访藏书机构的劳苦。不过，亲自前往收藏机构手检珍本原物，细览林罗山等人手校的笔迹，岂非快事（静嘉堂、国立国会图书馆的古籍阅览室等机构，根据书籍情况，有的只提供缩微胶片阅览）。

不过，书籍的搜寻并非必须通览上述各文库。偶然因素在藏书的形成中亦作用不小。与之相对，还有专以"研究第一"为宗旨而建设的图书馆，其代表为京都大学人文科学研究所东方部图书馆（现为汉字情报研究中心图书室）。

京都大学人文科学研究所东方部的前身是利用义和团运动赔款，作为"对华文化事业特别经费"的一部分，创建于1929年的东方文化学院。其初创时购入的馆藏为陶湘（1871—1940）的2万8千册藏书，这批藏书的特色是聚集了多种收录各种图书的清代丛书。清代考据学是近现代中国研究的一个基础，优质版本的获得，离不开清代考据学家的校勘工作。这批集中反映清代考据成果的丛书，对后世学人大有裨益。这批藏书对于不以收集珍本为目标，而以有助于研究为宗旨的研究所来说，确是一批切中需求的好书（不过，从中国的角度观之，这仍属文化掠夺）。

反过来，尽管京都大学人文科学研究所在稀见史料的收集方面存在薄弱之处，但后来随着内阁文库所藏明版文集、清初地方志，以及海外图书馆所藏稀见图书的大规模影印，这一软肋在一定程度上得到了弥补。由此，关西的研究者即便不前往东京，关西的藏书已敷研究之用。

除京都外，东方文化学院同时也在东京建成。二战后，东京大学东洋文化研究所继承了该机构的藏书，其中包括若干富有特色的个人藏书（大木文库、仁井田文库等），从而发展成为日本屈指可数的藏书机构。而且，京都大学人文科学研究所的汉籍目录被其他大学和图书馆作为汉籍编目的范本，因此有必要预先熟悉《京都大学人文科学研究所汉籍目录》(上、下，1979—1980年）的体例。目前，以京都大学人文科学研究所和东京大学东洋文化研究所为中心，正在进行日本国内图书馆（现有30多个）所藏汉籍数据库（全国汉籍数据库）的制作。

与京都大学人文科学研究所一样，出于明确目的而建成的图书馆还有东洋文库。岩崎弥之助的侄儿岩崎久弥（1865—1955）从澳大利亚记者莫里循（Morrison，George Ernest）（1862—1920）手中购得关于中国的西文藏书2万4千册［参见 *Catalogue of the Asiatic Library of Dr. G. E. Morrison*（《莫理循亚洲文库藏书目录》），2 vols.，1924*］，以此为中心成立东洋文库，并为了将其建成亚洲研究的中心，不断收入更多藏书，努力收集新的资料。仅就中国言之，莫里循收集的各种小册子、西洋人的手绘地图和旅行记自不待言，其收集的地方志也极为丰富，资料种类委实繁多。关于东洋文库的更多内容，可参看榎一雄（1913—1989）的介绍（《榎一雄著作集》第9卷，汲古书院，1994年），他为东洋文库的发展殚精竭虑。而且，文库初创时期日本的东洋研究，在某种意义上，相比今天更有沟通世界的渠道。读一下东洋文库初代主事石田干之助（1891—1974）的名著《欧人之汉学研究》（创元社，1942年*），便可感受到那个时代的氛围。

上述京大人文研、东大东文研和东洋文库，也以丰富的近代史资料收藏闻名于世。对于近代中日关系史的研究者而言，外务省外交史料馆和防卫厅防卫研究所也是资料收藏的重镇，但笔者为该领域的门外汉，未曾造访。

从藏书丰富，和、汉、洋三类书籍全覆盖言之，绝不可忽视天理图书馆，然仅就汉籍而言，笔者也尚未掌握其整体情况（除地方志外，尚无馆藏汉籍的全部目录）。若不局限于中国，放眼亚洲历史，天理图书馆的魅力绝不亚于东洋文库，其珍品也不仅限于《天理大学善本丛书》所收稀见图书。笔者在天理图书馆专门查阅欧洲人的亚洲研究著作时，就曾无数次前往服务台借用裁纸刀，裁开一册册未曾启封的毛边本。天理图书馆绝对是一座值得深入发掘的宝藏。

对日本国内藏书机构的介绍就此打住。另外，关于中国大陆图书馆的历史和藏书情况，潘美月、沈津编《中国大陆古籍存藏概况》（台湾编译馆，2002年）是一部使用方便的参考书。

◆书店

在到处为书籍存放空间而犯愁的现在，据说正确的态度是“在图书馆看书、借书”。不过，虽然在东京或京都一带求学和研究的人很难真切感受，但中国史研究必备书籍一应俱全的图书馆，其实数量极其有限，难以如同日本史那样进行研习。结果，为了开展研究工作，只得自行购置大量书籍（虽然现已可能今非昔比）。

经营中国图书的书店，在集中于东京和京都这一点上，与图书馆的情况差不多，所以去书店逛逛并不那么容易。不过，各家书店会定期发送书目，书店网站上的搜索引擎也颇为有用（但要注意的是，中国图书常会遇到书名诱人、内容却令人失望的情况）。在本节中，我将介绍相关书店若干，不周之处，还请见谅（关于书店的地址和网址，可参见山田崇仁制作的“中国书籍贩卖店数据库”http://www.shuiren.org/books/index-j.html）。

现在，各家书店都在用心制作本店的主页，其中内容最为丰富、使用最为便利的当属东方书店（东京）的“图书情报馆”①。东方书店的搜索引擎可进行非常全面的检索，其店刊《东方》中的随笔和书评，亦颇多可观之处。类似店刊还有内山书店（东京）的《中国图书》，内山书店与鲁迅颇有渊源。

朋友书店（京都）和亚东书店（东京）每月有书目推出，中国书店（福冈）则每年推出4期。琳琅阁书店（东京）夏季展销的书目富有特色，中文出版社（京都）、高畑书店（京都）长于经营中国台湾地区图书，北九州中国书店还会推出专门的考古学书目。作为一家网络书店，书虫的书籍品种最为齐全。

通过网页和电子邮件，已能获取一部分书籍的内容介绍，但数量还是有限。上海学术书店则用纸质书目实现了海量书籍的推介。它专门从事中国图书的日本进口业务，会向客户寄送中国图书出口方提供的原版目录（更确切地说是广告），非常适合习惯像浏览报纸一样阅读书目，甚至连宣传单也不会放过的读者群体。

本章所举参考文献中的大部分，现已无法购得新书，这就有了二手书店的用武之地。二手书店中，鹤本书店（东京）、东城书店（东京），库存丰富。这些书店均可登录“日本古本屋”，进行在线检索。最后再提一下胡桃书房（东京），这是一家大量经营亚洲相关西文书籍的书店。

◆历书、年表

清代考据学家王鸣盛的卒年，恒慕义（Hummel，Arthur William）编 *Eminent Chinese of the Ch'ing Period 1644—1912*（《清代名人传略》）（1943—1944年。成文书局，1970年影印本）记为1798年，而日本辞典（例如《东洋史辞典》《亚洲历史事典》等）则多记为1797年。我们通常将人物生卒年的中国年号纪年

① 译者按：日文原文“本の情報館”。为便利读者使用日文网页，此处附注原文。

直接换算为对应的公元纪年，但一旦遇到阴历年末，就会出现上述公元换算的分歧。

陈垣（1880—1971）在《中西回史日历》（北京大学研究所，1926年*）的序文中，以朱熹的论战对手陆九渊为例，说明了这类日期换算中的偏差。陆九渊卒于绍熙三年，当年为公元1192年，但其去世之日为阴历十二月二十四日，换算成公历则应为1193年1月18日。

陈垣从此例出发，论述了中西日历对照工具书对于史实考订的必要性。他又进一步拈出长春真人《西游记》中的一段史料，"辛巳岁十月，至塞蓝城，回纥王来迎，入馆。十一月四日，土人以为年，旁午相贺"。此处辛巳年为1221年，塞蓝城位于今哈萨克斯坦南部。陈垣指出，文中所贺并非新年，而是伊斯兰历618年10月的"开斋节"，由此来阐说日历对照的必要性。陈垣力陈此说亦因当时他正在进行伊斯兰教在华传播史的研究，中国在元朝以后包含了大量的穆斯林，故时常有必要对照三种日历。

不过，《中西回史日历》详细开列了公元纪年后2000年间日历，故体量有些庞大。并且，分裂时期各政权历法有异（例如，辽、宋的历法相差一日，辽人要求宋朝使节在辽历的冬至日入朝庆贺，宋使为保全宋朝体面而婉拒），难以在表中体现。因此，书中南北朝一段采用南朝朔闰，辽金宋一段采用宋朝朔闰（不过，太平天国时期的历日为并列展示）。因存在各朝历法的异同，故确认月之大小和闰月的位置，可参考陈垣的《二十史朔闰表》（北京大学研究所，1925年。另有《中国年历总谱》，仿《中西回史日历》体例，补充了1941年至2000年部分，作者为董作宾）。近年，这方面的成果还有方诗铭《中国史历日和中西历日对照表》（上海辞书出版社，1987年*）。该书列出了共和（公元前841年）以降的历日及公元纪年之后的中西历日对照表（1、11、21日），并附有此前殷、西周时期的历日表。《二十史朔闰表》始于西汉，这是以汉初使用殷历为前提。但根据1972年山东省临沂县银雀山所出竹简中的古历，这一前提并不成立，所以此后编制的历表，均以银雀山所出者为基础。

不过，史料中的日期经常是用干支来表示，在前述对照表中难以快速确查。这一点上，应利用分时段的诸种年表，如徐锡祺编《西周（共和）至西汉历谱》（北京科学技术出版社，1997年）、平冈武夫编《唐代的历》（京都大学人文科学研究所，1954年*）、洪金富编《辽宋金夏元五朝日历》（台湾"中研院"历史语言研究所，2004年）、郑鹤声编《近世中西史日对照表》（商务印书馆，1936年*。时间跨度为1516—1941年）等，干支纪日和阳历纪日对照而观，一目了然。探讨中俄关系，查找十月革命前儒略历所对应的日期，可使用纪大椿编《中西回俄历表（1821—2020）》（新疆人民出版社，2002年）。

历法问题极其复杂。历法经常被修订，但这些修订并不仅限于追求正确，还有迎合统治者主观意图的情况，不可一概而论、简单处理（参见平冈武夫《唐代的历》序说）。

现在，台湾"中研院"网站上还有"两千年中西历转换"等工具，查询上可能更为方便，但据前揭洪金富所言"实际试用下来并不方便"，还是纸本胜出。

历史年表与上述历表性质不同。历史年表说到底还是应自行按需编制，不过，藤岛达郎、野上俊静合编的《东方年表》（平乐寺书店），对照开列年号与公元纪年，查询快捷且携带方便，其广告语称"历史、美术史研究者必备"，诚不我欺。该年表除了自1955年初版以来屡次重印的便携版外，还有案头使用的大字版。

◆人物

说起人物生卒年，王鸣盛的妹夫钱大昕（1728—1804）开创了考订著名人物生卒年的"疑年录"系列，至前揭陆心源《三续疑年录》，已收录3千人，陈垣亦著有《释氏疑年录》。最近，贾贵荣等编《疑年录集成》（北京图书馆出版社，2002年）出版。汇集名人生日的朱彭寿（1869—1950）《古今人生日考》亦影印出版（北京图书馆出版社，2002年）。

以下介绍一下各种人名辞典。若只需粗略了解，《亚洲历史事典》已敷应用。若欲深入了解人物相关内容，"传记资料索引"例如昌彼得、王德毅等编《宋人传记资料索引》（鼎文书局，1974—1976年，1977年增订版）、罗依果（de Rachewiltz，Igor）、楼占梅（Wang，May）合编 *Repertory of Proper Names in Yüan Literary Sources*（《元朝人名录》）（南天书局，1988年，补篇1996年等）提供了传记及人物相关其他文章的出处，可助一臂之力。及至唐代以前，史料基本上集中于正史及相关文献，但进入宋代以后，文集和地方志等文献数量大增，检索范围扩大，故有此类工具书的编制。地方志的人名索引亦始有若干问世。

前揭恒慕义的《清代名人传略》及可称为其姊妹篇的富路特（Goodrich，Luther Carrington）和房兆楹（Fang，Chaoying）合编 *Dictionary of Ming Biography 1368—1644*（《明代名人传》）（哥伦比亚大学出版社，1976 年，南天书局，1978 年影印 *），内容翔实，为欧美学人必备之参考书。近代（鸦片战争以降）人物方面，陈玉堂编《中国近现代人物名号大辞典（全编增订本）》（浙江古籍出版社，2005 年）、徐友春主编《民国人物大辞典》（河北人民出版社，1991 年）均有用处。另外，在搜集来华外国人相关资料时，颇为棘手的是仅知其汉名，不知其本名。这种情况下，利用黄光域《近代中国专名翻译词典》（四川人民出版社，2001 年）所附索引来进行反向检索不失为一可行办法。

不过，欲细致考察人物履历，还是应当通过年谱来进行。杨殿珣《中国历代年谱总录》（书目文献出版社，1980 年，1996 年增订版）、谢巍《中国历代人物年谱考录》（中华书局，1992 年 *）等，均可据以确认年谱的种类和所在（后者更为详细）。年谱资料的集成有中华书局的《年谱丛刊》和台湾商务印书馆的《新编中国名人年谱集成》两大丛书，然所收者限于一线名人。值得庆幸的是，收录 1200 种年谱的《北京图书馆藏珍本年谱丛刊》（北京图书馆出版社，1999 年）业已出版，可惜购置该书的图书馆还不多。

年谱不仅可剪辑史料而编成，也可成为尽可能保存史料原初形态的史料集，“年谱长编”（其名称来源于《资治通鉴》编纂过程中作为先期史料汇编的“长编”）即彻底贯彻后一做法者。例如，丁文江等编《梁启超年谱长编》（上海人民出版社，1983 年 *），正因为谱主的重要地位，作为近代史资料集亦颇为有用，附有详细注释的日译本也已由岩波书店出版（2004 年）。另有名为“年谱”实近长编者，例如，法国学者戴廷杰（Durand，Pierre-Henri）编《戴名世年谱》（中华书局，2004 年），为千页以上的皇皇巨册。相比拙劣的评传，阅读此类年谱受益更多。

史料中对人物的称呼，并不仅有名（讳），相较言之，更为常见的是字、号、谥，或者与官名、地名的组合称呼。查询字和别号，多用陈德芸编《古今人物别名索引》（广州岭南大学图书馆，1937 年）。最近出版的尚恒元等编《中国人名异称大辞典》（山西人民出版社，2002 年），收入人物更多（收录下限为 1949 年）。断代者，杨廷福等编《明人室名别称字号索引》（上海古籍出版社，2002 年）、《清人室名别称字号索引（增补本）》（上海古籍出版社，1988 年，

2001 年增补版）等颇为详尽。近代以降又出现了笔名，故人物别称更臻多样，为此，朱宝樑编有《20 世纪中文著作者笔名录》（1977 年初版于美国。修订第 3 版，广西师范大学出版社，2002 年），前揭陈玉堂编《中国近现代人物名号大辞典（全编增订本）》名号索引亦可使用。

◆史讳

史料中不一定使用名（讳），而时常使用字或号等称呼，是出于避免直接称名的习惯。尤其是皇帝（及其祖先）的名，在当朝文献中绝对不能使用。反过来，通过“避讳”又能提高文献、文物的断代精度。以钱大昕为代表的清人考据学者在这方面做了不少零散的工作，上文业已提及的陈垣将此提升为一门历史学的辅助学科“避讳学”。为纪念钱大昕冥诞 200 周年，陈垣发表了《史讳举例》（《燕京学报》第 4 期，1928 年）。目录学大家阿部隆一（1917—1983）苦于该文在日本难以获得，特委托中国台湾地区的出版社加以重印，其重要性由此可见一斑。

现在任何地方的汉文讨论课，教师可能都会用这样的问题来考问学生，“为何（清代文献中）‘郑玄’均以‘康成’称呼？”，“为何（唐代文献中）天干的‘丙’写作‘景’？”经过这样的训练，当然会具备避讳辨识的一般经验，但例外之处不少，故仍然存在着错解具体文意的可能。《史讳举例》列举了历代各种避讳的案例，至今依然价值极高。

曰春秋之義求諸侯莫如勤王今天子越在西
京宜遣使奉承王命謙乃遣昱奉章至長安天
子嘉其意拜謙安東將軍以昱爲廣陵太守朗
會稽太守朗家傳曰會稽舊祀秦始皇刻木爲像與夏禹同廟朗到官以爲無德之君不應見祀於是除之居郡四年惠愛在民
孫策渡江略地朗功曹虞翻以爲力
不能拒不如避之朗自以身爲漢吏宜保城邑
遂舉兵與策戰敗績浮海至東冶策又追擊大
破之朗乃詣策策以儒雅詰讓而不害獻帝春秋曰孫策率
軍如閩越討朗朗泛舟浮海欲走交州爲兵所逼遂詣軍降
策令使者詰朗曰問逆賊故會稽太守王朗朗受國恩當官
云何不惟報德而阻兵安忍大軍征討幸免梟夷不自埽屏
復聚黨衆屯住郡境遠勞王誅卒不悟順捕得云降庶以斯

百衲本《三国志・王朗传》中的缺笔避讳

例如，避讳时不用另一汉字代替，而采用笔画缺省的“缺笔”始于何时。音声相同乃至接近的字亦需避讳的“嫌名”是怎样一种情况。在二字名的情况下有不一一避讳的原则（二名不偏讳），然而后世并未严格遵守（例如，康熙帝名玄烨，郑玄尽管仅牵涉一字，仍需避讳）。尤其要注意的是，因没有“避讳学”的基础，古人也时常犯错，《史讳举例》卷六便列举了此类案例，不可不读。

在判断文献的出版时间时，可利用避讳来推定。尤其是避讳繁琐的宋代，根据缺笔，在一定程度上可确定书版刻成的时间上限。不过，若仅使用现代的标点本，缺笔便无从得见。因此，最好取张元济苦心汇集的宋版影印本中的任何一册，置于手边作为样本。百衲本《三国志》系张元济利用日本宫内厅书陵部藏本精心配补，打开其中的"王朗传"，便可知晓书中"朗"字（宋朝始祖名"玄朗"）为缺笔（不过，注中"朗"字为没有缺笔的正常字形，可见民间刻书在避讳上的不严谨）。

而且，避讳不仅限于皇帝御名，孔子之名"丘"，亦需避讳而改以"邱"字代替。元朝对皇帝御名的避讳不算复杂，但指定了各种需要忌讳的单字。周广业（1730—1798）的《经史避名汇考》（收于《北京图书馆古籍珍本丛刊》）在陈垣著书之时已不易见到，王彦坤利用该书，编成了《历代避讳字汇典》（中州古籍出版社，1997年），收录了形形色色的避讳用例。避讳不仅可用于书籍断代，也可用作地图制作年代的推断线索。地名避讳方面，李德清著有《中国历史地名避讳考》（华东师范大学出版社，2002年）。

◆拉丁化注音

下表展示了拉丁字母转写人名的三种方式，其样例分别来自17—18世纪法国传教士冯秉正（de Mailla，Joseph-Anne-Marie de Moyriac）翻译的《通鉴纲目》、19世纪英国外交官威妥玛（Wade，Thomas Francis）创制的拼写法、目前中华人民共和国使用的汉语拼音。

	冯秉正（Mailla）	威妥玛（Wade）	拼　音
司马迁	sse ma tsien	ssŭ ma ch'ien	sī mǎ qiān
班固	pan kou	pan ku	bān gù
尔朱荣	er tchu jong	êrh chu jung	ěr zhū róng
石敬瑭	che king tang	shih ching t'ang	shí jìng táng
张献忠	tchang hien tchong	chang hsien chung	zhāng xiàn zhōng

16世纪末以后，西洋人为学习汉语，在汉字语音的拉丁字母转写方面用力颇多。其中，至今仍然通行的拼写法为威妥玛-翟理斯（Wade-Giles）式拼音。长年在中国奔走于外交领域的威妥玛（1818—1895），竭力想为学习汉语的后辈提供一入门的阶梯。他用力颇深的orthography（缀字法），运用于1867年刊行的北京官话教材《语言自迩集》（*Yü-yen Tzŭ-erh Chi*），广受好评，逐渐普

及。威妥玛返回英国后，出任剑桥大学首任汉语教授。他的后任翟理斯（Giles, Herbert Allen）（1845—1933）在1912年出版的*Chinese-English Dictionary*（《华英字典》）修订版中使用并改进了这套拼写法，故得名威妥玛–翟理斯式拼写法。

在阅读欧美的研究著作和论文时，偶然会遇到难解的人名和地名。过去的西文书，因活字排版的原因，不便在正文中加入汉字。进入汉字拼写时代后，读到威妥玛式拼写的语句，一时反应不过来，就不得不翻到书末的glossary（词汇表）一一查认。词汇表中的汉字以不工整的手写体居多，而且有缺失。当然也有例外，欧洲的老牌杂志*T'oung Pao*（《通报》）（1890年创刊）和美国的*Harvard Journal of Asiatic Studies*（《哈佛亚洲研究》）（1936年创刊），从一开始就在正文中加入汉字排版。时至今日，这已并不稀奇，而且所用者当然为繁体汉字，与繁体汉字日渐疏离的我们在初见时颇感压力，但仔细读来还是会发现错字俯拾皆是，毕竟对欧美人来说，汉字是个“异物”。在这一点上，前揭《清代名人传略》和《明代名人传》因有中国人参与其中，未见错误。这两本书用的当然是威妥玛式拼写法，另外，贺凯（Hucker, Charles O.）编*A Dictionary of Official Titles in Imperial China*（《中国古代官名辞典》）（斯坦福大学出版社，1985年）也仍用威妥玛拼写法，在汉语拼音已成主流的时代，仍有固守威妥玛拼写法的研究者。这样的情形不止英美，用注音字母来进行音写的中国台湾地区，在使用拉丁字母转写时仍然采用威妥玛式拼写法。爱知大学编《中日大辞典》为必备辞书，书末亦附有多种拼写法的对照表。

◆度量衡

《三国志演义》在开场刘关张三杰初见时，这样描写了刘备眼中的关羽，“身长九尺，髯长二尺”。不过，正史《三国志》中并未记述关羽的身高，至元代时，方才出现“九尺二寸”说法（《三国志平话》），但此说从何而来则未可知。元代的1尺合31厘米甚至更长，故当时的读者若对此深信不疑，关羽就会成为一个不可思议的巨人。另一方面，若依东汉末年1尺约合24厘米计算，关羽身高则为210厘米，好歹还在常识范围之内。那关羽在读者心目中到底是怎样一个形象呢？

不消说八九尺，就是一丈的伟丈夫在小说世界中亦屡见不鲜，对此较真也挺无聊。那如果真较真起来，会发现什么呢？宋人曾特意记述道，“刘仲原得铜斛二于左冯翊，其一云始元四年造，其二云甘露元年十月造，数量皆同，云容十斗，后刻云重四十斤，以今权量较之，容三斗，重十有五斤，乃知古今不同。……曹公帐下有典君持一双戟八十斤，则是一戟重十五斤，两戟共重三十斤耳”(《珊瑚钩诗话》卷中)。由此可见，若不注意度量衡的变迁，误会在所难免。

如前所示，中国的度量衡在历史上发生过巨大的变迁。度量衡是关系着从赋税征收到礼乐制定的重要制度，为诸多学者所关注和讨论。在日本学界，前揭《日本访书志》中屡屡提到的江户时期藏书家和考据学家狩谷棭斋（1776—1835）著有《本朝度量衡考》(冨谷至校注，平凡社东洋文库，1991—1992 年)，详细比较了日本和中国的度量衡演变。

下表合并展示了吴承洛（1892—1955）《中国度量衡史》(商务印书馆，1937 年。1957 年，出版了经程理濬大幅修改的修订本，但书中数据没有更动）书中各表所揭数值（其中，步、里、亩是根据尺的数值计算而得。另外，南北朝部分也有所简化）。吴承洛直接参与了米制的引入中国，他的《中国度量衡史》为该领域的经典著作，举一大家熟悉的例子，角川书店《新字源》附录的度量衡表便大体沿用了该书提供的数值。不过，这些数值还是大有问题。即便如此，现在依然被广泛接受的还是吴承洛的这套数值，因为对各种度量衡数值的全面清晰展示，无有出其右者。

	朝代	1 尺（厘米）	步（米）	里（米）	亩（平方米）	升（毫升）	两（克）	斤（克）
前 1122—前 225	周	19.91	（6 尺）1.19	（300 步）358	（100 步）1.42	193.7	14.93	228.86
前 350—前 206	秦①	27.65	1.66	498	（240 步）6.61	342.5	16.14	258.24
前 206—8	汉	27.65	1.66	498	6.61	342.5	16.14	258.24
9—24	新	23.04	1.38	415	4.59	198.1	13.92	222.73
25—80	东汉	23.04	1.38	415	4.59	198.1	13.92	222.73
81—220	东汉	23.75	1.43	429	4.91	198.1	13.92	222.73
220—265	魏	24.12	1.45	434	5.03	202.3	13.92	222.73
265—317	晋	24.12	1.45	434	5.03	202.3	13.92	222.73

① 编者注：此“秦”包括秦国与秦朝。

（续表）

	朝代	1尺（厘米）	步（米）	里（米）	亩（平方米）	升（毫升）	两（克）	斤（克）
317—420	东晋	24.45	1.47	440	5.19	202.3	13.92	222.73
479—502	南齐	24.51	（自宋至陈）			297.2	20.88	334.10
502—589	梁、陈					198.1	13.92	222.73
386—534	北魏	三种尺混用：27.81、27.90、29.51				396.3	13.92	222.73
534—557	东魏、北齐	29.97					27.84	445.46
557—566	北周	29.51				157.2	×	×
566—581	北周	26.68				210.5	15.66	250.56
581—602	隋	29.51	1.77	531	7.52	594.4	41.76	668.19
603—618	隋	23.55				198.1	13.92	222.73
618—960	唐、五代	31.10	（5尺）1.56	（360步）560	5.80	594.4	37.30	596.82
960—1279	宋	30.72	1.54	553	5.67	664.1	37.30	596.82
1279—1368	元	30.72	1.54	553	5.67	948.8	37.30	596.82
1368—1644	明	31.10	1.56	560	5.80	1073.7	37.30	596.82
1644—1912	清	32.00	1.60	576	6.14	1035.3	37.30	596.82

注：100亩=1顷，1升=10斗，1斛=10升，1斤=16两

该表中，问题首先出在王莽之前的周、秦、汉。《新字源》中将这一部分合并为“周、春秋、战国、西汉”一项，数值有所不同。1980年出版的梁方仲《中国历代户口、田地、田赋统计》（上海人民出版社。此书当案头常备）一书中的《中国历代度量衡变迁表》亦载有吴承洛表，但删去了秦以前部分。1958年，万国鼎（《秦汉度量衡亩考》）批判了吴承洛的数值。梁方仲虽然引用万国鼎的数值（1尺：晚周、秦汉=23.1厘米，1升：秦汉=199.7毫升，1斤：秦汉=240克），但仍只能视为一说。另外，尺度的历代变迁表部分，同时列出了杨宽（《中国历代尺度考》）等学者的数值，杨宽等人的考证被认为已经超越了

吴承洛。量制和衡制变迁表部分，只是转载了吴承洛的数值，其中包括了西汉部分。所以，无法判断该书是支持万国鼎还是吴承洛。不过，透过梁方仲的矛盾之处，亦可知量制、衡制问题之难。

顺带说一句，1994 年问世的《汉语大词典　附录・索引》所载《测算简表》“统一换算”栏的秦、西汉部分，1 尺为 23.1 厘米，1 升为 200 毫升，与万国鼎的数值相同，但秦的 1 斤作 253 克，西汉的 1 斤作 248 克。从中可见区分精度非常之高，这是对出土文物实测获得的数值。随着出土文物的增多，相比仅能依据文献的吴承洛时代，研究条件大有改观（对这类文物的介绍，已有《中国古代度量衡图集》，文物出版社，1981 年。该书已有日译本，山田庆儿、浅原达郎译，みすず书房，1985 年），然尽管如此，数据尚未充足至可进行量化处理的程度。因此，相比制作简洁的变迁表，同时列出文物实测值成为更加稳妥的一个处理办法。

更令人头疼的是魏晋南北朝时期的变化。东汉与隋之间，已确知长度单位标准增长了 28%，容量和重量单位标准增大了 2 倍，但不清楚两者之间发生了怎样的变故（《新字源》倒也讨巧，删去了两者中间的一段）。魏晋至元代，度量衡发生了最为剧烈的变化。郭正忠《三至十四世纪中国的权衡度量》（中国社会科学出版社，1993 年 *）专门研究了这一段历史，尤其着眼于量具问题，提出了新的见解。下文将依据该书，对上表数字中的变化作一说明。

首先从右侧的重量单位标准开始。东汉的数值在梁、陈和隋代后期再次出现，南齐则为该数值的 1.5 倍，北周为 1.125 倍，隋初为其 3 倍。这是基于《隋书・律历志》中的记载，“梁、陈依古秤，齐以古秤一斤八两为一斤，周玉秤四两，当古秤四两半，开皇以古秤三斤为一斤，大业中，依复古秤”（而且，吴承洛将“齐”作“南齐”解，实应为“北齐”）。

东魏、北齐的数值为东汉数值的 2 倍（据孔颖达《左传正义》），因为北周吞灭北齐，所以说到底还是隋的突变最为明显。实际上，根据这些史料，顾炎武（1613—1682）已主张“权量之制，自隋文帝一变，……古三而为一”。郭正忠重新梳理文献后指出，古秤并没有被长期沿用，大秤早已有之，尽管政府多次依古秤进行校准，但大秤在现实中仍一直存在。总之，隋代的改制实际上是对大秤这一现实（北周时期已有大秤为古秤 3 倍的史料）的承认（东魏、北齐的数值也是对这一现实的反映）。

表中唐以后的数值保持恒定，这是依据清末吴大澂（1835—1902）的观点，吴大澂在度量衡研究中“发现”，唐钱 10 枚（1 枚 =2 铢 4 累，即 10 枚 1 两）与清代库平（财政收支所用重量单位）1 两的实际重量相等。吴承洛由此推断宋至明的重量单位标准保持恒定，但是，钱的重量并不足以作为依据。实际上，根据 20 世纪 50 年代以后陆续出土的银铤、银板重量，可知 1 斤在唐初为 680 克，在唐中期为 660 克。宋代的 1 斤更轻，明代进一步下跌，直至稳定于清代的数值，总体呈现出这样的演变态势。而且，此处数值均按 1 斤 =16 两来计算，而实际上，比如宋代的交易中，除官定规格的省秤（1 斤 =16 两，用于贵金属交易）外，还有 1 斤 =20 两（食品）和 1 斤 =22 两（薪炭）等斤制。

容量与重量近似，南北朝时期混乱多样，至隋后半期单位标准减小。重量与容量的双重标准，在唐代立法确定为大小二制（小升、小两适用于音律调整、时间计测、药物配制等场合）。不过，与重量不同，表中容量的单位标准在宋以后又出现大幅攀升。这一点本身并无错误，但宋代数值（据《梦溪笔谈》中的记载）及据其计算出来的元代数值（据《元史》“以宋一石当今七斗”的记载），只是诸多说法中的一种而已。

而且，斛、斗、升、合的关系为十进制，原本为重量单位的石（1 石 =120 斤）也与容量单位斛通用。南宋时，随着五斗斛的普及，又形成 5 斗 =1 斛、2 斛 =1 石的换算关系，但务必注意依然存在斛、石混用的情况。

最后谈一下变动还不算大的长度单位标准。吴承洛以清代营造尺（工部制定，用于建筑和土地测量）7 寸 2 分相当于王莽新尺的 1 尺为前提，得新尺为 32 × 0.72=23.04 厘米，遂以此为基准，根据《隋书 · 律历志》对历代尺的比较，推算出魏晋南北朝的数值（隋代后半期的数值，与重量、容量一样，回归古尺）。虽然这一计算的前提被后来的研究推翻，但各位研究者推算所得王莽新朝至隋代的数值没有变化。唐尺的数值，在后人研究中也稳定于 29.6 厘米。该数值在唐代后期又有增大，发展为宋代的高值。而且表中宋、元的数值相同，只是出于“元代史料对此并无专门介绍，想来应与前代无异”的推测，金、元时期，尺的长度可能有所增大。

不同用途、不同地方的尺存在着长短差异，这一点务必注意。例如，绢是一种重要的实物税，其单位为匹（唐代 1 匹 = 门幅 1 尺 8 寸，长 40 尺。五代 1 匹 = 门幅 2 尺 5 分，长 42 尺），但量算时不用营造尺，而是使用布帛尺。宋代延续五代，1 匹 =42 尺，但也同时存在着 1 匹 =40 尺等其他单位标准，这是因为尺的地方差异。

步为长度单位（周代 1 步 =6 尺，唐以后 1 步 =5 尺。由此反推，里相当于 300 至 360 步），同时也是面积单位（方步）（周代 1 亩为边长 100 步，秦汉以后为 240 步）。唐以后的长度单位换算公式为 1 步 =5 尺，但不适用于比官尺小的尺度（例如，南方使用的浙尺）。

以上的说明可能不得要领，但仍希望对于理解吴承洛考证所得数值有所帮助。

◆货币

货币与度量衡密切相关，其演化历史也异常复杂。因此，与度量衡一样，至今未有可称为最终版的货币通史，与吴承洛《中国度量衡史》地位相当的货币通史为彭信威的《中国货币史》（群联出版社，1954 年。上海人民出版社，1965 年再修订）。该书史料丰富，数据翔实，为经济史专家所推崇。不过，该书的篇幅有近千页。当然，也有多部更为简略的通史，但中国史家撰写的概论书通常比较枯燥。

日本学界中，著名经济史家加藤繁（1880—1946）著《唐宋时代金银之研究》（东洋文库，1925—1926 年 *）已有中文译本，他的课程讲义已编成《中国货币史研究》（东洋文库，1991 年），但只研究至宋代。山田胜芳《货币的中国古代史》（朝日新闻社，2000 年）和黑田明伸《货币制度的世界史：解读“非对称性”》（岩波书店，2003 年）虽然不是通史，但颇具可读性。二书基于近年的研究进展，超越单纯的制度史研究，透过货币来观察中国社会史，但对货币本身，仅简略述及货币单位问题。

秦统一天下之后的重量单位有石、钧、斤、两、铢（“五权”），铜钱亦以重量名之（半两钱、五铢钱。不过，这并非货币的实际重量）。铜钱作为低面值货币，经常成串使用。早在秦代时，官府就有将 1000 枚铜钱扎成一串的做法。进入汉代以后，“缗”“贯”已作为 1000 枚铜钱的单位来使用，同时，也有 100 枚货币的单位。

秦代通行的黄金单位为镒（20 两或 24 两），进入汉代以后，则以斤为黄金的单位。当时所说“一金”“千金”的单位为斤（大体相当于 10000 枚铜钱）。不过随着金价的上升，“一金”的单位变成了两（不过，“〇〇金”也并不仅指金，也有指银两或铜钱枚数的情况，在白银普及之后，以指代银两的情况居多）。

东汉以后，出现黄金外流和藏匿、铸钱减少和铸造劣币等情况。原本，钱100文=1陌，但因为铸钱不足（也有出于其他原因的说法），出现了70—80钱=1陌的短陌现象，并为后世所继承（例如，宋代官方规定1陌=77文，但在不同的地方和市场上，1陌所当钱数亦五花八门）。

唐代的开元通宝（或曰开通元宝）终结了长久延续的五铢钱时代，同时也为用单枚钱币重量命名货币的时代画上了休止符。钱1枚=2.4铢，即10分之1两，从此，钱开始作为两之下的重量单位。

进入宋代以后，盛行用金银，尤其是白银作为货币，不过仍然不是硬币，而是作为称量货币。对金银的称量计算被认为是铢累制（10累=1铢，24铢=1两）演变为全部使用十进制、且计量更为细致的两钱分厘制的主要原因。从此，铸锭的单位名称也由铤变成了锭。大锭=50两，元、明的元宝，清代的宝银也继承了这一计量方法（还有更重的500两锭、10两的中锭和3—5两的小锭）。此外，众所周知，宋代大量铸造铜钱，“小平”（1钱=1文）、“折二”（作为2文使用的铜钱）的成套铸造业已常态化，折五、当十钱也毫不稀奇。

宋、金、元是纸币走上前台的时代。尤其是元朝，纸币盛行。钞1枚的面额据说为10文，用钱的单位1贯来称呼。钞与银实际有着密切的关系，计数也使用两和锭（1贯=1两，50两=1锭）。

明清时期，白银的使用更为广泛，但与大体具有固定形状的铜钱不同，国家并未统一白银的形状。作为称量货币，白银的形状不止所谓马蹄银，也以碎银的形式被使用，其价值依含银量（成色）而细分。大量流入中国的外国银币，一般也被熔铸为银锭，保持其硬币形态、用枚数单位（圆、元）来流通的情况要到19世纪方才出现（西洋一方当然也相应使用银两来结算，葡萄牙人将两的称呼固定为tael）。墨西哥独立以后发行的“鹰洋”在19世纪后半期风行市场，受其影响，中国国内亦开始铸造银币，但仅限于地方性的使用。真正通行全国的银币是清朝末年的“光绪元宝”，由各省分别发行。其中，有刻印“圆”字者（重量比照洋钱，为7钱2分），有作为“圆”的下级货币而发行的银角，还有以两为单位者，形式不一而足。

及至计划发行统一的“大清银币”时，银两依然势头强劲，但决定以圆为银币单位的翌年，辛亥革命爆发。其后，在流通银币的同时，银两依然顽强生存，直至国民政府废两改元的1933年。通过目前仍在出版中的《中国历代货币大系》丛书（上海书店），可看到各种各样的货币形态。面向钱币爱好者的杂志则有《中国钱币》。

◆检索

正如上文介绍中计算机的频频出现，其使用已不断渗入中国史研究。在汉文讨论课上，每逢不知史料出处时，学生就会打印出《四库全书》光盘版的检索结果递过来，“看，在这儿”。笔者自己不大会使用这类工具（并不是“不使用这些工具”），似乎与之无甚瓜葛，但听到“中国台湾地区出版的明清档案丛书，今后只出版光盘版，不出版纸质版”时，多少还是有些唏嘘。张元济竭尽心血广收善本而编成的《四部丛刊》已成为中国史研究的史料基石，这套丛书置于书架，不免充盈满架。现在《四部丛刊》亦已收于24张光盘之中（用统一字体写就的《四库全书》自不必说，汇集各式版本的《四部丛刊》在光盘版中倒也仍不失原版形态）。

笔者毕竟没有资格在这儿谈计算机和互联网，为此，我推荐各位阅读汉字文献情报处理研究会编的《电脑中国学》(好文出版，Ⅰ. 1998年，Ⅱ. 2001年)。在此，我再推荐一下若干重要图书馆的藏书检索网站。

汉籍电子文献 http://www.sinica.edu.tw/ftms-bin/ftmsw3①

图书书目资讯网 http://nbinet.ncl.edu.tw/screens/opac_menu.html②

中国国家图书馆 http://www.ncl.gov.cn/③

日本全国汉籍数据库 http://www.kanji.zinbun.kyoto-u.ac.jp/kanseki

东京大学东洋文化研究所汉籍目录 http://www3.ioc.u-tokyo.ac.jp/kandb.html

东洋文库 http://www.toyo-bunko.or.jp/library/SearchMenu.html④

论文检索方面，京都大学人文科学研究所每年刊行的《东洋学文献类目》，已有相应网页提供检索，http://kanji.zinbun.kyoto-u.ac.jp/db/CHINA3/⑤，但是最新的论文未能收载，仍有缺憾。欲了解最新刊发的论著，通过《东洋史研究》杂

① 译者按：该网页已失效，新地址为：http://hanchi.ihp.sinica.edu.tw/ihp/hanji.htm（2019年）。

② 译者按：该网页已失效，新地址为：http://nbinet.ncl.edu.tw/（2019年）。

③ 译者按：该网页已失效，新地址为：http://www.nlc.cn/（2019年）。

④ 译者按：该网页已失效，新地址为：http://124.33.215.236/db_select.html（2019年）。

⑤ 译者按：该网页已失效，新地址为：http://ruimoku.zinbun.kyoto-u.ac.jp/ruimoku/（2019年）。

志的新刊介绍栏目最为便利，《史学杂志》每年第5号刊发的“回顾与展望”也会大体全面地介绍前一年在日本公开发表的论文。检索中国大陆地区的学位论文、杂志论文，可利用“中国知网”（CNKI），所收内容时间下限已进入2000年以后。该网站的使用采用预付卡形式，检索和摘要阅读均为免费，但获取全文需要付费，使用价格不低。不够严谨的笔者尚未使用过该网站，但读过相应的使用体会，价格是一个问题的同时，似乎“发现了”海量的论文，恐慌之余渐渐失去了使用的动力（详情参见东方书店主页）。

有的学生准备汉文讨论课程，翻到文章中引用史料那一页，总是找不到史料出处。边上的研究生一拿上来，立刻就找到了。“奇怪啊，我就是找不到”，我也曾经是那一筹莫展学生中的一员。若利用计算机进行检索，则无此麻烦。不过我认为，不，我想说这样的“睁眼瞎”体验并非全无意义。

这次为撰写本章节，我又重新翻阅了各种工具书，不禁感到日本这方面工作的滞后。当然，日本也有精良的工具书，但与欧美同类书籍相比，不可否认在全面性方面还有差距。例如，荷兰博睿（Brill）出版社汉学指南丛书中的 *Handbook of Christianity in China*（《基督教在中国：研究指南》），其周到全面不禁令人折服（虽然作为一本指南，该书体量有点偏大）。而且，优劣姑且不论，欧美书的索引历来细致到繁琐，而日本书的索引虽然利用了计算机自动生成，但人名、书名和事名只是堆列在一起，且索引语句中的次主题（例如，“徐光启与农业著作”“一与佛教”“一与历法改革”等）被建立索引的也只是少数（话虽如此，还是优于极少附有索引的中国图书）。随着计算机技术的发展，这些不足之处有望得到弥补，但若根本性的问题不解决，即使便利程度有所提高，也难免只是平添了一堆不全面的半拉子工具而已……这也算是一个落伍之人的嫉妒之语吧。

文献一览

译者说明：

1. 接章编排，每章中又分两大部分，第一部分为日文、中文论著；第二部分为英、法、俄等西文论著。

2. 原书日文、中文论著部分按作者姓名日语五十音序排列，现由译者改为依汉语拼音音序排列。作者姓名首字为假名者，一般为日译本原作者，现仍按五十音序列于此类论著最末。

3. “文献一览”外文部分基本照录原书；其中原书第十二章西文书籍出版信息参差不全，译者已核查补全；个别错字则径改。

4. ① 所列论著若有中文译本，则列于相应论著下方，并用◆标记；

② 所列论著若为中文论著日译本，则列出中文原本于相应论著下方，亦用◆标记；

③ 所列论著若为中文论著本身，则标注“同上”，亦用◆标记。

5. 论著中文译本有多种版本者，开列部分有代表性的作品，选取标准如下：

① 不同译者的版本，尽量全部收入；

② 同一译者的不同版本，尽量列出最早译本，以彰译事源流，同时列出目前较易获得的版本，以便读者索骥。

6. 日本学者的不少研究成果，常首先以论文形式刊发于杂志或论文集，后再围绕主题结集为个人著作，所以部分个人著作全本未有中译，但书中部分篇章已有中译者，亦在个人专著下开列部分章节的中译本。

7. 中译本收录时间下限基本为2019年译事初毕时，至本书出版前又蒙编辑增补若干新出中译著作信息，虽尽力搜集，但限于学力与条件，必有遗漏舛误之处，敬祈读者补充指正。

第一章　先秦

艾蘭［1992］「論甲骨文的契刻」『英国所蔵甲骨集』下編上冊，中華書局

◆同上

白川静［1964—1984］『金文通釈』白鶴美術館（同［2004］所収）

◆［2000］曹兆兰选译:《金文通释选译》，武汉大学出版社

——［1972］『孔子伝』中央公論社（中公文庫 BIBLIO，2003 年）

——◆［2013］韩文译:《孔子》，台湾联经出版事业公司

——◆［2014］吴守钢译:《孔子传》，人民出版社

——［1973］『金文通釈』4，白鶴美術館

——［1980］『金文通釈』6，白鶴美術館

——［1981］『詩経研究　通論篇』朋友書店

——［2004］『白川静著作集』別巻，平凡社

貝塚茂樹［1973］『論語』中央公論社

——［1976a］「中国の古代国家」『貝塚茂樹著作集』1，中央公論社

——［1976b］「中国思想と日本」『貝塚茂樹著作集』9，中央公論社

池田雄一［1981］「中国古代聚落の展開」『歴史学研究別冊特集　地域と民衆』(同［2002］所収）

◆［2017］郑威译:《中国古代聚落的发展》，收于池田雄一《中国古代的聚落与地方行政》，复旦大学出版社

——［1996］「春秋時代の治獄について」『アジア史における制度と社会』刀水書房

——［2002］『中国古代の聚落と地方行政』汲古書院

——◆［2017］郑威译:《中国古代的聚落与地方行政》，复旦大学出版社

池澤優［2002］『「孝」思想の宗教学的研究——古代中国における祖先崇拝の思想的発展』東京大学出版会

赤塚忠［1989］『赤塚忠著作集』7，研文社

大櫛敦弘［1995］「統一前夜——戦国後期の「国際」秩序」『名古屋大学東洋史研究報告』19

渡辺信一郎［1986］『中国古代社会論』青木書店

◆［2023］徐冲、刘艺颖译:《中国古代社会论》，复旦大学出版社

——［1992］「中国古代専制国家論」『歴史評論』504（同［1994］所収）

——［1994］『中国古代国家の思想構造——専制国家とイデオロギー』校倉書房

渡辺英幸［2000］「春秋時代の「戎」について」『集刊東洋学』83

渡辺卓［1973］『古代中国思想の研究』創文社

飯島武次［1998］『中国周文化考古学研究』同成社

岡村秀典［1985］「秦文化の編年」『古史春秋』2

岡崎文夫［1950］「参国伍鄙の制について」『羽田博士頌寿記念東洋史論叢』東洋史研究会

高木智見［1985］「春秋時代の結盟習俗」『史林』68-6

——［1990］「春秋時代の神・人共同体について」『中国——社会と文化』5

——［1993］「春秋左氏伝」『中国法制史——基本資料の研究』東京大学出版会

宮崎市定［1962］「戦国時代の都市」『東方学会創立十五周年記念東方学論集』(同［1976］［1991］所収)

◆［2017］张学锋、马云超译:《战国时期的都市》，收于宫崎市定《宫崎市定亚洲史论考》(中)，上海古籍出版社

——［1976］『アジア史論考』中，朝日新聞社

——◆［2017］张学锋、马云超译:《宫崎市定亚洲史论考》(中)，上海古籍出版社

——［1991］『宮崎市定全集 3　古代』岩波書店

——◆［2017］张学锋、马云超节译:《中国聚落形态的变迁——关于邑、国、乡、亭、村的考察》，收于宫崎市定《宫崎市定亚洲史论考》(中)，上海古籍出版社

——◆［2017］张学锋、马云超节译:《中国上古的都市国家及其墓地——“商邑”何在》，收于宫崎市定《宫崎市定亚洲史论考》(中)，上海古籍出版社

——◆［2017］张学锋、马云超节译:《战国时期的都市》，收于宫崎市定《宫崎市定亚洲史论考》(中)，上海古籍出版社

——◆［2017］张学锋、马云超节译:《中国古代的天、命及天命思想——孔子到孟子革命思想的发展》，收于宫崎市定《宫崎市定亚洲史论考》(中)，上

海古籍出版社

——◆［2017］张学锋、马云超节译:《东洋的古代》，收于宫崎市定《宫崎市定亚洲史论考》(中)，上海古籍出版社

古賀登［1976］「尽地力説攷——戦国魏の李悝の経済政策」『社会科学討究』21-3（同［1980］所収）

◆［1993］黄金山译:《尽地力说考》，收于刘俊文主编《日本学者研究中国史论著选译》(第三卷：上古秦汉)，中华书局

——［1980］『漢長安城と阡陌・県郷亭里制度』雄山閣出版

谷口満［1975］「若敖・蚡冒物語とその背景——古代楚国の一理解」『集刊東洋学』34

——［1978］「楚都邑考」『北海道教育大学紀要（第一部B）』28-2

——［1981］「若敖氏事件前後——古代楚国の分解（その一）」『史流』22

——［1987］「春秋楚県試論——新県邑の創設およびその行方」『人文論究』（北海道教育大学）47

——［1988］「春秋時代の都市」『東洋史研究』46-4

谷口義介［1988］『中国古代社会史研究』朋友書店

——［1990］「申国考」『布目潮渢博士古稀記念論集　東アジアの法と社会』汲古書院

——［1996］「仲山甫とその余裔」『学林』24

谷田孝之［1989］『中国古代家族制度論考』東海大学出版会

好並隆司［1971］「前漢帝国の二重構造と時代規定」『歴史学研究』375（同［1978b］所収）

——［1978a］「中国における皇帝権の成立と展開」『思想』1978.2（同［1978b］所収）

——［1978b］『秦漢帝国史研究』未来社

河地重造［1959］「先秦時代の「士」の諸問題」『史林』42-5

鶴間和幸［1992］「古代中華帝国の統一法と地域——秦帝国の法とその虚構性」『史潮』新30

後藤均平［1957］「陳について」『中国古代の社会と文化』東京大学出版会

——［1960］「春秋時代の周と戎」『中国古代史研究』吉川弘文館

——［1967］「中国古代文明と越族」『歴史教育』15-5/6

花房卓爾［1978］「春秋時代・晋の軍制」『広島大学文学部紀要』38-2

——［1979］「春秋時代の晋の軍事組織」『広島大学文学部紀要』39

——［2000］「春秋列国出奔考」『広島大学文学部紀要』60

黄天樹［1991］『殷墟王卜辞的分類与断代』台湾文津出版社

◆同上

◆［2007］《殷墟王卜辞的分类与断代》，科学出版社 ①

黄錫全［2001］『先秦貨幣通論』紫禁城出版社

◆同上

吉本道雅［1985a］「春秋載書考」『東洋史研究』43-4

——［1985b］「晋国出土載書考」『古史春秋』2

——［1986］「春秋国人考」『史林』69-5

——◆［1995］徐世虹译：《春秋国人考》，收于刘俊文主编《日本中青年学者论中国史》（上古秦汉卷），上海古籍出版社

——［1987］「史記原始（一）西周期・東遷期」『古史春秋』4

——［1988］「史記述春秋経伝小考」『史林』71-6

——［1989］「国語小考」『東洋史研究』48-3

——［1990a］「春秋斉覇考」『史林』73-2

——［1990b］「周室東遷考」『東洋学報』71-3/4

——［1990c］「春秋事語考」『泉屋博古館紀要』6

——［1992］「檀弓考」『古代文化』44-5

——［1993］「春秋晋覇考」『史林』76-3

——［1994］「春秋五等爵考」『東方学』87

——［1995a］「春秋世族考」『東洋史研究』53-4

——［1995b］「楚史研究序説」『立命館文学』541

——［1995c］「秦史研究序説」『史林』78-3

——［1995d］「曲礼考」『中国古代礼制研究』京都大学人文科学研究所

——［1996］「史記原始——戦国期」『立命館文学』547

① 译者按：此版相比旧版增加了注释和说明。此条承郭永秉告知，谨致谢意。

——［1997］「楚公冡鐘の周辺」『泉屋博古館紀要』13

——［1998a］「三晋成立考」『春秋戦国交代期の政治社会史的研究』科研費報告書

——［1998b］「秦趙始祖伝説考」『立命館東洋史学』21

——［1998c］「史記戦国紀年考」『立命館文学』556

——［2000a］「先秦王侯系譜考」『立命館文学』565

——［2000b］「呉系譜考」『立命館文学』563

——［2002］「左伝成書考」『立命館東洋史学』25

——［2003］「春秋国人再考」『立命館文学』578

——［2005］「先秦」『中国の歴史（上）古代—中世』昭和堂

江村知朗［2002］「春秋時代の「国際」秩序について」『集刊東洋学』87

江村治樹［1989］「戦国時代の都市とその支配」『東洋史研究』48-2（同［2000］所収）

◆［1995］徐世虹译:《战国时代的城市和城市统治》，收于刘俊文主编《日本中青年学者论中国史》，上海古籍出版社

——［1994］「変貌する古代国家——春秋・戦国時代」『アジアの歴史と文化』1，同朋舎出版

——［1995］「呉越の興亡」『日中文化研究』7

——［2000］『春秋戦国秦漢時代出土文字資料の研究』汲古書院

——［2001］「春秋時代盟誓参加者の地域的特質」『名古屋大学東洋史研究室報告』25

江頭廣［1970］『姓考——周代の家族制度』風間書房

——［1977］『先秦官職資料』佐賀大学教育学部国語国文学会

——［1987］『左伝民俗考』二松学舎大学出版部

——［1992］『古代中国の民俗と日本——『春秋左氏伝』に見る民俗資料から』雄山閣出版

久富木成大［1986］「『春秋左氏伝』における“免”字の用法と刑鼎の公開」『金沢大学教養部論集（人文科学篇）』23-2

李零［1993］『中国方術考』人民中国出版社

◆同上

◆［2001］《中国方术考（修订本）》，东方出版社

◆［2006］《中国方术正考》，中华书局

李学勤［1957］「戦国題銘概述（上）（中）（下）」『文物』1957.7—9

◆同上

◆［2008］《战国题铭概述》，收于李学勤《李学勤早期文集》，河北教育出版社

——［1984a］「兮甲盤与駒父盨——論西周末年周朝与淮夷的関係」『西周史研究』人文雑誌叢刊

——◆同上

——［1984b］『東周与秦代文明』文物出版社（1991 年増訂版）

——◆同上

——［1990（原書 1985）］小幡敏行訳『中国古代漢字学の第一歩』凱風社

——◆［1985］《古文字学初阶》，中华书局

——・彭裕商［1996］『殷墟甲骨分期研究』上海古籍出版社

——・◆同上

鎌田正［1963］『左伝の成立と其の展開』大修館書店

林巳奈夫［1984］『殷周時代青銅器の研究——殷周青銅器綜覧一』吉川弘文館

◆［2017］广濑薰雄、近藤晴香译，郭永秉润文：《殷周青铜器综览（第一卷）》，上海古籍出版社

——［1989］『春秋戦国時代青銅器の研究——殷周青銅器綜覧三』吉川弘文館

——◆［2022］广濑薰雄、近藤晴香译，郭永秉润文：《殷周青铜器综览（第三卷）》，上海古籍出版社

林澐［1984］「小屯南地発掘与殷虚甲骨断代」『古文字研究』9，中華書局

◆同上

茂沢方尚［1982］「番と沈尹氏」『駒沢史学』29

木村英一［1971］『孔子と論語』創文社

木村正雄［1958］「中国の古代専制主義とその基礎」『歴史学研究』217

◆［1993］索介然译：《中国古代专制主义的基础条件（节译）》，收于刘

俊文主编《日本学者研究中国史论著选译》(第三卷：上古秦汉)，中华书局

——［2003］『新訂版　中国古代帝国の形成——特にその成立の基礎条件』比較文化研究所

籾山明［1980］「法家以前——春秋期における刑と秩序」『東洋史研究』39-2

◆［2003］徐世虹译:《法家以前——春秋时期的刑与秩序》，收于籾山明主编《中国法制史考证・丙编：日本学者考证中国法制史重要成果选译》(第一卷：通代先秦秦汉卷)，中国社会科学出版社

◆［2016］徐世虹译:《法家以前——春秋时期的刑与秩序》，收于杨一凡、寺田浩明主编《日本学者中国法制史论著选・先秦秦汉卷》，中华书局

——［1988］「春秋訴訟論」『法制史研究』37

——［1994］「春秋・戦国の交」『古代文化』46-11

彭裕商［1994］『殷墟甲骨断代』中国社会科学出版社

◆同上

——［2003］「西周金文中的「賈」」『考古』2003.2

——◆同上

平勢隆郎［1988］『春秋晋国『侯馬盟書』字体通覧』東京大学東洋文化研究所

——［1995］『新編史記東周年表——中国古代紀年の研究序章』東京大学東洋文化研究所

——［1998］『左伝の史料批判的研究』東京大学東洋文化研究所

浅野裕一［1997］『孔子神話——宗教としての儒教の形成』岩波書店

——［2001］「『春秋』の成立時期——平勢説の再検討」『中国研究集刊』29

裘錫圭［1991］「西周銅器銘文中的「履」」『甲骨文与殷商史』3，上海古籍出版社

◆同上

杉本憲司［1986］『中国古代を掘る——城郭都市の発展』中央公論社

山田崇仁［1997］「淅川下寺春秋楚墓考」『史林』80-4

——［1998］「春秋楚覇考——楚の対中原戦略」『立命館文学』554

——［2001］「『世本』と『国語』韋昭注引系譜資料について——N-gram統計解析法による分析」『立命館史学』22

——［2004］「歴史記録としての『春秋』——N-gram 統計解析法による分析」『中国古代史論叢』立命館東洋史学会

山田統［1981］「衛の政治的困阸と元晅の提訴」『山田統著作集』1，明治書院

上海博物館商周青銅器銘文選編写組［1986—1990］『商周青銅器銘文選』文物出版社

◆同上

上原淳道［1993］『上原淳道中国史論集』汲古書院

手塚隆義［1961］「中国の虞と蛮夷の呉」『史苑』22-1

水野卓［2002］「春秋時代の君主」『史学』71-2/3

松本光雄［1952］「中国古代の邑と民・人との関係」『山梨大学学芸学部研究報告』3

——［1953］「中国古代社会における分邑と宗と賦について」『山梨大学学芸学部研究報告』4

——［1956］「中国古代の「室」について」『史学雑誌』65-8

松井嘉徳［1992］「鄭の七穆」『古代文化』44-1

——［2002］『周代国制の研究』汲古書院

松木民雄［1981］「左伝士義釈例——四民分業の一端として」『文化』44-3/4

——［1990］「先秦時代における商業観の変移」『東北大学東洋史論集』4

——［1991］「左伝における商と賈」『集刊東洋学』66

松丸道雄［1977］「西周青銅器製作の背景——周金文研究・序章」『東京大学東洋文化研究所紀要』72（同編［1980］所収）

——［1984］「殷・周青銅器と金文の製作技法について」『出光美術館館報』47

——［1988］「「甲骨文」における「書体」とは何か」『書道研究』1988.12

——［1990］「殷周金文の製作技法について」『中国法書ガイド 1 甲骨文・金文』二玄社

——編［1980］『西周青銅器とその国家』東京大学出版会

孫稚雛［1981］『金文著録簡目』中華書局

◆同上

太田幸男［1969］「斉の田氏について——春秋末期における邑制国家体制崩壊の一側面」『歴史学研究』350

◆［1995］路英勇节译:《田齐的建立》,《管子学刊》1995年第1期

——［1975］「商鞅変法の再検討」『歴史学研究別冊特集　歴史における民族の形成』

藤田勝久［1997］『史記戦国史料の研究』東京大学出版会

◆［2008］曹峰、广瀨薫雄译:《〈史记〉战国史料研究》, 上海古籍出版社

田上泰昭［1981］「春秋左氏伝の結末と越記事——蛮夷の覇者への対応」『竹内照夫博士古稀記念中国学論文集』同刊行会

田中柚美子［1974］「晋をめぐる狄について」『中国古代史研究』4, 吉川弘文館

——［1975］「晋と戎狄」『國學院雑誌』76-3

尾形勇［1979］『中国古代の「家」と国家』岩波書店

◆［2010］张鹤泉译:《中国古代的“家”与国家》, 中华书局

五井直弘［1982］「城市の形成と中央集権体制」『歴史学研究別冊特集　民衆の生活文化と変革主体』(同［2002］所収)

——［2002］『中国古代の城郭都市と地域支配』名著刊行会

西嶋定生［1949］「中国古代帝国形成の一考察——漢の高祖とその功臣」『歴史学研究』141（同［1983］所収）

——［1950］「古代国家の権力構造」歴史学研究会編『国家権力の諸段階』岩波書店（同［1983］所収）

——［1961］『中国古代帝国の形成と構造——二十等爵制の研究』東京大学出版会

——◆［1993］高明士节译:《关于中国古代社会结构特质的问题所在》, 收于刘俊文主编《日本学者研究中国史论著选译》(第二卷：专论), 中华书局

——◆［2004］武尚清译:《中国古代帝国的形成与结构：二十等爵制研究》, 中华书局

——［1983］『中国古代国家と東アジア世界』東京大学出版会

——◆［1993］高明士节译:《中国古代帝国形成史论》, 收于刘俊文主编

《日本学者研究中国史论著选译》(第二卷：专论)，中华书局

——◆［1993］高明士节译：《东亚世界的形成》，收于刘俊文主编《日本学者研究中国史论著选译》(第二卷：专论)，中华书局

相原俊二［1969］「春秋期に至る燕の変遷——燕国考，その2」『中国古代史研究』3，吉川弘文館

——［1975］「五霸の成立について(その1)」『東洋大学文学部紀要(史学科篇)』1

小倉芳彦［2003a］「春秋左氏伝研究」『小倉芳彦著作選』3，論創社

——［2003b］「古代中国を読む」『小倉芳彦著作選』1，論創社

——訳［1988—1989］『春秋左氏伝』岩波書店

小林伸二［1989a］「春秋時代の滅国について」『中国古代史研究』6，研文出版

——［1989b］「黄君孟夫婦墓と黄国」『鴨台史論』2

——［2002］「元咺の立場」『国士舘大学教養論集』52

小野沢精一［1982］『中国古代説話の思想史的考察』汲古書院

小澤正人・谷豊信・西江清高［1999］『中国の考古学』同成社

楊寛［1980］『戦国史(増訂版)』上海人民出版社(1955年初版。台湾商務印書館1997年再増訂版)

◆同上

◆［2003］《战国史(增订版)》，上海人民出版社

◆［2016］《战国史(增订版)》，上海人民出版社

野間文史［1972］「春秋時代における楚国の世族と王権」『哲学』(広島哲学会)24

——［1989］『春秋正義の世界』溪水社

伊藤道治［1963］「先秦時代の都市」『研究』(神戸大学)30

——［1968］「春秋会盟地理考——両周地理考の二」『田村博士頌寿東洋史論叢』同記念事業会

影山剛［1979］「中国古代における都市と商工業」『歴史学研究』471(同［1984］所収)

——［1984］『中国古代の商工業と専売制』東京大学出版会

——◆［1993］黄金山译：《西汉的盐专卖制》，收于刘俊文主编《日本学者研究中国史论著选译》（第三卷：上古秦汉），中华书局

宇都宮清吉［1951］「西漢時代（紀元前二世紀間）の都市について」『東方学』2（同［1955］所収）

——［1955］『漢代社会経済史研究』弘文堂

——［1963］「管子弟子職篇によせて——古代専制体制と社会集団との関係に就いての考察」『名古屋大学文学部論集』29（同［1977］所収）

——◆［1993］黄金山节译：《〈管子・弟子职篇〉探研》，收于刘俊文主编《日本学者研究中国史论著选译》（第三卷：上古秦汉），中华书局

——［1977］『中国古代中世史研究』創文社

宇都木章［1965］「西周諸侯系譜試論」『中国古代史研究』2，吉川弘文館

——［1969］「春秋時代の宋の貴族政治」『古代学』16-1

——［1979］「輿人考」『三上次男博士頌寿記念東洋史・考古学論集』同編集委員会

——［1983］「春秋時代の莒国墓とその鐘銘——莒魯交争始末」『佐久間重男教授退休記念中国史・陶磁史論集』燎原書店

——［1984］「『春秋左伝』に見える鄫国について」『青山史学』8

——［1985］「曾侯乙墓について」『三上次男博士喜寿記念論文集・歴史篇』平凡社

増淵龍夫［1951］「漢代における民間秩序の構造と任俠的習俗」『一橋論叢』26-5（同［1996］所収］

◆［2017］吕静译：《汉代民间秩序的结构及其任侠习俗》，收于增渊龙夫《中国古代的社会与国家》，上海古籍出版社

——［1955a］「戦国秦漢時代における集団の「約」について」東方学会編『東方学論集』3（同［1996］所収］

——◆［2003］徐世虹译：《战国秦汉时期的集团之“约”》，收于籾山明主编《中国法制史考证・丙编：日本学者考证中国法制史重要成果选译》（第一卷：通代先秦秦汉卷），中国社会科学出版社

——◆［2016］徐世虹译：《战国秦汉时期的集团之“约”》，收于杨一凡、寺田浩明主编《日本学者中国法制史论著选・先秦秦汉卷》，中华书局

——◆［2017］吕静译:《关于战国秦汉时代集团之约》，收于增渊龙夫《中国古代的社会与国家》，上海古籍出版社

——［1955b］「戦国官僚制の一性格」『社会経済史学』21-3（同［1996］所収）

——◆［2017］吕静译:《战国官僚制的性格》，收于增渊龙夫《中国古代的社会与国家》，上海古籍出版社

——［1957］「先秦時代の山林藪沢と秦の公田」中国古代史研究会編『中国古代の社会と文化』(同［1996］所収）

——◆［2017］吕静译:《先秦时代的山林薮泽及秦的公田》，收于增渊龙夫《中国古代的社会与国家》，上海古籍出版社

——［1958］「先秦時代の封建と郡県」『一橋大学研究年報　経済学研究』2（同［1996］所収）

——◆［2017］吕静译:《先秦时代的封建与郡县》，收于增渊龙夫《中国古代的社会与国家》，上海古籍出版社

——［1962］「所謂東洋的専制主義と共同体」『一橋論叢』47-3（同［1996］所収）

——◆［2017］吕静译:《所谓东方专制主义与共同体》，收于增渊龙夫《中国古代的社会与国家》，上海古籍出版社

——［1970］「春秋戦国時代の社会と国家」『岩波講座世界歴史』4

——［1996］『新版　中国古代の社会と国家』岩波書店

——◆［2017］吕静译:《中国古代的社会与国家》，上海古籍出版社

斎藤（安倍）道子［1979］「春秋前期における楚の対外発展——『左伝』を中心に」『東海大学紀要（文学部）』32

——［1984］「春秋楚国の申県・陳県・蔡県をめぐって」『東海大学紀要（文学部）』41

——［1991］「春秋時代における統治権と宗廟」『中国の歴史と民俗　伊藤清司先生退官記念論文集』第一書房

——［1992］「春秋時代の婚姻」『東海大学文明研究所紀要』12

中国社会科学院考古研究所［1984—1990］『殷周金文集成』中華書局

◆同上

周法高編［1974—1977］『金文詁林』香港中文大学

◆同上

——編［1982］『金文詁林補』台湾「中研院」歴史語言研究所

——◆同上

滋賀秀三［1976］「中国上代の刑罰についての一考察」『石井良助先生還暦祝賀法制史論集』創文社

◆［1992］姚荣涛译:《中国上古刑罚考——以盟誓为线索》，收于刘俊文主编《日本学者研究中国史论著选译》，中华书局

◆［2003］徐世虹译:《中国上古刑罚考——以盟誓为线索》，收于籾山明主编《中国法制史考证・丙编：日本学者考证中国法制史重要成果选译》(第一卷：通代先秦秦汉卷)，中国社会科学出版社

◆［2016］姚荣涛译:《中国上古刑罚考——以盟誓为线索》，收于杨一凡、寺田浩明主编《日本学者中国法制史论著选・先秦秦汉卷》，中华书局

——［1989］「左伝に現れる訴訟事例の解説」『国家学会雑誌』102-1/2

佐藤三千夫［1973］「晋の文公即位をめぐって——とくに三軍成立との関連において」『白山史学』17

——［1982］「晋の三行について」『白山史学』20

——［1989］「春秋時代の晋の卿について」『中国古代史研究』6，研文出版

——［1992］「春秋時代の晋の公族と公族大夫について」『青山史学』13

佐原康夫［1984］「戦国時代の府・庫について」『東洋史研究』43-1(同［2002］所収)

——［2002］『漢代都市機構の研究』汲古書院

Crump，J. I.［1964］*Intrigues: Studies of the Chan-kuo Ts'e*，Ann Arbor：University of Michigan Press.

第二章　秦・汉

阿部幸信［2004］「漢帝国の内臣・外臣構造形成過程に関する一試論——主に印綬制度よりみたる」『歴史学研究』784

◆［2014］《西汉时期内外观的变迁：印制的视角》，《浙江学刊》2014年第3期

安作璋・熊鉄基［1984—1985］『秦漢官制史稿』上・下，斉魯書社

◆同上

◆［2007］《秦汉官制史稿》，齐鲁书社

板野長八［1995］『儒教成立史の研究』岩波書店

浜口重国［1936］「漢代に於ける強制労働刑その他」『東洋学報』23-2（同［1966］所収）

——［1937］「漢代の笞刑に就いて」『東洋学報』24-2（同［1966］所収）

——［1938］「漢代の釱趾刑と曹魏の刑名」『東洋学報』25-4（同［1966］所収）

——［1942］「漢代に於ける地方官の任用と本籍地との関係」『歴史学研究』101（同［1966］所収）

——［1943］「漢碑に見えたる守令・守長・守尉等の官に就いて」『書苑』7-1（同［1966］所収）

——［1966］『秦漢隋唐史の研究』上・下，東京大学出版会

保科季子［1998］「前漢後半期における儒家礼制の受容——漢的伝統との対立と皇帝観の変貌」『方法としての丸山真男』青木書店

卜憲群［2002］『秦漢官僚制度』社会科学文献出版社

◆同上

布目潮渢［1955］「前漢侯国考」『東洋史研究』13-5（同［2003］所収）

——［2003］『布目潮渢中国史論集』上，汲古書院

池田温［1982］「中国歴代墓券略考」東京大学東洋文化研究所編『アジアの社会と文化』1，東京大学出版会

池田雄一［1975］「咸陽城と漢長安城——とくに漢長安城建設の経緯をめぐって」『中央大学文学部紀要（史学科）』20（同［2002］所収）

◆［2017］郑威译:《秦咸阳城与汉长安城：围绕汉长安城建设过程的讨论》，收于池田雄一《中国古代的聚落与地方行政》，复旦大学出版社

——［2002］『中国古代の聚落と地方行政』汲古書院

——◆［2017］郑威译:《中国古代的聚落与地方行政》，复旦大学出版社

川勝義雄［1950］「貴族政治の成立」『史林』33-4（同［1982］所収）

◆［2008］徐谷芃、李济沧译:《贵族政治的成立》，收于川胜义雄《六朝

贵族制社会研究》，上海古籍出版社

——［1967］「漢末のレジスタンス運動」『東洋史研究』25-4（同［1982］所収）

——◆［2008］徐谷芃、李济沧译：《汉末的抵抗运动》，收于川胜义雄《六朝贵族制社会研究》，上海古籍出版社

——［1974］『中国の歴史 3　魏晋南北朝』講談社（講談社学術文庫，2003 年）

——［1982］『六朝貴族制社会の研究』岩波書店

——◆［2008］徐谷芃、李济沧译：《六朝贵族制社会研究》，上海古籍出版社

大島利一他［1960］『世界の歴史 3　東アジア文明の形成』筑摩書房

大庭脩［1970］「漢王朝の支配機構」『岩波講座世界歴史』4（同［1982］所収］

——［1977］『図説中国の歴史 2　秦漢帝国の威容』講談社

——［1982］『秦漢法制史の研究』創文社

——◆［1991］林剑鸣、王子今、黄小芬、田旭东、张懋镕、周苏平、刘夫德译：《秦汉法制史研究》，上海人民出版社

——◆［2003］徐世虹节译：《汉律中的“不道”概念》，收于籾山明主编《中国法制史考证・丙编：日本学者考证中国法制史重要成果选译》(第一卷：通代先秦秦汉卷)，中国社会科学出版社

——◆［2016］徐世虹节译：《汉律中的“不道”概念》，收于杨一凡、寺田浩明主编《日本学者中国法制史论著选・先秦秦汉卷》，中华书局

——◆［2017］徐世虹、赵晶、陈鸣、齐伟玲、朱潇、陈迪译：《秦汉法制史研究》，中西书局

——［1984］『木簡学入門』講談社学術文庫

——［1995］「武威旱灘坡出土の王杖簡」『史泉』82

——◆［2017］徐世虹译：《武威旱滩坡出土的王杖简》，收于大庭脩《秦汉法制史研究》，中西书局

大淵忍爾［1991］『初期の道教——道教史の研究　其の一』創文社

稲葉一郎［1978］「秦始皇の貨幣統一について」『東洋史研究』37-1

◆［1986］王广琦、李应桦译：《关于秦始皇统一货币的问题》，《河北师大学报》1984 年第 4 期

——［1984］「漢代の家族形態と経済変動」『東洋史研究』43-1

——［1987］「漢代における民間秩序の形成——いわゆる豪族を中心とする」川勝義雄・礪波護編『中国貴族制社会の研究』京都大学人文科学研究所

東晋次［1995］『後漢時代の政治と社会』名古屋大学出版会

◆［2023］付晨晨、薛梦潇、刘莹译：《东汉时代的政治与社会》，上海古籍出版社

——［1997］「中国古代の社会的結合——任侠的習俗論の現在」『中国史学』7

——［2003a］『王莽——儒家の理想に憑かれた男』白帝社

——◆［2021］李天蛟、臧鲁宁译：《王莽——儒家理想的信徒》，四川人民出版社

——［2003b］「漢代爵制論をめぐる諸問題」『日本秦漢史学会会報』4

渡辺信一郎［1986］『中国古代社会論』青木書店

◆［2023］徐冲、刘艺颖译：《中国古代社会论》，复旦大学出版社

——［1989］「漢代の財政運営と国家的物流」『京都府立大学学術報告（人文）』41

——◆［1995］徐世虹译：《汉代的财政运作和国家物流》，收于刘俊文主编《日本中青年学者论中国史》（上古秦汉卷），上海古籍出版社

渡邉義浩［1995］『後漢国家の支配と儒教』雄山閣出版

渡部武［1983］「漢代の画像に見える市」『東海史学』18

——［1987］「『四民月令』に見える後漢時代の豪族の生活」同訳注『四民月令——漢代の歳時と農事』平凡社東洋文庫

——［1991］『画像が語る中国の古代』平凡社

多田狷介［1965］「漢代の地方商業について——豪族と小農民の関係を中心に」『史潮』92（同［1999］所収）

——［1966］「漢代の豪族」『歴史教育』14-5（同［1999］所収）

——［1999］『漢魏晋史の研究』汲古書院

福井重雅［1967］「儒教成立史上の二三の問題——五経博士の設置と董仲舒の事蹟に関する疑義」『史学雑誌』76-1（同［2005］所収）

——［1988］『漢代官吏登用制度の研究』創文社

——［1994］「六経・六芸と五経——漢代における五経の成立」『中国史学』4（同［2005］所収）

——［1996］「読『塩鉄論』芻議」『早稲田大学大学院文学研究科紀要』42-4

——［1997］「董仲舒の対策の基礎的研究」『史学雑誌』106-2（同［2005］所収）

——［2005］『漢代儒教の史的研究——儒教の官学化をめぐる定説の再検討』汲古書院

冨谷至［1979］「「儒教の国教化」と「儒学の官学化」」『東洋史研究』37-4

——［1992］「王杖十簡」『東方学報』64

——◆［2003］徐世虹译:《王杖十简》，收于籾山明主编《中国法制史考证・丙编：日本学者考证中国法制史重要成果选译》(第一卷：通代先秦秦汉卷)，中国社会科学出版社

——◆［2016］徐世虹译:《王杖十简》，收于杨一凡、寺田浩明主编《日本学者中国法制史论著选・先秦秦汉卷》，中华书局

——［1995］『古代中国の刑罰——髑髏が語るもの』中央公論社

——［1998］『秦漢刑罰制度の研究』同朋舎出版

——◆［2006］柴生芳、朱恒晔译:《秦汉刑罚制度研究》，广西师范大学出版社

——［2003］『木簡・竹簡の語る中国古代——書記の文化史』岩波書店

——◆［2007］刘恒武译:《木简竹简述说的古代中国——书写材料的文化史》，人民出版社

——［2014］『木簡・竹簡の語る中国古代——書記の文化史（増補新版）』岩波書店

——◆［2021］刘恒武译:《木简竹简述说的古代中国——书写材料的文化史（增补新版）》，中西书局

——編［2003］『辺境出土木簡の研究』朋友書店

冨田健之［1986］「内朝と外朝——漢朝政治構造の基礎的考察」『新潟大学教育学部紀要（人文・社会科学編）』27-2

——［1994］「大司馬大将軍霍光」『新潟大学教育学部紀要（人文・社会科学編）』35-2

——［1995］「前漢中期の政治構造と「霍氏政権」」『新潟史学』35

工藤元男［1998］『睡虎地秦簡よりみた秦代の国家と社会』創文社

◆［2010］曹峰、广濑薰雄译：《睡虎地秦简所见秦代国家与社会》，上海古籍出版社

宮崎市定［1933］「古代中国賦税制度」『史林』18-2/3/4（同［1991a］所収）

——［1934］「游俠に就て」『歴史と地理』34-4/5（同［1991b］所収）

——［1991a］『宮崎市定全集 3　古代』岩波書店

——◆［2017］张学锋、马云超节译：《中国聚落形态的变迁——关于邑、国、乡、亭、村的考察》，收于宫崎市定《宫崎市定亚洲史论考》（中），上海古籍出版社

——◆［2017］张学锋、马云超节译：《中国上古的都市国家及其墓地——“商邑”何在》，收于宫崎市定《宫崎市定亚洲史论考》（中），上海古籍出版社

——◆［2017］张学锋、马云超节译：《战国时期的都市》，收于宫崎市定《宫崎市定亚洲史论考》（中），上海古籍出版社

——◆［2017］张学锋、马云超节译：《中国古代的天、命及天命思想——孔子到孟子革命思想的发展》，收于宫崎市定《宫崎市定亚洲史论考》（中），上海古籍出版社

——◆［2017］张学锋、马云超节译：《东洋的古代》，收于宫崎市定《宫崎市定亚洲史论考》（中），上海古籍出版社

——［1991b］『宮崎市定全集 5　史記』岩波書店

——◆［2018］马云超节译：《宫崎市定解读〈史记〉》，中信出版社

宮宅潔［1998］「秦漢時代の裁判制度——張家山漢簡『奏讞書』より見た」『史林』81-2

◆［2003］徐世虹译：《秦汉时期的审判制度——张家山汉简〈奏谳书〉所见》，收于籾山明主编《中国法制史考证・丙编：日本学者考证中国法制史重要成果选译》（第一卷：通代先秦秦汉卷），中国社会科学出版社

◆［2016］徐世虹译：《秦汉时期的审判制度——张家山汉简〈奏谳书〉所见》，收于杨一凡、寺田浩明主编《日本学者中国法制史论著选・先秦秦汉卷》，

中华书局

古賀登［1980］『漢長安城と阡陌・県郷亭里制度』雄山閣出版

谷川道雄［1976］『中国中世社会と共同体』国書刊行会

——◆［1993］邱添生节译:《中国的中世》，收于刘俊文主编《日本学者研究中国史论著选译》(第二卷：专论)，中华书局

——◆［2002］马彪译:《中国中世社会与共同体》，中华书局

——◆［2013］马彪译:《中国中世社会与共同体（增订本）》，上海古籍出版社

関口順［2000］「「儒教国教化」論への異議」『中国哲学』29

好並隆司［1978］『秦漢帝国史研究』未来社

鶴間和幸［1978］「漢代豪族の地域的性格」『史学雑誌』87-12

——［1989］「漢代皇帝陵・陵邑・成国渠調査記」『古代文化』41-3

——［1991］「秦漢比較都城論——咸陽・長安城の建設プランの継承」『茨城大学教養部紀要』23

——［2004］『中国の歴史03　ファーストエンペラーの遺産　秦漢帝国』講談社

——◆［2014］马彪译:《始皇帝的遗产：秦汉帝国》，广西师范大学出版社

護雅夫［1974］『李陵』中央公論社（中公文庫，1992年）

吉川忠夫［1986］『中国の英傑1　秦の始皇帝』集英社（講談社学術文庫，2002年）

吉田虎雄［1942］『両漢租税の研究』大阪屋号書店（大安，1966年再版）

加藤繁［1919］「漢代に於ける国家財政と帝室財政の区別並に帝室財政一斑」『東洋学報』8-1，9-1、2（同［1952］所収）

◆［1959］吴杰译:《汉代国家财政和帝室财政的区别以及帝室财政的一斑》，收于加藤繁《中国经济史考证》(第一卷)，商务印书馆

◆［1975］吴杰译:《汉代国家财政和帝室财政的区别以及帝室财政的一斑》，收于加藤繁《中国经济史考证》(卷一)，台湾华世出版社

◆［1991］吴杰译:《汉代国家财政和帝室财政的区别以及帝室财政的一斑》，收于加藤繁《中国经济史考证》(卷一)，台湾稻乡出版社

◆［1993］孔繁敏译:《汉代的国家财政和帝室财政的区别及帝室财政一斑》，收于刘俊文主编《日本学者研究中国史论著选译》(第三卷：上古秦汉)，中华书局

◆［2012］吴杰译:《汉代国家财政和帝室财政的区别以及帝室财政的一斑》，收于加藤繁《中国经济史考证》(上)，中华书局

——［1952］『支那経済史考証』上，東洋文庫

——◆［1959］吴杰译:《中国经济史考证》(第一卷)，商务印书馆

——◆［1975］吴杰译:《中国经济史考证》(卷一)，台湾华世出版社

——◆［1991］吴杰译:《中国经济史考证》(卷一)，台湾稻乡出版社

——◆［2012］吴杰译:《中国经济史考证》(上)，中华书局

加藤謙一［1998］『匈奴「帝国」』第一書房

金子修一［1982］「漢代の郊祀と宗廟と明堂及び封禅」『東アジア世界における日本古代史講座』9，学生社（同［2001］所収）

◆［2017］肖圣中、吴思思、王曹杰译:《汉代的郊祀、宗庙、明堂与封禅》，收于金子修一《古代中国与皇帝祭祀》，复旦大学出版社

——［1998］「中国古代の即位儀礼の場所について」『山梨大学教育学部研究報告（人文社会科学系）』49（同［2001］所収）

——◆［2017］肖圣中、吴思思、王曹杰译:《中国古代即位礼仪的场所》，收于金子修一《古代中国与皇帝祭祀》，复旦大学出版社

——［2001］『古代中国と皇帝祭祀』汲古書院

——◆［2017］肖圣中、吴思思、王曹杰译:《古代中国与皇帝祭祀》，复旦大学出版社

堀敏一［1975］『均田制の研究』岩波書店

◆［1984］韩国磐、林立金、李天送、韩昇译:《均田制的研究》，福建人民出版社

——［1982］「漢代の七科謫とその起源」『駿台史学』57（同［1987］所収）

——［1987］『中国古代の身分制——良と賤』汲古書院

——［1988］「中国古代の市」『栗原益男先生古稀記念論集　中国古代の法と社会』同記念会（同［1996］所収）

——［1989］「中国古代の家と戸」『明治大学人文科学研究所紀要』27（同

［1996］所収）

——［1996］「中国古代の家族形態」同『中国古代の家と集落』汲古書院

——［2000］『中国通史——問題史としてみる』講談社学術文庫

——◆［2015］邹双双译：《中国通史：问题史试探》，社会科学文献出版社

——［2004］『漢の劉邦——ものがたり漢帝国成立史』研文出版

李開元［2000］『漢帝国の成立と劉邦集団——軍功受益階層の研究』汲古書院

◆［2000］《汉帝国的建立与刘邦集团——军功受益阶层研究》，生活・读书・新知三联书店

栗原朋信［1960］「文献にあらわれたる秦漢璽印の研究」同『秦漢史の研究』吉川弘文館

——［1970］「漢帝国と周辺諸民族」『岩波講座世界歴史』4（同［1978］所収）

——［1972］「秦と漢初の「皇帝」号について」『東方学論集　東方学会創立二十五周年記念』（同［1978］所収）

——［1978］『上代日本対外関係の研究』吉川弘文館

鎌田重雄［1962］『秦漢政治制度の研究』日本学術振興会

——［1968］「漢代の尚書官——領尚書事と録尚書事とを中心として」『東洋史研究』26-4

林巳奈夫［1989］『漢代の神神』臨川書店

——［1992a］『石に刻まれた世界』東方書店

——◆［2010］唐利国译：《刻在石头上的世界》，商务印书馆

——［1992b］『中国古代の生活史』吉川弘文館

——編［1976］『漢代の文物』京都大学人文科学研究所（朋友書店，1996年新版）

劉昭瑞［2001］『漢魏石刻文字繫年』台湾新文豊出版公司

◆同上

馬大英［1983］『漢代財政史』中国財政経済出版社

◆同上

米田賢次郎［1989］『中国古代農業技術史研究』同朋舎出版

木村正雄［1965］『中国古代帝国の形成——特にその成立の基礎条件』不昧堂書店（比較文化研究所，2003 年新訂版）

——［1979］『中国古代農民「叛乱」の研究』東京大学出版会

牧野巽［1932］「西漢の封建相続法」『東方学報』（東京）3（同［1979］所収）

——［1942］「漢代の家族形態」『東亜学』4—5（同［1979］所収）

——［1950］「中国古代の家族は経済的自給自足体に非ず——中国古代貨幣経済の発展」『社会科学評論』5（同［1985］所収）

——［1953］「中国古代貨幣経済の衰退過程」一橋大学社会学部論文集『社会と文化の諸相』如水書房（同［1985］所収）

——［1979］『牧野巽著作集』1，御茶の水書房

——［1985］『牧野巽著作集』6，御茶の水書房

楠山修作［1976］『中国古代史論集』私家版

——［1997］「女子百戸牛酒について」『東洋文化学科年報』（追手門学院大学）12（同［2001］所収）

——［2001］『中国史論集』朋友書店

籾山明［1985a］「秦の裁判制度の復元」林巳奈夫編『戦国時代出土文物の研究』京都大学人文科学研究所

◆［1995］徐世虹译:《秦代审判制度的复原》，收于刘俊文主编《日本中青年学者论中国史》（上古秦汉卷），上海古籍出版社

——［1985b］「爵制論の再検討」『新しい歴史学のために』178

——［1994］『中国歴史人物選 1　秦の始皇帝——多元世界の統一者』白帝社

——［1995］「秦漢刑罰史研究の現状」『中国史学』5

——◆［2010］李力译:《秦汉刑罚史的研究现状——以围绕刑期的争论为中心》，收于籾山明《中国古代诉讼制度研究》，上海古籍出版社

——［1999］『漢帝国と辺境社会——長城の風景』中公新書

平井正士［1941］「董仲舒の賢良対策の年次に就いて」『史潮』11-2

——［1982］「漢代に於ける儒家官僚の公卿への浸潤」『歴史における民衆と文化——酒井忠夫先生古稀祝賀記念論集』国書刊行会

平中苓次［1967］『中国古代の田制と税法』東洋史研究会

蒲慕州［1993］『墓葬与生死——中国古代宗教之省思』台湾聯経出版事業公司

◆同上

◆［2008］《墓葬与生死——中国古代宗教之省思》，中华书局

浅野裕一［1992］『黄老道の成立と展開』創文社

◆［2021］韩文译：《黄老道的形成与发展》，凤凰出版社

浅原達郎［1998］「牛不相当穀廿石」『泉屋博古館紀要』15

山本隆義［1968］『中国政治制度の研究——内閣制度の起原と発展』東洋史研究会

山田勝芳［1974］「漢代財政制度変革の経済的要因について」『集刊東洋学』31

——［1975］「王莽代の財政」『集刊東洋学』33

——［1977］「後漢の大司農と少府」『史流』18

——［1977—1978］「後漢財政制度の創設について（上）（下）」（上）は『北海道教育大学紀要』第一部 B27-2，（下）は『人文論究』38

——［1988］「前漢武帝代の三銖銭の発行をめぐって」『古代文化』40-9

——［1993］『秦漢財政収入の研究』汲古書院

——［2000］『貨幣の中国古代史』朝日新聞社

上田早苗［1972］「漢初における長者——『史記』にあらわれた理想的人間像」『史林』55-3

守屋美都雄［1962］「漢代の家族——その学説的展望」『古代史講座』6，学生社（同［1968］所収）

◆［2010］钱杭、杨晓芬译：《汉代的家族——其学史展望》，收于守屋美都雄《中国古代的家族与国家》，上海古籍出版社

——［1968］『中国古代の家族と国家』東洋史研究会

——◆［2010］钱杭、杨晓芬译：《中国古代的家族与国家》，上海古籍出版社

狩野直禎［1993］『後漢政治史の研究』同朋舎出版

水間大輔［2002］「張家山漢簡「二年律令」刑法雜考——睡虎地秦簡出土

以降の秦漢刑法研究の再検討」『中国出土資料研究』6

松浦千春［1993］「漢より唐に至る帝位継承と皇太子——謁廟の礼を中心に」『歴史』80

松丸道雄・永田英正［1985］『ビジュアル版世界の歴史 5　中国文明の成立』講談社

——他編［2001］『中国史学の基本問題 1　殷周秦漢時代史の基本問題』汲古書院

——◆［2008］佐竹靖彦主编，王诗伦、刁小龙、邢东风等译：《殷周秦汉史学的基本问题》，中华书局①

——他編［2003］『世界歴史大系　中国史』1，山川出版社

太田幸男［1974］「共同体と奴隷制——アジア」『現代歴史学の成果と課題』2，青木書店

藤田高夫［1990］「前漢後半期の外戚と官僚機構」『東洋史研究』48-4

藤田勝久［1983a］「前漢時代の漕運機構」『史学雑誌』92-12

——［1983b］「漢代における水利事業の展開」『歴史学研究』521

——◆［1995］徐世虹译：《汉代水利事业的发展》，收于刘俊文主编《日本中青年学者论中国史》（上古秦汉卷），上海古籍出版社

——［1984］「中国古代の関中開発——郡県制形成過程の一考察」『佐藤博士退休記念中国水利史論叢』

——◆［2014］王明明译：《古代中国的关中开发——对于郡县制形成过程的一次考察》，收于钞晓鸿主编《海外中国水利史研究：日本学者论集》，人民出版社

——［1995］「漢代関中の県と水利開発」森田明編『中国水利史の研究』国書刊行会

鵜飼昌男［2003］「漢代郡太守の持つ人事権について——地方長官の欠員を視点に」冨谷至編『辺境出土木簡の研究』朋友書店

汪桂海［1999］『漢代官文書制度』広西教育出版社

① 译者按：该书中译本因实际编辑工作与日文原本有所差异，主编变更为佐竹靖彦。相较日文原本，中译本删除了两篇，分别为：佐原康夫《漢代貨幣史再考》（《汉代货币史再考》）、渡部武《生活史資料としての漢代画像》（《作为生活史资料的汉代画像》）。

◆同上

王勇華［2004］『秦漢における監察制度の研究』朋友書店

尾形勇［1979］『中国古代の「家」と国家』岩波書店

◆［2010］张鹤泉译:《中国古代的“家”与国家》，中华书局

五井直弘［1960］「豪族社会の発展」『世界の歴史 3　東アジア文明の形成』筑摩書房（同［2001］所収）

——［1961］「秦漢帝国における郡県民支配と豪族」『静岡大学人文論集』12（同［2001］所収）

——［1970］「後漢王朝と豪族」『岩波講座世界歴史』4（同［2001］所収）

——［2001］『漢代の豪族社会と国家』名著刊行会

西川和文［1989］「漢代辟召制の確立」『鷹陵史学』15

——［1997］「漢代における郡県の構造について——尹湾漢墓簡牘を手がかりとして」『文学部論集』(仏教大学）81

——［1999］「漢代の儒学と国家——武帝期「官学化」議論を中心に」『史学論集』(仏教大学文学部史学科創設三十周年記念）

西嶋定生［1949］「中国古代帝国形成の一考察——漢の高祖とその功臣」『歴史学研究』141（同［1983］所収）

——［1961］『中国古代帝国の形成と構造——二十等爵制の研究』東京大学出版会

——◆［1993］高明士节译:《关于中国古代社会结构特质的问题所在》，收于刘俊文主编《日本学者研究中国史论著选译》(第二卷：专论)，中华书局

——◆［2004］武尚清译:《中国古代帝国的形成与结构——二十等爵制研究》，中华书局

——［1965］「武帝の死——『塩鉄論』の政治史的背景」『古代史講座』11，学生社（同［1983］所収）

——◆［1993］李开元译:《武帝之死》，收于刘俊文主编《日本学者研究中国史论著选译》(第三卷：上古秦汉)，中华书局

——［1970a］「皇帝支配の成立」『岩波講座世界歴史』4（同［1983］所収）

——［1970b］「序説——東アジア世界の形成」『岩波講座世界歴史』4（同［1983］所収）

——◆［1993］高明士译:《东亚世界的形成》，收于刘俊文主编《日本学者研究中国史论著选译》(第二卷：专论)，中华书局

——［1974］『中国の歴史 2　秦漢帝国』講談社（講談社学術文庫，1997 年）

——◆［2017］顾姗姗译:《秦汉帝国：中国古代帝国之兴亡》，社会科学文献出版社

——［1975］「漢代における即位儀礼——とくに帝位継承のばあいについて」『榎博士還暦記念東洋史論叢』山川出版社（同［1983］所収）

——［1981］『中国古代の社会と経済』東京大学出版会

——［1983］『中国古代国家と東アジア世界』東京大学出版会

——◆［1993］高明士节译:《中国古代帝国形成史论》，收于刘俊文主编《日本学者研究中国史论著选译》(第二卷：专论)，中华书局

——◆［1993］高明士节译:《东亚世界的形成》，收于刘俊文主编《日本学者研究中国史论著选译》(第二卷：专论)，中华书局

小嶋茂稔［1999］「戦後中国古代国家史研究における「後漢史」の位置」『中国史学』9

小南一郎［1991］『西王母と七夕伝承』平凡社

——［1994］「漢代の祖霊観念」『東方学報』(京都)66

厳耕望［1961］「秦漢地方行政制度」『中国地方行政制度史』上編，巻上，台湾「中研院」歴史語言研究所

◆同上

楊樹達［1933］『漢代婚喪礼俗考』商務印書館（上海文芸出版社，1988 年影印版）

◆同上

◆［2007］《汉代婚丧礼俗考》，上海古籍出版社

伊藤徳男［1954a］「前漢の三公について」『歴史』8

——［1954b］「前漢の九卿について」『東方学論集』1

影山剛［1979］『漢の武帝』教育社歴史新書

——［1984］『中国古代の商工業と専売制』東京大学出版会

——◆［1993］黄金山节译:《西汉的盐专卖制》，收于刘俊文主编《日本学者研究中国史论著选译》(第三卷：上古秦汉)，中华书局

永田英正［1977］「江陵鳳凰山十号漢墓出土の簡牘」『森鹿三博士頌寿記念史学論集』同朋舎出版（同［1989］所収）

◆［2007］张学锋译:《江陵凤凰山十号汉墓出土的简牍——以算钱的研究为中心》，收于永田英正《居延汉简研究》，广西师范大学出版社

——［1989］『居延漢簡の研究』同朋舎出版

——◆［1993］李大龙节译:《居延汉简所见候官试论》，收于刘俊文主编《日本学者研究中国史论著选译》(第三卷：上古秦汉)，中华书局

——◆［2007］张学锋译:《居延汉简研究》，广西师范大学出版社

宇都宮清吉［1951］「西漢時代（紀元前二世紀間）の都市について」『東方学』2（同［1955］所収）

——［1952a］「史記貨殖列伝について」『名古屋大学文学部研究論集』2（同［1955］所収）

——［1952b］「西漢の首都長安について」『東洋史研究』11-4（同［1955］所収）

——［1953］「僮約研究」『名古屋大学文学部研究論集』5（同［1955］所収）

——［1954］「劉秀と南陽」『名古屋大学文学部研究論集』8（同［1955］所収）

——◆［1993］黄金山译:《刘秀与南阳》，收于刘俊文主编《日本学者研究中国史论著选译》(第三卷：上古秦汉)，中华书局

——［1955］『漢代社会経済史研究』弘文堂

——［1959］「孝経庶人章によせて」『東洋史研究』17-4（同［1977］所収）

——［1963a］「管子弟子職篇によせて——古代専制体制と社会集団との関係に就いての考察」『名古屋大学文学部研究論集』29（同［1977］所収）

——◆［1993］黄金山译:《〈管子・弟子职篇〉探研》，收于刘俊文主编《日本学者研究中国史论著选译》(第三卷：上古秦汉)，中华书局

——［1963b］「漢代豪族論」『東方学』23（同［1977］所収）

——［1977］『中国古代中世史研究』創文社

原田正己［1963］「民俗資料としての墓券——上代中国人の死霊観の一面」『フィロソフィア』45

原宗子［1994］『古代中国の開発と環境——『管子』地員篇研究』研文出版

——［1998］「生産技術と環境」『岩波講座世界歴史 3　中華の形成と東方世界』

——◆［1999］亿里译:《中国古代生产技术与地理环境的关系》,《中国历史地理论丛》1999 年第 2 期

——［2005］『「農本」主義と「黄土」の発生——古代中国の開発と環境 2』研文出版

沢田勲［1996］『匈奴——古代遊牧帝国の興亡』東方書店

◆［2010］王庆宪、丛晓明译:《匈奴——古代游牧国家的兴亡》,内蒙古人民出版社

増淵龍夫［1951］「漢代における民間秩序の構造と任侠的習俗」『一橋論叢』26-5（同［1996］所収）

◆［1993］孔繁敏译:《汉代民间秩序的构成和任侠习俗》,收于刘俊文主编《日本学者研究中国史论著选译》(第三卷:上古秦汉),中华书局

◆［2017］吕静译:《汉代民间秩序的结构及其任侠习俗》,收于增渊龙夫《中国古代的社会与国家》,上海古籍出版社

——［1952］「漢代における国家秩序の構造と官僚」『一橋論叢』28-4（同［1996］所収）

——◆［2017］吕静译:《汉代国家秩序的结构与官僚》,收于增渊龙夫《中国古代的社会与国家》,上海古籍出版社

——［1955］「戦国秦漢時代における集団の「約」について」『東方学論集』3（同［1996］所収）

——◆［2003］徐世虹译:《战国秦汉时期的集团之"约"》,收于籾山明主编《中国法制史考证·丙编:日本学者考证中国法制史重要成果选译》(第一卷:通代先秦秦汉卷),中国社会科学出版社

——◆［2016］徐世虹译:《战国秦汉时期的集团之"约"》,收于杨一凡、寺田浩明主编《日本学者中国法制史论著选·先秦秦汉卷》,中华书局

——◆［2017］吕静译:《关于战国秦汉时代集团之约》,收于增渊龙夫《中国古代的社会与国家》,上海古籍出版社

——［1957］「先秦時代の山林藪沢と秦の公田」中国古代史研究会編『中

国古代の社会と文化』東京大学出版会（同［1996］所収）

——◆［2017］吕静译:《先秦时代的山林薮泽及秦的公田》，收于增渊龙夫《中国古代的社会与国家》，上海古籍出版社

——［1960a］『中国古代の社会と国家——秦漢帝国成立過程の社会史的研究』弘文堂

——［1960b］「後漢党錮事件の史評について」『一橋論叢』44-6（同［1996］所収）

——◆［2017］吕静译:《后汉党锢事件的历史评说》，收于增渊龙夫《中国古代的社会与国家》，上海古籍出版社

——［1962］「所謂東洋的専制主義と共同体」『一橋論叢』47-3（同［1996］所収）

——◆［2017］吕静译:《所谓东方专制主义与共同体》，收于增渊龙夫《中国古代的社会与国家》，上海古籍出版社

——［1996］『新版　中国古代の社会と国家』岩波書店

——◆［2017］吕静译:《中国古代的社会与国家》，上海古籍出版社

張建国［1996］冨谷至訳「前漢文帝刑法改革とその展開の再検討」『古代文化』48-10（同［1997］所収）

◆［1999］《前汉文帝刑法改革及其展开的再探讨》，收于张建国《帝制时代的中国法》，法律出版社

——［1997］『中国法系的形成与発達』北京大学出版社

——◆同上

紙屋正和［1982a］「前漢郡県統治制度の展開について——その基礎的考察（上）（下）」『福岡大学人文論叢』13-4，14-1

——［1982b］「前漢時代の郡・国の守・相の支配権の強化について」『東洋史研究』41-2

——◆［2016］朱海滨译:《武帝时期郡、国的守、相职权强化》，收于纸屋正和《汉代郡县制的展开》，复旦大学出版社

——［1997］「尹湾漢墓簡牘と上計・考課制度」『福岡大学人文論叢』29-2

——◆［2016］朱海滨译:《尹湾汉墓简牍和上计、考课制度》，收于纸屋正和《汉代郡县制的展开》，复旦大学出版社

——［2000］「前漢列侯国の官制——尹湾漢墓簡牘を手がかりに」『福岡大学人文論叢』31-4

中田薫［1952］「支那における律令法系の発達について」『比較法雑誌』1-4（同［1964］所収）

◆［2004］何勤华译：《论支那律令法系的发达——兼论汉唐间的律学》，收于何勤华编《律学考》，商务印书馆

——［1964］『法制史論集』4，岩波書店

重近啓樹［1990］「秦漢の商人とその負担」『駿台史学』78（同［1999］所収）

——［1999］『秦漢税役体系の研究』汲古書院

滋賀秀三［2003］『中国法制史論集——法典と刑罰』創文社

佐藤武敏［1962］『中国古代手工業史の研究』吉川弘文館

——［1965］「漢代長安の市」『中国古代史研究』2，吉川弘文館

佐原康夫［1991］「居延漢簡に見える物資の輸送について」『東洋史研究』50-1

——［1997］「居延漢簡に見える官吏の処罰」『東洋史研究』56-3

——［2002a］『漢代都市機構の研究』汲古書院

——［2002b］「江陵鳳凰山漢簡再考」『東洋史研究』61-3

——［2002c］「中国古代の貨幣経済論と貨幣史認識をめぐって」第1回中国史学国際学会実行委員会編『中国の歴史世界——統合のシステムと多元的発展』東京都立大学出版会

スタン，R. A.（Stein，Rolf Alfred）［1967］川勝義雄訳「紀元二世紀の政治＝宗教的道教運動について」『道教研究』2

Bielenstein，H.［1980］*The Bureaucracy of Han Times*，London；New York：Cambridge University Press.

Bodde，D.［1975］*Festivals in Classical China：New Year and Other Annual Observances during the Han Dynasty，206B. C. - A. D. 220*，Princeton University Press.

◆［2017］卜德著，吴格非等译：《古代中国的节日：汉代（公元前206—公元220年）的新年和其他年庆活动》，学苑出版社

Ch'ü，T'ung-tsu（瞿同祖）[1972] *Han Social Structure*，Tokyo：University of Tokyo Press.

◆［2007］瞿同祖著，邱立波译：《汉代社会结构》，上海人民出版社

Loewe，M.［1967］*Records of Han Administration*，2 vols.，London；New York：Cambridge University Press.

◆［2005］鲁惟一著，于振波、车今花译：《汉代行政记录》（上、下），广西师范大学出版社

第三章　三国五胡・南北朝

阿部幸信・伊藤敏雄編［2005］『嘉禾吏民田家莂数値一覧』Ⅰ，新潟大学人文学部

安田二郎［1981］「王僧虔「誡子書」攷」『日本文化研究所研究報告』17（同［2003a］所収）

——［1985］「南朝貴族制社会の変革と道徳・倫理」『東北大学文学部研究年報』34（同［2003a］所収）

——［2003a］『六朝政治史の研究』京都大学学術出版会

——◆［1984］张鹤泉节译：《晋宋革命与雍州（襄阳）侨民》，《中国史研究动态》1984年第3期

——［2003b］『『梁書』『陳書』及び『南史』の史料論的研究』平成12—14年度科学研究費補助金研究成果報告書

浜口重国［1957］「魏晋南朝の兵戸制度の研究」『山梨大学学芸学部紀要』2（同［1966a］所収）

——［1966a］『秦漢隋唐史の研究』上・下，東京大学出版会

——◆［1992］夏日新节译：《西魏时期的二十四军与仪同府》，收于刘俊文主编《日本学者研究中国史论著选译》（第四卷：六朝隋唐），中华书局

——◆［1992］黄正建节译：《所谓隋的废止乡官》，收于刘俊文主编《日本学者研究中国史论著选译》（第四卷：六朝隋唐），中华书局

——［1966b］『唐王朝の賤人制度』東洋史研究会

——◆［2022］王安泰、廖昀译，安部聪一郎校：《唐王朝的贱人制度》，复旦大学出版社

北京図書館金石組編［1989］『北京図書館蔵中国歴代石刻拓本匯編』第3—8冊「北朝」，中州古籍出版社

◆同上

北京呉簡研討班編［2004］『呉簡研究』1，崇文書局

◆同上

北田英人［1999］「稲作の東アジア史」『岩波講座世界歴史』9

草野靖［2001—2002］「魏晋南北朝時代における財政の発展（上）（中）（下）——特に課調制について」『人文論叢』（福岡大学）33-1/3/4

長部悦弘［1990a］「北朝隋唐時代における胡族の通婚関係」『史林』73-4

——［1990b］「北朝隋唐時代における漢族士大夫の教育構造」『東洋史研究』49-3

——［1993a］「北朝時代の武人官僚問題」『史林』76-1

——［1993b］「元氏研究——北朝隋唐時代における鮮卑族の文人士大夫化の一軌跡」礪波護編『中国中世の文物』京都大学人文科学研究所

——［1995］「劉（独孤）氏研究」『日本東洋文化論集』（琉球大学・法文）1

——［2003］「宇文氏研究」『日本東洋文化論集』（琉球大学・法文）9

長谷川道隆［1986］「呉・晋（西晋）墓出土の神亭壷——系譜および類型を中心に」『考古学雑誌』71-3

長堀武［1982］「北魏の俸禄制施行とその意義」『集刊東洋学』47

——［1984］「北魏における考課制度の運営について——門閥主義との関連において」『秋大史学』30

長沙呉簡研究会編［2001］『嘉禾吏民田家莂研究——長沙呉簡研究報告』第1集，長沙呉簡研究会

◆同上

——編［2004］『長沙呉簡研究報告』2，長沙呉簡研究会

——◆同上

陳連慶［1999］『『晋書・食貨志』校注，『魏書・食貨志』校注』東北師範大学出版社

◆同上

陳寅恪［1943］『唐代政治史述論稿』商務印書館（同［2001］所収）

◆同上
——［1944］『隋唐制度淵源略論稿』商務印書館（同［2001］所収）
——◆同上
——［2001］『陳寅恪集　隋唐制度淵源略論稿　唐代政治史述論稿』生活・読書・新知三聯書店
——◆同上
池田温［1979］『中国古代籍帳研究——概観・録文』東京大学出版会
◆［2007］龔泽铣译：《中国古代籍帐研究》，中华书局
——［1982］「中国歴代墓券略考」東京大学東洋文化研究所編『アジアの社会と文化』1，東京大学出版会
——［1990］『中国古代写本識語集録』東京大学東洋文化研究所
——◆［1994］李德范译：《〈中国古代写本识语集录〉解说》（上），《北京图书馆馆刊》1994 年 Z2 期
——◆［1995］李德范译：《〈中国古代写本识语集录〉解说》（下），《北京图书馆馆刊》1995 年 Z1 期
——［1998］「北魏拓跋烏雷（文成帝）「皇帝南巡之頌」碑」『歴史と地理』513
川本芳昭［1984］「五胡十六国・北朝期における胡漢融合と華夷観」『佐賀大学教養部研究紀要』16（同［1998］所収）
◆［2022］黄桢、张雨怡译：《五胡十六国北朝时期华夷观的变迁》，收于川本芳昭《魏晋南北朝时代的社会与国家》，复旦大学出版社
——［1998］『魏晋南北朝時代の民族問題』汲古書院
——◆［2022］黄桢、张雨怡译：《魏晋南北朝时代的社会与国家》，复旦大学出版社
——［1999］「北朝国家論」『岩波講座世界歴史』9
——◆［2020］刘可维译：《北朝国家论》，收于川本芳昭《东亚古代的诸民族与国家》，社会科学文献出版社
——［2000］「北魏文成帝南巡碑について」『九州大学東洋史論集』28
——◆［2020］刘可维译：《北魏文成帝南巡碑》，收于川本芳昭《东亚古代的诸民族与国家》，社会科学文献出版社

——［2001］「民族問題を中心としてみた魏晋南北朝隋唐時代史研究の動向」『中国史学』11

——◆［2020］刘可维译：《以民族问题为中心所见魏晋南北朝隋唐史的研究动向》，收于川本芳昭《东亚古代的诸民族与国家》，社会科学文献出版社

——［2002a］「漢唐間における「新」中華意識の形成——古代日本・朝鮮と中国との関連をめぐって」『九州大学東洋史論集』30

——◆［2020］刘可维译：《汉唐间“新”中华意识的形成——围绕着古代日本、朝鲜与中国的关联》，收于川本芳昭《东亚古代的诸民族与国家》，社会科学文献出版社

——［2002b］「魏晋南北朝時代における民族問題研究についての展望」第1回中国史学国際会議研究報告集『中国の歴史世界——統合のシステムと多元的発展』東京都立大学出版会

——［2005］『中華の崩壊と拡大——魏晋南北朝』講談社

——◆［2014］余晓潮译：《中华的崩溃与扩大——魏晋南北朝》，广西师范大学出版社

川合安［1986］「南朝財政機構の発展について」『文化』49-3/4

——［1988］「南朝の御史台について」『集刊東洋学』60

——［1989］「北魏孝文帝の官制改革と南朝の官制」三好迪代表『文化における「北」』昭和62・63年度科研費研究成果報告書

——［1992］「南朝・宋初の「同伍犯法」の論議」『集刊東洋学』67

——◆［2022］柴栋译：《南朝宋初的“同伍犯法”议论》，收于川合安《南朝贵族制研究》，复旦大学出版社

——［1992—1995］「沈約『宋書』の史論」『弘前大学人文学部　文経論叢』27-3，28-3，『北海道大学文学部紀要』43-1，44-1

——［1995a］「唐寓之の乱と士大夫」『東洋史研究』54-3

——◆［2022］柴栋译：《唐寓之之乱与士大夫》，收于川合安《南朝贵族制研究》，复旦大学出版社

——［1995b］「沈約の地方政治改革論——魏晋期の封建論と関連して」中国中世史研究会編『中国中世史研究　続編』京都大学学術出版会

——［1996］「『南斉書』予章文献王伝訳註」『史朋』29

——［1997—1998］「訳注『宋書』沈約自序」『北海道大学文学部紀要』46-1-2

——［2002］「『宋書』と劉宋政治史」『東洋史研究』61-2

——◆［2022］柴栋译：《〈宋书〉与刘宋政治史》，收于川合安《南朝贵族制研究》，复旦大学出版社

——［2003］「劉裕の革命と南朝貴族制」『東北大学東洋史論集』9

——◆［2022］柴栋译：《刘裕革命与南朝贵族制》，收于川合安《南朝贵族制研究》，复旦大学出版社

——［2004］「南朝貴族の家格」『六朝学術学会報』5

——◆［2022］柴栋译：《南朝贵族的门第》，收于川合安《南朝贵族制研究》，复旦大学出版社

川勝義雄［1954］「曹操軍団の構成について」『京都大学人文科学研究所創立廿五周年記念論文集』京都大学人文科学研究所（同［1982］所収）

◆［2008］徐谷芃、李济沧译：《曹操军团的构成》，收于川胜义雄《六朝贵族制社会研究》，上海古籍出版社

——［1974］『中国の歴史 3　魏晋南北朝』講談社（講談社学術文庫，2003 年）

——［1982］『六朝貴族制社会の研究』岩波書店

——◆［1992］夏日新节译：《六朝贵族制社会的成立》，收于刘俊文主编《日本学者研究中国史论著选译》（第四卷：六朝隋唐），中华书局

——◆［1992］夏日新节译：《侯景之乱与南朝的货币经济》，收于刘俊文主编《日本学者研究中国史论著选译》（第四卷：六朝隋唐），中华书局

——◆［2008］徐谷芃、李济沧译：《六朝贵族制社会研究》，上海古籍出版社

船木勝馬・谷口房男他訳［1975—1999］「華陽国志訳注稿」『東洋大学アジア・アフリカ文化研究所研究年報』8—33

村田治郎［1981］『中国の帝都』綜芸舎

大川富士夫［1967］「孫呉政権の成立をめぐって」『立正史学』31

——［1987］『六朝江南の豪族社会』雄山閣出版

大庭脩［1971］『親魏倭王』学生社（2001 年増補版）

大知聖子［2001］「北魏の爵制とその実態」『紀要』（岡山大学・院・文化科

学）12

島田虔次他編［1983］『アジア歴史研究入門』1，同朋舎出版

丁福林［2002］『宋書校議』上海古籍出版社

◆同上

東方学術協会編［1947］『中国史学入門』上・下，高桐書院

都築晶子［1997］「六朝時代の江南社会と道教」『中国史学の基本問題2　魏晋南北朝隋唐時代史の基本問題』汲古書院

◆［2010］李济沧译：《六朝时代的江南社会与道教》，收于谷川道雄主编《魏晋南北朝隋唐史学的基本问题》，中华书局

渡邉義浩［1988］「蜀漢政権の成立と荊州人士」『東洋史論』6

——［2004］『三国政権の構造と「名士」』汲古書院

渡辺信一郎［1986］『中国古代社会論』青木書店

◆［2023］徐冲、刘艺颖译：《中国古代社会论》，复旦大学出版社

——［1995］「占田・課田の系譜——晋南朝の税制と国家的土地所有」中国中世史研究会編『中国中世史研究続編』京都大学学術出版会

——◆［2023］吴明浩、吴承翰译：《占田与课田的谱系——晋南朝的税制与国家土地的所有制》，收于渡边信一郎《中国古代的财政与国家》，社会科学文献出版社

——［1996］『天空の玉座——中国古代帝国の朝政と儀礼』柏書房

——◆［2006］周长山节译：《元会的建构——中国古代帝国的朝政与礼仪》，收于沟口雄三、小岛毅主编《中国的思维世界》，江苏人民出版社

——［2000］「三五発卒攷実——六朝期の兵役・力役徴発方式と北魏の三長制」『洛北史学』2

——◆［2023］吴明浩、吴承翰译：《“三五发卒”考实——六朝时期的兵役、力役征发方式与北魏的三长制》，收于渡边信一郎《中国古代的财政与国家》，社会科学文献出版社

——［2001］「戸調制の成立——賦斂から戸調へ」『東洋史研究』60-3

——◆［2023］吴明浩、吴承翰译：《户调制的成立——从赋敛到户调》，收于渡边信一郎《中国古代的财政与国家》，社会科学文献出版社

——［2002］「北魏の財政構造——孝文帝・宣武帝期の経費構造を中心に」

『北朝財政史の研究——『魏書』食貨志を中心に』平成 11—14 年度科学研究費補助金研究成果報告書

——◆［2023］吴明浩、吴承翰译:《北魏的财政结构——以孝文帝、宣武帝时期的支出结构为中心》，收于渡边信一郎《中国古代的财政与国家》，社会科学文献出版社

——［2003a］「宮闕と園林——三—六世紀における皇帝権力の空間構成」『中国古代の王権と天下秩序——日中比較史の視点から』校倉書房

——◆［2008］徐冲译:《宫阙与园林——三—六世纪中国皇帝权力的空间结构》，收于渡边信一郎《中国古代的王权与天下秩序：从日中比较史的视角出发》，中华书局

——◆［2021］徐冲译:《宫阙与园林——三至六世纪中国皇帝权力的空间构成》，收于渡边信一郎《中国古代的王权与天下秩序（增订本）》，上海人民出版社

——［2003b］「唐代前期における農民の軍役負担」『京都府立大学学術報告（人文・社会）』55

——◆［2023］吴明浩、吴承翰译:《唐代前期农民的兵役负担》，收于渡边信一郎《中国古代的财政与国家》，社会科学文献出版社

渡部武［1993］「漢代陂池稲田模型明器および関連画像資料集成」古川久雄・渡部武編『中国先史・古代農耕関係資料集成』京都大学東南アジア研究センター

多田狷介［1999］『漢魏晋史の研究』汲古書院

范祥雍［1958］『洛陽伽藍記校注』古典文学出版社

◆同上

服部克彦［1965］『北魏洛陽の社会と文化』ミネルヴァ書房

——［1968］『続北魏洛陽の社会と文化』ミネルヴァ書房

福島繁次郎［1979］『中国南北朝史研究（増訂版）』名著出版

福原啓郎［1993］「西晋の墓誌の意義」礪波護編『中国中世の文物』京都大学人文科学研究所

◆［1993］王大建节译:《西晋墓志的意义》,《文史哲》1993 年第 3 期

——［1995］『西晋の武帝　司馬炎』白帝社

◆［2019］陆帅译：《晋武帝司马炎》，江苏人民出版社

冨谷至［2000］「晋泰始律令への道　第一部　秦漢の律と令」『東方学報』72

◆［2012］朱腾译，徐世虹校译：《通往晋泰始律令之路（Ⅰ）：秦汉的律与令》，收于中国政法大学法律史学研究院编《日本学者中国法论著选译》（上册），中国政法大学出版社

——［2001a］「晋泰始律令への道　第二部　魏晋の律と令」『東方学報』73

◆［2012］朱腾译，徐世虹校译：《通往晋泰始律令之路（Ⅱ）：魏晋的律与令》，收于中国政法大学法律史学研究院编《日本学者中国法论著选译》（上册），中国政法大学出版社

——［2001b］「スウェーデン国立民族学博物館所蔵未発表紙文書」同編『流沙出土の文字資料——楼蘭・尼雅文書を中心に』京都大学学術出版会

——［2003］『木簡・竹簡の語る中国古代——書記の文化史』岩波書店

——◆［2007］刘恒武译：《木简竹简述说的古代中国——书写材料的文化史》，人民出版社

——［2014］『木簡・竹簡の語る中国古代——書記の文化史（増補新版）』岩波書店

——◆［2021］刘恒武译：《木简竹简述说的古代中国——书写材料的文化史（增补新版）》，中西书局

甘粛省文物隊他編［1985］『嘉峪関壁画墓発掘報告』文物出版社

◆同上

甘粛省文物考古研究所編［1994］『敦煌祁家湾——西晋十六国墓葬発掘報告』文物出版社

◆同上

——編［1998］『敦煌仏爺廟湾西晋画像磚墓』文物出版社

——◆同上

岡部毅史［1998］「梁陳時代における将軍号の性格に関する一考察——唐代散官との関連から」『集刊東洋学』79

——［2000a］「北魏の「階」の再検討」『集刊東洋学』83

——［2000b］「北魏における官の清濁について」『東洋史論叢』（大阪市立

大学）11

——［2002］「魏晋南北朝期の官制における「階」と「資」——「品」との関係を中心に」『古代文化』54-8

岡崎文夫［1932］『魏晋南北朝通史』弘文堂

◆［2020］肖承清译:《魏晋南北朝通史》, 中西书局

——［1989］『魏晋南北朝通史　内編』平凡社東洋文庫

高敏［2003］『南北史掇瑣』中州古籍出版社

◆同上

高明士編［1990］『中国史研究指南』全5巻，台湾聯経出版事業公司

◆同上

葛剣雄［1997］『中国移民史　第二巻　先秦至魏晋南北朝時期』福建人民出版社

◆同上

宮川尚志［1955］「三国呉の政治と制度」『史林』38-1

——［1956］『六朝史研究　政治・社会篇』日本学術振興会

——◆［1992］夏日新节译:《六朝时代的村》,《日本学者研究中国史论著选译》(第四卷: 六朝隋唐), 中华书局

宮崎市定［1956］『九品官人法の研究——科挙前史』東洋史研究会（同［1992］所収）

◆［1963］中国科学院历史研究所翻译组译:《九品官人法的研究（节译）》, 收于中国科学院历史研究所翻译组编译《宫崎市定论文选集》(上卷), 商务印书馆

◆［2008］韩昇、刘建英译:《九品官人法研究》, 中华书局

——［1960］「中国における村制の成立」『東洋史研究』18-4（同［1976］所収）

——◆［1963］中国科学院历史研究所翻译组译:《中国村制的成立——古代帝国崩坏的一面》, 收于中国科学院历史研究所翻译组编译《宫崎市定论文选集》(上卷), 商务印书馆

——◆［2017］张学锋、马云超等译:《中国村制的确立——古代帝国崩溃的一个侧面》, 收于宫崎市定《宫崎市定亚洲史论考》(中), 上海古籍出版社

——［1976］『アジア史論考』中，朝日新聞社

——◆［2017］张学锋、马云超等译:《宫崎市定亚洲史论考》(中)，上海古籍出版社

——［1992］『宮崎市定全集 6　九品官人法』岩波書店

——◆［1963］中国科学院历史研究所翻译组译:《九品官人法的研究(节译)》，收于中国科学院历史研究所翻译组编译《宫崎市定论文选集》(上卷)，商务印书馆

——◆［2008］韩昇、刘建英译:《九品官人法研究》，中华书局

宮澤知之［2000］「魏晋南北朝時代の貨幣経済」『鷹陵史学』26

古賀昭岑［1980］「北魏の部族解散について」『東方学』59

◆［1991］刘世哲译:《论北魏部族的解散》,《民族译丛》1991 年第 5 期

谷川道雄［1971］『隋唐帝国形成史論』筑摩書房

◆［1992］夏日新节译:《北魏末的内乱与城民》，收于刘俊文主编《日本学者研究中国史论著选译》(第四卷：六朝隋唐)，中华书局

◆［2011］李济沧译:《隋唐帝国形成史论》，上海古籍出版社

——［1976］『中国中世社会と共同体』国書刊行会

——◆［1993］邱添生节译:《中国的中世》，收于刘俊文主编《日本学者研究中国史论著选译》(第二卷：专论)，中华书局

——◆［2002］马彪译:《中国中世社会与共同体》，中华书局

——◆［2013］马彪译:《中国中世社会与共同体(增订本)》，上海古籍出版社

——［1977］『世界帝国の形成——中国の歴史』2，講談社現代新書

——◆［1998］耿立群译:《世界帝国的形成》，台湾稻乡出版社

——［1987］『中国中世の探求——歴史と人間』日本エディタースクール出版部

——［1992］「六朝時代における都市と農村の対立的関係について」唐代史研究会編『中国の都市と農村』汲古書院

——◆［1997］牟发松译:《六朝时代城市与农村的对立关系——从山东贵族的居住地问题入手》,《魏晋南北朝隋唐史资料》第 15 辑

——［1993］「東西両魏時代の河東豪族社会——「敬史君碑」をめぐって」

礪波護編『中国中世の文物』京都大学人文科学研究所

——［1998］『増補　隋唐帝国形成史論』筑摩書房

——編［1993］『戦後日本の中国史論争』河合文化教育研究所

——◆［1993］夏日新译:《战后日本的中国史论争》，收于刘俊文主编《日本学者研究中国史论著选译》(第二卷：专论)，中华书局

谷口房男［1996］『華南民族史研究』緑蔭書房

——［1997］「南北朝時代の蛮酋」『中国史学の基本問題2　魏晋南北朝隋唐時代史の基本問題』汲古書院

——◆［2010］顾江龙译:《南北朝时期的蛮酋》，收于谷川道雄主编《魏晋南北朝隋唐史学的基本问题》，中华书局

——［2003］「南朝の左郡左県について——六朝時代における民族認識の在り方を求めて」『東洋大学文学部紀要』57

——編［1981］『華陽国志人名索引・付華陽国志民族関係語彙索引』国書刊行会

關尾史郎［1981］「前燕政権（337—370年）成立の前提」『歴史学研究』488

——［1982］「北涼政権と「真興」奉用」『東洋史苑』21

——［1983］「六朝期江南の社会」『東アジア世界の再編と民衆意識——歴史学研究別冊特集』

——［1998］「「承陽」備忘——『吐魯番出土文書』劄記再補」『東洋史苑』50/51

——［1999］「古代中国における移動と東アジア」『岩波講座世界歴史』19

——［2000］「曹魏政権と山越」『東アジア史の展開と日本——西嶋定生博士追悼論文集』山川出版社

——◆［1993］《曹魏政权与山越》，《文史哲》1993年第3期

——［2004］「トゥルファン将来，「五胡」時代契約文書簡介」『西北出土文献研究』創刊号

——編［2005］『中国西北地域出土鎮墓文集成（稿）』新潟大学超域研究機構

——・岩本篤志編［2005］『トゥルファン出土「五胡」時代漢文文書俗字データベース』新潟大学超域研究機構

郭玉堂原著，氣賀澤保規編［2002］『復刻　洛陽出土石刻時地記——附　解説・所載墓誌碑刻目録』汲古書院

◆［2005］《洛阳出土石刻时地记》，大象出版社

好並隆司［1970］「曹操政権論」『岩波講座世界歴史』5

賀雲翺［2005］『六朝瓦当与六朝都城』文物出版社

◆同上

侯燦・楊代欣編［1999］「楼蘭漢文簡紙文書集成」天地出版社

◆同上

吉川忠夫［1972］『王羲之——六朝貴族の世界』清水書院

◆［2024］陆帅译:《王羲之——六朝贵族的世界》，江苏人民出版社

——［1984］『六朝精神史研究』同朋舎出版

——◆［1993］许洋主节译:《六朝士大夫的精神生活》，收于刘俊文主编《日本学者研究中国史论著选译》(第七卷：思想宗教)，中华书局

——◆［2010］王启发译:《六朝精神史研究》，江苏人民出版社

——［1989］『劉裕』中公文庫

——［1995］「梁の徐勉の「誡子書」」『東洋史研究』54-3

吉岡真［1999］「北朝・隋唐支配層の推移」『岩波講座世界歴史』9

葭森健介［1980］「晋宋革命と江南社会」『史林』63-2

——［1986］「魏晋革命前夜の政界——曹爽政権と州大中正設置問題」『史学雑誌』95-1

榎本あゆち［1982］「梁末陳初の諸集団について——陳覇先軍団を中心として」『名古屋大学東洋史研究報告』8

——［1985］「梁の中書舎人と南朝賢才主義」『名古屋大学東洋史研究報告』10

——［1987］「姚察・姚思廉の『梁書』編纂について——臨川王宏伝を中心として」『名古屋大学東洋史研究報告』12

——［1989］「『南史』の説話的要素について——梁諸王伝を手がかりとして」『東洋学報』70-3/4

——［1992］「帰降北人と南朝社会——梁の将軍蘭欽の出自を手がかりに」『名古屋大学東洋史研究報告』16

——［1994］「北斉の中書舎人について」『東洋史研究』53-2

——［1995］「北魏後期・東魏の中書舎人について」中国中世史研究会編『中国中世史研究　続編』京都大学学術出版会

——［2001］「西魏末・北周の御正について」『名古屋大学東洋史研究報告』25

今鷹真・小南一郎・井波律子訳［1977—1989］『三国志』全3巻，筑摩書房

金民壽［1989］「東晋政権の成立過程——司馬睿（元帝）の府僚を中心として」『東洋史研究』48-2

——［1992］「桓温から謝安に至る東晋中期の政治——桓温の府僚を中心として」『史林』75-1

金文京［2005］『三国志の世界——後漢　三国時代』講談社

◆［2014］何晓毅、梁蕾译:《三国志的世界——后汉　三国时代》，广西师范大学出版社

金子修一［1980］「南朝期の上奏文の一形態について——『宋書』礼儀志を史料として」『東洋文化』60（同［2001］所収）

◆［2001］肖圣中、吴思思、王曹杰译:《根据〈宋书・礼仪志〉对南朝上奏文的研究》，收于金子修一《古代中国与皇帝祭祀》，复旦大学出版

——［2001］『古代中国と皇帝祭祀』汲古書院

——◆［2017］肖圣中、吴思思、王曹杰译:《古代中国与皇帝祭祀》，复旦大学出版社

——［2002］「古代中国の王権」『岩波講座　天皇と王権を考える』1

津田資久［1998］「『魏略』の基礎的研究」『史朋』31

菊池英夫［1986］「西魏二十四軍の「団」をめぐる従来の諸説とその検討」『史朋』20

——［1987］「北朝・隋の二十四軍制度における「団」」日野開三郎博士頌寿記念論集刊行会編『論集　中国社会・制度・文化史の諸問題』中国書店

堀敏一［1968］「九品中正制度の成立をめぐって」『東京大学東洋文化研究所紀要』45

——［1974］「魏晋の占田・課田と給客制の意義」『東京大学東洋文化研究所紀要』62

——［1975］『均田制の研究——中国古代国家の土地政策と土地所有制』岩波書店

——◆［1984］韩国磐、林立金、李天送、韩昇译:《均田制的研究》，福建人民出版社

——［1980］「晋泰始律令の成立」『東洋文化』60

——◆［2003］程维荣译:《晋泰始律令的制定》，收于冈野诚主编《中国法制史考证・丙编：日本学者考证中国法制史重要成果选译》（第二卷：魏晋南北朝隋唐卷），中国社会科学出版社

——◆［2016］程维荣译:《晋泰始律令的制定》，收于杨一凡、寺田浩明主编《日本学者中国法制史论著选・魏晋隋唐卷》，中华书局

——［1987］『中国古代の身分制——良と賎』汲古書院

——◆［1992］韩昇译:《六朝时期隶属民的诸形态》，收于刘俊文主编《日本学者研究中国史论著选译》（第四卷：六朝隋唐），中华书局

——［1988］「良奴・良賤制はいつ成立したか——川本芳昭氏の論に関連して」『史学雑誌』97-7

——［1996］『中国古代の家と集落』汲古書院

——［2001］『曹操——三国志の真の主人公』刀水書房

——◆［2019］张恒怡译，陈苏镇审订:《曹操》，北京联合出版公司

李方・王素编［1996］『吐魯番出土文書人名地名索引』文物出版社

◆同上

李均明・何双全编［1990］『散見簡牘合輯』文物出版社

◆同上

栗原益男［1986］「曹魏の詔と令」『中村治兵衛先生古稀記念東洋史論叢』刀水書房

林梅村编［1985］『楼蘭尼雅出土文書』文物出版社

◆同上

鈴木俊［1980］『均田，租庸調制度の研究』刀水書房

◆［1992］姜镇庆节译:《唐代的均田制度与敦煌户籍》，收于姜镇庆、李德龙等译《唐代均田制研究选译》，甘肃教育出版社

鈴木真［1997］「礼制改革にみる北魏孝文帝の統治理念」『社会文化史

学』37
劉琳［1984］『華陽国志校注』巴蜀書社
◆同上
劉淑芬［1992］『六朝的城市与社会』台湾学生書局
◆同上
劉永明編［1999］『漢唐紀年鏡図録』江蘇古籍出版社
◆同上
柳洪亮［1997］『新出吐魯番文書及其研究』新疆人民出版社
◆同上
盧海鳴［2002］『六朝都城』南京出版社
◆同上
羅福頤主編［1987］『秦漢南北朝官印徴存』文物出版社
◆同上
羅新・葉煒［2005］『新出魏晋南北朝墓志疏証』中華書局
◆同上
馬雍［1990］「吐魯番出土高昌郡時期文書概述」『西域史地文物叢考』文物出版社
◆同上
滿田剛［1999］「王沈『魏書』研究」『創価大学大学院紀要』20
妹尾達彦［1999］「中華の分裂と再生」『岩波講座世界歴史』9
——◆［2019］高兵兵译:《中华的分裂与再生》，收于妹尾达彦《隋唐长安与东亚比较都城史》，西北大学出版社
孟凡人［1995］『楼蘭鄯善簡牘年代学研究』新疆人民出版社
◆同上
米田賢次郎［1989］『中国古代農業技術史研究』同朋舎出版
繆啓愉［1982］『斉民要術校釈』農業出版社
◆同上
那波利貞［1943］「塢主攷」『東亜人文学報』2-4
内藤乾吉［1930］「唐の三省」『史林』15-4（同［1963］所収）
◆［1992］徐世虹译:《唐代的三省》，收于刘俊文主编《日本学者研究中

国史论著选译》(第八卷：法律制度)，中华书局

——［1963］『中国法制史考證』有斐閣

内田昌功［2004］「魏晋南北朝の宮における東西軸構造」『史朋』37

内田吟風［1975a］『北アジア史研究——匈奴篇』同朋舎出版

——［1975b］『北アジア史研究——鮮卑柔然突厥編』同朋舎出版

内田智雄編［2005a（1964）］冨谷至解説・補注『訳注　中国歴代刑法志』創文社

——編［2005b（1971）］梅原郁補記『訳注　続中国歴代刑法志』創文社

片山章雄［1988］「李柏文書の出土地」『中国古代の法と社会——栗原益男先生古稀記念論集』汲古書院

朴漢済［1991］尹素英訳「北魏洛陽社会と胡漢体——都城区画と住民分布を中心に」『お茶の水史学』34

氣賀澤保規［1993］「均田制研究の展開」谷川道雄編『戦後日本の中国史論争』河合文化教育研究所

◆［1993］夏日新译:《均田制研究的展开》，收于刘俊文主编《日本学者研究中国史论著选译》(第二卷：专论)，中华书局

——［1999］『府兵制の研究』同朋舎出版

前島佳孝［1999］「西魏・八柱国の序列について——唐初編纂奉勅撰正史に於ける唐皇祖の記述様態の一事例」『史学雑誌』108-8

前田正名［1979］『平城の歴史地理学的研究』風間書房

◆［1994］李凭、孙耀、孙蕾译:《平城历史地理学研究》，书目文献出版社

喬治忠校注［1989］『衆家編年体晋史』天津古籍出版社

◆同上

邱陵編［1991］『羅布淖爾資料彙編』《新疆文物》編輯部

◆同上

任乃強［1987］『華陽国志校補図注』上海古籍出版社

◆同上

日比野丈夫［1977］「墓誌の起源について」『江上波夫教授古稀記念論集　民族・文化篇』山川出版社

入矢義高［1974］『洛陽伽藍記・水経注（抄）』平凡社中国古典文学大系 21

三崎良章［1991］「五胡諸国の異民族統御官と東晋——南蛮校尉・平呉校尉の設置を中心として」『東方学』82

——［2002］『五胡十六国——中国史上の民族大移動』東方書店

——◆［2019］刘可维译:《五胡十六国：中国史上的民族大迁徙》，商务印书馆

森三樹三郎［1986］『六朝士大夫の精神』同朋舎出版

——訳［1969］『世説新語　顔氏家訓』平凡社

森野繁夫・佐藤利行［1996］『王羲之全書翰（増補改訂版）』白帝社

山根幸夫編［1983］『中国史研究入門』上，山川出版社

◆［1994］田人隆等译:《中国史研究入门》(上)，社会科学文献出版社

——編［1991］『中国史研究入門（増補改訂版）』上，山川出版社

——◆［2000］田人隆、黄正建等译:《中国史研究入门（增订本）》(上)，社会科学文献出版社

山田勝芳［2000］『貨幣の中国古代史』朝日選書

山下将司［2000］「西魏・恭帝元年「賜姓」政策の再検討」『紀要』(早稲田大学・院・文学）45

——［2001］「西魏・北周における本貫の関隴化について」『学術研究（地理・歴史学・社会科学）』(早稲田大学・教育）49

——［2002］「唐初における『貞観氏族志』の編纂と「八柱国家」の誕生」『史学雑誌』111-2

神矢法子［1994］『「母」のための喪服——中国古代社会に見る夫権—父権・妻=母の地位・子の義務』近代文芸社

神田信夫・山根幸夫［1989］『中国史籍解題辞典』燎原書店

神塚淑子［1999］『六朝道教思想の研究』創文社

勝村哲也［1974］「南朝門閥の家産——文選所引「奏弾劉整」の新解釈」『仏教大学人文学論集』8

勝畑冬実［1994a］「拓跋珪の「部族解散」と初期北魏政権の性格」『紀要（哲学・史学）』(早稲田大学・院・文）別冊 20

——［1994b］「「畿上塞囲」から見た初期北魏の国家構造」『史滴』16

——［1995］「北魏の郊甸と「畿上塞囲」——胡族政権による長城建設の意義」『東方学』90

石岡浩［2002］「両晋・南朝の劫罪にみる肉刑と冶士」池田温編『日中律令制の諸相』東方書店

石井仁［1985］「南朝における随府府佐——梁の簡文帝集団を中心として」『集刊東洋学』53

——［1986］「梁の元帝集団と荊州政権——「随府府佐」再論」『集刊東洋学』56

——［1995］「孫呉軍制の再検討」中国中世史研究会編『中国中世史研究　続編』京都大学学術出版会

——［2000］『曹操——魏の武帝』新人物往来社

——［2001］「虎賁班剣考」『東洋史研究』59-4

石声漢［1957—1958］『斉民要術今釈』科学出版社

◆同上

矢野主税［1976］『門閥社会成立史』国書刊行会

——［1980］「北朝における郡望の性格（上）（下）」『第一経大論集』10-1/2

守屋美都雄［1951］『六朝門閥の一研究——太原王氏系譜考』日本出版共同株式会社

◆［2020］梁辰雪译:《六朝门阀——太原王氏家系考》，中西书局

狩野直禎［1959］「蜀漢政権の構造」『史林』42-4

松本善海［1977］『中国村落制度の史的研究』岩波書店

松岡弘［1996］「北魏漢化政策の一考察——皇太子恂の反乱」『駿台史学』98

松浦千春［1993］「漢より唐に至る帝位継承と皇太子——謁廟の礼を中心に」『歴史』（東北史学会）80

——［2003］「魏晋南朝の帝位継承と釈奠儀礼」『東北大学東洋史論集』9

松丸道雄他編［1996］『中国史』2，山川出版社

松下憲一［1999］「北魏の洛陽遷都」『史朋』32

——［2000a］「北魏の領民酋長制と「部族解散」」『集刊東洋学』84

——［2000b］「北魏石刻史料に見える内朝官——「北魏文成帝南巡碑」の分析を中心に」『北大史学』40

——［2002］「北魏道武帝の「部族解散」」『史朋』34

松永雅生［1987］「北魏世祖の徭役策とその後の推移」日野開三郎博士頌寿記念論集刊行会編『論集　中国社会・制度・文化史の諸問題』中国書店

太田稔［2003］「拓跋珪の「部族解散」政策について」『集刊東洋学』89

譚其驤［1987］「晋永嘉乱後之民族遷徙」『長水集』上，人民出版社

◆同上

唐長孺［1955］「晋代北境各族「変乱」的性格及五胡政権在中国的統治」同『魏晋南北朝史論叢』生活・読書・新知三聯書店

◆同上

——［1989］「新出吐魯番文書簡介」同『山居存稿』中華書局

——◆同上

——主編［1992］『吐魯番出土文書』壱，文物出版社

——◆同上

藤家禮之助［1984］「『南史』の構成——宋本紀をめぐって」『中国正史の基礎的研究』早稲田大学出版部

——［1989］『漢三国両晋南朝の田制と税制』東海大学出版会

藤井秀樹［2001］「前秦における君主権と宗室」『歴史学研究』751

田村實造［1985］『中国史上の民族移動期——五胡・北魏時代の政治と社会』創文社

◆［2024］焦堃译:《中国史上的民族移动期——十六国北魏时代的政治与社会》，中西书局

田余慶［1989］『東晋門閥政治』北京大学出版社

◆同上

——［1993］『秦漢魏晋史探微』中華書局（2004 年増補版）

——◆同上

田沼眞弓［2003］「北魏皇帝の喪礼の変遷」『紀要』（国学院大学栃木短期大学）37

町田隆吉［1982］「前秦政権の護軍について——「五胡」時代における諸種族支配の一例」『歴史における民衆と文化——酒井忠夫先生古稀祝賀記念論集』国書刊行会

——［1984］「北魏太平真君四年拓跋燾石刻祝文をめぐって——「可寒」「可敦」の称号を中心として」岡本敬二先生退官記念論集刊行会編『アジア諸民族における社会と文化——岡本敬二先生退官記念論集』国書刊行会

——［2000］「『資治通鑑考異』所引『十六国春秋』及び『十六国春秋鈔』について——司馬光が利用した『十六国春秋』をめぐって」『桜美林大学国際学レヴュー』12

窪添慶文［1974］「魏晋南北朝における地方官の本籍地任用について」『史学雑誌』83-1/2（同［2003］所収）

——［1997］「国家と政治」魏晋南北朝隋唐時代史の基本問題編集委員会編『中国史学の基本問題2　魏晋南北朝隋唐時代史の基本問題』汲古書院（同［2003］所収）

◆［2015］赵立新等译：《魏晋南北朝时期地方官的本籍任用》，收于窪添庆文《魏晋南北朝官僚制研究》，台湾台大出版中心

◆［2017］赵立新等译：《魏晋南北朝时期地方官的本籍任用》，收于窪添庆文《魏晋南北朝官僚制研究》，复旦大学出版社

——◆［2010］孙耀译：《国家与政治》，收于谷川道雄主编《魏晋南北朝隋唐史学的基本问题》，中华书局

——◆［2015］赵立新等译：《国家与政治》，收于窪添庆文《魏晋南北朝官僚制研究》，台湾台大出版中心

——◆［2017］赵立新等译：《国家与政治》，收于窪添庆文《魏晋南北朝官僚制研究》，复旦大学出版社

——［2003］『魏晋南北朝官僚制研究』汲古書院

——◆［2015］赵立新、涂宗呈、胡云薇、魏郁欣、吕雅婷、何源湖、黄胡群译：《魏晋南北朝官僚制研究》，台湾台大出版中心

——◆［2017］赵立新、涂宗呈、胡云薇、魏郁欣、吕雅婷、何源湖、黄胡群译：《魏晋南北朝官僚制研究》，复旦大学出版社

外村中［1998］「六朝建康都城宮城攷」田中淡編『中国技術史の研究』京

都大学人文科学研究所

王国維［1984］袁英光・劉寅生整理・標点『水経注校』上海人民出版社

◆同上

王利器［1980］『顔氏家訓集解』上海古籍出版社

◆同上

王素［1997］『吐魯番出土高昌文献編年』台湾新文豊出版公司

◆同上

――［1998］「《吐魯番出土文書》［壱］附録残片考釈」中国文物研究所編『出土文献研究』3，中華書局

――◆同上

――［2003］「長沙走馬楼三国呉簡的研究及其基本問題――長沙走馬楼三国呉簡研究的回顧与展望」『明大アジア史論集』9

――◆同上

――・李方［1997］『魏晋南北朝敦煌文献編年』台湾新文豊出版公司

――・◆同上

王鏞・李淼編［1990］『中国古代磚文』知識出版社

◆同上

王壮弘・馬成名編［1985］『六朝墓誌検要』上海書画出版社

◆同上

尾形勇［1979］『中国古代の「家」と国家』岩波書店

◆［2010］张鹤泉译:《中国古代的“家”与国家》，中华书局

――［1982］「中国の即位儀礼」井上光貞他編『東アジア世界における日本古代史講座 9　東アジアにおける儀礼と国家』学生社

魏書研究会編［1999］『魏書語彙索引』汲古書院

五井直弘［1956］「曹操政権の性格について」『歴史学研究』195（同［2001］所収）

――［2001］『漢代の豪族社会と国家』名著刊行会

西北出土文献を読む会［1999］「トゥルファン出土漢語文書校訂稿」『東アジア――歴史と文化』8

西嶋定生［1956］「魏の屯田制」『東京大学東洋文化研究所紀要』10（同

［1966］所収）

◆［1984］邱茂译：《魏的屯田制——围绕其废除问题》，收于西嶋定生《中国经济史研究》，农业出版社

——［1963］「中国古代奴婢制の再考察——その階級的性格と身分的性格」『古代史講座』7，学生社（同［1983］所収）

——［1966］『中国経済史研究』東京大学出版会

——◆［1984］冯佐哲、邱茂、黎潮译：《中国经济史研究》，农业出版社

——◆［1992］韩昇节译：《碾硙寻踪——华北农业两年三作制的产生》，收于刘俊文主编《日本学者研究中国史论著选译》（第四卷：六朝隋唐），中华书局

——［1981］『中国古代の社会と経済』東京大学出版会

——［1983］『中国古代国家と東アジア世界』東京大学出版会

——◆［1993］高明士节译：《中国古代帝国形成史论》，收于刘俊文主编《日本学者研究中国史论著选译》（第二卷：专论），中华书局

——◆［1993］高明士节译：《东亚世界的形成》，收于刘俊文主编《日本学者研究中国史论著选译》（第二卷：专论），中华书局

——［1999］『倭国の出現——東アジア世界のなかの日本』東京大学出版会

西岡市祐［2002］「南北朝・隋朝・唐朝の親耕籍田」『国学院雑誌』103-4

西山武一・熊代幸雄［1959］『校訂訳注斉民要術』アジア経済出版社

西脇常記［2002］『ドイツ将来のトルファン漢語文書』京都大学学術出版会

稀代麻也子［2004］『『宋書』のなかの沈約——生きるということ』汲古書院

小林安斗［2002］「北朝末宇文氏政権と賜姓の関係」『社会文化科学研究』（千葉大学）6

小林聡［1996］「晋南朝における冠服制度の変遷と官爵体系——『隋書』礼儀志の規定を素材として」『東洋学報』77-3/4

——［1998］「『隋書』に見える梁陳時代の印綬冠服規定の来源について」『埼玉大学教育学部紀要』47-1

小田義久［1972］「華北胡族国家の文化政策」『龍谷大学論集』399

小尾孟夫［2001］『六朝都督制研究』溪水社

小尾孝夫［2003］「劉宋前期における政治構造と皇帝家の姻族・婚姻関係」『歴史』（東北史学会）100

興膳宏・川合康三［1995］『隋書経籍志詳攷』汲古書院

――編［2000］『六朝詩人伝』大修館書店

徐高阮［1960］『重刊洛陽伽藍記』台湾「中研院」歴史語言研究所

◆同上

徐震堮［1984］『世説新語校箋』中華書局

◆同上

岩本篤志［2004］「羽田記念館所蔵「西域出土文献写真」766・767『十六国春秋』考――李盛鐸旧蔵敦煌文献をめぐって」『西北出土文献研究』創刊号

厳耕望［1963］『中国地方行政制度史上編　巻中　魏晋南北朝地方行政制度』台湾「中研院」歴史語言研究所

◆同上

楊朝明校補［1991］『九家旧晋書輯本』中州古籍出版社

◆同上

楊守敬・熊会貞［1957］『水経注疏』科学出版社

◆同上

――・――［1971］『楊・熊合撰水経注疏』台湾中華書局

――・――◆同上

――・――［1989］『水経注疏』江蘇古籍出版社

――・――◆同上

野田俊昭［1977］「東晋南朝における天子の支配権力と尚書省」『九州大学東洋史論集』5

――［1990］「南朝の郡太守の班位と清濁」『史淵』127

――［1994］「南朝における吏部の人事行政と家格」『名古屋大学東洋史研究報告』18

――［1997］「宋斉時代の参軍起家と梁陳時代の蔭制」『九州大学東洋史論集』25

——［2002］「両晋南朝の清議・郷論と天子の支配権力」『古代文化』54-1

伊藤敏雄［1986］「正始の政変をめぐって——曹爽政権の人的構成を中心に」野口鐵郎編『中国史における乱の構図』雄山閣出版

——［1995］「魏晉期楼蘭屯戍における交易活動をめぐって」『小田義久博士還暦記念東洋史論集』小田義久先生還暦記念事業会

殷光明［2000］「北涼石塔研究」台湾覚風仏教芸術文化基金会

◆同上

余嘉錫［1983］『世説新語箋疏』中華書局

◆同上

于振波［2004］『走馬楼呉簡初探』台湾文津出版社

◆同上

宇都宮清吉訳［1969］『世説新語・顔氏家訓』平凡社中国古典文学大系9

宇和川哲也［1984］「西魏・北周の胡姓賜与」『人文論究』(関西学院大学・人文学会)34-3

羽仁真智［1987］「北魏太武帝の廃仏毀釈に関する一考察」『茅茨』(青山学院大学)3

袁維春［1993］『三国碑述』北京工芸美術出版社

◆同上

越智重明［1953］「南朝州鎮考」『史学雑誌』62-12

——［1957］「劉裕政権と義熙土断」『重松先生古稀記念九州大学東洋史論叢』九州大学文学部東洋史研究室

——［1970］『晋書』明徳出版社

——［1980］「北朝の下層身分をめぐって」『九州大学東洋史論集』8

——［1982］『魏晋南朝の貴族制』研文出版

——◆［1992］夏日新节译:《梁陈政权与梁陈贵族制》,《日本学者研究中国史论著选译》(第四卷：六朝隋唐)，中华书局

——［1985a］「宋の孝武帝とその時代」『魏晋南朝の人と社会』研文出版

——［1985b］「沈約と宋書」『魏晋南朝の人と社会』研文出版

——［1993］「六朝の免官，削爵，除名」『東洋学報』74-3/4(同［2000］所収)

——［1997］「漢六朝の家産の多様性をめぐって」『戦国秦漢史研究』3，中国書店

——［2000］『中国古代の政治と社会』中国書店

増村宏［1955］「宋書王弘伝の同伍犯法の論議」『鹿児島大学文理学部文科報告』4

——［1956］「晋・南朝の符伍制」『鹿大史学』4

張宝璽編［2001］『嘉峪関酒泉魏晋十六国墓壁画』甘粛人民美術出版社

◆同上

張儐生［1980］『魏書地形志校釈』徳育書局

◆同上

趙超［1992］『漢魏南北朝墓誌彙編』天津古籍出版社

◆同上

——［1997］『中国古代石刻概論』文物出版社

——◆同上

趙万里編［1956］『漢魏南北朝墓誌集釈』科学出版社

◆同上

直海玄哲［1984］「北魏太武帝廃仏考」『仏教史研究』19—20

直江直子［1983］「北魏の鎮人」『史学雑誌』92-2

◆［1984］张鹤泉节译:《北魏的镇人》,《中国史研究动态》1984年第3期

◆［1985］李凭译，孙耀校:《北魏的地方行政制度与镇人》,《山西师大学报》1985年第3期

——［1998］「「領民酋長」制と北魏の地域社会覚書」『紀要』(富山国際大学)8

——［2001］「北朝北族伝——侯莫陳氏」『紀要(人文社会)』(富山国際大学)1

中村圭爾［1974］「晋南朝における除名について」『人文研究』26-11(同［1987］所収)

——［1978—1979］「晋南朝における官人の俸禄について」『人文研究』30-9，31-8(同［1987］所収)

——［1980］「「劉岱墓志銘」考——南朝における婚姻と社会的階層」『東

洋学報』61-3/4（同［1987］所収）

——◆［1995］宋金文、马雷译：《〈刘岱墓志铭〉考》，收于刘俊文主编《日本中青年学者论中国史》（六朝隋唐卷），上海古籍出版社

——［1981］「六朝時代三呉地方における開発と水利についての若干の考察」『佐藤博士還暦記念中国水利史論集』国書刊行会

——［1983］「南朝貴族の地縁性に関する一考察」『東洋学報』64-1/2（同［1987］所収）

——◆［2005］刘驰译：《关于南朝贵族地缘性的考察》，《南京晓庄学院学报》2005 年第 4 期

——［1984a］「建康と水運」『佐藤博士退官記念中国水利史論叢』国書刊行会

——◆［2014］陈瑜译：《建康和水运》，收于钞晓鸿主编《海外中国水利史研究：日本学者论集》，人民出版社

——［1984b］「台伝——南朝における財政機構」『中国史研究』8

——［1986］「晋南朝における律令と身分制」唐代史研究会編『律令制——中国朝鮮の法と国家』汲古書院

——［1987］『六朝貴族制研究』風間書房

——［1988］「建康の「都城」について」唐代史研究会編『中国都市の歴史的研究』刀水書房

——［1989］「南朝における議について——宋・斉代を中心に」『人文研究』40-10

——［1992a］「建康と三呉地方」唐代史研究会編『中国の都市と農村』汲古書院

——［1992b］「南朝戸籍に関する二問題」『人文研究』44-12

——［1993］「江南六朝墓出土陶瓷の一考察」礪波護編『中国中世の文物』京都大学人文科学研究所

——［1995a］「六朝史と「地域社会」」中国中世史研究会編『中国中世史研究　続編』京都大学学術出版会

——［1995b］「晋南朝律令と身分制の一考察」『堀敏一先生古稀記念　中国古代の国家と民衆』汲古書院

——［1997］「六朝貴族制と官僚制」『中国史学の基本問題 2　魏晋南北朝

隋唐時代史の基本問題』汲古書院

——◆［2010］孙蕾译：《六朝贵族制与官僚制》，收于谷川道雄主编《魏晋南北朝隋唐史学的基本问题》，中华书局

——［1999a］「南朝国家論」『岩波講座世界歴史』9

——［1999b］「南朝政権と南徐州社会」唐代史研究会編『東アジア史における国家と地域』刀水書房

——［1999c］「日本における魏晋南北朝史研究」『唐代史研究』2

——［2000］「魏晋南北朝の公文書の種類と体系」『人文研究』52-2

——［2001a］「東晋南朝における豫州・南豫州について」『人文研究』53-2

——［2001b］『魏晋南北朝における公文書と文書行政の研究』平成10—12年度科学研究費補助金研究成果報告書

——［2002］「「風聞」の世界」『東洋史研究』61-1

——［2004］『魏晋南北朝都城史料輯佚（初稿）』大阪市立大学大学院文学研究科都市文化センター

中嶋隆蔵［1985］『六朝思想の研究——士大夫と仏教思想』平楽寺書店

中林史朗訳［1995］『華陽国志』明徳出版社

塚本善隆［1974a］『塚本善隆著作集1 『魏書』釈老志の研究』大東出版社

◆［2008］林保尧译：《魏书释老志研究》，台湾觉风佛教艺术基金会

——［1974b］『塚本善隆著作集2　北朝仏教史研究』大東出版社

——［1975］『塚本善隆著作集3　中国中世仏教史論攷』大東出版社

周法高［1960］『顔氏家訓彙注』台湾「中研院」歴史語言研究所

◆同上

周一良［1963］『魏晋南北朝史論集』中華書局（北京大学出版社，1997年増補版）

◆同上

——［1998（1985）］『周一良集　第二巻　魏晋南北朝史札記』遼寧教育出版社

——◆同上

周祖謨［2000］『洛陽伽藍記校釈』上海書店出版社

◆同上

朱季海［1984］『南斉書校議』中華書局

◆同上

竹浪隆良［1984］「北魏における人身売買と身分制支配——延昌三年（514）人身売買論議を中心として」『史学雑誌』93-3

祝総斌［1995］「門閥制度」白寿彝総主編『中国通史』7，丙編第三章，上海人民出版社

◆同上

滋賀秀三［2003］『中国法制史論集——法典と刑罰』創文社

走馬楼簡牘整理組編［1999］『長沙走馬楼三国呉簡・嘉禾吏民田家莂』文物出版社

◆同上

——編［2003］『長沙走馬楼三国呉簡・竹簡［壱］』文物出版社

——◆同上

佐川英治［1999a］「北魏の編戸制と徴兵制度」『東洋学報』81-1

——［1999b］「三長・均田両制の成立過程——『魏書』の批判的検討をつうじて」『東方学』97

——［2000］「『魏書』の均田制叙述をめぐる一考察」『東洋史論叢』（大阪市立大学）11

——［2001a］「北魏均田制研究の動向」『中国史学』11

——［2001b］「北魏均田制の目的と展開——奴婢給田を中心として」『史学雑誌』110-1

——［2002］「孝武西遷と国姓賜与——六世紀華北の民族と政治」『紀要』（岡山大学・文）38

佐久間吉也［1980］『魏晋南北朝水利史研究』開明書院

——［1984］「北魏朝における隷戸・奴婢の下賜について」大川富士夫代表『中国史上よりみた中国文化の伝播と文化受容』昭和58年度科学研究費補助金（総合研究A）研究成果報告書

——［1985a］「北魏朝における私奴婢について」『紀要』（郡山女子大学）21

——［1985b］「北魏時代の邸閣について」『福大史学』39

——［1987］「北魏朝における奴婢の形成と身分について」郡山開成学園編『郡山開成学園創立四十周年記念論文集』郡山開成学園

佐藤圭四郎［1998］「中国の邸店と波斯の邸店」『東西アジア交流史の研究』同朋舎出版

佐藤賢［2002］「北魏前期の「内朝」・「外朝」と胡漢問題」『集刊東洋学』88

佐藤佑治［1998］『魏晋南北朝社会の研究』八千代出版

佐藤智水［1998］『北魏仏教史論考』岡山大学文学部

佐々木栄一［1977］「北魏均田法の基礎的研究——発足当初の施行事例について」『論集（歴史学・地理学）』（東北学院大学）8

——［1978］「北魏均田法の基礎的研究（2）——三長論議と均田法」『論集（歴史学・地理学）』（東北学院大学）9

——［1982］「スタイン漢文文書613号（いわゆる計帳様文書）に見える税租について」『古代文化』34-3

——［1985］「再びスタイン漢文文書613号（いわゆる計帳様文書）の性格について」『論集（歴史学・地理学）』（東北学院大学）15

——［1987］「スタイン漢文文書613号（いわゆる計帳様文書）をめぐって——「実年18」を中心に」『論集（歴史学・地理学）』（東北学院大学）18

——［1989］「スタイン漢文文書613号（いわゆる計帳様文書）をめぐって——劉文成戸の記載を中心に」『論集（歴史学・地理学）』（東北学院大学）20

——［1992］「北魏均田法の基礎的研究（3）——狭郷規定をめぐって」『東北大学東洋史論集』5

——［1994］「スタイン漢文文書613号（いわゆる計帳様文書）をめぐって——給田の実態を中心に」『論集（歴史学・地理学）』（東北学院大学）26

——［1996］「北魏均田制の基礎的研究（4）——発足当初の施行事例について（再論）」『論集（歴史学・地理学）』（東北学院大学）28

——［1999］「北魏三長考」『論集（地理学・歴史学）』（東北学院大学）31

Balazs，Étienne［1953］Études sur la société et l'économie de la Chine médiévale Ⅰ：*Le traité économique du "Souei-chou"*，T'oung Pao，Vol. 42.

——［1954］Études sur la société et l'économie de la Chine médiévale Ⅱ：*Le traité juridique du "Souei-chou"*，Leiden：E. J. Brill.

第四章　隋・唐

愛宕松男［1987］『愛宕松男東洋史学論集　第1巻　中国陶瓷産業史』三一書房

愛宕元［1994］『唐両京城坊攷』平凡社東洋文庫

——［1997］『唐代地域社会史研究』同朋舎出版

安田二郎［2003］『六朝政治史の研究』第2章「西晋武帝好色攷」，京都大学学術出版会

奥村郁三［1961］「唐律の刑罰」『法学雑誌』8-2

白須淨眞［1997］「吐魯番社会——新興庶民層の成長と名族の没落」谷川道雄他編『中国史学の基本問題2　魏晋南北朝隋唐時代史の基本問題』汲古書院

◆［1999］柳洪亮译:《吐鲁番的古代社会——新兴平民阶层的崛起与望族的没落》,《西域研究》1999年第4期

◆［2010］柳洪亮译:《吐鲁番的古代社会——新兴平民阶层的崛起与望族的没落》，收于谷川道雄主编《魏晋南北朝隋唐史学的基本问题》，中华书局

百橋明穂［2003］「美術史学における敦煌学百年の軌跡」『仏教芸術』271

——・中野徹編［1997］『世界美術大全集　東洋編　第4巻　隋・唐』小学館

坂尻彰宏［2003］「敦煌税羊文書考」『待兼山論叢（史学篇）』37

浜口重国［1930］「府兵制度より新兵制へ」『史学雑誌』41-11/12（同［1966b］所収）

——［1934］「唐の玄宗朝に於ける江淮上供米と地税との関係」『史学雑誌』45-1/2（同［1966b］下，所収）

——［1966a］『唐王朝の賤人制度』東洋史研究会

——◆［1992］姚荣涛节译:《唐代贱民部曲的成立过程》，收于刘俊文主编《日本学者研究中国史论著选译》(第八卷：法律制度），中华书局

——◆［2022］王安泰、廖昀译，安部聡一郎校:《唐王朝的贱人制度》，复旦大学出版社

——［1966b］『秦漢隋唐史の研究』上・下，東京大学出版会

——◆［1992］夏日新节译:《西魏时期的二十四军与仪同府》，收于刘俊

文主编《日本学者研究中国史论著选译》(第四卷：六朝隋唐)，中华书局

——◆［1992］黄正建节译:《所谓隋的废止乡官》，收于刘俊文主编《日本学者研究中国史论著选译》(第四卷：六朝隋唐)，中华书局

北川俊昭［1998］「『通典』編纂始末考——とくにその上献の時期をめぐって」『東洋史研究』57-1

北京大学中国中古史研究中心編［1982—1990］『敦煌吐魯番文献研究論集』1—5 輯，中華書局・北京大学出版社

◆同上

北田英人［1989］「唐代江南の自然環境と開発」柴田三千雄他編『シリーズ世界史への問い 歴史における自然』岩波書店

濱田耕策［2000］『渤海国興亡史』吉川弘文館

布目潮渢［1968］『隋唐史研究——唐朝政権の形成』東洋史研究会

◆［1992］索介然节译:《唐初的贵族》，收于刘俊文主编《日本学者研究中国史论著选译》(第四卷：六朝隋唐)，中华书局

——［1975］『隋の煬帝と唐の太宗』清水書院

曹漫之［1989］『唐律疏議訳注』吉林人民出版社

◆同上

岑仲勉［1977］『通鑑隋唐紀比事質疑』中華書局

◆同上

——［1979（1960）］『唐史余瀋』上海古籍出版社

——◆同上

陳寅恪［1943］『唐代政治史述論稿』商務印書館（同［2001］所収）

◆同上

——［1944］『隋唐制度淵源略論稿』商務印書館（同［2001］所収）

——◆同上

——［2001］『陳寅恪集　隋唐制度淵源略論稿・唐代政治史述論稿』生活・読書・新知三聯書店

——◆同上

池田温［1964］「唐代均田制をめぐって」『法制史研究』14

——［1965］「8 世紀中葉における敦煌のソグド人聚落」『ユーラシア文化

研究』1

——◆［1993］辛德勇译:《八世纪中叶敦煌的粟特人聚落》，收于刘俊文主编《日本学者研究中国史论著选译》(第九卷：民族交通)，中华书局

——［1970］「律令官制の形成」『岩波講座世界歴史』5

——［1979］『中国古代籍帳研究——概観・録文』東京大学出版会

——◆［2007］龚泽铣译:《中国古代籍帐研究》，中华书局

——［1990］『中国古代写本識語集録』東京大学東洋文化研究所

——◆［1994］李德范译:《〈中国古代写本识语集录〉解说》(上)，《北京图书馆馆刊》1994年Z2期

——◆［1995］李德范译:《〈中国古代写本识语集录〉解说》(下)，《北京图书馆馆刊》1995年Z1期

——［2000a］「唐令復原研究の新段階——戴建国氏の天聖令残本発見研究」『創価大学人文論集』12

——［2000b］「近年の日本における敦煌・吐魯番研究」『シルクロード研究』2

——◆［2001］张铭心译:《近年日本的敦煌吐鲁番研究》，《敦煌学辑刊》2001年第1期

——［2003］『敦煌文書の世界』名著刊行会

——◆［2007］张铭心译:《敦煌文书的世界》，中华书局

——・岡野誠［1977］「敦煌・吐魯番発見唐代法制文献」『法制史研究』27

——編［1996］『世界歴史大系　中国史2——三国—唐』山川出版社

川合康三［1999］『終南山の変容——中唐文学論集』研文出版

◆［2007］刘维治、张剑、蒋寅译:《终南山的变容：中唐文学论集》，上海古籍出版社

船越泰次［1996］『唐代両税法研究』汲古書院

村川行弘監修，大阪経済法科大学・北京大学考古系編［2000］『7・8世紀の東アジア——東アジアにおける文化交流の再検討』大阪経済法科大学出版部

大津透［1986］「唐律令国家の予算について」『史学雑誌』95-12

◆［1995］宋金文、马雷译:《唐律令制国家的预算——仪凤三年度支奏抄、四年金部旨符试释》，收于刘俊文主编《日本中青年学者论中国史》(六朝隋

唐卷），上海古籍出版社

◆［1997］苏哲译：《唐律令国家的预算——仪凤三年度支奏抄、四年金部旨符试释》，《敦煌研究》1997 年第 2 期

——［1990］「唐儀鳳三年度支奏抄・四年金部旨符補考——唐朝の軍事と財政」『東洋史研究』49-2

——［2001］「北宋天聖令・唐開元二十五年令賦役令」『東京大学日本史学研究室紀要』5

大木康［1996］『不平の中国文学史』筑摩書房

大室幹雄［1992］『干潟幻想——中世中国の反園林都市』三省堂

——［1994］『檻獄都市——中世中国の世界芝居と革命』三省堂

——［1996］『遊蕩都市——中世中国の神話・笑劇・風景』三省堂

大原良通［2003］『王権の確立と授受——唐・古代チベット帝国（吐蕃）・南詔国を中心として』汲古書院

大澤正昭［1973］「唐末の藩鎮と中央権力」『東洋史研究』32-2

——［1996］『唐宋変革期農業社会史研究』汲古書院

——［2005］『唐宋時代の家族・婚姻・女性』明石書店

嶋崎昌［1983（1977）］『隋唐時代の東トゥルキスタン研究——高昌国史研究を中心として』東京大学出版会

稲葉一郎［1968］「順宗実録考」『立命館文学』280

鄧小南主編［2003］『唐宋女性与社会』上・下，上海辞書出版社

◆同上

渡邊孝［1993］「中唐期における「門閥」貴族官僚の動向——中央枢要官職の人的構成を中心に」『柳田節子先生古稀記念　中国の伝統社会と家族』汲古書院

——［1995］「魏博と成徳——河朔三鎮の権力構造についての再検討」『東洋史研究』54-2

渡辺信一郎［1990］「唐代後半期の地方財政——州財政と京兆府財政を中心に」『中国史像の再構成Ⅱ　中国専制国家と社会統合』文理閣

◆［2023］吴明浩、吴承翰译：《唐代后期的地方财政——以州财政与京兆府财政为中心》，收于渡边信一郎《中国古代的财政与国家》，社会科学文献出

版社

——［1996］『天空の玉座——中国古代帝国の朝政と儀礼』柏書房

——◆［2006］周长山节译:《元会的建构——中国古代帝国的朝政与礼仪》，收于沟口雄三、小岛毅主编《中国的思维世界》，江苏人民出版社

——［2003］『中国古代の王権と天下秩序——日中比較史の視点から』校倉書房

——◆［2008］徐冲译:《中国古代的王权与天下秩序：从日中比较史的视角出发》，中华书局

——◆［2021］徐冲译:《中国古代的王权与天下秩序（增订本）》，上海人民出版社

敦煌研究院编［1983—2000］『敦煌遺書総目索引』中華書局

◆同上

福永光司［1987］『道教思想史研究』岩波書店

岡野誠［1980］「唐代における「守法」の一事例——衛禁律闌入非御在所条に関連して」『東洋文化』60

◆［2016］程维荣译:《唐代“守法”一例——关于〈卫禁律〉“阑入非御在所”条》，收于杨一凡、寺田浩明主编《日本学者中国法制史论著选》（魏晋隋唐卷），中华书局

——［1987］「敦煌発見唐水部式の書式について」『東洋史研究』46-2

高明士主編［1990］『中国史研究指南Ⅱ　魏晋南北朝史・隋唐五代史』台湾聯経出版事業公司

◆同上

高橋継男［1972］「劉晏の巡院設置について」『集刊東洋学』28

——［1987—1996］「新唐書食貨志記事の典拠史料覚書（1）—（5）」，（1）（3）（4）（5）截于『東洋大学文学部紀要』40，44，46，49，（2）收入粟原益男先生古稀記念論集『中国古代の法と社会』汲古書院

——［1993］「『石刻史料新編第一・二・三輯』書名・著者索引」『研究年報（東洋大学アジア・アフリカ文化研究所）』28

——［2001］「近五十年来出版の中国石刻関係図書目録（稿）」『唐代史研究』4

高世瑜［1999］小林一美・任明訳『大唐帝国の女性たち』岩波書店

◆［1988］《唐代妇女》，三秦出版社

高田時雄［1988］『敦煌史料による中国語史の研究』創文社

——編［2002］『草創期の敦煌学』知泉書館

宮崎市定［1992a（1965）］『宮崎市定全集 2　東洋史』岩波書店

◆［1962］刘永新、韩润棠译:《东洋朴素主义的民族和文明主义的社会》，商务印书馆

◆［1965］中国科学院历史研究所翻译组译:《世界史序说》，收于中国科学院历史研究所翻译组编译《宫崎市定论文选集》(下卷)，商务印书馆

◆［2017］张学锋译:《东洋的朴素主义民族与文明主义社会》《东洋的近世》，收于宫崎市定《宫崎市定亚洲史论考》(上)，上海古籍出版社

◆［2018］张学锋译:《东洋的朴素主义民族与文明主义社会》，上海古籍出版社

◆［2018］张学锋译:《东洋的近世》，上海古籍出版社

——［1992b（1965）］「隋の煬帝」『宮崎市定全集 7　六朝』岩波書店

——◆［2008］杨晓钟、孟简、魏海燕译:《宫崎市定说隋炀帝：传说的暴君与湮没的史实》，陕西人民出版社

——［1993a（1968）］「大唐帝国」『宮崎市定全集 8　唐』岩波書店

——［1993b（1973）］「アジア史概説」『宮崎市定全集 18　アジア史』岩波書店

——◆［2017］谢辰译:《亚洲史概说》，民主与建设出版社

——［1993c（1977—1978）］『宮崎市定全集 1　中国史』岩波書店

——◆［1980］邱添生译:《中国史》，台湾华世出版社

——◆［2015］焦堃、瞿柘如译:《宫崎市定中国史》，浙江人民出版社

古賀登［1956］「唐代均田制度の地域性」『史観』46

——［1971］『新唐書』明徳出版社

古瀬奈津子［2003］『遣唐使の見た中国』吉川弘文館

——◆［2005］高泉益译:《遣唐使眼中的中国》，台湾商务印书馆

——◆［2007］郑威译:《遣唐使眼里的中国》，武汉大学出版社

古畑徹［1998］「『唐会要』の流伝に関する一考察」『東洋史研究』57-1

——［2003］「戦後日本における渤海史の歴史枠組みに関する史学史的考察」『東北大学東洋史論集』9

谷川道雄［1956］「武后朝末年より玄宗朝初年にいたる政争について」『東洋史研究』14-4

——［1970］「拓跋国家の展開と貴族制の再編」『（旧版）岩波講座世界歴史』5

——［1978］「河朔三鎮における節度使権力の性格」『名古屋大学文学部研究論集』74

——［1998（1971）］『増補　隋唐帝国形成史論』筑摩書房

——◆［2011］李济沧译:《隋唐帝国形成史论》, 上海古籍出版社

——他編［1997］『中国史学の基本問題 2　魏晋南北朝隋唐時代史の基本問題』汲古書院

——◆［2010］谷川道雄主编，李凭等译:《魏晋南北朝隋唐史学的基本问题》, 中华书局[①]

谷霽光［1962］『府兵制度考釈』上海人民出版社

◆同上

關尾史郎［1988—1999］「トゥルファン出土高昌国税制関係文書の基礎的研究——條記文書の古文書学的分析を中心として（1）—（9）」新潟大学人文学部『人文科学研究』74—75，78，81，83—84，86，98—99

——［1998］『西域文書からみた中国史』世界史リブレット，山川出版社

胡戟他主編［2002］『二十世紀唐研究』中国社会科学出版社

◆同上

戸崎哲彦［1996］『柳宗元永州山水游記考——中国山水文学研究・其一』中文出版社

護雅夫［1967］「突厥と隋・唐両王朝」同『古代トルコ民族史研究』1，山川出版社

——［1976］『古代遊牧帝国』中公新書

荒川正晴［1997］「唐帝国とソグド人の交易活動」『東洋史研究』56-3

① 译者按：相较日文原本，中译本删除了一篇：中村裕一《文書行政》(《文书行政》)。

◆［2002］陈海涛译:《唐帝国和粟特人的交易活动》,《敦煌研究》2002 年第 3 期

——［2003］『オアシス国家とキャラヴァン交易』世界史リブレット，山川出版社

黄永年［2002］『唐史史料学』上海書店出版社

◆同上

黄永武主編［1986］『敦煌遺書最新目録』台湾新文豊出版公司

◆同上

黄正建［1998］『唐代衣食住行研究』首都師範大学出版社

◆同上

吉川忠夫編［2000］『京都大学人文科学研究所研究報告　唐代の宗教』朋友書店

吉岡眞［1998］『現存唐代墓誌研究——総合目録の作成』平成 8 年度—平成 9 年度科学研究費補助金基盤研究 C（2）研究成果報告書

——［2004］「影印・初公刊，羅振玉（撰輯）『芒洛冢墓遺文』五編（全）六巻——（1）：巻 1・2」『福大史学』76—77

加藤繁［1926］『唐宋時代に於ける金銀の研究』東洋文庫（1975 年再版）

◆［1944］中国联合准备银行调查室译:《唐宋时代金银之研究：以金银之货币机能为中心》，中国联合准备银行

◆［1970］中国联合准备银行调查室译:《唐宋时代金银之研究：以金银之货币机能为中心》，香港龙门书店

◆［1974］中国联合准备银行调查室译:《唐宋时代金银之研究：以金银之货币机能为中心》，台湾新文丰出版公司

◆［1978］中国联合准备银行调查室译:《唐宋时代金银之研究：以金银之货币机能为中心》，台湾文海出版社

◆［2006］中国联合准备银行调查室译:《唐宋时代金银之研究：以金银之货币机能为中心》，中华书局

——［1952］『支那経済史考証』上，東洋文庫（1974 年再版）

——◆［1959］吴杰译:《中国经济史考证》(第一卷)，商务印书馆

——◆［1975］吴杰译:《中国经济史考证》(卷一)，台湾华世出版社

——◆［1991］吴杰译:《中国经济史考证》(卷一)，台湾稻乡出版社

——◆［2012］吴杰译:《中国经济史考证》(上)，中华书局

——訳注［1948］『旧唐書食貨志・旧五代史食貨志』岩波文庫

家島彦一［1991］『イスラム世界の成立と国際商業』岩波書店

——［1993］『海が創る文明——インド洋海域世界の歴史』朝日新聞社

講座敦煌［1980—1992］『講座敦煌』全9卷，大東出版社

今村与志雄訳注［1980—1981］『酉陽雑俎』1—5，平凡社東洋文庫

金子修一［1983］「唐代国際文書形式について」『史学雑誌』83-10（同［2001b］所収）

——［2001a］『古代中国と皇帝祭祀』汲古書院

——◆［2017］肖圣中、吴思思、王曹杰译:《古代中国与皇帝祭祀》，复旦大学出版社

——［2001b］『隋唐の国際秩序と東アジア』名著刊行会

静永健［2000］『白居易「諷諭詩」の研究』勉誠出版

◆［2007］刘维治译:《白居易写讽谕诗的前前后后》，中华书局

酒寄雅志［2001］『渤海と古代の日本』校倉書房

菊池英夫［1970］「府兵制度の展開」『(旧版）岩波講座世界歴史』5

堀敏一［1957］「黄巣の叛乱」『東洋文化研究所紀要』13（同［2002］所収）

——［1960］「藩鎮親衛軍の権力構造」「東洋文化研究所紀要」20（同［2002］所収）

——◆［1992］索介然译:《藩镇亲卫军的权力结构》，收于刘俊文主编《日本学者研究中国史论著选译》(第四卷：六朝隋唐)，中华书局

——［1975］『均田制の研究』岩波書店

——◆［1984］韩国磐、林立金、李天送、韩昇译:《均田制的研究》，福建人民出版社

——［1987］『中国古代の身分制——良と賤』汲古書院

——［1993］『中国と古代東アジア世界』岩波書店

——［1996］『中国古代の家と集落』汲古書院

——［2002］『唐末五代変革期の政治と経済』汲古書院

來村多加史［2001］『唐代皇帝陵の研究』学生社

李斌城他編［1998］『隋唐五代社会生活史』中国社会科学出版社

◆同上

李伯重［1990］『唐代江南農業的発展』農業出版社

◆同上

李成市［1997］『東アジアの王権と交易』青木書店

——［2000］『東アジア文化圏の形成』世界史リブレット，山川出版社

李錦繡［1995，2001］『唐代財政史稿』上巻3冊・下巻2冊，北京大学出版社

◆同上

李令福［1999］張樺訳「華北平原における二年三熟制の成立時期」『日中文化研究』14，勉誠出版

◆［1995］《论华北平原二年三熟轮作制的形成时间及其作物组合》，《陕西师范大学学报》1995年第4期

礪波護［1962］「中世貴族制の崩壊と辟召制——牛李の党争を手がかりに」（同［1986］所収）

——［1986］『唐代政治社会史研究』同朋舎出版

——◆［1992］黄正建节译：《隋的貌阅与唐初食实封》，收于刘俊文主编《日本学者研究中国史论著选译》（第四卷：六朝隋唐），中华书局

——◆［1992］黄正建节译：《唐代的县尉》，收于刘俊文主编《日本学者研究中国史论著选译》（第四卷：六朝隋唐），中华书局

——［1998］『唐の行政機構と官僚』中公文庫

——［1999］『隋唐の仏教と国家』中公文庫

——◆［2004］韩昇、刘建英译：《隋唐佛教文化》上编“隋唐时代的佛教文化与国家政策”，上海古籍出版社

——・武田幸男［1997］『世界の歴史6　隋唐帝国と古代朝鮮』中央公論社

林俊雄［1992］「ウイグルの対唐政策」『創価大学人文論集』4

鈴木靖民編［2001］「特集　九世紀の東アジアと交流」『アジア遊学』26

鈴木俊［1936］「敦煌発見唐代戸籍と均田制」『史学雑誌』47-7（同［1980］所収）

◆［1992］姜镇庆译：《唐代的均田制度与敦煌户籍》，收于姜镇庆、李德

龙等译《唐代均田制研究选译》，甘肃教育出版社

——［1950］「旧唐書食貨志の史料系統について」『史淵』45

——［1980］『均田，租庸調制度の研究』刀水書房

劉俊文［1996］『唐律疏議箋解』上・下，中華書局

◆同上

呂思勉［1959］『隋唐五代史』上・下，中華書局（上海古籍出版社，新版1984年）

◆同上

律令研究会編［1979—1996］『訳註日本律令』5—8「唐律疏議訳注篇」東京堂出版

妹尾達彦［1982］「唐代河東池塩の生産と流通——河東塩税機関の立地と機能」『史林』65-6

——［1997］「都市の生活と文化」谷川道雄他編『中国史学の基本問題2　魏晋南北朝隋唐時代史の基本問題』汲古書院

——◆［2010］《城市的生活与文化》，收于谷川道雄主编《魏晋南北朝隋唐史学的基本问题》，中华书局

——［1999］「中華の分裂と再生」『（新版）岩波講座世界歴史』9

——◆［2019］高兵兵译：《中华的分裂与再生》，收于妹尾达彦《隋唐长安与东亚比较都城史》，西北大学出版社

——［2001］『長安の都市計画』講談社選書メチエ

——◆［2012］高兵兵译：《长安的都市规划》，三秦出版社

NHK編［2003］『NHKスペシャル文明の道③　海と陸のシルクロード』日本放送出版協会

那波利貞［1974］『唐代社会文化史研究』創文社

内藤みどり［1988］『西突厥史の研究』早稲田大学出版部

内藤虎次郎（湖南）［1922］「概括性的唐宋時代観」『歴史と地理』9-5（同［1969］所収）

◆［1992］黄约瑟译：《概括的唐宋时代观》，收于刘俊文主编《日本学者研究中国史论著选译》（第一卷：通论），中华书局

◆［2016］林晓光译：《概括性的唐宋时代观》，收于内藤湖南《东洋文化

史研究》，复旦大学出版社

——［1969］『内藤湖南全集』8，筑摩書房

——◆［2004］夏应元、钱婉约、刘文柱、徐世虹、郑显文、徐建新选译：《中国史通论：内藤湖南博士中国史学著作选译》，社会科学文献出版社

——◆［2016］林晓光译：《东洋文化史研究》，复旦大学出版社

平岡武夫［1998］『白居易——生涯と歳時記』朋友書店

——编［1954—1964］『唐代研究のしおり』全 12 冊，京都大学人文科学研究所（同朋舎出版，1985 年再版）

平田陽一郎［2002］「唐代兵制＝府兵制の概念成立をめぐって」『史観』147

斉東方［1999］『唐代金銀器研究』中国社会科学出版社

◆同上

氣賀澤保規［1973］「竇建徳集団と河北——隋唐帝国の性格をめぐって」『東洋史研究』31-4

——［1993］「均田制研究の展開」谷川道雄編『戦後日本の中国史論争』河合文化教育研究所

——◆［1993］夏日新译：《均田制研究的展开》，收于刘俊文主编《日本学者研究中国史论著选译》（第二卷：专论），中华书局

——［1995］『則天武后』白帝社

——［1999］『府兵制の研究——府兵兵士とその社会』同朋舎出版

——编［2004］『新版　唐代墓誌所在総合目録』汲古書院

前島佳孝［1999］「西魏・八柱国の序列について——唐初編纂奉勅撰正史に於ける唐皇祖の記述様態の一事例」『史学雑誌』108-8

前嶋信次［1958—1959］「タラス戦考」『史学』31-1/2/3/4，32-1（同［1971］所収）

——［1971］『東西文化交流の諸相』同刊行会

青木敦［1995］「ポスト・ワルラスからのアプローチ」宋代史研究会編『宋代史研究会研究報告 5　宋代の規範と習俗』汲古書院

青山定雄［1969（1963）］『唐宋時代の交通と地誌地図の研究』吉川弘文館

◆［1993］辛德勇节译：《唐宋汴河考》，收于刘俊文主编《日本学者研究中国史论著选译》(第九卷：民族交通)，中华书局

清木場東［1996］『唐代財政史研究（運輸編）』九州大学出版会

——［1997］『帝賜の構造——唐代財政史研究　支出編』中国書店

全漢昇［1944］『唐宋帝国与運河』商務印書館（同［1976］所収）

◆同上

——［1976］『中国経済史研究』上，新亜研究所

——◆同上

仁井田陞［1933］『唐令拾遺』東方文化学院（東京大学出版会，1964年復刊）

◆［1989］栗劲、霍存福、王占通、郭延德编译：《唐令拾遗》，长春出版社

——［1957］「唐の律令および格の新資料——スタイン敦煌文献」『東洋文化研究所紀要』13（同［1958—1964］所収）

——［1958—1964］『中国法制史研究』1—4，東京大学出版会（1980年再版）

——◆［1992］姚荣涛节译：《唐律的通则性规定及其来源》，收于刘俊文主编《日本学者研究中国史论著选译》(第八卷：法律制度)，中华书局

——◆［1988］刘淼节译，陈支平校：《明末徽州的庄仆制——特别是关于劳役婚　附：明清族谱中的家产关系文书和租佃关系文书》，收于刘淼辑译《徽州社会经济史研究译文集》，黄山书社

——◆［2003］徐世虹节译：《中国买卖法的沿革》，收于籾山明主编《中国法制史考证·丙编：日本学者考证中国法制史重要成果选译》(第一卷：通代先秦秦汉卷)，中国社会科学出版社

——◆［2016］徐世虹节译：《中国买卖法的沿革》，收于杨一凡、寺田浩明主编《日本学者中国法制史论著选·先秦秦汉卷》，中华书局

——［1983（1937）］『唐宋法律文書の研究』第15章戸籍，第6節戸籍に見える給田制，東京大学出版会

——·牧野巽［1978］「故唐律疏議製作年代考」『訳註日本律令』1，東京堂出版

——·◆［2003］程维荣译：《〈故唐律疏议〉制作年代考》(上、下)，收于

冈野诚主编《中国法制史考证・丙编：日本学者考证中国法制史重要成果选译》（第二卷：魏晋南北朝隋唐卷），中国社会科学出版社

——◆［2016］程维荣译：《〈故唐律疏议〉制作年代考》（上、下），收于杨一凡、寺田浩明主编《日本学者中国法制史论著选・魏晋隋唐卷》，中华书局

——・池田温編［1997］『唐令拾遺補』東京大学出版会

日野開三郎［1974—1975，1977］『唐代租調庸の研究』Ⅰ色額篇・Ⅱ課輸篇上・Ⅲ課輸篇下，汲古書院

——［1980（1942）］「支那中世の軍閥」『日野開三郎東洋史学論集』1，三一書房

——［1981］『日野開三郎　東洋史学論集　第3巻　唐代両税法の研究　前篇』三一書房

——［1982］『日野開三郎　東洋史学論集　第4巻　唐代両税法の研究　本篇』三一書房

——［1986］『唐代先進地帯の荘園』汲古書院

——［1992（1968）］『日野開三郎東洋史学論集　第17—18巻　唐代邸店の研究』正・続，三一書房

——［1996］「唐末混乱史稿」『日野開三郎　東洋史学論集　第19巻　唐末混乱史考』三一書房

栄新江［2001a］『中古中国与外来文明』生活・読書・新知三聯書店

◆同上

——［2001b］『敦煌学十八講』北京大学出版社

——◆同上

——編［1994］『英国図書館蔵敦煌漢文非仏教文献残巻目録S6981—S13624』台湾新文豊出版公司

——◆同上

桑山正進［1998（1992）］『慧超往五天竺国伝研究（改訂版）』臨川書店

桑原隲蔵［1924］「隋唐時代に支那に来住した西域人に就いて」（同［1968］所収）

——［1968］『桑原隲蔵全集』2，岩波書店

——［1989（1923）］『蒲寿庚の事蹟』平凡社東洋文庫

——◆［2009］陈裕菁译订：《蒲寿庚考》，中华书局

森安孝夫［1984］「吐蕃の中央アジア進出」『金沢大学文学部論集（史学科篇）』4

——［1991］『ウイグル=マニ教史の研究』大阪大学文学部

——［2000］「河西帰義軍節度使の朱印とその編年」『内陸アジア言語の研究』15

——◆［2003］梁晓鹏译：《河西归义军节度使官印及其编年》，《敦煌学辑刊》2003年第1期

——［2002］「ウイグルから見た安史の乱」『内陸アジア言語の研究』17

森部豊［2002］「唐前半期河北地域における非漢族の分布と安史軍淵源の一形態」『唐代史研究』5

砂山稔［1990］『隋唐道教思想史研究』平河出版社

山本達郎［1977—1978］「敦煌発見の籍帳にみえる「自田」」『東方学』53，56

◆［1992］艾廉莹译：《敦煌发现籍帐中的“自田”》《敦煌发现籍帐中的“自田”》（续篇），姜镇庆、李德龙等译《唐代均田制研究选译》，甘肃教育出版社

山根清志［1982］「唐の「百姓」身分について」『社会経済史学』47-6

山根直生［2004］「唐宋政治史研究に関する試論——政治過程論，国家統合の地理的様態から」『中国史学』14

山口瑞鳳［1983］『吐蕃王国成立史研究』岩波書店

山崎覚士［2003］「唐開元二十五年田令の復原から唐代永業田の再検討へ——明抄本天聖令をもとに」『洛北史学』5

山田俊［1999］『唐初道教思想史研究——『太玄真一本際経』の成立と思想』平楽寺書店

山田信夫［1989］『北アジア遊牧民族史研究』東京大学出版会

山下将司［2002］「唐初における『貞観氏族志』の編纂と「八柱国家」の誕生」『史学雑誌』111-2

杉山正明［1997］『遊牧民から見た世界史』日本経済新聞社

◆［2011］黄美蓉译：《大漠：游牧民族的世界史》，台湾广场出版

◆［2013］黄美蓉译:《游牧民的世界史》，台湾广场出版

◆［2014］黄美蓉译:《游牧民的世界史》，中华工商联合出版社

上山大峻［1990］『敦煌仏教の研究』法蔵館

上田信［1999］『森と緑の中国史——エコロジカルヒストリーの試み』岩波書店

◆［2013］朱海滨译:《森林和绿色的中国史——生态史的尝试》，山东画报出版社

——［2002］『トラが語る中国史——エコロジカル・ヒストリーの可能性』山川出版社

尚剛［1998］『唐代工芸美術史』浙江文芸出版社

◆同上

深谷憲一訳［1990］『入唐求法巡礼行記』中公文庫

辻正博［1993］「唐代流刑考」『中国近世の法制と社会』京都大学人文科学研究所

石見清裕［1998］『唐の北方問題と国際秩序』汲古書院

◆［2019］胡鸿译:《唐代北方问题与国际秩序》，复旦大学出版社

——［1999］「ラティモアの辺境論と漢—唐間の中国北辺」唐代史研究会編『東アジア史における国家と地域』刀水書房

——◆［2019］王博译:《拉铁摩尔的Reservoir理论与汉至唐的中国北部边境绪论》，收于石见清裕《唐代的民族、外交与墓志》，西北大学出版社

石井正敏［2001］『日本渤海関係史の研究』吉川弘文館

石田幹之助［1979（1941）］『長安の春』講談社学術文庫

◆［2015］钱婉约译:《长安之春》，清华大学出版社

石原道博編訳［1985（1951）］『魏志倭人伝他三篇——中国正史日本伝（1）』岩波文庫（新訂版）

史念海［2000］森部豊訳「漢・唐時代の長安城と生態環境」『アジア遊学』20

◆［1998］《汉唐长安城与生态环境》，《中国历史地理论丛》1998年第1期

——主編［1998］『中日歴史地理合作研究論文集　第一輯　漢唐長安与黄土高原』陕西師範大学中国歴史地理研究所

◆同上

——主編［1999］『中日歴史地理合作研究論文集　第二輯　漢唐長安与関中平原』陝西師範大学中国歴史地理研究所

◆同上

水谷真成［1999（1983—1984）］『大唐西域記』平凡社東洋文庫

斯波義信［2002］『中国都市史』東京大学出版会

◆［2013］布和译:《中国都市史》,北京大学出版社

松本保宣［2001］「唐宣宗朝の聴政」『東洋学報』83-3

——［2002］「唐文宗皇帝の聴政制度改革について——開成年間を中心に」『古代文化』54-7

松本伸之［2000］「唐代金銀器の諸相——1950年代から1999年までの発掘資料をめぐって」『東京国立博物館紀要』35

松本肇［2000］『柳宗元研究』創文社

松田壽男［1970］『古代天山の歴史地理学的研究（増補版）』早稲田大学出版部

◆［1987］陈俊谋译:《古代天山历史地理学研究》,中央民族学院出版社

宋家鈺［2002］徐建新訳「明抄本北宋天聖「田令」とそれに附された唐開元「田令」の再校録」『駿台史学』115

◆［2006］《明抄本天圣〈田令〉及后附开元〈田令〉的校录与复原》,《中国史研究》2006年第3期

藪内清［1989（1944）］『増訂　隋唐暦法史の研究』臨川書店

——編［1998（1963）］『中国中世科学技術史の研究』朋友書店

太田次男他編［1993—1998］『白居易研究講座』全7巻,勉誠社

唐長孺［1992］『魏晋南北朝隋唐史三論』武漢大学出版社

◆同上

唐代史研究会編［1979］『隋唐帝国と東アジア世界』汲古書院

——［1992］『中国の都市と農村』汲古書院

藤善眞澄［2000（1966）］『安禄山』中公文庫

——◆［2017］张恒怡译:《安禄山:皇帝宝座的觊觎者》,中西书局

——［2002］『道宣伝の研究』京都大学学術出版会

——［2004］『隋唐時代の仏教と社会——弾圧の狭間にて』白帝社

天野元之助［1979（1962）］『中国農業史研究（増補版）』御茶の水書房

◆［1992］魏小明节译:《犁在中国农业发展史上的作用》，收于刘俊文主编《日本学者研究中国史论著选译》(第十卷：科学技术)，中华书局

田口宏二朗［1999］「前近代中国史研究と流通」『中国史学』9

田中淡［1989］『中国建築史の研究』弘文堂

◆［2012］黄兰翔译:《中国建筑史之研究》，台湾南天书局有限公司

土肥義和［1979］「唐代均田制の給田基準攷——とくに吐魯番盆地の実例を中心に」唐代史研究会編『隋唐帝国と東アジア世界』汲古書院

——［1988］「敦煌発見唐・回鶻間交易関係漢文文書断簡考」栗原益男先生古稀記念論集『中国古代の法と社会』汲古書院

——◆［1989］刘方译:《敦煌发现唐、回鹘交易关系汉文文书残片考》，《西北民族研究》1989 年第 2 期

——［1995］「唐・宋間の「社」の組織形態に関する一考察——敦煌の場合を中心に」『堀敏一先生古稀記念　中国古代の国家と民衆』汲古書院

土屋昌明［2002］『神仙思想——道教的生活』春秋社

丸橋充拓［1996］「唐代後半の北辺財政——度支系諸司を中心に」『東洋史研究』55-1

◆［2017］张桦译:《整备北边度支系诸司》，收于丸桥充拓《唐代军事财政与礼制》，西北大学出版社

——［2001］「「唐宋変革」史の近況から」『中国史学』11

丸山宏［1999］「民間信仰の形成」『（新版）岩波講座世界歴史』9（同［2004］所収）

——［2004］『道教儀礼文書の歴史的研究』汲古書院

尾形勇［1979］『中国古代の「家」と国家——皇帝支配下の秩序構造』岩波書店

◆［2010］张鹤泉译:《中国古代的“家”与国家》，中华书局

翁育瑄［2003］「唐宋墓誌から見た女性の守節と再婚について——未亡人の選択とその生活」『唐代史研究』6

呉松弟［2002］『両唐書地理志匯釈』安徽教育出版社

◆同上

呉廷燮［1980］『唐方鎮年表』中華書局

◆同上

西村元佑［1959］「唐代吐魯番における均田制の意義」西域文化研究会編『西域文化研究』2，法藏館（同［1968］所収）

——［1968］『中国経済史研究』東洋史研究会

——◆［1985］姜镇庆、那向芹节译:《通过唐代敦煌差科簿看唐代均田制时代的徭役制度——以大谷探险队携来的敦煌和吐鲁番古文书为参考史料》，收于中国敦煌吐鲁番学会主编《敦煌学译文集——敦煌吐鲁番出土社会经济文书研究》，甘肃人民出版社

西嶋定生［1947］「碾磑の彼方——華北農業における二年三毛作の成立」『歴史学研究』125（同［1966］所収）

◆［1984］黎潮译:《碾硙发展的背景——华北农业两年三季制的形成》，收于西嶋定生《中国经济史研究》，农业出版社

◆［1992］韩昇译:《碾硙寻踪——华北农业两年三作制的产生》，收于刘俊文主编《日本学者研究中国史论著选译》(第四卷：六朝隋唐)，中华书局

——［1959］「吐魯番出土文書より見たる均田制の施行状態」西域文化研究会編『西域文化研究』2，法藏館（同［1966］所収）

——◆［1984］邱茂译:《从吐鲁番出土文书看均田制实施情况——以给田文书、退田文书为中心》，收于西嶋定生《中国经济史研究》，农业出版社

——◆［1985］姜镇庆、那向芹译:《从吐鲁番出土文书看实施均田制的状况——以给田文书和退田文书为中心》，收于中国敦煌吐鲁番学会主编《敦煌学译文集——敦煌吐鲁番出土社会经济文书研究》，甘肃人民出版社

——［1966］『中国経済史研究』東京大学出版会

——◆［1984］冯佐哲、邱茂、黎潮译:《中国经济史研究》，农业出版社

——［1983］『中国古代国家と東アジア世界』東京大学出版会

——◆［1993］高明士节译:《中国古代帝国形成史论》，收于刘俊文主编《日本学者研究中国史论著选译》(第二卷：专论)，中华书局

——◆［1993］高明士节译:《东亚世界的形成》，收于刘俊文主编《日本学者研究中国史论著选译》(第二卷：专论)，中华书局

——［2002］『西嶋定生　東アジア史論集　第3巻　東アジア世界と冊封体制』岩波書店

——・李成市編［2000］『古代東アジア世界と日本』岩波現代文庫

西脇常記［2000］『唐代の思想と文化』創文社

——［2002］『ドイツ将来のトルファン漢語文書』京都大学学術出版会

——訳註［1989］『史通内篇』東海大学出版会

——訳註［2002］『史通外篇』東海大学出版会

西域文化研究会編［1958—1963］『西域文化研究』全6冊・別冊1，法蔵館

◆［1985］姜镇庆、那向芹译：《敦煌学译文集——敦煌吐鲁番出土社会经济文书研究》，甘肃人民出版社①

小島毅［1996］『中国近世における礼の言説』東京大学出版会

——［1999］『宋学の形成と展開』創文社

小林正美［2003］『唐代の道教と天師道』知泉書館

◆［2003］王皓月译：《唐代的道教与天师道》，齐鲁书社

小田義久［1996］『大谷文書の研究』法蔵館

小野勝年［1964—1969］『入唐求法巡礼行記の研究』全4冊，鈴木学術財団

——［1989］『中国隋唐長安・寺院史料集成』史料篇・解説篇，法蔵館

小野四平［1995］『韓愈と柳宗元——唐代古文研究序説』汲古書院

篠田統［1974］『中国食物史』柴田書店

——［1978］『中国食物史の研究』八坂書房

——◆［1987］高桂林、薛来运、孙音译：《中国食物史研究》，中国商业出版社

——◆［1992］魏小明节译：《中国中世的酒》，收于刘俊文主编《日本学者研究中国史论著选译》(第十卷：科学技术)，中华书局

興膳宏・川合康三［1995］『隋書経籍志詳攷』汲古書院

穴沢彰子［1999］「唐宋変革期における社会的結合に関する一試論——自衛と賑恤の「場」を手がかりとして」『中国——社会と文化』14

岩波講座［1970］『(旧版)岩波講座世界歴史』5

① 译者按：该译文集收入10篇论文，系节选自《西域文化研究》第2、3册。

——［1999］『（新版）岩波講座世界歴史』9

厳耕望編［1985—2003］『唐代交通図考』1—6，台湾「中研院」歴史語言研究所

◆同上

楊遠［1982］『唐代的鉱産』台湾学生書局

◆同上

羽田亨［1953］「唐代回鶻史の研究」『羽田博士史学論文集』上，東洋史研究会

原田淑人［1920］『唐代の服飾』本文篇・図版・索引篇，東洋文庫（1970年再版）

——［1987（1963）］『古代人の化粧と装身具』刀水書房

原田種成［1978—1979］『貞観政要』上・下，明治書院新釈漢文大系

増井経夫［1966］『史通——唐代の歴史観』平凡社

斎藤茂［2000］『妓女と中国文人』東方書店

◆［2011］申荷丽译:《妓女与文人》，商务印书馆

齋藤勝［1999］「唐代の馬政と牧地」『日中文化研究』14，勉誠出版

章群［1999］『通鑑・新唐書引用筆記小説研究』台湾文津出版社

◆同上

張国剛主編［1996］『隋唐五代史研究概述』天津教育出版社

◆同上

張沢咸［1995］『唐代工商業』中国社会科学出版社

◆同上

——［1999］『隋唐時期農業』台湾文津出版社

——◆同上

趙超［1998］『新唐書宰相世系表集校』上・下，中華書局

◆同上

植木久行［1995（1980）］『唐詩歳時記』講談社学術文庫

——［1999（1983）］『唐詩の風景』講談社学術文庫

中村裕一［1986］「隋唐五代の「致書」文書について」『武庫川女子大学史学研究室報告』5（同［1991］所収）

——［1991］『唐代制勅研究』汲古書院

——［2003］『隋唐王言の研究』汲古書院

中村治兵衛［1995］『中国漁業史の研究　中村治兵衛著作集 2』刀水書房

中砂明徳［1993］「唐代の墓葬と墓誌」礪波護編『中国中世の文物』京都大学人文科学研究所

——［1994］「中世人から近世人へ——唐宋時代の士人の位置」『古代文化』46-11

中田薫［1926—1964］『法制史論集』1—4，岩波書店（1970—1971 年再版）

中田勇次郎編［1975］『中国墓誌精華』中央公論社

滋賀秀三［1981］「唐代における律の改正をめぐる一問題」『法制史研究』30

足立啓二［1990］「専制国家と財政・貨幣」中国史研究会編『中国史像の再構成Ⅱ　中国専制国家と社会統合』文理閣

足立喜六［1942—1943］『大唐西域記の研究』上・下，法蔵館

——・塩入良道［1970，1985］『入唐求法巡礼行記』1・2，平凡社東洋文庫

佐藤長［1958—1959］『古代チベット史研究』上・下，東洋史研究会

◆［2019］金伟、吴彦、金如沙译:《古代西藏史研究》，台湾新文丰出版公司

佐藤武敏［1978］『中国古代絹織物史研究』下，風間書房

佐藤信編［2003］『日本と渤海の古代史』山川出版社

佐竹靖彦［1990］『唐宋変革の地域的研究』同朋舎出版

アブー＝ルゴド，ジャネット・L.（Abu-Lughod，Janet Lippman）［2001（1989）］佐藤次高・斯波義信・高山博・三浦徹訳『ヨーロッパ覇権以前』上・下，岩波書店

◆［2015］珍妮特・L. 阿布–卢格霍德著，杜宪兵、何美兰、武逸天译:《欧洲霸权之前：1250—1350 年的世界体系》，商务印书馆

ライシャワー，E. O.（Reischauer，Edwin Oldfather）［1999（1978）］田村完誓訳『円仁——唐代中国への旅』講談社学術文庫

ライト，アーサー（Wright，Arthur F.）［1982（1978）］布目潮渢・中川努

訳『隋代史』法律文化社

Giles，L.（ed.）［1957］*Descriptive Catalogue of the Chinese Manuscripts from Tunhuang in the British Museum*，London：Trustees of the British Museum.

Pulleyblank，E. G.［1955］*The Background of the Rebellion of An Lu-shan*，Oxford：Oxford University Press.

◆［2018］蒲立本著，丁俊译：《安禄山叛乱的背景》，中西书局

Reischauer，E.O.［1955］*Ennin's Diary，the Record of a Pilgrimage to China in Search of the Law*，New York：Ronald Press Company.

Soymié，M. et al.（eds.）［1970—2001］*Catalogue des manuscrits chinois de Touen-houang*，vol. Ⅰ，vol. Ⅲ，Vol. Ⅳ，vol. Ⅴ，vol. Ⅵ，Paris：Ecole française d'Extrême-Orient.

Yamamoto，T.（山本達郎）et al.（eds.）［1978—2001］*Tunhuang and Turfan Documents：Concerning Social and Economic History*，I. Legal Text，Ⅱ. Census Registers，Ⅲ. Contracts，Ⅳ. She Associations and Related Documents，Ⅴ. Supplement，Tokyo：Toyo Bunko.

第五章　五代・宋

阿部肇一［1986］『増訂中国禅宗史の研究——政治社会史的考察』研文出版

愛宕松男［1969］『世界の歴史 11　アジアの征服王朝』河出書房新社

——［1987］『愛宕松男東洋史学論集 1　中国陶瓷産業史』三一書房

愛宕元［1974］「五代宋初の新興官僚」『史林』57-4

——［1991］『中国の城郭都市』中公新書

北京大学南亜研究所編［1994］『中国載籍中南亜史料匯編』上・下冊，上海古籍出版社

◆同上

北京図書館金石組編［1990］『北京図書館蔵中国歴代石刻拓本匯編』中州古籍出版社，「五代十国　附：大理」1 冊，「北宋」6 冊，「南宋」2 冊（第 36 冊—第 44 冊）

◆同上

北平図書館編［1936］「影印宋会要輯稿縁起」北平図書館
◆同上
草野靖［1962］「南宋時代淮南路の通貨問題——鉄銭交子の廃復をめぐって」『東洋学報』44-4
——［1966］「南宋行在会子の発展」『東洋学報』49-1/2
——［1985］『中国の地主経済——分種制』汲古書院
——［1989］『中国近世の寄生地主制——田面慣行』汲古書院
曽我部静雄［1940］『開封と杭州』冨山房
——［1941］『宋代財政史』生活社（大安，1966年再版）
——［1943］「宋代軍隊の入墨について」『支那政治習俗論攷』筑摩書房
——［1949］『日宋金貨幣交流史』宝文館
——［1951］『紙幣発達史』印刷庁
——［1963］『中国及び古代日本における郷村形態の変遷』吉川弘文館
——［1974］「南宋の水軍」「宋代の効用兵」「唐宋の軍隊の編成名，都と指揮について」『宋代政経史の研究』吉川弘文館
——◆［1993］索介然译:《南宋的水军》，收于刘俊文主编《日本学者研究中国史论著选译》，中华书局
——［1976］『中国社会経済史の研究』吉川弘文館
曽棗荘・劉琳主編［1988—　］『全宋文』既刊50冊（1988年6月—1994年7月），巴蜀書社
◆同上
昌彼得・王徳毅・程元敏・侯俊徳編［1974—1976］『宋人伝記資料索引』全6冊，鼎文書局
◆同上
長瀬守［1983］『宋元水利史研究』国書刊行会
陳乃文・陳燮章輯［1989—1990］「蔵族編年史料集」(一)，(二）上・下冊，民族出版社
◆同上
陳生璽輯［1996］『政書集成』全10冊，中州古籍出版社
◆同上

陳楽素［2002］『宋史芸文志考証』広東人民出版社

◆同上

陳智超［1995］『解開『宋会要』之謎』社会科学文献出版社

◆同上

——他［1983］『中国古代史史料学』第6章「宋史史料」北京出版社

——◆同上

——整理［1988］『宋会要輯稿補編』全国図書館文献縮微複製中心

——◆同上

池田誠［1951］「均産一揆の歴史的意義」『歴史学研究』152

赤城隆治・佐竹靖彦編［1987］『宋元官箴総合索引』汲古書院

川村康［1993］「宋代杖殺考」『東洋文化研究所紀要』120

船越泰次［1985］『宋白続通典輯本　附解題』汲古書院

村田治郎［1981］『中国の帝都』綜芸社

大澤正昭［1993］『陳旉農書の研究』農山漁村文化協会

——［1996］『唐宋変革期農業社会史研究』汲古書院

——［2005］『唐宋時代の家族・婚姻・女性——婦は強く』明石書店

——編著（1996）『主張する〈愚民〉たち』角川書店

——編訳［1991—1995，2000，2002，2005］『名公書判清明集』「懲悪門（1）—（5）」「人品門（上）（下）」「人倫門」訳注稿，清明集研究会

丹喬二［1975］「北宋末の方臘の乱に関する基礎的考察」『日本大学人文科学研究所研究紀要』17

——［1980］「宋初四川の王小波・李順の乱について」『東洋学報』61-3/4

島津草子［1959］「成尋阿闍梨母集・参天台五台山記の研究」大蔵出版

島居一康［1970］「王小波・李順の乱の性格」『東洋史研究』29-1

——［1993］『宋代税政史研究』汲古書院

徳田隆訳［1999］『中国人の死体観察学——『洗冤集録』の世界』雄山閣出版

鄧之誠注［1959］『東京夢華録注』商務印書館（中華書局，1982年再版）

◆同上

東京教育大学東洋史学研究室編［1953—1959］『宋代社会経済史研究補助

資料』東京教育大学文学部東洋史学研究室アジア史研究会油印本

東洋史研究会編［1954］『文献通考五種総目録』東洋史研究会

東洋史研究論文目録編集委員会編［1967］『日本における東洋史論文目録』Ⅰ—Ⅳ，日本学術振興会

東洋史研究室編［1950］『職官分紀目次』京都大学東洋史研究室油印本

東洋文庫・宋代史研究委員会編［1970］『宋会要研究備要——目録』東洋文庫

——・——編［1982］『宋会要輯稿食貨索引人名・書名篇』東洋文庫

——・——編［1985］『宋会要輯稿食貨索引年月日・詔勅篇』東洋文庫

——・——編［1995］『宋会要輯稿食貨索引職官篇』東洋文庫

東一夫［1970］『王安石新法の研究』風間書房

◆［1982］武铁兵节译:《各国对王安石的评价》,《中国史研究动态》1982年第2期

——［1975］『王安石——革新の先覚者』講談社

——［1980a］『王安石と司馬光』沖積舎

——［1980b］『王安石事典』国書刊行会

——［1987］『日本中・近世の王安石研究史』風間書房

——・吉田寅編［1971］『「中国政治思想と社会政策」研究文献目録Ⅰ　五代・宋』「中国政治思想と社会政策」研究会

渡辺紘良［1981］「淳熙末年の建寧府——社倉米の昏頼と貸糧と」『中嶋敏先生古稀記念論集』下，記念事業会

渡部忠世・桜井由躬雄編［1984］『中国江南の稲作文化』日本放送出版協会

法蘭西学院漢学研究所編［1978］『宋遼金史書籍論文目録通検中文部分（一九〇〇至一九七五）』法蘭西学院漢学研究所「漢学通検提要文献叢刊」5

◆同上

方積六・呉冬秀編撰［1992］『唐五代五十二種筆記小説人名索引』中華書局

◆同上

馮承鈞校注［1940］『史地小叢書　諸蕃志校注』商務印書館

◆同上

傅璇琮・張忱石・許逸民編撰［1982］『唐五代人物伝記資料綜合索引』中華書局

◆同上

岡崎精郎［1972］『タングート古代史研究』東洋史研究会

岡田宏二［1993］『中国華南民族社会史研究』汲古書院

◆［2002］赵令志、李德龙译:《中国华南民族社会史研究》，民族出版社

高島俊男［1987］『水滸伝の世界』大修館書店

高橋芳郎［2001］『宋—清身分制の研究』北海道大学図書刊行会

◆［2015］李冰逆译:《宋至清代身分法研究》，上海古籍出版社

——［2002］『宋代中国の法制と社会』汲古書院

——◆［2012］张丹节译:《宋代官田的“立价交佃”与“一田两主制”》，收于中国政法大学法律史学研究院编《日本学者中国法论著选译》（下册），中国政法大学出版社

——◆［2003］姚荣涛节译:《“父母已亡”女儿的家产地位——论南宋时期的所谓女子财产权》，收于川村康主编《中国法制史考证・丙编：日本学者考证中国法制史重要成果选译》（第三卷：宋辽西夏元卷），中国社会科学出版社

——◆［2016］姚荣涛节译:《“父母已亡”女儿的家产地位——论南宋时期的所谓女子财产权》，收于杨一凡、寺田浩明主编《日本学者中国法制史论著选・宋辽金元卷》，中华书局

高橋弘臣［2000］『元朝貨幣政策成立過程の研究』東洋書院

◆［2010］林松涛译:《宋金元朝货币史研究：元朝货币政策之形成过程》，上海古籍出版社

高雄義堅［1952］『中国仏教史論』平楽寺書店

——［1975］『宋代仏教史の研究』百華苑

——◆［1987］陈季菁译:《宋代佛教史研究》，台湾华宇出版社

宮崎市定［1930a］「王安石の吏士合一策」『桑原博士還暦記念東洋史論叢』（同［1957—1978］1，同［1991—1994）10所収）

——◆［1993］索介然译:《王安石的吏士合一政策》，收于刘俊文主编《日本学者研究中国史论著选译》（第五卷：五代宋元），中华书局

——［1930b］「鄂州之役前後」『内藤博士頌寿記念史学論叢』（同［1957—1978』1，同［1991—1994］11 所収］

——［1931］「宋代の太学生生活」『史林』16-1，4（同［1957—1978］1，同［1991—1994］10 所収）

——［1934］「西夏の興起と青白塩問題」『東亜経済研究』18-2（同［1957—1978』1，同［1991—1994］9 所収］

——◆［1963］中国科学院历史研究所翻译组译：《西夏之兴起与青白盐问题》，收于中国科学院历史研究所翻译组编译《宫崎市定论文选集》（上卷），商务印书馆

——［1935］「北宋史概説」（羽田亨監修［1938］所收文章再次编辑而成）（同［1957—1978］1，同［1991—1994］10 所収）

——［1940—1941］「東洋のルネッサンスと西洋のルネッサンス」『史林』25-4，26-1（同［1957—1978］2，同［1991—1994］19 所収）

——◆［1965］中国科学院历史研究所翻译组译：《东洋的文艺复兴和西洋的文艺复兴》，收于中国科学院历史研究所翻译组编译《宫崎市定论文选集》（下卷），商务印书馆

——［1941a］「南宋政治史概説」『支那地理歴史大系 4　支那政治史』白揚社（同［1957—1978］2，同［1991—1994］10 所収）

——◆［1965］中国科学院历史研究所翻译组译：《南宋政治史概说》，收于中国科学院历史研究所翻译组编译《宫崎市定论文选集》（下卷），商务印书馆

——［1941b］「南宋末の宰相賈似道」（原題「賈似道略伝」）『東洋史研究』6-3（同［1957—1978］2，同［1991—1994］11 所収）

——◆［2018］林千早译：《贾似道：南宋末年的宰相》，收于宫崎市定《宫崎市定人物论》，浙江人民出版社

——［1943］『五代宋初の通貨問題』星野書店（同［1991—1994］9 所収）

——◆［1965］中国科学院历史研究所翻译组节译：《〈五代宋初的通货问题〉序说》，收于中国科学院历史研究所翻译组编译《宫崎市定论文选集》（下卷），商务印书馆

——［1945a］「宋の太祖被弑説について」『東洋史研究』9-4（同［1957—1978］3，同［1991—1994］10 所収』

——［1945b］「胥吏の陪備を中心として」『史林』30-1（同［1957—1978］3，同［1991—1994］10 所収］

——［1946］『科挙』秋田屋書店（后修订更名为『科挙史』，平凡社東洋文庫，1987 年。同［1991—1994］15 所収）

——［2020］马云超译：《科举史》，大象出版社

——［1948a］『アジア史概説』人文書林（学生社，1973 年増補再版。中公文庫，1987 年。同［1991—1994］18 所収）

——◆［2017］谢辰译：《亚洲史概说》，民主与建设出版社

——［1948b］「五代史上の軍閥資本家」『人文科学』2-4（同［1957—1978］3，同［1991—1994］9 所収）

——［1948c］「宋学の論理」『東光』3（同［1957—1978］3，同［1991—1994］10 所収）

——［1950］『東洋的近世』教育タイムス社（同［1976］上巻，同［1991—1994］2 所収）

——◆［2017］张学锋译：《东洋的近世》，收于宫崎市定《宫崎市定亚洲史论考》（上），上海古籍出版社

——◆［2018］张学锋译：《东洋的近世》，上海古籍出版社

——［1952］「宋代以後の土地所有形態」『東洋史研究』12-2（同［1957—1978］4，同［1991—1994］11 所収）

——◆［1963］中国科学院历史研究所翻译组译：《宋代以后的土地所有制形态》，收于中国科学院历史研究所翻译组编译《宫崎市定论文选集》（上卷），商务印书馆

——［1953a］「宋代州県制度の由来とその特色」『史林』36-2（同［1957—1978］4，同［1991—1994］10 所収）

——［1953b］「宋代の士風」『史学雑誌』62-2（同［1957—1978］4，同［1991—1994］11 所収）

——［1953c］「水滸伝的傷痕」『東方学』6（同［1957—1978］4，同［1991—1994］12 所収）

——［1954］「宋元時代の法制と裁判機構——元典章成立の時代的・社会的背景」『東方学報』（京都）24（同［1957—1978］4，同［1991—1994］11

所収）

——◆［2003］姚荣涛译:《宋元时期的法制与审判机构——〈元典章〉的时代背景及社会背景》，收于川村康主编《中国法制史考证·丙编：日本学者考证中国法制史重要成果选译》（第三卷：宋辽西夏元卷），中国社会科学出版社

——◆［2016］姚荣涛译:《宋元时期的法制与审判机构——〈元典章〉的时代背景及社会背景》，收于杨一凡、寺田浩明主编《日本学者中国法制史论著选·宋辽金元卷》，中华书局

——［1957—1978］『アジア史研究』全5冊，東洋史研究会，同朋舎出版（之后再版）

——◆［1963］中国科学院历史研究所翻译组节译:《西夏之兴起与青白盐问题》，收于中国科学院历史研究所翻译组编译《宫崎市定论文选集》（上卷），商务印书馆

——◆［1963］中国科学院历史研究所翻译组节译:《宋元以后的土地所有制形态》，收于中国科学院历史研究所翻译组编译《宫崎市定论文选集》（上卷），商务印书馆

——◆［1965］中国科学院历史研究所翻译组节译:《东洋的文艺复兴和西洋的文艺复兴》，收于中国科学院历史研究所翻译组编译《宫崎市定论文选集》（下卷），商务印书馆

——◆［1965］中国科学院历史研究所翻译组节译:《南宋政治史概说》，收于中国科学院历史研究所翻译组编译《宫崎市定论文选集》（下卷），商务印书馆

——◆［2003］姚荣涛节译:《宋元时期的法制与审判机构——〈元典章〉的时代背景及社会背景》，收于川村康主编《中国法制史考证·丙编：日本学者考证中国法制史重要成果选译》（第三卷：宋辽西夏元卷），中国社会科学出版社

——◆［2016］姚荣涛节译:《宋元时期的法制与审判机构——〈元典章〉的时代背景及社会背景》，收于杨一凡、寺田浩明主编《日本学者中国法制史论著选·宋辽金元卷》，中华书局

——◆［2018］林千早节译:《贾似道：南宋末年的宰相》，收于宫崎市定《宫崎市定人物论》，浙江人民出版社

——［1962］「漢代の里制と唐代の坊制」『東洋史研究』21-3（同［1976］

中卷，同［1991—1994］7 所收）

——◆［2017］张学锋、马云超译:《汉代的里制与唐代的坊制》，收于宫崎市定《宫崎市定亚洲史论考》(中)，上海古籍出版社

——［1963a］「宋代官制序説——宋史職官志を如何に読むべきか」佐伯富編『宋史職官志索引』東洋史研究会（同［1991—1994］10 所收）

——［1963b］『科挙——中国の試験地獄』中央公論社（同［1991—1994］15 所收）

——◆［2019］宋宇航译:《科举》，浙江大学出版社

——［1967］「宋江は二人いたか」『東方学』34（同［1976］下卷，同［1991—1994］12 所收）

——◆［2017］张学锋、马云超译:《难道有两个宋江吗》，收于宫崎市定《宫崎市定亚洲史论考》(下)，上海古籍出版社

——［1971a］「部曲から佃戸へ——唐宋間社会変革の一面」『東洋史研究』29-4，30-1（同［1976］中卷，同［1991—1994』11 所收］

——◆［1993］索介然译:《从部曲走向佃户》，收于刘俊文主编《日本学者研究中国史论著选译》(第五卷：五代宋元)，中华书局

——◆［2017］张学锋、马云超译:《从部曲到佃户——唐宋间社会变革的一个侧面》，收于宫崎市定《宫崎市定亚洲史论考》(中)，上海古籍出版社

——◆［2018］张学锋、马云超译:《从部曲到佃户——唐宋间社会变革的一个侧面》，上海古籍出版社

——［1971b］『中国文明選　第 11 巻　政治論集』朝日新聞社（后改名为『中国政治論集』，中公文庫，1990 年。同［1991—1994］別卷所收）

——［1972］『水滸伝——虚構のなかの史実』中公新書（中公文庫，1993 年。同［1991—1994］12 所收）

——◆［2008］赵翻、杨晓钟译:《宫崎市定说水浒：虚构的好汉与掩藏的历史》，陕西人民出版社

——［1976］『アジア史論考』全 3 冊，朝日新聞社

——◆［2017］张学锋、马云超等译:《宫崎市定亚洲史论考》(上、中、下)，上海古籍出版社

——［1977—1978］『中国史』上・下，岩波書店（同［1991—1994］1 所收）

——◆［1980］邱添生译:《中国史》，台湾华世出版社

——◆［2015］焦堃、瞿柘如译:《宮崎市定中国史》，浙江人民出版社

——［1981］「水滸伝と江南民屋」『文学』49-4（同［1991—1994］12 所収）

——［1989］「辨姦論の姦を辨ず」『劉子健博士頌寿紀念宋史研究論集』同朋舎出版（同［1991—1994］11 所収）

——［1991—1994］佐伯富等編『宮崎市定全集』全 24 冊，岩波書店

——編［1959］『図説世界文化史大系　第 17 巻　中国Ⅲ』角川書店

——・佐伯富編著［1961］『世界の歴史　第 6 冊　宋と元』中央公論社

宮澤知之［1998］『宋代中国の国家と経済——財政・市場・貨幣』創文社

——◆［2010］韩玉萍节译:《宋代的价格和市场》，收于近藤一成主编《宋元史学的基本问题》，中华书局

古林森廣［1987］『宋代産業経済史研究』国書刊行会

——［1995］『中国宋代の社会と経済』国書刊行会

谷川道雄［1976］「中国史研究の新しい課題——封建制の再評価問題にふれて」同『中国中世社会と共同体』国書刊行会（1989 年再版）

——◆［2002］马彪译:《中国史研究的新课题——兼论封建制的再评价问题》，收于谷川道雄《中国中世社会与共同体》，中华书局

——◆［2013］马彪译:《中国史研究的新课题——兼论封建制的再评价问题》，收于谷川道雄《中国中世社会与共同体（增订本）》，上海古籍出版社

——編［1993］『戦後日本の中国史論争』河合文化教育研究所

——◆［1993］夏日新译:《战后日本的中国史论争》，收于刘俊文主编《日本学者研究中国史论著选译》(第二卷：专论)，中华书局

——・森正夫編［1979］『中国民衆「叛乱」史 2　宋—明中期』平凡社東洋文庫

郭黎安編著［2003］『宋史地理志匯釈』安徽教育出版社

◆同上

郭声波・王蓉貴編［2000］『新旧五代史地名族名索引』四川辞書出版社

◆同上

国際歴史学会議日本国内委員会編［1959—1985］『日本における歴史学の発達と現状』Ⅰ—Ⅵ，其中Ⅰ—Ⅴ为東京大学出版会刊，1959，1966，1969，

1976，1980 年，Ⅵ为山川出版社刊，1985 年

——編［1989］『日本における歴史学の発達と現状Ⅶ　歴史研究の新しい波』山川出版社

国家図書館善本金石組編［2003a］『宋代石刻文献全編』全 4 冊，北京図書館出版社

◆同上

——編［2003b］『隋唐五代石刻文献全編』全 4 冊，北京図書館出版社

◆同上

韓振華注補［2000］『韓振華選集 2　諸蕃志注補』香港大学亜洲研究中心

◆同上

何忠礼［2004］『中国古代史史料学』上海古籍出版社

◆同上

何竹淇編［1976］『両宋農民戦争史料彙編』上・下編（北宋・南宋），全 4 冊，中華書局

◆同上

和田清編［1939］『支那地方自治発達史』中華民国法制研究会（后改名为『中国地方自治発達史』，汲古書院，1975 年再版）

——編［1942］『支那官制発達史』中央大学出版部（后改名为『中国官制発達史』，汲古書院，1973 年再版）

——編［1960］『東洋文庫論叢第 44　宋史食貨志訳註 1』（1978 年再版）

河上光一［1966］『宋代の経済生活』吉川弘文館

——［1992］『宋代塩業史の基礎研究』吉川弘文館

河原由郎［1980］『宋代社会経済史研究』勁草書房

胡戟主編［1997］『隋唐五代史論著目録（1982—1995）』陝西師範大学出版社

◆同上

華東師範大学古籍研究所編［1985］『文献通考経籍考』全 2 冊，華東師範大学出版社

◆同上

荒木敏一［1969］『宋代科挙制度研究』東洋史研究会

——·佐伯富編［1950］『官箴目次綜合索引』京都大学東洋史研究会油印本

——·米田賢次郎編［1967］『資治通鑑胡注地名索引』附載「宋代疆域図」人文学会

吉岡義信［1978］『宋代黄河史研究』御茶の水書房

◆［2013］薛华译:《宋代黄河史研究》，黄河水利出版社

吉田清治［1941］『北宋全盛期の歴史』弘文堂書房

吉田寅［1974］「『救荒活民書』と宋代の救荒政策」『青山博士古稀紀念宋代史論叢』同刊行会，省心書房

——編［1992］『立正大学東洋史研究資料Ⅳ　慶元条法事類諸本対校表（稿）』立正大学東洋史研究室

——·棚田直彦編［1972］『日本現存宋人文集目録』汲古書院

加藤繁［1925—1926］『唐宋時代に於ける金銀の研究』東洋文庫

◆［1944］中国联合准备银行调查室译:《唐宋时代金银之研究：以金银之货币机能为中心》，中国联合准备银行

◆［1970］中国联合准备银行调查室译:《唐宋时代金银之研究：以金银之货币机能为中心》，香港龙门书店

◆［1974］中国联合准备银行调查室译:《唐宋时代金银之研究：以金银之货币机能为中心》，台湾新文丰出版公司

◆［1978］中国联合准备银行调查室译:《唐宋时代金银之研究：以金银之货币机能为中心》，台湾文海出版社

◆［2006］中国联合准备银行调查室译:《唐宋时代金银之研究：以金银之货币机能为中心》，中华书局

——［1944］『支那経済史概説』弘文堂書房

——◆［1978］杜正胜、萧正谊译:《中国经济社会史概说》，台湾华世出版社

——［1952］『支那経済史考証』上，東洋文庫

——◆［1959］吴杰译:《中国经济史考证》(第一卷)，商务印书馆

——◆［1975］吴杰译:《中国经济史考证》(卷一)，台湾华世出版社

——◆［1991］吴杰译:《中国经济史考证》(卷一)，台湾稻乡出版社

——◆［2012］吴杰译：《中国经济史考证》（上），中华书局

——［1953］『支那経済史考証』下，東洋文庫

——◆［1963］吴杰译：《中国经济史考证》（第二卷），商务印书馆

——◆［1973］吴杰译：《中国经济史考证》（第三卷），商务印书馆

——◆［1975］吴杰译：《中国经济史考证》（卷二），台湾华世出版社

——◆［1991］吴杰译：《中国经济史考证》（卷二），台湾稻乡出版社

——◆［2012］吴杰译：《中国经济史考证》（下），中华书局

——［1991］『中国貨幣史研究』東洋文庫

——他訳［1925—1926］「宋史食貨志」『商学研究』（東京商科大学商学研究編輯所編）4-3，5-1，6-1/2

今堀誠二［1995］『中国史の位相』勁草書房

金井徳幸［1976］「宋代の村社と仏教」『仏教史学研究』18-2

——［1979］「宋代の村社と社神」『東洋史研究』38-2

——［1980］「宋代の郷社と土地神」『中嶋敏先生古稀記念論集』上，同編集委員会

金渭顕編著［1983］『食貨史学叢書　高麗史中中韓関係史料彙編』上・下冊，台湾食貨出版社

◆同上

近藤一成［1979a］「南宋初期の王安石の評価について」『東洋史研究』38-3

——［1979b］「宋代永嘉学派葉適の華夷観」『史学雑誌』88-6

京都大学東洋史研究会編［1954］『中国随筆索引』日本学術振興会（朋友書店，1972 年再版）

京都大学人文科学研究所・附属東洋学文献センター（梅原郁）編［1995］『宋会要輯稿編年索引』京都大学人文科学研究所・附属東洋学文献センター

久須本文雄［1980］『宋代儒学の禅思想研究』日進堂書店

堀敏一［1953］「五代宋初における禁軍の発展」『東洋文化研究所紀要』4

——他［1961］『世界の歴史 6　東アジア世界の変貌』筑摩書房

李国玲編纂［1994］『宋人伝記資料索引補編』全 3 冊，四川大学出版社

◆同上

——編著［2001］『宋僧録』上・下冊，線装書局

——◆同上

李華瑞［2004］『王安石変法研究史』人民出版社

◆同上

李之亮撰［2001］『宋代郡守通考』全 10 冊，巴蜀書社

◆同上

——撰［2003a］『宋代路分長官通考』全 3 冊，巴蜀書社

——◆同上

——撰［2003b］『宋代京朝官通考』全 5 冊，巴蜀書社（以上「宋代職官通考」三部作，全 18 冊）

——◆同上

栗原益男［1968］『乱世の皇帝』桃源社（1979 年再版）

——［1988］『五代宋初藩鎮年表』東京堂出版

礪波護［1966］『馮道』人物往来社（中公文庫，1988 年）

——［1968］「宋代士大夫の成立」『中国文化叢書 8　文化史』大修館書店

梁天錫編著［1996］『宋宰相表新編』台湾編訳館

◆同上

鈴木俊・西嶋定生編［1957］『中国史の時代区分』東京大学出版会

鈴木哲雄［1985］『唐五代禅宗史』山喜房仏書林

劉俊文主編［1997］『官箴書集成』全 10 冊，官箴書集成編纂委員会編，黄山書社

◆同上

劉琳・沈治宏編著［1995］『現存宋人著述総録』巴蜀書社

◆同上

劉佩等編［1995］『二十四史中的海洋資料』海洋出版社

◆同上

柳田節子［1982］「一九七〇年代における宋代農民戦争研究——方臘起義を中心として」唐代史研究会編『中国歴史学界の新動向』刀水書房

——［1983］「宋・元時代」山根幸夫編『中国史研究入門』上，山川出版社

——◆［2000］黄正建译:《宋元时代》，收于山根幸夫主编《中国史研究

入门》(上)，社会科学文献出版社

——[1986]『宋元郷村制の研究』創文社

——◆[1993]索介然节译:《宋元乡村的户等制》，收于刘俊文主编《日本学者研究中国史论著选译》(第五卷：五代宋元)，中华书局

——[1995]『宋元社会経済史研究』創文社

——[2003]『宋代庶民の女たち』汲古書院

——◆[2003]姚荣涛节译:《论南宋时期家产分割中的“女承分”》，收于川村康主编《中国法制史考证・丙编：日本学者考证中国法制史重要成果选译》(第三卷：宋辽西夏元卷)，中国社会科学出版社

——◆[2016]姚荣涛节译:《论南宋时期家产分割中的“女承分”》，收于杨一凡、寺田浩明主编《日本学者中国法制史论著选・宋辽金元卷》，中华书局

論説資料保存会編[1964—]『中国関係論説資料』第3分冊，歴史・政治・経済分冊（現在，刊行到第45号。第41号开始同时发行CD-R版）

梅原郁[1966]『文天祥』人物往来社

——[1970]「王安石の新法」佐伯富他『世界歴史 第9冊・中世3 東アジア世界の展開』I，岩波書店

——[1977]『図説中国の歴史5 宋王朝と新文化』講談社

——[1983]「宋代の救済制度——都市の社会史によせて」中村賢二郎編『都市の社会史』ミネルヴァ書房

——[1985]『宋代官僚制度研究』同朋舎出版

——編[1978]『続資治通鑑長編人名索引』同朋舎出版

——◆[1986]《续资治通鉴长篇人名索引》，台湾宗青图书公司

——編[1979]『東京夢華録夢粱録等語彙索引』京都大学人文科学研究所

——編[1983]『建炎以来繋年要録人名索引』同朋舎出版

——◆[1986]《建炎以来系年要录人名索引》，台湾宗青图书公司

——編[1984]『中国近世の都市と文化』京都大学人文科学研究所

——編[1989]『続資治通鑑長編語彙索引』同朋舎出版

——編[1990]『慶元条法事類語彙輯覧』京都大学人文科学研究所

——編[1993]『中国近世の法制と社会』京都大学人文科学研究所

——編[1996]『前近代中国の刑罰』京都大学人文科学研究所

——編［2002］『訳注　中国近世刑法志』上冊（「旧五代史刑法志」「宋史刑法志」「遼史刑法志」「金史刑志」）創文社

——訳［1986］『宋名臣言行録』講談社

——訳注［1986］『名公書判清明集』同朋舎出版

——訳注［2000］『夢粱録』全 3 冊，平凡社東洋文庫

苗書梅等点校，王雲海審訂［2001］『宋会要輯稿・崇儒』河南大学出版社

◆同上

木宮泰彦［1955］『日華文化交流史』冨山房（1965 年再版）

◆［1980］胡锡年译:《日中文化交流史》，商务印书馆

木田知生［1994］『中国歴史人物選　司馬光とその時代』白帝社

牧田諦亮［1957］『中国近世仏教史研究』平楽寺書店（一部，『中国仏教史研究』第 2，大東出版社，1984 年所収）

——［1971］『五代宗教史研究』平楽寺書店

内藤湖南［1922］「概括性的唐宋時代観」『歴史と地理』9-5（同［1969a］所収）

◆［1992］黄约瑟译:《概括的唐宋时代观》，收于刘俊文主编《日本学者研究中国史论著选译》(第一卷：通论），中华书局

◆［2016］林晓光译:《概括性的唐宋时代观》，收于内藤湖南《东洋文化史研究》，复旦大学出版社

——［1938］『支那絵画史』弘文堂（同［1973］所収。ちくま学芸文庫，2002 年）

——◆［2008］栾殿武译:《中国绘画史》，中华书局

——［1947］『中国近世史』弘文堂（后改名为『支那近世史』，同［1969b］所収。ちくま学芸文庫，2002 年）

——［1949］『支那史学史』弘文堂（同［1969c］所収。平凡社東洋文庫，1992 年）

——◆［2008］马彪译:《中国史学史》，上海古籍出版社

——［1969a］『内藤湖南全集　第 8 巻　東洋文化史研究』筑摩書房

——◆［2004］夏应元、钱婉约、刘文柱、徐世虹、郑显文、徐建新选译:《中国史通论：内藤湖南博士中国史学著作选译》，社会科学文献出版社

——◆［2016］林晓光译:《东洋文化史研究》，复旦大学出版社

——［1969b］『内藤湖南全集　第10卷』筑摩書房

——◆［2004］夏应元、钱婉约、刘文柱、徐世虹、郑显文、徐建新选译:《中国史通论：内藤湖南博士中国史学著作选译》，社会科学文献出版社

——［1969c］『内藤湖南全集　第11卷』筑摩書房

——［1973］『内藤湖南全集　第13卷』筑摩書房

鳥谷弘昭・吉田寅編［1990］『立正大学東洋史研究資料Ⅱ　五代史研究文献目録』立正大学文学部東洋史研究室

裴汝誠主編［1992］文淵閣影印本附載の「人名・作者・篇名索引」，上海古籍出版社

◆同上

平林文雄［1978］『参天台五台山記　校本並に研究』風間書房

平田茂樹［1997］『世界史リブレット 9　科挙と官僚制』山川出版社

◆［2021］吴志宏译:《科举与官僚制》，中西书局

朴尚得訳［1995］『宣和奉使高麗図経』国書刊行会

千葉煛［1967］「韓侂冑」『山崎先生退官記念東洋史学論集』山崎先生退官記念会

前田直典［1948］「東アジアに於ける古代の終末」『歴史』1-4（同［1973］所収）

◆［1992］黄约瑟译:《古代东亚的终结》，收于刘俊文主编《日本学者研究中国史论著选译》(第一卷：通论)，中华书局

——［1973］『元朝史の研究』東京大学出版会

橋本紘治［1974］「南宋における漕運の特殊性——北辺の軍糧調達における漕運の役割」『青山博士古稀紀念宋代史論叢』同刊行会，省心書房

青山定雄［1951］「五代宋における江西の新興官僚」『和田清博士還暦記念東洋史論叢』講談社

——［1958］「唐宋地方誌目録及び資料考証」『横浜市立大学紀要』92

——［1963］『唐宋時代の交通と地誌地図の研究』吉川弘文館（1969年再版）

——◆［1993］辛德勇节译:《唐宋汴河考》，收于刘俊文主编《日本学者

研究中国史论著选译》(第九卷：民族交通)，中华书局

——[1963，1965，1967]「宋代における華北官僚の系譜について」『聖心女子大学論叢』21，25，『中央大学文学部紀要』45・史学科 12

——[1974，1977]「宋代における華南官僚の系譜についてⅠ・Ⅱ・Ⅲ」，Ⅰ收入『中央大学文学部紀要』72・史学科 19，1974 年，Ⅱ收入宇野哲人先生白寿記念会編『宇野哲人先生白寿祝賀記念東洋学論叢』1974 年，Ⅲ收入『江上波夫教授古稀記念論集・歴史篇』山川出版社，1977 年

——[1976]「北宋を中心とする士大夫の起家と生活倫理」『東洋学報』57-1/2

清水茂[1962]『中国詩人選集　第二集 4　王安石』岩波書店

仁井田陞[1937]『唐宋法律文書の研究』東方文化学院東京研究所(東京大学出版会，1983 年復刻)

——[1942]『中国身分法史』東方文化学院東京研究所(東京大学出版会，1983 年再版)

——[1951]『中国の社会とギルド』岩波書店(東京大学出版会，1989 年再版)

——[1952a]『中国法制史』岩波書店(1963 年增訂再版)

——◆[2011]牟发松译:《中国法制史》，上海古籍出版社

——[1952b]『中国の農村家族』東京大学出版会

——[1954]『中国社会の法と倫理』弘文堂(1967 年再版)

——[1957]「大木文庫私記——とくに官箴・公牘と民衆とのかかわり」『東洋文化研究所紀要』13(幼方直吉・福島正夫編『中国の伝統と革命 2　仁井田陞集』平凡社，1974 年所収)

——[1959]『中国法制史研究——刑法』東京大学出版会(1980 年補訂再版)

——[1960]『中国法制史研究——土地法・取引法』東京大学出版会(1980 年補訂再版)

——◆[2003]徐世虹节译:《中国买卖法的沿革》，收于籾山明主编《中国法制史考证・丙编：日本学者考证中国法制史重要成果选译》(第一卷：通代先秦秦汉卷)，中国社会科学出版社

——◆［2016］徐世虹节译:《中国买卖法的沿革》，收于杨一凡、寺田浩明主编《日本学者中国法制史论著选・先秦秦汉卷》，中华书局

——［1962］『中国法制史研究——奴隷農奴法・家族村落法』東京大学東洋文化研究所（1980年補訂再版）

——◆［1988］刘淼节译，陈支平校:《明末徽州的庄仆制——特别是关于劳役婚　附：明清族谱中的家产关系文书和租佃关系文书》，收于刘淼辑译《徽州社会经济史研究译文集》，黄山书社

——［1964］『中国法制史研究——法と慣習・法と道徳』東京大学出版会（1980年補訂再版）

——◆［2003］程维荣节译:《开元〈户部格〉断简》，收于冈野诚主编《中国法制史考证・丙编：日本学者考证中国法制史重要成果选译》(第二卷：魏晋南北朝隋唐卷)，中国社会科学出版社

——◆［2016］程维荣节译:《开元〈户部格〉断简》，收于杨一凡、寺田浩明主编《日本学者中国法制史论著选・魏晋隋唐卷》，中华书局

——◆［2003］姚荣涛节译:《〈清明集・户婚门〉研究》，收于川村康主编《中国法制史考证・丙编：日本学者考证中国法制史重要成果选译》(第三卷：宋辽西夏元卷)，中国社会科学出版社

——◆［2016］姚荣涛节译:《〈清明集・户婚门〉研究》，收于杨一凡、寺田浩明主编《日本学者中国法制史论著选・宋辽金元卷》，中华书局

——［1967］『中国の法と社会と歴史』岩波書店

——［1968］『東洋とは何か』東京大学出版会

日比野丈夫［1977］『中国歴史地理研究』同朋舎出版

——他［1974］『世界歴史シリーズ13　中国文化の成熟』世界文化社

日野開三郎［1942］『支那中世の軍閥』三省堂（后改名『唐代藩鎮の支配体制』,『日野開三郎東洋史学論集』第1期第1卷，三一書房，1980年所收）

——［1983］『日野開三郎東洋史学論集6—7　宋代の貨幣と金融（上）（下）』三一書房

——［1984］『日野開三郎東洋史学論集9—10　北東アジア国際交流史の研究（上)(下）』三一書房

——［1988］『日野開三郎東洋史学論集11　戸口問題と糴買法』三一書房

——［1990］『日野開三郎東洋史学論集16　東北アジア民族史（下）』三一書房

——編［1939］『東洋中世史』第3編，平凡社

入矢義高・梅原郁訳注［1983］『東京夢華録——宋代の都市と生活』岩波書店（1993年再版。平凡社東洋文庫，1996年〔平凡社本未收录元刊本图版〕）

三浦国雄［1985］『王安石』集英社

——◆［1989］杨自译:《王安石传》，台湾国际文化事业公司

——◆［2021］李若愚、张博译:《王安石——立于浊流之人》，上海人民出版社

三上次男［1987—1988］『陶磁貿易史研究』全3巻，中央公論美術出版

——［1989］『中国陶磁史研究』中央公論美術出版

桑田六郎［1993］『南海東西交通史論考』汲古書院

桑原隲蔵［1925］「歴史上より観たる南北支那」『白鳥博士還暦記念東洋史論叢』（同［1968a］所収）

◆［1992］黄约瑟译:《历史上所见的南北中国》，收于刘俊文主编《日本学者研究中国史论著选译》（第一卷：通论），中华书局

——［1968a］『桑原隲蔵全集　第2巻　東洋文明史論叢』岩波書店

——◆［1992］黄约瑟节译:《历史上所见的南北中国》，收于刘俊文主编《日本学者研究中国史论著选译》（第一卷：通论），中华书局

——［1968b］『桑原隲蔵全集　第5巻　蒲寿庚の事蹟・考史遊記』岩波書店

——◆［2007］张明杰译:《考史游记》，中华书局

——◆［2009］陈裕菁译订:《蒲寿庚考》，中华书局

森克己［1948a］『日宋貿易の研究』国立書院（同［1975］1所収）

——［1948b］『続日宋貿易の研究』国立書院（同［1975］2所収）

——［1948c］『続々日宋貿易の研究』国立書院（同［1975］3所収）

——［1950］『日宋文化交流の諸問題』刀江書院（同［1975］4所収）

——［1975］『森克己著作選集』全5巻，国書刊行会

山本隆義［1968］『中国政治制度の研究——内閣制度の起源と発展』東洋史研究会

山根三芳［1996］『宋代礼説研究』溪水社

山内晋次［2003］『奈良平安期の日本とアジア』吉川弘文館

山内正博［1970］「南宋政権の推移」『世界歴史第9冊　中世3　東アジア世界の展開』Ⅰ，岩波書店

商務印書館編［1937］『十通索引』商務印書館（有再版）

◆同上

上海古典文学出版社編輯部編［1956］『東京夢華録　外四種』上海古典文学出版社

◆同上

上海図書館編［1982］『中国叢書綜録』全3冊，上海古籍出版社

◆同上

神田信夫・山根幸夫編［1989］『中国史籍解題辞典』燎原書店

沈治宏・王蓉貴編撰［1997］『中国地方志　宋代人物資料索引』全4冊，四川辞書出版社

◆同上

——・——編撰［2002］『中国地方志　宋代人物資料索引続編』全4冊，四川辞書出版社

——・——◆同上

施廷鏞編撰［2003］『中国叢書綜録続編』北京図書館出版社

◆同上

石川重雄編［1995］『宋元釈語語彙索引』汲古書院

石井修道［1987］『宋代禅宗史の研究』大東出版社

石田幹之助［1945］『南海に関する支那史料』生活社

——［1985—1986］『石田幹之助著作集』全4卷，六興出版

斯波義信［1968］『宋代商業史研究』風聞書房（1979年再版）

◆［1982］姜镇庆节译:《〈宋代商业史研究〉第一章：问题的基本考察》，《中国史研究动态》1982年第1、2期

◆［1983］庄景辉节译:《宋代福建商人的活动及其社会经济背景》,《中国社会经济史研究》1983年第1期

◆［1997］庄景辉译:《宋代商业史研究》，台湾稻乡出版社

◆［2021］庄景辉译：《宋代商业史研究》，浙江大学出版社
——［1974］「中国都市をめぐる研究概況」『法制史研究』23
——［1988］『宋代江南経済史の研究』汲古書院（2001年訂正版）
——◆［2001］何忠礼译：《宋代江南经济史研究》，江苏人民出版社
——［2002］『中国都市史』東京大学出版会
——◆［2013］布和译：《中国都市史》，北京大学出版社
——他編［1997］『世界歴史大系3　中国史　五代—元』山川出版社
四川大学古籍整理研究所編［1990］『現存宋人別集版本目録』巴蜀書社
◆同上
寺地遵［1988］『南宋初期政治史研究』溪水社
◆［1995］刘静贞、李今芸译：《南宋初期政治史研究》，台湾稻禾出版社
◆［2016］刘静贞、李今芸译：《南宋初期政治史研究》，复旦大学出版社
◆［2018］蒋蓓译：《南宋初期政治史研究》，华东师范大学出版社
——［1991］「日本における宋代史研究の基調」『中国史学』1
——◆［1996］王晓波译：《日本宋史研究的基调》，《宋代文化研究》第6辑
寺田剛［1965］『宋代教育史概説』博文社
松田壽男［1942］『漠北と南海——アジア史における沙漠と海洋』四海書房
——［1986—1987］『松田壽男著作集』全6巻，六興出版
——・森鹿三編［1966］『アジア歴史地図』平凡社（1985年再版）
宋代史研究会編［1983］『研究報告第1集　宋代の社会と文化』汲古書院
——編［1985］『研究報告第2集　宋代の社会と宗教』汲古書院
——編［1988］『研究報告第3集　宋代の政治と社会』汲古書院
——編［1993］『研究報告第4集　宋代の知識人——思想・制度・地域社会』汲古書院
——編［1995］『研究報告第5集　宋代の規範と習俗』汲古書院
——編［1998］『研究報告第6集　宋代社会のネットワーク』汲古書院
——編［2001］『研究報告第7集　宋代人の認識——相互性と日常空間』汲古書院

宋史提要編纂協力委員会編［1957，1959，1970］『宋代研究文献目録』『同補編』『同Ⅲ篇』東洋文庫

——編［1961］青山定雄編纂『宋代研究文献提要』東洋文庫（1974年再版）

——編［1967］『宋代史年表（北宋）』東洋文庫

——編［1968］『宋人伝記索引』東洋文庫

——編［1974］『宋代史年表（南宋）』東洋文庫

宋晞編［1983］『宋史研究論文与書籍目録（增訂本）』台湾中国文化大学出版部

◆同上

——［2003］『宋史研究論文与書籍目録続編』台湾中国文化大学出版部

——◆同上

宋衍申主編［1998］『両五代史辞典』山東教育出版社

◆同上

藪内清編［1968］『宋元時代の科学技術史』京都大学人文科学研究所（朋友書店，1997年再刊）

蘇金源・李春圃編［1963］『宋代三次農民起義史料彙編』中華書局

◆同上

譚其驤主編［1982］『中国歴史地図集6　宋遼金時期』地図出版社（此后多次再版）

◆同上

陶晋生・王民信編［1974］『李燾続資治通鑑長編宋遼関係史料輯録』全3冊，台湾「中研院」歴史語言研究所

◆同上

陶敏・李一飛［2001］『中国古典文学史料研究叢書　隋唐五代文学史料学』中華書局

◆同上

藤善真澄［1991］『関西大学東西学術研究所訳注シリーズ5　諸蕃志』附：文献目録・索引，関西大学出版部

藤田豊八［1932］『東西交渉史の研究・南海篇』岡書院（国書刊行会，

1974 年再版）

◆［1936］何健民译：《中国南海古代交通丛考》，商务印书馆

◆［2015］何健民译：《中国南海古代交通丛考》，山西人民出版社

藤枝晃［1950］「李継遷の興起と東西交通」『羽田博士頌寿記念　東洋史論叢』羽田博士還暦記念会

◆［1993］辛德勇译：《李继迁的兴起与东西交通》，收于刘俊文主编《日本学者研究中国史论著选译》（第九卷：民族交通），中华书局

天野元之助［1962］『中国農業史研究』御茶の水書房（1979 年増補版）

◆［1992］魏小明节译：《犁在中国农业发展史上的作用》，收于刘俊文主编《日本学者研究中国史论著选译》（第十卷：科学技术），中华书局

田村實造［1964］『中国征服王朝の研究』上，東洋史研究会

◆［1993］索介然节译：《辽代的移民政策和州县制的建立》，收于刘俊文主编《日本学者研究中国史论著选译》（第五卷：五代宋元），中华书局

畑地正憲［1987］「宋代における攬載について」『日野開三郎博士頌寿記念論集——中国社会・制度・文化史の諸問題』中国書店

屠友祥校注［1996］「宋明清小品文集輯注」『嶺外代答』上海遠東出版社「宋明清小品文集輯注」2

◆同上

外山軍治［1939］『支那歴史地理叢書　岳飛と秦桧——主戦論と講和論』冨山房

——［1964］『金朝史研究』東洋史研究会

——◆［1988］李东源译：《金朝史研究》，黑龙江朝鲜民族出版社

——◆［1990］梁志忠、赵鸣歧节译：《〈松漠纪闻〉的作者洪皓》，收于王承礼主编《辽金契丹女真史译文集》（第一集），吉林文史出版社

汪向栄・夏応元編［1984］『中日関係史資料匯編』中華書局

◆同上

王徳毅編著［1978］『宋会要輯稿人名索引』台湾新文豊出版公司

◆同上

王麗萍［2002］『宋代の中日交流史研究』勉誠出版

王瑞来［2001］『宋代の皇帝権力と士大夫政治』汲古書院

◆［2010］《宰相故事：士大夫政治下的权力场》，中华书局

◆［2015］《君臣：士大夫政治下的权力场》，北京联合出版公司

王雲海［1986］『宋会要輯稿考校』上海古籍出版社

◆同上

尾形勇・岸本美緒他編［1994—　］『歴史学事典』全15巻・別巻1，弘文堂（到2005年为止已刊行12卷）

呉洪沢編［1995］『宋人年譜集目　宋編宋人年譜選刊』巴蜀書社

◆同上

——・尹波主編［2003］『宋人年譜叢刊』全12冊，附：人名索引，四川大学出版社

——・◆同上

西岡弘晃［2004］『中国近世の都市と水利』中国書店

◆［2014］王亚林节译：《宋代苏州的浦塘管理和围田构筑》，收于钞晓鸿主编《海外中国水利史研究：日本学者论集》，人民出版社

小川貫弌［1964］『大蔵経』百華苑

——［1973］『佛教文化史研究』永田文昌堂

小川環樹訳［2001］『呉船録・攬轡録・驂鸞録』平凡社東洋文庫

小島毅［1986］「宋朝士大夫の研究をめぐって」『中国——社会と文化』1

——［1996］『中国近世における礼の言説』東京大学出版会

——編［1999］『アジア遊学7　宋代知識人の諸相』勉誠出版

小笠原宣秀［1963］『中国近世浄土教史の研究』百華苑

小笠原正治［1954—1955］「宋代弓箭手の研究」東京教育大学文学部東洋史学研究室『東洋史学論集』2，4，不昧堂書店

小林義廣［2000］『欧陽脩——その生涯と宗族』創文社

小岩井弘光［1998］『宋代兵制史の研究』汲古書院

小野寺郁夫［1967］『王安石』人物往来社

幸徹［1967］「北宋時代東南塩の官売法の推移に就いて」『東方学』34

熊本崇［1987］「熙寧年間の察訪使」『集刊東洋学』58

許逸民・常振国編［1987］『中国歴代書目叢刊』第一輯，上・下冊，現代出版社

◆同上

陽海清編撰［1999］『中国叢書広録』上・下冊，湖北人民出版社

◆同上

楊博文校釈［1996］『中外交通史籍叢刊　諸蕃志校釈』附：海外地名・各国物産索引，中華書局

◆同上

楊渭生等編著［1999—2002］『韓国研究叢書　十至十四世紀中韓関係史料彙編』上・下冊，学苑出版社

◆同上

楊武泉校注［1999］『中外交通史籍叢刊　嶺外代答校注』附：人名・地名・物名・雑類索引，中華書局

◆同上

楊翼驤編［1994］『中国史学史資料編年（第二冊・両宋時期）』南開大学出版社

◆同上

伊井春樹［1996］『成尋の人宋とその生涯』吉川弘文館

伊原弘［1981］「宋代の浙西における都市士大夫」『集刊東洋学』45

——［1985］「宋代の士大夫覚え書——あらたな問題の展開のために」宋代史研究会編『研究報告第2集　宋代の社会と宗教』汲古書院

——［1987］「宋代を中心としてみた都市研究概論」『中国——社会と文化』2

——［1988］『中国中世都市紀行——宋代の都市と都市生活』中公新書

——［1991］『中国開封の生活と歳時——描かれた宋代の都市生活』山川出版社

——［1993a］『蘇州』講談社現代新書

——［1993b］『中国人の都市と空間』原書房

——［1994］『水滸伝を読む』講談社現代新書

——［1995］『宋代中国を旅する』NTT出版

——・梅村坦［1997］『世界の歴史7　宋と中央ユーラシア』中央公論社

——・小島毅編［2001］『知識人の諸相——中国宋代を基点として』勉誠出版

——編［2003］『「清明上河図」をよむ』勉誠出版

衣川強［1970］「宋代の俸給について——文臣官僚を中心として」『東方学報』41

——［1971］「官僚と俸給——宋代の俸給について続考」『東方学報』42

——［1973］「宋代の名族」『神戸商大人文論集』9-1/2

——［1977］「「開禧用兵」をめぐって」『東洋史研究』36-3

——［1989］「劉整の叛乱」『劉子健博士頌寿紀念宋史研究論集』同刊行会，同朋舎出版

——◆［1995］魏常海、张希清译:《刘整的叛乱》，收于刘俊文主编《日本中青年学者论中国史》(宋元明清卷)，上海古籍出版社

——［1994］『中国歴史人物選　朱熹』白帝社

——編［1974］『宋元学案・宋元学案補遺人名字号別名索引』京都大学人文科学研究所

幼方直吉・福島正夫編［1974］『中国の伝統と革命 2　仁井田陞集』平凡社

兪如雲編［1992］『宋史人名索引』上海古籍出版社

◆同上

宇都宮清吉・内藤戊申共編［1938］『冊府元亀奉使部外臣部索引』東方文化研究所

◆［2009］《册府元龟奉使部外臣部索引》，全国图书馆文献缩微中心

羽田亨監修［1938］『東洋文化史大系 4　宋元時代』誠文堂新光社

張東翼編著［2000］『宋代麗史資料集録』ソウル大学出版部

張国剛主編［1996］『隋唐五代史研究概述』天津教育出版社

◆同上

張万起編［1980］『新旧五代史人名索引』上海古籍出版社

◆同上

張希清・王秀梅主編［1998］『官典』全 4 冊，吉林人民出版社

◆同上

張星烺編注［2003（1930）］『中西交通史料匯編』全 4 冊（輔仁大学図書館，1930 年初版。中華書局，1977 年，2003 年新版〔朱傑勤校訂〕）

◆同上

張興武［2003］『五代芸文考』巴蜀書社

◆同上

中村健寿［1968］「王小波李順の乱における「反乱」集団の構成」『中国農民戦争史研究』2

中村喬［2000］『宋代の料理と食品』中国芸文研究会，朋友書店（发售）

中村治兵衛［1992］『中村治兵衛著作集1　中国シャーマニズムの研究』刀水書房

——［1995］『中村治兵衛著作集2　中国漁業史の研究』刀水書房

——編［1990］「増補中国聚落史関係研究文献目録」唐代史研究会編『中国聚落史の研究』刀水書房

中嶋敏［1988］『東洋史学論集——宋代史研究とその周辺』汲古書院

——［2002］『東洋史学論集続編』汲古書院

——編［1992］『宋史選挙志訳注』1，東洋文庫

——編［1996］『宋史選挙志訳注』2，東洋文庫

——編［1999a］『宋史食貨志訳注』2，東洋文庫

——編［1999b］『宋史食貨志訳注』3，東洋文庫

——編［2000］『宋史選挙志訳注』3，東洋文庫

——編［2002a］『宋史食貨志訳注』4，東洋文庫

——編［2002b］『宋史食貨志訳注（一）—（四）語彙索引』東洋文庫

——編［2004］『宋史食貨志訳注』5，東洋文庫

中国社会科学院歴史研究所魏晋隋唐史研究室［1985］『隋唐五代史論著目録』江蘇古籍出版社

◆同上

中国史研究会［1983］『中国史像の再構成——国家と農民』文理閣

塚本善隆［1974］「成尋の入宋旅行記に見る日中仏教の消長——天台山の巻」『塚本善隆著作集6　日中仏教交渉史研究』

——［1975］『塚本善隆著作集5　中国近世仏教史の諸問題』大東出版社

重松俊章［1931a］「宋代均産一揆とその系統」『史学雑誌』42-8

——［1931b］「唐宋時代の弥勒「教匪」」『史淵』3

周藤吉之［1950］『社会構成史体系　宋代官僚制と大土地所有』日本評論社

——［1954］「中国土地制度史研究」東京大学出版会

——◆［1993］索介然节译:《宋代的佃户制》，收于刘俊文主编《日本学者研究中国史论著选译》(第五卷：五代宋元)，中华书局

——［1956］『東洋史料集成』平凡社（「五代・宋代」の「史料」解説部分）

——［1962］『宋代経済史研究』東京大学出版会

——［1965］『唐宋社会経済史研究』東京大学出版会

——◆［1985］姜镇庆、那向芹节译:《吐鲁番出土佃人文书的研究——唐代前期的佃人制》《佃人文书研究补考——特别是关于乡名的简略记号》《唐中期户税的研究——以吐鲁番出土文书为中心》，收于中国敦煌吐鲁番学会主编《敦煌学译文集——敦煌吐鲁番出土社会经济文书研究》，甘肃人民出版社

——［1969］『宋代史研究』東洋文庫

——［1980］『高麗朝官僚制の研究——宋制との関連において』法政大学出版局

——［1992］『宋・高麗制度史研究』汲古書院

——他［1957］『世界史大系 8　東アジアⅡ』誠文堂新光社

——・中嶋敏編著［1974］『中国の歴史 5　五代・宋』講談社（『五代と宋の興亡』講談社学術文庫，2004 年改是題再版）

朱士嘉編［1963］『宋元方志伝記索引』中華書局（上海古籍出版社，1986 年再版）

◆同上

竺沙雅章［1967］『蘇東坡』人物往来社

——［1971］「北宋士大夫の徙居と買田——主に東坡尺牘を資料として」『史林』54-2

——［1974a］「方臘の乱と喫菜事魔」『東洋史研究』32-4（同［1982b］所収）

——［1974b］「喫菜事魔について」『青山博士古稀紀念宋代史論叢』同刊行会，省心書房（同［1982b］所収）

——◆［1993］许洋主译:《关于吃菜事魔》，收于刘俊文主编《日本学者研究中国史论著选译》(第七卷：思想宗教)，中华书局

——［1975］『宋の太祖と太宗』清水書院

——◆［2006］方建新译:《宋朝的太祖和太宗》，浙江大学出版社

——［1982a］「宋代官僚の寄居について」『東洋史研究』41-1

——◆［1988］吴宝琪译:《宋代官僚的寄居》,《汉中师院学报》1988 年第 2 期

——［1982b］『中国仏教社会史研究』同朋舎出版（朋友書店，2002 年増訂版）

——［1983］「五代・宋」島田虔次他編『アジア歴史研究入門』第 1 巻・中国Ⅰ，同朋舎出版

——［1995］『中国歴史人物選　范仲淹』白帝社

——［2000］『宋元仏教文化史研究』汲古書院

——編［1994］『アジアの歴史と文化 3　中国史・近世Ⅰ』同朋舎出版

祝尚書［1999］『宋人別集叙録』全 2 冊，中華書局

◆同上

滋賀秀三［1966］「仁井田陞博士の『中国法制史研究』を読みて」『国家学会雑誌』80-1/2

——［1967］『中国家族法の原理』，創文社（1976 年再版）

——◆［2003］张建国、李力译:《中国家族法原理》，法律出版社

——編［1993］『中国法制史　基本資料の研究』東京大学出版会

佐伯富［1941］『支那歴史地理叢書　王安石』冨山房（『中国史研究』第 3，同朋舎出版，1977 年所収。中公文庫，1990 年）

——［1943］「続資治通鑑長編目次・三朝北盟会編目録・建炎以来繋年要録目次」『東亜経済研究』第 27-4

——［1969］『中国史研究』第 1，東洋史研究会

——◆［1993］索介然节译:《论宋代的皇城司》，收于刘俊文主编《日本学者研究中国史论著选译》（第五卷：五代宋元），中华书局

——［1971］『中国史研究』第 2，東洋史研究会

——［1987］『中国塩政史の研究』法律文化社

——他［1970］『世界歴史　第 9 冊・中世 3　東アジア世界の展開』Ⅰ，岩波書店

——編［1941］『宋代茶法研究資料』東方文化研究所（大空社，1997 年

再版）

——◆［2016］《宋代茶法研究资料》，全国图书馆文献缩微中心

——編［1956］『職源撮要索引』東洋史研究会

——編［1958］『蘇東坡全集索引』彙文堂

——編［1959］『宋名臣言行録輯釈索引』京都大学東洋史研究室油印本

——編［1960］『中国随筆雜著索引』東洋史研究会

——◆［1986］《中国随笔杂著索引》，台湾宗青图书出版公司

——編［1961］『資治通鑑索引』東洋史研究会

——◆［1986］《资治通鉴索引》，台湾宗青图书出版公司

——編［1963］『宋史職官志索引』東洋史研究会（同朋舎出版，1974年再版）

——◆［1986］《宋史职官志索引》，台湾宗青图书出版公司

——編［1967］『東洋の歴史　第6冊　宋の新文化』人物往来社

——編［1970］『宋人文集索引』東洋史研究会

——◆［1986］《宋代文集索引》，台湾宗青图书出版公司

——編［1977］『宋史刑法志索引』台湾学生書局

——編［1978］『宋史兵志索引』台湾華世出版社

——編［1979］『宋史河渠志索引』省心書房

——◆［1986］《宋史河渠志索引》，台湾宗青图书出版公司

——編［1982］『宋史選挙志索引』同朋舎出版

——◆［1986］《宋史选举志索引》，台湾宗青图书出版公司

——編［1991］『元豊官志索引』東洋文庫

佐藤圭四郎［1981］『イスラーム商業史の研究』同朋舎出版

佐竹靖彦［1973—1974，1977］「『作邑自箴』訳注稿（1）（2）（3）」『岡山大学法文学部学術紀要』33，35，37

——［1990］『唐宋変革の地域的研究』同朋舎出版

——［1992］『梁山泊』中公新書

——◆［2005］韩玉萍译：《梁山泊》，中华书局

——［1993］「『作邑自箴』の研究」『人文学報（歴史学）』238

——◆［2003］姚荣涛译：《〈作邑自箴〉研究——对该书基础结构的再思

考》，收于川村康主编《中国法制史考证·丙编：日本学者考证中国法制史重要成果选译》(第三卷：宋辽西夏元卷)，中国社会科学出版社 ①

——◆［2016］姚荣涛译：《〈作邑自箴〉研究——对该书基础结构的再思考》，收于杨一凡、寺田浩明主编《日本学者中国法制史论著选·宋辽金元卷》，中华书局

——他編［1996］『中国史学の基本問題 3　宋元時代史の基本問題』汲古書院

——◆［2010］近藤一成主编：《宋元史学的基本问题》，中华书局 ②

ジェルネ，J.（Gernet，Jacques）［1990］栗本一男訳『中国近世の百万都市——モンゴル襲来前夜の杭州』平凡社

◆［1995］谢和耐著，刘东译：《蒙元入侵前夜的中国日常生活》，江苏人民出版社

第六章　辽·西夏

愛宕松男［1959］『契丹古代史の研究』東洋史研究会

◆［1988］邢复礼译：《契丹古代史研究》，内蒙古人民出版社

愛新覚羅烏拉熙春［2004］『契丹語言文字研究』,『遼金史与契丹女真文』均为東亞歷史文化研究会

白石典之［1994］「モンゴル部族の自立と成長の契機」『人文科学研究』(新潟大学)86

——［2001］『世界の考古学 19　チンギスカンの考古学』同成社

——［2002］『モンゴル帝国史の考古学研究』同成社

① 译者按：该书版权页未标明译者，后记中只笼统提到由多人合译。对照译文，与姚荣涛译本相同。

② 译者按：该书中译本因实际编辑工作与日文原本有所差异，主编变更为近藤一成。相较日文原本，中译本删除了四篇，分别为：寺地遵《宋代政治史研究方法試論——治乱興亡史論克明のために》(《宋代政治史研究方法试论——治乱兴亡史论的梳理》)、梅原郁《罰俸制度の展開——旧中国における懲戒》(《罚俸制度的发展——传统中国的惩戒》)、丹乔二《中国史上の村落共同体に関する一試論》(《试论中国历史上的村落共同体》)、草野靖《農業土地問題》(《农业土地问题》)。其中，丹乔二一文已有中译（虞云国译：《试论中国历史上的村落共同体》,《史林》2005 年第 4 期）。

曹峰・神谷正弘［2001］「遼朝陳国公主墓出土の副葬用馬具について」『古文化談叢』46

長澤和俊［1963］「西夏の河西進出と東西交通」『東方学』26

代田貴文［1992］「『遼史』に見える「大食（国）」について」『中央大学アジア史研究』16

島田正郎［1952］『遼代社会史研究』三和書房（巌南堂書店，1978年復刊）

◆［2007］何天明译：《大契丹国》，内蒙古人民出版社

——［1978］『遼朝官制の研究』創文社

——◆［1992］姚荣涛节译：《辽代北面中央官制的特色与世官制的意义》，收于刘俊文主编《日本学者研究中国史论著选译》（第八卷：法律制度），中华书局

——◆［2003］姚荣涛节译：《辽代北面中央官制的特色与世官制的意义》，收于川村康主编《中国法制史考证・丙编：日本学者考证中国法制史重要成果选译》（第三卷：宋辽西夏元卷），中国社会科学出版社

——◆［2016］姚荣涛节译：《辽代北面中央官制的特色与世官制的意义》，收于杨一凡、寺田浩明主编《日本学者中国法制史论著选・宋辽金元卷》，中华书局

——［1979］『遼朝史の研究』創文社

——◆［1990］袁韶莹节译：《辽朝的特点》，收于王承礼主编《辽金契丹女真史译文集》（第一集），吉林文史出版社

——［1993］『契丹国——遊牧の民キタイの王朝』東方書店

——◆［1999］李明仁节译：《征服王朝乎？胡族国家乎？》，收于郑钦仁、李明仁译著《征服王朝论文集》，台湾稻乡出版社

——［2003］『西夏法典初探』創文社

徳永洋介［2003］「遼金時代の法典編纂（上）」『富山大学人文学部紀要』38

馮家昇［1959（1933）］「遼史初校」『遼史証誤三種』中華書局

◆同上

岡崎精郎［1959］「西夏の李元昊と禿髪令」『東方学』19

——［1972］『タングート古代史研究』東洋史研究会

高井康典行［1999］「遼の斡魯朶の存在形態」『内陸アジア史研究』14

◆［2001］何天明译：《辽代斡鲁朵的存在形态》，《蒙古学信息》2001年第

4 期
——［2002a］「オルド（斡魯朶）と藩鎮」『東洋史研究』61-2
——［2002b］「遼の武臣の昇遷」『史滴』24
高橋学而［1987］「中国東北地方に於ける遼代州県城——その平面構造，規模を中心として」岡崎敬先生退官記念事業会編『東アジアの考古と歴史——岡崎敬先生退官記念論集』上，同朋舎出版
——［1997］「遼南京（燕京）析津府の平面プランについて」『古文化談叢』37
宮崎市定［1934］「西夏の興起と青白塩問題」『東亜経済研究』18-2
◆［1963］中国科学院历史研究所翻译组译:《西夏之兴起与青白盐问题》，收于中国科学院历史研究所翻译组编译《宮崎市定论文选集》(上卷)，商务印书馆
——［1935］「宋と遼・西夏との関係」『世界文化史大系　宋元時代』誠文堂新光社
古松崇志［2003］「脩端「辨遼宋金正統」をめぐって——元代における『遼史』『金史』『宋史』三史編纂の過程」『東方学報』75
韓蔭晟［2000］『党項与西夏資料匯編』全 9 冊，寧夏人民出版社
◆同上
河上洋［1993］「遼五京の外交的機能」『東洋史研究』52-2
荒川慎太郎・佐藤貴保編［2003］「西夏関連研究文献目録　2002 年度版」中尾正義・井上充幸編『瀚海蒼茫』総合地球環境学研究所
今井秀周［1992］「二税戸小考」『東海女子短期大学紀要』18
——［2000］「遼祭山儀考」『東海女子短期大学紀要』26
今野春樹［2003］「遼代契丹墓の研究——分布・立地・構造について」『考古学雑誌』87-3
金成奎［2000］『宋代の西北問題と異民族政策』汲古書院
金渭顕編著［1983］『高麗史中中韓関係史料彙編』上，台湾食貨出版社
◆同上
井上正夫［1996］「遼北宋間の通貨問題——太平銭偽造の経緯について」『文明のクロスロード Museum Kyushu』51
李錫厚［1981］「葉隆礼和契丹国志」『史学史研究』1981-4（『契丹国志』

点校本，1985 年所収）

◆同上

劉鳳翥［1983］「《全遼文》中部分碑刻校勘」『黒龍江文物叢刊』1983-2

◆同上

劉浦江編［2003］『二十世紀遼金史論著目録』上海辞書出版社

◆同上

毛利英介［2004］「一〇七四年から七六年におけるキタイ（遼）・宋間の地界交渉発生の原因について——特にキタイ側の視点から」『東洋史研究』62-4

閔丙勲［1996］「西夏・金의　交聘関係에　対하여」『中央아시아研究』1

氣賀澤保規編［1996］『中国仏教石経の研究——房山雲居寺石経を中心に』京都大学学術出版会

日野開三郎［1984］『日野開三郎東洋史学論集　第 10 巻　北東アジア国際交流史の研究（下）』三一書房

——［1990］『日野開三郎東洋史学論集　第 16 巻　東北アジア民族史（下）』三一書房

森安孝夫［1982］「渤海から契丹へ——征服王朝の成立」『東アジア世界における日本古代史講座 7　東アジア世界の変貌と日本律令国家』学生社

◆［1982］海兰译:《从渤海到契丹——征服王朝的成立》,《民族译丛》1982 年第 4 期

——［2002］「ウイグルから見た安史の乱」『内陸アジア言語の研究』17

山本澄子［1951］「五代宋初の党項民族及びその西夏建国との関係」『東洋学報』33-1

史金波［1988］『西夏仏教史略』寧夏人民出版社

◆同上

——・聶鴻音・白濱［2000］『天盛改旧新定律令』法律出版社

——・◆同上

——・白濱・呉峰雲［1988］『西夏文物』文物出版社

——◆同上

寺地遵［1988］「遼朝治下の漢人大姓——玉田韓氏の場合」『広島大学東洋史研究室報告』10

松木民雄［2001］「北京・戒台寺の諸仏塔」『北海道東海大学紀要　人文社会科学系』13（2000）

——［2003］「北京・天寧寺塔」『北海道東海大学紀要　人文社会科学系』15（2002）

松田光次［1975］「遼の権塩法について」『龍谷史壇』70

——［1976］「遼代経済官庁の一考察」『東洋史苑』10

——［1978］「書評「慶陵の壁画　田村實造著」」『東洋史苑』12

——［1979］「遼朝科挙制度攷」『龍谷史壇』77

——［1982］「遼朝漢人官僚小考——韓知古一族の系譜とその事跡」小野勝年博士頌寿記念会編『小野勝年博士頌寿記念東方学論集』龍谷大学東洋史学研究室

——［1986］「趙志忠と『虜廷雑記』——北宋期一帰明人の事跡」『龍谷史壇』87

松澤（野村）博［1979］「西夏文・土地売買文書の書式」『東洋史苑』14/15

——［1986］「西夏・仁宗の訳経について——甘粛省天梯山石窟出土西夏経を中心として」『東洋史苑』26/27

陶晋生・王民信編［1974］『李燾続資治通鑑長編宋遼関係史料輯録』全3冊，台湾「中研院」歴史語言研究所

◆同上

藤原崇人［2003］「遼代興宗朝における慶州僧録司設置の背景」『仏教史学研究』46-2

藤枝晃［1950］「李継遷の興起と東西交通」「石濱先生古稀記念東洋学論叢」同記念会

◆［1993］辛徳勇译:《李继迁的兴起与东西交通》，收于刘俊文主编《日本学者研究中国史论著选译》(第九卷：民族交通)，中华书局

——［1951］「遼金」東方学術協会編『中国史学入門』平安文庫

田村實造［1947］「遼宋交通史料注稿」『東方史論叢』1，養徳社

——［1964］『中国征服王朝の研究』上，東洋史研究会

——◆［1993］索介然节译:《辽代的移民政策和州县制的建立》，收于刘俊文主编《日本学者研究中国史论著选译》(第五卷：五代宋元)，中华书局

——［1985］『中国征服王朝の研究』下，同朋舎出版

畑地正憲［1974］「北宋・遼間の貿易と歳贈とについて」『史淵』111

外山軍治［1964］『金朝史研究』東洋史研究会

◆［1988］李东源译:《金朝史研究》，黑龙江朝鲜民族出版社

◆［1990］梁志忠、赵鸣岐节译:《〈松漠纪闻〉的作者洪皓》，收于王承礼主编《辽金契丹女真史译文集》(第一集)，吉林文史出版社

王民信［1976］『沈括熙寧使虜図抄箋証』学海出版社

◆同上

呉天墀［1983］『西夏史稿（增訂本）』四川人民出版社

◆同上

武田和哉［1994］「遼朝の蕭姓と国舅族の構造」『立命館文学』537

——［2001］「契丹国（遼朝）の北・南院枢密使制度と南北二重官制について」『立命館東洋史学』24

——［2003］「契丹国（遼朝）道宗朝の政治史に関する一考察——慶陵出土の皇后哀冊の再検討」『立命館大学考古学論集』3

——［2005］「蕭孝恭墓誌より見た契丹国（遼朝）の姓と婚姻」『内陸アジア史研究』20

西田龍雄［1997］『西夏王国の言語と文化』岩波書店

小川裕充・弓場紀知編［1998］『世界美術大全集　東洋編 5　五代・北宋・遼・西夏』小学館

謝継勝［2002］『西夏蔵伝絵画　黒水城出土西夏唐卡研究』全 2 巻，河北教育出版社

◆同上

星斌夫［1941］「蒙古の第三回西夏侵寇について」『東洋学報』28-4

——［1944］「蒙古勃興期における金・西夏関係」『北亜細亜学報』2

岩崎力［1990］「西夏建国とタングート諸部族」『中央大学アジア史研究』14

楊若薇［1991］『契丹王朝政治軍事制度研究』中国社会科学出版社

◆同上

野上俊静［1953］『遼金の仏教』平楽寺書店

◆［1981］方红象节译:《辽金的佛教》，《黑龙江文物丛刊》1981 年第 1 期

遠藤和男［1990］「遼朝君主の即位儀礼について」『信大史学』15

——編［2000］『契丹（遼）史研究文献目録（1892—1999）』自費出版

中嶋敏［1934］「西羌族をめぐる宋夏の抗争」『歴史学研究』1-6

——［1936］「西夏に於ける政局の推移と文化」『東方学報』(東京）6

中国国家博物館・寧夏回族自治区文化庁編［2004］『大夏尋踪　西夏文物輯萃』中国社会科学出版社

◆同上

竺沙雅章［2000］『宋元仏教文化史研究』汲古書院

——［2003］「黒水城出土の遼刊本について」『汲古』43

佐藤貴保［2003］「西夏法典貿易関連条文訳註」森安孝夫編『シルクロードと世界史』(大阪大学21世紀COEプログラム「インターフェイスの人文学」報告書第3巻）大阪大学大学院文学研究科

——［2004］「十二世紀後半における西夏と南宋の通交」『待兼山論叢』(史学篇）38

Samosyuk，K.［2001］“ ‘Donors’ in the Tangut Painting from Khara-Khoto：Their Meaning and Function”，*The Tibet Journal*，26-3/4.

◆［2003］萨莫秀克著，谢继胜译：《黑水城西夏绘画中“施主”的含义及功用》，汤一介等著《文史新澜——浙江古籍出版社建社二十周年纪念论文集》，浙江古籍出版社

Shiba，Yoshinobu（斯波義信）［1983］“Sung Foreign Trade：Its Scope and Organization”，Rossabi，M.（ed.），*China among Equals：the Middle Kingdom and its Neighbors 10th—14th Centuries*，Berkeley；Los Angeles；London：University of California Press.

Wittfogel，K. A. and Feng Chia-sheng（馮家昇）［1949］*History of Chinese Society Liao*（*907—1125*），（Transactions of the American Philosophical Society 36），Philadelphia：The American Philosophical Society.

◆［1978］魏特夫著，苏国良、江志宏节译：《中国辽代社会史（九〇七——一二五）总论》，收于《亚洲研究译丛》，台湾大学

◆［1985］魏特夫著，唐统天、陈凤荣、朱则谨节译，许祺增校：《中国社会史——辽（907—1125）》，收于吉林省社会科学院编《辽金契丹女真史译文

集选刊一》，油印本

◆［1990］魏特夫著，唐统天、陈凤荣、朱则谨节译，许祺增校：《中国社会史——辽（907—1125）》，收于王承礼主编《辽金契丹女真史译文集》（第一集），吉林文史出版社

◆［1999］魏特夫、冯家昇著，田广林节译，王波然校：《辽朝的货币与信贷》，《昭乌达蒙族师专学报》1999年第6期

◆［1999］魏特夫著，苏国良、江志宏节译：《中国辽代社会史（九〇七——一二五）总论》，收于郑钦仁、李明仁译著《征服王朝论文集》，台湾稻乡出版社

◆［2005］魏特夫、冯家昇著，王波然译：《辽朝商业研究》，《辽宁师范大学学报》2005年第2期

◆［2007］魏特夫、冯家昇著，尤李节译：《寺庙与僧院——〈中国社会史：辽（907—1125）〉第九部分》，收于中央民族大学历史系主编《民族史研究》（第7辑），民族出版社

Кычанов, Е. И.［1968］*Очерк истории тангутского государства*，Москва.

——［1987—1989］*Изменённый и заново утверждённый кодекс девиза царствования Небесное процветание*（*1149—1169*），в4-х книгах，Москва.

——◆［2013］克恰诺夫著，唐克秀选译：《〈天盛改旧新定律令一（1149—1169年）〉——西夏法律文献〈天盛律令〉研究专著节选译文》，《西夏研究》2013年第2期

Кычанов，Е.И.，Нисида，Т.（西田龍雄），Аракава，С.（荒川慎太郎）［1999］*Каталог тангутских буддийских памятников Института востоковедения Российской Академии Наук*，Киото.

第七章　金·元

愛宕松男［1941］「李壇の叛乱と其の政治的意義——蒙古朝治下に於ける漢地の封建制とその州県制への展開」『東洋史研究』6-4（同［1988］所収）

——［1943］「元朝の対漢人政策」『東亜研究所報』23（同［1988］所収）

——［1950］「蒙古人政権治下の漢地における版籍の問題——特に乙未年籍・壬子年籍及び至元七年籍を中心として」『羽田博士頌寿記念東洋史論叢』

羽田博士還暦記念会（同［1988］所収）

——［1951］「遼金宋三史の編纂と北族王朝の立場」『文化』15-4（同［1988］所収）

——［1965］「元朝税制考——税糧と科差について」「東洋史研究」23-4（同［1988］所収）

——［1970］「元の中国支配と漢民族社会」『岩波講座世界歴史 9（中世 3）』（同［1988］所収）

——［1988］『愛宕松男東洋史学論集　第 4 巻　元朝史』三一書房

——◆［1993］索介然节译:《元代的录事司》，收于刘俊文主编《日本学者研究中国史论著选译》（第五卷：五代宋元），中华书局

安部健夫［1954］「元時代の包銀制の考究」『東方学報』（京都）24（同［1972］所収）

——［1959］「元代知識人と科挙」『史林』42-6（同［1972］所収）

——◆［1993］索介然译:《元代的知识分子和科举》，收于刘俊文主编《日本学者研究中国史论著选译》（第五卷：五代宋元），中华书局

——［1972］『元代史の研究』創文社

——◆［1993］索介然节译:《元代的知识分子和科举》，收于刘俊文主编《日本学者研究中国史论著选译》（第五卷：五代宋元），中华书局

——◆［2003］姚荣涛节译:《〈大元通制〉解说——兼介绍新刊本〈通制条格〉》，收于川村康主编《中国法制史考证・丙编：日本学者考证中国法制史重要成果选译》（第三卷：宋辽西夏元卷），中国社会科学出版社

——◆［2016］姚荣涛节译:《〈大元通制〉解说——兼介绍新刊本〈通制条格〉》，收于杨一凡、寺田浩明主编《日本学者中国法制史论著选・宋辽金元卷》，中华书局

陳高華［1984］佐竹靖彦訳『元の大都——マルコ・ポーロ時代の北京』中公新書

——◆［1982］《元大都》，北京出版社

——［2001］「両種《三場文選》中的元代科挙人物名録——兼説銭大昕《元進士考》」『中国社会科学院歴史研究所学刊』1

——◆同上

——・張帆・劉曉［2004］「《元典章・戸部・禄廩》校釈」『中国社会科学院歴史研究所学刊』3

——・◆同上

池内功［1977］「李全論——南宋・金・モンゴル交戦期における一民衆「反乱」指導者の軌跡」『社会文化史学』14

——［1978］「金末義軍制度の考察」『社会文化史学』16

——［1980a］「史氏一族とモンゴルの金国経略」『中嶋敏先生古稀記念論集』上，同記念事業会

——［1980b］「モンゴルの金国経略と漢人世侯の成立（1）」『創立三十周年記念論文集』（四国学院大学文化学会）

——［1980c］「モンゴルの金国経略と漢人世侯の成立（2）」『四国学院大学論集』46

——［1981a］「モンゴルの金国経略と漢人世侯の成立（3）」『四国学院大学論集』48

——［1981b］「モンゴルの金国経略と漢人世侯の成立（4）」『四国学院大学論集』49

——［1994］「元朝郡県祭祀における官費支出について——黒城出土祭祀費用文書の検討」『四国学院大学論集』85

——［2002a］「モンゴル朝下漢人世侯の権力について」野口鐵郎先生古稀記念論集刊行委員会編『中華世界の歴史的展開』汲古書院

——［2002b］「河南における元代非漢族諸族軍人の家系」松田孝一編『碑刻等史料の総合的分析によるモンゴル帝国・元朝の政治・経済システムの基礎的研究』（科学研究費報告書）

赤松紀彦［1986］「山西中南部の戯曲文物とその研究」『中国文学報』37

——他［2004］「元刊雑劇の研究（1）「尉遅恭三奪槊」全訳校注」『京都府立大学学術報告　人文・社会』56

舩田善之［1999a］「元朝治下の色目人について」『史学雑誌』108-9

——［1999b］「『元典章』を読むために——工具書・研究文献一覧を兼ねて」『開篇』18

——◆［2000］晓克译:《关于解读〈元典章〉——兼谈有关工具书、研究

文献》,《蒙古学信息》2000 年第 4 期

——［2000］「元代の戸籍制度における色目人」『史観』143

——［2001］「元代史料としての旧本『老乞大』——鈔と物価の記載を中心として」『東洋学報』83-1

村岡倫［2001］「モンゴル時代初期の河西・山西地方——右翼ウルスの分地成立をめぐって」『龍谷史壇』117

——［2002］「モンゴル時代の右翼ウルスと山西地方」松田孝一編『碑刻等史料の総合的分析によるモンゴル帝国・元朝の政治・経済システムの基礎的研究』(科学研究費報告書)

村上哲見［1994a］「弐臣と遺民——宋末元初江南文人の亡国体験」『東北大学文学部研究年報』43(同［1994b］所収)

——［1994b］『中国文人論』汲古書院

大島立子［1974］「金末紅襖軍について」『明代史研究』1

丹羽友三郎［1968—1969］「『憲台通紀』の校訂・訳注(一)—(三)」『三重法経』19/20—22

——［1994］『中国元代の監察官制』高文堂出版社

堤一昭［1992］「元代華北のモンゴル軍団長の家系」『史林』75-3

——［1995］「李璮の乱後の漢人軍閥——済南張氏の事例」『史林』78-6

——［1996］「元朝江南行台の成立」『東洋史研究』54-4

——［1998］「大元ウルスの江南駐屯軍」『大阪外国語大学論集』19

——［2000a］「大元ウルス治下江南初期政治史」『東洋史研究』58-4

——［2000b］「大元ウルス江南統治首脳の二家系」『大阪外国語大学論集』22

渡辺健哉［1999］「元代の大都南城について」『集刊東洋学』82

——［2005］「大都研究の成果と課題」『中国——社会と文化』20

飯山知保［2001］「金元代華北社会研究の現状と展望」『史滴』23

——［2003a］「金元代華北社会における在地有力者——碑刻からみた山西忻州定襄県の場合」『史学雑誌』112-4

——［2003b］「金元代華北における州県祠廟祭祀からみた地方官の系譜——山西平遥県応潤侯廟を中心に」『東洋学報』85-1

——・井黒忍・舩田善之［2002］「陝西・山西訪碑行報告（附：陝西・山西訪碑行現存確認金元碑目録）」『史滴』24

蜂屋邦夫［1998］『金元時代の道教』汲古書院

◆［2014］金铁成、张强、李素萍、金顺英译：《金元时代的道教——七真研究》，齐鲁书社

高橋弘臣［1991］「金末行省の性格と実態」『社会文化史学』27

——［2000］『元朝貨幣政策成立過程の研究』東洋書院

——◆［2010］林松涛译：《宋金元货币史研究——元朝货币政策之形成过程》，上海古籍出版社

高橋文治［1986］「泰山学派の末裔達——一二・一三世紀山東の学芸について」『東洋史研究』45-1

——［1995］「モンゴル時代全真教文書の研究（一）」『追手門学院大学文学部紀要』31

——［1997a］「張留孫の登場前後——発給文書から見たモンゴル時代の道教」『東洋史研究』56-1

——［1997b］「モンゴル時代全真教文書の研究（二）」『追手門学院大学文学部紀要』32

——［1997c］「モンゴル時代全真教文書の研究（三）——「大蒙古国累朝崇道恩命之碑」をめぐって」『追手門学院大学文学部紀要』33

——［1997d］「晋祠至元四年碑をめぐって」『追手門学院大学創立三十周年記念論集　文学部篇』

——［1997e］「至元十七年の放火事件」『東洋文化学科年報』12

——［1999a］「モンゴル王族と道教——武宗カイシャンと苗道一」『東方宗教』93

——［1999b］「承天観公據について」『追手門学院大学文学部紀要』35

——［1999c］「クビライの令旨二通——もう一つの「道仏論争」」『アジア文化学科年報』2

宮紀子［1998a］「『孝経直解』の挿絵をめぐって」『東方学』95

——［1998b］「『孝経直解』の出版とその時代」『中国文学報』56

——［1999a］「大徳十一年「加封孔子制誥」をめぐる諸問題」『中国——

社会と文化』14

——［1999b］「鄭鎮孫と『直説通略』(上)(下)」『中国文学報』58—59

——［2001］「程復心『四書章図』出版始末攷——大元ウルス治下における江南文人の保挙」『内陸アジア言語の研究』16

——［2002］「『廟学典礼』箚記」『東方学』104

——［2003］「「対策」の対策——大元ウルス治下における科挙と出版」文部省科学研究費特定領域研究「古典学の再構築」総括班『古典学の現在』5

——［2004］「『龍虎山志』からみたモンゴル命令文の世界——正一教教団研究序説」『東洋史研究』63-2

——［2005］「徽州文書新探——『新安忠烈廟神紀実』より」『東方学報』(京都)77

宮崎市定［1969］「洪武から永楽へ——初期明朝政権の性格」『東洋史研究』27-4

◆［2017］张学锋、马云超译:《从洪武到永乐——明朝初期政权的性质》,收于宫崎市定《宫崎市定亚洲史论考》(下),上海古籍出版社

宮澤知之［2001］「元代後半期の幣制とその崩壊」『鷹陵史学』27

古松崇志［2000］「元代河東塩池神廟碑研究序説」『東方学報』(京都)72

——［2001，2005］「元代カラホト文書解読」『オアシス地域研究会報』1-1，5-1

——［2003］「脩端「辯遼宋金正統」をめぐって——元代における『遼史』『金史』『宋史』三史編纂の過程」『東方学報』(京都)75

桂華淳祥［1988］「真定府獲鹿県霊巌院について——金代買額寺院の形態」『大谷学報』68-1

——［1989］「金朝の寺観名額発売と郷村社会」『大谷大学史学論究』3

——［2000］「宋金代山西の寺院」『大谷大学研究年報』52

横手裕［1990］「全真教の変容」『中国哲学研究』2

吉川幸次郎［1974］「朱子学北伝前史——金朝と朱子学」『宇野哲人先生白寿祝賀記念東洋学論叢』同記念会

榎本渉［2001a］「順帝朝前半期における日元交通——杜絶から復活へ」『日本歴史』640

—— [2001b]「日本遠征以後における元朝の倭船対策 」『日本史研究 』470

—— [2001c]「明州市舶司と東シナ海交易圏 」『歴史学研究 』756

—— [2002]「元末内乱期の日元交通 」『東洋学報 』84-1

箭内亙 [1916]「元代社会の三階級 」『「満鮮 」地理歴史研究報告 』3（同 [1930] 所収）

—— [1930]『蒙古史研究 』刀江書院

金文京 [1983]「『元刊雑劇三十種 』序説 」『未名 』3

—— [1996]「関漢卿の出自をめぐって——元代における演劇隆盛の一背景 」『中国史学の基本問題 3　宋元時代史の基本問題 』汲古書院

—— [2002]「『事林廣記 』刑法類・公理類訳注 」『東方学報 』（京都）74

—— [2003]「李斉賢在元事跡考（其の一） 第一次入元から峨眉山奉使行まで 」『朝鮮儒林文化の形成と展開に関する総合的研究 』（科学研究費報告書）

——・玄幸子・佐藤晴彦訳註，鄭光解説 [2002]『老乞大——朝鮮中世の中国語会話読本 』平凡社東洋文庫 [1967]

井黒忍 [2001]「金代提刑司考——章宗朝官制改革の一側面 」『東洋史研究 』60-3

—— [2004]「山西洪洞県水利碑考——金天眷 2 年「都総管鎮国定両県水碑 」の事例 」『史林 』87-1

劉浦江編 [2003]『二十世紀遼金史論著目録 』上海辞書出版社

◆同上

柳田節子 [1977]「元代郷村の戸等制 」『東洋文化研究所紀要 』73（同 [1986] 所収）

—— [1986]『宋元郷村制の研究 』創文社

——◆ [1993] 索介然节译:《宋元乡村的户等制》，收于刘俊文主编《日本学者研究中国史论著选译》（第五卷：五代宋元），中华书局

蒙思明 [1938]『元代社会階級制度 』哈仏燕京学社

◆同上

末松保和 [1942]「朝鮮覆刻本「吏学指南 」について 」『東洋史研究 』6-6（同 [1997] 所収）

—— [1997]『末松保和朝鮮史著作集 6　朝鮮史と史料 』吉川弘文館

牧野修二［1979a］「元代の儒学教育——教育課程を中心にして」『東洋史研究』37-4

◆［1987］赵刚译:《元代的儒学教育——以教育课程为中心》,《松辽学刊》1987年第3期

——［1979b］「元代廟学書院の規模について」『愛媛大学法文学部論集（文学科編）』12

——◆［1988］赵刚译:《论元代庙学书院的规模》,《齐齐哈尔师范学院学报》1988年第4期

——［1980］「元代生員の学校生活」『愛媛大学法文学部論集（文学科編）』13

NHK取材班編［1992］『大モンゴル3　大いなる都——巨大国家の遺産』角川書店

那珂通世［1907］『成吉思汗実録』大日本図書株式会社

片山共夫［1977］「元朝四怯薛の輪番制度」『九州大学東洋史論集』6

——［1980a］「元朝怯薛出身者の家柄について」『九州大学東洋史論集』8

——［1980b］「怯薛と元朝官僚制」『史学雑誌』89-12

前田直典［1973］『元朝史の研究』東京大学出版会

◆［1993］索介然节译:《元代纸币的价值变动》，收于刘俊文主编《日本学者研究中国史论著选译》（第五卷：五代宋元），中华书局

仁井田陞［1956］「元明時代の村の規約と小作証書など——日用百科全書の類20種の中から」『東洋文化研究所紀要』8

入矢義高［1956］「蔡美彪氏編『元代白話碑集録』を読む」『東方学報』（京都）26

三浦秀一［1995a］「金朝性理学史稿——13世紀前半の北中国における程朱学と新道教の交錯」『文化』58-3/4

——［1995b］「金末の宋学——趙秉文と李純甫，そして王若虚」『東北大学文学研究年報』44

三上次男［1967］「金の科挙制度とその政治的側面」『青山史学』1（同［1973］所収）

——［1970］『金史研究2　金代政治制度の研究』中央公論美術出版

——［1972］『金史研究 1　金代女真社会の研究』中央公論美術出版

——◆［1984］金启孮译:《金代女真研究》，黑龙江人民出版社 ①

——［1973］『金史研究 3　金代政治・社会の研究』中央公論美術出版

森平雅彦［1998a］「駙馬高麗国王の成立——元朝における高麗王の地位についての予備的考察」『東洋学報』79-4

——［1998b］「高麗王位下の基礎的考察——大元ウルスの一分権勢力としての高麗王家」『朝鮮史研究会論文集』36

——［2001］「元朝ケシク制度と高麗王家——高麗・元関係における禿魯花の意義に関連して」『史学雜誌』110-2

——［2004］「『賓王録』にみる至元十年の遣元高麗使」『東洋史研究』63-2

森田憲司［1988］「李璮の乱以前——石刻史料を材料にして」『東洋史研究』47-3（同［2004b］所収）

——［1989］「陳垣編『道家金石略』」『奈良史学』7

——［1990］「元代漢人知識人研究の課題二,三」『中国——社会と文化』5（同［2004b］所収）

——［1992］「『廟学典礼』成立考」『奈良史学』10

——［1993］「『事林広記』の諸版本について——国内所蔵の諸本を中心に」『宋代史研究会研究報告 4　宋代の知識人』汲古書院

——［1994］「「大朝崇褒祖廟之記」再考——丁酉年における「聖人の家」への優免」『奈良史学』12（同［2004b］所収）

——［1999a］「異民族王朝下の科挙」『月刊しにか』1999 年 9 月号

——［1999b］「碑記の撰述から見た宋元交替期の慶元における士大夫」『奈良史学』17（同　［2004b］所収）

——［2001a］「元朝の科挙資料について——銭大昕の編著を中心に」『東方学報』（京都）73（同［2004b］所収）

——［2001b］「元朝における代祀」『東方宗教』98

——［2004a］「中国学・韓国学の十年後——歴史（中国中世—近世）デジタル化の彼方にあるものは?」『月刊しにか』2004 年 3 月号

① 译者按：金启孮系根据三上次男《金代女真の研究》（“满日”文化协会，1937 年）中译，后三上次男在《金代女真の研究》基础上，撰成《金史研究 1　金代女真社会の研究》。

——［2004b］『元代知識人と地域社会』汲古書院

山田慶児［1980］『授時暦の道——中国中世の科学と国家』みすず書房

杉山正明［1978］「モンゴル帝国の原像——チンギス・カンの一族分封をめぐって」『東洋史研究』37-1（同［2004］所収）

——［1982］「クビライ政権と東方三王家」『東方学報』（京都）54（同［2004］所収）

——◆［1995］魏常海、张希清译：《忽必烈政权与东方三王家》，收于刘俊文主编《日本中青年学者论中国史》（宋元明清卷），上海古籍出版社

——［1984］「クビライと大都」『中国近世の都市と文化』京都大学人文科学研究所（同［2004］所収）

——［1990］「元代蒙漢合璧命令文の研究（一）」『神戸市外国語大学外国学研究』21（同［2004］所収）

——［1991a］「日本におけるモンゴル（Mongol）時代史研究」『中国史学』1

——［1991b］「西夏人儒者高智耀の実像」河内良弘編『清朝治下の民族問題と国際関係』（同［2004］所収）

——［1991c］「元代蒙漢合璧命令文の研究（二）」『神戸市外国語大学外国学研究』23（同［2004］所収）

——［1993］「八不沙大王の令旨碑より」『東洋史研究』52-3（同［2004］所収）

——◆［2002］哈斯巴根译：《关于八不沙大王令旨碑的石刻记载和释读》，《蒙古学信息》2002年第2期

——［1995a］『クビライの挑戦——モンゴル海上帝国への道』朝日選書

——［1995b］「大元ウルスの三大王国——カイシャンの奪権とその前後（上）」『京都大学文学部研究紀要』34

——［1996a］「モンゴル時代史研究の現状と課題」『中国史学の基本問題3　宋元時代史の基本問題』汲古書院

——◆［2010］《蒙古时代史研究的现状及课题》，收于近藤一成主编《宋元史学的基本问题》，中华书局

——［1996b］『モンゴル帝国の興亡』上・下，講談社現代新書

——◆［2015］孙越译，邵建国校：《蒙古帝国的兴亡》（上、下），社会科学文献出版社

——［1997］「日本における遼金元時代史研究」『中国——社会と文化』12

——［1999］「大都と上都の間——居庸南北口をめぐる小事件より」礪波護編『中国歴代王朝の都市　管理に関する総合的研究』（同［2004］所収）

——［2003］「史料研究の新時代」『歴史と地理』564

——［2004］『大元ウルスとモンゴル帝国』京都大学学術出版会

——◆［1995］魏常海、张希清节译：《忽必烈政权与东方三王家》，收于刘俊文主编《日本中青年学者论中国史》（宋元明清卷），上海古籍出版社

——◆［2002］哈斯巴根节译：《关于八不沙大王令旨碑的石刻记载和释读》，《蒙古学信息》2002年第2期

——・北川誠一［1997］『世界の歴史9　大モンゴルの時代』中央公論社

石濱裕美子［1994］「パクパの仏教思想に基づいたフビライの王権像」『日本西蔵学会会報』40（同［2001］所収）

——［2001］『チベット仏教世界の歴史的研究』東方書店

市丸智子［2002］「元代貨幣の貫文・錠両単位の別について——黒城出土及び徽州契約文書を中心として」『社会経済史学』68-3

——［2000］『宋元仏教文化史研究』汲古書院

寺地遵［1988］『南宋初期政治史研究』溪水社

◆［1995］刘静贞、李今芸译：《南宋初期政治史研究》，台湾稻禾出版社

◆［2016］刘静贞、李今芸译：《南宋初期政治史研究》，复旦大学出版社

◆［2018］蒋蓓译：《南宋初期政治史研究》，华东师范大学出版社

——［1999］「方国珍政権の性格——宋元期台州黄巌県事情素描　第三篇」『史学研究』223

寺田隆信・熊本崇他校定［1986］「校定元典章兵部（上）」『東北大学東洋史論集』2

——［1988］「校定元典章兵部（中）」『東北大学東洋史論集』3

——［1990］「校定元典章兵部（下）」『東北大学東洋史論集』4

松本善海［1977］『中国村落制度の史的研究』岩波書店

松川節［1995］「大元ウルス命令文の書式」『待兼山論叢（史学篇）』29

松井太［1997］「カラホト出土蒙漢合璧税糧納入簿断簡」『待兼山論叢（史学篇）』31

——［2002］「モンゴル時代ウイグリスタンの税役制度と徴税システム」松田孝一編『碑刻等史料の 総合的分析によるモンゴル帝国・元朝の政治・経済システムの基礎的研究』(科学研究費報告書）

松田孝一［1985］「モンゴル帝国漢地の戸口統計」『待兼山論叢（史学篇）』19

——［1992a］「モンゴル帝国東部国境の探馬赤軍団」『内陸アジア史研究』7/8

——◆［2002］晓克译:《蒙古帝国东部国境的探马赤军》,《蒙古学信息》2002年第4期

——［1992b］「チャガタイ家千戸の陝西南部駐屯軍団（上）」『国際研究論叢』5-2

——［1993］「チャガタイ家千戸の陝西南部駐屯軍団（下）」『国際研究論叢』5-3/4

——［2000］「中国交通史——元時代の交通と南北物流」同編『東アジア経済史の諸問題』阿吽社

檀上寛［1994］『中国歴史人物選 9　明の太祖朱元璋』白帝社

——［2001］「元末の海運と劉仁本」『史窓』58

——［2003］「方国珍海上勢力と元末明初の江浙沿海地域社会」京都女子大学東洋史研究室『東アジア海洋域圏の史的研究』京都女子大学

藤枝晃［1948］『征服王朝』秋田屋書店

田村實造［1964—1985］『中国征服王朝の研究』上・中・下，東洋史研究会，同朋舎出版

◆［1990］袁韶莹节译:《关于中国征服王朝》，收于王承礼主编《辽金契丹女真史译文集》(第一集），吉林文史出版社

◆［1999］李明仁节译:《中国征服王朝——总括》，收于郑钦仁、李明仁译著《征服王朝论文集》，台湾稻乡出版社

田村祐之［1996—1998］「訳注『朴通事諺解』(1）—（4）」『火輪』1—4

——［1996—2002］「『朴通事諺解』翻訳の試み（1）—（7）」『饕餮』4—10

窪徳忠［1967］『中国の宗教改革』法蔵館

——［1992］『モンゴル期の道教と仏教』平河出版社

外山軍治［1964］『金朝史研究』東洋史研究会

◆［1988］李东源译：《金朝史研究》，黑龙江朝鲜民族出版社

◆［1990］梁志忠、赵鸣歧节译：《〈松漠纪闻〉的作者洪皓》，收于王承礼主编《辽金契丹女真史译文集》（第一集），吉林文史出版社

小野浩［1997］「とこしえなる天の力のもとに」『岩波講座世界歴史 11　中央ユーラシアの統合』

星斌夫［1982］『大運河発展史』平凡社東洋文庫

岩村忍・田中謙二校定［1964］『校定本元典章刑部』第一冊，京都大学人文科学研究所元典章研究班

——・——校定［1972］『校定本元典章刑部』第二冊，京都大学人文科学研究所元典章研究班

野上俊静［1953］『遼金の仏教』平楽寺書店

◆［1981］方红象节译：《辽金的佛教》，《黑龙江文物丛刊》1981 年第 1 期

野沢佳美［1986］「張柔軍団の成立過程とその構成」『大学院年報』（立正大学大学院）3

——［1988］「モンゴル太宗定宗期における史天沢の動向」『立正大学東洋史論集』1

衣川強［1977］「「開禧用兵」をめぐって」『東洋史研究』36-3

亦隣真［2001a］加藤雄三訳「1276 年龍門禹王廟パスパ字令旨碑を読む——ニコラス・ボッペ訳注の書評を兼ねて」「内陸アジア言語の研究」16

◆［1963］《读 1276 年龙门禹王庙八思巴字令旨碑——兼评尼古拉・鲍培的译注》，《内蒙古大学学报》1963 年第 1 期

——［2001b］加藤雄三訳「元代直訳公文書の文体」『内陸アジア言語の研究』16

——◆［1982］《元代硬译公牍文体》，《元史论丛》第 1 辑，中华书局

櫻井智美［1998］「趙孟頫の活動とその背景」『東洋史研究』56-4

——［2002］「日本における最近の元代史研究——文化政策をめぐる研究を中心に」『中国史学』12

——◆［2004］《近年来日本的元史研究——以“文化政策”为中心》，《中国史研究动态》2004 年第 3 期

——［2004］「元代科挙受験持込許可書をめぐって——『文場備用排字礼部韻註』を中心に」『中国近世社会の秩序形成』京都大学人文科学研究所

羽田亨［1928］「元朝の漢文明に対する態度」『狩野教授還暦記念支那学論叢』同記念会，弘文堂書房（同［1957］所収）

——［1935］「宋元時代総説」『世界文化史体系　第 9 冊　宋元時代』誠文堂新光社（同［1957］所収）

——［1957］『羽田博士史学論文集　上巻　歴史篇』東洋史研究会

——◆［1993］辛德勇节译：《元朝驿传杂考》，收于刘俊文主编《日本学者研究中国史论著选译》（第九卷：民族交通），中华书局

「元代の社会と文化」研究班［2003］「『事林広記』人事類訳注」『東方学報』（京都）75

——［2004］「『事林広記』学校類訳注（一）」『東方学報』（京都）76

——［2005］「『事林広記』学校類訳注（二）・家礼類（一）」『東方学報』（京都）77

植松正［1968］「元代江南の豪民朱清・張瑄について——その誅殺と財産官没をめぐって」『東洋史研究』27-3（同［1997］所収）

——［1981］「元初の法制に関する一考察——とくに金制との関連について」『東洋史研究』40-1

——◆［1995］魏常海、张希清译：《元初法制论考——重点考察与金制的关系》，收于刘俊文主编《日本中青年学者论中国史》（宋元明清卷），上海古籍出版社

——◆［2003］姚荣涛译：《元初法制一考——与金制的关系》，收于川村康主编《中国法制史考证・丙编：日本学者考证中国法制史重要成果选译》（第三卷：宋辽西夏元卷），中国社会科学出版社

——◆［2016］姚荣涛译：《元初法制一考——与金制的关系》，收于杨一凡、寺田浩明主编《日本学者中国法制史论著选・宋辽金元卷》，中华书局

——［1993］「元典章・通制条格　附遼・金・西夏法」滋賀秀三編『中国法制史——基本資料の研究』東京大学出版会

——［1996］「元朝支配下の江南地域社会」『中国史学の基本問題 3　宋元時代史の基本問題』汲古書院

——◆［2010］包联群译：《元朝统治下的江南地域社会》，收于近藤一成主编《宋元史学的基本问题》，中华书局

——［1997］『元代江南政治社会史研究』汲古書院

——◆［2012］吴海航节译：《元代江南投下考——〈元典章〉文书所见投下有司的相克》，收于中国政法大学法律史学研究院编《日本学者中国法论著选译》(下册)，中国政法大学出版社

——［2003］「元初における海事問題と海運体制」京都女子大学東洋史研究室『東アジア海洋域圏の史的研究』京都女子大学

——［2004a］「元典章文書分析法」『13，14 世紀東アジア史料通信』2

——［2004b］「元代の海運万戸府と海運世家」『京都女子大学大学院文学研究科研究紀要』史学編 3

中島楽章［2001］「元代社制の成立と展開」『九州大学東洋史論集』29

竺沙雅章［1973］「漢籍紙背文書の研究」『京都大学文学部研究紀要』14

——［1982］『中国仏教社会史研究』同朋舎出版（朋友書店，2002 年増訂版）

祖生利・李崇興点校［2004］『大元聖政国朝典章・刑部』山西古籍出版社

◆同上

佐伯富［1985］「元代における塩政」『東洋学報』66-1/2/3/4（同［1987］所収）

——［1987］『中国塩政史の研究』法律文化社

第八章　明代

岸本美緒［1995］「清朝とユーラシア」『講座世界史 2　近代世界への道——変容と摩擦』東京大学出版会

——［1997］『清代中国の物価と経済変動』研文出版

——◆［2010］刘迪瑞译：《清代中国的物价与经济波动》，社会科学文献出版社

——［1998］「東アジア・東南アジア伝統社会の形成」『岩波講座世界歴史』13

——［1999］『明清交替と江南社会——17世紀中国の秩序問題』東京大学出版会

——・宮嶋博史［1998］『世界の歴史 12　明清と李朝の時代』中央公論社

——◆［2024］王欢欢、刘路译:《明朝与李朝时代》，贵州人民出版社

奥崎裕司［1978］『中国郷紳地主の研究』汲古書院

——［1990］「方国珍の乱と倭寇」明代史研究会他編『山根幸夫教授退休記念明代史論叢』上，汲古書院

奥山憲夫［1980］「明代中期の京営に関する一考察」『明代史研究』8（同［2003］所収）

——［1986］「明代巡撫制度の変遷」『東洋史研究』45-2（同［2003］所収）

——［1999］「軍拡から粛軍へ——洪武朝の軍事政策」『国士舘史学』7

——［2003］『明代軍政史研究』汲古書院

百瀬弘［1980］『明清社会経済史研究』研文出版

阪倉篤秀［1978］「建文帝の政策」『人文論究』（関西学院大学）27-3/4

——［1983］「武宗朝における八虎打倒計画について」小野和子編『明清時代の政治と社会』京都大学人文科学研究所

——［1987］「成化元年における散館請願について——明朝庶吉士制の検討」『東洋史研究』46-3（同［2000］所収）

——［1989a］「徐溥の庶吉士制改革案」『関西学院創立百周年文学部記念論文集』（同［2000］所収）

——［1989b］「掣籤法と吏部尚書孫丕揚」岩見宏・谷口規矩雄編『明末清初期の研究』京都大学人文科学研究所（同［2000］所収）

——［2000］『明王朝中央統治機構の研究』汲古書院

坂出祥伸［1998］「明代「日用類書」医学門について」『関西大学文学論集』47-3

北島万次［1995］「永楽帝期における朝鮮国王の冊封と交易」田中健夫編『前近代の日本と東アジア』吉川弘文館

——［1996］「明の朝鮮冊封と交易関係」『中世史講座』11，学生社

濱島敦俊［1981］「北京図書館蔵『按呉親審檄稿』簡紹」『北海道大学文学部紀要』30-1

——［1982］『明代江南農村社会の研究』東京大学出版会

——［1983］「北京図書館蔵『莆陽讞牘』簡紹」『北海道大学文学部紀要』32-1

——［1984］「明清時代，中国の地方監獄」『法制史研究』33

——［1986］「明代中期の江南商人について」『史朋』20

——［1988］「明初城隍考」『榎博士頌寿記念東洋史論叢』汲古書院

——◆［1991］许檀译:《明初城隍考》,《社会科学家》1991 年第 6 期

——［1989］「明末江南郷紳の具体像」岩見宏・谷口規矩雄編『明末清初期の研究』京都大学人文科学研究所

——［1993］「明代の判牘」滋賀秀三編『中国法制史』東京大学出版会

——◆［1993］《明代之判牍（节选）》，收于张中正主编《明史论文集：第五届中国明史国际学术讨论会暨中国明史学会第三届年会论文集》，黄山书社

——◆［1996］《明代之判牍》,《中国史研究》1996 年第 1 期

——［2001］『総管信仰——近世江南農村社会と民間信仰』研文出版

——◆［2008］朱海滨译:《明清江南农村社会与民间信仰》，厦门大学出版社

曹永和［1979，2000］『台湾早期歴史研究』正・続，台湾聯経出版事業公司

◆同上

曹永禄［2003］渡昌弘訳『明代政治史研究——科道官の言官的機能』汲古書院

車恵媛［1996］「明末，地方官の人事異動と地方輿論」『史林』79-1

——［1997］「明代における考課政策の変化——考満と考察の関係を中心に」『東洋史研究』55-4

常建華［1991］「最近の中国における明清社会史研究」『中国——社会と文化』6

陳大康［1996］『明代商賈与世風』上海文芸出版社

◆同上

陳尚勝［1993］『閉関与開放——中国封建晩期対外関係研究』山東人民出版社

◆同上

陳梧桐［1993］『洪武皇帝大伝』河南人民出版社

◆同上

◆［2019］《朱元璋大传》，中华书局①

陳学文［1997］『明清時期商業書及商人書之研究』台湾洪葉文化事業公司

◆同上

陳智超［2001］『明代徽州方氏親友手札七百通考釈』安徽大学出版社

◆同上

城井隆志［1985a］「万暦三十年代における沈一貫の政治と党争」『史淵』122

——［1985b］「嘉靖初年の翰林院改革について」『九州大学東洋史論集』14

——［1987］「明代の六科給事中の任用について」『史淵』124

——［1990］「明末の一反東林派勢力について」明代史研究会他編『山根幸夫教授退休記念明代史論叢』上，汲古書院

——［1993a］「明代前半期の御史の任用」『和田博徳教授古稀記念　明清時代の法と社会』汲古書院

——［1993b］「明代の科道官の陞進人事」川勝守編『東アジアにおける生産と流通の歴史　社会学的研究』中国書店

川勝守［1980］『中国封建国家の支配構造——明清賦役制度史の研究』東京大学出版会

——［1981］「明末清初の訟師について」『九州大学東洋史論集』9（同［2004］所収）

——［1990］「徐階と張居正」明代史研究会他編『山根幸夫教授退休記念明代史論叢』上，汲古書院

——［1992］『明清江南農業経済史研究』東京大学出版会

——［1999］『明清江南市鎮社会史研究——空間と社会形成の歴史学』汲古書院

① 译者按：《朱元璋大传》（中华书局，2019年）为《洪武皇帝大传》（河南人民出版社，1993年）最新修订本。其间，另有多种修订本，《洪武大帝朱元璋传》（贵州人民出版社，2005年）、《朱元璋传》（河南文艺出版社，2017年）。此条承张佳提示，谨致谢意。

——◆［2014］闫雪节译：《长江三角洲市镇的发展和水利》，收于钞晓鸿主编《海外中国水利史研究：日本学者论集》，人民出版社

——［2000］『日本近世と東アジア世界』吉川弘文館

——［2004］『中国城郭都市社会史研究』汲古書院

川越泰博［1990a］「靖難の役における燕王麾下の衛所官について」『中央大学文学部紀要（史学）』35（同［1997a］所収）

——［1990b］「靖難の役後における燕王麾下の衛所官について」明代史研究会他編『山根幸夫教授退休記念明代史論叢』上，汲古書院（同［1997a］所収）

——［1990c］「靖難の役における建文帝麾下の衛所官について」『人文研紀要』（中央大学）11（同［1997a］所収）

——［1991］「『明実録』稿本所載の琉球国記事について」『日本歴史』519（同［1999］所収）

——［1993］「土木の変と親征軍」『東洋史研究』52-1（同［2001］所収）

——［1994］「『李実題本』考」『集刊東洋学』72（同［1999］所収）

——［1995］「『逆臣録』と『藍玉党供状』」『中央大学文学部紀要（史学）』40

——［1997a］『明代建文朝史の研究』汲古書院

——［1997b］「袁彬『北征事蹟』の成立」『東方学』94（同［1999］所収）

——［1998］「袁彬の題本について——『明英宗実録』における摂取の構造」『中央大学文学部紀要（史学）』43（同［1999］所収）

——［1999］『明代異国情報の研究』汲古書院

——［2001］『明代中国の軍制と政治』国書刊行会

——［2002a］『明代中国の疑獄事件——藍玉の獄と連座の人々』風響社

——［2002b］「太監喜寧擒獲始末」『中央大学文学部紀要（史学）』47

——［2003a］『モンゴルに拉致された中国皇帝——明英宗の数奇なる運命』研文出版

——［2003b］『明代長城の群像』汲古書院

——［2005］「靖難の役と蜀王府（一）——四川成都三護衛の動向を手掛りに」『中央大学文学部紀要（史学）』50

村井章介［1988］『アジアのなかの中世日本』校倉書房
——［1993］『中世倭人伝』岩波書店
大木康［1990］「山人陳継儒とその出版活動」明代史研究会他編『山根幸夫教授退休記念明代史論叢』上，汲古書院
——［1995］『明末のはぐれ知識人』講談社
——［1997］「厳嵩父子とその周辺」『東洋史研究』55-4
——［2004］『明末江南の出版文化』研文出版
——◆［2014］周保雄译：《明末江南的出版文化》，上海古籍出版社
大田由紀夫［1993］「元末明初期における徽州府下の貨幣動向」『史林』76-4
——［1995］「12—15世紀初頭東アジアにおける銅銭の流布——日本・中国を中心として」『社会経済史学』61-2
——［1997］「15・16世紀中国における銭貨流通」『名古屋大学東洋史研究報告』21
——［1998］「15・16世紀東アジアにおける銭貨流通」『人文学科論集』（鹿児島大学）48
——［2001a］「南京回帰——洪武体制の形成」『名古屋大学東洋史研究報告』25
——［2001b］「中国王朝による貨幣の発行と流通」池享編『銭貨——前近代日本の貨幣と国家』青木書店
——［2003］「中都放棄の背景・再論」『鹿大史学』50
大野晃嗣［1999］「明代の廷試合格者と初任官ポスト」『東洋史研究』58-1
——［2003］「最近の明代官僚制研究」『中国史学』13
大隅晶子［1982］「明初洪武朝における朝貢について」『MUSEUM』371
——［1984］「明代永楽朝における朝貢について」『MUSEUM』398
——［1990］「明代洪武帝の海禁政策と海外貿易」明代史研究会他編『山根幸夫教授退休記念明代史論叢』上，汲古書院
大澤顯浩［1992］「『肇域志』の成立」『東洋史研究』50-4
——［1994］「『広輿記』の明版について」『史林』77-3
——［1996］「地理書と政書——掌故のあらわした地域」小野和子編『明

末清初の社会と文化』京都大学人文科学研究所

島田虔次［2001］『中国の伝統思想』みすず書房

——［2003］『中国における近代思惟の挫折』平凡社東洋文庫

——◆［2008］甘万萍译:《中国近代思维的挫折》，江苏人民出版社

丁易［1983（1949）］『明代特務政治』群衆出版社

◆同上

渡昌弘［1983］「明初の科挙復活と監生」『集刊東洋学』49

——［1986］「明代捐納入監概観」『集刊東洋学』56

——［1990］「明代監生の回籍について」明代史研究会他編『山根幸夫教授退休記念明代史論叢』上，汲古書院

——［1999］「明代生員の徭役優免特権をめぐって」『東方学』97

——［2003］「明代監生の増減に関する一検討」『東洋史論集（東北大学）』9

夫馬進［1980］「明末反地方官士変」『東方学報』（京都）52

——［1981］「明末反地方官士変・補論」『富山大学人文学部紀要』4

——［1990］「万暦二年朝鮮使節の「中華」国批判」明代史研究会他編『山根幸夫教授退休記念明代史論叢』上，汲古書院

——◆［2010］伍跃译:《万历二年朝鲜使节对“中华”国的批判》，收于夫马进《朝鲜燕行使与朝鲜通信使》，上海古籍出版社

——［1993］「明清時代の訟師と訴訟制度」梅原郁編「中国近世の法制と社会」京都大学人文科学研究所

——◆［1998］王亚新译:《明清时代的讼师与诉讼制度》，收于滋贺秀三等著，王亚新、梁治平编《明清时期的民事审判与民间契约》，法律出版社

——［1994］「訟師秘本『蕭曹遺筆』の出現」『史林』77-2

——◆［2003］郑民钦译:《讼师秘本〈萧曹遗笔〉的出现》，收于寺田浩明主编《中国法制史考证・丙编：日本学者考证中国法制史重要成果选译》（第四卷：明清卷），中国社会科学出版社

——◆［2016］郑民钦译:《讼师秘本〈萧曹遗笔〉的出现》，收于杨一凡、寺田浩明主编《日本学者中国法制史论著选・明清卷》，中华书局

——［1996］「訟師秘本の世界」小野和子編『明末清初の社会と文化』京

都大学人文科学研究所

——◆［2010］李力译:《讼师秘本的世界》,《北大法律评论》2010年第1期

——［1997］『中国善会善堂史研究』同朋舎出版

——◆［2005］伍跃、杨文信、张学锋译:《中国善会善堂史研究》, 商务印书馆

——［2003］「日本現存朝鮮燕行録解題」『京都大学文学部紀要』42

——◆［2010］伍跃译:《日本现存朝鲜燕行录书目提要》, 收于夫马进《朝鲜燕行使与朝鲜通信使》, 上海古籍出版社

——編［1999］『増訂使琉球録解題及び研究』榕樹書林

傅衣凌［1982］『明清社会経済史論文集』人民出版社

◆同上

甘利弘樹［1998］「明末清初期, 広東・福建・江西交界地域における広東の「山寇」」『社会文化史学』38

——［2002a］「明朝檔案を利用した研究の動向について——『中国明朝檔案総匯』刊行によせて」『満族史研究』1

——［2002b］「『中国明朝檔案総匯』について」『汲古』42

岡本さえ［1996］『清代禁書の研究』東京大学出版会

——［2000］『近世中国の比較思想』東京大学出版会

岡本弘道［1999］「明朝における朝貢国琉球の位置付けとその変化」『東洋史研究』57-4

◆［2001］《明代朝贡国琉球的地位及其演变》,《海交史研究》2001年第1期

岡美穂子［2002］「キリシタン時代のマカオにおける聖パウロ・コレジオの役割」『キリスト教史学』56

岡野昌子［1989］「嘉靖一四年の遼東兵変」岩見宏・谷口規矩雄編『明末清初期の研究』京都大学人文科学研究所

——［1996］「万暦二十年寧夏兵変」小野和子編『明末清初の社会と文化』京都大学人文科学研究所

高瀬弘一郎［1996］「マカオ・コレジオの創設について」『キリスト教史

学』50（同［2001］所收）

——［2001］『キリシタン時代の文化と諸相』八木書店

高橋芳郎［1982］「明末清初期，奴婢・雇工人身分の再編と特質」『東洋史研究』41-3（同［2001］所收）

◆［2015］李冰逆译:《明末清初奴婢、雇工人身分的重组与特性》，收于高桥芳郎《宋至清代身分法研究》，上海古籍出版社

——［1999］「明律「威逼人致死」条の淵源」『東洋学報』81-3

——［2001］『宋—清身分法の研究』北海道大学図書刊行会

——◆［2015］李冰逆译:《宋至清代身分法研究》，上海古籍出版社

——［2002］『宋代中国の法制と社会』汲古書院

——◆［2012］张丹节译:《宋代官田的"立价交佃"与"一田两主制"》，收于中国政法大学法律史学研究院编《日本学者中国法论著选译》(下册)，中国政法大学出版社

——◆［2003］姚荣涛节译:《"父母已亡"女儿的家产地位——论南宋时期的所谓女子财产权》，收于川村康主编《中国法制史考证・丙编：日本学者考证中国法制史重要成果选译》(第三卷：宋辽西夏元卷)，中国社会科学出版社

——◆［2016］姚荣涛节译:《"父母已亡"女儿的家产地位——论南宋时期的所谓女子财产权》，收于杨一凡、寺田浩明主编《日本学者中国法制史论著选・宋辽金元卷》，中华书局

宮崎市定［1969］「洪武から永楽へ——初期明朝政権の性格」『東洋史研究』27-4(同［1992］所收)

◆［2017］张学锋、马云超译:《从洪武到永乐——明朝初期政权的性质》，收于宫崎市定《宫崎市定亚洲史论考》(下)，上海古籍出版社

——［1992］『宮崎市定全集』13，岩波書店

——◆［1963］中国科学院历史研究所翻译组节译:《明清时代的苏州与轻工业的发达》，收于中国科学院历史研究所翻译组编译《宫崎市定论文选集》(上卷)，商务印书馆

——◆［1993］栾成显节译:《明代苏松地方的士大夫和民众》，收于刘俊文主编《日本学者研究中国史论著选译》(第六卷：明清)，中华书局

——◆［2017］张学锋、马云超节译:《从洪武到永乐——明朝初期政权的

性质》，收于宫崎市定《宫崎市定亚洲史论考》（下），上海古籍出版社

宮崎正勝［1997］『鄭和の南海大遠征——永楽帝の世界秩序再編』中央公論社

宮澤知之［1993］「唐より明にいたる貨幣経済の展開」中村哲編『東アジア専制国家と社会・経済』青木書店

——［1996］「明代贖法の変遷」梅原郁編『前近代中国の刑罰』京都大学人文科学研究所

——［1999］「中国専制国家財政の展開」『岩波講座世界歴史』9

——［2002a］「明初の通貨政策」『鷹陵史学』28

——［2002b］「中国専制国家の財政と物流——宋明の比較」中国史学会編『中国の歴史世界——統合のシステムと多元的発展』東京都立大学出版会

溝口雄三［1978］「いわゆる東林派人士の思想（上）」『東洋文化研究所紀要』75

◆［1997］龚颖译：《所谓东林派人士的思想——前近代时期中国思想的发展变化》，收于沟口雄三《中国前近代思想的演变》，中华书局

——［1980］『中国前近代思想の屈折と展開』東京大学出版会

——◆［1994］林右崇节译：《中国前近代思想的演变》，台湾编译馆

——◆［1997］陈耀文译：《中国前近代思想之曲折与展开》，上海人民出版社

——◆［1997］索介然译：《中国前近代思想的屈折与展开》，收于沟口雄三《中国前近代思想的演变》，中华书局

——◆［2011］龚颖译：《中国前近代思想的屈折与展开》，生活・读书・新知三联书店

——［1995］『中国の公と私』研文出版

——◆［2011］郑静译：《中国的公与私・公私》，生活・读书・新知三联书店

谷光隆［1991］『明代河工史研究』同朋舎出版

谷井俊仁［1993］「『明南京車駕司職掌』の研究」『富山大学人文学部紀要』19

——［1996］「路程書の時代」小野和子編『明末清初の社会と文化』京都

大学人文科学研究所

谷井陽子［1996］「明代裁判機構の内部統制」梅原郁編『前近代中国の刑罰』京都大学人文科学研究所

——［1999］「明律運用の統一過程」『東洋史研究』58-2

——［2002］「明朝官僚の徴税責任——考成法の再検討」『史林』85-3

谷口規矩雄［1986］「東陽民変」「東方学報」58

——［1996］「明末北辺防衛における債帥について」小野和子編『明末清初の社会と文化』京都大学人文科学研究所

——［1998］『明代徭役制度史研究』同朋舎出版

顧誠［1997］『南明史』中国青年出版社

◆同上

——［1998］新宮学訳「明代の衛籍について」『東洋史論集』(東北大学) 7

——◆［1989］《谈明代的卫籍》,《北京师范大学学报》1989年第5期

韓大成［1991］『明代城市研究』中国人民大学出版社

◆同上

何炳棣［1993］寺田隆信他訳『科挙と近世中国社会——立身出世の階梯』平凡社

◆［1993］王振忠节译，陈绛校:《科举和社会流动的地域差异》，中国地理学会历史地理专业委员会《历史地理》编辑委员会编《历史地理》第11辑，上海人民出版社

◆［2013］徐泓译注:《明清社会史论》，台湾联经出版事业公司

何冠彪［1997］『生与死——明季士大夫的抉択』台湾聯経出版事業公司

◆同上

和田正広［1985］「明代の地方官ポストにおける身分制序列に関する一考察——県缺の清代との比較を通じて」『東洋史研究』44-1（同［2002］所収）

——［1995］『中国官僚制の腐敗構造に関する事例研究——明清交替期の軍閥李成梁をめぐって』九州国際大学社会文化研究所

——［2002］『明清官僚制の研究』汲古書院

荷見守義［1995］「明朝の冊封体制とその様態——土木の変をめぐる李氏朝鮮との関係」『史学雑誌』104-8

——［1999］「李朝の交隣政策とその展開——土木の変期の明・女直・日本との関係を中心にして」『人文研紀要』（中央大学）34

——［2000a］「『明史』と『明実録』のあいだ——孫氏評価問題をめぐって」『中央大学アジア史研究』24

——［2000b］「景泰政権の成立と孫皇太后」『東洋学報』82-1

——［2002］「辺防と貿易——中朝関係における永楽期」『中央大学アジア史研究』26

鶴成久章［2002］「明代会試の舞台裏——厳嵩撰「南省志」を読む」『福岡教育大学紀要（文科編）』

鶴見尚弘［1989］『中国明清社会経済研究』学苑出版社

◆同上

黒田明伸［1999］「一六・一七世紀環シナ海経済と銭貨流通」歴史学研究会編『越境する貨幣』青木書店

——［2003］『貨幣システムの世界史——〈非対称性〉をよむ』岩波書店

——◆［2007］何平译:《货币制度的世界史：解读"非对称性"》，中国人民大学出版社

黄仁宇［1989］稲畑耕一郎他訳「万暦十五年——一五八七「文明」の悲劇」東方書店

◆［1982］《万历十五年》，中华书局

黄中青［2001］『明代海防的水寨与遊兵——浙閩粵沿海島嶼防衛的建置与解体』明史研究叢刊 1，明史研究小組

◆同上

吉尾寛［2001］『明末の「流賊反乱」と地域社会』汲古書院

加藤雄三［1997，1998］「明代成化・弘治の律と例（1）（2）」『法学論叢』（京都大学）142-3，143-6

◆［2003］郑民钦译:《明代成化、弘治的律与例——依律照例发落考》，收于寺田浩明主编《中国法制史考证・丙编：日本学者考证中国法制史重要成果选译》（第四卷：明清卷），中国社会科学出版社

◆［2016］郑民钦译:《明代成化、弘治的律与例——依律照例发落考》，收于杨一凡、寺田浩明主编《日本学者中国法制史论著选・明清卷》，中华书局

榎本涉［2002］「元末内乱期の日元交通」『東洋学報』84-1

——［2003］「14世紀後半，日本に渡来した人々」『遥かなる中世』20

榎一雄［1984］「明代のマカオ（一）—（三）」『季刊東西交渉』10—12

間野潜龍［1979］『明代文化史研究』同朋舎出版

——［1980］「宦官劉瑾と張永との対立」『三田村博士古稀記念東洋史論集』立命館大学人文学会

金文京［2002］「明代万暦年間の山人の活動」『東洋史研究』61-2

進藤尊信［2002］「明代の司礼監とその周辺」『秋大史学』48

——［2004］「司礼監太監に至る過程と宦官の経歴について」『秋大史学』50

井上徹［1986a］「黄佐「泰泉郷礼」の世界」『東洋学報』67-3/4（同［2000］所収）

◆［2008］钱杭译，钱圣音校：《珠江三角洲宗族的普及》，收于井上彻著《中国的宗族与国家礼制——从宗法主义角度所作的分析》，上海书店出版社

——［1986b］「「郷約」の理念について」『名古屋大学東洋史研究報告』11

——［1987］「宋代以降における宗族の特質の再検討——仁井田陞の同族「共同体論」をめぐって」『名古屋大学東洋史研究報告』12（同［2000］所収）

——◆［2008］钱杭译，钱圣音校：《序章》《重新审视宗族的历史性特质》，收于井上彻著《中国的宗族与国家礼制——从宗法主义角度所作的分析》，上海书店出版社

——［1990］「明朝の「里」制について——森正夫著『明代江南土地制度の研究』に寄せて」『名古屋大学東洋史研究報告』15

——［1992］「元末明初における宗族形成の風潮」『文経論叢（人文）』(弘前大学）27-3（同［2000］所収）

——◆［2008］钱杭译，钱圣音校：《宗法继承》，收于井上彻著《中国的宗族与国家礼制——从宗法主义角度所作的分析》，上海书店出版社

——［1993］「宗族形成の動因について」『和田博徳教授古稀記念　明清時代の法と社会』汲古書院（同［2000］所収）

——◆［2008］钱杭译，钱圣音校：《宗法继承》，收于井上彻著《中国的宗族与国家礼制——从宗法主义角度所作的分析》，上海书店出版社

——［1995］「祖先祭祀と家廟」『文経論叢（人文）』（弘前大学）30-3（同［2000］所収）

——◆［2008］钱杭译，钱圣音校：《明代的祖先祭祀与家庙》，收于井上彻著《中国的宗族与国家礼制——从宗法主义角度所作的分析》，上海书店出版社

——［1998a］「伝統中国の宗族に関する若干の研究の紹介」『文経論叢（人文）』（弘前大学）33-3（同［2000］所収）

——◆［2008］钱杭译，钱圣音校：《序章》，收于井上彻著《中国的宗族与国家礼制——从宗法主义角度所作的分析》，上海书店出版社

——［1998b］「宋元以降における宗族の意義」『歴史評論』580

——［2000］『中国の宗族と国家の礼制——宗法主義の視点からの分析』研文出版

——◆［2008］钱杭译，钱圣音校《中国的宗族与国家礼制——从宗法主义角度所作的分析》，上海书店出版社

——他編［2005］『宋—明宗族の研究』汲古書院

井上進［1990］「蔵書と読書」『東方学報』62

——［1992］「樸学の背景」『東方学報』64

——［1993］「復社姓氏校録」『東方学報』65

——［1994］『顧炎武』白帝社

井上充幸［2000］「明末の文人李日華の趣味生活」『東洋史研究』59-1

久芳崇［2002］「十六世紀末，日本式鉄砲の明朝への伝播」『東洋学報』84-1

酒井忠夫［1958］「明代の日用類書と庶民教育」林友春編『近世中国教育史研究』国土社

——［1960］『中国善書の研究』弘文堂（増補版『酒井忠夫著作集』1—2，国書刊行会，1999—2000年）

——◆［1993］许洋主节译：《功过格的研究》，收于刘俊文主编《日本学者研究中国史论著选译》（第七卷：思想宗教），中华书局

——◆［2010］刘岳兵、何英莺、孙雪梅译：《中国善书研究》，江苏人民出版社

臼井佐知子［1997］「徽州文書と徽州研究」森正夫他編『中国史学の基本問題4　明清時代史の基本問題』汲古書院（同［2005］所収）

◆［2013］周绍泉译:《徽州文书和徽州研究》,森正夫等编《明清时代史的基本问题》,商务印书馆

——［2005］『徽州商人の研究』汲古書院

堀地明［1992］「明末城市の搶米と平糶政策」『社会経済史学』57-5

——［1995］「明末福建諸都市の火災と防火行政」『東洋学報』77-1/2

——［1999］「明末江南の搶米風潮と救荒政策」『名古屋大学東洋史研究報告』23

李伯重［2000］『江南的早期工業化1550—1850年』社会科学文献出版社

◆同上

——［2002］『発展与制約——明清江南生産力研究』台湾聯経出版事業公司

——◆同上

李金明［1990］『明代海外貿易史』中国社会科学出版社

◆同上

李文治［1993］『明清時代封建土地関係的鬆解』中国社会科学出版社

◆同上

——他［1983］『明清時代的農業資本主義萌芽問題』中国社会科学出版社

——◆同上

李小林他編［1988］『明史研究備覧』天津教育出版社

◆同上

豊見山和行［2002］『日本の中世5　北の平泉・南の琉球』中央公論新社

梁其姿［1997］『施善与教化——明清的慈善組織』台湾聯経出版事業公司

◆同上

林仁川［1987］『明末清初私人海上貿易』華東師範大学出版社

◆同上

林為楷［2003］『明代的江防体制——長江水域防衛的建構与備禦』明史研究叢刊7,明史研究小組

◆同上

鈴木博之［1994］「明代における宗祠の形成」『集刊東洋学』71

——［1997］「徽州の村落と祠堂」『集刊東洋学』77

劉重日［1989］姜鎮慶訳「徽州文書の収蔵・整理と研究の現状について」『東洋学報』70-3/4

鹿毛敏夫［2003］「15・16世紀大友氏の対外交渉」『史学雑誌』112-2

欒成顕［1998］『明代黄冊研究』中国社会科学出版社

◆同上

呂進貴［2002］『明代的巡検制度——地方治安基層組織及運作』明史研究叢刊6，明史研究小組

◆同上

馬淵昌也［1996］「最近の日本における明清時代を対象とする「社会史」的研究について」『中国史学』6

毛佩琦・李焯然［1994］『明成祖史論』台湾文津出版社

◆同上

梅原郁編［2003］『訳注中国近世刑法志』下，創文社

那思陸［2002］『明代中央司法審判制度』台湾正典出版文化有限公司

◆同上

南炳文［2001］『輝煌，曲折与啓示——20世紀明史研究回顧』天津人民出版社

◆同上

——他［1985，1991］『明史』上・下，上海人民出版社

——◆同上

前迫勝明［1990］「明初の耆宿に関する一考察」明代史研究会他編『山根幸夫教授退休記念明代史論叢』上，汲古書院

浅見雅一［1990］「教会史料を通してみた張献忠の四川支配」『史学』59-2/3

浅井紀［1990］『明清時代民間宗教結社の研究』研文出版

橋本雄［2002］「遣明船の派遣契機」『日本史研究』479

青山治郎［1996］「明代京営史研究」響文社

全漢昇［1996］『中国近代経済史論叢』台湾稲郷出版社

◆同上

三木聰［1987］「抗租と阻米」『東洋史研究』45-4（同［2002］所収）

——［1988］「抗租と法・裁判」『北海道大学文学部紀要』37-1（同［2002］所収）

——［1992］「明代里老人制の再検討」『海南史学』30（同［2002］所収）

——［1996］「福建巡撫許孚遠の謀略」『高知大学人文科学研究』4

——［1998］「明清代の地域社会と法秩序」『歴史評論』580

——［2002］『明清福建農村社会の研究』北海道大学図書刊行会

三田村泰助［1976］『生活の世界歴史2　黄土を拓いた人びと』河出書房新社

森紀子［1989］「新都の楊氏と小説二題」岩見宏・谷口規矩雄編『明末清初期の研究』京都大学人文科学研究所（同［2005］所収）

——［2005］『転換期における中国儒教運動』京都大学学術出版会

森正夫［1982］「中国前近代史研究における地域社会の視点」『名古屋大学文学部研究論集』83

◆［2017］马一虹译:《中国前近代史研究中的地域社会视角》，收于沟口雄三、小岛毅主编《中国的思维世界》，江苏人民出版社

◆［2017］马一虹译:《中国前近代史研究中的地域社会视角》，收于森正夫《“地域社会”视野下的明清史研究：以江南和福建为中心》，江苏人民出版社

——［1988］『明代江南土地制度の研究』同朋舎出版

——◆［2014］伍跃、张学锋等译，范金民、夏维中审校:《明代江南土地制度研究》，江苏人民出版社

——［1991］「『寇変紀』の世界」『名古屋大学文学部研究論集』110

——◆［2005］黄东兰译:《〈寇变纪〉的世界——李世熊与明末清初福建省宁化县的地域社会》，《中国文化研究》2005年冬之卷

——◆［2017］黄东兰译:《〈寇变纪〉的世界——李世熊与明末清初福建省宁化县的地域社会》，收于森正夫《“地域社会”视野下的明清史研究：以江南和福建为中心》，江苏人民出版社

——［1995］「明末における秩序変動再考」『中国——社会と文化』10

——［1996］「江南デルタの郷鎮志について——明後半期を中心に」小野和子編『明末清初の社会と文化』京都大学人文科学研究所

——◆［2017］孟文蕾译:《江南三角洲的乡镇志——以明代后半期为中心的探讨》，收于森正夫《“地域社会”视野下的明清史研究：以江南和福建为中心》，江苏人民出版社

山本進［1998］「明清時代の地方統治」『歴史評論』580

◆［2012］李继锋、李天逸译:《明清时期的地方统治》，收于山本进《清代社会经济史》，山东画报出版社

山根幸夫［1993］「明・清の会典」滋賀秀三編『中国法制史』東京大学出版会

——［1994］「明代の路程書について」『明代史研究』22

——◆［1993］王仲涛译:《明代“路程”书考》，收于张中正主编《明史论文集：第五届中国明史国际学术讨论会暨中国明史学会第三届年会论文集》，黄山书社

山田賢［1998］「中国明清時代史研究における「地域社会論」の現状と課題」『歴史評論』580

上田信［1981］「明末清初・江南の都市の「無頼」をめぐる社会関係——打行と脚夫」『史学雑誌』90-11

——［1983］「地域の履歴——浙江省奉化県忠義郷」『社会経済史学』49-2

——◆［2004］钟翀译:《地域的履历——浙江省奉化县忠义乡》(上、下)，《杭州师范学院学报》2004 年第 2、3 期

——［1984］「地域と宗族——浙江省山間部」『東洋文化研究所紀要』94

——◆［1995］王莉莉译:《地域与宗族——浙江省山区》，收于刘俊文主编《日本中青年学者论中国史》(宋元明清卷)，上海古籍出版社

——［1995］『伝統中国——〈盆地〉〈宗族〉にみる明清時代』講談社

神田信夫編［1999］『世界歴史大系　中国史 4　明・清』山川出版社

寺地遵［1999］「方国珍政権の性格——宋元期台州黄巌県事情素描　第三篇」『史学研究』(広島大学)223

寺田浩明［1994］「明清法秩序における「約」の性格」溝口雄三他編『アジアから考える 4　社会と国家』東京大学出版会

◆［1998］王亚新译：《明清时期法秩序中“约”的性质》，收于滋贺秀三等著，王亚新、梁治平编《明清时期的民事审判与民间契约》，法律出版社

◆［2012］王亚新译：《明清时期法秩序中“约”的性质》，收于寺田浩明《权利与冤抑：寺田浩明中国法史论集》，清华大学出版社

寺田隆信［1972］『山西商人の研究』東洋史研究会

◆［1986］张正明、道丰、孙耀、阎守诚译：《山西商人研究》，山西人民出版社

——［1995］「明末北京の官僚生活について」『東北大学文学部研究年報』44

松本隆晴［1979］「洪武学制改革の政治的意図」『史観』（早稲田大学）101

——［1984］「明代中都建設始末」『東方学』67（同［2001］所収）

——［2001］『明代北辺防衛体制の研究』汲古書院

——［2003］「明初の総兵官」『明代史研究会創立三十五年記念論集』汲古書院

松浦章［1995］「中国第一歴史檔案館所蔵『錦衣衛選簿　南京親軍衛』について」『満族史研究』通信 5

——［1997］「『武職選簿』に見る鄧茂七の乱」『満族史研究通信』6

——［1998］「鄭和「下西洋」の随行員の事跡」『東西学術研究所紀要』（関西大学）31

——◆［2002］王海燕、时平译：《郑和下西洋随行人员事迹》，《郑和研究》2002 年第 1 期

——◆［2009］郑洁西译：《郑和下西洋的随员》，收于松浦章《明清时代东亚海域的文化交流》，江苏人民出版社

——編［2002］『明清時代中国与朝鮮的交流』楽学書局

太田弘毅［2002］『倭寇——商業・軍事史的研究』春風社

檀上寛［1978］「明王朝成立期の軌跡——洪武朝の疑獄事件と京師問題をめぐって」『東洋史研究』37-3（同［1995］所収）

◆［1995］魏常海、张希清译：《明王朝成立期的轨迹——洪武朝的疑狱事件与京师问题》，收于刘俊文主编《日本中青年学者论中国史》（宋元明清卷），上海古籍出版社

——［1980］「初期明王朝の通貨政策」『東洋史研究』39-3（同［1995］所収）

——［1982］「義門鄭氏と元末の社会」『東洋学報』63-3/4（同［1995］所収）

——［1983］「『鄭氏規範』の世界——明朝権力と富民層」小野和子編『明清時代の政治と社会』京都大学人文科学研究所（同［1995］所収）

——［1986］「明代科挙改革の政治的背景——南北巻の創設をめぐって」『東方学報』（京都）58（同［1995］所収）

——［1992］「明初建文朝の歴史的位置」『中国——社会と文化』7（同［1995］所収）

——［1993］「明清郷紳論」谷川道雄編『戦後日本の中国史論争』河合文化教育研究所（同［1995］所収）

——◆［1993］夏日新译：《明清乡绅论》，收于刘俊文主编《日本学者研究中国史论著选译》（第二卷：专论），中华书局

——［1995］『明朝専制支配の史的構造』汲古書院

——◆［1995］魏常海、张希清节译：《明王朝成立期的轨迹——洪武朝的疑狱事件与京师问题》，收于刘俊文主编《日本中青年学者论中国史》（宋元明清卷），上海古籍出版社

——［1997a］「初期明帝国体制論」『岩波講座世界歴史』11

——［1997b］『永楽帝——中華「世界システム」への夢』講談社

——◆［2015］王晓峰译：《永乐帝：华夷秩序的完成》，社会科学文献出版社①

——［1997c］「明初の海禁と朝貢——明朝専制支配の理解に寄せて」森正夫他編『中国史学の基本問題 4　明清時代史の基本問題』汲古書院

——◆［2013］王霜媚译：《明朝初期的海禁与朝贡——理解明朝专制统治的一个途径》，森正夫等编《明清时代史的基本问题》，商务印书馆

——［2000］「明初の対日外交と林賢事件」『史窓』（京都女子大学）57

——［2003］「方国珍海上勢力と元末明初の江浙沿海地域社会」京都女子大学東洋史研究室編『東アジア海洋域圏の史的研究』京都女子大学研究叢刊

① 译者按：檀上宽于 2012 年将 1997 年出版的《永楽帝——中華「世界システム」への夢》修订为文库本，并改题名为《永楽帝：華夷秩序の完成》（讲谈社，2012 年），王晓峰的中译本系根据后者译出。

——［2004］「明代海禁概念の成立とその背景——違禁下海から下海通番へ」『東洋史研究』63-3

湯開建［1999］『澳門開埠初期史研究』中華書局

◆同上

桃木至朗［1999］「南の海域世界」『岩波講座世界歴史』9

陶安あんど［1999a］「中国刑罰史における明代贖法」『東洋史研究』57-4

——［1999b］「律と例の間」『東洋文化研究所紀要』138

——［2001］「明代の審録」『法制史研究』50

藤高裕久［2001］「明初における専制権力の背景について」『史観』（早稲田大学）145

藤井宏［1953—1954］「新安商人の研究」『東洋学報』36-1/2/3/4

◆［1958—1959］傅衣凌、黄焕宗译：《新安商人的研究》（一）（二）（三），《安徽历史学报》1958年第2期、《安徽史学通讯》1959年第1期、《安徽史学通讯》1959年第2期

◆［1985］傅衣凌、黄焕宗译：《新安商人的研究》，收于《江淮论坛》编辑部编《徽商研究论文集》，安徽人民出版社

藤田明良［1997］「「蘭秀山の乱」と東アジアの海域世界——14世紀の舟山群島と高麗・日本」『歴史学研究』698

藤原利一郎［1986］『東南アジア史の研究』法蔵館

田口宏二朗［1997］「明末畿輔地域における水利開発事業について」『史学雑誌』106-6

——［1999］「前近代中国史研究と流通」『中国史学』9

——［2000］「明代の京・通倉」『待兼山論叢（史学）』（大阪大学）34

——［2004］「畿輔での「鉱・税」——安文璧『順天題稿』をめぐって」岩井茂樹編『中国近世社会の秩序形成』京都大学人文科学研究所

——◆［2002］《畿辅矿税初探——帝室财政、户部财政、州县财政》，《中国社会经济史研究》2002年第1期

田中健夫［1975］『中世対外関係史』東京大学出版会

——［1988］「倭寇図雑考」『東洋大学文学部紀要（史学科）』41

田中正俊［1973］『中国近代経済史研究序説』東京大学出版会

田仲一成［1973—1987］「一五・六世紀を中心とする江南地方劇の変質について（一）—（六）」『東洋文化研究所紀要』60，63，65，71—72，102

——［1981］『中国祭祀演劇研究』東京大学東洋文化研究所

——◆［2008］布和译：《中国祭祀戏剧研究》，北京大学出版社

万明［2000］『中国融入世界的步履——明与清前期海外政策比較研究』社会科学文献出版社

◆同上

王剣英［1992］『明中都』中華書局

◆同上

韋慶遠［1999］『張居正和明代中後期政局』広東高等教育出版社

◆同上

呉金成［1990］渡昌弘訳『明代社会経済史研究——紳士層の形成とその社会経済的役割』汲古書院

五十嵐正一［1979］『中国近世教育史の研究』国書刊行会

伍躍［2000］『明清時代の徭役制度と地方行政』大阪経済法科大学出版部

——［2001］「日明関係における「勘合」——とくにその形状について」『史林』84-1

西嶋定生［1966］『中国経済史研究』東京大学出版会

◆［1984］冯佐哲、邱茂、黎潮译：《中国经济史研究》，农业出版社

◆［1992］韩昇节译：《碾硙寻踪——华北农业两年三作制的产生》，收于刘俊文主编《日本学者研究中国史论著选译》（第四卷：六朝隋唐），中华书局

小川尚［1999］『明代地方監察制度の研究』汲古書院

——［2001］「明代都察院の再編成について」『明代史研究』29（同［2004］所収）

——［2003］「明代都察院体制の成立」『明代史研究会創立三十五年記念論集』汲古書院（同［2004］所収）

——［2004］『明代都察院体制の研究』汲古書院

小川陽一［1995］『日用類書による明清小説の研究』研文出版

小島毅［1990］「城隍廟制度の確立」『思想』792

——［1991］「正祠と淫祠」『東洋文化研究所紀要』114

——［1993］「もうひとつの明儒学案——福建朱子学展開の物語」『中国哲学研究』5

小山正明［1992］『明清社会経済史研究』東京大学出版会

小野和子［1996］『明季党社考——東林と復社』同朋舎出版

◆［2006］李庆、张荣湄译:《明季党社考》，上海古籍出版社

新宮（佐藤）学［1984］「明代北京における鋪戸の役とその銀納化——都市商工業者の実態と把握をめぐって」『歴史』（東北史学会）62

——［1985］「明代南京における鋪戸の役とその改革——「行」をめぐる諸問題」『国士舘大学人文学会紀要』17

——［1987］「明末清初期一地方都市における同業組織と公権力」『史学雑誌』96-9

——［1990a］「明代前期北京の官店塌坊と商税」『東洋史研究』49-1

——［1990b］「明代の牙行について——商税との関係を中心に」明代史研究会他編『山根幸夫教授退休記念明代史論叢』下，汲古書院

——［1991］「明代の首都北京の都市人口について」『史学論集』（山形大学）11

——［1993a］「南京還都——永楽19年4月北京三殿焼失の波紋」『和田博徳教授古稀記念明清時代の法と社会』汲古書院（同［2004］所収）

——◆［2021］贾临宇、董科译:《还都南京——永乐十九年四月北京三殿烧毁的风波》，收于新宫学《明代北京迁都研究》，外文出版社

——［1993b］「洪熙から宣徳へ——北京定都への道」『中国史学』3（同［2004］所収）

——◆［2021］贾临宇、董科译:《从洪熙到宣德——定都北京之路》，收于新宫学《明代北京迁都研究》，外文出版社

——［1997］「初期明朝政権の建都問題について」『東方学』94（同［2004］所収）

——◆［2021］贾临宇、董科译:《关于明初政权的建都问题——以洪武二十四年派遣皇太子赴陕西问题为中心》，收于新宫学《明代北京迁都研究》，外文出版社

——［1998］「明清社会経済史研究の新しい視点——顧誠教授の衛所研究

をめぐって」『中国——社会と文化』13

——［2000］「通州・北京間の物流と在地社会——嘉靖年間の通恵河改修問題をてがかりに」山本英史編『伝統中国の地域像』慶應義塾大学出版会

——［2004］『北京遷都の研究』汲古書院

——◆［2021］贾临宇、董科译：《明代北京迁都研究》，外文出版社

熊遠報［1997］「倭寇と明代の「海禁」」村井章介他編『中世後期における東アジアの国際関係』山川出版社

徐仁範［1995］「明代中期の陝西の土兵について」『集刊東洋学』74

——［1997］「明中期の北辺防衛と軍戸」『集刊東洋学』78

——［1999］「衛所と衛所軍」『明代史研究』27

——［2000］「土木の変と勤王兵」『東洋学報』82-1

許滌新他編［1985］『中国資本主義発展史　第一巻　中国資本主義的萌芽』人民出版社

◆同上

岩見宏［1986］『明代徭役制度の研究』同朋舎出版

——◆［1993］栾成显节译：《明代地方财政之一考察》，收于刘俊文主编《日本学者研究中国史论著选译》（第六卷：明清），中华书局

——［1989］「晩明財政の一考察」同・谷口規矩雄編『明末清初期の研究』京都大学人文科学研究所

岩井茂樹［1989］「張居正財政の課題と方法」岩見宏・谷口規矩雄編『明末清初期の研究』京都大学人文科学研究所

◆［1995］魏常海、张希清译：《张居正的财政课题与方法》，收于刘俊文主编《日本中青年学者论中国史》（宋元明清卷），上海古籍出版社

——［1993a］「明末の集権と「治法」主義」『和田博徳教授古稀記念　明清時代の法と社会』汲古書院

——［1993b］「明清時期の商品生産をめぐって」谷川道雄編『戦後日本の中国史論争』河合文化教育研究所

——◆［1993］夏日新译：《明清时期商品生产问题的争论》，收于刘俊文主编《日本学者研究中国史论著选译》（第二卷：专论），中华书局

——［1994］「徭役と財政のあいだ——中国税・役制度の歴史的理解にむ

けて（1）—（4）」『経済経営論叢』（京都産業大学）28-4，29-1/2/3（同［2004b］所収）

——［1996］「十六・十七世紀の中国辺境社会」小野和子編『明末清初の社会と文化』京都大学人文科学研究所

——［1997］「公課負担団体としての里甲と村」森正夫他編『中国史学の基本問題 4　明清時代史の基本問題』汲古書院

——◆［2013］张青松译：《赋役负担团体的里甲与村》，收于森正夫等编《明清时代史的基本问题》，商务印书馆

——［2004a］「十六世紀中国における交易秩序の模索——互市の現実とその認識」同編『中国近世社会の秩序形成』京都大学人文科学研究所

——［2004b］『中国近世財政史の研究』京都大学学術出版会

——◆［2011］付勇译：《中国近代财政史研究》，社会科学文献出版社

岩渕慎［2003a］「洪熙朝政権の性格」『明代史研究会創立三十五年記念論集』汲古書院

——［2003b］「中国明朝檔案総匯総目録」川越泰博編『明代海外情報の研究』科研報告書

楊雪峯［1978］『明代的審判制度』台湾黎明文化事業公司

◆同上

楊一凡［1988］『明大誥研究』江蘇人民出版社

◆同上

楊正泰［1994］『明代駅站考　付一統路程図記，士商類要』上海古籍出版社

◆同上

野口鐵郎［1986］『明代白蓮教史の研究』雄山閣出版

——編訳［2001］『訳注明史刑法志』風響社

野田徹［1993］「明朝宦官の政治的地位について」『九州大学東洋史論集』21

——［1996］「明代在外宦官の一形態について」『九州大学東洋史論集』24

——［2000］「嘉靖期における鎮守宦官裁革について」『史淵』（九州大学）137

伊藤正彦［1996］「明代里老人制理解への提言」足立啓二編『東アジアに

おける社会・文化構造の異化過程に関する研究』科研報告書
——［1997］「元末一地方政治改革案——明初地方政治改革の先駆」『東洋史研究』56-1
——［1998］「中国史研究の「地域社会論」」『歴史評論』582
蔭木原洋［1996］「洪武帝期日中関係研究の動向と課題」『東洋史訪』2
——［1997］「明使仲猷闡・無逸克勤帰国以後の日明関係」『東洋史訪』3
尹韻公［1990］『中国明代新聞伝播史』重慶出版社
◆同上
櫻井俊郎［1992］「明代題奏本制度の成立とその変容」『東洋史研究』51-2
——［1996］「隆慶時代の内閣政治——高拱の考課政策を中心に」小野和子編『明末清初の社会と文化』京都大学人文科学研究所
永積洋子［1990］『近世初期の外交』創文社
有井智徳［1985］『高麗李朝史の研究』国書刊行会
于志嘉［1990a］「明代軍戸の社会的地位について——軍戸の婚姻をめぐって」『明代史研究』18
——［1990b］「明代軍戸の社会的地位について——科挙と任官において」『東洋学報』71-3/4
遠藤隆俊［1994］「中国近世宗族論の展開」『集刊東洋学』71
増淵龍夫［1983］『歴史家の同時代史的考察について』岩波書店
張鎧［1997］『龐迪我与中国』北京図書館出版社
◆同上
張顕清［1992］『厳嵩伝』黄山書社
◆同上
張哲郎［1995］『明代巡撫研究』台湾文史哲出版社
◆同上
張治安［2000］『明代監察制度研究』台湾五南図書出版
◆同上
趙毅他編［2002］『二〇世紀明史研究綜述』東北師大出版社
◆同上
趙園［1999］『明清之際士大夫研究』北京大学出版社

◆同上

真栄平房昭［1993］「琉球・東南アジア貿易の展開と華僑社会」『九州史学』76

鄭克晟［1988］『明代政争探源』天津古籍出版社

◆同上

鄭樑生［1985］『明・日関係史の研究』雄山閣出版

◆［1985］《明代中日关系研究》，台湾文史哲出版社

中純夫［1991］「徐階研究」『富山大学教養学部紀要（人文・社会科学）』24-1

中島楽章［1994］「明代中期の老人制と郷村裁判」『史滴』15

——［1996］「明代徽州の一宗族をめぐる紛争と同族結合」『社会経済史学』62-4（同［2002］所収）

——◆［2000］李建云译，王振忠校：《围绕明代徽州一宗族的纠纷与同族统合》，《江淮论坛》2000 年第 2、3 期

——◆［2010］郭万平、高飞译：《纠纷与宗族结合的展开——以休宁县茗洲吴氏为中心》，收于中岛乐章《明代乡村纠纷与秩序：以徽州文书为中心》，江苏人民出版社

——［2000］「明代の訴訟制度と老人制」『中国——社会と文化』15

——［2002］『明代郷村の紛争と秩序——徽州文書を史料として』汲古書院

——◆［2010］郭万平、高飞译：《明代乡村纠纷与秩序：以徽州文书为中心》，江苏人民出版社

——◆［2003］郑民钦节译：《明代后期徽州乡村社会的纠纷处理》，收于寺田浩明主编《中国法制史考证・丙编：日本学者考证中国法制史重要成果选译》（第四卷：明清卷），中国社会科学出版社

——◆［2016］郑民钦节译：《明代后期徽州乡村社会的纠纷处理》，收于杨一凡、寺田浩明主编《日本学者中国法制史论著选・明清卷》，中华书局

——［2003］「永楽年間の日明朝貢貿易」『史淵』（九州大学）140

中砂明徳［2002］『江南——中国文雅の源流』講談社

重田徳［1975］『清代社会経済史研究』岩波書店

——◆［1988］刘淼节译，陈支平校：《徽州商人之一面》，收于刘淼辑译《徽州社会经济史研究译文集》，黄山书社

周紹泉［1993］岸本美緒訳「徽州文書の分類」『史潮』新 32

◆［1992］《徽州文书的分类》，《徽州社会科学》1992 年第 2 期

朱鴻［1988］『明成祖与永楽政治』台湾師範大学歴史研究所専刊 17

◆同上

足立啓二［1989］「明代中期における京師の銭法」『熊本大学文学部論叢』29

——［1990a］「専制国家と財政・貨幣」中国史研究会編『中国専制国家と社会統合——中国史像の 再構成Ⅱ』文理閣

——［1990b］「明清時代における銭経済の発展」中国史研究会編『中国専制国家と社会統合——中国史像の再構成Ⅱ』文理閣

——［1991］「中国からみた日本貨幣史の二・三の問題」『新しい歴史学のために』203

——［1992］「東アジアにおける銭貨の流通」荒野泰典他編『アジアの中の日本史Ⅲ　海上の道』東京大学出版会

佐久間重男［1990］「明・清からみた東アジアの華夷秩序」『思想』796（同［1992］所収）

——［1992］『日明関係史の研究』吉川弘文館

佐藤邦憲［1993］「明律・明令と大誥および問刑条例」滋賀秀三編『中国法制史』東京大学出版会

佐藤文俊［1985］『明末農民「反乱」の研究』研文出版

——［1993］「明・太祖の諸王封建について」『和田博徳教授古稀記念　明清時代の法と社会』汲古書院（同［1999］所収）

——［1999］『明代王府の研究』研文出版

——［2001］「一六四四（崇禎一七，順治一）年の江南における李公子像」『歴史人類』29

ダニエルス，C.（Daniels，Christian）［1988］「明末清初における新製糖技術体系の採用及び国内移転」『就実女子大学史学論集』3

——［1992］「明末清初における甘蔗栽培の新技術」『神田信夫先生古稀記

念論集　清朝と東アジア』山川出版社

——［1995］「一六——七世紀福建の竹紙製造技術」『アジア・アフリカ言語文化研究』48—49

フランク，A. G.（Frank，Andre Gunder）［2000］山下範久訳『リオリエント——アジア時代のグローバル・エコノミー』藤原書店

◆［2000］贡德・弗兰克著，刘北成译：《白银资本——重视经济全球化中的东方》，中央编译出版社

リヴァシーズ，L.（Levathes，Louise）［1996］君野隆久訳『中国が海を支配したとき——鄭和とその時代』新書館

◆［2004］李露晔著，邱仲麟译：《当中国称霸海上：真龙天子的宝船舰队（1405—1433）》，广西师范大学出版社

Brook，T.［1993］*Praying for Power*：*Buddhism and the Formation of Gentry Society in Late-Ming China*，Cambridge，Mass.：Council of East Asian Studies，Harvard University and the Harvard-Yenching institute.

◆［2008］卜正民著，张华译：《为权力祈祷：佛教与晚明中国士绅社会的形成》，江苏人民出版社

——［2002］*Geographical Sources of Ming-Qing History*，second ed.，Ann Arbor：Center for Chinese Studies，The University of Michigan.

Brokaw，C. J.［1991］*The Ledgers of Merit and Demerit*：*Social Change and Moral Order in Late Imperial China*，Princeton：Princeton University Press.

◆［1999］包筠雅著，杜正贞、张林译，赵世瑜校：《功过格：明清时期的道德秩序》，浙江人民出版社

Chia，Lucille［2002］*Printing for Profit*：*The Commercial Publishers of Jianyang*，*FuJian*（*11th—17th Centuries*），Cambridge，Mass.：Harvard University Asia Center.

◆［2019］贾晋珠著，邱葵、邹秀英、柳颖、刘倩译，李国庆校：《谋利而印：11至17世纪福建建阳的商业出版者》，福建人民出版社

Clunas，C.［1991］*Superfluous Things*：*Material Culture and Social Status in Early Modern China*，Cambridge［England］：Polity.

◆［2015］柯律格著，高昕丹、陈恒译：《长物：早期现代中国的物质文化

与社会状况》，生活・读书・新知三联书店

Dardess，John W.［1983］*Confucianism and Autocracy：Professional Elites in the Founding of the Ming Dynasty*，Berkeley：University of California Press.①

Dennerlin，J.［1981］*The Chia-ting Loyalists：Confucian Leadership and Social Change in Seventeenth Century*，New Haven：Yale University Press.

◆［2012］邓尔麟著，宋华丽译：《嘉定忠臣：十七世纪中国士大夫之统治与社会变迁》，中央编译出版社

Elman，B. A.［2000］*A Cultural History of Civil Examinations in Late Imperial China*，Berkeley：University of California Press.

Esherick，J. W. and Rankin，M. B.（eds.）［1990］*Chinese Local Elites and Patterns of Dominance*，Berkeley：University of California Press.

Farmer，Edward L.［1976］*Early Ming Government：The Evolution of Dual Capitals*，Cambridge，Mass.：Harvard University Press.

Huang，R.（黄仁宇）［1974］*Taxation and Governmental Finance in Sixteenth-Century Ming China*，London；New York：Cambridge University Press.

◆［2001］黄仁宇著，阿风、许文继、倪玉平、徐卫东译：《十六世纪明代中国之财政与税收》，生活・读书・新知三联书店

Ko，D.［1994］*Teachers of the Inner Chambers：Women and Culture in Seventeenth Century China*，Stanford，Calif.：Stanford University Press.

◆［2005］高彦颐著，李志生译：《闺塾师：明末清初江南的才女文化》，江苏人民出版社

Levathes，Louise［1994］*When China Ruled the Sea：The Treasure Fleet of The Dragon Throne，1405—1433*，New York：Oxford University Press.

◆［2004］李露晔著，邱仲麟译：《当中国称霸海上：真龙天子的宝船舰队（1405—1433）》，广西师范大学出版社

Marks，R. B.［1998］*Tigers，Rice，Silk，and Silt：Environment and Economy in Late Imperial South China*，London；New York：Cambridge University Press.

◆［2011］马立博著，王玉茹、关永强译：《虎、米、丝、泥：帝制晚期华

① 译者按：原文该书出版时间误作“1982”，实应为“1983”，径改。

南的环境与经济》，江苏人民出版社

Perdue，P. C.［1987］*Exhausting the Earth：State and Peasant in Hunan，1500—1800*，Cambridge，Mass.：Council on East Asian Studies at Harvard University.

Smith，P. J. and von Glahn，R.(eds.)［2003］*The Song-Yuan-Ming Transition in Chinese History*，Cambridge，Mass.：Harvard University Asia Center.

Spence，J. D. and Wills，J. E.(eds.)［1979］*From Ming to Ch'ing：Conquest，Region，and Continuity in Seventeenth-Century China*，New Haven：Yale University Press.

Struve，L. A.［1984］*The Southern Ming 1644—1662*，New Haven：Yale University Press.

◆［1992］司徒琳著，李荣庆、郭孟良、卞师军、魏林译，严寿澂校订：《南明史（1644—1662）》，上海古籍出版社

von Glahn，R.［1996］*Fountain of Fortune：Money and Monetary Policy in China，1000—1700*，Berkeley：University of California Press.

Wakeman，F. Jr.［1985］*The Great Enterprise*，Berkeley：University of California Press.

◆［1992］魏斐德著，陈苏镇、薄小莹译：《洪业：清朝开国史》，江苏人民出版社

第九章　清代

阿南惟敬［1980］『清初軍事史論考』甲陽書房

愛宕元［1991］『中国の城郭都市——殷周から明清まで』中公新書

安部健夫［1957］「米穀需給の研究——「雍正史」の一章としてみた」『東洋史研究』15-4（同［1971］所収）

◆［1993］南炳文节译：《清代米谷供需研究》，收于刘俊文主编《日本学者研究中国史论著选译》(第六卷：明清)，中华书局

——［1971］『清代史の研究』創文社

——◆［1993］南炳文节译：《清代米谷供需研究》，收于刘俊文主编《日本学者研究中国史论著选译》(第六卷：明清)，中华书局

安野省三［1985］「中国の異端・無頼」木村尚三郎他編『中世史講座』7，学生社

——［2002］「王穆の西郷県志」『東洋学報』84-2

岸本美緒［1997a］『清代中国の物価と経済変動』研文出版

◆［2010］刘迪瑞译：《清代中国的物价与经济波动》，社会科学文献出版社

——［1997b］「明清時代における「找価回贖」問題」『中国——社会と文化』12

——◆［2003］郑民钦译：《明清时代的“找价回赎”问题》，收于寺田浩明主编《中国法制史考证・丙编：日本学者考证中国法制史重要成果选译》（第四卷：明清卷），中国社会科学出版社

——◆［2016］郑民钦译：《明清时代的“找价回赎”问题》，收于杨一凡、寺田浩明主编《日本学者中国法制史论著选・明清卷》，中华书局

——［1998］『東アジアの「近世」』山川出版社

——［1999］『明清交替と江南社会——17世紀中国の秩序問題』東京大学出版会

——［2000］「中国史学　前近代Ⅱ　宋代から清代中期を中心に」『東方学』100

——［2002］「皇帝と官僚・紳士——明から清へ」『岩波講座　天皇と王権を考える』2

百瀬弘［1980］『明清社会経済史研究』研文出版

◆［1993］南炳文节译：《清代西班牙元的流动》，收于刘俊文主编《日本学者研究中国史论著选译》（第六卷：明清），中华书局

柏祐賢［1944］『北支農村経済社会の構造とその展開』京都帝国大学人文科学研究所（同［1985］所収）

——［1985］『柏祐賢著作集』第2巻，京都産業大学出版会

坂野正高［1970］「外交交渉における清末官人の行動様式——一八五四年の条約改正交渉を中心として」『近代中国外交史研究』岩波書店

——［1973］『近代中国政治外交史——ヴァスコ・ダ・ガマから五四運動まで』東京大学出版会

——◆［2005］陈鹏仁、刘崇稜译:《近代中国政治外交史》，台湾商务印书馆

北村敬直［1953］「清代の商品市場について」『経済学雑誌』28-3/4（同［1972］所収）

——［1972］『清代社会経済史研究』大阪市立大学経済学会

——［1983］「清初における河南省孟県の綿布について」小野和子編『明清時代の政治と社会』京都大学人文科学研究所

濱島敦俊［2001］『総管信仰——近世江南農村社会と民間信仰』研文出版

◆［2008］朱海滨译:《明清江南农村社会与民间信仰》，厦门大学出版社

——他編［1994］『華中・南デルタ農村実地調査報告書』大阪大学文学部

濱田正美［1983］「19世紀ウイグル歴史文献序説」『東方学報』55

——◆［1985］陈俊谋译:《十九世纪维吾尔历史文献导言》,《民族译丛》1985年第6期

——［1998］「モグール・ウルスから新疆へ——東トルキスタンと明清王朝」『岩波講座世界歴史』13

並木頼寿［1983］「清代河南省の漕糧について」『東洋大学東洋史研究報告』2

陳学文［1993］『明清時期杭嘉湖市鎮史研究』群言出版社

◆同上

——［2000］『明清時期太湖流域的商品経済与市場網絡』浙江人民出版社

——◆同上

川勝守［1980］『中国封建国家の支配構造——明清賦役制度史の研究』東京大学出版会

——［1992］『明清江南農業経済史研究』東京大学出版会

——［1999］『明清江南市鎮社会史研究——空間と社会形成の歴史学』汲古書院

——［2004］『中国城郭都市社会史研究』汲古書院

——編［1993］『東アジアにおける生産と流通の歴史社会学的研究』中国書店

村上信明［2002］「乾隆期の繙訳科挙と蒙古旗人官僚の台頭」『社会文化史

学』43

◆［2002］《乾隆时期的翻译科举政策与蒙古旗人官僚的兴起》，收于阎崇年主编《第三届国际满学研讨会论文集》，民族出版社

——［2003］「乾隆期中葉以降の藩部統治における蒙古旗人官僚の任用」『史境』47

大谷敏夫［1991］『清代政治思想史研究』汲古書院

——［2002］『清代の政治と文化』朋友書店

大野晃嗣［2001］「清代加級考——中国官僚制度の一側面」『史林』84-6

黨武彦［1990］「乾隆初期の通貨政策——直隷省を中心として」『九州大学東洋史論集』18

——［2003］「乾隆末年における小銭問題について」『九州大学東洋史論集』31

稲田清一［1992］「清末江南の鎮董について——松江府・太倉州を中心として」森正夫編『江南デルタ市鎮研究』名古屋大学出版会

——［1993］「清代江南における救荒と市鎮——宝山県・嘉定県の「廠」をめぐって」『甲南大学紀要（文学）』86

稲葉岩吉他［1939］『興京二道河子旧老城』「建国大学」

杜家驥［1998］『清皇族与国政関係研究』台湾五南図書出版公司

◆同上

渡部忠世他編［1984］『中国江南の稲作文化——その学際的研究』日本放送出版協会

渡辺修［1981］「清代の歩軍統領衙門について」『史苑』41-1

樊樹志［1987a］「明清江南市鎮と郷村の都市化について」『史泉』65

——［1987b］「明清江南市鎮の実態分析——蘇州府呉江県を中心として」『中国近代史研究』5

——［1988］「明清江南市鎮の実態分析——湖州府を中心として」『九州大学東洋史論集』16

——［1990］『明清江南市鎮探微』復旦大学出版社

——◆同上

范金民［1998］『明清江南商業的発展』南京大学出版社

◆同上
——［2003］岩井茂樹訳「清代蘇州都市文化繁栄の実写——「姑蘇繁華図」」『都市文化研究』2
——◆［2003］《〈姑苏繁华图〉：清代苏州城市文化繁荣的写照》，《江海学刊》2003年第5期
夫馬進［1996］「訟師秘本の世界」小野和子編『明末清初の社会と文化』京都大学人文科学研究所
◆［2010］李力译：《讼师秘本的世界》，《北大法律评论》2010年第1期
——［1997］『中国善会善堂史研究』同朋舎出版
——◆［2005］伍跃、杨文信、张学锋译：《中国善会善堂史研究》，商务印书馆
服部宇之吉［1966］『清国通考』大安（復刊）
岡本さえ［1976］「弐臣論」『東洋文化研究所紀要』68
——［1996］『清代禁書の研究』東京大学出版会
岡本隆司［1999］『近代中国と海関』名古屋大学出版会
——［2001］「清末票法の成立——道光期両淮塩政改革再論」『史学雑誌』110-12
岡田英弘［1974］「ドルベン・オイラトの起源」『史学雑誌』83-6
——［1979］『康熙帝の手紙』中公新書
岡洋樹［1988］「ハルハ－モンゴルにおける清朝の盟旗制支配の成立過程」『史学雑誌』97-2
◆［1989］玉平译：《清朝在喀尔喀蒙古建立盟旗制度的过程——以牧地问题为中心》，《民族译丛》1989年第3期
——［1992］「乾隆帝の対ハルハ政策とハルハの対応」『東洋学報』73-1/2
——◆［1995］晓克译：《乾隆帝对喀尔喀的政策及喀尔喀的反应》，《蒙古学信息》1995年第1期
——［1994］「清朝国家の性格とモンゴル王公」『史滴』16
高村雅彦［2000］『中国江南の都市とくらし——水のまちの環境形成』山川出版社
高嶋航［2000a］「清代の賦役全書」『東方学報』（京都）72

——[2000b]「呉県・太湖庁の経造」夫馬進編『中国明清地方檔案の研究』京都大学大学院文学研究科東洋史研究室

高銘鈴［2002］「清代台湾の財政構造に関する一考察」『九州大学東洋史論集』30

高遠拓児［1999］「清代秋審制度と秋審条款——とくに乾隆・嘉慶年間を中心として」『東洋学報』81-2

宮崎市定［1991a］「雍正硃批諭旨解題——その史料的価値」『宮崎市定全集』14，岩波書店

◆［1963］中国科学院历史研究所翻译组译:《〈雍正朱批谕旨〉解题——其史料的价值》，收于中国科学院历史研究所翻译组编译《宫崎市定论文选集》（上卷），商务印书馆

◆［2017］张学锋、马云超译:《〈雍正朱批谕旨〉解题——论其史料价值》，收于宫崎市定《宫崎市定亚洲史论考》（下），上海古籍出版社

——［1991b］「雍正帝——中国の独裁君主」『宮崎市定全集』14，岩波書店

——◆［2016］孙晓莹译:《雍正帝》，社会科学文献出版社

——［1991c］「清朝における国語問題の一面」『宮崎市定全集』14，岩波書店

——［1991d］「清代の胥吏と幕友——特に雍正朝を中心として」『宮崎市定全集』14，岩波書店

——◆［1993］南炳文译:《清代的胥吏和幕友》，收于刘俊文主编《日本学者研究中国史论著选译》（第六卷：明清），中华书局

——◆［2017］张学锋、马云超译:《清代的胥吏与幕友——以雍正朝为中心》，收于宫崎市定《宫崎市定亚洲史论考》（下），上海古籍出版社

——［1992a］「東洋における素朴主義の民族と文明主義の社会」『宮崎市定全集』2，岩波書店

——◆［1962］刘永新、韩润棠译:《东洋朴素主义的民族和文明主义的社会》，商务印书馆

——◆［2017］张学锋译:《东洋的朴素主义民族与文明主义社会》，收于宫崎市定《宫崎市定亚洲史论考》（上），上海古籍出版社

——［1992b］「素朴主義と文明主義再論」『宮崎市定全集』2，岩波書店

——［1993b］「科挙史」「科挙——中国の試験地獄」『宮崎市定全集』15，岩波書店

——◆［2019］宋宇航译：《科举》，浙江大学出版社

宮嵜洋一［1991］「清朝前期の石炭業」『史学雑誌』100-7

——［1994］「明清時代，森林資源政策の推移——中国における環境認識の変遷」『九州大学東洋論集』22

——［1997］「清代十八世紀の水害とその対策」『史淵』134

宮脇淳子［1981］「17 世紀のオイラット——「ジューンガル・ハーン国」に対する疑問」『史学雑誌』90-10

——［1983］「モンゴル＝オイラット関係史——十三世紀から十七世紀まで」『アジア・アフリカ言語文化研究』25

——［1995］『最後の遊牧帝国——ジューンガル部の興亡』講談社

——◆［2005］晓克译：《最后的游牧帝国——准噶尔部的兴亡》，内蒙古人民出版社

谷井俊仁［1988］「清代外省の警察機能について——割辮案を例に」『東洋史研究』46-4

——［1994］「順治時代政治史試論」『史林』77-2

——［1999—2004］「大清律輯註考釈（1）—（6）」『人文論叢』（三重大学）16—21

——［2002］「清朝官僚制における合理性」『Historia Juris 比較法史研究——思想・制度・社会』10

——［2005］「一心一徳考——清朝における政治的正当性の論理」『東洋史研究』63-4

谷井陽子［1989］「道光・咸豊期外省における財務基調の変化——張集馨の生涯を軸に」『東洋史研究』47-4

——［1990］「戸部と戸部則例」『史林』73-6

——［1995］「清代則例省例考」『東方学報』（京都）67

——◆［2003］郑民钦译：《清代则例省例考》，收于寺田浩明主编《中国法制史考证・丙编：日本学者考证中国法制史重要成果选译》（第四卷：明清

巻），中国社会科学出版社

——◆［2016］郑民钦译：《清代则例省例考》，收于杨一凡、寺田浩明主编《日本学者中国法制史论著选・明清卷》，中华书局

——［2000］「做招から叙供へ——明清時代における審理記録の形式」夫馬進編『中国明清地方檔案の研究』京都大学大学院文学研究科東洋史研究室

——◆［2012］魏敏译：《从做招到叙供——明清时代的审理记录形式》，收于中国政法大学法律史学研究院编《日本学者中国法论著选译》（下册），中国政法大学出版社

——［2005］「八旗制度再考（一）——連旗制論批判」『天理大学学報』208

谷口規矩雄［2002］「漢口鎮の成立をめぐって」『愛大史学』10

何炳棣［1993］寺田隆信・千種真一訳『科挙と近世中国社会——立身出世の階梯』平凡社

◆［1993］王振忠节译，陈绛校：《科举和社会流动的地域差异》，中国地理学会历史地理专业委员会《历史地理》编辑委员会编《历史地理》第 11 辑，上海人民出版社

◆［2013］徐泓译注：《明清社会史论》，台湾联经出版事业公司

和田清［1959］『東亜史研究（蒙古篇）』東洋文庫

河内良弘［1992］『明代女真史の研究』同朋舎出版

◆［2015］赵令志、史可非译：《明代女真史研究》，辽宁民族出版社

黒田明伸［1994］『中華帝国の構造と世界経済』名古屋大学出版会

——［2003］『貨幣システムの世界史——〈非対称性〉をよむ』岩波書店

——◆［2007］何平译：《货币制度的世界史：解读“非对称性”》，中国人民大学出版社

横山英［1961］「清代における踹布業の経営形態」『東洋史研究』19-3/4

——［1962］「清代における包頭制の展開——踹布業の推転過程について」『史学雑誌』71-1/2

洪性鳩［2003］「明末清初の徽州における宗族と徭役分担公議——祁門県五都桃源洪氏を中心に」『東洋史研究』61-4

荒武達朗［1998］「清朝後期東北地方における移住民の定住と展開」『東方

学』96

——［1999］「清代乾隆年間における山東省登州府・東北地方間の人の移動と血縁組織」『史学雑誌』108-2

吉田金一［1984］『ロシアの東方進出とネルチンスク条約』東洋文庫近代中国研究センター

——［1992］『ロシアと中国の東部国境をめぐる諸問題』環翠堂

加藤繁［1953］「清代に於ける村鎮の定期市」『支那経済史考証』下，東洋文庫

加藤雄三［2000—2001］「清代の胥吏缺取引について」『法学論叢』(京都大学)147-2，149-1

加藤直人［1983a］「天理図書館蔵『伊犂奏摺』について」『史叢』32

——［1983b］「一七二三年ロブザン・グンジンの反乱——その反乱前夜を中心として」護雅夫編『内陸アジア・西アジアの社会と文化』山川出版社

——［1986］「ロブサン・ダンジンの叛乱と清朝——叛乱の経過を中心として」『東洋史研究』45-3

——◆［1987］王桂良节译:《清朝的民族统治与罗布藏丹津的叛乱》,《社会科学辑刊》1987年第6期

——［1993］「清入関前の法制史料」滋賀秀三編『中国法制史——基本資料の研究』東京大学出版会

——［1997］「大興安嶺地区における「民族」と「地域」——光緒11年，布特哈総管衙門副総管ボドロの上訴をめぐって」『歴史学研究』698

江嶋寿雄［1999］『明代清初の女直史研究』中国書店

近藤秀樹［1958］「清代の銓選——外補制の成立」『東洋史研究』17-2

——［1963］「清代の捐納と官僚社会の終末（上）(中)(下）」『史林』46-2/3/4

井波陵一［1996］「康熙辛卯江南科場案について」『東方学報』(京都）68

井上徹［2000］『中国の宗族と国家の礼制——宗法主義の視点からの分析』研文出版

——◆［2008］钱杭译，钱圣音校:《中国的宗族与国家礼制——从宗法主义角度所作的分析》，上海书店出版社

井上進［1989］「張氏顧亭林先生年譜補正」岩見宏・谷口規矩雄編『明末清初期の研究』京都大学人文科学研究所

——［1992］「樸学の背景」『東方学報』(京都) 64

——［1994］『顧炎武』白帝社

酒井忠夫［1997—2002］『酒井忠夫著作集』6 冊，国書刊行会

◆［1993］许洋主节译:《功过格的研究》，收于刘俊文主编《日本学者研究中国史论著选译》(第七卷：思想宗教)，中华书局

◆［2010］刘岳兵、何英莺、孙雪梅译:《中国善书研究》，江苏人民出版社

臼井佐知子［2005］『徽州商人の研究』汲古書院

菊池俊彦［1998］「北方世界とロシアの進出」『岩波講座世界歴史』13

堀直［1979］「清朝の回疆統治についての二，三の問題——ヤールカンドの一史料の検討を通じて」『史学雑誌』88-3

——［2001］「回疆社会経済史研究とマンジュ語史料——佐口透氏所蔵の一文書の紹介」『満族史研究通信』10

李伯重［2002］『発展与制約——明清江南生産力研究』台灣聯経出版事業公司

◆同上

遼寧省博物館等編［1986］『盛世滋生図』文物出版社

◆同上

林和生［1980］「明清時代，広東の墟と市——伝統的市場の形成と機能に関する一考察」『史林』63-1

——［1984］「中国近世における地方都市の発達——太湖平原烏青鎮の場合」梅原郁編『中国近世の都市と文化』京都大学人文科学研究所

林田芳雄［1996］「鄭氏台湾政権の成立過程」『史窓』53

鈴木博之［1990］「清代における族産の展開」『山形大学史学論集』10

鈴木秀光［2002］「杖斃考——清代中期死刑案件処理の一考察」『中国——社会と文化』17

——◆［2009］娜鹤雅译:《杖毙考——清代中期死刑案件处理的一项考察》，收于张世明、步德茂、娜鹤雅主编《世界学者论中国传统法律文化》，法

律出版社

鈴木真［2001］「雍正帝による旗王統制と八旗改革——鑲紅旗旗王スヌの断罪事件とその意義」『史境』42

鈴木中正［1971］『清朝中期史研究』燎原書房（復刊）

——［1974］『中国史における革命と宗教』東京大学出版会

——編［1982］『千年王国的民衆運動の研究——中国・東南アジアにおける』東京大学出版会

劉石吉［1987］『明清時代江南市鎮研究』中国社会科学出版社

◆同上

劉小萌［1995］『満族的部落与国家』吉林文史出版社

◆同上

柳澤明［1988］「キャフタ条約への道程——清の通商停止政策とイズマイロフ使節団」『東洋学報』69-1/2

——［1989］「キャフタ条約以前の外モンゴル－ロシア国境地帯」『東方学』77

——◆［1990］完泽译:《恰克图条约以前的外蒙古—俄国边境地区》,《蒙古学资料与情报》1990 年第 1 期

——［1994］「いわゆる「ブトハ八旗」の設立について」『松村潤先生古稀記念　清代史論叢』汲古書院

——［1997］「清代黒龍江における八旗制の展開と民族の再編」『歴史学研究』698

——［2001］「八旗再考」『歴史と地理』541

——◆［2015］N. 哈斯巴根、刘艳丽译:《八旗再考》,《吉林师范大学学报》2015 年第 2 期

羅崙・景甦［1984］『清代山東経営地主経済研究』斉魯書社

◆同上

羅一星［1994］『明清仏山経済発展与社会変遷』広東人民出版社

◆同上

綿貫哲郎［2002］「清初の旧漢人と八旗漢軍」『史叢』67

——［2003］「「六条例」の成立——乾隆朝八旗政策の一断面」『社会文化

史学』45

奈良修一［1993］「十七世紀中国における生糸生産と日本への輸出」『明清時代の法と社会　和田博徳教授古稀記念』汲古書院

楠木賢道［1994］「康熙三〇年のダグール駐防佐領の編立」『松村潤先生古稀記念　清代史論叢』汲古書院

——［1999a］「天聡年間におけるアイシン国の内モンゴル諸部に対する法支配の推移」『社会文化史学』40

——◆［2003］包国庆译:《天聪年间爱新国对蒙古诸部的法律支配进程》,收于齐木德道尔吉主编《蒙古史研究》(第七辑)

——［1999b］「清初，入関前におけるハン・皇帝とホルチン部首長層の婚姻関係」『内陸アジア史研究』14

——［2001］「清朝の八旗に組み込まれたジャルート部モンゴル族」『自然・人間・文化——地域統合と民族統合』筑波大学大学院歴史・人類学研究科

潘喆・康世儒［1984］「獲鹿県編審冊初歩研究」『清史研究集』第3輯，中国人民大学出版社

◆同上

片岡一忠［1991］『清朝新疆統治研究』雄山閣出版

——［1992—1994，96］「洪亮吉伝（初稿）」1—4『歴史人類』20—22，24

——［1998］「朝賀規定からみた清朝と外藩・朝貢国の関係」『駒沢史学』52

片岡芝子［1959］「明末清初の華北における農家経営」『社会経済史学』25-2/3

片山剛［1982a］「清末広東省珠江デルタの図甲表とそれをめぐる諸問題——税糧・戸籍・同族」『史学雑誌』91-4

——［1982b］「清代広東珠江デルタの図甲制について——税糧・戸籍・同族」『東洋学報』63-3/4

——◆［1995］柳宪译:《清代广东省珠江三角洲的图甲制——税粮、户籍、同族》,收于刘俊文主编《日本中青年学者论中国史》(宋元明清卷),上海古籍出版社

——［1984a］「清末広東省珠江デルタの図甲制の諸矛盾とその改革（南海県）」『海南史学』21

——［1984b］「清末広東珠江デルタの図甲表と同族支配の再編（順徳県・香山県）」『中国近代史研究』4

——［1993］「珠江デルタ桑園囲の構造と治水組織——清代乾隆年間—民国期」『東洋文化研究所紀要』121

——［1996］「清末・民国期，珠江デルタ順徳県の集落と「村」の領域——旧中国村落の再検討へ向けて」『東洋文化』76

——［2001］「珠江デルタの市場と市鎮社会——19 世紀初頭順徳県龍山堡の大岡墟」森時彦編『中国近代の都市と農村』京都大学人文科学研究所

——［2002］「清代珠江デルタの里甲経営と地域社会——順徳県龍江堡」『待兼山論叢（史学篇）』36

平野聡［2004］『清帝国とチベット問題』名古屋大学出版会

浅井紀［1990］『明清時代民間宗教結社の研究』研文出版

——［1993］「羅教の継承と変容——無極正派」『明清時代の法と社会　和田博徳教授古稀記念』汲古書院

萩原守［1990］「一八世紀ハルハ・モンゴルにおける法律の推移」『東洋史研究』49-3

全漢昇［1934］『中国行会制度史』新生命書局

◆同上

仁井田陞［1951］『中国の社会とギルド』岩波書店

若松寛［1967］『中国人物叢書 8　奴児哈赤』新人物往来社

——［1983］「ジュンガル王国の形成過程」『東洋史研究』41-4

三木聰［2002］『明清福建農村社会の研究』北海道大学図書刊行会

三田村泰助［1965］『清朝前史の研究』東洋史研究会

◆［1993］南炳文节译:《初期满洲八旗的形成过程》，收于刘俊文主编《日本学者研究中国史论著选译》(第六卷：明清)，中华书局

渋谷裕子［1990］「明清時代，徽州江南農村社会における祭祀組織について——『祝聖会簿』の紹介（1）(2)」『史学』59-1/2/3

——［1995］「清代徽州農村社会における生員のコミュニティについて」

『史学』64-3

——［1997］「徽州文書にみられる「会」組織について」『史学』67-1

——［2000］「清代徽州休寧県における棚民像」山本英史編『伝統中国の地域像』慶應義塾大学出版会

——［2002］「安徽省休寧県龍田郷浯田嶺村における山林経営方式の特徴」『史学』71-4

澁谷浩一［1991］「露清関係とローレンツ・ランゲ——キャフタ条約締結に向けて」『東洋学報』72-3/4

——［1994］「キャフタ条約以前のロシアの北京貿易——清側の受入れ体制を中心にして」『東洋学報』75-3/4

森川哲雄［1976］「チャハル・ハオトクとその分封について」『東洋学報』58-1/2

——［1983a］「チャハルのブルニ親王の乱をめぐって」『東洋学報』64-1/2

——◆［1984］叶新民译:《察哈尔部布尔尼亲王之乱》,《蒙古学资料与情报》1984 年第 1 期

——［1983b］「アムルサナをめぐる露清交渉始末」『九州大学歴史学・地理学年報』7

森紀子［1983］「清代四川の塩業資本——富栄廠を中心に」小野和子編『明清時代の政治と社会』京都大学人文科学研究所

——［1987］「清代四川の移民経済」『東洋史研究』45-4

森田明［1974］『清代水利史研究』亜紀書房

——［1976］「清代の「議図」制とその背景」『社会経済史学』42-2

——［2002］『清代の水利と地域社会』中国書店

——◆［2008］雷国山译:《清代水利与区域社会》, 山东画报出版社

森正夫［1985］「「郷族」をめぐって」『東洋史研究』44-1

◆［1986］成之平摘译, 曾仁寿校:《围绕“乡族”问题——在厦门大学共同研究会上的讨论报告》,《中国社会经济史研究》1986 年第 2 期

◆［2017］许金生译:《围绕“乡族”问题——在厦门大学共同研究会上的讨论报告》, 收于森正夫《“地域社会”视野下的明清史研究: 以江南和福建为中心》, 江苏人民出版社

——［1999］「清代江南デルタの郷鎮志と地域社会」『東洋史研究』58-2

——◆［2017］黄素英译:《清代江南三角洲的乡镇志与地域社会》，收于森正夫《“地域社会”视野下的明清史研究：以江南和福建为中心》，江苏人民出版社

——編［1992］『江南デルタ市鎮研究——歴史学と地理学からの接近』名古屋大学出版会

山本進［2002a］『清代の市場構造と経済政策』名古屋大学出版会

——［2002b］『明清時代の商人と国家』研文出版

——［2002c］『清代社会経済史』創成社

——◆［2012］李继峰、李天逸译:《清代社会经济史》，山东画报出版社

——［2002d］『清代財政史研究』汲古書院

山本英史［1977］「清初における包攬の展開」『東洋学報』59-1/2

——［1980］「浙江省天台県における「図頭」について——十八世紀初頭における中国郷村支配の一形態」『史学』50

——［1981］「均田均役法より順荘法に至る一過程——清初における呉江・震沢両県の場合」『山口大学文学会志』32

——［1985］「清初華北における丁税科派についての一見解——黄六鴻の「編審論」をめぐって」慶應義塾大学東洋史研究室編『西と東と 前嶋信次先生追悼論文集』汲古書院

——［1989］「「自封投櫃」考」『中国——社会と文化』4

——［1990］「紳衿による税糧包攬と清朝国家」『東洋史研究』48-4

——［1992］「雍正紳衿抗糧処分考」『中国近代史研究』7

——［1999］「清代の郷村組織と地方文献——蘇州洞庭山地方の郷村役を例にして」『東洋史研究』58-3

——［2000］「清代康熙年間の浙江在地勢力」(同編［2000］所収)

——［2004］「清朝の江南統治と在地勢力」岩井茂樹編『中国近世社会の秩序形成』京都大学人文科学研究所

——編［2000］『伝統中国の地域像』慶應義塾大学出版会

山根幸夫［1995］『明清華北定期市の研究』汲古書院

◆［1993］栾成显节译:《明及清初华北的市集与绅士豪民》，收于刘俊文

主编《日本学者研究中国史论著选译》(第六卷：明清)，中华书局

山口瑞鳳［1963］「顧実汗のチベット支配に至る経緯」『岩井博士古稀記念典籍論集』大安

山田賢［1995］『移住民の秩序——清代四川地域社会史研究』名古屋大学出版会

◆［2011］曲建文译:《移民的秩序——清代四川地域社会史研究》，中央编译出版社

——［1998a］『中国の秘密結社』講談社

——◆［2002］王在琦译:《中国秘密结社真相》，台湾实业文化

——［1998b］「地方社会と宗教「反乱」——18世紀中国の光と影」『岩波講座世界歴史』13

——［2001］「「官逼民反」考——嘉慶白蓮教「反乱」の「叙法」をめぐる試論」『名古屋大学東洋史研究報告』25

杉山清彦［1998］「清初正藍旗考——姻戚関係よりみた旗王権力の基礎構造」『史学雑誌』107-7

——［2001a］「八旗旗王制の成立」『東洋学報』83-1

——◆［2016］哈斯巴根、吴忠良译:《八旗旗王制的成立》,《吉林师范大学学报》2016年第5期

——［2001b］「清初八旗における最有力軍団——太祖ヌルハチから摂政王ドルゴンへ」『内陸アジア史研究』16

——［2001c］「大清帝国史のための覚書——セミナー「清朝社会と八旗制」をめぐって」『満族史研究通信』10

上田信［1981］「明末清初・江南の都市の「無頼」をめぐる社会関係——打行と脚夫」『史学雑誌』90-11

——［1986］「村に作用する磁力について——浙江省鄞県勤勇村(鳳渓村)の履歴」『中国研究月報』40-1/2

——［1988］「明清期・浙東における生活循環」『社会経済史学』54-2

——［1995］『伝統中国——「盆地」「宗族」にみる明清時代』講談社

——［1999］『森と緑の中国史——エコロジカル・ヒストリーの試み』岩波書店

——◆［2013］朱海滨译:《森林与绿色的中国史——生态史的尝试》，山东画报出版社

——［2002］『トラが語る中国史——エコロジカル・ヒストリーの可能性』山川出版社

神田信夫［1964］「清朝の実録について」『歴史教育』12-9

——［1972］「満洲（Manju）国号考」『山本博士還暦記念東洋史論叢』山川出版社

——◆［1993］南炳文译:《满洲国号考》，收于刘俊文主编《日本学者研究中国史论著选译》(第六卷：明清)，中华书局

——［1979］「清朝興起史の研究——序説「満文老檔」から「旧満洲檔」へ」『明治大学人文科学研究所年報』20

——◆［1996］陈晖译:《从〈满文老档〉到〈旧满洲档〉》，收于阎崇年主编《满学研究》(第三辑)，民族出版社

——［1989］「後金国の山城・都城の研究」『明治大学人文科学研究所年報』30

——［2005］『清朝史論考』山川出版社

——他［2003］『内国史院檔　天聡七年』東洋文庫

石濱裕美子［2001］『チベット仏教世界の歴史的研究』東方書店

石橋崇雄［1988］「清初ハン（han）権の形成過程」『榎博士頌寿記念東洋史論叢』汲古書院

——［1994］「清初皇帝権の形成過程——特に「丙子年四月〈秘録〉登ハン大位檔」にみえる太宗ホン＝タイジの皇帝即位記事を中心として」『東洋史研究』53-1

——［1997］「マンジュ（manju，満洲）王朝論——清朝国家論序説」森正夫他編『中国史学の基本問題 4　明清時代史の基本問題』汲古書院

——◆［2013］宋军译:《“满洲”(manju）王朝论——清朝国家论序说》，收于森正夫等编《明清时代史的基本问题》，商务印书馆

——［2000a］『大清帝国』講談社

——［2000b］「無圏点満洲文檔案『先ゲンギェン＝ハン賢行典例・全十七条』」『国士舘史学』8

石橋秀雄［1956］「清朝中期の畿輔旗地政策——特に雍正・乾隆年間の制度上にあらわれた旗地の崩壊防止と旗人の救済に関する政策を中心として（1）（2）」『東洋学報』39-2/3

——［1989］「清代官僚の動向研究」「清代漢人官僚に関する一考察」同『清代史研究』緑蔭書房

石原潤［1973］「河北省における明・清・民国時代の定期市」『地理学評論』46-4

——［1980］「華中東部における明・清・民国時代の伝統的市（market）について」『人文地理』32- 3

狩野直喜［1984］『清朝の制度と文学』みすず書房

滝野邦雄［2004］『李光地と徐乾学——康熙朝前期における党争』白桃書房

滝野正二郎［1985］「清代淮安関の構成と機能について」『九州大学東洋史論集』14

——［1986，1994］「清代乾隆年間における官僚と塩商（1）（2）——両准塩引案を中心として」『九州大学東洋史論集』15，22

——［1988］「清代常関における包攬について」『山口大学文学会志』39

——［1993］「清代の鳳陽関をめぐる物資流通について」『明清時代の法と社会　和田博徳教授古稀記念』汲古書院

——［2001］「清代乾隆年間の常関徵税額に関する一考察」『九州大学東洋史論集』29

斯波義信［2002］『中国都市史』東京大学出版会

◆［2013］布和译:《中国都市史》，北京大学出版社

寺田浩明［1997］「権利と冤抑——清代聴訟世界の全体像」『法学』（東北大学）61-5

◆［1998］王亚新译:《权利与冤抑——清代听讼和民众的民事法秩序》，收于滋贺秀三等著，王亚新、梁治平编《明清时期的民事审判与民间契约》，法律出版社

◆［2012］王亚新译:《权利与冤抑——清代听讼和民众的民事法秩序》，收于寺田浩明《权利与冤抑：寺田浩明中国法史论集》，清华大学出版社

——［2003］「中国清代民事訴訟と「法の構築」——『淡新檔案』の一事例を素材にして」『法社会学』58

——◆［2012］王亚新译：《清代的民事诉讼与“法之构筑”——以〈淡新档案〉中的一个事例为素材》，收于寺田浩明《权利与冤抑：寺田浩明中国法史论集》，清华大学出版社

寺田隆信［1958］「蘇・松地方に於ける都市の棉業商人について」『史林』41-6

——［1968］「蘇州踹布業の経営形態」『東北大学文学部研究年報』18（同［1972］所収）

——◆［1986］张正明、道丰、孙耀、阎守诚译：《苏州踹布业的经营形态》，收于寺田隆信《山西商人研究》，山西人民出版社

——［1971］「明清時代における商品生産の展開」『岩波講座世界歴史』12

——［1972］『山西商人の研究——明代における商人および商業資本』東洋史研究会

——◆［1986］张正明、道丰、孙耀、阎守诚译：《山西商人研究》，山西人民出版社

松村潤［1969］「崇徳の改元と大清の国号について」『鎌田博士還暦記念歴史学論叢』同記念会

——［1983］「シュルガチ考」護雅夫編『内陸アジア・西アジアの社会と文化』山川出版社

——［1992］「天聡九年のチャハル征討をめぐる諸問題」『神田信夫先生古稀記念論集　清朝と東アジア』山川出版社

——［2001］『清太祖実録の研究』東北アジア文献研究会

——◆［2011］晓春译：《清太祖实录研究》，民族出版社

松浦茂［1987］「清朝辺民制度の成立」『史林』70-4

——［1991］「18世紀末アムール川下流地方の辺民組織」『鹿児島大学法文学部紀要（人文学科論集）』34

——［1995］『中国歴史人物選Ⅱ　清の太祖ヌルハチ』白帝社

——［1996］「十八世紀アムール川下流地方のホジホン」『東洋史研究』55-2

——［1997］「一八世紀のアムール川中流地方における民族の交替——八姓と七姓ヘジェの移住をめぐって」『東洋学報』79-3

——◆［2012］王学勤译:《18世纪黑龙江中游地区的民族更替——以七姓、八姓赫哲的迁移为中心》,《中国边疆民族研究》(第五辑)，中央民族大学出版社

——［1998］「十七世紀アムール川中流地方住民の経済活動」『東方学』95

松浦章［1983］「清代における沿岸貿易について——帆船と商品流通」小野和子編『明清時代の政治と社会』京都大学人文科学研究所

——［1985］「清代における山東・盛京間の海上交通について」『東方学』70

——［1988a］「清代漢口の民船業について」『海事史研究』45

——◆［2010］董科译:《清代汉口的民船业》，收于松浦章《清代内河水运史研究》，江苏人民出版社

——［1988b］「清代寧波の民船業について」『関西大学東西学術研究所紀要』21

——［1988c］「清代福建の海船業について」『東洋史研究』41-3

——◆［1995］白小兵译:《清代福建的海船业》，收于刘俊文主编《日本中青年学者论中国史》(宋元明清卷)，上海古籍出版社

——［1989］「清代客商と遠隔地商業」『関西大学東西学術研究所紀要』22

——［2002］『清代海外貿易史の研究』朋友書店

——◆［2016］李小林译:《清代海外贸易史研究》，天津人民出版社

——［2003］『清代中国琉球貿易史の研究』榕樹書林

——［2004］『清代上海沙船航運業史の研究』関西大学出版部

——◆［2012］杨蕾、王亦铮、董科译:《清代上海沙船航运业史研究》，江苏人民出版社

松田吉郎［2002］『明清時代華南地域史研究』汲古書院

「台湾総督府」編［1972］『臨時台湾旧慣調査会第一部報告　清国行政法』汲古書院（復刊）

太田出［2000］「清中期江南デルタ市鎮をめぐる犯罪と治安——緑営の汛防制度の展開を中心として」『法制史研究』50

唐澤靖彦［1998］「清代における訴状とその作成者」『中国——社会と文化』13

◆［2009］牛杰译:《清代的诉状及其制作者》,《北大法律评论》2009 年第 1 期

天野元之助［1978］『中国農業経済論』全 3 冊，龍渓書舎（改訂復刻版）

——［1979］『中国農業の地域的展開』龍渓書舎

田尻利［1999］『清代農業商業化の研究』汲古書院

田中正俊［1984］「明・清時代の問屋制前貸生産について」西嶋定生博士還暦記念論叢編集委員会編『東アジア史における国家と農民』山川出版社

◆［1993］栾成显译:《关于明清时代的包买商制生产》，收于刘俊文主编《日本学者研究中国史论著选译》(第二卷：专论)，中华书局

田仲一成［1989］「蕭山県長河鎮来姓祠産簿剖析」『東洋文化研究所紀要』108

伍躍［2000a］「清代捐納制度論考——報捐を中心に」夫馬進編『中国明清地方檔案の研究』京都大学大学院文学研究科東洋史研究室

——［2000b］『明清時代の徭役制度と地方行政』大阪経済法科大学出版部

——［2004］「清代の捐納制度と候補制度について——捐納出身者の登用問題を中心に」岩井茂樹編『中国近世社会の秩序形成』京都大学人文科学研究所

西川喜久子［1981］「清代珠江下流域の沙田について」『東洋学報』63-1/2

◆［2001］翟意安译:《清代珠江下游地区的沙田》,《中山大学研究生学刊》2001 年第 3 期

——［1983—1984］「『順徳北門羅氏族譜』考（上)(下)」『北陸史学』32—33

——［1988］「順徳団練総局の成立」『東洋文化研究所紀要』105

——［1994，1996］「珠江デルタの地域社会——新会県のばあい」『東洋文化研究所紀要』124，130

西村元照［1974］「清初の土地丈量について——土地台帳と隠田をめぐる国家と郷紳の対抗関係を基軸として」『東洋史研究』33-3

——［1976］「清初の包攬——私徴体制の確立，解禁から請負徴税制へ」『東洋史研究』35-3

細谷良夫［1968］「清朝に於ける八旗制度の推移」『東洋学報』51-1

——［1972］「畿輔旗地の成立と性格」『一関高等工業専門学校研究紀要』7

——［1983］「雍正朝におけるニルの名号呼称について」護雅夫編『内陸アジア・西アジアの社会と文化』山川出版社

——［1984］「三藩の乱の再検討——尚可喜一族の動向を中心に」『東北大学東洋史論集』1

——［1991］『中国東北部における清朝の史跡1986—1990年』平成2年度科学研究費補助金（総合研究B）成果報告書No.3

——◆［2000］王禹浪译:《从中国东北部的实地考察看黑龙江文化圈的存在》,《黑龙江民族丛刊》2000年第1期

——［2003］「三藩の史跡——福州・広州・桂林の旅」『満族史研究』2

相田洋［1994］『中国中世の民衆文化——呪術・規範・「反乱」』中国書店

香坂昌紀［1972，1975，1983—84］「清代滸墅関の研究（1）—（4）」『東北学院大学論集（歴史学・地理学）』3，5，13—14

——［1985］「清代における大運河の物貨流通——乾隆年間，淮安関を中心として」『東北学院大学論集（歴史学・地理学）』15

——［1986］「清代の餽送——江蘇巡撫呉存礼を中心として」『東北学院大学論集（歴史学・地理学）』16

——［1990］「清代の北新関と杭州」『東北学院大学論集（歴史学・地理学）』22

——◆［1998］莫小也、楼毅生节译:《清代的北新关与杭州》,《杭州师范学院学报》1998年第1期

——［1991］「清代中期の杭州と商品流通——北新関を中心として」『東洋史研究』50-1

——［1992］「雍正年間の関制改革とその背景」『東北大学東洋史論集』5

——［1993］「清朝中期の国家財政と関税収入」『明清時代の法と社会　和田博徳教授古稀記念』汲古書院

小口彦太［1986］「清代中国の刑事裁判における成案の法源性」『東洋史研

究』45-2

◆［2003］郑民钦译:《清代中国刑事审判中成案的法源性》，收于寺田浩明主编《中国法制史考证・丙编：日本学者考证中国法制史重要成果选译》(第四卷：明清卷)，中国社会科学出版社

◆［2016］郑民钦译:《清代中国刑事审判中成案的法源性》，收于杨一凡、寺田浩明主编《日本学者中国法制史论著选・明清卷》，中华书局

小林一美［1983］「斉王氏の「反乱」——嘉慶白蓮教「反乱」研究序説」青年中国研究者会議『中国民衆「反乱」の世界（続）』汲古書院

小山正明［1957—1958］「明末清初の大土地所有」『史学雑誌』66-12，67-1（同［1992］所収）

——［1992］『明清社会経済史研究』東京大学出版会

小田則子［2000］「清代の華北における公議」『名古屋大学東洋史研究報告』25

小沼孝博［2004］「清朝によるオーロト各オトク支配の展開——モンゴル諸部に対する「旗」支配の 導入」『東洋学報』85-4

星斌夫［1971a］『明清時代交通史の研究』山川出版社

——［1971b］『大運河——中国の漕運』近藤出版社

熊遠報［2003］『清代徽州地域社会史研究——境界・集団・ネットワークと社会秩序』汲古書院

岩見宏［1957］「雍正時代における公費の一考察」『東洋史研究』15-4

——［1963］「養廉銀制度の創設について」『東洋史研究』22-3

岩井茂樹［2000a］「清代の版図順荘法とその周辺」『東方学報』(京都）72

——［2000b］「武進県『実徴堂簿』と田賦徴収機構」夫馬進編『中国明清地方檔案の研究』京都大学大学院文学研究科東洋史研究室

——［2001］「武進県の田土推収と城郷関係」森時彦編『中国近代の都市と農村』京都大学人文科学研究所

——［2004］『中国近世財政史の研究』京都大学学術出版会

——◆［2011］付勇译:《中国近代财政史研究》，社会科学文献出版社

楊啓樵［1987］「「雍正簒位」再論」『史林』70-6

伊原弘介［1988］「清朝郷村支配の構造——順荘法に基づいて（1） 浙西

杭嘉湖三府の場合」『静岡大学教養部研究報告（人文・社会科学）』24-2

——［1990］「清朝郷村支配の構造——順荘法に基づいて（2） 湖州府・杭州府の場合」『静岡大学教養部研究報告（人文・社会科学）』26-1

楢木野宣［1975］『清代重要職官の研究』風間書房

羽田明［1963］「Ya'qub-bag反乱の一史料」『遊牧社会史探究』18

——［1982］『中央アジア史研究』臨川書店

園田一亀［1991］『韃靼漂流記』平凡社東洋文庫

則松彰文［1985］「雍正期における米穀流通と米価変動——蘇州と福建の連関を中心として」『九州大学東洋史論集』14

——［1989］「清代中期の経済政策に関する一試論——乾隆十三年（一七四八）の米貴問題を中心に」『九州大学東洋史論集』17

——［1990］「清代中期の浙西における食糧問題」『東洋史研究』49-2

——［1992］「清代における「境」と流通——食糧問題の一齣」『九州大学東洋史論集』20

——［1993］「清代中期江南における流行衣料について」『明清時代の法と社会　和田博徳教授古稀記念』汲古書院

——［1998］「清代中期社会における奢侈・流行・消費——江南地方を中心として」『東洋学報』80- 2

増井寛也［1993］「満族入関前のムクンについて——『八旗満洲氏族通譜』を中心に」『立命館文学』528

——［1999a］「明末建州女直の有力ムクン〈シャジのフチャ・ハラ〉について」『立命館文学』559

——［1999b］「明末のワルカ部女直とその集団構造について」『立命館文学』562

——［2001］「グチュ gucu考——ヌルハチ時代を中心として」『立命館文学』572

趙世瑜［2002］『狂歓与日常——明清以来的廟会与民間社会』生活・読書・新知三聯書店

◆同上

真田安［1977］「オアシス・バーザールの静態研究——19世紀後半カシュ

ガリアの場合 」『 中央大学大学院研究年報 』6

——［1983］「創設期清伯克制からみたカシュガリア・オアシス社会 」護雅夫編『 内陸アジア・西アジアの社会と文化 』山川出版社

鄭振満・陳春声編［2003］『 民間信仰与社会空間 』福建人民出版社

◆同上

中村茂夫［1973］『 清代刑法研究 』東京大学出版会

◆［2003］郑民钦节译:《比附的功能》，收于寺田浩明主编《中国法制史考证・丙编：日本学者考证中国法制史重要成果选译》(第四卷：明清卷)，中国社会科学出版社

◆［2016］郑民钦节译:《比附的功能》，收于杨一凡、寺田浩明主编《日本学者中国法制史论著选・明清卷》，中华书局

——［1979］「伝統中国法＝雛形説に対する一試論 」『 法政理論 』(新潟大学) 12-1

中村正人［1993］「清律誤殺初考 」梅原郁編『 中国近世の法制と社会 』京都大学人文科学研究所

◆［2003］郑民钦译:《清律误杀初考》，收于寺田浩明主编《中国法制史考证・丙编：日本学者考证中国法制史重要成果选译》(第四卷：明清卷)，中国社会科学出版社

◆［2016］郑民钦译:《清律误杀初考》，收于杨一凡、寺田浩明主编《日本学者中国法制史论著选・明清卷》，中华书局

中見立夫［2000］「中央ユーラシアの周縁化 」小松久男編『 中央ユーラシア史 』山川出版社

重田徳［1956］「清初における湖南米市場の一考察 」『 東洋文化研究所紀要 』10 (同［1975］所収)

——［1975］『 清代社会経済史研究 』岩波書店

——◆［1988］刘淼节译，陈支平校:《徽州商人之一面》，收于刘淼辑译《徽州社会经济史研究译文集》，黄山书社

周藤吉之［1944］「清初に於ける畿輔旗地の成立過程 (上)(下) 」『 東方学報 』(東京) 15-1/2

滋賀秀三［1984］『 清代中国の法と裁判 』創文社

◆［2023］熊远报译：《清代中国的法与审判》，江苏人民出版社

——［1987］「中国法文化の考察——訴訟のあり方を通じて」『東西法文化——法哲学年報（1986）』

——◆［1988］《中国法文化的考察——以诉讼的形态为素材》，《比较法研究》1988年第3期

——◆［1998］范愉译，王亚新校：《中国法文化的考察——以诉讼的形态为素材》，收于滋贺秀三等著，王亚新、梁治平编《明清时期的民事审判与民间契约》，法律出版社

——［1998］「清代の民事裁判について」『中国——社会と文化』13

——［2003a］「大清律例をめぐって——〔附〕会典，則例，省例等」同『中国法制史論集（法典と刑罰）』創文社

——［2003b］「中国法の基本的性格」同『中国法制史論集（法典と刑罰）』創文社

——［2003c］『中国法制史論集——法典と刑罰』創文社

——編［1993］『中国法制史——基本資料の研究』東京大学出版会

足立啓二［1978a］「明末清初の一農業経営——『沈氏農書』の再評価」『史林』61-1

——［1978b］「大豆粕流通と清代の商業的農業」『東洋史研究』37-3

——◆［1995］阮航译：《豆饼流通与清代的商业性农业》，收于刘俊文主编《日本中青年学者论中国史》(宋元明清卷)，上海古籍出版社

——［1981］「清代華北の農業経営と社会構造」『史林』64-4

——◆［1989］曹幸穗译：《清代华北的农业经营与社会构造》，《中国农史》1989年第1期

——［1982］「清代蘇州府における地主的土地所有の展開」『文学部論叢』（熊本大学）9

——［1983］「清—民国初期における農業経営の発展——長江流域の場合」中国史研究会『中国史像の再構成』文理閣

——［1991］「清代前期における国家と銭」『東洋史研究』49-4

——［1998］『専制国家史論——中国史から世界史へ』柏書房

佐伯富［1956］『清代塩政の研究』東洋史研究会

◆［1988］刘淼节译：《运商的没落和盐政的弊坏》，收于刘淼辑译《徽州社会经济史研究译文集》，黄山书社

——［1970—1972］「清代雍正朝における養廉銀の研究——地方財政の成立をめぐって」『東洋史研究』29-1，29-2/3，30-4（同［1977］所収）

——◆［1976］郑樑生译：《清雍正朝的养廉银研究》，台湾商务印书馆

——［1977］『中国史研究』第三，東洋史研究会，同朋舎出版

——［1987］『中国塩政史の研究』法律文化社

佐伯有一他編註［1975］『仁井田陞博士輯北京工商ギルド資料集』全6冊，東京大学東洋文化研究所附属東洋学文献センター

佐口透［1963］『18—19世紀東トルキスタン社会史研究』吉川弘文館

——［1986］『新疆民族史研究』吉川弘文館

——◆［1993］章莹译：《新疆民族史研究》，新疆人民出版社

——［1995］『新疆ムスリム研究』吉川弘文館

——◆［2012］章莹译：《新疆穆斯林研究》，新疆人民出版社

佐藤長［1972］「ロブサンダンジンの反乱について」『史林』55-6

——［1973］「近世青海諸部落の起源（上）（下）」『東洋史研究』32-1，32-3（后改题为「青海オイラット諸部落の起源」，同［1986］所収）

◆［2010］孟秋丽译：《青海卫拉特诸部落的起源》，《西藏民族学院学报》2010年第1期

◆［2010］孟秋丽译：《青海卫拉特诸部落的起源》（续二），《西藏民族学院学报》2010年第3期

◆［2010］孟秋丽译：《青海卫拉特诸部落的起源》（续三），《西藏民族学院学报》2010年第4期

◆［2010］孟秋丽译：《青海卫拉特诸部落的起源》（续四），《西藏民族学院学报》2010年第6期

——［1986］『中世チベット史研究』同朋舎出版

——◆［2010］孟秋丽节译：《青海卫拉特诸部落的起源》，《西藏民族学院学报》2010年第1期

——◆［2010］孟秋丽节译：《青海卫拉特诸部落的起源》（续二），《西藏民族学院学报》2010年第3期

——◆［2010］孟秋丽节译:《青海卫拉特诸部落的起源》(续三),《西藏民族学院学报》2010年第4期

——◆［2010］孟秋丽节译:《青海卫拉特诸部落的起源》(续四),《西藏民族学院学报》2010年第6期

佐藤公彦［1999］『義和団の起源とその運動——中国民衆ナショナリズムの誕生』研文出版

◆［2007］宋军、彭曦、何慈毅译:《义和团的起源及其运动——中国民众Nationalism的诞生》,中国社会科学出版社

佐野公治［1988］『四書学史の研究』創文社

◆［2014］张文朝、庄兵译:《〈四书〉学史的研究》,台湾万卷楼图书股份有限公司

佐々木正哉［1963］「咸豊二年　鄞県の抗糧「暴動」」近代中国研究委員会『近代中国研究』第五輯,東京大学出版会

キューン,フィリップ(Kuhn,Philip Alden)［1996］谷井俊仁・谷井陽子訳『中国近世の霊魂泥棒』平凡社

◆［1999］孔飞力著,陈兼、刘昶译:《叫魂:1768年中国妖术大恐慌》,上海三联书店

ダニエルス,クリスチャン(Daniels,Christian)［1992］「明末清初における甘蔗栽培の新技術——その出現及び歴史的意義」神田信夫先生古稀記念論集編纂委員会編『清朝と東アジア』山川出版社

——［1995］「16—17世紀福建の竹紙製造技術——『天工開物』に詳述された製紙技術の時代考証」『アジア・アフリカ言語文化研究』48—49

チェイフィー,J. W.(Chaffee,John William)［2002］鈴木弘一郎訳「中国社会と科挙——欧米における研究動向」『中国——社会と文化』17

ホアン,フィリップ(Huang,Philip C. C.)［1998］唐澤靖彦訳「『中国における法廷裁判と民間調停——清代の公定表現と実践』序論」『中国——社会と文化』13

◆［1998］黄宗智:《导论》,收于黄宗智《民事审判与民间调解:清代的表达与实践》,中国社会科学出版社

◆［2001］黄宗智:《导论》,收于黄宗智《清代的法律、社会与文化:民

法的表达与实践》，上海书店出版社

マカートニー，ジョージ（Macartney，George）[1975] 坂野正高訳『中国訪問使節日記』平凡社東洋文庫

——◆ [2006] 乔治·马戛尔尼著，刘半农原译，林延清解读：《1793 乾隆英使觐见记》，天津人民出版社

——◆ [2013] 乔治·马戛尔尼著，何高济、何毓宁译：《马戛尔尼勋爵私人日志》，收于乔治·马戛尔尼、约翰·巴罗（Barrow，John）《马戛尔尼使团使华观感》，商务印书馆

Crossley，Pamela Kyle [1990] *Orphan Warriors*，*Three Manchu Generations and the End of the Qing World*，Princeton：Princeton University Press.

◆ [2016] 柯娇燕著，陈兆肆译，董建中校：《孤军：满人一家三代与清帝国的终结》，人民出版社

—— [1997] *The Manchus*，Cambridge，Mass.：Blackwell Publishers.

Elliott，Mark C. [2001] *The Manchu Way*，*The Eight Banners and Ethnic Identity in Late Imperial China*，Stanford，Calif.：Stanford University Press.

Huang，Philip C. C.（黄宗智）[1985] *The Peasant Economy and Social Change in North China*，Stanford，Calif.：Stanford University Press.

◆ [2000] 黄宗智：《华北的小农经济与社会变迁》，中华书局

—— [1990] *The Peasant Family and Rural Development in the Yangzi Delta*：*1350—1988*，Stanford，Calif.：Stanford University Press.

——◆ [2000] 黄宗智：《长江三角洲小农家庭与乡村发展：1350—1988年》，中华书局

Perkins，Dwight H. [1969] *Agricultural Development in China*：*1368—1968*，Chicago：Aldine Publishing Company.

◆ [1984] 珀金斯著，宋海文、潘纪一、刘汉才、陈声雅、毛智汇、萧功秦等译，伍丹戈校：《中国农业的发展：1368—1968》，上海译文出版社

Petech，Luciano [1972] Monographies du T'oung Pao，Volume 1，second and revised edition，Leiden：E. J. Brill.

◆ [1987] 伯戴克著，周秋有译：《十八世纪前期的中原和西藏》，西藏人民出版社

Rowe，William T.［1984］*Hankow：Commerce and Society in a Chinese City：1796—1889*，Stanford，Calif.：Stanford University Press.

◆［2005］罗威廉著，江溶、鲁西奇译，彭雨新、鲁西奇审校：《汉口：一个中国城市的商业和社会（1796—1889）》，中国人民大学出版社

Skinner，G. William（ed.）［1977］*The City in Late Imperial China*，Stanford，Calif.：Stanford University Press.

◆［1991］施坚雅主编，王旭、赵毅、董小川、阎光、李渡、赵英玲节译，王旭、李洵校：《中国封建社会晚期城市研究——施坚雅模式》，吉林教育出版社

◆［2000］施坚雅主编，叶光庭、徐自立、王嗣均、徐松年、马裕祥、王文源译，陈桥驿校：《中华帝国晚期的城市》，中华书局

第十章　近代

阿部洋［1990］『中国の近代教育と明治日本』福村出版

——［1993］『中国近代学校史研究——清末における近代学校制度の成立過程』福村出版

安岡昭男［1995］『明治前期日清交渉史研究』巌南堂書店

◆［2007］胡连成译：《明治前期日中关系史研究》，福建人民出版社

安藤潤一郎［2002］「清代嘉慶・道光年間の雲南省西部における漢回対立——「雲南回民起義」の背景に関する一考察」『史学雑誌』111-8

岸本美緒［1997］『清代中国の物価と経済変動』研文出版

◆［2010］刘迪瑞译：《清代中国的物价与经济波动》，社会科学文献出版社

坂出祥伸［2001］『改訂増補　中国近代の思想と科学』朋友書店

坂野正高［1970］『近代中国外交史研究』岩波書店

——［1973］『近代中国政治外交史——ヴァスコ・ダ・ガマから五四運動まで』東京大学出版会

——◆［2005］陈鹏仁、刘崇稜译：《近代中国政治外交史》，台湾商务印书馆

——［1985］『中国近代化と馬建忠』東京大学出版会

——他編［1974］『近代中国研究入門』東京大学出版会

坂元ひろ子［2004］『中国民族主義の神話——人種・身体・ジェンダー』岩波書店

北山康夫［1972］『中国革命の歴史的研究』ミネルヴァ書房

本野英一［2002］「アジア経済史研究者からの三つの質問」川勝平太編『グローバル・ヒストリーに向けて』藤原書店

——［2004］『伝統中国商業秩序の崩壊——不平等条約体制と「英語を話す中国人」』名古屋大学出版会

濱下武志［1989］『中国近代経済史研究——清末海関財政と開港場市場圏』東京大学東洋文化研究所

◆［2008］高淑娟、孙彬译:《中国近代经济史研究——清末海关财政与通商口岸市场圈》，江苏人民出版社

——［1990］『近代中国の国際的契機——朝貢システムと近代アジア』東京大学出版会

——◆［1999］朱荫贵、欧阳菲译，虞和平校:《近代中国的国际契机——朝贡贸易体系与近代亚洲经济圈》，中国社会科学出版社

——［1997］『朝貢システムと近代アジア』岩波書店

——［2000］「中国近現代史研究の視点」『東方学』100

——・川勝平太編［1991］『アジア交易圏と日本工業化 1500—1900』リブロポート

——他編［1997，2000］『地域の世界史』12 冊，山川出版社

並木頼寿［1981］「捻軍の「反乱」と圩寨」『東洋学報』62-3/4

——［1989］「中国の近代史と歴史意識——洋務運動・曽国藩の評価をめぐって」小島晋治編『岩波講座現代中国 4　歴史と近代化』岩波書店

——［1990］「苗沛霖団練事件」『東京大学教養学部人文科学科紀要』92

——［1993］「日本における中国近代史研究の動向」小島晋治・並木頼寿編『近代中国研究案内』岩波書店

——・井上裕正［1997］『世界の歴史 19　中華帝国の危機』中央公論社

波多野善大［1961］『中国近代工業史の研究』東洋史研究会

——［1973］『中国近代軍閥の研究』河出書房新社

倉橋正直［1976］「清末，商部の実業振興について」『歴史学研究』432

◆［1983］徐鼎新译，池步洲校：《关于清末商部振兴农务、工艺、路务等若干问题》，《上海经济研究》1983年第4期

陳捷［2003］『明治前期日中学術交流の研究——清国駐日公使館の文化活動』汲古書院

陳来幸［2001］「長江デルタにおける商会と地域社会」森時彦編『中国近代の都市と農村』京都大学人文科学研究所

池田誠［1983］『孫文と中国革命』法律文化社

——他［1988］『図説中国近現代史』法律文化社

川島真［1994］「光緒新政下の出使大臣と立憲運動」『東洋学報』75-3/4

——［2000］「中国における万国公法の受容と適用・再考」『東アジア近代史』3

——［2004］『中国近代外交の形成』名古屋大学出版会

——◆［2012］田建国译，田建华校：《中国近代外交的形成》，北京大学出版社

川勝平太［1985］「アジア木綿市場の構造と展開」『社会経済史学』51-1

——編［2003］『アジア太平洋経済圏史 1500—2000』藤原書店

村上衛［2000］「清末厦門における交易構造の変動」『史学雑誌』109-3

◆［2016］王诗伦译：《清末厦门贸易结构的变化》，收于村上卫《海洋史上的近代中国：福建人的活动与英国、清朝的因应》，社会科学文献出版社

——［2003］「閩粤沿海民の活動と清朝——一九世紀前半のアヘン貿易活動を中心に」『東方学報』（京都）75

——◆［2016］王诗伦译：《闽粤沿海民众的活动与清朝——以鸦片战争前夕的鸦片贸易活动为中心》，收于村上卫《海洋史上的近代中国：福建人的活动与英国、清朝的因应》，社会科学文献出版社

——［2004］「19世紀中葉，華南沿海秩序の再編——イギリス海軍と閩粤海盗」『東洋史研究』63-3

——◆［2016］王诗伦译：《闽粤海盗与英国海军》，收于村上卫《海洋史上的近代中国：福建人的活动与英国、清朝的因应》，社会科学文献出版社

村松祐次［1976］『義和団の研究』巖南堂書店

村田雄二郎［1994］「王朝・国家・社会——近代中国の場合」溝口雄三他編『アジアから考える4　社会と国家』東京大学出版会

——［1995］「中国近代革命と儒教社会の反転」溝口雄三他編『これからの世界史4　中国という視座』平凡社

村尾進［1985］「カントン学海堂の知識人とアヘン弛禁論，厳禁論」『東洋史研究』44-3

——［1992］「『海国四説』の意味」『東洋史研究』51-1

——［1996］「珠江・広州・澳門——英文および絵画史料から見た「カントン・システム」」小野和編『明末清初の社会と文化』京都大学人文科学研究所

嵯峨隆［1994］『近代中国アナキズムの研究』研文出版

大谷敏夫［1995］『清代政治思想と阿片戦争』同朋舎出版

大里浩秋・孫安石編［2002］『中国人日本留学史研究の現段階』御茶の水書房

◆［2014］《近现代中日留学生史研究新动态》，上海人民出版社

島田虔次［1965］『中国革命の先駆者たち』筑摩書房

——・小野信爾編［1968］『辛亥革命の思想』筑摩書房

——他編［1983］『アジア歴史研究入門』2，同朋舎出版

稲田清一［1988］「太平天国期のチワン族「反乱」とその背景——広西省横州・永淳県の場合」『史林』71-1

丁文江・趙豊田編［2004］島田虔次編訳『梁啓超年譜長編』1—5巻，岩波書店

◆［1983］《梁启超年谱长编》，上海人民出版社

東アジア近代史学会編［1997］『日清戦争と東アジア世界の変容』上・下，ゆまに書房

東田雅博［1998］『図像のなかの中国と日本——ヴィクトリア朝のオリエント幻想』山川出版社

——［2004］『纏足の発見一ある英国女性と清末中国』大修館書店

渡辺祐子［1994］「清末揚州教案」『史学雑誌』103-11

帆刈浩之［1994］「近代上海における遺体処理問題と四明公所——同郷ギ

ルドと中国の都市化」『史学雑誌』103-2

——［1996］「香港東華医院と広東人ネットワーク——二十世紀初頭における救災活動を中心に」『東洋史研究』55-1

飯島渉［1990］「中国近代における常関制度——牛荘洋関による営口常関の管理を中心として」『社会経済史学』56-3

——［1993］「「裁釐加税」問題と清末中国財政——一九〇二年中英マッケイ条約交渉の歴史的位置」『史学雑誌』102-11

——［1995］「近代中国のコミュニケーション・ネットワーク——郵便事業の展開と「中国」地域」中村義編『新しい東アジア像の研究』三省堂

——［2000］『ペストと近代中国——衛生の「制度化」と社会変容』研文出版

——◆［2019］朴彦、余新忠、姜滨译:《鼠疫与近代中国：卫生的制度化和社会变迁》，社会科学文献出版社

——［2005］『マラリアと帝国——殖民地医学と東アジアの広域秩序』東京大学出版会

——編［1999］『華僑・華人史研究の現在』汲古書院

夫馬進［1997］『中国善会善堂史研究』同朋舎出版

◆［2005］伍跃、杨文信、张学锋译:《中国善会善堂史研究》，商务印书馆

復旦大学歴史系・上海師範大学歴史系編著［1981］野原四郎・小島晋治監訳『中国近代史』3 冊，三省堂

◆［1972］《中国近代史丛书》编写组:《鸦片战争》《太平天国革命》《捻军运动》《洋务运动》《中法战争》《甲午中日战争》《戊戌变法》《义和团运动》《辛亥革命》《北洋军阀》，上海人民出版社

岡本隆司［1999a］『近代中国と海関』名古屋大学出版会

——［1999b］「清末民国と塩税」『東洋史研究』58-1

——［2004］『属国と自主のあいだ——近代清韓関係と東アジアの命運』名古屋大学出版会

——◆［2012］黄荣光译:《属国与自主之间：近代中朝关系与东亚的命运》，生活・读书・新知三联书店

高嶋航［1997］「水龍会の誕生」『東洋史研究』56-2

——［2003］「天足会と不纏足会」『東洋史研究』62-2

——［2004］「教会と信徒の間で——女性宣教師による纏足解放の試み」森時彦編『中国近代化の動態構造』京都大学人文科学研究所

高橋孝助［1984］「近代初期の上海における善堂——その「都市」的状況への対応の側面について」『宮城教育大学紀要（人文・社会科学）』18

——［1990］「中国の常関・釐金・海関」柴田三千雄他編『シリーズ世界史への問い 3　移動と交流』岩波書店

——他編［1995］『上海史——巨大都市の形成と人々の営み』東方書店

高田淳［1970］『中国の近代と儒教——戊戌変法の思想』紀伊国屋新書

高田幸男［1993］「清末地域社会における教育行政機構の形成——蘇・浙・皖三省各庁州県の状況」『東洋学報』75-1/2

——［2001］「清末江蘇における地方自治の構築と教育会——江蘇教育総会による地域エリートの「改造」」『駿台史学』111

根岸佶［1953］『中国のギルド』日本評論新社

宮川尚子［2001］「清末における留学帰国者を対象とする官僚登用試験について」『寧楽史苑』46

宮崎市定［1965］「太平天国の性質について」『史林』48-2（同［1993］所収）

◆［2017］张学锋、马云超译:《关于太平天国的性质》，收于宫崎市定《宫崎市定亚洲史论考》(下)，上海古籍出版社

◆［2018］张学锋、马云超译:《关于太平天国的性质》，收于宫崎市定《中国的历史思想——宫崎市定论中国史》，上海古籍出版社

——［1993］『宮崎市定全集』16，岩波書店

——◆［2017］张学锋、马云超节译:《关于太平天国的性质》，收于宫崎市定《宫崎市定亚洲史论考》(下)，上海古籍出版社

——◆［2018］张学锋、马云超节译:《关于太平天国的性质》，收于宫崎市定《中国的历史思想——宫崎市定论中国史》，上海古籍出版社

宮田道昭［1981］「清末における外国貿易品流通機構の一考察——ギルドの流通支配を中心として」『駿台史学』52

——［1986］『19 世紀後半期，中国沿岸部の市場構造——「半植民地化」に関する一視点』『歴史学研究』550

宮原佳昭［2003］「清末湖南省長沙における民立学堂設立と新教育界の形成について——胡元倓と明徳学堂を中心に」『東洋史研究』62-2

溝口雄三［1983］「近代中国像は歪んでいないか——洋務と民権および中体西用と儒教」『歴史と社会』2

◆［1996］李甦平译:《近代中国形象没有歪曲吗? ——洋务和民权及中体西用和儒教》，收于沟口雄三《日本人视野中的中国学》，中国人民大学出版社

◆［1999］林右崇译:《近代中国像没有歪曲吗? ——洋务与民权、及中体西用与儒教》，收于沟口雄三《作为“方法”的中国》，台湾编译馆

◆［2011］孙军悦译:《被扭曲的近代中国像——洋务与民权、中体西用与儒教》，收于沟口雄三《作为方法的中国》，生活・读书・新知三联书店

——［1989］『方法としての中国』東京大学出版会

——◆［1999］林右崇译:《作为“方法”的中国》，台湾编译馆

——◆［2011］孙军悦译:《作为方法的中国》，生活・读书・新知三联书店

——他編［1993—1994］『アジアから考える』1—7，東京大学出版会

古田和子［2000］『上海ネットワークと近代東アジア』東京大学出版会

◆［2009］王小嘉译，虞和平审校:《上海网络与近代东亚: 19 世纪后半期东亚的贸易与交流》，中国社会科学出版社

——［2003］「経済史における情報と制度——中国商人と情報」『社会経済史学』69-4

関西中国女性史研究会編［2005］『中国女性史入門——女たちの今と昔』人文書院

広瀬一恵［1990］「清末プロテスタント教会の布教に関する最近の研究」『近代中国』21

貴志俊彦［1992］「「北洋新政」体制下における地方自治制の形成」横山英・曽田三郎編『中国の近代化と政治的統合』溪水社

◆［1996］周俊旗译，郑玉林校:《北洋新政体制下地方自治制度的形成——天津县各级议事会的成立及其权限》，《城市史研究》(第 11—12 辑)，天津古籍出版社

河田悌一［1987］『中国近代思想と現代』研文出版

黒田明伸［1994］『中華帝国の構造と世界経済』名古屋大学出版会

——［2003］『貨幣システムの世界史——〈非対称性〉をよむ』岩波書店

——◆［2007］何平译:《货币制度的世界史：解读“非对称性”》，中国人民大学出版社

黒岩高［2002］「械闘と謡言——19世紀の陝西・渭河流域に見る漢・回関係と回民蜂起」『史学雑誌』111-9

横山宏章［1983］『孫中山の革命と政治指導』研文出版

——［1996］『現代アジアの肖像1　孫文と袁世凱』岩波書店

横山英［1977］『辛亥革命研究序説』新歴史研究会

——編［1985］『中国の近代化と地方政治』勁草書房

——・曽田三郎編［1992］『中国の近代化と政治的統合』溪水社

胡縄［1974］小野信爾他訳『中国近代史1840—1924』平凡社

胡垣坤・曽露凌・譚雅倫編［1997］村田雄二郎・貴堂嘉之訳『カミング・マン——19世紀アメリカの政治諷刺漫画のなかの中国人』平凡社

◆［1994］《美国早期漫画中的华人》，香港三联书店

黄東蘭［2005］『近代中国の地方自治と明治日本』汲古書院

黄尊三［1986］さねとうけいしゅう・佐藤三郎訳『清国人日本留学日記1905—1912年』東方書店

◆［1933］《三十年日记》，湖南印书馆

姫田光義他［1982］『中国近現代史』上・下，東京大学出版会

吉田金一［1974］『世界史研究双書16　近代露清関係史』近藤出版社

吉澤誠一郎［2002］『天津の近代——清末都市における政治文化と社会結合』名古屋大学出版会

◆［2002］史丽华节译:《体育与革命——辛亥革命时期天津的尚武理念和治安问题》,《城市史研究》(第21辑特刊: 20世纪华北城市近代化)，天津社会科学院出版社

◆［1995］张利民节译:《光绪末年天津巡警的创设和城市行政的变化》,《城市史研究》(第10辑)，天津古籍出版社

——［2003］『愛国主義の創成——ナショナリズムから近代中国を見る』

岩波書店

加藤祐三［1985］『黒船前後の世界』岩波書店

菅野正［2002］『清末日中関係史の研究』汲古書院

江夏由樹［1994］「近代東三省社会の変動——清末，旧奉天省における在地勢力の抬頭」溝口雄三他編『アジアから考える 3　周縁からの歴史』東京大学出版会

今堀誠二［1953］『中国の社会構造——アンシャンレジームにおける「共同体」』有斐閣

金鳳珍［1995］「東アジア三国の「開国」と万国公法の受容」『北九州大学外国語学部紀要』84

金田真滋［1998］「中国開港後の外国銀行」『史学雑誌』107-9

金子肇［2000］「清末民初における江蘇省の認捐制度」『東洋史研究』59-2

近藤邦康［1972］『辛亥革命』紀伊国屋新書

井上裕正［1975］「レイ・オズボーン艦隊事件の外交史的意義について」『東洋史研究』34-2

——［1977］「清代咸豊期のアヘン問題について——特に咸豊八（1858）年におけるアヘン貿易の合法化をめぐって」『史林』60-3

——［1994］『中国歴史人物選 12　林則徐』白帝社

——［2004］『清代アヘン政策史の研究』京都大学学術出版会

——◆［2011］钱杭译:《清代鸦片政策史研究》，西藏人民出版社

久保亨［1995］『中国経済 100 年のあゆみ——統計資料で見る中国近現代経済史』（第二版）創研出版

久保田文次［1985］「近代中国像は歪んでいるか」『史潮』新 16

——［1992a］「中国の近代化をめぐって」辛亥革命研究会編『中国近代史研究入門　現状と課題』汲古書院

——［1992b］「辛亥革命の理解をめぐって」辛亥革命研究会編『中国近代史研究入門　現状と課題』汲古書院

酒井忠夫［1992］『中国民衆と秘密結社』吉川弘文館

——［1997］『酒井忠夫著作集 4　中国幇会史の研究　青幇篇』国書刊行会

——［1998］『酒井忠夫著作集 3　中国幇会史の研究　紅幇篇』国書刊行会

——［2002］『酒井忠夫著作集6　近・現代中国における宗教結社の研究』国書刊行会

——編［1983］『東南アジアの華人文化と文化摩擦』巌南堂書店

臼井佐知子［1984］「太平天国末期における李鴻章の軍事費対策」『東洋学報』65-3/4

——［1986］「同治四（一八六五）年，江蘇省における賦税改革」『東洋史研究』45-2

——［1989］「太平天国期における蘇州紳士と地方政治」『中国——社会と文化』4

菊池道樹［1993］「東南アジアと中国」溝口雄三他編『アジアから考える2　地域システム』東京大学出版会

菊池貴晴［1970］『現代中国革命の起源——辛亥革命の史的意義』巌南堂書店（1973年新訂版）

——［1974］『中国民族運動の基本構造——対外ボイコットの研究（増補版）』汲古書院

菊池秀明［1998］『広西移民社会と太平天国』（本文編）風響社

——［1999］「太平天国と歴史学——「客家ナショナリズム」の背景」『岩波講座世界歴史20　アジアの〈近代〉』

——［2003］『世界史リブレット65　太平天国にみる異文化受容』山川出版社

可児弘明［1979］『近代中国の苦力と「豬花」』岩波書店

——他編［1998］『民族で読む中国』朝日新聞社

——・斯波義信・游仲勲編［2002］『華僑・華人事典』弘文堂

孔祥吉［1988］『康有為変法奏議研究』遼寧教育出版社

◆同上

堀川哲男［1962］「辛亥革命前の利権回収運動」『東洋史研究』21-2

——［1964］「義和団運動研究序説」『東洋史研究』23-3

——［1966］『林則徐』人物往来社（中公文庫，1997年）

——編［1995］『アジアの歴史と文化5　中国史——近・現代』同朋舎出版

瀬川昌久［1993］『客家——華南漢族のエスニシティとその境界』風響社

◆［2013］河合洋尚、姜娜译，蔡文高校译：《客家：华南汉族的族群性及其边界》，社会科学文献出版社

——［1996］『族譜——華南漢族の宗族・風水・移住』風響社

——◆［1999］钱杭译：《族谱：华南汉族的宗族、风水、移居》，上海书店出版社

李若文［1994］「清末中国，欧米宣教師による“干預訴訟”問題の一側面——プロテスタントの対応策を中心に」『東洋学報』76-1/2

里井彦七郎［1972］『近代中国における民衆運動とその思想』東京大学出版会

栗原純［1984］「清代台湾における米穀移出と郊商人」『台湾近現代史研究』5

廖赤陽［2000］『長崎華商と東アジア交易網の形成』汲古書院

林建朗［1979］「1853—54 年の太平天国と列強」『東洋学報』60-3/4

林原文子［1988］「清末，民間企業の勃興と実業新政について」『近きに在りて』14

鈴木智夫［1977］『近代中国の地主制』汲古書院

——［1992a］「洋務運動研究の現状と課題——わが国における近年の研究を中心に」辛亥革命研究会編『中国近代史研究入門　現状と課題』汲古書院

——［1992b］『洋務運動の研究』汲古書院

劉世龍［2002］『中国の工業化と清末の産業行政——商部・農工商部の産業振興を中心に』溪水社

劉香織［1990］『断髪——近代東アジアの文化衝突』朝日選書

柳田節子先生古稀記念論集編集委員会編［1993］『柳田節子先生古稀記念中国の伝統社会と家族』汲古書院

籠谷直人［2000］『アジア国際通商秩序と近代日本』名古屋大学出版会

羅玉東［1936］『中国釐金史』商務印書館

◆同上

茂木敏夫［1987］「李鴻章の属国支配観——1880 年前後の琉球・朝鮮をめぐって」『中国——社会と文化』2

——［1993］「中華世界の「近代」的変容——清末の辺境支配」溝口雄三

他編『アジアから考える 2　地域システム』東京大学出版会

——［1997］『世界史リブレット 41　変容する近代東アジアの国際秩序』山川出版社

——［2000］「中国における近代国際法の受容——「朝貢と条約の並存」の諸相」『東アジア近代史』3

末成道男［1995］『中国文化人類学文献解題』東京大学出版会

目黒克彦［1985］「十九世紀末湖南の情勢と変法派の対応」『集刊東洋学』54

彭沢周［1969］『明治初期日韓清関係の研究』塙書房

——［1976］『中国の近代化と明治維新』同朋舎出版

片岡一忠［1991］『清朝新疆統治研究』雄山閣出版

平野聡［2004］『清帝国とチベット問題』名古屋大学出版会

坪井善明［1991］『近代ヴェトナム政治社会史』東京大学出版会

蒲豊彦［2003］「宣教師，中国人信者と清末華南郷村社会」『東洋史研究』62-3

千葉正史［1998］「清末における電気通信事業の国有化再編過程について」『社会経済史学』63-6

——［1999］「情報革命と義和団事件——電気通信の出現と清末中国政治の変容」『史学雑誌』108-1

——［2002］「清末における国家的物流システム維持と近代交通手段の導入——漕運問題史上における廬漢鉄路計画の位置」『立命館言語文化研究』14-2

——［2005］「清末立憲改革下における国家統合の再編と鉄道」『史学雑誌』114-2

浅原達郎［1987—1995］「「熱中」の人——端方伝」1—7『泉屋博古館紀要』4，6—11

青山治世［2005］「清末における「南洋」領事増設論議」『歴史学研究』800

清水稔［1972］「長沙米騒動と民衆」『名古屋大学東洋史研究報告』1

仁井田陞［1951］『中国の社会とギルド』岩波書店

日本上海史研究会編［2000］『上海——重層するネットワーク』汲古書院

日本孫文研究会・神戸華僑華人研究会編［1999］『孫文と華僑——孫文生誕 130 周年記念　国際学術討論会論文集』汲古書院

三好千春［1989］「アヘン戦争に関する燕行使情報」『史艸』30

三石善吉［1991］『中国の千年王国』東京大学出版会

◆［1997］李遇玫译:《中国的千年王国》，上海三联书店

——［1996］『中国，一九〇〇年——義和団運動の光芒』中公新書

森山茂徳［1987］『近代日韓関係史研究』東京大学出版会

森時彦［2001］『中国近代綿業史の研究』京都大学学術出版会

◆［2010］袁广泉译:《中国近代棉纺织业史研究》，社会科学文献出版社

——編［2001］『中国近代の都市と農村』京都大学人文科学研究所

——編［2004］『中国近代化の動態構造』京都大学人文科学研究所

森悦子［1988］「天津都統衙門について」『東洋史研究』47-2

山本澄子［1972］『中国キリスト教史研究』近代中国研究委員会

山本達郎編［1975］『ベトナム中国関係史』山川出版社

山本進［2002a］『清代の市場構造と経済政策』名古屋大学出版会

——［2002b］『清代財政史研究』汲古書院

山岡由佳［1995］『長崎華商経営の史的研究』ミネルヴァ書房

山根幸夫［1994］『近代中国のなかの日本人』研文出版

——編［1976］『論集近代中国と日本』山川出版社

——編［1995］『中国史研究入門（増補改訂版）』下，山川出版社

——◆［2000］田人隆、黄正建等译:《中国历史研究入门（增订本）》（下），社会科学文献出版社

山室信一［2001］『思想課題としてのアジア』岩波書店

山田賢［1995］『移住民の秩序——清代四川地域社会史研究』名古屋大学出版会

◆［2011］曲建文译:《移民的秩序——清代四川地域社会史研究》，中央编译出版社

杉山伸也・グローブ，L. 編［1999］『近代アジアの流通ネットワーク』創文社

杉原薫［1996a］「近代アジア経済史における連続と断絶——川勝平太・濱下武志氏の所説をめぐって」『社会経済史学』62-3

——［1996b］『アジア間貿易の形成と構造』ミネルヴァ書房

深澤秀男［2000a］『戊戌変法運動史の研究』国書刊行会

——［2000b］『中国の近代化とキリスト教』新教出版社

神戸輝夫［1985］「マーガリ事件をめぐる英清交渉」『東洋史研究』44-2

石川亮太［2000］「19 世紀末東アジアにおける国際流通構造と朝鮮——海産物の生産・流通から」『史学雑誌』109-2

——［2004］「開港後朝鮮における華商の貿易活動——1894 年の清国米中継貿易を通じて」森時彦編『中国近代化の動態構造』京都大学人文科学研究所

石川禎浩［1993］「一九一〇年長沙大搶米の「鎮圧」と電信」『史林』76-4

石井摩耶子［1998］『近代中国とイギリス資本——19 世紀後半のジャーディン・マセソン商会を中心に』東京大学出版会

石田（山下）米子［1965］「辛亥革命の時期の民衆運動」『東洋文化研究所紀要』37

矢沢利彦［1958］「長江流域教案の一考察」『近代中国研究』1

——［1972］『中国とキリスト教』近藤出版社

市古宙三［1969］『カラー版世界の歴史 20　中国の近代』河出書房（河出文庫，1990 年）

——［1977］『近代中国の政治と社会（増補版）』東京大学出版会

斯波義信［1995］『華僑』岩波新書

——［2002］『中国都市史』東京大学出版会

——◆［2013］布和译:《中国都市史》，北京大学出版社

寺広映雄［1979］『中国革命の史的展開』汲古書院

松本英紀［2001］『宋教仁の研究』晃洋書房

——訳［1989］『宋教仁の日記』同朋舎出版

松丸道雄他編［2002］『世界歴史体系　中国史 5——清末—現在』山川出版社

孫文研究会編［2003］『辛亥革命の多元構造』汲古書院

「孫文とアジア」国際学術討論会日本語版編集委員会編［1993］『孫文とアジア 1990年8月国際学術討論会報告集』汲古書院

湯本国穂［1980］「辛亥革命の構造的検討——1911年の中国西南地方における政治変動の社会史的意味・昆明の事例」『東洋文化研究所紀要』81

藤村道生［1995］『日清戦争前後のアジア政策』岩波書店

藤村是清［1995］「環流的労働移動の社会的条件——1876—1938」冨岡倍雄・中村平八編『近代世界の歴史像』世界書院

藤岡喜久男［1985］『張謇と辛亥革命』北海道大学図書刊行会

藤谷浩悦［1987］「湖南変法運動の展開と郷紳による抵抗の論理」『老百姓』5

——［1992］「清末変法運動研究の動向と課題」辛亥革命研究会編『中国近代史研究入門　現状と課題』汲古書院

——［1993］「一九一〇年の長沙米騒動と郷紳——中央と地方の対抗をめぐって」『社会文化史学』31

——［2003］「中国近代史研究の動向と課題」『歴史評論』638

——◆［2003］何培忠译:《日本的中国近代史研究动向与课题》,《国外社会科学》2003年第6期

——［2004］「1906年の萍瀏醴蜂起と民衆文化——中秋節における謡言を中心に」『史学雑誌』113-10

——◆［2010］梁紫苏译，罗福惠校:《1906年萍浏醴起义与民众文化——以中秋节谣言为中心》,《近代史学刊》(第7辑)，华中师范大学出版社

藤井昇三［1966］『孫文の研究——とくに民族主義理論の発展を中心として』勁草書房

天津地方史研究会編［1999］『天津史——再生する都市のトポロジー』東方書店

田中比呂志［1995］「清末民初における地方政治構造とその変化——江蘇省宝山県における地方エリートの活動」『史学雑誌』104-3

——・飯島渉編［2005］『中国近現代史研究のスタンダード——卒業論文を書く』研文出版

田中正俊［1973］『中国近代経済史研究序説』東京大学出版会

田中正美［1978］「危機意識・民族主義思想の展開——アヘン戦争直前における」野沢豊他編『講座中国近現代史』1，東京大学出版会

田仲一成［1990］「粤東天地会の組織と演劇」『東洋文化研究所紀要』111

鉄山博［1991］「清末四川仇教運動の展開と守旧派官紳指導」上・下『鹿児島経済大学論集』31-4，32-1

土屋洋［2000］「清末山西における鉱山利権回収運動と青年知識層」『名古屋大学東洋史研究報告』24

丸山松幸［1982］『中国近代の革命思想』研文出版

汪婉［1998］『清末中国対日教育視察の研究』汲古書院

汪向栄［1991］竹内実監訳『清国お雇い日本人』朝日新聞社

◆［1988］《日本教习》，生活・读书・新知三联书店

王暁秋［1991］小島晋治監訳，中曽根幸子・田村玲子訳『アヘン戦争から辛亥革命——日本人の中国観と中国人の日本観』東方書店

◆［1987］《近代中日启示录》，北京出版社

衛藤瀋吉［1968］『近代中国政治史研究』東京大学出版会

武内房司［1997］「清末土司システムの解体と民族問題——貴州西南プイ族地区を中心に」『歴史学研究』700

武田雅哉［1988］『翔べ！大清帝国——近代中国の幻想科学』リブロポート

◆［2013］任钧华译：《飞翔吧！大清帝国：近代中国的幻想与科学》，北京联合出版公司

西川喜久子［1966—1967］「太平天国運動」『東洋文化』41，43

——［1988］「順徳団練総局の成立」『東洋文化研究所紀要』105

西川真子［1994］「清末裁判制度の改革」『東洋史研究』53-1

西川正夫［1978］「辛亥革命と民衆運動——四川保路運動と哥老会」野沢豊・田中正俊編『講座中国近現代史』3，東京大学出版会

西村成雄［1984］『中国近代東北地域史研究』法律文化社

細見和弘［1996］「李鴻章と清仏戦争——北洋艦隊の派遣拒否問題についての再検討」『中国——社会と文化』11

——［1998］「李鴻章と戸部——北洋艦隊の建設過程を中心に」『東洋史研

究』56-4

狭間直樹［1963］「山東萊陽「暴動」小論——辛亥革命における人民闘争の役割」『東洋史研究』22-2

——［1964］「中国近代史における『資本のための隷農』の創出およびそれをめぐる農民闘争」『新しい史学のために』99

——［1976］『中国社会主義の黎明』岩波新書

——他［1996］『データでみる中国近代史』有斐閣

——編［1999］『共同研究　梁啓超——西洋近代思想受容と明治日本』みすず書房

——◆［2001］孙路易、吴光辉等译:《梁启超・明治日本・西方》，社会科学文献出版社

——編［2001］『西洋近代文明と中華世界』京都大学学術出版会

夏井春喜［2001］『中国近代江南の地主制研究——租桟関係簿冊の分析』汲古書院

夏暁虹［1998］藤井省三監修，清水賢一郎・星野幸代訳『纏足をほどいた女たち』朝日選書

◆［1995］《晚清文人妇女观》，作家出版社

箱田恵子［2002］「清末領事派遣論——1860，1870年代を中心に」『東洋史研究』60-4

——［2003］「清朝在外公館の設立について」『史林』86-2

蕭文嫻［1998］「清末上海における事業投資とその資金調達——ゴム株式恐慌（一九一〇年）に至る過程を中心に」『社会経済史学』63-5

小浜正子［2000］『近代上海の公共性と国家』研文出版

◆［2003］葛涛译:《近代上海的公共性与国家》，上海古籍出版社

小島晋治［1978］『太平天国革命の歴史と思想』研文出版

——［1993］『太平天国運動と現代中国』研文出版

——◆［2017］徐曼译:《太平天国运动与现代中国》，社会科学文献出版社

——・丸山松幸［1986］『中国近現代史』岩波新書

——・並木頼寿編［1993］『近代中国研究案内』岩波書店

小島淑男［1960］「辛亥革命における上海独立と商紳層」東京教育大学ア

ジア史研究会中国近代史部会編『中国近代化の社会構造——辛亥革命の史的位置』教育書籍

——［1989］『留日学生の辛亥革命』青木書店

——◆［1992］李吉奎节译，马宁校:《中国留日学生的归国运动》,《中山大学学报论丛》1992 年第 5 期（孙中山研究论文集 9）

小瀬一［1989］「一九世紀末中国開港場間流通の構造——営口を中心として」『社会経済史学』54-5

小林共明［1992］「留日学生史研究の現状と課題」辛亥革命研究会編『中国近代史研究入門　現状と課題』汲古書院

小林善文［2002］『中国近代教育の普及と改革に関する研究』汲古書院

小林一美［1978］「義和団の民衆思想」野沢豊・田中正俊編『講座中国近現代史』2，東京大学出版会

——［1986］『義和団戦争と明治国家』汲古書院

——［1992］「義和団研究から中国全体史の研究へ」辛亥革命研究会編『中国近代史研究入門　現状と課題』汲古書院

小山正明［1992］『明清社会経済史研究』東京大学出版会

小野川秀美［1969］『清末政治思想研究（増補版）』みすず書房

◆［1982］林明德、黃福庆译:《晚清政治思想研究》，台湾时报文化出版事业公司

——・島田虔次編［1978］『辛亥革命の研究』筑摩書房

小野和子［1978］『中国女性史——太平天国から現代まで』平凡社

小野信爾［1957］「李鴻章の登場——淮軍の成立をめぐって」『東洋史研究』16-2

——［1977］『新書東洋史 5　人民中国への道』講談社

小羽田誠治［2003］「清末成都における勧業場の設立」『史学雑誌』112-6

辛亥革命研究会編［1992］『中国近代史研究入門　現状と課題』汲古書院

新村容子［2000］『アヘン貿易論争——イギリスと中国』汲古書院

新免康［1994］「「辺境」の民と中国——東トルキスタンから考える」溝口雄三他編『アジアから考える 3　周縁からの歴史』東京大学出版会

熊達雲［1998］『山梨学院大学社会科学研究所叢書 3　近代中国官民の日

本視察』成文堂

厳安生［1991］『日本留学精神史　近代中国知識人の軌跡』岩波書店

◆［2018］陈言译:《灵台无计逃神矢：近代中国人留日精神史》，生活・读书・新知三联书店

厳中平［1966］依田憙家訳『中国近代産業発達史　中国棉紡織史稿』校倉書房

◆［1955］《中国棉纺织史稿》，科学出版社

岩井茂樹［2004］『中国近世財政史の研究』京都大学学術出版会

◆［2011］付勇译:《中国近代财政史研究》，社会科学文献出版社

野沢豊［1972］『辛亥革命』岩波新書

——編［2001］『近きに在りて』39

——・田中正俊編［1978］『講座中国近現代史』1—7，東京大学出版会

蔭山雅博［1992］「清末江蘇省における「日本型」学校制度の導入過程——張謇の活動を中心として」『国立教育研究所紀要』121

永井算巳［1983］『中国近代政治史論叢』汲古書院

游仲勲先生古希記念論文集編集委員会編［2003］『日本における華僑華人研究——游仲勲先生古希記念論文集』風響社

有田和夫［1984］『清末意識構造の研究』汲古書院

兪辛惇［1989］『孫文の革命運動と日本』六興出版

——［2002］『辛亥革命期の中日外交史研究』東方書店

原田環［1997］『朝鮮の開国と近代化』溪水社

原田正己［1983］『康有為の思想運動と民衆』刀水書房

早川敦［2003］「清末の学堂奨励について——近代学制導入期における科挙と学堂のあいだ」『東洋史研究』62-3

増井経夫［1978］『中国の二つの悲劇』研文出版

曽田三郎［1975］「商会の設立」『歴史学研究』422

——［1992］「清末の産業行政をめぐる分権化と集権化」横山英・曽田三郎編『中国の近代化と政治的統合』溪水社

——［1994］『中国近代製糸業史の研究』汲古書院

——編［1997］『中国近代化過程の指導者たち』東方書店

——編［2001］『近代中国と日本』御茶の水書房

張偉雄［1999］『文人外交官の明治日本——中国初代駐日公使団の異文化体験』柏書房

植田捷雄［1969］『東洋外交史』上，東京大学出版会

中村義［1979］『辛亥革命研究』未来社

中村哲夫［1984］『近代中国社会史研究序説』法律文化社

——［1990］『移情閣遺聞——孫文と呉錦堂』阿吽社

——［1992］『同盟の時代——中国同盟会成立過程の研究』人文書院

——［1998］「光緒新政への政策転換の背景」『史学雑誌』107-1

——［2002］「辛亥革命研究の課題と展望」『孫文研究』31（辛亥革命90周年記念特集）

中国女性史研究会編［2004］『中国女性の一〇〇年——史料にみる歩み』青木書店

中見立夫［1994］「モンゴルの独立と国際関係」溝口雄三他編『アジアから考える3　周縁からの歴史』東京大学出版会

中井英基［1996］『張謇と中国近代企業』北海道大学図書刊行会

中山義弘［1983］『近代中国における女性解放の思想と行動』北九州中国書店

中田吉信［1986］「「漢奸」から「愛国者」へ——左宗棠の「復権」をめぐって」『就実女子大学史学論集』1

中野美代子・武田雅哉［1989］『世紀末中国のかわら版——絵入新聞『点石斎画報』の世界』福武書店（中公文庫，1999年）

周一川［2000］『中国人女性の日本留学史研究』国書刊行会

◆［2007］《近代中国女性日本留学史》，社会科学文献出版社

朱徳蘭［1997］『長崎華商貿易の史的研究』芙蓉書房出版

竹内好・橋川文三編［1974］『近代日本と中国』上・下，朝日選書

竹内弘行［1995］『中国の儒教的近代化論』研文出版

卓南生［1990］『中国近代新聞成立史1815—1874』ぺりかん社

足立啓二［1978］「大豆粕流通と清代の商業的農業」『東洋史研究』37-3

◆［1995］阮航译:《豆饼流通与清代的商业性农业》，收于刘俊文主编

《日本中青年学者论中国史》(宋元明清卷)，上海古籍出版社

——［1998］『専制国家史論——中国史から世界史へ』柏書房

佐伯富［1956］『清代塩政の研究』東洋史研究会

◆［1988］刘淼节译：《运商的没落和盐政的弊坏》，收于刘淼辑译《徽州社会经济史研究译文集》，黄山书社

佐藤公彦［1999］『義和団の起源とその運動——中国民衆ナショナリズムの誕生』研文出版

◆［2007］宋军、彭曦、何慈毅译：《义和团的起源及其运动——中国民众Nationalism的诞生》，中国社会科学出版社

佐藤仁史［1999］「清末・民国初期上海県農村部における在地有力者と郷土教育——『陳行郷土志』とその背景」『史学雑誌』108-12

◆［2017］《近代中国乡土教科书的爱乡与爱国：〈陈行乡土志〉及其背景》，收于佐藤仁史《近代中国的乡土意识——清末民初江南的地方精英与地域社会》，北京师范大学出版社

佐藤三郎［1984］『近代日中交渉史の研究』吉川弘文館

——［2003］『中国人の見た明治日本——東遊日記の研究』東方書店

佐藤慎一［1996］『近代中国の知識人と文明』東京大学出版会

◆［2006］王青节译：《近代中国的体制构想》，收于沟口雄三、小岛毅主编《中国的思维世界》，江苏人民出版社

◆［2008］刘岳兵译：《近代中国的知识分子与文明》，江苏人民出版社

——編［1998］『近代中国の思索者たち』大修館書店

佐々波智子［1991］「一九世紀末，中国に於ける開港場・内地市場間関係——漢口を事例として」『社会経済史学』57-5

佐々木揚［1979a］「近代露清関係史の研究について——日清戦争期を中心として」『近代中国』5

——［1979b］「1895年の対清・露仏借款をめぐる国際政治」『史学雑誌』88-7

——［2000］『清末中国における日本観と西洋観』東京大学出版会

佐々木正哉［1970］『清末の秘密結社』前篇，巌南堂書店

——［1977—1978］「義和団の起源」上・中・下『近代中国』1—3

——［1979—1982］「鴉片戦争の研究——英軍の広州進攻からエリオットの全権罷免まで」1—7『近代中国』5—11

——［1983—1984］「鴉片戦争の研究——ポティンヂャーの着任から南京条約の締結まで」1—3『近代中国』14—16

——［1985］「『海国図志』余談」『近代中国』17

——［1991］「南京条約の締結とその後の諸問題」『近代中国』22

コーエン，P. A.（Cohen，Paul A.）［1988］佐藤慎一訳『知の帝国主義——オリエンタリズムと中国像』平凡社

◆［1989］柯文著，林同奇译：《在中国发现历史：中国中心观在美国的兴起》，中华书局

さねとうけいしゅう［1970］『中国人日本留学史（増補版）』くろしお出版

◆［1983］实藤惠秀著，谭汝谦、林启彦译：《中国人留学日本史》，生活・读书・新知三联书店

◆［2012］实藤惠秀著，谭汝谦、林启彦译：《中国人留学日本史（修订译本）》，北京大学出版社

シャング，ウイリアム（安田震一）［2001］『絵画に見る近代中国——西洋からの視線』大修館書店

シュウォルツ，B.（Schwartz，Benjamin I.）［1978］平野健一郎訳『中国近代化と知識人——厳復と西洋』東京大学出版会

◆［1990］史华慈著，腾复等译：《严复与西方》，职工教育出版社

◆［1990］本杰明・史华兹著，叶凤美译：《寻求富强：严复与西方》，江苏人民出版社

グニエルス，クリスチャン（Daniels，Christian）［1984］「中国砂糖の国際的位置」『社会経済史学』50-4

チェン，J.（Ch'en，Jerome）［1980］守川正道訳『袁世凱と近代中国』岩波書店

◆［1988］陈志让著，傅志明、鲜于浩译：《乱世奸雄袁世凯》，湖南人民出版社

◆［2013］陈志让著，王纪卿译：《袁世凯传》，湖南人民出版社

フリードマン，M,（Freedman，Maurice）［1987］田村克己・瀬川昌久訳

『中国の宗族と社会』弘文堂

——［1991］末成道男・西澤治彦・小熊誠訳『東南中国の宗族組織』弘文堂

——◆［2000］莫里斯・弗里德曼，刘晓春译，王铭铭审校：《中国东南的宗族组织》，上海人民出版社

ヤング，A.（Young，Ernest P.）［1994］藤岡喜久男訳『袁世凱総統』光風社出版

Banno，M.（坂野正高）［1964］*China and the West 1858—1861，the Origins of the Tsungli Yamen*，Cambridge，Mass.：Harvard University Press.

Daniels，Christian and Menzies，Nicholas K.［1996］*Science and Civilisation in China，Vol. 6，Part Ⅲ，Agro-Industries and Forestry*，London；New York：Cambridge University Press.

Enatsu，Yoshiki（江夏由樹）［2004］*Banner Legacy：the Rise of the Fengtian Local Elite at the End of the Qing*，Ann Arbor：Center for Chinese Studies，The University of Michigan.

Fairbank，J. K.［1953］*Trade and Diplomacy on the China Coast，the Opening of the Treaty Ports，1842—1854*，Cambridge，Mass.：Harvard University Press.

Motono，Eiichi（本野英一）［2000］*Conflict and Cooperation in Sino-British Business，1860—1911：the Impact of the pro-British Commercial Network in Shanghai*，Basingstoke：Palgrave Macmillan.

Rowe，W. T.［1984］*Hankow：Commerce and Society in a Chinese City，1796—1889*，Stanford，Calif.：Stanford University Press.

◆［2005］罗威廉著，江溶、鲁西奇译，彭雨新、鲁西奇审校：《汉口：一个中国城市的商业和社会（1796—1889）》，中国人民大学出版社

——［1989］*Hankow：Conflict and Community in a Chinese City，1796—1895*，Stanford，Calif.：Stanford University Press.

——◆［2004］罗威廉著，鲁西奇、罗杜芳译，马钊、萧致治审校：《汉口：一个中国城市的冲突和社区（1796—1895）》，中国人民大学出版社

Skinner，G. W.（ed.）［1977］*The City in Late Imperial China*，Stanford，Calif.：Stanford University Press.

◆［1991］施坚雅主编，王旭、赵毅、董小川、阎光、李渡、赵英玲节译，王旭、李洵校：《中国封建社会晚期城市研究——施坚雅模式》，吉林教育出版社

◆［2000］施坚雅主编，叶光庭、徐自立、王嗣均、徐松年、马裕祥、王文源译，陈桥驿校：《中华帝国晚期的城市》，中华书局

第十一章　现代

阿部洋［1990］『中国の近代教育と明治日本』福村出版

——編［1983］『日中教育文化交流と摩擦——戦前日本の在華教育事業』第一書房

安井三吉［1993］『盧溝橋事件』研文出版

◆［1999］史桂芳、王续添译：《卢沟桥事件》，科华出版有限公司

——［2003］『柳条湖事件から盧溝橋事件へ——一九三〇年代華北をめぐる日中の対抗』研文出版

奥村哲［1983］「日本における中国近現代経済研究の動向（Ⅱ）——資本主義関係の諸問題」『新しい歴史学のために』170

——［1999］『中国の現代史——戦争と社会主義』青木書店

——［2004］『中国の資本主義と社会主義——近現代史像の再構成』桜井書店

坂野良吉［2004］『中国国民革命政治過程の研究』校倉書房

本野英一［2004］『伝統中国商業秩序の崩壊——不平等条約体制と「英語を話す中国人」』名古屋大学出版会

本庄比佐子・内山雅生・久保亨編［2002］『「興亜院」と戦時中国調査』岩波書店

弁納才一［1995］「農業史」野澤豊編『日本の中華民国史研究』汲古書院

——［2003］『近代中国農村経済史の研究——1930年代における農村経済の危機的状況と復興への胎動』金沢大学経済学部

——［2004］『華中農村経済と近代化——近代中国農村経済史像の再構築への試み』汲古書院

濱下武志［1990］『近代中国の国際的契機——朝貢システムと近代アジア』東京大学出版会

◆［1999］朱荫贵、欧阳菲译，虞和平校：《近代中国的国际契机——朝贡贸易体系与近代亚洲经济圈》，中国社会科学出版社

波形昭一編［1997］『近代アジアの日本人経済団体』同文館出版

陳来幸［1983］『五四運動の研究 5　虞洽卿について』同朋舎出版

——［2001］「長江デルタにおける商会と地域社会」森時彦編『中国近代の都市と農村』京都大学人文科学研究所

陳正醍［1985］「新哲学論戦とデボーリン批判」『東洋文化』65

——［1993—1995］「上海大学時期の瞿秋白について（上）（中）（下）」『人文学科論集』（茨城大学）26—28

城山智子［1999］「上海金融恐慌（1934 年—1939 年）に関する一考察」『東洋史研究』58-2

池田誠編［1987］『抗日戦争と中国民衆——中国ナショナリズムと民主主義』法律文化社

◆［1989］中国人民抗日战争纪念馆编研部译：《抗日战争与中国民众——中国的民族主义与民主主义》，求实出版社

川井伸一［1987］「戦後中国紡織業の形成と国民政府——中国紡織公司の成立過程」『国際関係論研究』6

——［2001］「中紡公司と国民政府の統制——国有企業の自立的経営方針とその挫折」姫田光義編『戦後中国国民政府史の研究——1945—49 年』中央大学出版部

川井悟［1982］「全国経済委員会の成立とその改組をめぐる一考察」『東洋史研究』40-4

川原勝彦［2003］「中国同郷団体の改造・解体過程（1945—1956 年）」『アジア研究』49-3

村松祐次［1949］『中国経済の社会態制』東洋経済新報社

嵯峨隆［1994］『近代中国アナキズムの研究』研文出版

——［1996］『近代中国の革命幻影——劉師培の思想と生涯』研文出版

大江志乃夫他編［1992—1993］『岩波講座近代日本と植民地』

島田虔次［1987］『五四運動の研究 12　新儒家哲学について——熊十力の哲学』同朋舎出版

鐙屋一［2002］『章士釗と近代中国政治史研究』芙蓉書房出版

丁文江・趙豊田編［2004］島田虔次編訳『梁啓超年譜長編』全5巻，岩波書店

◆［1983］《梁启超年谱长编》，上海人民出版社

段瑞聡［1997］「新生活運動の組織構造と人事」『法学政治学論究』34

——［1998］「蒋介石の権力の浸透と新生活運動」『法学政治学論究』38

范力［2002］『中日“戦争交流”研究——戦時期の華北経済を中心に』汲古書院

飯島渉［1997］「香港—日本関係の中の香港日本商工会議所」波形昭一編『近代アジアの日本人経済団体』同文館出版

——［2000］『ペストと近代中国——衛生の「制度化」と社会変容』研文出版

——◆［2019］朴彦、余新忠、姜滨译:《鼠疫与近代中国：卫生的制度化和社会变迁》，社会科学文献出版社

飯塚靖［1986］「南京政府の原棉政策に関する覚書」中国現代史研究会編『中国国民政府史研究』汲古書院

——［2001］「1930年代河北省における棉作改良事業と合作社」『駿台史学』112

福本勝清［1992］『中国革命への挽歌』亜紀書房

福士由紀［2004］「国際連盟保健機関と上海の衛生——1930年代のコレラ予防」『社会経済史学』70-2

富澤芳亜［1994］「銀行団接管期の大生第一紡織公司——近代中国における金融資本の紡織企業代理経営をめぐって」『史学研究』204

——［2000］『1937年の棉紗統税引き上げと日中紡織資本』『東洋学報』82-1

岡本隆司［1999］『近代中国と海関』名古屋大学出版会

岡部利良［1992］『旧中国の紡績労働研究』九州大学出版会

岡崎清宣［2001］「恐慌期中国における信用構造の再編」『社会経済史学』67-1

高村直助［1982］『近代日本綿業と中国』東京大学出版会

高橋伸夫［1997］「中国共産党の組織と社会」『法学研究』（慶應義塾大学）70-6

——［1998］「中国共産党組織の内部構造」『法学研究』（慶應義塾大学）71-5

——［2000］「根拠地における党と農民（1）（2）」『法学研究』（慶應義塾大学）73-3/4

高田幸男［2001］「教育における“復員”と教職員」姫田光義編『戦後中国国民政府史の研究』中央大学出版部

——［2004］「重慶国民政府の教科書政策」石島紀之・久保亨編『重慶国民政府史の研究』東京大学出版会

関西中国女性史研究会編［2005］『中国女性史入門』人文書院

貴志俊彦［1997］「永利化学工業公司と范旭東」曽田三郎編『中国近代化過程の指導者たち』東方書店

——［2003］「国民政府による電化教育政策と抗日ナショナリズム」『東洋史研究』62-2

国家資本輸出研究会編［1986］『日本の資本輸出——対中国借款の研究』多賀出版

河田悌一［2002］「胡適と国故整理と戴震評価」関西大学文学部中国語中国文学科編『文化事象としての中国』関西大学出版部

横山宏章［1996］『中華民国史——専制と民主の相剋』三一書房

——・久保亨・川島真編［2002］『周辺から見た20世紀中国』中国書店

横山英・曽田三郎編［1992］『中国の近代化と政治的統合』溪水社

——［1999，2001—2004］「蔡元培と宗教」『人文科学論集』（信州大学）33，35—38

姫田光義他［1993］『中国20世紀史』東京大学出版会

——編著［2001］『戦後中国国民政府史の研究——1945—1949年』中央大学出版部

吉田浤一［1975］「20世紀中国の一綿作地帯における農民層分解について」『東洋史研究』33-4

——［1983］「日本における中国近現代経済研究の動向（Ⅰ）——農業を

中心として』『新しい歴史学のために』170

——［1986］「20世紀前半華北穀作地帯における農民層分解の動向」『東洋史研究』45-1

吉澤誠一郎［2002］『天津の近代——清末都市における政治文化と社会結合』名古屋大学出版会

◆［2002］史丽华节译:《体育与革命——辛亥革命时期天津的尚武理念和治安问题》,《城市史研究》(第21辑特刊:20世纪华北城市近代化),天津社会科学院出版社

◆［1995］张利民节译:《光绪末年天津巡警的创设和城市行政的变化》,《城市史研究》(第10辑),天津古籍出版社

——［2003］「中華民国史における「社会」と「文化」の探求」『歴史学研究』779

家近亮子［2002］『蒋介石と南京国民政府』慶應義塾大学出版会

◆［2005］王士花译:《蒋介石与南京国民政府》,社会科学文献出版社

榎本泰子［1998］『楽人の都・上海』研文出版

◆［2003］彭谨译:《乐人之都:上海——西洋音乐在近代中国的发轫》,上海音乐出版社

江崎隆哉［1995］「第一次国共合作と西山会議派の形成」『法学政治学論究』24

江田憲治［1990］「陳独秀と「二回革命論」の形成」『東方学報』(京都)62

——［1992］『五四運動の研究17　五四時期の上海労働運動』同朋舎出版

——［2001］「中国共産党史における都市と農村」森時彦編『中国近代の都市と農村』京都大学人文科学研究所

姜抮亜［2003］「1930年代中国における徴税請負制度の改革と国家——広東省陳済棠政権の徴税システム整備の試み」『歴史学研究』771

今井駿［1997］『中国革命と対日抗戦——抗日民族統一戦線史研究序説』汲古書院

金冲及主編［1992—1993］狭間直樹監訳『周恩来伝1898—1949』上・中・下,阿吽社

◆［1989］《周恩来传1898—1949》,中央文献出版社、人民出版社

——主編［1999—2000］村田忠禧・黄幸監訳『毛沢東伝 1893—1949』上・下，みすず書房

——◆［1996］《毛泽东传 1893—1949》(上、下)，中央文献出版社

——主編［2000］劉俊南・譚佐強訳『周恩来伝 1949—76』上・下，岩波書店

——◆［1998］《周恩来传 1949—1976》(上、下)，中央文献出版社

金静美［1992］『中国東北部における抗日朝鮮・中国民衆史序説』現代企画室

金丸裕一［1993］「中国「民族工業の黄金時期」と電力産業——1879—1924年の上海市・江蘇省を中心に」『アジア研究』39-4

——［1995］「工業史」野澤豊編『日本の中華民国史研究』汲古書院

金子肇［1987］「上海資本家階級と国民党統治（1927—29）」『史学研究』176

——［1989a］「商民協会と中国国民党（1927—1930）」『歴史学研究』598

——［1989b］「国民政府予算策定機構の形成過程（1928—1931）」『史学研究』185

——［1997a］「袁世凱政権における国家統一の模索と諮詢機関の役割」『東洋学報』79-2

——［1997b］「1930年代の中国における同業団体と同業規制」『社会経済史学』63-1

——［2000］「清末民初における江蘇省の認捐制度」『東洋史研究』59-2

近藤邦康［2003］『毛沢東——実践と思想』岩波書店

井上清・衛藤瀋吉編［1988］『日中戦争と日中関係——盧溝橋事件50周年日中学術討論会記録』原書房

久保亨［1982］「戦間期中国経済史の研究視角をめぐって」『歴史学研究』506

——［1995］『中国経済100年のあゆみ——統計資料で見る中国近現代経済史（第二版）』創研出版

——［1999］『戦間期中国〈自立への模索〉——関税通貨政策と経済発展』東京大学出版会

——◆［2004］王小嘉译，朱荫贵校审：《走向自立之路：两次世界大战之间中国的关税通货政策和经济发展》，中国社会科学出版社

——［2003］「今日の中華民国史研究」『歴史学研究』779

——［2004］「中国 1949 年革命の歴史的位置」『歴史評論』654

——［2005］『戦間期中国の綿業と企業経営』汲古書院

菊池貴晴［1987］『中国第三勢力史論』汲古書院

菊池敏夫［2000］「1930 年代の金融危機と申新紡織公司」日本上海史研究会編『上海——重層するネットワーク』汲古書院

菊池一隆［1996］「中国トロツキー派の生成，動態，及びその主張——1927 年から 34 年を中心に」『史林』79-2

——［2003］『日本人反戦兵士と日中戦争——重慶国民政府地域の捕虜収容所と関連させて』御茶の水書房

——◆［2006］林琦、陈杰中译：《日本人反战士兵与日中战争：与重庆国民政府地区俘虏收容所相关的情况》，香港光大出版社

栃木利夫・坂野良吉［1997］『中国国民革命——戦間期東アジアの地殻変動』法政大学出版局

笠原十九司［1990］「山東主権回収運動史試論——五・四運動史像の再構成にむけて」『人文研紀要』（中央大学）10

林原文子［1983］『五四運動の研究 6　宋則久と天津の国貨提唱運動』同朋舎出版

——［2000—2001］「近代中国における機械製洋式貨物の釐金免除とその対象製品の拡大」『研究論集』（関西外国語大学）72，74

劉大年・白介夫編［2002］曽田三郎他訳『中国抗日戦争史——中国復興への路』桜井書店

◆［1997］《中国复兴枢纽》，北京出版社

柳澤和也［2000］『近代中国における農家経営と土地所有』御茶の水書房

柳沢遊［1999］『日本人の植民地経験——大連日本人商工業者の歴史』青木書店

籠谷直人［2000］『アジア国際通商秩序と近代日本』名古屋大学出版会

鹿錫俊［2001］『中国国民政府の対日政策 1931—1933』東京大学出版会

馬場毅［2001］『近代中国華北民衆と紅槍会』汲古書院

楠瀬正明［1994］「中華民国初期の梁啓超と第一国会」『史学研究』206

内山雅生［1990］『中国華北農村経済研究序説』金沢大学経済学部

——［2003］『現代中国農村と「共同体」——転換期中国華北農村における社会構造と農民』御茶の水書房

内藤陽介［1999］『マオの肖像——毛沢東切手で読み解く現代中国』雄山閣出版

内田知行［2005］『黄土の大地 1937—1945　山西省占領地の社会経済史』創土社

片岡一忠［1982］『五四運動の研究 2　天津五四運動小史』同朋舎出版

平野正［1983］『中国民主同盟の研究』研文出版

——［1987］『中国の知識人と民主主義思想』研文出版

蒲豊彦［1992］「地域史のなかの広東農民運動」狹間直樹編『中国国民革命の研究』京都大学人文科学研究所

浅田喬二編［1981］『日本帝国主義下の中国——中国占領地経済の研究』楽游書房

橋本浩一［1992］「福建人民革命政府の政権構想，組織およびその実態」『歴史研究』(大阪教育大学) 29

清川雪彦［1974］「中国綿工業技術の発展過程における在華紡の意義」『経済研究』(一橋大学) 25-3

——［1983］「中国繊維機械工業の発展と在華紡の意義」『経済研究』(一橋大学) 34-1

清水稔［1992］『五四運動の研究 16　湖南五四運動小史』同朋舎出版

秋田茂・籠谷直人編［2001］『1930 年代のアジア国際秩序』溪水社

萩原充［2000］『中国の経済建設と日中関係——対日抗戦への序曲 1927—1937 年』ミネルヴァ書房

——［2004］「重慶国民政府期の民間航空——援蒋ルートに関する一考察」石島紀之・久保亨編『重慶国民政府史の研究』東京大学出版会

泉谷陽子［1997］「南京国民政府の水運業政策」『史学雑誌』106-4

——［2000］「新中国建国初期の対民営企業政策——「民主改革」·『三反

五反』運動と汽船会社の公私合営化」『社会経済史学』66-4

日本上海史研究会［2000］『上海——重層するネットワーク』汲古書院

宍戸寛他［1989］『中国八路軍，新四軍史』河出書房新社

三谷孝編［1993］『農民が語る中国現代史——華北農村調査の記録』内山書店

◆［2012］魏宏运、三谷孝主编:《二十世纪华北农村调查记录》，社会科学文献出版社

——［1999—2000］『中国農村変革と家族・村落・国家——華北農村調査の記録』1—2，汲古書院

——◆［2012］魏宏运、三谷孝主编:《二十世纪华北农村调查记录》全4册，社会科学文献出版社①

三好章［2003］『摩擦と合作——新四軍1937—41』創土社

三品英憲［2000］「近代における華北農村の変容過程と農家経営の展開」『社会経済史学』66-2

三石善吉［1985］「商団事件と黄埔軍校」『筑波法政』8

——［1986］「ソヴィエト軍事顧問と黄埔軍校」『筑波法政』9

——［1988］「廖仲愷暗殺とバラディーンの戦略」『筑波法政』11

渋谷由里［1993］「張作霖政権下の奉天省民政と社会」『東洋史研究』52-1

——［1995］「「九・一八」事変直後における瀋陽の政治状況」『史林』78-1

——［1997］「張作霖政權成立の背景」『アジア経済』38-5

森紀子［1995］「虚無主義者の再生」『東洋史研究』54-1

森時彦［2001a］『中国近代綿業史の研究』京都大学学術出版会

◆［2010］袁广泉译:《中国近代棉纺织业史研究》，社会科学文献出版社

——編［2001b］『中国近代の都市と農村』京都大学人文科学研究所

砂山幸雄［1989］「「五四」の青年像」『アジア研究』35-2

山本有造編［1993］『「満洲国」の研究』京都大学人文科学研究所（緑蔭書房，1995年改訂新版）

① 译者按：三谷孝编《農民が語る中国現代史——華北農村調査の記録》《中国農村変革と家族・村落・国家——華北農村調査の記録》为中日联合考察成果，中文版合编为《二十世纪华北农村调查记录》全4册。

山本真［1998］「日中戦争期から国共内戦期にかけての国民政府の土地行政——地籍整理・人員・機構」『アジア経済』39-12

——［2001］「全国的土地改革の試みとその挫折」姫田光義編『戦後中国国民政府史の研究』中央大学出版部

山口榮［2000］『胡適思想の研究』言叢社

◆［2014］陈瑜节译:《关于胡适的〈水经注〉研究》，收于钞晓鸿主编《海外中国水利史研究：日本学者论集》，人民出版社 ①

山田辰雄［1980］『中国国民党左派の研究』慶應通信

——［1990］「今こそ「民国史観」を」『近きに在りて』17

——編［1996］『歴史のなかの現代中国』勁草書房

杉山伸也・グローブ，L.（Grove，Linda）編［1999］『近代アジアの流通ネットワーク』創文社

杉原薫［1996］『アジア間貿易の形成と構造』ミネルヴァ書房

深町英夫［1999］『近代中国における政党・社会・国家——中国国民党の形成過程』中央大学出版部

◆［2003］《近代广东的政党・社会・国家：中国国民党及其党国体制的形成过程》，社会科学文献出版社

生田頼孝［2001—2002］「商紳政権」『立命館文学』569，571，576

石川洋［1993］「師復と無政府主義」『史学雑誌』102-8

石川禎浩［1991］「南京政府時期の技術官僚の形成と発展——近代中国技術者の系譜」『史林』74-2

——［2001a］『中国共産党成立史』岩波書店

——◆［2006］袁广泉译:《中国共产党成立史》，中国社会科学出版社

——［2001b］「農村革命へのシフト」森時彦編『中国近代の都市と農村』京都大学人文科学研究所

——［2004］「初期コミンテルン大会の中国代表（1919—1922 年）」森時彦編『中国近代化の動態構造』京都大学人文科学研究所

① 译者按：本文译自《胡適の〈水経注〉研究について》，收于中国水利史研究会编《中国水利史論集：佐藤博士還暦記念》（国書刊行会，1981 年）。该文后来经大幅修改补充，收于作者的专著《胡適思想の研究》。

石川滋［1960］『中国における資本蓄積機構』岩波書店

石島紀之・久保亨編［2004］『重慶国民政府史の研究』東京大学出版会

石田浩［1986］『中国農村社会経済構造の研究』晃洋書房

矢内原忠雄［1937］「支那問題の所在」『中央公論』52-2

笹川裕史［1985］「1920年代前半の湖南省政民主化運動」横山英編『中国の近代化と地方政治』勁草書房

——［1986］「1920年代湖南省の政治変革と地方議会」『史学研究』171

——［2002］『中華民国期農村土地行政史の研究——国家—農村社会間関係の構造と変容』汲古書院

——［2004］「糧食・兵士の戦時徴発と農村の社会変容——四川省の事例を中心に」石島紀之・久保亨編『重慶国民政府史の研究』東京大学出版会

樹中毅［1996］「南京国民政府統治の制度化とイデオロギーの形骸化」『法学政治学論究』31

——［2001］「強い権威主義支配と弱いレーニン主義党」『法学政治学論究』51

水野明［1994］『東北軍閥政権の研究——張作霖・張学良の対外抵抗と対内統一の軌跡』国書刊行会

◆［1998］郑樑生译:《东北军阀政权研究：张作霖、张学良之抗外与协助统一国内的轨迹》，台湾编译馆

水羽信男［1994］「施復亮の「中間派論」とその批判をめぐって」今永清二編『アジアの地域と社会』勁草書房

——［1995］「「満洲事変」前夜（1928—31年）における羅隆基の「国民」像」『史学研究』208

——［1997］「抗日戦争と中国の民主主義」『歴史評論』569

松本英紀［2001］『宋教仁の研究』晃洋書房

松尾洋二［1988］「曹錕・呉佩孚集団の興亡」『東洋史研究』47-1

松重充浩［1990］「「保境安民」期における張作霖地域權力の地域統合策」『史学研究』186

——［1994］「植民地大連における華人社会の展開」曽田三郎『近代中国と日本』御茶の水書房

——［1997］「国民革命期における東北在地有力者層のナショナリズム」『史学研究』216

孫文研究会編［1986］『孫中山研究日中国際学術討論会報告集』法律文化社

——編［1993］『孫文とアジア——1990年8月国際学術討論会報告集』汲古書院

——・神戸華僑華人研究会編［1999］『孫文と華僑——孫文生誕130周年記念国際学術討論会論文集』汲古書院

藤本博生［1982］『五四運動の研究3　日本帝国主義と五四運動』同朋舎出版

藤岡喜久男［1999］『中華民国第一共和制と張謇』汲古書院

藤井省三・大木康［1997］『新しい中国文学史』ミネルヴァ書房

天津地域史研究会［1999］『天津史——再生する都市のトポロジー』東方書店

天野祐子［2004］「日中戦争期における国民政府の食糧徴発——四川省の田賦実物徴収を中心に」『社会経済史学』70-1

田中比呂志［1991］「民国元年の政治と宋教仁」『歴史学研究』615

——［1993］「近代中国における国家建設の模索」『歴史学研究』646

田中仁［2002］『1930年代中国政治史研究——中国共産党の危機と再生』勁草書房

土田哲夫［1993］「東三省易幟の政治過程（1928年）」『紀要（社会科学）』（東京学芸大学）44

土屋光芳［2000］『汪精衛と「民主化」の企て』人間の科学新社

丸田孝志［1998］「陝甘寧辺区の記念日活動と新暦・農暦の時間」『史学研究』221

——［2004］「抗日戦争期・内戦期における中国共産党根拠地の象徴——国旗と指導者像」『アジア研究』50-3

——◆［2009］刘晖译，江沛校:《国旗、领袖像：中共根据地的象征（1937—1949）》,《中国社会历史评论》(第10卷)，天津古籍出版社

尾上悦三［1970］『中国の産業立地に関する研究』アジア経済研究所

西村成雄［1991］『中国ナショナリズムと民主主義——20 世紀中国政治史の新たな視界』研文出版

——［2004］『20 世紀中国の政治空間 「中華民族的国民国家」の凝集力』青木書店

——編［2000］『現代中国の構造変動 3　ナショナリズム——歴史からの接近』東京大学出版会

狭間直樹［1982］『五四運動の研究 1　五四運動研究序説』同朋舎出版

——［1987］「"三大政策"と黄埔軍校」『東洋史研究』46-2

——［1992］「『五四運動の研究』の刊行を終えるにあたって」狭間直樹・森時彦編『五四運動の研究 18　総索引』同朋舎出版

——編［1992］『中国国民革命の研究』京都大学人文科学研究所

——編［1995］『1920 年代の中国』汲古書院

——編［1999］『共同研究　梁啓超——西洋近代思想受容と明治日本』みすず書房①

——◆［2001］孙路易、吴光辉等译:《梁启超・明治日本・西方》, 社会科学文献出版社

小浜正子［2000］『近代上海の公共性と国家』研文出版

◆［2000］葛涛译:《近代上海的公共性与国家》, 上海古籍出版社

小瀬一［1997］「中国海関と北京特別関税会議」『東洋史研究』56-2

小林弘二編［1986］『旧中国農村再考——変革の起点を問う』アジア経済研究所

——編［1987］『中国農村変革再考——伝統農村と変革』アジア経済研究所

小林善文［2002］『中国近代教育の普及と改革に関する研究』汲古書院

小野信爾［1987］『五四運動の研究 13　救国十人団運動の研究』同朋舎出版

◆［1995］殷叙彝、张允侯译:《救国十人团运动研究》, 中央编译出版社

——［2003］『五四運動在日本』汲古書院

徐秀麗［2000］「"1949 年的中国"国際学術討論会綜述」『近代史研究』

① 译者按: 原文该书出版时间误作"2000", 实应为"1999", 径改。

2000 年第 2 期

◆同上

緒形康［1995］『危機のディスクール——中国革命 1926—1929』新評論

岩間一弘［2001］「民国期上海の女性誘拐と救済」『社会経済史学』66-5

——［2003］「両大戦間期の上海における商業教育の展開と新中間層形成」『中国——社会と文化』18

岩武照彦［1990］『近代中国通貨統一史——15 年戦争期における通貨闘争』みすず書房

塩出浩和［1992］「広東省における自治要求運動と県長民選」『アジア研究』38-3

——［1999］「広東商団事件」『東洋学報』81-2

——［2002］「広州における国会」『法学研究』75-1

野沢豊［1999］「中国共和史をめぐって（2）」『近きに在りて』35

——編［1974］『中国国民革命史の研究』青木書店

——編［1981］『中国の幣制改革と国際関係』東京大学出版会

——編［1995］『日本の中華民国史研究』汲古書院

——・田中正俊編［1978］『講座中国近現代史』全 7 巻，東京大学出版会

一橋大学経済研究所［2000］『中華民国期の経済統計——評価と推計』国際ワークショップ報告論文集

宇野重昭編［2001］『深まる侵略屈折する抵抗——1930 年—40 年代の日・中のはざま』研文出版

——・天児慧編［1994］『20 世紀の中国　政治変動と国際契機』東京大学出版会

曽田三郎［1994］『中国近代製糸業史の研究』汲古書院

——編［1997］「中国近代化過程の指導者たち』東方書店

斎藤道彦［1992］『五・四運動の虚像と実像——一九一九年五月四日北京』中央大学出版部

張新民［1994］「抗日救国運動における上海映画界の動向とその意義」『歴史研究』（大阪教育大学）31

鄭超麟［2003］長堀祐造他訳『初期中国共産党群像——トロツキスト鄭

超麟回憶録』1—2，平凡社東洋文庫

◆［1982］《郑超麟回忆录》(上、下)，现代史料编刊社

◆［1989］《郑超麟回忆录》(上、下)，现代史料编刊社

◆［2004］《郑超麟回忆录》(上、下)，东方出版社

中村隆英［1983］『戦時日本の華北経済支配』山川出版社

中村元哉［2004］『戦後中国の憲政実施と言論の自由 1945—49』東京大学出版会

中村哲［1991］『近代世界史像の再構成——東アジアの視点から』青木書店

——［2000］『近代東アジア史像の再構成』桜井書店

——◆［2002］陈应年、王炎、多田正子译:《东亚近代史理论的再探讨》，商务印书馆

中村政則・高村直助・小林英夫編［1994］『戦時華中の物資動員と軍票』多賀出版

中国第二歴史檔案館編［1979—2000］『中華民国史檔案資料彙編』1—5，江蘇古籍出版社

◆同上

中国近現代経済史シンポジウム事務局編［1989］『中国経済政策史の探求』中国近現代経済史シンポジウム事務局

中国近現代経済史シンポジウム運営委員会編［1986］『中国蚕糸業の史的展開』中国近現代経済史シンポジウム運営委員会

中国労働運動史研究会編［1977—86］『中国労働運動史研究』1—15

中国綿業史セミナー報告者他執筆［1984］「中国産業史研究への模索——『中国綿業史セミナー』の開催」『近きに在りて』5

中国女性史研究会編［1999］『論集中国女性史』吉川弘文館

——編［2004］『中国女性の 100 年——史料にみる歩み』青木書店

中国現代史研究会編［1986］『中国国民政府史の研究』汲古書院

中国資本蓄積研究会［1976］『中国の経済発展と制度』アジア経済研究所

中華民国重要史料編輯委員会編［1981—1988］『中華民国重要史料初編』中国国民党中央委員会

◆同上

中井英基［1996］『張謇と中国近代企業』北海道大学図書刊行会

——［1998—1999］「中国近現代の官・商関係と華僑企業家」『歴史人類』（筑波大学）26，27

——［2003］「清末民国初の中国製粉業」『史境』46

中田昭一［1998］「恐慌下の中国における銀行融資」『史学研究』222

中尾友則［2000］『梁漱溟の中国再生構想——新たな仁愛共同体への模索』研文出版

中央大学人文科学研究所編［1986］『五・四運動史像の再検討』中央大学出版部

——編［1988］『「五・四」運動研究史シンポジウム記録』中央大学出版部

——編［1999］『民国前期中国と東アジアの変動』中央大学出販部

塚本元［1994］『中国における国家建設の試み 湖南 1919—1921 年』東京大学出版会

塚瀬進［1997］「奉天における日本人商人と奉天商業会議所」波形昭一編『近代アジアの日本人経済団体』同文館出版

周偉嘉［1998］『中国革命と第三党』慶應義塾大学出版会

竹内弘行［1987］『五四運動の研究 14　後期康有為論——亡命・辛亥・復辟・五四』同朋舎出版

——［1992］「康有爲と呉佩孚」狭間直樹編『中国国民革命の研究』京都大学人文科学研究所

佐藤忠男・刈間文俊［1985］『上海キネマポート』凱風社

チェン，ジェローム（Ch'en，Jerome）［1984］北村稔他訳『軍紳政権——軍閥支配下の中国』岩波書店

◆［1980］陈志让:《军绅政权——近代中国的军阀时期》，生活・读书・新知三联书店

ワークショップ「1930—1940 年代中国の政策過程」事務局編［2004］『1930—1940 年代中国の政策過程』信州大学人文学部・久保亨

Cheek，T. and Saich，T.［1997］*New Perspectives on State Socialism of China*，Armonk：M. E. Sharpe.

Wakeman, Jr., F. and Edmonds, R. L. (eds.) [2000] *Reappraising Republican China*, Oxford; New York: Oxford University Press.

第十二章　世界のなかでの中国史

岸本美緒［1995］「清朝とユーラシア」歴史学研究会編『講座世界史 2　近代世界への道——変容と摩擦』東京大学出版会

——［1998a］「時代区分論」『岩波講座世界歴史 1　世界史へのアプローチ』

——［1998b］『東アジアの「近世」』山川出版社

——［2003］「東アジア地域論」『歴史と地理』564

白石隆［2000］『海の帝国——アジアをどう考えるか』中央公論社

◆［2015］齐珮译:《海洋帝国——如何思考亚洲》，上海译文出版社

百瀬弘［1980］『明清社会経済史研究』研文出版

——訳注［1969］『西学東漸記——容閎自伝』平凡社

——◆［1981］容闳著，徐凤石、恽铁樵译:《西学东渐记》，湖南人民出版社

——◆［1998］容闳著，沈潜、杨增麒评注:《西学东渐记：中国留学生之父的足迹与心迹》，中州古籍出版社

——◆［2011］容闳著，徐凤石、恽铁樵等译，钟叔河导读标点:《西学东渐记》，生活・读书・新知三联书店

——◆［2011］容闳著，王蓁译:《西学东渐记》，中国人民大学出版社

坂本勉［1999］「中東イスラーム世界の国際商人」『岩波講座世界歴史 15　商人と市場——ネットワークの中の国家』

坂野正高［1970］『近代中国外交史研究』岩波書店

——［1973］『近代中国政治外交史——ヴァスコ・ダ・ガマから五四運動まで』東京大学出版会

——◆［2005］陈鹏仁、刘崇稜译:《近代中国政治外交史》，台湾商务印书馆

貝塚茂樹［1964］『中国の歴史』上，岩波書店

本田實信［1991］『モンゴル時代史研究』東京大学出版会

本野英一［2004］『伝統中国商業秩序の崩壊——不平等条約体制と「英語

を話す中国人」』名古屋大学出版会

濱下武志［1990］『近代中国の国際的契機——朝貢貿易システムと近代アジア』東京大学出版会

◆［1999］朱荫贵、欧阳菲译，虞和平校：《近代中国的国际契机——朝贡贸易体系与近代亚洲经济圈》，中国社会科学出版社

——［1997］『朝貢システムと近代アジア』岩波書店

——・川勝平太編［2001（1991）］『アジア交易圏と日本工業化 1500—1900』藤原書店

波多野善大［1961］『中国近代工業史の研究』東洋史研究会

——［1973］『中国近代軍閥の研究』河出書房新社

——◆［1994］林明德译：《中国近代军阀之研究》，台湾金禾出版社

朝尾直弘［1994］『将軍権力の創出』岩波書店（同［2004］所収）

——［2004］『朝尾直弘著作集』3，岩波書店

川北稔［2003］「風はどちらに吹いているのか——ヨーロッパとアジア」『史学雑誌』112-11

川勝平太［1991］『日本文明と近代西洋——「鎖国」再考』日本放送出版協会

——［1997］『文明の海洋史観』中央公論社

村松祐次［1980（1970）］『近代江南の租桟——中国地主制度の研究』東京大学出版会

稲葉穣［2001］「安史の乱時に入唐したアラブ兵について」『国際文化研究』5

渡辺浩［1997］『東アジアの王権と思想』東京大学出版会

◆［2016］区建英译：《东亚的王权与思想》，复旦大学出版社

対外関係史総合年表編集委員会編［1999］『対外関係史総合年表』吉川弘文館

飯塚浩二［1969（1960）］『アジアのなかの日本（増補版）』中央公論社（同［1975］所収）

——［1975］『飯塚浩二著作集』4，平凡社

費孝通［2001］「新世紀　新問題　新挑戦」『費孝通文集』15，群言出版社

◆同上

岡本隆司［1999］『近代中国と海関』名古屋大学出版会

——［2004］『属国と自主のあいだ——近代清韓関係と東アジアの命運』名古屋大学出版会

——◆［2012］黄荣光译:《属国与自主之间：近代中朝关系与东亚的命运》，生活・读书・新知三联书店

高橋秀直［1995］『日清戦争への道』東京創元社

葛兆光［1999］「"天下""中国"与"四夷"——作為思想文献的古代中国的世界地図」『学術集林』16

◆同上

宮嶋博史［1994］「東アジア小農社会の形成」溝口雄三・濱下武志・平石直昭・宮嶋博史編『アジアから考える 6　長期社会変動』東京大学出版会

——［1995］『両班（ヤンバン）——李朝社会の特権階層』中央公論社

——◆［2024］朱玫译:《两班：朝鲜王朝的特权阶层》，中西书局

宮崎正勝［1997］『鄭和の南海大遠征——永楽帝の世界秩序再編』中央公論社

古矢旬［2002］『アメリカニズム——「普遍国家」のナショナリズム』東京大学出版会

谷川道雄編著［1993］『戦後日本の中国史論争』河合文化教育出版社

◆［1993］夏日新译:《战后日本的中国史论争》，收于刘俊文主编《日本学者研究中国史论著选译》（第二卷：专论），中华书局

谷川稔編［2003］『歴史としてのヨーロッパ・アイデンティティ』山川出版社

貴堂嘉之［1992］「19 世紀後半期の米国における排華運動——広東とサンフランシスコの地方世界」『地域文化研究』4

——［1995］「「帰化不能外人」の創造——1882 年排華移民法制定過程」『アメリカ研究』29

黒田明伸［1994］『中華帝国の構造と世界経済』名古屋大学出版会

——［2003］『貨幣システムの世界史——〈非対称性〉をよむ』岩波書店

——◆［2007］何平译:《货币制度的世界史：解读"非对称性"》，中国人

民大学出版社
荒野泰典［1988］『近世日本と東アジア』東京大学出版会
吉田金一［1963］「ロシアと清の貿易について」『東洋学報』45-4
——［1974］『近代露清関係史』近藤出版社
吉澤誠一郎［2003］『愛国主義の創成——ナショナリズムから近代中国をみる』岩波書店
家島彦一［1991］『イスラム世界の成立と国際商業——国際商業ネットワークの変動を中心に』岩波書店
——訳注［1996—2002］『大旅行記——イブン・バットゥータ』1—8，平凡社
——◆［1985］伊本・白图泰（Ibn Baṭūṭah）著，马金鹏译:《伊本・白图泰游记》，宁夏人民出版社
——◆［2008］伊本・白图泰（Ibn Baṭūṭah）著，李光斌译，马贤审校:《异境奇观——伊本・白图泰游记（全译本）》，海洋出版社
——◆［2016］伊本・白图泰（Ibn Baṭūṭah）著，李光斌、李世雄译，马贤审校:《伊本・白图泰游记》(上、下)，商务印书馆、中国旅游出版社
榎一雄［1984—1987］「新疆の建省——二十世紀の中央アジア」『近代中国』15—19（同［1992］所収）
——［1992］『榎一雄著作集』2，汲古書院
間野英二［1977］『新書東洋史⑧ 中央アジアの歴史——草原とオアシスの世界』講談社
——［2001］『バーブル・ナーマの研究Ⅳ バーブルとその時代』松香堂
蒋廷黻［1934］『近代中国外交史資料輯要』中，商務印書館
◆同上
角山榮［1980］『茶の世界史——緑茶の文化と紅茶の社会』中央公論社
◆［2004］王淑华译:《茶的世界史：文化与商品的东西交流》，台湾玉山社
——［1984］『時計の社会史』中央公論社
——［1988］『「通商国家」日本の情報戦略——領事報告を読む』日本放送出版協会
——編［1986］『日本領事報告の研究』同文舘

金田章裕他編［2001］『近世の京都図と世界図——大塚京都図コレクションと宮崎市定氏旧蔵地図』京都大学附属図書館

近藤治［2003］『ムガル朝インド史の研究』京都大学学術出版会

京都大学西洋史学研究室編［2002］『二十一世紀の西洋史研究のために——西洋史読書会第七十回記念』京都大学大学院文学研究科西洋史学研究室

久保一之［1997］「ティムール朝とその後」『岩波講座世界歴史 11　中央ユーラシアの統合』

菊池貴晴［1974（1966）］『増補　中国民族運動の基本構造——対外ボイコット運動の研究』汲古書院

可児弘明［1979］『近代中国の苦力と「豬花」』岩波書店

李成市［2000］『東アジア文化圏の形成』山川出版社

礪波護［1993］「東洋史学と世界史学」板垣雄三編『地域からの世界史 21　世界史の構想』朝日新聞社

林佳世子［1997］『オスマン帝国の時代』山川出版社

鈴木中正［1971（1952）］『清朝中期史研究』燎原

劉石吉［1971］「清季海防与塞防之争的研究」『故宮文献』2-3

◆同上

劉迎勝［1996］『絲路文化』草原巻・海上巻，浙江人民出版社①

◆同上

籠谷直人［2000］『アジア国際通商秩序と近代日本』名古屋大学出版会

羅爾綱［1939］『湘軍新志』商務印書館

◆同上

羅香林［1977］『梁誠的出使美国』香港大学亜洲研究中心

◆同上

羅玉東［1936］『中国釐金史』商務印書館

◆同上

梅棹忠夫［2002（1967）］『文明の生態史観ほか』中央公論新社

◆［1988］王子今译:《文明的生态史观》，上海三联书店

① 译者按：原文该书出版年份误作“1995”，实应为“1996”，径改。

◆［2001］杨芳玲译:《何谓日本：近代日本文明的形成与发展》，百花文艺出版社

木村尚三郎［1968］『歴史の発見——新しい世界史像の提唱』中央公論社

——［1975］『近代の神話——新ヨーロッパ像』中央公論社

木宮泰彦［1926—1927］『日支交通史』上・下，金刺芳流堂

◆［2014］陈捷节译:《中日交通史（节选）》，贵州大学出版社

◆［2015］陈捷译:《中日交通史》全 7 册，山西人民出版社

——［1955］『日華文化交流史』冨山房

——◆［1980］胡锡年译:《日中文化交流史》，商务印书馆

木田章義他編［2002］『学びの世界——中国文化と日本』京都大学附属図書館

内藤虎次郎［1914］『支那論』文会堂書店（同［1972］所収）

——［1924］『新支那論』博文堂（同［1972］所収）

——［1972］『内藤湖南全集』5，筑摩書房

——◆［2004］夏应元、钱婉约、刘文柱、徐世虹、郑显文、徐建新选译:《中国史通论：内藤湖南博士中国史学著作选译》，社会科学文献出版社

内田直作［1949］『日本華僑社会の研究』同文館

片山誠二郎［1953］「明代海上密貿易と沿海地方郷紳層——朱紈の海禁政策強行とその挫折の過程を通しての一考察」『歴史学研究』164

平川祐弘［1969，1997］『マッテオ・リッチ伝』1—3，平凡社

平野聡［2004］『清帝国とチベット問題』名古屋大学出版会

前田徹他編［2000］『歴史学の現在——古代オリエント』山川出版社

清水和裕［1999］「マムルークとグラーム」『岩波講座世界歴史 10　イスラーム世界の発展』

秋田茂［2003］『イギリス帝国とアジア国際秩序——ヘゲモニー国家から帝国的な構造的権力へ』名古屋大学出版会

権上康男［1985］『フランス帝国主義とアジア——インドシナ銀行史研究』東京大学出版会

栄新江・李孝聡主編［2004］『中外関係史——新史料与新問題』科学出版社

◆同上

入江啓四郎［1935］『支那辺疆と英露の角逐』ナウカ社

桑原隲蔵［1898］『中等東洋史』大日本図書（同［1968a］所収）

——［1935］『蒲壽庚の事蹟』岩波書店（同［1968b］所収）

——◆［2009］陈裕菁译订：《蒲寿庚考》，中华书局

——［1968a］『桑原隲蔵全集』4，岩波書店

——［1968b］『桑原隲蔵全集』5，岩波書店

——◆［2009］陈裕菁节译：《蒲寿庚考》，中华书局

森安孝夫［2002］「ウイグルから見た安史の乱」『内陸アジア言語の研究』17

山本澄子［1972］『中国キリスト教史研究——プロテスタントの「土着化」を中心として』近代中国研究委員会

山本有造編［2003］『帝国の研究——原理・類型・関係』名古屋大学出版会

山脇悌二郎［1964］『長崎の唐人貿易』吉川弘文館

杉山伸也・グローブ，L.（Grove，Linda）編［1999］『近代アジアの流通ネットワーク』創文社

杉山正明［1995］『クビライの挑戦——モンゴル海上帝国への道』朝日新聞社

——［2002］『逆説のユーラシア史——モンゴルからのまなざし』日本経済新聞社

——◆［2014］周俊宇译：《颠覆世界史的蒙古》，台湾木马文化

——◆［2016］周俊宇译：《蒙古颠覆世界史》，生活・读书・新知三联书店

——［2003（1997）］『遊牧民から見た世界史——民族も国境もこえて』日本経済新聞社

——◆［2011］黄美蓉译：《大漠：游牧民族的世界史》，台湾广场出版

——◆［2013］黄美蓉译：《游牧民的世界史》，台湾广场出版

——◆［2014］黄美蓉译：《游牧民的世界史》，中华工商联合出版社

杉原薫［1996a］「近代アジア経済史における連続と断絶——川勝平太・濱下武志氏の所説をめぐって」『社会経済史学』62-3

——［1996b］『アジア間貿易の形成と構造』ミネルヴァ書房

上田信［1995］『伝統中国——〈盆地〉〈宗族〉にみる明清時代』講談社

邵循正［2000（1935）］『中法越南関係始末』河北教育出版社

◆同上

生田滋［1971］「大航海時代の東アジア」榎一雄編『東西文明の交流 5　西欧文明と東アジア』平凡社

石井孝［1966］『増訂　明治維新の国際的環境』吉川弘文館

——［1993］『明治維新と外圧』吉川弘文館

史学会編［2004］『歴史学の最前線』東京大学出版会

矢野仁一［1926］『近代支那史』弘文堂書房

——［1928］『支那近代外国関係研究——ポルトガルを中心とせる明清外交貿易』弘文堂書房

——［1930］『近世支那外交史』弘文堂書房

——［1937］『日清役後支那外交史』東方文化学院京都研究所

——［1941］『「満洲」近代史』弘文堂

矢沢利彦［1971］「イエズス会の来華とカトリック布教の展開」榎一雄編『東西文明の交流 5　西欧　文明と東アジア』平凡社

——［1972］『中国とキリスト教』近藤出版社

市古宙三［1977（1971）］『近代中国の政治と社会（増補版）』東京大学出版会

斯波義信［1990］「華僑」柴田三千雄他編『シリーズ世界史への問い 3　移動と交流』岩波書店

——［1995］『華僑』岩波書店

寺田隆信［1972］『山西商人の研究——明代における商人および商業資本』東洋史研究会

◆［1986］张正明、道丰、孙耀、阎守诚译:《山西商人研究》, 山西人民出版社

松井透［1991］『世界市場の形成』岩波書店

——［1999］「商人と市場」『岩波講座世界歴史 15　商人と市場——ネットワークの中の国家』岩波書店

松浦章［2002］『清代海外貿易史の研究』朋友書店

◆［2016］李小林译:《清代海外贸易史研究》(上、下), 天津人民出版社

松田壽男［1987］『松田壽男著作集』5，六興出版

——［1992（1971）］『アジアの歴史——東西交渉からみた前近代の世界像』岩波書店（同［1987］所収）

蘇秉琦［2004］張明声訳『新探中国文明の起源』言叢社

◆［2000］《中国文明起源新探》，生活・读书・新知三联书店

速水融・宮本又郎編［1988］『日本経済史 1　経済社会の成立』岩波書店

◆［1997］厉以平、连湘、金相春译，经思平校：《日本经济史 1　经济社会的成立：17—18 世纪》，生活・读书・新知三联书店

湯象龍［1987］『中国近代財政経済史論文選』西南財経大学出版社

◆同上

——編著［1992］『中国近代海関税収和分配統計（1861—1910）』中華書局

——◆同上

藤本勝次訳注［1976］『シナ・インド物語』関西大学東西学術研究所

◆［1937］苏莱曼（Sulayman）著，刘半农、刘小蕙译：《苏莱曼东游记》，中华书局

◆［1983］穆根来、汶江、黄倬汉译：《中国印度见闻录》，中华书局[①]

◆［2016］苏莱曼（Sulayman）著，刘半农、刘小蕙译：《苏莱曼东游记》，华文出版社

藤井宏［1943］「明代塩商の一考察——辺商・内商・水商の研究（一）—（三）」『史学雑誌』54-5—7

◆［1988］刘淼译：《明代盐商的一考察——边商、内商、水商的研究》，收于刘淼辑译《徽州社会经济史研究译文集》，黄山书社

——［1953—1954］「新安商人の研究（一）—（四）」『東洋学報』36-1/2/3/4

——◆［1958—1959］傅衣凌、黄焕宗译：《新安商人的研究》(一)(二)(三)，《安徽历史学报》1958 年总第 2 期，《安徽史学通讯》1959 年第 1 期，

① 译者按：该书系综合法国学者索瓦杰（Sauvaget，Jean）的阿拉伯语与法译对照本（*Relation de la Chine et de l'Inde*，*rédigée en 851*，Texte établi，traduit et commenté par Jean Sauvaget，Paris，1948）和藤本胜次日译本译出，其中，第一卷主要基于前者，第二卷主要基于后者。该译本吸收了索瓦杰的考证意见，不明确认定该书作者为苏莱曼（Sulayman）。

《安徽史学通讯》1959 年第 2 期

——◆［1985］傅衣凌、黄焕宗译:《新安商人的研究》，收于《江淮论坛》编辑部编《徽商研究论文集》，安徽人民出版社

藤井譲治他編［2004］『絵図・地図から見た世界像』京都大学文学研究科21 世紀 COE プログラム

田保橋潔［1940］『近代日鮮関係の研究』「朝鮮総督府」中枢院

——［1951］『日清戦役外交史の研究』刀江書院

田村寅造［1990］『アジア史を考える——アジア史を構成する四つの歴史世界』中央公論社

田代和生［1981］『近世日朝通交貿易史の研究』創文社

田中正俊［1973］『中国近代経済史研究序説』東京大学出版会

王爾敏［1967］『淮軍志』台湾「中研院」近代史研究所

◆同上

王信忠［1937］『中日甲午戦争之外交背景』国立清華大学

◆同上

衛藤瀋吉［1968］『近代中国政治史研究』東京大学出版会（同［2004］所収）

——［2004］『衛藤瀋吉著作集』1，東方書店

西蔵自治区檔案館編［1995］『西蔵歴史檔案薈萃』文物出版社

◆同上

西嶋定生［1983］『中国古代国家と東アジア世界』東京大学出版会

——◆［1993］高明士节译:《中国古代帝国形成史论》，收于刘俊文主编《日本学者研究中国史论著选译》(第二卷：专论)，中华书局

——◆［1993］高明士节译:《东亚世界的形成》，收于刘俊文主编《日本学者研究中国史论著选译》(第二卷：专论)，中华书局

——・李成市編［2000］『古代東アジア世界と日本』岩波書店

細谷千博・斎藤眞編［1978］『ワシントン体制と日米関係』東京大学出版会

小杉泰・林佳世子・東長靖編［近刊］『イスラーム世界研究マニュアル』名古屋大学出版会①

① 译者按：该书于 2008 年 7 月正式出版。

小葉田淳［1968（1939）］『中世南島通交貿易史の研究（増補版）』刀江書院

——［1969（1930）］『日本貨幣流通史』刀江書院

——［1969（1941）］『中世日支通交貿易史の研究』刀江書院

——［1976］『金銀貿易史の研究』法政大学出版局

信夫清三郎［1968（1943）］『ラッフルズ伝——イギリス近代的植民政策の形成と東洋社会』平凡社

——［1970］藤村道生校訂『増補・日清戦争——その政治的・外交的観察』南窓社

徐義生［1962］『中国近代外債史統計資料（1853—1927）』中華書局

◆同上

岩井茂樹［2004］『中国近世財政史の研究』京都大学学術出版会

◆［2011］付勇译:《中国近代财政史研究》，社会科学文献出版社

岩生成一［1953］「近世日支貿易に関する数量的考察」『史学雑誌』62-11

——［1966］『南洋日本人町の研究』岩波書店

——［1985（1958）］『新版　朱印船貿易史の研究』吉川弘文館

——［1987］『続　南洋日本人町の研究』岩波書店

楊海英［2004］『チンギス・ハーン祭祀——試みとしての歴史人類学的再構成』風響社

應地利明［1996］『絵地図の世界像』岩波書店

——［1999］「東南アジアをどう捉えるか——インド世界から」坪内良博編『「総合的地域研究」を求めて——東南アジア像を手がかりに』京都大学学術出版会

永積洋子［1990］『近世初期の外交』創文社

——編［1987］『唐船輸出入品数量一覧』創文社

永田雄三［1986］「歴史の中のアーヤーン——19 世紀トルコ地方社会の繁栄」『社会史研究』7

——［1997］「後期オスマン帝国の徴税請負制に関する若干の考察——地方名士の権力基盤としての側面を中心に」『駿台史学』100

油井大三郎［1989］「一九世紀後半のサンフランシスコ社会と中国人排斥

運動」同他『世紀転換期の世界——帝国主義支配の重層構造』未来社

余英時［1991］森紀子訳『中国近世の宗教倫理と商人精神』平凡社

◆［1986］《中国近世宗教伦理与商人精神》，台湾联经出版事业公司

◆［2001］《中国近世宗教伦理与商人精神》，安徽教育出版社

羽田明［1982］『中央アジア史研究』臨川書店

張存武［1966］『光緒卅一年中美工約風潮』台湾「中研院」近代史研究所

◆同上

張東翼［1994］『高麗後期外交史研究』一潮閣

——［1997］『元代麗史資料集録』서울대학교출판부

——［2000］『宋代麗史資料集録』서울대학교출판부

——［2004］『日本古中世高麗資料研究』SNU Press

張光直［2000］小南一郎・間瀬収芳訳『中国古代文明の形成』平凡社

◆［1983］《中国青铜时代》，生活・读书・新知三联书店

中村栄孝［1969］『日鮮関係史の研究』中・下，吉川弘文館

中砂明徳［2002］『江南——中国文雅の源流』講談社

足立啓二［1992］「東アジアにおける銭貨の流通」荒野泰典・石井正敏・村井章介編『アジアのなかの日本史Ⅲ　海上の道』東京大学出版会

——［1998］『専制国家史論——中国史から世界史へ』柏書房

佐伯富［1987］『中国塩政史の研究』法律文化社

佐久間重男［1992］『日明関係史の研究』吉川弘文館

佐藤彰一・池上俊一・高山博編［2005（2000）］『西洋中世史研究入門（増補改訂版）』名古屋大学出版会

佐々木揚［1979］「近代露清関係史の研究について——日清戦争期を中心として」『近代中国』5

——［1996］「日清戦争をめぐる国際関係——欧米の史料と研究」『近代中国研究彙報』18

——［2000］『清末中国における日本観と西洋観』東京大学出版会

佐々木正哉［1958］「営口商人の研究」近代中国研究委員会編『近代中国研究』1

——［1963］「咸豊二年鄞県の抗糧「暴動」」近代中国研究委員会編『近

代中国研究』5

アブー＝ルゴド，J. L.（Abu-Lughod，Janet Lippman）[2001] 佐藤次高・斯波義信・高山博・三浦徹訳『ヨーロッパ覇権以前——もうひとつの世界システム』上，下，岩波書店

◆ [2015] 珍妮特·L. 阿布-卢格霍德著，杜宪兵、何美兰、武逸天译：《欧洲霸权之前：1250—1350 年的世界体系》，商务印书馆

ジョーンズ，E. L.（Jones，Eric）[2000] 安元稔・脇村孝平訳『ヨーロッパの奇跡——環境・経済・地政の比較史』名古屋大学出版会

◆ [2015] 埃里克·琼斯著，陈小白译：《欧洲奇迹：欧亚史中的环境、经济和地缘政治》，华夏出版社

ソウル，S. B.（Saul，S. B.）[1974] 堀晋作・西村閑也訳『世界貿易の構造とイギリス経済 1870—1914』法政大学出版局

トビ，R.（Toby，Ronald）[1990] 速水融・永積洋子・川勝平太訳『近世日本の国家形成と外交』創文社

ピアスン，M. N.（Pearson，M. N.）[1984] 生田滋訳『ポルトガルとインド——中世グジャラートの商人と支配者』岩波書店

フランク，A. G.（Frank，Andre Gunder）[2000] 山下範久訳『リオリエント——アジア時代のグローバル・エコノミー』藤原書店

◆ [2000] 贡德·弗兰克著，刘北成译：《白银资本——重视经济全球化中的东方》，中央编译出版社

リード，A. [1997，2002] 平野秀秋・田中優子訳『大航海時代の東南アジア』1—2，法政大学出版局

Adshead，S. A. M. [1970] *The Modernization of the Chinese Salt Administration*，*1900—1920*，Cambridge，Mass.：Harvard University Press.

—— [1992] *Salt and Civilization*，Basingstoke：Macmillan.

Alden，D. [1996] *The Making of an Enterprise*：*The Society of Jesus in Portugal*，*Its Enterprise*，*and Beyond*，*1540—1750*，Stanford，Calif.：Stanford University Press.

Boxer，C. R. [1965] *The Dutch Seaborne Empire*，*1600—1800*，London：Hutchinson.

——［1969］*The Portuguese Seaborne Empire，1415—1825*，London：Hutchinson.

Cahen，G.［1912］*Histoire des relations de la Russie avec la Chine sous Pierre le Grand（1689—1730）*，Paris：F. Alcan.

◆［1980］葛斯顿·加恩著，江戴华译：《早期中俄关系史：1689—1730》，商务印书馆

Chaudhuri，K. N.［1978］*The Trading World of Asia and the English East India Company，1660—1760*，London；New York：Cambridge University Press.

Chaudhury，S. and Morineau，M.（eds.）［1999］*Merchants，Companies and Trade：Europe and Asia in the Early Modern Era*，London；New York：Cambridge University Press.

Chu，Wen-djang（朱文长）［1966］*The "Moslem Rebellion" in Northwest China，1862—1878，a Study of Government Minority Policy*，The Hague；Paris：Mouton & Co. Publisher.

Cordier，H.［1902］*Histoire des relations de la Chine avec les puissances occidentales，1860—1900*，Tome 2，Paris.

Dennett，T.［1922］*Americans in Eastern Asia，a Critical Study of the Policy of the United States with reference to China，Japan and Korea in the 19th Century*，New York：Macmillan.

◆［1959］泰勒·丹涅特著，姚曾廙译：《美国人在东亚：十九世纪美国对中国、日本和朝鲜政策的批判的研究》，商务印书馆

Eastman，L. E.［1967］*Throne and Mandarins：China's Search for a Policy during the Sino-French Controversy 1880—1885*，Cambridge，Mass.：Harvard University Press.

Fairbank，J. K.［1969（1953）］*Trade and Diplomacy on the China Coast，the Opening of the Treaty Ports，1842—1854*，Cambridge，Mass.：Harvard University Press.①

Greenberg，M.［1951］*British Trade and the Opening of China 1800—1842*，

① 译者按：原文该书出版社信息误作"Stanford"，实应为"Harvard University Press"，径改。

London; New York: Cambridge University Press.

◆［1961］格林堡著，康成译:《鸦片战争前中英通商史》，商务印书馆

Hsü，I. C. Y.（徐中约）［1960］*China's Entrance into the Family of Nations: the Diplomatic Phase，1858—1880*，Cambridge，Mass.: Harvard University Press.

◆［2018］徐中约著，屈文生译:《中国进入国际大家庭：1858—1880 年间的外交》，商务印书馆

——［1965a］*The Ili Crisis: A Study of Sino-Russian Diplomacy 1871—1881*，Oxford: Clarendon Press.

——［1965b］"The Great Policy Debate in China，1874: Maritime Defense vs. Frontier Defense"，*Harvard Journal of Asiatic Studies*，25.

Hunt，M. H.［1983］*The Making of a Special Relationship: The United States and China to 1914*，New York: Columbia University Press.

◆［1993］韩德著，项立岭、林勇军译:《一种特殊关系的形成：1914 年前的美国与中国》，复旦大学出版社

Jelavich，C. and Jelavich，B.（eds.）［1959］*Russia in the East，1876—1880: The Russo-Turkish War and the Kuldja Crisis as seen through the Letters of A. G. Jomini to N. K. Giers*，Leiden: E.J. Brill.

◆［1974］查尔斯·耶拉维奇、巴巴拉·耶拉维奇编，北京编译社译:《俄国在东方 1876—1880》，商务印书馆

King，F. H. H.［1987，1988］*The History of the Hongkong and Shanghai Banking Corporation*，Vols. 1，2，3，London; New York: Cambridge University Press.

Kuhn，P. A.［1970］*Rebellion and Its Enemies in Late Imperial China: Militarization and Social Structure，1796—1864*，Cambridge，Mass.: Harvard University Press.

◆［1990］孔飞力著，谢亮生、杨品泉、谢思炜译:《中华帝国晚期的叛乱及其敌人》，中国社会科学出版社

Lombard, D. et Aubin, J. (eds.)［1988］*Marchands et hommes d'affaires asiatiques dans l'Ocean Indien et la Mer de Chine, 13ᵉ—20ᵉ siècles,* Paris: Éditions de l'École des hautes études en sciences sociales.

Louis, William R.［1971］*British Strategy in the Far East, 1919—1939*, Oxford: Clarendon Press.

Matthee, R. P.［1999］*The Politics of Trade in Safavid Iran, Silk for Silver 1600—1730*, London; New York: Cambridge University Press.

Morse, H. B.［1920（1908）］*The Trade and Administration of China*, 3rd ed., London, New York: Longmans, Green & Company.

——［1910, 1918］*The International Relations of the Chinese Empire*, 3vols., Shanghai: Kelly and Walsh.

——◆［1957］马士著，张汇文、姚曾廙、杨志信、马伯煌、伍丹戈译：《中华帝国对外关系史》全3卷，生活·读书·新知三联书店

——◆［2000］马士著，张汇文、姚曾廙、杨志信、马伯煌、伍丹戈译：《中华帝国对外关系史》全3卷，上海书店出版社

Nish, I. H.［1966］*The Anglo-Japanense Alliance: The Diplomacy of Two Island Empires, 1894—1907*, London: Athlone Press.

Osterhammel, J.［1986］"Semi-Colonialism and Informal Empire in Twentieth-Century China: Towards a Framework of Analysis", W. J. Mommsen and J. Osterhammel, eds., *Imperialism and After: Continuities and Discontinuities*, London; Boston: Allen & Unwin.

——［1999a］"Britain and China, 1842—1914", *The Oxford History of the British Empire Vol. 3 The Nineteenth Century*, Oxford: Oxford University Press.

——［1999b］"China", *The Oxford History of the British Empire Vol. 4 The Twentieth Century*, Oxford: Oxford University Press.

Owen, D. E.［1934］*British Opium Policy in China and India*, New Haven: Yale University Press; London: Oxford University Press.

Pelcovits, N. A.［1948］*Old China Hands and the Foreign Office*, New York: King's Crown Press.

◆［1959］伯尔考维茨著，江载华、陈衍译：《中国通与英国外交部》，商务印书馆

Pelliot, P.［1959, 1968, 1973］*Notes on Marco Polo*, Ⅰ, Ⅱ, Ⅲ, Paris: Imprimerie Nationale.

◆［2017］伯希和著:《马可·波罗注》(英文影印版)，中西书局

Rossabi，M.［1975］*China and Inner Asia*，*from 1368 to the Present Day*，London：Thames and Hudson.

——［1990］"The 'Decline' of the Central Asian Caravan Trade"，J. D. Tracy ed.，*The Rise of Merchant Empires*：*Long-Distance Trade in the Early Modern World*，*1350—1750*，London；New York：Cambridge University Press.

Sasaki，Y.（佐々木揚）［1984］"The International Environment at the Time of the Sino-Japanese War（1894—1895）—Anglo-Russian Far Eastern Policy and the Beginning of the Sino-Japanese War"，*Memoirs of the Research Department of the Toyo Bunko*，42.

Tracy，J. D.（ed.）［1991］*The Political Economy of Merchant Empires*：*State Power and World Trade*，*1350—1750*，London；New York：Cambridge University Press.

Treat，P. J.［1963（1932，1938）］*Diplomatic Relations between the United States and Japan*，3 vols.，Gloucester，Mass.：P. Smith.

Yen，Ching-Hwang（颜清湟）［1976］*The Overseas Chinese and the 1911 Revolution with special reference to Singapore and Malaya*，Kuala Lumpur；New York：Oxford University Press.

◆［1982］颜清湟著，李恩涵译:《星、马华人与辛亥革命》，台湾联经出版事业公司

——［1985］*Coolies and Mandarins*，*China's Protection of Overseas Chinese during the Late Ch'ing Period*（*1851—1911*），Singapore：Singapore University Press.

——◆［1990］颜清湟著，粟明鲜、贺跃夫译，姚楠校订:《出国华工与清朝官员：晚清时期中国对海外华人的保护（1851—1911）》，中国友谊出版公司

——［1986］*A Social History of the Chinese in Singapore and Malaya*，*1800—1911*，Singapore；New York：Oxford University Press.

——◆［1991］颜清湟著，粟明鲜、陆宇生、梁瑞平、蒋刚译，巫乐华、黄昆章、黄元焕校:《新马华人社会史（1800—1911）》，中国华侨出版公司

——［1995］*Studies in Modern Overseas Chinese History*，Singapore：Times

Academic Press.

Young，L. K.［1970］*British Policy in China 1895—1902*，Oxford：Clarendon Press.

◆［1991］杨国伦著，刘存宽、张俊义译：《英国对华政策（1895—1902）》，中国社会科学出版社

Бантыш-Каменский，Н. Н.［1882］*Дипломатическое собрание дел между Российским и Китайским государствами с 1619 по 1792-й год*，Казань.

◆［1982］尼古拉·班蒂什-卡缅斯基著，中国人民大学俄语教研室译：《俄中两国外交文献汇编（1619—1792 年）》，商务印书馆

Бартольд，В. В.［1963—1977］*Сочинения*，тт. 1—9，Москва.

◆［2013］瓦西里·弗拉基米罗维奇·巴托尔德著，张丽译：《中亚历史——巴托尔德文集第 2 卷第 1 册第 1 部分》（上、下），兰州大学出版社

Нарочницкий，А. Л.［1956］*Колониальная политика капиталистических держав на Дальнем Востоке（1869—1895）*，Москва.

Романов，Б. А.［1928］*Россия в Маньчжурии（1892—1906）*，Ленинград.

◆［1980］鲍里斯·罗曼诺夫著，陶文钊译：《俄国在「满洲」（1892—1906）》，商务印书馆

Ходжаев，А.［1979］*Цинская империя, Джунгария и Восточный Туркестан（колониальная политика цинского Китая во второй половине XIX в.）*，Москва.

作者一览

（汉语拼音音序排列，* 为编者）

* 岸本美绪（东京大学）
川合安（东北大学）
村上卫（横浜国立大学）
大泽显浩（学习院大学）
渡边信一郎（京都府立大学）
冈本隆司（京都府立大学）
宫泽知之（佛教大学）
谷井俊仁（三重大学）
关尾史郎（新潟大学）
吉本道雅（京都大学）
加藤直人（日本大学）
江村治树（名古屋大学）
江田宪治（京都大学）
井上进（名古屋大学）
井上裕正（奈良女子大学）
久保亨（信州大学）
* 砺波护（大谷大学）
妹尾达彦（中央大学）
木田知生（龙谷大学）
籾山明（埼玉大学）
浅原达郎（京都大学）
森安孝夫（大阪大学）
森田宪司（奈良大学）
* 杉山正明（京都大学）
石见清裕（早稻田大学）
檀上宽（京都女子大学）
岩井茂树（京都大学）
中砂明德（京都大学）
佐原康夫（奈良女子大学）

译后记

说来也巧，承仇鹿鸣兄推荐，中西书局李碧妍女史与我联系本书翻译时，我脱口而出："这书我有！"2008年，我在日本学习院大学访问学习，一次中国史讨论课后，专攻明清西南民族史的野本敬博士向我推荐了这本当时出版不久的入门书。我在书店翻看之后，深感购买之必要。日本新书价格不菲，彼时毕业刚工作的我，一般只在二手书市淘书，然此书一直无缘得见，心中总是记挂。回国前几日，我终于下定决心，在池袋的淳久堂书店入手新书。

兴许是应了那句老话——书非借不能读，心心念念许久的新书购入后，我仅阅读了与本人研究方向关系最密切的清代及近代部分，其余部分只是作为工具书，在欲了解特定课题前人研究时"取巧"地匆匆翻过。但这一浅薄的阅读经历，仍令我收获不少：具体至特定主题，前人已有哪些论著、得到哪些论断，一目了然。断代各专题的全面梳理，对于多角度了解时代特质，在时代氛围中把握特定主题，助益颇多。因此，在李碧妍女史与我联系翻译事宜时，尚未通读全书的我，怀着"无知者无畏"的勇气和"倒逼"自己精读全书的念想，毫不犹豫地应承了翻译的任务。

日本学者素有每隔一段时间合力整理前人成果、更新学科入门引导的学术传统，且作者均为各学科领军人物，极一时之选。就中国史言之，在本书之前，日本学界先后出版有东方学术协会编《中国史学入门》（平安文库，1951年）、下中弥三郎编《东洋史料集成》（平凡社，1956年）、山根幸夫主编《中国史研究入门》（上、下册，山川出版社，1983年，上册增补改订版1991年，下册增补改订版1995年）、岛田虔次等编《亚洲史研究入门》（第Ⅰ、Ⅱ、Ⅲ卷）（同朋舍出版，1983年）等入门书。其中，山根幸夫主编的《中国史研究入门》，其增订本已由田人隆、黄正建、那向芹和吕宗力等前辈学者合力中译（社会科学文献出版社，2000 年），所收成果时间下限为 1994 年。

本书日文原本出版于 2006 年，对 1983 年以降，尤其是 1994 年之后日本中国史学界的动向和成果进行了清晰的梳理，对山根幸夫主编一书形成了有力的补充。并且，其意义也并非只在于文献增补，本书各章“研究视角”一节，在分述各专题研究进展的同时，还高屋建瓴地论述了对各断代政治体制、社会经济、时代思潮及其在中国史整体脉络中地位的最新理解。在史学碎片化的今天，历史研究多从具体个案入手，这一实证取径无可指摘，但不少个案研究中对前人成果之无视、宏观把握之不足确已成问题。本书对先行研究之整理、时代特质之解析，为后学提供了环顾四周、深化研究的起点坐标，正可解此弊病。诚如山根幸夫主编《中国史研究入门》中译本出版策划者所言，“研究的深化在一定意义上是在持续的反省下不断的重新入门，‘入门’决不仅仅属于初学者”（“出版者的话”，第 1 页）。

山根幸夫主编的《中国史研究入门》按断代分章，当时已有人为制造断代框架、割裂通代历史脉络的担忧，但事实上多数研究确以断代为分野，基于同一考虑，本书主体仍按断代分章，但在开篇处整体论述了中国人的史观与史籍，于结尾处增加了对中国历史研究门径的介绍，用以安放目录、地理等通代性内容。尤其值得称道的是，相较山根幸夫主编《中国史研究入门》，本书在断代各章之后，新设一章“世界史中的中国史”，突破帝制王朝和民族国家的时空框架，论述中国在全球历史变迁中的角色演变。勾连起多国历史的同时，这一章也开启了中国史与日本史、西洋史的学科比较，对中国史研究的史观和理路提出了诸多批判性思考。

近代中国接引西学，常以日本为中介，社会科学名词中多有日语借词，这在一定程度上虽便利了译者对日语原文的理解，但两种语言的若即若离，也为译文合乎汉语行文习惯平添了不少难度。翻译过程中，在确保原意的前提下，译者尽力使用中文通行术语，以免生硬的“翻译腔”，部分日文汉字术语，若中国学界已开始接受使用，则保留该术语原貌。

本书正文提及大量论著，为行文简洁，论著题名均表示为“作者［出版年］”，完整题名则附于书末“文献一览”。如此一来，读者需不时来回翻查，极不方便。为此，译者在正文中补入各论著译名，以利阅读。“文献一览”则保留日文题名，供读者回查。另外，原“文献一览”按五十音图排序，今改为汉语拼音音序。凡各论著有中译本者，亦在相应题名下添附中译本信息。由此，一则供中文读者按图索骥，二则清点译事成绩，便利后继者补缺。

应承时的“无知者无畏”很快让我领教到译事之不易，尤其是若干非我所长的断代。幸而周边活跃于中国史各领域的师友，郭永秉、仇鹿鸣、唐雯、朱溢、温海清、张佳、齐光、孙青、董少新和姜伊威，慨允通读译文初稿，指出译文中的错误，并提出不少有益的建议和补充。广濑薰雄、项盛恺对翻译疑难之处的逐项复查，纠正了多处令我汗出如浆的错误。日文理解方面，邹波、佐藤宪行、放生育王耐心接受了我的不时叨扰。原书还涉及多门欧洲语言，巫能昌帮助我校对了法语内容，白若思（Berezkin，Rostislav）、靳煜核查了俄语部分，英语方面，有幸得到了朱绩崧、蒋有亮的指点。此外，“文献一览”添附中译本信息的初稿，系由内子金贞细致整理。赵晶、杨浣也为我提供了中译本方面的信息。在此，谨一并致以谢意。当然，译文中潜藏的舛误，责任仍在于我翻译过程中“迷之自信”的“文过饰非”。

鹤间和幸教授项目的资助令我在学习院大学获得了一段沉浸式的日语入门环境，至今犹记得平日和蔼的鹤间教授督促我学习日语时的严肃，武内房司教授每周一次史料研读课的严谨。大泽显浩教授、下田诚、村松弘一、大川裕子、村井绫、放生育王、小武海樱子、长谷川顺二、柏仓伸哉、青木俊介、福岛惠、矢泽忠之、野本敬、石川晶、增田厚之、中西大辅等师友忍受着我的“散装”夹生日语，时时带我交流练习。正是他们的帮助，令我接受此次翻译工作有了一点底气。鹤间和幸教授主持的日本学术振兴会项目题为“东亚海洋文明的历史与环境”，限于学术能力，我当时未能为项目的完成提供多少成果，可以说，受益远大于贡献。十年后的今天，此项翻译工作的完成，虽于结项已毫无意义，但我仍想借此向鹤间教授致以迟到的答谢。令我心结稍解的是，译事作为东亚交流之一环，亦与当时项目之本意有所暗合。

受惠于国家社会科学基金（16BZS125）、上海市曙光计划（17SG07）、教育部人文社会科学重点研究基地项目（16JJD770009）的科研资助，此次翻译工作期间，我也得以置办诸多参考书籍，节省了大量奔波查阅的时间。

翻译本书的几年间，受事务性工作缠绕，我的研究时间大幅缩短，且被切割细碎，史料研读、论文写作，每每中止于进入状态之前，陷入发愿—启动—

停滞—放弃的循环泥淖。幸而本书的翻译，尚可随时拿起放下，破碎的边角时间得以利用，令我在长久焦虑中获得一份难得的安心。即便如此，其间仍有两年的时间，进展缓慢，所幸中西书局对此给予了理解和宽容。但在这样一本应及早译介给中国读者的重要著作面前，我的拖延耽误仍不可原谅。

邹怡

2019 年 10 月 13 日